PUBLICATIONS DE L'ÉCOLE DES LANGUES ORIENTALES VIVANTES

DOCUMENTS ARABES RELATIFS A L'HISTOIRE DU SOUDAN

TARIKH ES-SOUDAN

PAR

ABDERRAHMAN BEN ABDALLAH BEN 'IMRAN BEN 'AMIR ES-SA'DI

TRADUIT DE L'ARABE

PAR

O. HOUDAS

PROFESSEUR A L'ÉCOLE DES LANGUES ORIENTALES VIVANTES

PARIS
ERNEST LEROUX, ÉDITEUR
LIBRAIRE DE LA SOCIÉTÉ ASIATIQUE
DE L'ÉCOLE DES LANGUES ORIENTALES VIVANTES, ETC.
28, RUE BONAPARTE, 28
1900

ERNEST LEROUX, ÉDITEUR
28, RUE BONAPARTE, 28

PUBLICATIONS DE L'ÉCOLE DES LANGUES ORIENTALES VIVANTES

PREMIÈRE SÉRIE

I, II. HISTOIRE DE L'ASIE CENTRALE (Afghanistan, Boukhara, Khiva, Khoqand), de 1153 à 1233 de l'hégire, par Mir Abdul Kerim Boukhari. Texte persan et traduction française, publiés par Ch. Schefer, de l'Institut. 2 vol. in-8, avec carte. Chaque volume . . . . 15 fr.

III, IV. RELATION DE L'AMBASSADE AU KHAREZM (Khiva), par Riza Qouly Khan. Texte persan et traduction française, par Ch. Schefer, de l'Institut. 2 vol. in-8, avec carte. Chaque volume . . . . 15 fr.

V. RECUEIL DE POEMES HISTORIQUES EN GREC VULGAIRE, relatifs à la Turquie et aux Principautés danubiennes, publiés, traduits et annotés par Émile Legrand. 1 volume in-8. . . . . 15 fr.

VI. MEMOIRES SUR L'AMBASSADE DE FRANCE PRÈS LA PORTE OTTOMANE et sur le commerce des Français dans le Levant, par le comte de Saint-Priest, publiés et annotés par Ch. Schefer, de l'Institut. In-8 . . 12 fr.

VII. RECUEIL D'ITINÉRAIRES ET DE VOYAGES DANS L'ASIE CENTRALE ET L'EXTREME-ORIENT (publié par Scherzer, L. Leger, Ch. Schefer). In-8, avec carte. . . . . 15 fr.
F. Scherzer Journal d'une mission en Corée. — L. Leger. Mémoires d'un voyageur chinois dans l'Empire d'Annam. — Ch. Schofer. Itinéraires de l'Asie centrale, de la vallée du Moyen-Zérefchan, de Pichaver à Kaboul, Qandahar et Hérat.

VIII. BAG-O-BAHAR. Le jardin et le printemps, poème hindoustani, traduit en français par Garcin de Tassy, de l'Institut. 1 vol. in-8 . . . . . 12 fr.

IX. CHRONIQUE DE MOLDAVIE, depuis le milieu du xive siècle jusqu'à l'an 1594, par Grégoire Urechi. Texte roumain en caractères slavons, et traduction par Em. Picot, de l'Institut. 1 fort volume in-8, en 5 fascicules. . 25 fr.

X, XI. BIBLIOTHECA SINICA. Dictionnaire bibliographique des ouvrages relatifs à l'empire chinois, par Henri Cordier. 2 vol. gr. in-8 à 2 colonnes. 125 fr.
— Le même sur papier de Hollande. . . . . 150 fr.
Épuisé sur papier ordinaire.

XI bis. Tome III. Supplément. In-8, en 3 fascicules . . . . . . 40 fr.
— Le même, sur papier de Hollande . . . . 50 fr.
Couronné par l'Académie des Inscriptions et Belles-Lettres. — Prix Stanislas Julien.

XII. RECHERCHES ARCHEOLOGIQUES ET HISTORIQUES SUR PEKIN ET SES ENVIRONS, par Bretschneider, traduction de V. Collin de Plancy. In-8, fig. et plans . . . . 10 fr.

XIII. HISTOIRE DES RELATIONS DE LA CHINE AVEC L'ANNAM-VIETNAM, du xive au xixe siècle, par G. Devéria, de l'Institut. In-8, avec une carte. 7 fr. 50

XIV. ÉPHÉMERIDES DACES. Histoire de la guerre entre les Turcs et les Russes (1736-1739), par C. Dapontès, texte grec publié par Émile Legrand. In-8, portrait et fac-similé . . . . 20 fr.

XV. ÉPHÉMERIDES DACES. Traduction française, notes et glossaire, par Émile Legrand. In-8 . . . . 20 fr.

XVI. RECUEIL DE DOCUMENTS SUR L'ASIE CENTRALE, d'après les écrivains chinois, par C. Imbault-Huart. In-8, avec 2 cartes coloriées . . . 10 fr.

XVII. LE TAM-TU'-KINH, OU LE LIVRE DES PHRASES DE TROIS CARACTÈRES, texte et commentaire chinois, prononciation annamite et chinoise, explication littérale et traduction, par A. des Michels. In-8 . . . . . 20 fr.

XVIII. HISTOIRE UNIVERSELLE, par Étienne Açoghih de Daron, traduit de l'arménien, par E. Dulaurier, de l'Institut. In-8. . . . . 10 fr.
La seconde partie est en préparation.

XIX. LE LUC VAN TI N CA DIÉN. Poème annamite, publié, traduit et annoté par A. des Michels. In-8. . . . . 20 fr.

XX. ÉPHÉMÉRIDES DACES, par C. Dapontès. Tome III. Supplément et Index alphabétique par Émile Legrand. In-8. . . . . 7 fr. 50

DEUXIÈME SÉRIE

I. SEFER NAMÈH, RELATION DU VOYAGE en Syrie, en Palestine, en Égypte, en Arabie et en Perse, fait pendant les années de l'hégire 437-444 (1035-1042), par Nassiri Khosrau, texte persan, publié, traduit et annoté par Ch. Schefer, de l'Institut. In-8, avec quatre chromolithographies . . 25 fr.

II, III. CHRONIQUE DE CHYPRE PAR LÉONCE MACHÉRAS, texte grec publié, traduit et annoté par E. Miller, de l'Institut, et C. Sathas. 2 vol. in-8, avec une carte ancienne en chromolithographie . . . . 40 fr.

IV, V. DICTIONNAIRE TURC-FRANÇAIS. Supplément aux dictionnaires publiés jusqu'à ce jour, par A.-C. Barbier de Meynard, de l'Institut. 2 forts volumes in-8 à 2 colonnes, publiés en 8 livraisons à 10 fr . . . . . . 80 fr.

PUBLICATIONS
DE
L'ÉCOLE DES LANGUES ORIENTALES VIVANTES

IVᵉ SÉRIE. — VOL. XIII

TARIKH ES-SOUDAN

ANGERS, IMPRIMERIE ORIENTALE A. BURDIN ET Cie, RUE GARNIER, 4.

PUBLICATIONS DE L'ÉCOLE DES LANGUES ORIENTALES VIVANTES

DOCUMENTS ARABES RELATIFS A L'HISTOIRE DU SOUDAN

TARIKH ES-SOUDAN

PAR

ABDERRAHMAN BEN ABDALLAH BEN 'IMRAN BEN 'AMIR ES-SA'DI

TRADUIT DE L'ARABE

PAR

O. HOUDAS

PROFESSEUR A L'ÉCOLE DES LANGUES ORIENTALES VIVANTES

PARIS

ERNEST LEROUX, ÉDITEUR

LIBRAIRE DE LA SOCIÉTÉ ASIATIQUE
DE L'ÉCOLE DES LANGUES ORIENTALES VIVANTES, ETC.
28, RUE BONAPARTE, 28

1900

INTRODUCTION

Malgré son titre général, l'ouvrage, dont la traduction va suivre, ne traite que l'histoire d'une partie du Soudan. Il ne parle, en effet, d'une façon un peu développée que de l'empire Songhaï et surtout de la conquête et de l'occupation par le Maroc de la région située sur les rives du cours moyen du Niger et dans la partie la plus septentrionale de la boucle que forme le grand fleuve africain. A peine l'auteur du récit dit-il quelques mots de l'empire de Malli ; l'on sent, d'ailleurs, que sa plus grande préoccupation est de glorifier Tombouctou, sa ville natale, et de faire valoir le rôle glorieux qu'a joué cette cité dans le monde des Noirs.

Au moment où Abderrahman-ben-Abdallah-ben-'Imrân-ben-'Amir-Es-Sa'di écrivit son histoire du Soudan, Tombouctou commençait à entrer dans sa période de décadence. Les étrangers qui avaient conquis cette grande cité commerciale n'avaient point su l'administrer et en faire une source de richesses pour leur propre pays. Leurs rapines et leurs cruautés avaient semé la ruine parmi ces populations noires si douces et si inoffensives. Leurs excès furent tels que la résistance nationale finit enfin par s'organiser et que les envahisseurs ne devaient plus, au moment où s'achève le récit de l'historien, tarder beaucoup à être chassés à tout jamais du pays qu'ils avaient occupé pendant de longues années.

Telle qu'elle a été écrite par Es-Saʿdi, l'histoire du Soudan se compose de deux parties d'un caractère différent : la première, qui comprend un peu plus de la moitié du texte, est un résumé des renseignements que l'auteur a recueillis de traditions orales ou écrites ; la seconde présente au contraire le caractère de mémoires personnels. Les informations qu'elle contient proviennent toutes de témoins oculaires et, le plus souvent, de l'auteur lui-même mêlé directement aux affaires politiques de son pays.

Toute la première partie est un peu sèche et laconique. Rédigée d'après des renseignements dont la source est rarement indiquée, et qui, d'ordinaire sans doute, proviennent de traditions populaires, elle offre naturellement toutes les lacunes et les incertitudes inhérentes à ce mode d'information. Existait-il des documents écrits sur toute cette période antérieure au XVIe siècle de notre ère? Faute d'indications précises on se trouve réduit sur ce point à de simples conjectures.

En effet, sauf le dictionnaire biographique de Ahmed-Baba et un ouvrage du nom de *El Kheber* qui sont cités en toutes lettres, on ne rencontre aucune autre mention de travaux précédents utilisés. Pour toute référence l'auteur se contente parfois de dire qu'il tient tel ou tel fait d'un de ses confrères ou d'un lettré. Même pour ce qui touche à l'histoire du Maroc il ne cite qu'une histoire de Merràkech intitulée : كتاب الحلل الموشية فى ذكر اخبار المراكشية, et pourtant il est vraisemblable qu'il a eu d'autres textes sous les yeux. Son silence en cette matière n'implique nullement que d'autres annales du Soudan n'aient pas été écrites antérieurement et il se peut qu'un jour ou l'autre on découvre quelques-uns de ces travaux dont aujourd'hui les titres mêmes ne nous sont pas connus.

La seconde partie de l'Histoire du Soudan est tout à fait vivante et se présente avec une certaine abondance de détails. Ici l'auteur ne parle que de ce qu'il a vu ou de ce que des témoins oculaires dignes de foi lui ont raconté. Les fonctions publiques qu'il exerça le mirent en relations avec les plus hauts personnages et, de plus, son mérite personnel lui valut d'être chargé de missions politiques d'une grande importance. Il les raconte lui-même et entre souvent dans des détails qui peuvent paraître un peu minutieux. L'intérêt qu'il attache à certaines circonstances est parfois sans doute excessif, mais nombre de ces incidents, insignifiants en apparence, ont pour nous l'avantage de mieux nous faire connaître le milieu dans lequel il évoluait, ce que ne nous font guère connaître en général les annalistes orientaux.

A l'exemple de l'immense majorité des chroniqueurs arabes, Es-Saʻdi écrit sans plan préconçu. Il ignore l'art de la composition littéraire et la langue dans laquelle il rédige est loin d'être d'une correction absolue. Il ne craint pas de faire usage de mots qui n'ont point encore trouvé place dans les dictionnaires classiques et il en prend à son aise avec la syntaxe arabe. On sent de temps à autre qu'il pense dans un idiome du Soudan et qu'il n'écrit pas dans sa langue maternelle. Néanmoins sa pensée est rarement obscure et il est permis de supposer que les rares ambiguïtés qui se rencontrent dans son livre proviennent de fautes commises par les copistes; on sait qu'en pays musulman plus encore peut-être qu'ailleurs, les scribes attachent moins d'importance à la reproduction exacte du texte qu'à la calligraphie.

On ne saurait exiger d'un homme élevé au cœur de l'Afrique et vivant au commencement du XVIIe siècle de notre ère, qu'il apportât une grande critique dans le récit des événements qu'il raconte. Il ne faut pas lui demander de rechercher la cause des faits ou d'en déduire les conséquences. Cependant, dans la seconde partie de son ouvrage, on se rend compte assez bien des idées que l'auteur se fait des choses qui se passent sous ses yeux et son appréciation, pour vague qu'elle soit, se laisse entrevoir en maintes occasions : bien souvent, en effet, on devine ce qu'il ne dit pas.

En dépit de son manque de méthode et des lacunes qu'elle contient, l'Histoire du Soudan permet, telle qu'elle est, de connaître d'une manière générale l'organisation militaire et administrative d'une portion importante du Soudan pendant les XVIe et XVIIe siècles de notre ère. On y trouvera l'exposé des causes diverses qui ont amené des périodes successives de prospérité et de misère. On y verra, en premier lieu, les inconvénients résultant d'une sorte de régime féodal où les grands vassaux ne songent qu'à détruire l'unité gouvernementale du pays et favorisent ainsi les attaques venues du dehors. Puis viendront les fautes commises par les Marocains, fautes qui leur ont aliéné l'esprit des populations conquises et qui font comprendre les efforts que les indigènes ont déployés pour chasser ces étrangers de leur pays. Çà et là on rencontrera en outre quelques brèves informations sur l'histoire du peuple marocain dans son propre pays. Ces informations peuvent permettre de contrôler certains récits des historiens marocains dont l'impartialité n'est pas toujours la qualité dominante, car le plus souvent ils songent à plaire au souverain régnant sans s'inquiéter de présenter les événements sous leur aspect véritable.

Dès le début de la conquête, les Marocains appliquèrent au Soudan le système du protectorat. La population indigène conserva ses lois, ses coutumes et jusqu'à ses fonctionnaires dont le titre ne fut même pas modifié. Il y eut même, comme autrefois, un askia qui figura au sommet de la hiérarchie administrative du pays. Ce n'était plus sans doute un véritable souverain indépendant, mais il en avait le titre et cela suffisait aux yeux des populations pour leur laisser croire qu'il n'y avait rien de changé dans leur ancien régime. Quant aux étrangers, qu'ils fussent de race blanche ou de couleur plus ou moins foncée, ils furent placés sous l'autorité directe des fonctionnaires marocains.

Un pacha, nommé tout d'abord par l'empereur du Maroc, eut l'autorité suprême au point de vue administratif; mais ce résident général avait à côté de lui un haut fonctionnaire chargé des affaires financières et qui lui aussi était directement nommé par le gouvernement de la métropole. Ce fonctionnaire, appelé *amin*, n'avait aucun compte à rendre de sa gestion au pacha; il percevait tous les impôts et pourvoyait à l'aide des fonds ainsi recueillis à toutes les dépenses publiques du corps d'occupation. Enfin les officiers de l'armée, quel que fût leur grade, recevaient eux aussi leur commission directement du pouvoir métropolitain.

Ce système aurait pu, à la rigueur, subsister si le Soudan avait été en communications plus faciles et surtout plus rapides avec le Maroc. Mais il fallait compter près de six mois pour obtenir la solution d'une affaire dans laquelle la cour marocaine avait à intervenir et l'on comprend que bien souvent les événements exigeaient une décision plus rapide. Peu à peu les pachas prirent l'habitude d'agir de leur propre autorité, sauf à demander une ratification qu'il était bien difficile de leur refuser et bientôt ils en arrivèrent à se dispenser de cette formalité.

Certains fonctionnaires essayèrent par leurs intrigues à la cour de contrecarrer les décisions prises par les pachas et les conflits qui en résultèrent ne tardèrent pas à prendre un caractère de plus en plus grave, d'autant que, parmi le haut personnel, il se trouvait bon nombre de renégats qui ne devaient leur fortune qu'à des moyens d'une probité douteuse. Les délations qui furent la conséquence de cet état de choses amenèrent tout d'abord le partage de l'autorité entre deux pachas : l'un qui commanda aux troupes, l'autre qui administra le pays. Puis, l'agent financier, entrant à son tour en lutte avec les pachas, le désordre arriva bientôt à son comble. L'armée d'occupation, qui n'était pas toujours payée bien régulièrement à la suite de cette désorganisation, profita alors du désarroi général pour s'arroger le droit de choisir elle-même ses chefs et dès lors l'autorité du souverain du Maroc devint purement nominale. Il est vrai d'ajouter que les troubles dont la mère-patrie était le théâtre à cette époque favorisèrent dans une large mesure les agissements de tous les mécontents.

Même avant d'être élu par la soldatesque, le pacha du Soudan avait pris les allures d'un véritable souverain indépendant. Il avait une cour et des ministres. Pour soutenir ce rôle, et aussi pour satisfaire aux appétits de son entourage, le pacha dut pressurer les populations et organiser la razzia à l'état permanent. Accablées d'impôts, obligées de supporter les avanies et les exactions que leur infligeait l'armée marocaine, les populations soudanaises, malgré leur tempérament indolent et craintif, résolurent de secouer le joug impitoyable auquel elles étaient soumises. Les révoltes se multiplièrent, et si l'auteur de l'Histoire du Soudan n'a pas vécu assez longtemps pour assister à l'affranchissement de son pays, il a pu cependant entrevoir sa délivrance prochaine.

Étant donné le vif sentiment patriotique qui animait Es-Sa'di, on pourrait croire que son récit doit être entaché d'une certaine partialité et qu'il a dû présenter les faits sous un jour très défavorable aux étrangers qui avaient envahi et opprimé sa patrie. Il ne paraît cependant pas en être ainsi. Sans doute il n'aimait point les Marocains, mais il le laisse à peine paraître, se contentant d'enregistrer les faits tels qu'il les a vus lui-même ou qu'il les a entendu raconter par des témoins occulaires dignes de foi. La forme si simple et si naturelle qu'il emploie dans son ouvrage semble écarter toute idée de vouloir en imposer au lecteur en omettant, par exemple, de parti-pris ce qui pouvait être à l'honneur de ses ennemis.

Si les nombreuses notices biographiques qui figurent dans l'Histoire du Soudan avait été rédigées d'une autre façon, elles auraient pu faire connaître d'une manière précise les sentiments et les idées de la partie éclairée de la population du Soudan à cette époque. Malheureusement ces notices sont d'une sécheresse et d'une monotonie désespérantes. Le nom du personnage, celui de ses professeurs, la liste des ouvrages qu'il a étudiés, la date de sa mort et le lieu où il a été enterré composent à eux seuls la trame ordinaire de ces biographies. Rien de la vie intime du personnage, de son état d'esprit, ni même des événements auxquels il a pu être mêlé.

On aurait su gré à l'auteur d'entrer à ce sujet dans des détails de plus d'importance et aussi de résumer l'organisation du Soudan avant la conquête marocaine dans un paragraphe spécial, au lieu de se contenter de quelques indications fort vagues qu'on rencontre çà et là. Il aurait pu encore signaler les ouvrages dans lesquels il a puisé ses renseignements et citer les auteurs qui avant lui avaient abordé le même sujet s'il en existait, et, dans le cas contraire, dire nettement qu'elles étaient ses sources d'informations.

Toutefois, en dépit de ses défauts et de ses lacunes, l'Histoire du Soudan est pleine de faits nouveaux ou inédits du plus haut intérêt ; elle fixe dès à présent les principales étapes de la vie nationale d'une partie des indigènes du Soudan. Elle montre que ces populations, auxquelles on est tenté de refuser toute initiative en matière de progrès, ont eu une civilisation propre qui ne leur avait pas été imposée par un peuple d'une autre race et que la disparition de cet État relativement prospère est due en grande partie sinon uniquement à des conquérants de race blanche. Enfin elle relie à l'histoire générale de l'humanité tout un groupe de nations qui jusqu'ici en avaient été à peu près complètement écartées.

Si A. Rousseau a, tout d'abord, signalé l'existence

d'une Histoire du Soudan, c'est le célèbre explorateur africain Barth qui, le premier, l'a fait connaître en Europe d'une façon plus précise en y puisant une partie des matériaux qu'il a utilisés dans la relation de son grand voyage. Toutefois, trompé sans doute par les informations des indigènes de Tombouctou, il a attribué faussement la paternité de cet ouvrage au célèbre auteur tombouctien Ahmed-Baba. Cette erreur provient de ce que, au Soudan, et à Tombouctou en particulier, toute la littérature arabe est incarnée en quelque sorte dans ce célèbre personnage. On a donc attribué à cet illustre représentant des lettres arabes au Soudan tout ouvrage de valeur qui avait été écrit dans ce pays et la confusion a été d'autant plus facile que, les dictionnaires biographiques se confondant aux yeux des Arabes avec les véritables traités historiques, le dictionnaire de Ahmed-Baba, si connu de tous, était considéré comme une Histoire du Soudan.

Si l'on s'explique sans peine l'erreur de Barth, on conçoit moins bien que Ralfs, qui a traduit un certain nombre de passages de l'Histoire du Soudan et qui, vraisemblablement, a parcouru l'ouvrage dans son entier, n'ait pas trouvé l'indication si précise que donne sur lui l'auteur véritable. Déjà il aurait dû éprouver quelques doutes en voyant des citations de Ahmed-Baba, non pas qu'il soit rare de trouver un auteur qui cite ses propres travaux, mais en général il ne le fait pas à la troisième personne. En outre le nom de Ahmed-Baba est suivi de la formule « Que Dieu lui fasse miséricorde ! » formule qui ne s'emploie qu'à l'égard d'un personnage mort, et qu'il faudrait attribuer à la plume du copiste, fait bien rare si tant est qu'il se soit jamais produit. Enfin il est question dans cet ouvrage de la mort de Ahmed-Baba et page 333 de la traduction on trouve cette phrase bien significative : « Dieu avait décidé que Ahmed-Baba serait enterré au lieu où il était né. » A côté de ces preuves d'un caractère négatif, il en est qui sont beaucoup plus positives : page 325, l'auteur parle de sa naissance ; ailleurs il indique la mort d'un certain nombre de ses parents, etc.

Du reste, bien qu'ils soient d'une date assez ancienne et d'une famille différente, les deux mss. A et C, sont tout à fait affirmatifs sur le nom de l'auteur. Sur le recto du premier feuillet du ms. A on trouve non seulement le titre de l'ouvrage et le nom de son auteur, mais encore une courte biographie de ce dernier. Et le ms. C débute par ces mots : A dit l'auteur de ce livre, Abderrahman-ben-Abdallah, etc.

Aucune hésitation n'est donc possible sur ce point. Tout au plus pourrait-on dire que Es-Sa'di a reproduit d'abord une œuvre de Ahmed-Baba, puis qu'il y a ajouté, en guise de supplément, son travail personnel. Mais, même réduite à ces simples proportions, une telle assertion est inacceptable. Du moment que l'auteur a cité Ahmed-Baba à plusieurs reprises et sans le moindre ambage, on se demande pourquoi il ne l'aurait pas fait ailleurs s'il lui avait emprunté ses propres paroles. En outre on ne remarque pas la moindre différence de style entre la première et la seconde partie qui elle n'est bien sûrement pas de Ahmed-Baba puisqu'elle est en grande partie postérieure à sa mort. Partout on retrouve les mêmes incorrections grammaticales, les mêmes locutions qui n'appartiennent qu'à la langue parlée et qui n'existent point dans le dictionnaire biographique écrit par Ahmed-Baba et dont nous possédons des copies. Enfin il n'est même pas prouvé que Ahmed-Baba ait fait une histoire du Soudan.

Tout ceci, bien entendu, n'implique pas que Es-Sa'di n'ait point pris dans d'autres ouvrages les matériaux de sa première partie; ce que nous ignorons c'est dans quelle mesure il se les est appropriés, *in extenso* ou en résumé. Il était impossible d'ailleurs qu'il agît autrement : l'histoire ne s'invente pas et il est de toute nécessité, pour les faits qui lui sont antérieurs, que l'historien les emprunte à d'autres travaux ou à des récits transmis par la tradition. Il lui est loisible de les présenter sous une forme nouvelle, mais il lui est interdit de rien changer au fond, à moins d'apporter des preuves certaines à l'appui de ses dires.

Es-Sa'di fournit au cours de son ouvrage les seuls renseignements biographiques que l'on possède sur son compte jusqu'à ce jour. Il suffira donc de les résumer ici puisqu'on les trouvera plus loin.

Son nom complet était : Abderrahman-ben-Abdallah-ben-'Imrân-ben-'Amir auquel s'ajoutait l'ethnique Es-Sa'di ou Es-Sâ'îdi, cette dernière orthographe moins fréquente que la première. Dans la série des ancêtres qu'il énumère on ne trouve que des noms arabes ; on n'en doit pas conclure cependant d'une façon affirmative qu'il fût de race arabe pure, car les musulmans d'origine berbère ou autre cherchent volontiers à s'anoblir en arrêtant ainsi à temps leur généalogie, en sorte qu'elle ne contienne aucun nom étranger. L'ethnique Es-Saʿdi, s'il est exact, en ferait un descendant de la tribu des Benou Saʿd à laquelle appartenait le nourrice du Prophète et l'apparenterait en outre aux princes saadiens qui ont régné au Maroc.

Quoi qu'il en soit, Es-Saʿdi appartenait à une famille honorable de Tombouctou et c'est dans cette ville qu'il est né pendant la nuit du 28 mai 1596. Chargé d'abord des fonctions de notaire à Dienné, il cumula cette charge avec celle d'imam de la mosquée de Sankoré, comme suppléant d'abord, puis comme titulaire en 1627. Dix ans plus tard, il fut révoqué de cette fonction d'imam et il revint alors à Tombouctou où, peu de temps après son arrivée, il fut nommé imam dans cette ville. Enfin il reçut plus tard le titre de *kâteb*, ou secrétaire du gouvernement, en récompense des services qu'il avait rendus. En effet, dès 1629, on le voit prendre une part directe aux affaires de son pays et jouer fréquemment le rôle de médiateur auprès de divers princes du Soudan. Ce fut probablement à cette occasion qu'il conçut le projet d'écrire une histoire qui permît de rattacher les événements actuels à ceux du passé.

Il avait d'abord arrêté son ouvrage à la date du

8 novembre 1652. Trois ans après il y ajoutait un chapitre supplémentaire qui mettait ainsi à jour ses mémoires en sorte que sa chronique telle qu'elle nous est parvenue s'arrête à l'année 1655. L'auteur avait à ce moment 59 ans selon notre calcul, 61 ans d'après le compte des années lunaires. Il est vraisemblable qu'il ne vécut pas longtemps après 1655, sinon il n'eût pas manqué d'ajouter un nouveau chapitre à son Histoire du Soudan. On trouvera à leur lieu et place la mention de la mort d'un certain nombre de ses parents et quelques détails sur deux de ses frères, mais tout cela n'a aucune importance pour nous.

Le texte de l'Histoire du Soudan a été établi d'après trois manuscrits. Le premier, qui est désigné par la lettre A, a fait partie d'un lot envoyé à la Bibliothèque nationale par le colonel, aujourd'hui général Archinard. Il porte le n° 5147 du catalogue. Cette copie n'est pas datée; elle paraît remonter à un siècle environ, sans qu'on puisse être très affirmatif à ce sujet. L'humidité a altéré la partie supérieure de quelques-uns des feuillets, mais peu de passages cependant sont tout à fait illisibles.

Le second manuscrit, ou ms. B, est une copie que M. Félix Dubois a fait exécuter pendant son séjour à Tombouctou en 1896; il est de la même famille que le ms. A dont il ne diffère pour ainsi dire pas. Le ms. B, que M. Félix Dubois a offert à la Bibliothèque nationale, est coté sous le n° 5256.

Pendant que le texte arabe était en cours d'impression, M. René Basset, directeur de l'École des lettres d'Alger, a eu l'obligeance de me communiquer une troisième copie de l'Histoire du Soudan qui lui avait été envoyée par M. le docteur Tautain, aujourd'hui résident à Ambositra. Cette copie, qui est désignée par la lettre C, est en général bien supérieure aux deux autres et n'a pas été faite sur un même original. L'écriture est assez bonne et les voyelles qui accompagnent en général les noms propres sont mises avec assez de soin. On y trouve bien aussi un certain nombre de passages mal reproduits et quelques mots ou lignes entières ont été omis, mais cela paraît tenir aux défauts de l'exemplaire qui a été copié plutôt qu'à l'ignorance ou à la négligence du copiste. Celui-ci d'ailleurs, dont le nom a été en partie détruit par l'usure du papier, s'appelait El-Amîn-ben-Mohammed (?)-El-Borko (?)-ben-Mohammed et son nom étant précédé de la qualification de *imam,* on voit que ce n'était pas vraisemblablement un copiste de profession. La copie était destinée à El-Fa'-El-Hadj-ben (*sic*) et elle a été terminée le 25 du mois de djomada Ier de l'année 1206, ce qui correspond au 20 janvier 1792 de notre ère. Quelques feuillets sont en assez mauvais état, surtout les trois premiers et le dernier. Sur la couverture se trouve une note qui indiquait que sous la même reliure il y avait un commentaire d'un traité de rhétorique en vers ; cette note est ainsi conçue : تاريخ السودان وشرح نظم فى المنطق . Ce commentaire, qui a disparu, était peut-être l'œuvre de quelque savant du Soudan. Une feuille d'errata indiquera les leçons du ms. C qui n'ont pu être données dans la première partie de l'édition arabe.

Il n'y a guère qu'une dizaine de mots du texte dont le sens n'ait pu être établi d'une façon certaine ; aussi la principale difficulté de la traduction n'a-t-elle été due qu'à la confusion des noms propres. Parfois l'auteur a employé le nom d'un pays pour celui du chef de cette contrée ou réciproquement. Ailleurs encore on ne sait pas toujours si l'on a affaire à un titre ou à un nom de personne.

Si, pour les noms propres arabes, il a été le plus souvent possible d'en donner l'orthographe exacte, il n'en est pas de même pour les noms soudanais. Les voyelles n'étant pas toujours placées sur la consonne qu'elles doivent accompagner, il y a eu souvent hésitation entre les différentes lectures que pouvaient offrir ainsi les divers manuscrits. Beaucoup de ces noms ont du reste disparu ou ont été transformés : ainsi Kala s'appelle aujourd'hui Sokolo ; Bâghena a été remplacé par Bakouïnit, etc. Il convient donc d'attendre de nouveaux documents pour arriver à une fixation rigoureuse de l'orthographe de ces noms ou de leur équivalence. C'est une tâche qui ne saurait guère être menée à bien que par quelqu'un qui aurait séjourné assez longtemps au Soudan et qui aurait pu s'y renseigner sans le secours d'un interprète.

L'écriture arabe, riche en consonnes, l'est fort peu en voyelles ; ou, pour mieux dire, les trois notations qu'elle possède pour les voyelles servent à reproduire une série de sons légèrement différents sans que, en apparence, rien ne les distingue. Aussi dès qu'il s'agit de mots étrangers trouve-t-on pour représenter un même son des voyelles différentes. Par exemple, le nom de la ville de Merrâkech se vocalise littéralement *Marrâkoch*, le même son *e* étant représenté d'abord par *a*, et ensuite par *o*. En outre, comme il n'est pas possible dans le système actuel d'écrire deux voyelles consécutives on les sépare par un *hamza* dans la plupart des cas et, au Soudan, on s'est servi aussi pour cet office du ʿ*aïn*.

On ne devra donc pas s'étonner de rencontrer des transcriptions qui ne cadrent pas toujours exactement avec la prononciation courante. Enfin, pour les mots dont l'orthographe française a été fixée par l'usage, il ne m'a pas paru utile de la modifier sous prétexte d'arriver à une plus grande exactitude d'ailleurs problématique : écrire Tinbektou, Djinni, au lieu de Tombouctou, Dienné, n'offre, à mon avis, d'autre avantage que de dérouter le lecteur. On se figure trop aisément que l'écriture d'une langue en reproduit exactement les sons et beaucoup oublient, involontairement sans doute, que la véritable prononciation des mots a été fixée de vive voix tout d'abord et que, dans un même pays, les signes qui la représentent n'ont pas une valeur précise pour les noter. A plus forte raison en doit-il être ainsi quand on représente avec l'alphabet arabe des noms berbères ou soudanais.

Quelques fautes d'impression ont échappé à la correction. C'est ainsi, par exemple, que le titre du chapitre XXV a été omis, que le nom de Mohammed figure fautivement pour celui de Mahmoud, page 259 et que certains noms identiques n'ont pas la même transcription. Il sera donc utile de consulter l'errata avant d'entreprendre la lecture de cet ouvrage.

J'avais eu dessein de joindre à ce volume des tableaux généalogiques des Askia, des listes des pachas et quelques détails sur les fonctionnaires soudanais dont le titre revient souvent dans l'Histoire du Soudan. Mais il m'a semblé préférable d'attendre l'achèvement de la traduction du *Tedzkiret-en-nisiân*[1] qui, sous une forme un peu différente il est vrai, fait réellement suite à l'ouvrage de Es-Sa'di. On évitera ainsi des répétitions inutiles ou tout au moins une coupure en deux fragments d'une liste de personnages ayant occupé successivement la même fonction. D'ailleurs ce nouveau volume est terminé et il ne tardera pas bien longtemps à paraître.

Le texte original ne comportait pas de division en

---

1. Dans un opuscule, qui aurait pu attendre, pour paraître, que cette traduction annoncée fût achevée, M. J. Lippert estime qu'il faut lire *nasiân* au lieu de *nisiân*. Certes, cette lecture est acceptable. Cependant, pour qu'elle s'imposât, il faudrait d'abord que le mot fût précédé de la préposition *li* et qu'on eût l'une des formes : *tedzkiret lin-nasiân* ou *Et-tedzkiret lin-nasiân*. En second lieu, selon le *Lisân-el-'arab*, le mot *nasiân* a une signification intensive qui ne serait guère justifiée ici. Tel que je le comprends le titre signifierait : « (livre) qui rappelle de l'oubli l'histoire des princes du Soudan », ce qui me paraît valoir celui de « (livre) qui rappelle à celui qui l'oublie fréquemment l'histoire des princes du Soudan ».

chapitres. Les coupures que j'ai pratiquées, sans rien changer au contexte bien entendu, n'ont d'autre but que de faciliter les recherches. Sans doute l'index alphabétique eût pu à lui seul rendre à la rigueur le même service; mais, de ce qu'un mot est cité à telle page, il ne s'ensuit pas qu'on ait là le renseignement détaillé que l'on désire, ce même mot pouvant être reproduit un nombre assez considérable de fois d'une manière en quelque sorte accidentelle.

En terminant ces lignes je tiens à remercier M. Ed. Benoist qui a bien voulu m'aider dans l'édition du texte arabe et se charger de rédiger l'index alphabétique qui suit cette traduction. Je ne veux pas, non plus, oublier d'exprimer toute ma gratitude à M. le docteur Tautain qui a consenti si aimablement à laisser à ma disposition son précieux manuscrit.

O. Houdas.

HISTOIRE DU SOUDAN

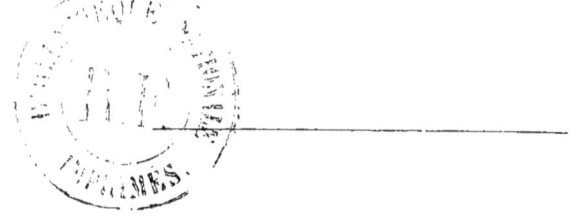

DOXOLOGIE

Au nom de Dieu, le clément, le miséricordieux! Qu'il répande ses bénédictions sur son prophète, notre seigneur Mahomet[1], sur sa famille, sur ses Compagnons et qu'à eux tous il accorde le salut!

Louange à Dieu, à qui seul appartiennent l'empire, l'éternité, la puissance et la gloire, et dont la science embrasse toutes les choses. Il sait ce qui a été, ce qui sera et aussi comment aurait été ce qui eût pu être. Rien ne lui échappe, pas même ce qui n'a que le poids d'un atome, que ce soit sur la terre ou dans les cieux.

Il donne le pouvoir à qui il lui plaît; il l'ôte à qui il veut. Gloire à ce souverain tout-puissant, glorieux et dominateur, qui a imposé à tous les êtres la décrépitude et la mort. Il est le premier, il n'a pas eu de commencement; il sera le dernier, il n'aura pas de fin.

---

1. Si j'ai conservé cette orthographe française, c'est qu'elle offre l'avantage de permettre de distinguer, sans le moindre effort, s'il est question du prophète des musulmans ou de l'un de ses nombreux homonymes.

Salut et bénédictions au prince des anciens et des modernes, à notre seigneur et maître Mahomet, le sceau des Envoyés et des prophètes, ainsi qu'à sa famille, à ses purs et admirables Compagnons animés de sentiments sincères et dévoués! Que, sans trêve, ni merci, Dieu répande sur eux tous ses bénédictions et qu'il leur accorde le salut!

INTRODUCTION

Nous savons que nos ancêtres, dans leurs réunions, s'entretenaient le plus souvent de l'histoire des Compagnons du Prophète et des saints de l'Islam (Dieu leur témoigne sa satisfaction et leur fasse miséricorde!). Ils parlaient aussi des chefs et des princes de leur pays, racontant la conduite de ces personnages, leurs aventures, leurs prouesses, leurs expéditions et la façon dont ils avaient péri. Rien pour eux n'était plus doux que ces récits, et ces causeries passionnaient leurs esprits. Ainsi firent-ils jusqu'au jour où la mort vint mettre un terme à leur existence (Dieu très-haut leur fasse miséricorde!).

La génération (٢)[1], qui vint ensuite, n'eut pas les mêmes préoccupations; aucun de ses membres ne chercha à suivre l'exemple donné par la génération disparue. Il ne se trouva plus personne ayant le noble souci de connaître les grands de la terre, ou, s'il se rencontra quelques hommes hantés de cette curiosité, ils furent en nombre très limité. Dès lors, il ne resta plus que des esprits grossiers portés à la haine, à l'envie, à la discorde et ne prenant intérêt qu'à ce qui ne

---

1. Ces chiffres arabes placés entre parenthèses indiquent la pagination de l'édition du texte arabe.

les regardait point, à des commérages, à des médisances ou des calomnies envers le prochain, toutes choses qui sont la source des pires de nos maux. Le Ciel nous préserve de pareils fléaux !

J'assistais donc à la ruine de la science (historique) et à son effondrement et en voyais disparaître à la fois les écus d'or et la menue monnaie. Et alors, comme cette science est riche en joyaux et fertile en enseignements puisqu'elle fait connaître à l'homme sa patrie, ses ancêtres, ses annales, les noms des héros et leur biographie, je sollicitai l'assistance divine et entrepris d'écrire moi-même tout ce que j'avais pu recueillir au sujet des princes de Soudan de la race des Songhaï, de redire leurs aventures, leur histoire, leurs exploits et leurs combats. Puis, à cela, j'ai ajouté l'histoire de Tombouctou, de la fondation de cette ville, des princes qui y ont régné, des savants et des saints qui l'ont habitée et d'autres choses encore, en poursuivant mon récit jusqu'à l'époque où la dynastie ahmédienne, hachémite, abbasside[1], cessa de régner dans la rouge[2] cité de Merràkech. Après avoir imploré l'aide de Dieu, dont l'appui me suffit et qui est le meilleur des soutiens, j'ai commencé en ces termes.

---

1. Il s'agit de la dynastie saadienne (cf. à ce sujet : O. Houdas, *Nozhet-el-hâdi*, texte et traduction. Paris, 1889). L'auteur se sert de l'épithète « ahmédienne » à cause du nom du plus illustre des princes de cette dynastie, Abou 'l-'Abbâs-Ahmed-El-Mansour, sous le règne duquel eut lieu la conquête du Soudan. Il appelle cette dynastie « hachémite », parce que ses princes étaient les descendants de Mahomet qui appartenait à la famille de Hâchem. Quant à l'adjectif « abbasside », il se rapporte sans doute au surnom donné à El-Mansour et ne fait point allusion à la dynastie des Abbassides.

2. Ce qualificatif, ajouté au nom de la ville de Merràkech, vient de l'aspect général des remparts et des monuments de cette ville. Au lieu de Merràkech, les cartes écrivent Maroc qui est la forme française de ce nom.

CHAPITRE PREMIER

LISTE DES PRINCES DU SONGHAÏ[1]

Le premier prince qui régna au Songhaï fut Zâ-Alayaman. Après lui régnèrent successivement : Zâ-Zakoï (٢); Zâ-Takoï; Zâ-Akoï; Zâ-Kou; Zâ-'Ali-Faï; Zâ-Biyaï-Komaï; Zâ-

---

[1]. Dans son travail intitulé : *Beiträge zur Geschichte und Geographie des Sudan*, et qui a paru dans la *Zeitschrift der deutschen morgenländischen Gesellschaft* (Band IV, 1855), C. Ralfs donne ainsi la transcription des noms des princes du Songhaï : Za Alajaman; Za Zakaja (ou Za Zaki); Za Atkaju; Za Akaja; Za Akiru; Za 'Ali Buy (ou Buja); Za Bijaru; Za Abi; Za Akuji; Za Juma Karwaja; Za Juma Dunku; Za Juma Kiba'a; Za Kukirja; Za Kinkir; Za Kasi; Za Kusur Dari; Za Ahir Karunku Dum; Za Bijuki Kaima; Za Juma Da'u (ou Za Netasanaï); Za Baija Kairi Kinba; Za Kuji Sibib (ou Za Chanbuyub); Za Atiba; Za Tinba Sinay; Za Juma Da'u; Za Fadazu; Za 'Ali Kiru; Za Bijaru Falk; Za Jasabi; Za Darar; Za Zank Bara; Za Basa Fara; Za Fada.

Cette liste a été reproduite avec de très légères modifications par M. Binger dans son bel ouvrage intitulé : *Du Niger au golfe de Guinée*, t. II, p. 366.

Une autre transcription, représentant la prononciation actuelle de tous ces noms, a été donnée par M. Félix Dubois dans son intéressant volume : *Tombouctou la Mystérieuse*, Paris, 1897, p. 117. La voici : Dialliaman; Dia Arkaï; Dia Atkaï; Dia Akkaï; Dia Akkou; Dia Alfaï, Dia Biégoumaï; Dia Bi; Dia Kiré; Dia Aüm Karaouaï; Dia Aüm Sumaïam; Dia Aüm Danka; Dia Kiobogo; Dia Koukouraï; Dia Kenken; Dia Koussaï; Dia Koussaï Daria; Dia Hin Koronon Goudam; Dia Bié Konikimi; Dia Binta Say; Dia Bié Kaina Kamba; Dia Kaina Siniobo; Dia Tip; Dialliaman Diago; Dia Ali Korr; Dia Berr Faloco; Dia Siboy; Dia Dourou; Dia Kabaro; Dia Bissi Baro; Dia Bada.

La liste établie par Ralfs renferme 32 noms, tandis que celle fournie par les trois mss. A, B et C n'en contient que 31. Il convient de remarquer que M. Dubois nomme 15 rois avant Dia Koussaï et que le texte dit en toutes lettres qu'il n'y en eut que 14. Ce qui a donné lieu à cette erreur, c'est que M. Dubois a fait de Kiobogo un nom à part, alors qu'il fait partie du nom précédent. Pour éviter, autant que possible, ce genre d'erreur j'unis par un trait d'union tous les termes qui forment le nom d'une seule et même personne.

L'écriture arabe n'ayant que trois signes pour représenter toute la gamme des voyelles, on comprend que l'on ne puisse être certain de la prononciation réelle de tous ces noms d'autant plus que les signes-voyelles, dans les mss., ne sont pas toujours exactement placés sur la consonne qu'ils doivent accompagner.

CHAPITRE PREMIER

Biyaï; Zâ-Karaï; Zâ-Yama-Karaouaï; Zâ-Yama; Zâ[1]-Yama-Danka-Kibaʻo; Zâ-Koukoraï; Zâ-Kenken. Cela fait en tout quatorze princes qui moururent sans avoir embrassé la foi musulmane. Aucun d'eux donc ne crut en Dieu, ni en son Prophète (Dieu répande sur lui ses bénédictions et lui accorde le salut!).

Zâ-Kosoï (Dieu lui fasse miséricorde!), qui vint ensuite, se convertit à l'islamisme. A cette occasion on l'appela *Moslem-dam*, expression signifiant dans la langue du pays *qui a embrassé l'islamisme volontairement sans y être contraint*. Cet événement se produisit en l'an 400 de l'hégire (1009-1010 de notre ère). Après lui, le trône fut occupé successivement par : Zâ-Kosoï[2]-Dàriya[3]; Zâ-Hen-Kon[4]-Ouanko-Dam; Zâ-Biyaï-Koï-Kîmi; Zâ-Nintâsanaï; Zâ-Biyaï-Kaïna-Kimba; Zâ-Kaïna-Chinyounbo; Zâ-Tib; Zâ-Yama-Daʻo[5]; Zâ-Fadazou; Zâ-ʻAli-Koro; Zâ-Bir-Foloko; Zâ-Yasiboï; Zâ-Douro; Zâ-Zenko-Bâro; Zâ-Bisi-Bâro; Zâ-Bada.

A ces princes succédèrent les Sonni[6], dont le premier,

---

1. Le mot *Zà* manque dans le texte arabe des mss.
2. Au lieu de *Kosoï*, le ms. C donne la leçon *Kosor* ou *Kousour*.
3. C'est par erreur que le texte imprimé porte *Darbiya*.
4. C'est la leçon donnée par le ms. C ; le texte imprimé a *Koz*, par suite de la confusion qui a été faite du ن final et du ز qui ne se distinguent pas toujours nettement l'un de l'autre dans l'écriture arabe du Soudan.
5. On a adopté ici encore la leçon du ms. C, au lieu de la forme *Dad* fournie par les mss. A et B et imprimée dans l'édition du texte arabe.
6. Ainsi qu'on le verra plus loin, au chapitre xii, l'orthographe exacte de ce mot est ainsi fixée. M. Binger a fait remarquer que la plupart des noms de ces princes appartiennent à la langue mandé.
D'après Ralfs voici les noms des Sonni : Sunni ʻAli Kilnu; — Silman Nar ; — Ibrahim Kibja, — Uṭman Kanwa; — Bazkin Ankabaja; — Musa ; — Bukar Zank ; — Bukar Dal Binba; — Bara Kuja; — Muḥammad Daʻu; — Muḥammad Kukia; — Muḥammad Bara; — Mari Kul Hum ; — Mari Rakr ; — Mari Arandan ; — Sulaïman Dam ; — ʻAli ; — Bara (ou Abu Bakr Daʻu).
M. Felix Dubois (*op. l.*, p. 119) transcrit les mêmes noms de la façon suivante : Sunni Alikolon ; — Suliman Naré ; — Ibrahim Kobia; — Osman Kanava ; — Barkaïna Ankabi ; — Moussa ; — Boukari Dianka ; — Boukar Dalla Bougoumba ; — Marikiri ; — Mohammed Bâou ; — Mohammed Kokia , — Mohammed Barro ;

'Ali-Kolon, avec l'aide du Dieu très-haut, délivra les gens du Songhaï du joug du peuple de Melli[1]. Après lui, le pouvoir passa à son frère Selmân-Nâri; ces deux princes étaient les fils de Zâ-Yasiboï. Ils eurent pour successeurs : Sonni-Ibrahim-Kabaï ; Sonni-Otsmân-Kanafa ; Sonni-Bar-Kaïna-Ankabi ; Sonni-Mousa ; Sonni-Bokar-Zonko ; Sonni-Bokar-Dalla-Boyonbo ; Sonni-Mâr-Kiraï ; Sonni-Mohammed Dâ'o ; Sonni-Mohammed-Koukiya ; Sonni-Mohammed-Fâr ; Sonni-Karbifo ; Sonni-Mâr-Faï-Kolli-Djimo[2] ; Sonni-Mâr-Arkona ; Sonni (٤) Mâr-Arandan ; Sonni-Selimân-Dam ; Sonni-'Ali ; Sonni-Bâr, dont le nom était Bokar-Dâ'o. Enfin régna après eux Askïa-El-Hâdj-Mohammed.

Quant au nom du premier de ces princes, Zâ-Al-Ayaman, il avait pour origine la phrase : *dja men el-Yemen* (il est venu du Yémen). On raconte, en effet, que ce personnage, accompagné de son frère, avait quitté le Yémen pour parcourir le monde et que le destin avait conduit les deux voyageurs dans la ville de Koukiya[3], cité très ancienne, élevée au bord du Fleuve, sur le territoire du Songhaï. Cette ville existait déjà au temps de Pharaon, et c'est d'elle, dit-on, qu'il fit venir la troupe de magiciens qu'il employa

— Maré Killighimou ; — Maré Arkouna ; — Maré Ardhan ; — Suliman Dami; — 'Ali ; — Barro (ou Boukari Dâo).
On remarquera que ces listes ne comptent que 18 princes, tandis que le ms. B en donne 19 en y ajoutant Sonni Karbifo, qui a été maintenu dans le texte imprimé.
1. On trouve pour ce nom les orthographes Melli, Malli et Mali.
2. Ou Himo, le point diacritique qui accompagnerait le caractère ح n'étant pas absolument certain.
3. Koukiya, d'après les indications de l'auteur, était une ville située sur le territoire du Songhaï et au bord du Niger. Le mot حر (fleuve) n'est suivi d'aucun nom propre ; cependant il ne peut s'entendre que du Niger, le fleuve par excellence aux yeux des Soudanais et le seul d'ailleurs qui coule dans le pays habité par les Songhaï. L'emplacement de cette ville de Koukiya est, selon toute vraisemblance, le même que celui de Gâo, autrement dit Kâgho, Koukou, Kaokao. Ces deux dernières formes pourraient être les altérations de *Kokoy Koryu* « la ville du roi » (la capitale), le premier de ces mots ayant été pris pour un nom de localité.

dans la controverse qu'il eut avec Moïse[1] (que sur lui soit le salut!).

Les deux frères arrivèrent à Koukiya dans le plus piteux état. Ils avaient, pour ainsi dire, perdu toute forme humaine, tant ils étaient sales et épuisés, et leur nudité n'était cachée que par des lambeaux de peaux de bêtes jetées sur leurs corps. Comme on leur demandait d'où ils sortaient, l'aîné répondit : « Il vient du Yémen[2] » (dja men el-Yemen). Dès lors on ne dit plus autrement que *Zâ-Al-Ayaman*, en altérant la prononciation de la phrase qui avait été dite, car les gens du pays éprouvaient de la difficulté à en reproduire les sons, tant leur dialecte barbare a alourdi leur langue.

Zâ-Al-Ayaman demeura à Koukiya. Il s'aperçut que les populations au milieu desquelles il vivait étaient païennes et n'adoraient que des idoles. Le démon se manifestait à eux sous la forme d'un poisson[3] qui, un anneau dans le nez,

---

1. Le *Coran*, sourate xx, versets 59, 75, rapporte le récit de cette aventure de Moïse avec le pharaon d'Égypte. La légende, qui fait venir les magiciens de Koukiya, ne saurait être admise sans la plus extrême réserve ; elle rentre dans la catégorie de celle qui fait de Tlemcen le théâtre d'un des incidents de l'histoire de Moïse et d'El-Khidr (*Coran*, sourate xviii, v. 76). Ces légendes paraissent avoir été imaginées dans le seul but de prouver, sous une forme sensible, la haute antiquité d'une ville.

2. On s'explique difficilement que cette réponse n'ait pas été faite à la première personne du pluriel, puisque les deux frères avaient accompli le même trajet. Dans tous les cas, elle ne saurait servir de preuve à leur venue directe du Yémen ; elle tendrait seulement à démontrer qu'ils étaient berbères ; car on sait que les Berbers se croient, pour la plupart, être originaires du Yémen, ainsi que le dit notre auteur au chap. viii, en parlant des Touareg.

Le seul point que pourrait fixer cette légende, c'est que les deux frères parlaient arabe. Elle rendrait alors compte de l'orthographe du mot « Zâ » dont la prononciation est « Diâ » d'après M. Félix Dubois. La consonne arabe ج *djim* sonne ordinairement, comme on sait, de quatre manières différentes : *gue*, *dje*, *ze* et *je* ; on comprend dès lors qu'on ait pu écrire زا *za*, au lieu جا *dja*. Au Soudan, en outre, le *djim* se prononce toujours *die*. Enfin il convient d'ajouter que l'orthographe donnée au nom du Yémen, d'après cette étymologie, serait fautive ; on écrit يمن et non ايمن qui signifierait « côté droit ».

3. Ce poisson serait sans doute le *lamantin*, idole ou *tenné* des Mandé selon. M. Binger (*op. l.*, t. II, p. 375). On a cru voir dans cette légende la marque d'une

apparaissait au-dessus des eaux du Fleuve à certaines époques déterminées. A ce moment tout le peuple se rendait en foule près de l'animal pour l'adorer ; celui-ci formulait ses ordres et ses prohibitions, puis on se dispersait ; tous exécutaient ce qui leur avait été enjoint de faire et s'abstenaient de ce qui leur avait été interdit.

Ayant assisté à cette cérémonie et s'étant aperçu que ces gens étaient manifestement dans une fausse voie, Zâ-Al-Ayaman conçut le projet de tuer ce poisson et mit son dessein à exécution. Un jour que l'animal faisait son apparition il lui lança un harpon et le tua grâce à l'aide de Dieu. Aussitôt le peuple prêta serment d'obéissance à Zâ-Al-Ayaman et en fit son roi. On prétend que ce prince était musulman et l'on en donne pour raison l'acte qui vient d'être rapporté ; on a dit également que ses successeurs abjurèrent leur foi (o) ; mais nous ne savons pas quel est celui qui, le premier d'entre eux, donna l'exemple de l'apostasie ; nous ignorons également à quelle époque Zâ-Al-Ayaman quitta le Yémen, à quel moment il arrive à Koukiya et quel était son véritable nom. On continua de l'appeler au moyen de la phrase indiquée ci-dessus qui lui servit de nom propre, et le premier mot de cette phrase devint un titre[1] pour les princes qui régnèrent après lui.

ligion apportée au Soudan par des étrangers. Il serait plus naturel, je crois, d'y voir le souvenir d'actes de piraterie qui se reproduisaient chaque année à une époque déterminée. On comprendrait alors que les habitants de Koukiya, délivrés de ce fléau, par Zâ-Al-Ayaman, l'aient proclamé roi, tandis qu'on ne voit pas bien pourquoi ils auraient témoigné une si grande reconnaissance à un étranger qui aurait tué leur idole vénérée.

1. C'est-à-dire le verbe *dja*, orthographié *Zâ* et prononcé *Dia*. Ce titre, précède, en effet, le nom de tous les successeurs de Zâ-Al-Ayaman, jusqu'au moment où il fut remplacé par celui de Sonni. Cette dernière qualification fut donnée, pour la première fois, à ʿAli-Kolon, fils de Zâ-Yasiboï, qui cependant était, lui aussi, un descendant de Zâ-Al-Ayaman. Ce changement de titre pourrait s'expliquer de la façon suivante : Le Songhaï aurait subi la domination du roi de Melli sous le règne de Zâ-Yasiboï, ce que confirme l'envoi de ses fils comme otages à la cour du vainqueur ; mais Zâ-Douro, Zâ-Zenko-Bâro, Zâ-Bisi-

CHAPITRE DEUXIÈME

La prospérité de Zâ-Al-Ayaman devint si nombreuse que Dieu seul sait combien il eut de descendants. Ce furent tous des hommes énergiques, audacieux et braves. Ils étaient en outre de forte corpulence et de haute taille[1]. Tout cela d'ailleurs est bien connu de ceux qui sont au courant de leur histoire et de leurs aventures.

CHAPITRE II

ORIGINE DES SONNI

Pour ce qui est du premier Sonni, 'Ali-Kolon, son histoire est la suivante : Employé au service du roi de Melli, il résidait auprès de ce prince ainsi que son frère Selmân-Nàr. Tous deux étaient fils de Zà-Yasiboï, et le nom de Selmân, qui, à l'origine, était Selimân[2], avait été ainsi altéré par suite de la barbarie du langage de ces populations.

La mère de 'Ali et celle de Selmân étaient deux sœurs

Bàro et Zà-Bada auraient continué à exercer le pouvoir au nom du roi de Melli. Ces quatre princes auraient régné fort peu de temps, puisqu"Ali-Kolon, né avant leur avènement, leur aurait succédé. Le titre de Sonni aurait été alors donné à 'Ali-Kolon parce qu'il avait délivré son pays du joug de l'étranger.

1. L'auteur, en parlant des qualités physiques des descendants de Zà-Al-Ayaman, oublie de dire si le chef de cette famille appartenait à la race blanche ou s'il était nègre. De son silence à cet égard, il semble qu'il faille plutôt conclure que ce prince était de race noire, sinon il n'eût sans doute pas négligé d'en faire la remarque. Cela n'infirmerait pas nécessairement la légende qui le fait venir du Yémen, les nègres, esclaves ou affranchis, ayant existé dès la plus haute époque en Arabie et chez les Berbers. Toutefois il est singulier que, dans la longue liste des Dia, on ne trouve que deux princes portant un nom arabe et encore n'est-il pas sûr que le nom d'"Ali qui leur est donné à tous deux ne soit pas un mot songhaï sonnant à peu près comme ce mot arabe.

2. Cette explication est parfaitement plausible; ainsi qu'on le remarquera, quelques noms de Sonni sont arabes.

germaines. Ommâ était le nom de la mère de ʽAli-Kolon ; Fati, celui de la mère de Selmân-Nâr. Cette dernière était la femme préférée du père des deux princes. Malgré de nombreuses grossesses, elle n'avait pas eu d'enfants, et, comme elle désespérait d'en avoir, elle dit à son mari : « Épouse ma sœur Ommâ, peut-être te donnera-t-elle une postérité que je n'ai pu te procurer. »

Zâ-Yasiboï suivit le conseil de sa femme. Il ignorait alors la loi[1] qui ne permet pas de réunir à la fois deux sœurs sous la puissance maritale d'un même époux. Dieu voulut que ces deux femmes devinssent enceintes durant une même nuit et qu'une même nuit également elles accouchassent d'un garçon. Les deux nouveaux-nés furent placés sur le sol dans une pièce obscure. Le lendemain seulement on les lava, car la coutume voulait qu'on attendît le lendemain pour cette opération quand un enfant naissait la nuit[2].

Le premier nouveau-né lavé fut ʽAli-Kolon et, de ce fait, il fut considéré comme l'aîné[3]. Quant à Selmân-Nâr, dont l'ablution eut lieu ensuite, il fut, pour cette raison, déclaré le cadet (٦).

Quand les deux enfants atteignirent l'âge d'entrer au service, le sultan de Melli les prit avec lui. A cette époque, en effet, ces princes étaient ses vassaux et il était d'usage que les fils des rois fussent astreints au service de leur suzerain[4].

---

1. C'est-à-dire la loi musulmane qui ne permet pas au fidèle d'être à la fois le mari de deux sœurs.

2. Cette coutume est assez bizarre. On ne peut guère l'expliquer que par un motif religieux ou, pour mieux dire, superstitieux.

3. L'auteur ne dit pas si le fait d'avoir mis ces deux enfants dans une pièce obscure avait été fait à dessein. Il est vraisemblable qu'il fut prémédité de façon à empêcher, dans l'avenir, les conflits qu'aurait fait naître l'amour maternel. Chacune des mères se trouva ainsi dans l'impossibilité de savoir quel était son véritable enfant et ne put songer à favoriser l'un plutôt que l'autre.

4. On a remarqué, avec juste raison, que cette coutume était un moyen détourné d'avoir des otages.

Cette coutume d'ailleurs s'est perpétuée jusqu'à nos jours chez tous les sultans du Soudan. Parmi ces jeunes gens, les uns rentraient dans leur pays après avoir servi un certain temps ; d'autres, au contraire, continuaient jusqu'à leur mort à demeurer auprès de leur suzerain.

Pendant que les deux princes étaient à la cour du roi de Melli, 'Ali-Kolon, de temps à autre, s'éloignait de sa résidence pour faire quelque expédition fructueuse[1], selon l'usage établi, puis il rentrait à son poste. 'Ali-Kolon, qui était un homme très sensé, très intelligent, plein de sagacité et de ruse, élargissait chaque jour davantage le cercle de ses courses, de façon à se rapprocher du Songhaï et à bien connaître tous les chemins qui y conduisaient. Alors il conçut le projet de s'enfuir dans son pays et de s'y rendre indépendant. Dans ce but, il prépara en cachette ce dont il avait besoin, armes et provisions, et cacha le tout dans des endroits, connus de lui, sur la route de Songhaï.

Ces préparatifs terminés, 'Ali-Kolon avertit son frère et lui fit part de ses desseins secrets. Après avoir donné à leurs chevaux une nourriture de choix très fortifiante, afin de n'avoir pas à craindre qu'ils leur fissent défaut par suite des fatigues de la route, les deux frères partirent en se dirigeant vers le Songhaï. Avisé de leur fuite, le sultan de Melli envoya à leur poursuite quelques hommes avec mission de tuer les fugitifs. Chaque fois qu'ils étaient serrés de trop près, les deux frères faisaient volte-face et combattaient leurs poursuivants. Dans ces combats, qui se renouvelèrent à plusieurs reprises, les fugitifs eurent toujours l'avantage, et, sans subir aucun échec, ils réussirent à gagner leur pays.

---

1. Ces expéditions ou razzias étaient autorisées à un double titre : elles formaient les jeunes princes à l'art de la guerre et elles leur permettaient en même temps de se procurer des ressources suffisantes pour tenir leur rang sans que le budget du suzerain eût à en souffrir.

'Ali-Kolon, devenu roi du pays de Songhaï, se fit appeler Sonni[1] et délivra ses sujets du joug du sultan de Melli. Après sa mort, son frère Selmân-Nàr lui succéda. Les limites du royaume de Songhaï ne dépassèrent les environs de sa capitale que sous le règne de Sonni 'Ali, le grand tyran kharédjite[2]. Ce prince réunit plus de troupes et déploya plus d'énergie que tous ceux de sa dynastie qui l'avaient précédé. Il fit des expéditions, conquit des provinces et sa renommée s'étendit à l'orient comme à l'occident, ainsi que nous le raconterons plus loin, s'il plaît à Dieu. Il fut pour ainsi dire le dernier roi de sa dynastie, car son fils, Abou Bakr[3] Dâ'o, qui monta sur le trône après sa mort, ne tarda pas à se voir arracher le pouvoir par Askia-El-Hâdj-Mohammed (v).

CHAPITRE III

LE ROI DE MELLI KANKAN-MOUSA

Le sultan Kankan[4]-Mousa fut le premier des rois de

---

1. L'auteur ne s'explique pas sur la valeur de ce titre ou son origine, comme il l'a fait pour celui de Zà, et comme il le fera plus loin pour celui de Askia.

2. C'est-à-dire appartenant à la secte des Kharédjites qui, à cette époque déjà, comptait de nombreux représentants dans tout le nord de l'Afrique. Les Kharédjites, on le sait, ne croient pas à la nécessité d'avoir un chef suprême de l'islamisme; ils estiment en outre que tout fidèle, strict observateur de la loi, d'origine quelconque, peut être élevé au pouvoir souverain. Très orthodoxes, d'une moralité rigoureuse, ils sont très intolérants. (Sur cette secte, cf. Brunnow, *Die Charidschiten*, Leyde, 1884.) Ibn Batoutah signale la présence d'Ibadites à Zâghari (Defrémery et Sanguinetti, *Voyages d'Ibn-Batoutah*, Paris, 1873-1879, t. IV, p. 394).

3. Ce nom est prononcé vulgairement Bou-Bakar; au Soudan il s'abrège en Bokar, ainsi qu'on a pu le voir dans la liste des Sonni.

4. Ce nom est parfois transcrit Konkour, par suite d'une confusion qu'ont

CHAPITRE TROISIÈME

Melli qui s'empara du Songhaï. Prince pieux et équitable, il ne fut égalé par aucun autre roi de Melli en vertu et en droiture. Il fit le pèlerinage à la sainte demeure de Dieu (La Mecque) et accompli ce voyage dans les premières années du neuvième siècle de l'hégire ; mais, mieux que personne, Dieu sait[1] à quelle date exacte.

Le prince avait avec lui un immense cortège et des forces considérables, car le nombre de ses hommes s'élevait à soixante mille. Toutes les fois qu'il montait à cheval, il était précédé de cinq cents esclaves, chacun d'eux tenant à la main une baguette d'or du poids de 500 mìtsqâls[2] en or.

Kankan-Mousa fit route vers Oualâta[3] dans El-'Aouàli et arriva à l'emplacement actuel du Touât. Là, il laissa un grand nombre de ses compagnons qui avaient été atteints au cours du voyage d'une maladie du pied que, dans leur langue, ils appelaient *touât*. La localité, où cette séparation eut lieu et où les malades se fixèrent à demeure, prit le nom de leur maladie[4].

commise les copistes en lisant un ر à la place du ن final. Cette confusion provient de ce que, au Soudan, on note souvent le point diacritique du ن final, ce qui ne se fait pas d'ordinaire dans l'écriture maghrébine.

1. Cette locution est d'usage toutes les fois qu'on n'a pas une certitude absolue, qu'il s'agisse d'une date ou d'un événement. Je la rendrai souvent par « si je ne trompe ». Quant à la date exacte du pèlerinage de Kankan-Mousa, elle est de 724 (1324) d'après Ibn-Khaldoun (cf. de Slane, *Histoire des Berbers*, t. II, p. 112).

2. Le mot *mitsqàl* s'emploie souvent pour désigner une monnaie d'or valant aujourd'hui environ 16 francs ; mais il désigne aussi le poids de la huitième partie de l'once, et alors il équivaut à : 0^{kg},00469. C'est dans ce dernier sens qu'il faut l'entendre ici sans doute, et chaque baguette aurait donc pesé 3^{kg},118125.

3. Oualâta, dont le nom s'écrit aussi Oualâten et Ioualâten, était la capitale d'un royaume situé au nord-ouest de Tombouctou, à l'est du district de Houd ; on l'identifie avec Ghana. Je suppose que le mot « El-'Aouàli » est le nom de la contrée dont Oualâta était la capitale. Peut-être que ce nom, qui signifie « les élevées » ou « les hautes terres », fait allusion à la nature montagneuse du pays par opposition au nom de la province voisine appelée Houd, mot qui en arabe signifie « cuvette, bas-fonds » (cf. à ce sujet les *Voyages d'Ibn-Batoutah*, t. IV, p. 385). Le *Bulletin du Comité de l'Afrique française* de mars 1893 contient une carte de M. Vuillot donnant la position de Oualata.

4. Cette étymologie parait bien peu vraisemblable.

Dans leurs annales, les peuples de l'Orient ont relaté le voyage du prince ; ils ont marqué leur étonnement de la puissance de son empire, mais ils n'ont pas dépeint Kankan-Mousa comme un homme large et généreux. C'est qu'en effet, malgré l'étendue de ses États, il ne donna en aumônes dans les deux villes saintes[1] qu'une somme de 20.000 pièces d'or, tandis que Askia-El-Hàdj-Mohammed consacra au même objet 100.000 pièces d'or.

Ce fut après le départ du Kankan-Mousa, se rendant au pèlerinage, que les gens du Songhaï se soumirent à son autorité. A son retour, le prince passa par le Songhaï et fit bâtir, en dehors de la ville de Kâgho[2], une mosquée avec mihrâb où il fit la prière du vendredi. Cette mosquée existe encore aujourd'hui. Dans toutes les localités où il passa un vendredi[3], le prince avait eu coutume de procéder de cette façon.

Ensuite Kankan-Mousa prit la route de Tombouctou ; il s'empara de cette ville et fut le premier souverain qui s'en rendit maître. Il y installa un représentant de son autorité et fit construire le palais royal, appelé *Ma' dougou*[4], mots

---

1. Les « deux villes saintes » sont La Mecque et Médine. Toute fondation pieuse *ouaqf* ou *habous*, dont les revenus se trouvent sans emploi par suite de la disparition des dévolutaires indiqués dans l'acte de constitution, est généralement attribuée aux deux villes saintes qui en affectent les produits aux pèlerins pauvres. Ce fonds s'accroît encore des aumônes que laissent les grands personnages lors de leur pèlerinage à La Mecque. C'est d'une aumône de ce genre dont il est question ici.

2. Cette ville, appelée quelquefois Gogo, était située au nord de Say sur les bords du Niger, tout près de la pointe extrême du coude que fait ce grand fleuve au moment de se diriger vers le midi. La ville actuelle de Gao occupe l'emplacement de Kâgho.

3. Le vendredi tous les fidèles doivent faire la prière du *dohor* en commun ; cet office doit avoir lieu, autant que possible, dans une mosquée. Bien qu'une construction en briques crues puisse être assez vite édifiée, il est probable que le prince se contentait le plus souvent de faire enclore un de ces lieux de prières en plein air que l'on appelle *mosalla*.

4. *Dougou* en mandé signifie « village » plutôt que palais. C'est qu'en réalité

CHAPITRE TROISIÈME

dont le sens dans leur langue (ʌ) est *palais du roi*. Sur l'emplacement, encore bien connu de ce palais, on a établi les boutiques des bouchers.

Dans le récit de ses voyages, Abou-Abdallah-Mohammed-ben-Batoutah[1] (Dieu lui fasse miséricorde !) s'exprime ainsi : « Le sultan Mansa-Mousa[2], c'est-à-dire Melli-Koï[3] Kankan-Mousa, lors de son pèlerinage, logea dans une villa qui appartenait à Sirâdj-Ed-Dîn-ben-El-Kouaïk, un des principaux négociants de la ville d'Alexandrie. Cette villa était située à Birket-el-Habech[4], aux environs du Caire. Pendant qu'il était installé là, le prince ayant eu besoin d'argent en emprunta à Sirâdj-Ed-Dîn, et, à son exemple, ses émirs en firent autant.

« Sirâdj-Ed-Dîn avait envoyé un mandataire chargé du recouvrement des sommes qu'il avait prêtées, mais ce mandataire demeura à Melli[5]. Sirâdj-Ed-Dîn dut donc se rendre en personne pour réclamer le paiement de ses créances. Il se mit en route avec son fils, arriva à Tombouctou et y reçut l'hospitalité de Abou-Ishâq-Es-Saheli. Le sort voulut qu'il mourût la nuit même de son arrivée dans cette ville, et

---

les palais des souverains du Soudan sont de véritables petites villes. Actuellement le mot « roi » en mandé se dit *fama, mansa* ou *masa* (cf. M. J.-B. Rambaud, *La langue mandé*, Paris, MDCCCXCVI). *Maʻ* serait l'abréviation du mot mandé *mara*.

1. Le texte et la traduction complète des *Voyages d'Ibn-Batoutah* ont été publiés par Defrémery et Sanguinetti dans la Collection d'ouvrages orientaux du *Journal asiatique*. On y trouvera le récit donné par notre auteur au tome IV, p. 431.

2. Mansa en mandé signifie « roi »; c'est un titre, ce n'est pas un nom; quant à Kankan, c'est le nom d'une ville visitée par René Caillé.

3. Melli-Koï, signifie « roi de Melli »; toutefois, le mot *Koï* s'emploie aussi pour désigner tout simplement le chef d'une ville, sorte de maire ou de préfet. Le mot Koï appartient à la langue songhaï.

Je donnerai en appendice une note sur tous ces titres, sur leur valeur et leur origine.

4. Sur cette localité, cf. de Sacy, *Abdallathif*, p. 400.

5. Ibn-Batoutah ne dit pas pourquoi ce mandataire ne s'acquitta point de la mission dont il était chargé.

la rumeur publique courut qu'il avait été victime d'un empoisonnement. Mais le fils du défunt fit la déclaration suivante : « J'étais en compagnie de mon père et j'ai mangé « exactement les mêmes mets que lui ; donc si ces mets avaient « été empoisonnés nous serions morts tous les deux. Mon père « est mort parce que le moment de sa dernière heure était « venu. » Le jeune homme gagna ensuite la ville de Melli ; là il recouvra ses créances et rentra ensuite en Égypte.

« Dans cette ville, ajoute ailleurs Ibn Batoutah, on trouve le tombeau de cet Abou-Ishâq, le poète célèbre[1] originaire de Grenade et connu dans son pays sous le surnom de Et-Touïdjin[2]. C'est également dans cette ville que se trouve le tombeau du Sirâdj-Ed-Dîn dont il vient d'être question. »

Ce fut, si je ne me trompe, en l'année 754[3] (1353), que le cheikh Abou-Abdallah (Ibn Batoutah), l'auteur de cette relation de voyage, se rendit à Tombouctou.

C'est, assure-t-on, le sultan Kankan-Mousa qui fit bâtir le minaret de la grande mosquée de Tombouctou, et ce fut sous le règne d'un des princes de sa dynastie que le sultan du Mossi[4], à la tête d'une forte armée, fit une expédition contre cette ville. Saisis d'effroi, les gens de Melli prirent la fuite et abandonnèrent Tombouctou aux assaillants. Le sultan du Mossi pénétra alors dans la ville, la saccagea, l'incendia, la ruina, et après avoir fait périr tous ceux qu'il put atteindre

---

1. Le ms. C. donne المعلى à la place de المعلق, leçon qui paraît préférable. En outre les mss. A et B. ont remplacé le mot الشاعر « le poète » par الشاهر « le célèbre ».

2. On trouve les deux orthographes الطويجين et السويجين. Ce mot est le diminutif de طاجين « plat, casserole, marmite ».

3. Le départ du cheikh Ibn-Batoutah eut lieu en 753.

4. L'orthographe des mss. est Mouchi ; mais c'est évidemment du Mossi de nos cartes qu'il s'agit. Le chef du pays prenait le titre de Mossi-Koï ou Mouchi-Koï.

CHAPITRE TROISIÈME

et s'être emparé de toutes les richesses qu'il trouva, il retourna dans son pays. Les gens de Melli rentrèrent ensuite à Tombouctou et y demeurèrent encore en maîtres (1) durant cent ans.

« Tombouctou, a dit le très docte jurisconsulte Ahmed-Baba[1], a été saccagée trois fois : la première fois, par le sultan du Mossi; la deuxième, par Sonni-'Ali, et la troisième, par le pacha Mahmoud-ben-Zergoun. Cette dernière dévastation fut moins terrible que les deux premières. » On assure que, dans la mise à sac accomplie par Sonni-'Ali, il y eut plus de sang répandu que dans celle que lui fit subir le sultan du Mossi.

Vers la fin de la domination des princes de Melli, les Touareg Maghcharen[2] commencèrent leurs incursions contre la ville de Tombouctou; ils avaient à leur tête leur sultan Akil-Akamelouel[3] et ravageaient le pays de tous côtés et dans tous les sens. Les habitants éprouvaient de graves préjudices de toutes ces déprédations; cependant ils ne prenaient point les armes pour combattre l'ennemi. On dit qu'un prince qui n'est pas en état de défendre ses États ne mérite pas d'y régner; aussi les gens de Melli durent-ils abandonner la contrée et retourner dans leur pays. Akil s'empara alors de Tombouctou et en demeura le maître durant quarante ans.

---

1. Cette citation du texte de Ahmed-Baba indiquerait déjà, à défaut des autres preuves directes, que l'Histoire du Soudan, dont nous donnons la traduction, n'est pas l'œuvre du célèbre jurisconsulte tombouctien.
2. Tous les mss. offrent la même orthographe de ce nom qui ne figure sur aucune des listes des tribus Touareg mentionnées par les auteurs qui se sont occupés de cette région. (Voir la note 1 du chap. VII.)
3. Le ms. C insère le mot « fils » entre ces deux noms. Peut-être a-t-il voulu traduire le mot *Ak* ou *Ag* qui commence le nom Akamalouel, ce qui ferait un pléonasme, le mot *ag* en berbère signifiant « fils ». Il aurait dû dire alors : Akil fils d'Amalouel, ce qui serait une représentation tout à fait exacte de ce nom.

CHAPITRE IV

LE ROYAUME DE MELLI

Melli[1] est le nom d'une grande contrée, très vaste, qui se trouve à l'extrême occident du côté de l'océan Atlantique. Qaïamagha[2] fut le premier prince qui régna dans cette région. La capitale était Ghâna[3], grande cité sise dans le pays de Bâghena.

On assure que ce royaume existait avant l'hégire, que vingt-deux princes y régnèrent avant cette époque et qu'il y en eut également vingt-deux qui régnèrent ensuite. Cela fait en tout quarante-quatre rois. Ils étaient de race blanche, mais nous ignorons d'où ils tiraient leur origine. Quant à leurs sujets, c'étaient des Oua'kori[4].

Lorsque cette première dynastie disparut, elle fut remplacée par celle de Melli dont les princes étaient de race

---

1. A l'origine le pays de Melli n'occupait qu'une région de grandeur moyenne au nord de Ségou et au nord-ouest de Tombouctou. Plus tard ce royaume s'étendit considérablement, à l'est et à l'ouest surtout, atteignant d'un côté le coude du Niger, de l'autre l'océan Atlantique. En même temps il s'étendait vers le sud, mais dans de moindres proportions.
2. Ou « Qaïa-magha ; le mot *magha* signifiant « grand » en foulbé.
3. Tandis que El-Bekri (édition de Slane, texte arabe, p. 174) et Yaqout (édition Wüstenfeld, t. III, p. 770) disent formellement que Ghâna n'était pas dans le voisinage immédiat d'un fleuve, Ibn-Khaldoun (*Histoire des Berbères*, trad. de Slane, t. II, p. 110) assure que la ville était formée de deux parties séparées par le Niger. Sans en avoir encore la certitude complète, on suppose actuellement que l'emplacement de Ghâna correspond à celui de Oualâta. Suivant M. Binger, le Bâghena serait le Bakounou actuel dont la capitale est Bakouinit.
4. Les mots وعكرى et ونكرى désignent les Ouakoré ou Wangara, c'est-à-dire les Mandé ou Mandingues. La différence d'orthographe du texte arabe provient soit de ce que la prononciation du mot variait suivant les dialectes, soit de ce que les caractères arabes ne pouvaient pas les représenter exactement.

CHAPITRE QUATRIÈME

noire. Ce royaume prit une très grande extension et arriva à confiner le territoire de Dienné (10). On y trouvait[1] trois principautés : Kala[2], Bindougou et Sibridougou. Chacune de ces principautés avait douze sultans[3].

Parmi les sultans de Kala, huit d'entre eux résidaient dans son île[4]; le territoire du premier confinait au pays de Dienné dont il était le voisin. Ces sultans étaient : le Ouaron-Koï, le Ouanzo-Koï, le Kama-Koï[5], le Fadko-Koï ou Farko-Koï, le Kirko-Koï, le Kao-Koï, le Farma-Koï et le Zorra-Koï. Quant aux quatre sultans qui faisaient suite à ces huit premiers, ils étaient établis de l'autre côté du Fleuve (le Niger) dans la direction du nord. Le premier, le Koukiri-Koï, était fixé dans le voisinage du pays de Zâgha, du côté de l'ouest; après lui venaient : le Yâra-Koï, le Sana-Koï et le Sâma-Koï, appelé aussi le Sanbanba[6]. Le Fala-Faran[7] avait le pas sur ces sultans et occupait le premier rang lorsqu'on se réunissait

---

1. Mot à mot : « dans elle était ». Le sens de cette phrase n'est pas très précis. Cependant il semble bien qu'il faille entendre que les trois principautés dont il est parlé étaient parties intégrantes du royaume de Melli, sans toutefois le constituer à elles seules; sinon on ne comprendrait guère qu'on parlât de leurs rapports avec le *sultan* de Melli, ainsi qu'on le fait plus loin.

2. La ville actuelle de Sokolo occupe la place de l'ancienne capitale du royaume de Kala. Le Bindougou est le Bandouk actuel.

3. Le mot sultan signifie ici chef de district. Tous les titres de ces chefs étaient formés du nom du chef-lieu du district suivi du mot *Koï* ou chef.

4. L'île dont il est question était sans doute formée par le Niger et le Bani.

5. Ms. C : Kamya-Koï.

6. Ralfs transcrit les titres de ces douze sultans de la manière suivante : Warabakuji; Watarkuji; Kumaykuji; Fadkakuji ou Farkakuji; Kurkakuji; Kawakuji; Faramakuji; Zarakuji; Kukirikuji; Zarakuji; Sarakuji; Samakuji ou Sambamba.

7. Le début de cette phrase est un peu obscur. Toutefois, il semble impossible de lire Wafala-Faran comme l'a fait Ralfs, à moins de faire de ces mots une épithète de Sanbanba. Je crois plutôt que *wa* est la conjonction, et que Fala-Faran, ou Qala-Faran, d'après le mss. C, était le titre d'un haut fonctionnaire de la cour du roi de Melli, sorte de chambellan qui avait le pas sur les gouverneurs de provinces et leur servait d'intermédiaire auprès de son maître. Cela confirmerait la traduction donnée plus haut qui indique Kala, Bindougou et Sibridougou comme des principautés vassales du roi de Melli.

auprès du souverain de Melli ; c'est lui qui prenait la parole pour demander conseil au roi.

Les sultans du Bindougou habitaient tous en arrière du Fleuve (le Niger) du côté du sud[1]. Le premier d'entre eux était établi dans le voisinage de la frontière du pays de Dienné ; il s'appelait le Kao-Koï ; ensuite venaient : le Kighni-Koï, le Sama-Koï, le Tara-Koï, le Dâ'a-Koï, le Ama-Koï et le Ta'ba-Koï[2]. J'ai oublié le nom des cinq autres.

Les sultans du Sibridougou étaient établis en arrière des deux premiers et avoisinaient le territoire de Melli.

Le roi de Melli conquit le Songhaï, Tombouctou, Zâgha, Mima, Bâghena et les environs de cette contrée jusqu'à l'Océan. Les habitants de cet empire disposaient de forces nombreuses et leur grande audace ne connut ni bornes ni limites. Le prince avait sous ses ordres deux généraux[3] : un, pour la partie méridionale ; l'autre, pour la partie septentrionale ; le premier s'appelait le Sanqar-Zouma'[4] ; le second, le Faran-Sourâ. Chacun d'eux avait sous ses ordres un certain nombre de caïds et des troupes.

L'arrogance de ces gens, leur turbulence et leurs exactions devinrent telles dans les dernières années de leur dynastie que Dieu les fit périr en les châtiant de sa main. Un matin, alors qu'ils se trouvaient ce jour-là réunis au palais du roi, ils virent apparaître la milice de Dieu sous la forme de jeunes hommes encore adolescents. Après avoir frappé

---

1. Mot à mot : *de la droite*. Comme le mot arabe qui désigne le nord signifie également la *gauche*, on comprend qu'au Soudan on ait employé le mot la *droite* pour désigner le sud.

2. Selon Ralfs, ces titres étaient : Kukuji ; Ka'rkuji ; Samarkuji ; Tarakuji ; Da'ukuji ; Amarakuji et Ta'bakuji. Les mss. A et B ont Ka'an-Koï au lieu de Kighni-Koï donné par le ms. C.

3. Le mot caïd qui est dans le texte est pris ici surtout comme titre de chef militaire.

4. Ou : « portait le titre de Sanqar-Zouma', tandis que l'autre portait celui de Faran-Sourâ.

de leurs glaives et exterminé presque toute la population (11), ces messagers célestes disparurent tout d'un coup, par la vertu du Tout-Puissant, sans que personne ait jamais su d'où ils étaient venus, ni par où ils s'en étaient allés.

De ce jour commencèrent la faiblesse et l'avilissement de ces populations; cela dura jusqu'au règne du prince des Croyants, Askia-El-Hâdj-Mohammed, qui, ainsi que le firent après lui ses enfants, guerroya sans cesse contre elles, en sorte qu'il ne se trouva plus personne parmi elles, qui osât relever la tête.

La population de l'empire de Melli se divisa en trois groupes; chacun d'eux eut à sa tête un prétendu sultan; mais les deux caïds méconnurent l'autorité de ces souverains et se déclarèrent également indépendants chacun dans son domaine respectif.

Au temps où la puissance de la dynastie de Melli était prépondérante, elle avait cherché à soumettre les gens de Dienné, mais ceux-ci avaient toujours résisté. Dans les nombreuses expéditions dirigées par les gens de Melli, dans les combats terribles et fréquents qui se renouvelèrent jusqu'à quatre-vingt-dix-neuf fois contre les gens de Dienné, la victoire resta toujours à ces derniers. On raconte que le nombre des combats entre les deux peuples devra nécessairement, dans l'avenir, atteindre le chiffre de cent, et que, cette fois encore, ce seront les gens de Dienné qui seront les vainqueurs.

CHAPITRE V

DESCRIPTION DE DIENNÉ[1]; NOTICE HISTORIQUE A SON SUJET

Cette ville est grande, florissante et prospère ; elle est riche, bénie du Ciel et favorisée par lui. Dieu a accordé à ce pays toutes ces faveurs comme une chose naturelle et innée. Les habitants de Dienné sont bienveillants, aimables et hospitaliers. Toutefois ils sont par nature très enclins à jalouser les heureux de ce monde. Si l'un d'entre eux obtient quelque faveur ou avantage, les autres s'unissent contre lui dans un même sentiment de haine, sans en rien laisser paraître sinon au moment où cette personne est éprouvée par la mauvaise fortune (Dieu nous préserve d'un tel sort !). Alors chacun manifeste en paroles ou en actions toute la haine qu'il avait par-devers lui.

Dienné est un des grands marchés du monde musulman. Là se rencontrent les marchands du sel provenant des mines de Teghâzza[2] et ceux qui apportent l'or des mines de Biṭou[3]. Ces deux mines merveilleuses (١٢) n'ont pas leurs pareilles dans l'univers entier. Tout le monde trouve grand profit à s'y rendre pour y faire du commerce et on acquiert

---

1. Tel est le nom actuel de cette ville. D'après l'orthographe arabe, il faudrait transcrire Djinni ou Guinni; c'est de cette dernière prononciation qu'a été vraisemblablement formé le mot français Guinée.

2. Teghâzza est le nom de la grande mine de sel gemme située à deux jours de marche au nord de Taodeni. On trouvera des détails sur cette mine dans le *Bulletin du Comité de l'Afrique française*, supplément du numéro de juillet 1897. Oskar Lenz a passé près de Taodeni en 1880, mais il n'est pas entré dans cette bourgade qui est située par environ 22° de latitude nord et 3° de longitude est.

3. D'après M. Binger, Biṭou est le nom de la région du Boukoukou, pays aurifère par excellence.

ainsi des fortunes dont Dieu seul (qu'il soit loué!) peut connaître le chiffre.

C'est à cause de cette ville bénie que les caravanes affluent à Tombouctou de tous les points de l'horizon, de l'est, de l'ouest, du sud et du nord. Elle est située au sud-ouest de Tombouctou, en arrière des deux fleuves, dans une île formée par le Fleuve[1]. Tantôt les eaux du Fleuve débordent (et se rapprochent), tantôt elles se retirent et s'éloignent peu à peu. Le moment de la grande crue a lieu au mois d'août et c'est en février que les eaux baissent.

A l'origine, la ville avait été bâtie dans un endroit appelé Zoboro[2] ; plus tard on la déplaça pour la transporter au lieu où elle se trouve actuellement. L'ancienne ville était située près de la ville moderne dans la direction du sud.

Dienné est entourée d'un rempart qui était percé de onze portes. Trois d'entre elles ont été bouchées par la suite, en sorte qu'il n'en reste plus aujourd'hui que huit. Quand, du dehors et à une certaine distance, on regarde la ville, il semble que l'on a devant soi une simple forêt, tant les arbres sont nombreux. Mais, une fois à l'intérieur, on ne se douterait pas qu'il existât un seul arbre dans la région.

La ville a été fondée par des païens au milieu du deuxième siècle de l'hégire du Prophète (sur lui soient les meilleurs saluts et bénédictions!) : les habitants ne se convertirent à l'islamisme que vers la fin du sixième siècle de l'hégire. Le sultan Konboro[3] adopta le premier l'islam et les habitants de la ville suivirent son exemple.

Quand Konboro fut décidé à entrer dans le giron de l'islamisme, il donna l'ordre de rassembler tous les ulémas

---

1. Il serait plus exact de dire entre le Niger et le Bani, car c'est sur les bords de cet affluent de la rive droite du Niger qu'est placée la ville de Dienné.
2. Les voyelles sont données par le ms. C. Ralfs écrit Zaġaru, il semble bien cependant qu'il y ait dans les mss. un ڤ et non un ح.
3. Orthographe également fixée par le ms. C. Dans Ralfs on trouve Kanbara,

qui étaient alors sur le territoire de la ville; leur nombre s'éleva à quatre mille deux cents. Il abjura le paganisme en leur présence et leur enjoignit de prier Dieu d'accorder trois choses à Dienné : « 1° que, celui qui, chassé de son pays par l'indigence et la misère, viendrait habiter cette ville, y trouvât en échange, grâce à Dieu, abondance et richesse, de façon qu'il oubliât son ancienne patrie ; 2° que la ville fût peuplée d'un nombre d'étrangers supérieur à celui de ses nationaux (١٢) ; 3° que Dieu privât de patience tous ceux qui viendraient y trafiquer de leurs marchandises, en sorte que, ennuyés de séjourner en cet endroit, ils vendissent à vil prix leurs pacotilles, ce dont bénéficieraient les habitants. » A la suite de ces trois prières on lut le premier chapitre du Coran[1], aussi ces prières furent-elles exaucées, ainsi que chacun peut le constater *de visu* encore aujourd'hui.

Aussitôt converti à l'islamisme, le sultan démolit son palais et le remplaça par un temple destiné au culte du Dieu très-haut ; c'est la grande mosquée actuelle. Il construisit un autre palais pour y installer sa cour, et ce palais avoisine la mosquée du côté est. Le territoire de Dienné est fertile et peuplé ; des marchés nombreux s'y tiennent tous les jours de la semaine. On assure qu'il contient 7.077 villages très rapprochés les uns des autres.

Le fait suivant suffira à donner une idée de la proximité de ces villages les uns par rapport aux autres. Si le sultan, par exemple, a besoin de faire venir un habitant d'un village situé dans le voisinage du lac[2] Debo, le messager qu'il envoie se rend à une des portes des remparts et, de là, il crie le message qu'il est chargé de transmettre. Les gens,

---

1. Chaque fois que l'on conclut un marché ou qu'on entreprend quelque chose d'important, l'usage est de lire ou de réciter le premier chapitre du Coran.

2. Le texte porte le mot بحر qui, d'ordinaire, a le sens de « mer » ou « fleuve navigable ».

de village à village, répètent cet appel, et le message se trouve parvenir immédiatement à l'intéressé qui se rend à la convocation à lui adressée. Point n'est besoin d'en dire davantage pour montrer combien ce territoire est peuplé.

Le territoire de Dienné s'étend en largeur depuis Kikaï, village voisin du lac Debo au sud de ce lac jusqu'à Bao, ville située dans le voisinage du pays du Ouaron-Koï[1]. Dans le sens de la longueur il va de Tinaï, ville à proximité du pays du sultan de Kabara[2], jusqu'en arrière des montagnes des Tonbolà, nom d'une très nombreuse tribu professant le culte des mages[3].

Le sultan de Dienné a douze commandants de corps d'armée installés du côté de l'ouest sur le pays de Sana. Ces commandants sont uniquement destinés à guetter l'occasion d'attaquer le Melli-Koï[4] ou de repousser ses troupes lorsqu'elles viennent sans y être autorisées par le sultan. Parmi ces officiers on peut citer Yausoro, Soasoro, Mâtigho[5] et Karimou, etc. Le Sana-Faran[6] est leur chef. Il y a également douze commandants de corps d'armée installés du côté de l'est, en arrière du Niger, du côté de Titili[7].

A la mort du sultan Konboro (Dieu lui fasse miséricorde!) ce fut son successeur au trône qui installa les tours (ነኒ) qui sont à la mosquée. Le successeur de ce dernier prince bâtit

---

1. Ou : Ouronna-Koï. L'auteur se sert parfois du titre du chef de district au lieu d'employer le nom même du district. Il s'agit donc ici du pays de Ouaron ou Ouronna, le Ouarankoï actuel, au nord de la boucle de la Volta occidentale, à environ dix journées de marche au sud de Dienné.

2. Les voyelles marquées dans le ms. C indiquent la prononciation Kâbira et non Kabara.

3. C'est sans doute les tribus qui habitent la région de Tombo, marquée sur les cartes au sud du Niger aux environs de Bandiagara.

4. Ou : le roi de Melli.

5. Le texte imprimé conforme aux mss. A et B remplace ce mot et les deux qui précèdent par : Yauso, Sonasoro et Mâtigho.

6. Encore ici on retrouve ce mot Faran dans le nom ou le titre d'un personnage ayant le pas sur ses collègues.

7. Ou Tinili, d'après les mss. A et B.

le rempart qui entoure la mosquée. Quant au sultan Adam ce fut le plus remarquable de tous les monarques de Dienné.

Depuis la fondation de la ville, les habitants de Dienné ne furent vaincus par aucun roi jusqu'au jour où Sonni-'Ali vint les soumettre à son autorité et régner sur eux. Il dut pour cela assiéger la ville durant sept ans, sept mois et sept jours, à ce que racontent les gens du pays. Son camp était installé à Zoboro et c'est de là qu'il venait chaque jour combattre jusqu'au moment où l'inondation du Fleuve entourait Dienné. Alors il s'éloignait avec ses troupes et se retirait dans un endroit qui, à raison du séjour qu'il y faisait, fut appelé Nibkatou-Sonni[1]. Installées là, les troupes cultivaient le sol en attendant la baisse des eaux ; elles retournaient alors à Zoboro pour combattre de nouveau. Ainsi se passèrent les choses durant le cours des sept années dont il vient d'être parlé.

Le sultan Abdallah, fils du sultan Abou-Bekr, m'a raconté que les vivres ayant diminué, la population fut réduite à la famine. Malgré cela, elle résistait vigoureusement. Sonni-'Ali ignorait ces circonstances ; aussi rebuté de la longueur du siège, il avait décidé de retourner au Songhaï quand un des principaux chefs de l'armée du sultan de Dienné, le grand-père de Ansa-Mani-Sourya-Mohammed, dit-on, lui fit connaître cette situation qu'il ignorait. Cet événement l'arrêta dans ses projets de départ ; il voulut attendre pour voir comment les choses tourneraient et il redoubla d'efforts.

Le sultan de Dienné consulta alors ses généraux et les principaux officiers de son armée sur la reddition de la place à Sonni-'Ali. Tous furent unanimes à se ranger à cet avis, et l'on députa, à cet effet, un parlementaire au Sonni qui l'accueillit avec bienveillance et accepta ses propositions.

A la tête des principaux chefs de son armée, le sultan de

---

1. « La colline du Sonni ».

Dienné se rendit auprès du Sonni. Arrivé près de lui, il descendit de sa monture et s'avança (١٠) à pied jusqu'à son vainqueur qui le reçut cordialement et avec de grands égards. En voyant un tout jeune homme, le Sonni, qui l'avait pris par la main et fait asseoir auprès de lui sur son tapis, s'écria : « Comment ! c'est contre un enfant que cette lutte a duré si longtemps ! » Mais un des courtisans du prince lui fit remarquer que le père du jeune homme était mort durant le siège en laissant le trône à son fils.

Telles sont les circonstances qui ont amené le sultan de Songhaï et celui de Dienné à prendre place sur le même tapis comme ils le font encore aujourd'hui [1]. Le Sonni demanda la main de la mère du jeune homme et l'épousa. Le sultan Abdallah m'a dit que c'était ce mariage qui avait allongé de sept jours le temps dont nous avons parlé pour la durée du siège.

Le Sonni-'Ali envoya un de ses chevaux de selle pour aller chercher sa femme et la ramener à son camp. Dès qu'elle fut arrivée, il renvoya au sultan de Dienné, à titre de cadeau, le cheval qui l'avait portée ainsi que tout le harnachement qui, aujourd'hui encore, est conservé par les habitants de Dienné. Cela fait, le Sonni se mit en route avec sa femme et retourna au Songhaï.

Un de mes confrères m'a raconté avoir entendu le saint personnage en Dieu, Mohammed 'Oriân-er-râs (*nu de la tête*) [2] (que Dieu lui fasse miséricorde et nous fasse profiter de ses bénédictions !) faire le récit suivant : Sonni-'Ali assiégea durant quatre ans la ville de Dienné sans obtenir le moindre avantage sur ses habitants. La raison de cet insuccès était uni-

---

1. C'est-à-dire à se traiter en quelque sorte d'égal à égal. On sait que les musulmans traitent d'une façon toute différente l'ennemi contre lequel ils ont combattu, suivant qu'il y a eu capitulation ou conquête les armes à la main.
2. On trouvera plus loin sa biographie.

quement due à ce que les quatre califes, Abou-Bekr, 'Omar, 'Otsmân et 'Ali (Dieu leur témoigne à tous sa satisfaction!) veillaient sur la ville, chacun d'eux en gardant un des quatre coins. Mais une certaine nuit, un des grands personnages de l'armée ayant commis une grave injustice à l'égard d'un pauvre diable, les quatre califes abandonnèrent la ville. Dès le lendemain elle fut conquise par Sonni-'Ali qui s'en empara et en fit ce qu'il voulut[1]. Le cheikh, cité ci-dessus, ajoute que, à cette époque, des gens de cœur, qui voient les choses avec la lumière divine, existaient dans ce pays[2].

Un autre de mes confrères m'a dit que l'injustice dont le militaire s'était rendu coupable était la suivante : il avait pris de force la femme d'un pauvre diable et, après se l'être appropriée, il avait usé de violence pour la posséder (Dieu nous préserve de telles infamies!). C'est pour ce fait que Dieu punit toute la population et la priva de son indépendance.

J'ai vu aussi, consigné par écrit, le récit d'un lettré[3] distingué (١٦) qui rapportait que Sonni-'Ali avait demeuré un an et un mois à Dienné. Mais il ne spécifiait pas si c'était à ce moment ou une autre fois.

CHAPITRE VI

BIOGRAPHIE DES SAVANTS DE DIENNÉ

Dieu, le Très-haut, a attiré dans cette ville bénie un cer-

---

1. D'après ce récit le siège n'aurait donc duré que quatre ans.
2. Expression un peu alambiquée pour dire « des saints et des voyants ».
3. Le mot طالب, « étudiant », s'applique aussi à ceux qui ont achevé leurs études sans avoir conquis les grades les plus élevés et correspond alors à notre mot « lettré ».

tain nombre de docteurs et gens pieux, étrangers au pays, qui y sont venus demeurer ; ces personnages étaient originaires de tribus différentes et de contrées diverses. Voici la biographie de quelques-uns d'entre eux.

Mourimagha-Kankoï[1]. — Il était originaire de Taïo, village situé entre Bigho et Koukir. Il se rendit à Kabara pour y faire ses études ; puis, de là, il se mit en route vers Dienné au milieu du ıxᵉ siècle de l'hégire, si je ne me trompe. Jurisconsulte, théologien, saint homme et dévot, il jouissait d'un grand renom ; aussi, les élèves s'empressèrent-ils d'accourir à ses leçons, désireux de profiter de son brillant enseignement.

A minuit, le maître sortait de chez lui et se rendait à la mosquée pour y répandre sa science. Les étudiants s'asseyaient alors autour de lui et suivaient ses cours jusqu'au moment de faire la prière du matin. La prière terminée, ils reprenaient leurs places et y restaient jusqu'à midi[2], heure à laquelle le professeur rentrait chez lui. On reprenait les cours après la prière du dohor et ils se terminaient après la prière de l'asr.

Telles étaient les habitudes de ce professeur lorsque, un certain jour qu'il faisait la prière du matin avec l'imam, il entendit un homme placé à côté de lui faire l'invocation suivante au moment de la prosternation : « O mon Dieu ! Mourimagha-Kankoï attriste notre ville, débarrasse-nous de lui ! »

Aussitôt qu'il eut fait la salutation finale[3], Mourimagha s'écria : « Seigneur ! j'ignore quels torts j'ai eus envers la

---

1. Ou « Mouri-Magha » en deux mots. Les voyelles ne sont pas indiquées ici dans le ms. C ; mais elles le sont plus loin. Pour tous les noms propres l'orthographe donnée est presque toujours celle du ms. C.

2. Le mot الزوال désigne l'heure de midi ; la prière du *dohor* n'a lieu qu'une heure après. Quant à celle de l'*asr*, on sait qu'elle a lieu au moment intermédiaire entre midi et le coucher du soleil.

3. « De la prière ». C'est-à-dire qu'il eut complètement achevé sa prière.

population de cette ville pour qu'on me maudisse ainsi. » Le même jour il quitta Dienné pour aller à Kouna où il demeura. Les gens de Djindjo, ayant appris ce qui s'était passé, lui envoyèrent une embarcation qui le ramena chez eux où il resta jusqu'à sa mort (Dieu lui fasse miséricorde et nous fasse profiter de ses mérites !). Le tombeau de Mourimagha est bien connu à Djindjo et l'on s'y rend en pèlerinage.

Le jurisconsulte **Foudiya-Mohammed-Foudiki**[1]**-Sanou-El-Ouankori**. — Ce jurisconsulte, théologien, saint personnage dévot et vertueux, s'établit à Dienné à la fin du IXe siècle de l'hégire (١٧). Il avait quitté sa patrie, située sur le territoire de Biṭo, à la suite de troubles qui y avaient éclaté et se rendait à Dienné, lorsqu'il lui arriva l'aventure suivante :

Un jour qu'il avait marché jusqu'au coucher du soleil, il s'attarda dans un certain endroit pour y faire la prière du maghreb. Il étendit à terre son burnous, s'installa dessus et fit la prière obligatoire. Celle-ci terminée, il se mit en devoir d'en faire d'autres surérogatoires lorsqu'un voleur vint par derrière lui et tira tout doucement la partie du burnous qu'il avait sous un de ses pieds ; le saint ayant retiré son pied, le voleur tira alors la partie du burnous qui était sous l'autre pied. Même manège du dévot qui retira son autre pied et resta debout, immobile sans interrompre sa prière. Voyant cela, le voleur, effrayé, remit le burnous comme il était avant qu'il l'eût tiré et fit acte de repentir entre les mains de sa victime. Dieu sait mieux que personne si cela est vrai.

Dans le cours de ce voyage, Foudiya-Mohammed atteignit Tourà, bourgade située entre Dienné et Chini[2], où il de-

---

1. Ce nom Foudiki manque dans les mss. A et B, et celui de Sanou, qui vient ensuite, remplace celui du ms. A, Sagou, qui a été reproduit dans le texte imprimé.
2. China, suivant les mss. A et B.

meura. De là, tous les vendredis, il se rendait à Dienné pour y accomplir ses dévotions et personne ne savait qui il était.

Un jour, un des grands personnages de l'entourage du sultan vit en songe quelqu'un qui lui dit : « Cet homme, qui vient de Tourâ faire chez vous la prière du vendredi, assurera contre tout trouble la ville dans laquelle lui et ses enfants établiront leur résidence ; et, son tombeau, dans quelque ville qu'il soit, jettera, chez ceux qui voudraient effrayer les habitants de cette ville, une panique plus grande que celle que les assaillants chercheraient à produire. » Ce songe se répéta trois fois. A la troisième fois, le grand personnage obtint une description du saint homme.

Aussitôt il alla raconter dans tous ses détails son songe au sultan, qui lui donna l'ordre de guetter l'homme et, dès qu'il l'aurait vu, de le lui amener. Quand le courtisan vit celui qui lui avait été décrit en songe, il l'amena au sultan en lui disant : « C'est bien le personnage qui répond au signalement que j'ai vu dans mes rêves. »

Le sultan enjoignit à Foudiya de demeurer dans la ville de Dienné. Foudiya se mit aussitôt à faire démolir le temple de l'idole que les païens avaient adorée et à faire abattre en même temps les maisons qui se trouvaient dans son enceinte ; comme (١٧) depuis la conversion des habitants à l'islamisme elles étaient restées désertes, il les fit restaurer pour servir de maisons d'habitation. Le sultan en fit don au saint qu'il traita avec les plus grands honneurs et qu'il entoura de la plus haute considération. Malgré tout cela, le saint homme ne voulait fréquenter personne, ni accepter aucune invitation à dîner. Le sultan insista à diverses reprises sans pouvoir vaincre sa résistance.

Un jour, cependant, un des vassaux[1] du sultan, qui avait

---

1. Mot à mot : « des gens obéissant au sultan ». On pourrait donc aussi traduire par « serf ».

déserté et qui était menacé de mort pour ce fait, vint trouver le saint et le pria de l'accompagner jusque chez le prince et de lui sauver la vie. « Ce n'est point mon habitude d'aller chez lui, répondit Foudiya. — Alors, répliqua l'homme, vous serez responsable de ma mort, car dès demain mon âme vous accusera quand elle sera devant Dieu, si vous ne venez pas avec moi. » En entendant ces paroles, le saint, qui en saisit toute la gravité, surmonta sa répugnance et partit immédiatement et en toute hâte pour accompagner son interlocuteur auprès du sultan. Celui-ci fut tout surpris de cette démarche quand on l'en avisa : il donna l'ordre de faire entrer le saint et dès qu'il fut informé du but de sa visite il lui dit : « Je fais grâce à ton protégé et à tous ses parents de tout crime et de tout délit et je les exonère pour le reste de leurs jours de toute redevance royale. Toutefois c'est à la condition que tu mangeras avec moi de ma cuisine[1]. » Foudiya accepta. On servit le repas et le cheikh tendit la main pour se servir ; mais, avant même d'avoir touché aux mets, sa main enfla horriblement. « Vous voyez ce qui m'arrive, dit le cheikh, qui se leva et partit entouré d'estime et d'égards. » Le sultan néanmoins laissa en paix le vassal et ses parents comme il l'avait promis. Telle est la puissance que Dieu accorde aux saints et aux hommes vertueux.

Lorsque le saint homme en Dieu, le jurisconsulte Sidi Mohammed-ben-'Omar-ben-Mohammed-Aqit vint à Dienné, il vit Foudiya et admira beaucoup sa conduite. De retour à Tombouctou il en fit grand éloge. Ce fut à la suite de cela que lors de son retour du pèlerinage, le prince des Croyants Askia-El-Hâdj-Mohammed, investit Foudiya des fonctions de

---

[1]. C'est une croyance assez répandue que de se croire à l'abri de toute trahison de la part de celui qui a mangé avec vous. Le prince craignait sans doute que le saint ne voulût à un moment donné agir contre lui.

cadi de Dienné. Il fut dans cette ville le premier cadi chargé de régler les contestations des habitants selon la loi musulmane. Auparavant les différends étaient portés devant le khatib[1] qui les tranchait en conciliant les parties. Telle est encore la coutume des nègres, mais les blancs prennent pour juges les cadis. C'est ainsi que les choses se pratiquent de nos jours.

Tout ce qui vient d'être rapporté au sujet des vertus du cheikh a été vu et constaté par bien des gens. Quant aux prières faites sur son tombeau, elles sont toutes exaucées d'une façon complète. Ce tombeau est situé dans une cour (١٩) de la mosquée, près du mihrab qui est situé dans le mur qui ferme la mosquée au nord. Dieu fasse miséricorde à ce cheikh, lui témoigne sa satisfaction et attire sur nous une partie de ses bénédictions. Amen!

Le cadi **El-'Abbas-Kibi**. — Habitant de Dienné, Ouakri d'origine, ce personnage était en même temps que jurisconsulte et théologien remarquable, un homme éminent, bon et généreux. Il avait un grand fonds de générosité. Son tombeau est situé à l'intérieur de la mosquée près de l'extrémité du côté du sud. Dieu lui fasse miséricorde!

Le cadi **Mahmoud-ben-Abou-Bekr-Baghyo'o**, père des deux savants éminents : le jurisconsulte Mohammed-Baghyo'o et le jurisconsulte Ahmed-Baghyo'o. — Habitant de Dienné, Ouankori d'origine, c'était un jurisconsulte et un théologien remarquable. Après la mort du cadi El-'Abbas-Kibi, en l'année 959 (1552), il fut investi des fonctions de cadi par l'ordre du fils de l'émir Askia-El-Hâdj-Mohammed, Askia-Ishâq, après le retour de celui-ci de l'expédition de Ta'ba.

Le cadi **Ahmed-Torfo**, fils du cadi 'Omar-Torfo. — Originaire de Dienné et habitant cette ville, il y exerça les

---

1. « Le prédicateur de la mosquée » qui faisait fonction d'arbitre.
(*Histoire du Soudan.*)

fonctions de prédicateur, puis d'imam de la mosquée et enfin celles de cadi. Il cumula ces trois charges ; au moment de son départ pour le pèlerinage il se fit suppléer en qualité de prédicateur par le khatib Mama, comme imam de la mosquée par l'imam Yahya et enfin comme cadi par le cadi Mouaddib[1]-Bokar-Terouari. Il mourut à La Mecque (Dieu lui fasse miséricorde!) et chacun des trois suppléants devint titulaire de sa fonction. Quant au cadi Bokar, dont il vient d'être parlé, il était originaire de Kala et appartenait à la famille royale de ce pays. Il se voua à la piété tout en étant au pouvoir, et, esclave de la science, il dut à ces vertus les faveurs divines.

Le cadi **Mohammed-Benba-Kenâti.** — D'origine ouankori, il fut un jurisconsulte et un savant illustre. Il fut nommé cadi après la mort du cadi Bokar-Terouari. Il fut le dernier cadi sous la dynastie des Soudaniens[2].

Tels sont les savants célèbres de la ville de Dienné. Nous n'avons donné leurs noms dans ce livre qu'à cause de la renommée qu'ils acquirent par leur science. Que leur mention attire sur nous les bénédictions du Ciel!

Voici la liste des cadis dans l'ordre où ils se succédèrent. Le cadi Mohammed-Foudiya-Sànou ; le cadi Fouko ; le cadi Kanâdji ; le cadi (20) Tanatâ'o[3] ; le cadi Sonqomo ; le cadi El-'Abbâs-Kibi ; le cadi Mahmoud-Baghyo'o ; le cadi 'Omar-Torfo ; le cadi Tolmà-Kilisi[4] ; le cadi Ahmed-Torfo, fils du cadi 'Omar-Torfo[5] ; le cadi Mouaddib-Bokar[6]-Terouari ; le cadi Mohammed-Benba-Kanâti. Tels furent les cadis depuis

---

1. Ce mot, au lieu d'être un nom propre, pourrait être traduit par « professeur », mais il faudrait alors qu'il eût l'article défini.
2. C'est-à-dire avant la conquête du Soudan par le sultan du Maroc.
3. Ou Tinitâ'o.
4. Ce nom manque dans la liste des mss. A et B.
5. Les mss. A et B donnent simplement El-'Abbâs-Torfo. El-'Abbâs est ici pour Abou l-'Abbâs qui précède souvent le nom de Ahmed.
6. Bokar est l'abréviation de Abou-Bekr, prononcé vulgairement Bou-Bakar.

le commencement de la dynastie du prince des Croyants Askia-El-Hâdj-Mohammed jusqu'à sa fin.

On trouvera plus loin, s'il plaît à Dieu, la liste des cadis de cette ville qui leur ont succédé, lorsqu'il sera question de la dynastie ahmédienne, hachémite, abbaside, molouïenne du souverain de Merrâkech (Dieu lui fasse miséricorde!). Quant aux savants de race blanche[1], il y eut un grand nombre qui se fixèrent à Dienné et qui venaient de Tombouctou. Nous en citerons quelques-uns, si Dieu veut, quand nous ferons l'obituaire des personnages de la dynastie ahmédienne susdite.

CHAPITRE VII

TOMBOUCTOU ET SA FONDATION

Cette ville fut fondée par les Touareg Maghcharen[2] à la fin du v⁰ siècle de l'hégire. Ils venaient dans ces contrées pour faire paître leurs troupeaux : durant la saison d'été,

---

1. Tous les personnages mentionnés dans ces biographies étaient donc de race nègre.
2. La transcription donnée par les mss. A, B et C est identique à celle du ms. dont s'est servi Ralfs. Il est cependant difficile de voir autre chose dans ce nom qu'une transcription fautive du mot *Imajer'en*, pluriel de *Majir'*, une des formes dialectales du nom que se donnent les Touareg, nom qui, le plus souvent, est écrit : *Imochar'*. La disparition de la voyelle initiale se rencontre fréquemment dans les noms propres transcrits en caractères arabes ; elle est en quelque sorte naturelle, les Arabes n'ayant pour représenter les voyelles que des signes qui ne s'écrivent qu'après une consonne et un mot chez eux ne devant jamais commencer par une voyelle pure. D'un autre côté, au Soudan, on substitue souvent le غ au ع, et le غ est employé pour la voyelle *a* comme on peut le voir dans la transcription de Madougou (note 9 du chap. III). Enfin la lettre غ est dans certains dialectes remplacée par le ج (cf. à ce sujet les *Notes de lexicographie berbère* de M. René Basset et en particulier son travail sur *le nom des couleurs et des métaux*, p. 45).

ils campaient sur les bords du Niger dans le village de Amadagha; à l'automne, ils se mettaient en route et gagnaient Araouan[1] où ils demeuraient. C'était leur limite extrême dans la région des hautes terres. Enfin, ils choisirent l'emplacement qu'occupe actuellement cette ville exquise, pure, délicieuse, illustre (٢١), cité bénie, plantureuse et animée qui est ma patrie et ce que j'ai de plus cher au monde.

Jamais Tombouctou n'a été souillée par le culte des idoles; sur son sol personne ne s'est jamais agenouillé que devant le Clément. Elle est la retraite des savants et des dévots, le séjour habituel des saints et des hommes pieux.

Au début c'est là que se rencontraient les voyageurs venus par terre et par eau; ils en avaient fait un entrepôt pour leurs ustensiles et leurs grains. Bientôt cet endroit devint le carrefour des voyageurs qui y passaient à l'aller et au retour. Ils confiaient la garde de leurs objets à une esclave appelée Tombouctou[2], mot qui, dans la langue du pays, signifie « la vieille » et c'est d'elle que ce lieu béni a pris son nom.

Plus tard on commença à s'établir à demeure en cet endroit où, par la volonté de Dieu, la population alla en croissant. On y venait de toutes parts et de tous lieux et bientôt ce fut une place de commerce. Tout d'abord, les gens de Ouaghdou étaient ceux qui s'y rendaient en plus grand nombre pour trafiquer, puis il vint des négociants de toutes les régions voisines.

Auparavant le centre commercial était à Biro[3]; on y voyait affluer les caravanes de tous les pays, et de grands

---

1. La position d'Araouan est bien connue aujourd'hui. Oskar Lenz a donné une description de cette ville (cf. D' Oskar Lenz, *Tombouctou*, traduction française, t. II, p. 90).

2. Si elle était exacte, cette étymologie indiquerait que les Touareg n'auraient pas désigné cette ville par un nom appartenant à leur propre langue.

3. Ou Birou; tel était le nom songhaï de Oualâta.

savants, de pieux personnages, des gens riches de toute race et de tout pays s'y fixèrent : il y en avait de l'Égypte, de Audjela, du Fezzân, de Ghadamès, du Touât, du Dra', du Tafilalet, de Fez, du Sous, de Biṭou, etc...

Tout cela se transporta à Tombouctou peu à peu et finit par s'y concentrer entièrement ; en outre, toutes les tribus des Senhâdja se joignirent à ces éléments de la population. La prospérité de Tombouctou fut la ruine de Biro. Sa civilisation lui vint uniquement du Maghreb, aussi bien sous le rapport de la religion que sous le rapport des transactions. Au début, les demeures des habitants consistaient en enclos d'épines, en paillottes ; puis elles se transformèrent en huttes d'argile. Enfin la ville fut entourée de murs très bas, en sorte que du dehors on voyait ce qui se passait au dedans. On bâtit ensuite une grande mosquée suffisante pour les besoins, puis la mosquée de Sankoré[1] ; celui qui (٢٢) alors se tenait à la porte de la ville[2] voyait ceux qui entraient dans la grande mosquée, tant à cette époque la ville avait peu de murs et de constructions. Ce fut seulement à la fin du IXe siècle que la prospérité de la ville prit définitivement son essor ; l'enchevêtrement des maisons et la continuité des constructions ne s'acheva que dans le milieu du Xe siècle, sous le règne de Askia-Daoud, fils de l'émir Askia-El-Hâdj-Mohammed.

Ainsi qu'il a été dit précédemment, la première dynastie qui régna à Tombouctou fut celle des gens de Melli ; elle dura cent ans[3] à partir de l'année 737 (1336-1337). Les Touareg Maghcharen dominèrent ensuite durant quarante ans à partir de l'année 837 (1433-1434) ; après eux, vint

---

1. Le ms. C orthographie ce nom : Sonkoraï.
2. Le texte dit : « à sa porte », sans indiquer nettement de quelle porte il s'agit.
3. Il s'agit d'années lunaires.

Sonni-'Ali dont le règne, commencé en 873 (1468-1469)[1], dura vingt-quatre ans. Il fut remplacé par le prince des Croyants, Askia-El-Hâdj-Mohammed, dont le règne, ainsi que celui de ses successeurs, dura cent un ans du 14 de Djomada II de l'année 898 au 17 de Djomada II de l'année 999 (2 avril 1493-12 avril 1591). Enfin le pouvoir échut au chérif hachémite, le sultan Moulay Ahmed Eddehebi dont la domination commença avec la chute de la dynastie des gens du Songhaï, c'est-à-dire le 17 de Djomada II de l'année 999 (12 avril 1591). Voici aujourd'hui soixante-cinq ans que le règne de ce prince et de ses successeurs a commencé.

Au cours du règne du sultan Akil, les Touareg continuèrent, comme par le passé, d'habiter sous des tentes dans la campagne et de nomadiser à la recherche des pâturages. Le gouvernement de la ville était confié, pendant ce temps, au Tombouctou-Koy[2], Mohammed-Naddi, homme de la race des Senhâdja, de la tribu de Adjor et originaire de Chenguit[3], patrie d'origine de cette tribu, comme Tichît est la patrie d'origine des gens du Masina et des gens de Tafarast-Biro qui sont également venus de l'ouest[4]. La mère de Mohammed-Naddi était la fille de Souma-'Otsmân. Déjà, sous la dynastie des gens de Melli, il avait occupé cette haute situation et son titre seul fut modifié avec le changement de dynastie. Il avait tous les pouvoirs entre les mains, pouvoirs administratifs, financiers et autres; enfin, il était le chef de la cité.

1. Tout le commencement de ce paragraphe manque dans le ms. C.

2. En langue songhaï : « le chef de Tombouctou ». La nature exacte de ses fonctions se trouve indiquée à la fin du paragraphe.

3. Le ms. C. porte l'orthographe شنيط « Chenyyit ». Sur cette transformation du *g* en *di* ou *yi*, cf. Hacquard et Dupuis, *Manuel de la langue soñgay*. Paris, 1897, p. 3, note . Chinguit est la principale ville de l'Adrar, contrée au sud du Maroc et Tichit est le chef-lieu du Tagant, province au sud-est de l'Adrar.

4. Il serait plus exact de dire nord-ouest.

CHAPITRE SEPTIÈME

Mohammed-Naddi fit (٢٢) construire la mosquée bien connue et désigna, pour y remplir le poste d'imam, son compagnon et ami, le saint éminent, le pôle parfait, Sidi Yahya-Et-Tâdelsi. Les deux amis moururent à la même époque vers la fin du règne des Touareg.

Arrivé au terme de sa vie, le cheikh Mohammed-Naddi fit un rêve. Durant une certaine nuit, il lui sembla voir le soleil se coucher et la lune disparaître immédiatement après. Il raconta son rêve à Sidi Yahya qui lui dit : « Si tu ne dois pas t'effrayer, je vais te l'expliquer. — Je ne m'effraierai point, répliqua Mohammed. — Eh! bien, reprit son compagnon, je vais mourir et tu mourras peu après moi. » Puis, comme Mohammed manifestait alors une vive angoisse, il ajouta : « Ne m'as-tu donc pas dit que tu ne serais pas effrayé. — Mon angoisse, répartit Mohammed, ne vient pas de la crainte de la mort : elle est uniquement motivée par ma sollicitude pour mes jeunes enfants. — Confie alors à Dieu le soin de veiller sur eux, » répliqua le saint homme.

Puis, Sidi Yahya mourut et peu après Mohammed le suivit dans la tombe (Dieu leur fasse miséricorde!). On enterra les deux amis l'un près de l'autre dans la même mosquée.

On assure que, vers la fin de sa vie, Mohammed avait perdu la vue. Il ne malmena jamais personne, sauf la nuit de la mort de Sidi Yahya. Quand la foule se précipita[1] au convoi funèbre, il se mit à frapper tout le monde avec un fouet, ce qu'il n'aurait pas fait s'il avait joui encore de sa vue.

Après la mort de Mohammed-Naddi, le sultan Akil nomma ʿAmmâr, le fils aîné du défunt, pour remplir les fonctions qu'avait exercées le père.

---

1. Quand le défunt est un grand personnage ou un saint, on se bouscule littéralement pour porter la civière ne fût-ce qu'une seconde, car c'est un des moyens d'attirer sur soi les bénédictions du Ciel.

La fin de la domination des Touareg fut marquée par d'odieuses exactions sans nombre et des actes d'une violente tyrannie. Les Touareg semaient partout la désolation ; ils entraient de force dans les maisons et y violaient les femmes. Akil défendit aux habitants de Tombouctou de payer la redevance habituelle au Tombouctou-Koï. Sur le montant total des impôts il était d'usage que le gouverneur prélevât le tiers ; mais quand le sultan venait de ses campements et entrait dans la ville, il se servait de cet argent pour vêtir ses gens, leur donner des repas et faire toutes ses largesses. Quant aux deux autres tiers, il les distribuait à ses serviteurs dévoués.

Un jour qu'il avait reçu 3.000 mitsqâls d'or, il les répartit en trois parts à l'aide d'une baguette qu'il tenait à la main, car la coutume veut que ces princes ne touchent jamais l'or avec leurs doigts. « Cette première part, dit-il, est pour vous acheter des vêtements ; cette seconde pour vos fouets[1] et la troisième je vous en fais cadeau. — Mais, répliquèrent les serviteurs, il est d'usage que cette part revienne au Tombouctou-Koï. — Qui est donc le Tombouctou-Koï ? qu'est-ce que cela signifie ? à quoi sert-il ? Emportez tout cela, c'est à vous. »

Très irrité de ces paroles, le gouverneur employa toute son astuce (٢٤) pour se venger du sultan. Il dépêcha en secret un messager au Sonni-'Ali pour l'engager à venir à Tombouctou, en lui promettant de lui livrer cette ville dont il deviendrait ainsi le souverain. Il lui dépeignit la situation de Akil en toutes choses, lui montrant la faiblesse de l'autorité de ce prince et son manque de vigueur physique. Le messager remit comme preuve de la sincérité de ses dires une des chaussures du gouverneur. Ce messager, qui était

---

1. Peut-être est-ce une expression métaphorique dans le genre du mot « guides » en français.

maigre et très petit[1], fut richement récompensé par Sonni-'Ali.

Un jour que Akil et le Tombouctou-Koï 'Ammâr étaient assis tous deux sur la colline de Amaḍagha, ils virent tout à coup des cavaliers du Sonni-'Ali arrêtés sur les bords du Niger du côté de Gourma. Akil résolut aussitôt de fuir et il partit avec les jurisconsultes de Sankoré pour gagner Biro.

L'autorité des Touareg ne s'était jamais étendue au-delà du Fleuve. Le Tombouctou-Koï se mit aussitôt à expédier des embarcations pour permettre aux cavaliers de traverser le Fleuve. Puis, quand Sonni-'Ali arriva venant de la direction de Haoussa, 'Ammâr prit à son tour la fuite vers Biro, craignant que Sonni-'Ali ne voulût le punir de la résistance qu'il lui avait faite auparavant. S'adressant à son frère El-Mokhtâr-ben-Mohammed-Naḍḍi, il lui dit au moment de partir : « Cet homme voudra sûrement se venger de moi. Reste donc ici en arrière et demain va le trouver toi-même en personne comme pour lui donner des nouvelles et dis-lui : Depuis hier nous n'avons pas vu mon frère ; je tiens pour certain qu'il a pris la fuite. Si tu es le premier à lui annoncer cette nouvelle, il est probable, si Dieu veut, qu'il te nommera Tombouctou-Koï et alors notre maison sera protégée par Dieu. Si tu ne suis pas ce conseil, il me tuera et te tuera également ; il démolira notre maison et dispersera les membres de notre famille. »

Par la volonté et la puissance de Dieu, les choses se passèrent comme l'avait prévu 'Ammâr qui était un homme intelligent, fin et rusé. Sonni-'Ali entra dans Tombouctou et

---

1. La phrase est assez mal construite pour qu'on puisse aussi bien attribuer ces épithètes au gouverneur qu'au messager. Il semble que cette indication a simplement pour objet de montrer que, grâce à sa maigreur et à sa petite taille, qui lui permettaient de mieux dissimuler sa présence, le messager avait pu facilement échapper à la vigilance des Touareg.

ruina la ville, comme cela sera raconté plus loin, s'il plaît à Dieu, à la suite de l'énumération des savants et saints personnages qui ont habité Tombouctou. Dieu nous fasse participer à leurs bénédictions dans ce monde et dans l'autre !

CHAPITRE VIII (٢٥)

NOTICE SUR LES TOUAREG

Les Touareg sont les Messoufa qui rattachent leur généalogie aux Senhâdja, qui, eux-mêmes, font remonter leur origine à Himyar, ainsi qu'il est dit dans l'ouvrage intitulé : *El-holel el-mououachiya fi dikr el-akhbár El-Merrákochiya*[1]. Voici le texte de ce passage : Ces Lemtoun remontent jusqu'aux Lemtouna qui sont les enfants de Lemt. Lemt, Djedâl[2], Lamth, Mestouf se rattachent aux Senhâdja. Lemt est l'ancêtre des Lemtouna ; Djedâl, celui des Djedâla ; Lamth, celui des Lamtha et Mestouf celui des Messoufa[3]. Ce sont des nomades qui s'enfoncent dans le Sahara (ou les déserts) ; ils ne peuvent jamais demeurer en place et n'ont aucune ville dans laquelle ils se réfugient. Leurs parcours dans le Sahara s'étendent jusqu'à deux mois de marche[4] entre le pays des Noirs et le pays de l'Islam.

1. L'auteur dit lui-même qu'il n'a pas transcrit intégralement le passage de l'ouvrage qu'il cite. Le seul point intéressant à relever et qu'il n'ait point cité c'est que, d'après Abou-Abdallah-Ez-Zohri, les habitants du Soudan, dont Ghâna était la capitale, ont professé la religion chrétienne jusqu'en l'année 469 de l'hégire (1076-1077), époque à laquelle ils se convertirent à l'islamisme (cf. ms. arabe de la Bibliothèque nationale, n° 1873, f° 5 r°, ligne 13).
2. Ou Guedâl.
3. Le ms. C écrit مسطوفة « mestoufa » dont Messoufa serait l'altération.
4. Le ms. du *El-holel* dit « deux mois dans tous les sens ».

Ils sont musulmans, suivent la Sonna et font la guerre sainte aux nègres. Les Senhâdja font remonter leur origine jusqu'à Himyar. Ils n'ont de liens de parenté avec les Berbers que par les femmes. Ils sont venus du Yémen et se sont rendus dans le Sahara, leur patrie actuelle dans le Maghreb. La cause de leur venue dans ce pays est la suivante : Il y avait un roi Tobbâ[1], qui n'avait pas eu son pareil parmi les princes de son pays, et qui avait dépassé tous ses prédécesseurs par sa supériorité, sa puissance royale, et par les expéditions lointaines qu'il avait dirigées contre ses ennemis, soumettant à la fois les peuples arabes et étrangers, en sorte qu'il avait fait oublier la gloire de tous les peuples qui l'avaient précédé. Ce prince avait appris par les récits d'un certain rabbin l'histoire des événements et l'existence des livres révélés par Dieu à son Prophète (רי) (que sur lui soit le salut!), livres annonçant que Dieu enverrait un nouvel envoyé qui clorait la série des prophètes et qui irait parmi toutes les nations. Le prince crut à ce récit; il ajouta foi à ce qui lui fut rapporté et il récita à ce sujet des vers dans lesquels il disait :

> Je témoigne en faveur de Ahmed qu'il est l'envoyé de Dieu, le créateur des hommes.
> Si ma vie était ajoutée à la sienne je deviendrais son vizir et son cousin.

Cette pièce de vers est longue et son histoire est connue. Le prince se rendit dans le Yémen et invita les habitants de son royaume à adopter ses croyances. Mais personne n'y consentit sauf un groupe des gens de Himyar. Après la mort de ce prince les païens eurent le dessus sur les croyants. Tous ceux qui avaient cru comme le Tobbâ furent tués,

---

1. Il s'agit probablement du premier Tobba Harits-Erraïch, puisque la tradition arabe veut que les Sanhâdja soient venus en Afrique sous le règne du Tobba Africous (cf. Caussin de Perceval, *Essai sur l'histoire des Arabes*, t. Ier, pp. 59 et 67).

chassés, persécutés ou dispersés. Ce fut alors qu'ils se voilèrent le visage à l'imitation de ce que faisaient leurs femmes à cette époque, puis ils s'enfuirent et se dispersèrent dans toutes les contrées comme les tribus de Saba. Telle fut la raison qui fit partir les ancêtres des hommes voilés du Yémen, et ce furent les premiers peuples qui firent usage du voile. Marchant de contrée en contrée, d'endroit en endroit pendant une série de jours et de temps, ils arrivèrent au Maghreb extrême, le pays des Berbers. Là ils s'installèrent comme dans une nouvelle patrie. Le voile qu'ils avaient adopté par une faveur divine les avait sauvés de leurs ennemis, aussi dans leur enthousiasme le gardèrent-ils définitivement. Il fit dorénavant partie de leur costume, de celui de leurs descendants et encore aujourd'hui personne d'entre eux ne l'a quitté. Leur langue prit de l'analogie avec le berber par suite du contact qu'ils eurent avec les Berbers au milieu desquels ils vécurent et avec lesquels ils s'allièrent par des mariages.

Ce fut l'émir Abou-Bekr-ben-'Omar-ben-Ibrahim-ben-Touariqit[1] le Lemtounien, le fondateur de la cité rouge de Merràkech, qui chassa ces populations du Maghreb dans le Sahara à l'époque où, les Djedâla ayant razzié les Lemtouna, il désigna pour son lieutenant au Maghreb son cousin Yousof-ben-Tàchefin.

Ici se termine la citation du texte que nous avons résumé.

---

1. Ibn-Khaldoun dit que Abou-Bekr était le frère de Yahya-Ibn-'Omar-Ibn-Telagaguin (De Slane, *Histoire des Berbères*, t. II, p. 68) et que ce fut Youçof-Ibn-Tàchefin qui fonda la ville de Maroc (Merràkech) en l'année 454 (1062). D'après l'auteur du *El-Holel* ce fut Abou-Bekr qui fit bâtir Merràkech en l'année 562 (1069-1070) (f° 4 v°). Dans le ms. C le dernier paragraphe de cette citation se trouve placé avant la notice sur les Touareg.

CHAPITRE IX (٢٧)

BIOGRAPHIE DES PRINCIPAUX SAVANTS ET SAINTS PERSONNAGES QUI ONT HABITÉ TOMBOUCTOU A DIVERSES ÉPOQUES (Dieu leur fasse miséricorde, leur témoigne sa satisfaction et nous fasse profiter de leur influence dans ce monde et dans l'autre!). MENTION DE LEURS MÉRITES ET DE LEURS ŒUVRES.

A ce sujet il suffira de reproduire ce qui a été rapporté par des personnes dignes de foi d'après le maître, le docte, l'éminent, le saint personnage, auteur de prodiges et de miracles, le jurisconsulte, le cadi Mohammed-El-Kabari (Dieu lui fasse miséricorde!). Voici, en effet, ce qu'il a dit : « J'ai connu des saints de Sankoré dont les vertus n'ont jamais été dépassées par personne, sinon par les Compagnons de l'Envoyé de Dieu (Dieu répande sur lui le salut et les bénédictions et qu'il leur témoigne à tous sa satisfaction!). Parmi ces personnages, nous citerons :

Le jurisconsulte **El-Hâdj**, grand-père du cadi Abderrahman-ben-Abou-Bekr-ben-El-Hâdj. — Il fut investi des fonctions de cadi de Tombouctou dans les dernières années de la dynastie des gens de Melli. Le premier il ordonna de lire la moitié d'un *hizb* du Coran comme enseignement[1]. Cette lecture avait lieu dans la mosquée de Sankoré après la prière de l'asr et après la prière du soir. Ainsi que son frère, le jurisconsulte Ibrahim, il était venu de Biro, et il s'établit à

---

1. Le *hizb* est une des divisions du Coran qui a été partagé en soixante sections portant ce nom. Je pense que la lecture ou récitation de ces *hizb* avait pour objet d'apprendre le Coran aux fidèles; le texte à cet égard n'est pas très précis.

Benka¹, où se trouve son tombeau qui est bien connu et auquel on se rend en pèlerinage.

On assure que c'était un thaumaturge, et notre maître, l'éminent, l'ascète, le jurisconsulte, El-Amîn-ben-Ahmed, a rapporté le fait suivant : Ce fut de son temps que le sultan du Mossi fit son expédition contre Benka. La population de cette localité sortit pour combattre l'ennemi, et à ce moment un certain nombre de personnes étaient assises auprès de El-Hâdj. Celui-ci prononça certaines paroles sur du millet et invita les assistants à en manger. Tous en mangèrent sauf une seule personne, le gendre de El-Hâdj, qui n'osa pas le faire à cause des liens de parenté qui l'unissaient à lui. « Allez maintenant au combat, dit alors le saint, et vous n'aurez rien à redouter des traits de l'ennemi. » Tous, en effet, revinrent sains et saufs, et il n'y eut que la personne qui n'avait pas mangé de millet qui mourût dans ce combat. Le sultan du Mossi, mis en déroute, fut chassé ainsi que ses troupes sans avoir obtenu le moindre avantage sur les gens de Benka et cela grâce à la protection de ce saint personnage béni.

C'est de cet El-Hâdj que descendait le saint personnage en Dieu (٢٨), le jurisconsulte Ibrahim, fils du saint jurisconsulte, le cadi ʿOmar demeurant à Yendiboʿo². Le père et le fils furent tous deux de fervents adorateurs de Dieu.

Ce fut Askia-El-Hâdj-Mohammed qui nomma ʿOmar aux fonctions de cadi dans cette contrée. Ce dernier avait un neveu (fils de sa sœur) qui, de temps à autre, allait en pèlerinage³ à Tombouctou. Le cadi de cette ville, le juriscon-

---

1. Ou : « Binga ».
2. Ou encore « Yendibogho ». Le ms. C orthographie Yendoboʿo. On trouve très souvent le ع à la place du غ et réciproquement.

3. Ou : « visiter ». Le verbe زار s'emploie le plus souvent pour indiquer des visites pieuses.

sulte Mahmoud, vint se plaindre à l'émir Askia-El-Hâdj-Mohammed de ce que ce neveu épiait ce qu'il disait et le rapportait ensuite aux gens de Yendibo'o. Quand le prince campa à Tila, le cadi 'Omar entouré des notables de la ville de Yendibo'o vint le saluer. « Où est ce neveu ? demanda le prince. — Le voici, lui répondit-on. — Alors, ajouta-t-il, c'est toi qui rapportes à ton oncle maternel les propos tenus par le jurisconsulte Mahmoud. » En entendant ce discours, le cadi 'Omar s'écria plein de colère : « C'est toi qui es cause de toutes ces intrigues, puisque tu as nommé un cadi à Tombouctou et un autre à Yendibo'o ! » Là-dessus le cadi fort irrité se dirigea vers le port en disant à ses compagnons : « Partons, traversons le Fleuve et allons-nous-en ! » Arrivé sur le bord du Fleuve, le cadi allait y entrer quand on lui dit : « La barque n'est pas encore arrivée, attends qu'elle vienne. — Et s'il n'y en avait pas ? » répondit-il. Ses compagnons, comprenant qu'il voulait traverser le Fleuve sans attendre l'embarcation, le retinrent et le firent asseoir jusqu'au moment où la barque étant arrivée tous ensemble passèrent le Fleuve (Dieu leur fasse miséricorde et nous fasse profiter d'eux ! Amen !).

Le jurisconsulte **Abou-Abdallah-Anda-Ag-Mohammed**[1]**-ben-Mohammed-ben-'Otsmân-ben-Mohammed-ben-Nouh,** trésor de science, de mérites et de vertus. De lui sont issus de nombreux maîtres de la science et saints personnages : les uns du côté paternel, d'autres du côté maternel et d'autres enfin des deux côtés à la fois. Cet illustre savant fut cadi des musulmans.

Le très docte jurisconsulte Ahmed-Baba (Dieu lui fasse miséricorde !) a dit : « Ce fut le premier de mes ancêtres

---

1. Il serait plus conforme à la transcription littérale du mot de dire « Ghamohammed » ; mais, ici encore, la voyelle initiale du mot a disparu et *Gha* est mis pour *Ag* qui signifie : « fils ».

qui s'adonna à la science, autant que je puis le savoir ; il était mon trisaïeul paternel, le père de la mère de mon grand-père. Il fut nommé aux fonctions de cadi de Tombouctou au milieu du IXe siècle. — « J'ajoute qu'à ce moment les Touareg régnaient dans cette ville ». — Après lui, continue Ahmed-Baba, ce fut ʿOmar, le père de mon grand-père ; il fut également un jurisconsulte, un théologien, un pieux personnage ; il avait suivi les cours du jurisconsulte, le vertueux cadi Mouaddib-Mohammed-El-Kabari. » Ici se termine la citation en résumé des paroles du jurisconsulte Ahmed-Baba.

Le fils du précédent, le jurisconsulte **El-Mokhtâr**, grammairien et érudit dans toutes les branches de la science (٢٩). Il fut, ainsi que son père, le contemporain du jurisconsulte du savant, du pôle, du saint personnage en Dieu, Sidi Yahya-Et-Tâdelsi (Dieu leur fasse à tous miséricorde et leur témoigne sa satisfaction!). Il mourut vers la fin de l'année 922 (1516).

Le frère du précédent, le jurisconsulte **Abderrahmân**. — Il possédait à fond le *Tehdib*[1] de El-Berâdi'i. Homme pieux et doux, il mourut sans laisser d'autre postérité qu'une fille unique.

Le petit-fils d'Abou-Abdallah, **Abou-'l-ʿAbbâs-Ahmed-Boryo-ben-Ahmed-ben-Anda-Ag-Mohammed**. — Ce pieux savant se détacha des biens de ce monde et vécut dans la plus grande humilité. Il fut le professeur d'un grand nombre de maîtres de la science parmi les modernes habitants de Sankoré (Dieu lui fasse miséricorde!).

Un autre petit-fils d'Abou-Abdallah, nommé **Abou-Abdallah-Anda-Ag-Mohammed**, fils du jurisconsulte El-

---

1. Le titre complet de cet ouvrage de droit malékite est : تهذيب مسائل المدونة والمختلطة, composé en 372 (982) par Abou-Saʿid-Khalaf-ben-Aboul-Qâsim-El-Berâdi'i.

Mokhtâr, le grammairien, le fils de Anda-Ag-Mohammed, fut imam de la mosquée de Sankoré ; il fut nommé à ce poste par le cheikh-el-islam, le père des bénédictions, le jurisconsulte et cadi Mahmoud, lorsque celui-ci, à cause de son grand âge, résigna ses fonctions. C'était un savant timide, modeste, humble, plein de confiance en Dieu et connu par sa connaissance de la langue arabe : il célébra la gloire du Prophète (que Dieu répande sur lui ses bénédictions et lui accorde le salut !) et durant le ramadan, dans la mosquée de Sankoré il faisait une lecture complète du livre du cadi 'Iyâḍ, intitulé : *Ech-Chifa*[1] (Dieu lui fasse miséricorde !).

Abou-Abdallah-Mohammed, fils de l'imam Anda-Ag-Mohammed, le panégyriste du Prophète et le lecteur du livre de *Ech-Chifa* du caïd 'Iyâḍ dans la mosquée de Sankoré après la mort de son père ; il y remplit cet office jusqu'à sa mort (Dieu lui fasse miséricorde !).

Le jurisconsulte **El-Mokhtâr-ben-Mohammed**, fils du jurisconsulte, du grammairien El-Mokhtâr-ben-Anda-Ag-Mohammed, le panégyriste du Prophète. Il payait des bardes à l'occasion de la fête de la nativité du Prophète et prenait le plus grand plaisir à les entendre ; il s'occupa de cela avec la plus grande activité jusqu'à sa mort (Dieu lui fasse miséricorde !).

Le fils du précédent, le jurisconsulte, **Mohammed-San**, fils du jurisconsulte El-Mokhtâr, le chef des panégyristes. Il s'occupa de continuer jusqu'à sa mort l'œuvre de son père et déploya toujours dans cet office une grande dignité. C'était un homme de bien, éminent, pieux, dévot, modeste, bien élevé et exact (٣٠) à remplir ses promesses et ses engagements. Depuis sa prime jeunesse jusqu'à la fin

---

1. Le titre complet de cet ouvrage connu est : الشفاء بتعريف حقوق المصطفى ; il célèbre les mérites du Prophète et fournit de nombreux renseignements sur sa vie (cf. Hadji-Khalfa, t. IV, p. 56).

de sa vie, il pratiqua toutes ces vertus. Louanges en soient rendues à Dieu ! Il descendait du jurisconsulte Anda-Ag-Mohammed l'aîné (ou le grand) du côté paternel et du côté maternel. Sa mère était la fille du jurisconsulte, de l'imam, Anda-Ag-Mohammed. De même le jurisconsulte, le cadi Mohammed-Qarayenki et son frère, le jurisconsulte, le cadi Sidi Ahmed, avaient tous deux pour mère la fille du jurisconsulte, de l'imam Anda-Ag-Mohammed, et leur père était le jurisconsulte Anda-Ag-Mohammed, fils du jurisconsulte Anda-Ag-Mohammed-ben-Ahmed-ben-Boryo-ben-Ahmed, fils du jurisconsulte Anda-Ag-Mohammed le grand. Cet imam béni avait eu cinq filles bénies qui toutes donnèrent le jour à des hommes bénis : d'abord les deux que nous venons de nommer ; la troisième fut la mère du maître des maîtres, de l'imam de la mosquée de Sankoré, le jurisconsulte Mohammed-ben-Mohammed-Koraï ; la quatrième donna le jour au *porteur*[1] du livre saint, Mohammed-ben-Yomzoghorbir; enfin la cinquième fut la mère de Ahmed-Mâtina-ben-Asikala, frère d'Atakoraï[2].

Le jurisconsulte **Aboul-'Abbâs-Ahmed-ben-Anda-Ag-Mohammed-ben-Mohammed**, fils du jurisconsulte Anda-Ag-Mohammed le grand. Homme pur, sagace, instruit dans diverses branches de la science, droit, grammaire, poésie, etc. (Dieu lui fasse miséricorde !).

Abou-Mohammed-Abdallah, fils du jurisconsulte Ahmed-Boryo-ben-Ahmed, fils du jurisconsulte Anda-Ag-Mohammed le grand. — Il descendait de ce personnage par le côté paternel et le côté maternel ; sa mère était la sœur du jurisconsulte Aboul-'Abbâs-Ahmed-ben-Anda-Ag-Mohammed. Mufti de son époque, grammairien, lexicographe, homme modeste, il fut célèbre de son temps par sa connais-

---

1. On appelle ainsi ceux qui savent le Coran par cœur.
2. Ou « Mâtini », suivant les mss. A et B.

sance du Coran et du notariat¹ (Dieu lui fasse miséricorde !).

Trois des petits-fils par leur mère du précédent. Ces cheikh-al-islam, ces savants imams furent : le jurisconsulte **Abdallah** ; le jurisconsulte **El-Hâdj-Ahmed** et le jurisconsulte **Mahmoud**, tous trois fils du jurisconsulte ʿOmar-ben-Mohammed-Aqit. Le savant en Dieu, le pôle Sidi Mohammed-El-Bekri, a dit en parlant de ces trois personnages : « Ahmed fut un saint ; Mohammed fut un saint ; Abdallah fut un saint. Ce dernier serait bien connu (comme saint) s'il n'avait vécu dans un village² ; car il demeura à Tâzekhta jusqu'à sa mort. Il avait recommandé que son corps ne fût lavé par personne, si ce n'est par son disciple Ibrahim, grand-père de Habib-ben-Mohammed-Baba. Quand Ibrahim vint pour accomplir sa besogne funéraire, il trouva une lampe allumée auprès du défunt. Il dit alors aux membres de la famille : « Où donc (٣١) est le chapelet du cheikh ? » On le lui apporta. Alors il fit éteindre la lampe et mit le chapelet à sa place. Une vive clarté sortit de ce chapelet et illumina la pièce jusqu'à la fin du lavage du corps. El-Hâdj-Ahmed fut un des pieux serviteurs de Dieu et un docteur pratiquant.

Quant à Mahmoud, il est l'auteur de prodiges et de bénédictions nombreuses. Que de fois, invoqué dans les endroits déserts pour écarter un danger ou un accident, il est apparu et a dégagé celui qui l'appelait. Quand on eut enterré son frère aîné El-Hâdj-Ahmed (Dieu lui fasse miséricorde et nous aide à cause de lui !), il rentra chez lui si attristé qu'il ne prêta aucune attention aux gens qui venaient lui présenter leurs condoléances. Arrivé en face de la maison de Otsmân-Thâleb, il poussa de profonds soupirs et s'écria :

1. L'art de dresser les actes et contrats, qui forme une des branches du droit musulman.
2. Au lieu de cette phrase le texte dit simplement : « si ce n'était qu'il fût dans un village ».

« Maintenant mon frère Ahmed m'a quitté, il est avec les anges. » Tout le monde comprit qu'il voyait les anges et que c'est pour cela qu'il était attristé. C'est là une sorte remarquable de prodige et de divination.

Le principal personnage qui assistait aux réunions de Mahmoud était le jurisconsulte El-Mosalli, dont le nom véritable était Anda-Ag-Mohammed-ben-Mellouk-ben-Ahmed-ben-El-Hâdj-Ed-Doleïmi de la famille de la Zaouïa au Maroc et qu'on appelait[1] aussi le grand-père maternel du jurisconsulte Mahmoud. Son surnom était El-Mosalli[2] à cause des nombreuses prières qu'il faisait à la mosquée. Cet El-Mosalli a rapporté le fait suivant : J'avais formé le projet de demander au cheikh la main d'une de ses filles et j'avais rédigé ma demande avec l'intention de la lui remettre lorsque toute l'assistance ordinaire se serait retirée et que nous serions en tête-à-tête. A peine étions-nous seuls, qu'il prit le premier la parole et dit : « Les oiseaux qui sont d'une même espèce sont les seuls qui volent ensemble. » Je compris alors qu'il avait deviné mon projet et je l'abandonnai. El-Mosalli (Dieu lui fasse miséricorde !) mourut en l'année 995 (1587) ; à ce moment le très docte, le jurisconsulte, le cadi Abou-Hafs-'Omar, avait occupé deux ans les fonctions de cadi.

Abou-Hafs-'Omar-ben-El-Hâdj-Ahmed-ben-'Omar-ben-Mohammed-Aqît, le grammairien ; il louait sans cesse le Prophète matin et soir et chaque jour de ramadan[3], il lisait en entier dans la mosquée de Sankoré le livre de *Ech-Chifa*. Il était bienveillant pour sa famille et très attaché à ses proches, s'informant de leur santé et les visitant

---

1. C'est-à-dire qu'au lieu de l'appeler par son nom on disait, en parlant de lui : le grand-père de Mahmoud.

2. « Mosalli » veut dire « celui qui prie ».

3. L'usage s'est maintenu de ces lectures pieuses faites à la mosquée pendant le ramadan.

durant leurs maladies. Il accueillait du même visage ouvert grands et petits. Il périt martyr[1] dans la ville de Merràkech (Dieu lui fasse miséricorde, lui témoigne sa satisfaction, refroidisse sa tombe[2] (٢٢) et lui fasse habiter une large demeure au plus haut du paradis!).

Le père du précédent, **Abou-Bekr**, connu sous le nom de **Aboukar-Bir-ben-El-Hâdj-Ahmed-ben-'Omar-ben-Mohammed-Aqît**. — Savant, ascète, charitable, il pourvoyait à la subsistance des orphelins et des étudiants. Au cours de son règne[2] il émigra avec toutes ses femmes et ses enfants pour aller se rapprocher de l'Envoyé de Dieu (Dieu répande sur lui ses bénédictions et lui accorde le salut!). Dans son amour pour Dieu et pour son Prophète, il se fixa dans la noble ville de Médine et y demeura, avec toute sa famille, dans le voisinage de l'Élu[3], jusqu'à sa mort.

Il avait déjà conçu le dessein d'emmener toute sa famille lors de son premier pèlerinage à La Mecque; il l'avait même fait sortir de la ville et l'avait conduite à une certaine distance, lorsque le cadi, le juste El-'Aqib, sachant que Aboukar ne reviendrait pas et ne voulant pas s'en séparer définitivement, obligea la famille à rester. Mais, lors de son second pèlerinage, comme El-'Aqib était mort, Aboukar partit avec tous les siens et alla se fixer aux environs de la noble cité de Médine et tous y restèrent jusqu'à leur mort.

Voici un des prodiges qu'Aboukar accomplit : Son frère, le très docte jurisconsulte Ahmed-ben-El-Hâdj-Ahmed avait

---

1. Le mot شهيد s'applique d'ordinaire à celui qui meurt dans un combat contre les ennemis de la foi; mais il peut s'entendre aussi de celui qui périt victime d'un accident.

2. Mot à mot : « dans les jours de sa dynastie ». Faut-il admettre que ces mots s'appliquent à un prince que l'auteur ne nomme pas ou se fait-il allusion à la série des personnages de la famille Aqit qui formaient une sorte de dynastie? Il est impossible de rien préciser à cet égard, étant donné le texte.

3. C'est-à-dire dans le voisinage du tombeau de Mahomet.

demandé au père des bénédictions, au saint en Dieu, au pôle, Sidi Mohammed El-Bekri (Dieu leur fasse à tous sa miséricorde et leur témoigne sa satisfaction !) de lui faire voir un des saints de Dieu dont il pourrait obtenir l'appui auprès du Seigneur. El-Bekri lui accorda cette faveur. Une nuit, après avoir fait, dans la mosquée d'El-Azhar [1], la deuxième prière du soir, au moment où il allait sortir de la mosquée, El-Bekri qui tenait par une main le jurisconsulte Ahmed, posa cette main sur la tête d'un homme assis là dans l'obscurité en disant: « Voilà ce que tu m'as demandé ! » Ahmed s'assit devant cet homme, le salua et reconnut son frère Aboukar-Bir. Il causa un instant avec lui ; puis il sortit et trouva El-Bekri qui l'attendait à la porte de la mosquée. « C'est là celui que tu voulais me montrer, dit-il. — Oui, répondit-il, toutes les nuits il fait ici la deuxième prière du soir. »

Le frère du précédent, le très docte, le traditionniste, le jurisconsulte, **Ahmed-ben-El-Hâdj-Ahmed-ben-Omar-ben-Mohammed-Aqît**. — Cet éloquent savant était un bel homme. Dieu lui avait donné la perfection dans tous les genres de beautés, prestance, teint et (٢٢) voix. C'était un calligraphe et un merveilleux discoureur en matière de littérature, de droit et de traditions. Il célébrait les louanges du Prophète (Dieu répande sur lui le salut et les bénédictions!). Il lisait les deux *Sahih* [2] dans la mosquée de Sankoré. Il était très aimé de tous et tenu en grande estime. Il suffira, pour témoigner de cette estime et de sa réputation, de citer ce qu'a dit de lui le saint, le vertueux Abou-Abdallah-Mohammed-El-Bekri, dans un poème qu'il envoya au moment de se séparer de lui. Voici ces vers :

---

1. La mosquée d'El-Azhar au Caire est en même temps le siège d'une des plus célèbres universités musulmanes.
2. Les deux recueils de traditions de El-Bokhâri et de Moslem.

> O nos chers amis, par Dieu ! je suis fidèle à ma promesse ; mon amitié pour vous est toute mon amitié, et mon affection à votre égard, toute mon affection.
> Je n'ai pas oublié la douceur des jours où nous étions près les uns des autres, ni les moments que nous passions en propos gais ou sérieux.
> Certes, je parle de vous et je m'adresse à Dieu pour qu'il vous accorde tout ce que vous désirez.
> A tout moment béni, je lui demande de réaliser tout ce que vous souhaitez de ses larges faveurs.
> Qu'il vous donne la vie, la foi ainsi qu'à vos enfants ; et, tout ce que vous désirez de sa munificence, qu'il vous l'accorde sans bornes !

Les enfants du cheikh-el-islam, la source des bénédictions le saint de Dieu, le jurisconsulte, le cadi, Mahmoud-ben-'Omar-ben-Mohammed-Aqît furent : le cadi Mohammed, le cadi El-'Aqib, le cadi 'Omar, le jurisconsulte Abdallah, le saint ascète, le jurisconsulte Abderrahman. La bénédiction de l'islam, le jurisconsulte 'Omar-Anda-Ag-Mohammed et le cheikh éminent, le jurisconsulte Baba-Masira-Bir ont dit : « Mahmoud-ben-'Omar ne nous a gratifiés que d'enfants vertueux. »

Le cadi **Mohammed**. — Cet illustre savant était d'une intelligence et d'une sagacité remarquables. De son vivant on ne trouva personne qui pût l'égaler en intelligence, en finesse et en bon sens. Il fut favorisé de la fortune (٢٤). Dès le lendemain du jour de sa naissance il eut en sa possession 1000 mitsqâls d'or provenant des dons offerts par ceux qui s'étaient réjouis de sa venue au monde, car il fut le premier enfant mâle de la source des bénédictions, le jurisconsulte Mahmoud.

Le cadi **El-'Aqib**. — Savant illustre, esprit pénétrant, homme énergique et ferme en matière d'équité, il ne redoutait aucune critique quand il s'agissait de ses devoirs envers Dieu. Il était d'une perspicacité remarquable et semblait lire dans l'avenir, car chaque fois qu'il annonçait une chose quelconque elle ne manquait pas de se produire. Il fit régner la justice dans tout son pays et, en aucun lieu du monde, il n'eut son pareil à cet égard.

Le cadi **Abou-Hafs-'Omar**. — Il se distingua dans la science des traditions, des biographies, des annales et de l'histoire. En droit il atteignit le plus haut degré de connaissances, au point qu'un cheikh de ses contemporains disait de lui : « S'il avait vécu au temps d'Ibn Abd-es-Selâm à Tunis il eût mérité d'occuper dans cette ville les fonctions de mufti. »

Abdallah fut un savant jurisconsulte et professeur. — Malgré les grandes richesses dont Dieu l'avait gratifié, à ce point qu'il ignorait le montant de sa fortune, il se montra très sobre des plaisirs de ce monde.

Le vertueux cheikh, le saint, le bon conseiller, l'instruit en Dieu, le fils du précédent, le dévot, le pieux, l'ascète, le modeste, le prédicateur **Abou Zéïd-Abderrahman**, fut un savant jurisconsulte qui dédaignait d'une façon si absolue les biens de ce monde, qu'il ne voulait même pas les détenir ne fût-ce qu'un instant. Il était doué de la seconde vue et les élèves de sa medrasa racontent, à ce propos, nombre d'anecdotes, entre autres la suivante qui a été bien souvent citée :

Lorsque l'armée du pacha Djouder sortit de la ville de Merrâkech, Abou-Zéïd annonça cet événement le jour même où il se produisit, le mercredi, 2 du mois de moharrem, premier mois de l'année 999 (31 octobre 1590). Il le fit de la façon suivante : Lorsqu'il eut achevé avec tout le monde la prière du *dohor*, il s'assit dans sa medrasa et dit : « Par Dieu ! Par Dieu ! Par Dieu ! vous allez entendre cette année une chose que vous n'avez jamais entendue, et voir ce que vous n'avez jamais vu. » Au mois de djomada Ier de cette même année (25 février-27 mars 1591), les troupes marocaines arrivaient au Soudan et y faisaient ce qu'on sait

(Dieu nous préserve d'une nouvelle épreuve de ce genre!).
Abou-Zéïd a à son actif nombre de prédictions semblables.

Le jurisconsulte, le savant, le divin, le saint vertueux **Abou-'l-'Abbâs-Ahmed**, fils du jurisconsulte Mohammed-Es-Sa'ïd, petit-fils, né de la fille, du jurisconsulte Mahmoud ; il fut célèbre (٢٠) de son temps par son érudition, et une foule de savants maîtres de la science venaient assister à ses entretiens pour s'instruire à ses leçons. Parmi eux se trouvaient : le cadi 'Omar, fils du jurisconsulte Mahmoud, le jurisconsulte Mohammed-Baghyo'o-El-Ouankori, son frère le jurisconsulte Ahmed-Baghyo'o, le jurisconsulte Ko'ti, le jurisconsulte Mohammed-Kibba, fils de Djâber-Kibba, etc. Tous sont unanimes à témoigner de la science, de la maîtrise, de la réserve et de la vertu d'Abou 'l-'Abbâs (Dieu lui fasse miséricorde et perpétue ses bénédictions sur nous et sur les musulmans!).

Le petit-fils du précédent, le savant jurisconsulte **Abou-Bekr-ben-Ahmed-ben-Bir**, fils du jurisconsulte Mahmoud, fut un homme éminent, bon, pieux et vertueux, et cela depuis son jeune âge, ainsi que l'ont déclaré ses vertueux oncles paternels. Tout le monde fut d'accord pour lui faire présider la prière publique lors de la maladie de l'imam, du cadi El-'Aqib. Dieu lui fasse miséricorde!

Le jurisconsulte, le savant, le très docte, le joyau de son époque et l'unique de son temps, l'homme remarquable dans toutes les branches de la science, **Abou-'l-'Abbas-Ahmed-Baba**, fils du jurisconsulte Ahmed-ben-El-Hâdj-Ahmed-ben-'Omar-ben-Mohammed-Aqît. Il déploya le plus grand zèle et la plus vive intelligence dès le début de ses études, en sorte qu'il s'éleva au-dessus de ses contemporains et qu'il les dépassa tous de beaucoup. Il n'avait de controverses sur la science qu'avec ses maîtres et ceux-ci témoignèrent de son savoir. Sa valeur était célèbre au Maghreb et sa renommée se répandit au loin. Tous les docteurs des grandes villes reconnurent sa supériorité en matière de *fetoua*. Il était d'une justice rigoureuse même envers les plus humbles des hommes ; il ne dissimulait jamais ce qui était juste, fût-ce aux émirs ou aux sultans. Le nom de Mohammed se trouvait écrit sur son avant-bras droit en traits blancs formés naturellement sur la peau. Tous ceux dont nous avons parlé depuis la biographie du cheikh béni, le jurisconsulte Anda-Ag-Mohammed le grand, jusqu'à ce moment, étaient de sa race bénie et de sa vertueuse famille (Dieu leur fasse à tous miséricorde, leur témoigne sa satisfaction et nous fasse profiter de leurs bénédictions en ce monde et dans l'autre!).

Quant au grand-père du jurisconsulte Mahmoud, Mohammed-Aqît, il était originaire du Mâsina. J'ai entendu dire au jurisconsulte Ahmed-Baba (Dieu lui fasse miséricorde!) que « Mohammed-Aqît ne quitta le Mâsina pour aller à Biro que par suite de la haine des Foulani[1], qui habitaient dans le voisinage de son habitation, qu'il était certain qu'il n'y avait jamais eu de mariage entre sa famille et les Foulani (٢٦), mais qu'il craignait que ses enfants ne fissent pas de même, et qu'ainsi leur lignée fût mélangée de sang foulani. »

Plus tard, il éprouva le désir d'habiter Tombouctou. C'était à l'époque où le sultan Akil régnait. Il quitta Biro, vint établir sa tente entre Biro et Ras-el-ma, et comme il causait avec le grand-père de Masira-Anda-'Omar, ce dernier lui dit : « Qui t'empêche d'aller dans cette ville ? — C'est, répondit-il, qu'entre Akil et moi il existe une vive inimitié. — Eh ! bien, si Dieu veut, reprit son interlocuteur, je serai la cause qui fera cesser cette inimitié et tu habiteras Tom-

---

1. Ou : Peuls, Foulbés, qui ne sont que des orthographes différentes du même mot.

bouctou comme c'est ton désir. » Là-dessus il alla trouver Akil à son campement, se présenta chez lui et se mit à causer de diverses choses; puis lui annonça que Mohammed-Aqît n'avait pas de désir plus vif en ce moment que d'habiter Tombouctou. — Ce n'est pas possible, s'écria Akil. — Et pourquoi cela ? lui répondit le grand-père de Masira. » Alors, entrant dans sa tente, Akil en ressortit bientôt avec un bouclier tout lacéré de coups de lance et de coups de sabre. « Vois, ajouta-t-il, ce que m'a fait Mohammed-Aqît. Comment un homme pourrait-il habiter dans la même ville qu'un ennemi qui l'a traité de la sorte ? — Laisse donc ; tout ce que tu dis là est passé. Aujourd'hui cet homme est pauvre ; il a une nombreuse famille et il ne demande qu'à vivre en paix. » Puis il ajouta tant de paroles douces et persuasives que la haine d'Akil s'apaisa et qu'il permit à Mohammed-Aqît de venir à Tombouctou. Le grand-père de Masira alla retrouver son ami, lui raconta ce qui s'était passé ; Mohammed et sa famille se mirent en route et vinrent demeurer à Tombouctou.

Au nombre des cheikhs bénis de Sankoré se trouvait le jurisconsulte, **Ahmed**, fils du jurisconsulte Ibrahim-ben-Abou-Bekr, fils du cadi El-Hâdj, père de Mama-Siri. On rapporte que notre cheikh, l'ascète, le jurisconsulte El-Amîn-ben-Ahmed, frère du jurisconsulte Abderrahman, aurait dit : « Le cheikh Ahmed ne suspendait ses leçons sur le Coran que pour enseigner la théologie. Il employait à cette sainte occupation tous ses instants » (Dieu lui fasse miséricorde, lui témoigne sa satisfaction et fasse rejaillir sur nous une partie de ses bénédictions !).

Le jurisconsulte, le vertueux, le fils de Mohammed-Anda-'Omar connu sous le nom de **Sâlih-Takounni**. — Ce cheikh visité et honoré par les sultans intercédait auprès d'eux en faveur des malheureux et en aucune circonstance son intercession n'était repoussée. Il a composé un commentaire du *Mokhtasar* du cheikh Khelil¹ (Dieu lui fasse miséricorde!).

Le seyyid **Abou l-'Abbâs-Ahmed-ben-Mohammed (٣٧) ben-'Otsmân-ben-Abdallah-ben-Abou-Y'aqoub**. — C'était un savant jurisconsulte, un lexicographe, un grammairien, un érudit dans la littérature, l'exégèse et la poésie. Nombre de cheikhs ont témoigné de sa science (Dieu lui fasse miséricorde! Amen!).

CHAPITRE X

BIOGRAPHIES DES SAVANTS DE TOMBOUCTOU

Dans son ouvrage intitulé *Edz-Dzil*², le très docte, le jurisconsulte Ahmed-Baba (Dieu lui fasse miséricorde!) s'exprime ainsi : **Ahmed-ben-'Omar-ben-Mohammed-Aqît-ben-'Omar-ben-'Ali-ben-Yahya-ben-Godâla**³, le Senhadjien, le Tombouctien, était mon grand-père, le père de mon père ; on le désignait sous le nom de El-Hâdj-Ahmed. Il était l'aîné de trois frères qui se distinguèrent par leur science et leur piété dans leur pays. C'était un homme de bien, vertueux et pieux, possédant dans sa mémoire la Sonna ;

---

1. Ce précis de droit musulman est en quelque sorte le code des malékites.
2. D'après un passage du الديباج في ليس من لمعرفة المحتاج كفاية (ms. arabe n° 4628 de la Bibliothèque nationale, f° 283 r°), Ahmed Baba dit en effet qu'il a composé un supplément (ذيل) *dzil* et le titre qu'il en donne est le suivant : نيل الابتهاج بتطريز الديباج. Il est fort possible que le nom abrégé de cet ouvrage النيل ait été confondu avec الذيل, confusion très facile dans l'écriture arabe. A. Cherbonneau a publié un *Essai sur la littérature arabe au Soudan*, d'après le *Tekmilt-ed-dibadj* d'Ahmed-Baba, le Tombouctien. Constantine et Paris, MDCCCLVI ; on retrouvera dans cette plaquette quelques-unes des biographies qui vont suivre.
3. On écrit tantôt جدالة, tantôt كدالة.

il était bien élevé, chaste, distingué, plein d'amour pour le Prophète et s'astreignant sans cesse à la lecture des poèmes en l'honneur de Mahomet et à celle de la *Chifa* de 'Iyâḍ. Jurisconsulte, lexicographe, grammairien, prosodiste et érudit, il s'occupa de science toute sa vie. Ses livres furent nombreux, écrits de sa main avec de copieuses annotations. A sa mort il laissa environ 700 volumes. Il avait étudié sous son grand-père maternel, le jurisconsulte Anda-Ag-Mohammed et sous son oncle maternel, le jurisconsulte El-Mokhtâr, le grammairien, et sous d'autres maîtres encore.

Il voyagea en Orient en l'année 890 (1485) et fit le pèlerinage de La Mecque. Là il rencontra El-Djelâl-Es-Soyouti et le cheikh Khâled-El-Ouaqqâd-El-Azhari, le prince des grammairiens, et d'autres personnages. Il revint à l'époque de la révolte du Kharédjite Sonni-'Ali, visita Kano et d'autres villes du Soudan. Il enseigna la théologie et réussit dans son enseignement, dont profitèrent de nombreuses personnes, parmi lesquelles la plus illustre fut le jurisconsulte Mahmoud à qui il enseigna entre autres choses la *Modaououana*[1]. Ce fut un savant de premier ordre comme professeur et érudit. Il travailla jusqu'à sa mort qui eut lieu un jeudi soir du mois de rebi' II de l'année 943 (septembre-octobre 1536); il avait alors environ 80 ans. On lui offrit les fonctions d'imam, mais il les refusa, ainsi que d'autres emplois de moindre importance.

Un de ses plus célèbres miracles est le suivant : Lorsqu'il visita le noble tombeau (du Prophète), il demanda (٣٨) à pénétrer à l'intérieur du monument. Le gardien l'en empêcha. Il s'assit alors au dehors et se mit à célébrer les louanges du Prophète. Aussitôt la porte s'ouvrit d'elle-même sans cause apparente. On s'empressa à l'instant autour de lui

---

1. Traité de droit malékite de Sahnoun, cadi de Qaïrouân.

pour lui baiser la main. C'est ainsi que j'ai entendu raconter cette histoire par plusieurs personnes[1].

Abdallah-ben-'Omar-ben-Mohammed-Aqît ben-'Omar-ben-'Ali-ben-Yahya, le Senhadjien, le Messoufite. — Il était le frère germain de mon grand-père dont il vient d'être parlé. Jurisconsulte, érudit, ascète, homme modeste, vertueux, saint, de la plus grande réserve, de la plus grande piété et doué d'une excellente mémoire, il enseigna à Oualàten. Il mourut dans cette ville en l'année 929 (1522-1523); il était né en 866 (1461-1462). Il a fait quelques miracles[2].

Mahmoud-ben-'Omar-ben-Mohammed-Aqît-ben-'Omar-ben-'Ali-ben-Yahya-ben-Godâla, le Senhadjien, le Tombouctien; cadi de Tombouctou, ce père de l'éloge et des belles actions fut par excellence et sans conteste le savant, le saint, le professeur, le jurisconsulte et l'imam du pays de Tekrour[3]. Il fut une des meilleures créatures de Dieu parmi les saints et les savants en Dieu. Il avait une fermeté énergique en toutes choses, une orthodoxie parfaite, du calme, de la dignité et de la majesté.

Sa science et ses vertus étaient célèbres dans le pays et sa renommée s'était étendue dans toutes les contrées, à l'est, à l'ouest, au sud et au nord. Les dons du ciel se manifestaient chez lui dans sa piété, ses vertus, son ascétisme et son humeur enjouée. Il ne redoutait aucune critique, d'où qu'elle vînt, quand il s'agissait des prescriptions de Dieu. Tout le monde le respectait; le sultan comme les personnages de moindre importance étaient à ses ordres; ils le visitaient dans sa maison, lui demandaient sa bénédiction sans qu'il

---

1. Cette biographie se trouve à la page 8 de l'*Essai sur la littérature arabe au Soudan*.
2. Voir l'*Essai*, p. 9.
3. Le nom de Tekrour est celui d'une province du Soudan; mais il s'emploie souvent pour désigner le Soudan entier.

se dérangeât pour eux. On lui apportait de l'argent et les cadeaux affluaient chez lui. Il était libéral et généreux.

Il fut nommé cadi en l'année 904 (1498-1499). Il rendit bonne justice en toutes choses, se montrant énergique en faveur du droit et menaçant envers ceux qui avaient tort. Sa justice était célèbre au point qu'on ne lui connut point de rival sous ce rapport à cette époque. Il s'occupait aussi d'enseigner. Le droit dans sa bouche était chose douce et aisée, facile à comprendre, prompte à s'assimiler, et n'imposant aucune fatigue[1]. Nombre de gens profitèrent de ses leçons. La science, grâce à lui, vécut dans son pays ; les étudiants en droit devinrent plus nombreux ; beaucoup d'entre eux se distinguèrent dans cette étude et devinrent de vrais savants. Les ouvrages qu'il faisait surtout étudier étaient : la *Modaououana*, la *Risâla*[2], le *Mokhtasar* de Khelil, l'*Alfiya*[3], la *Selâldjiya*. Il fut le propagateur de l'ouvrage de Khelil au Soudan et couvrit son exemplaire d'annotations qu'un de ses élèves fit paraître, sous forme de commentaire, en deux volumes.

Il fit le pèlerinage de La Mecque en l'année 915 (1510), et fut en relations, au cours de ce voyage, avec des maîtres, tels que : Ibrahim-El-Moqadessi, le cheikh Zakariya, El-Qalqachandi (disciples de Ibn-Hadjar), les deux El-Laqqàni et autres. Là il fit apprécier ses mérites, puis il revint dans son pays où il s'appliqua à se rendre utile (٣٩) et à faire triompher le droit. Sa vie fut longue et il connut à la fois les pères et les fils.

Il enseigna durant environ cinquante ans et ne s'arrêta qu'à sa mort survenue en 955 le jeudi soir, 16 du mois de ramadan (19 octobre 1548). Il atteignit à un haut degré de gloire et jouit d'une très grande réputation. La renommée

---

1. La langue du droit musulman est souvent obscure pour les profanes.
2. La *Risâla* d'Abou-Zeïd-El-Qaïrouâni est un ouvrage de droit malékite très répandu.
3. Grammaire arabe en vers d'Ibn-Malek.

de ses vertus parvint à un point que nul autre que lui n'atteignit. Il était né en l'année 868 (1463-1464). Il fut le professeur de mon père (Dieu lui fasse miséricorde!), de trois de ses enfants, les cadis Mohammed, El-'Aqib et 'Omar et de bien d'autres.

Makhlouf-ben-'Ali-ben-Sâlih-El-Belbâli. — Jurisconsulte, géographe[1], il ne s'adonna à l'étude que dans un âge avancé, à ce que l'on assure. Le premier de ses maîtres fut le vertueux personnage, Sidi Abdallah-ben-'Omar-ben Mohammed-Aqît, le frère germain de mon grand-père qui était alors à Oualâten. Il étudia d'abord la *Risâla*, puis son maître voyant qu'il avait de grandes dispositions l'engagea à poursuivre ses études. Plein d'ardeur, il partit pour le Maroc où il étudia sous la direction de Ibn-Ghâzi et d'autres. Il fut célèbre par la puissance de sa mémoire et, à ce sujet, on raconte des choses étonnantes.

Il parcourut le pays du Soudan, alla entre autres à Kano, à Kachena, etc. Il enseigna dans ces diverses localités et eut des discussions au sujet de procès connus avec le jurisconsulte El-'Aqib-El-Ansamanni. Ensuite il se rendit à Tombouctou où il enseigna également, puis il retourna au Maroc et fit un cours dans la ville de Merrâkech. Empoisonné dans cette ville, il tomba malade et rentra dans sa patrie où il mourut après l'année 940 (1533-1534)[2].

Mohammed-ben-Ahmed-ben-Abou-Mohammed-Et-Tazakhti, connu sous le nom de Aïda-Ahmed. — Aïda, qui s'écrit avec un *hamza* accompagné d'un *a*, un *ya* sans voyelles, un *dal* avec voyelle *a*, est en rapport d'annexion avec le nom de Ahmed et signifie *fils*. Jurisconsulte, théologien, traditionniste, homme très sagace et très érudit, excellent calligraphe, très porté à la discussion avec sa vive intelli-

---

1. Mot à mot : « sachant par cœur des relations de voyages ».
2. Cf. l'*Essai*, p. 7.

gence, il étudia dans son pays sous la direction de mon grand-père, le jurisconsulte El-Hâdj-Ahmed-ben-'Omar et sous celle de son oncle maternel, le jurisconsulte 'Ali et devint un érudit.

A Takeda, il rencontra l'imam El-Moghili[1] et assista à ses cours, puis il partit pour l'Orient en compagnie du jurisconsulte Sidi Mahmoud et eut occasion d'entrer en relations avec d'illustres savants, tels que : le cheikh-el-islam Zakariya, le dialecticien El-Qalqachandi, Ibn-Abou-Chérif, Abdelhaqq-Es-Soubâti et quantité d'autres. Il prit d'eux des leçons de hadits, écouta leur enseignement oral (٤٠) et leurs discussions; il en tira si grand profit qu'il fut un maître distingué en toutes matières et qu'il mérita le titre de traditionniste.

Il assista au cours des deux frères El-Laqqâni et se lia d'amitié avec Ahmed-ben-Mohammed et Abdelhaqq-Es-Soubâti. A La Mecque il reçut des diplômes du père des bénédictions En-Nouaïri, du cousin paternel de celui-ci Abdelqâder, d''Ali-ben-Naser-El-Hidjâzi, d'Abou-'t-Tayyeb-El-Bosti et d'autres. Il revint ensuite au Soudan et se fixa à Kachena dont le sultan le traita avec égards et lui confia les fonctions de cadi. Il mourut aux environs de l'année 936 (1529-1530), âgé de soixante et quelques années. Il est l'auteur d'annotations et de notes marginales sur le texte du *Mokhtasar* du cheikh Khelil[2].

Mohammed-ben-Mahmoud-ben-'Omar-ben-Mohammed-Aqît-ben-'Omar-ben-'Ali-ben-Yahya, le Senhadjien, cadi de Tombouctou. — Ce jurisconsulte était très intelligent, très sagace ; son esprit perçant en faisait un des hommes les plus sensés et les plus avisés. Il succéda

---

1. Célèbre savant originaire de Tlemcen. Sa biographie est donnée dans l'*Essai*, p. 10.
2. Cf. l'*Essai*, p. 18.

à son père dans les fonctions de cadi. La fortune lui fut favorable; il obtint tous les honneurs qu'il désira et amassa des biens considérables. Il a fait un commentaire du poème en redjez de El-Moghili sur la logique. Mon père avait étudié sous lui la rhétorique et la logique. Il mourut au mois de safar de l'an 973 (septembre 1565); il était né en 909 (1503-1504).

El-'Aqîb-ben-Mahmoud-ben-'Omar-ben-Mohammed-Aqît-ben-'Omar-ben-'Ali-ben-Yahya, le Senhadjien, cadi de Tombouctou. — D'une famille de savants et de membres du clergé, il rendait des jugements justement motivés. Ferme dans la voie du droit, il ne redoutait aucune critique quand il s'agissait des prescriptions de Dieu. Très énergique et très entreprenant dans les affaires dont il s'occupait, il résistait au sultan comme aux autres et ne tenait aucun compte de leurs observations. Il eut, à ce propos, un certain nombre d'aventures. Tout le monde se faisait humble devant lui, le redoutait et obéissait à tout ce qu'il voulait. Quand il voyait quelque chose qui lui déplaisait, il se retirait à l'écart, fermait sa porte et il fallait user de grands ménagements pour qu'il revînt. Cela lui arriva fréquemment.

Doué d'une grande clairvoyance en affaires, sa perspicacité n'était jamais mise en défaut; on eût dit qu'il voyait dans l'avenir. Très à son aise comme fortune, heureux dans toutes ses entreprises, il était considéré, craint et très respecté. Il prit des leçons de (ءا) son père et de son oncle paternel. Il fit le pèlerinage de La Mecque et vit alors En-Nâsir-El-Laqqâni, Abou'-l-Hasen-El-Bekri, le cheikh El-Baikouri[1] et leurs collègues. El-Laqqâni lui délivra des diplômes sur toutes les matières qu'il enseignait soit d'après ses

---

1. Ou Bechkouri.

propres sources, soit d'après celles de ses maîtres. Il me [1] délivra les mêmes diplômes écrits de sa main. Mohammed était né en 913 (1507); il mourut au mois de redjeb de l'année 991 (août 1583)[2].

El-ʿAqît-ben-Abdallah-El-Ansammani, le Messoufite, originaire de Takeda, village peuplé de Senhadjiens à proximité du Soudan. Jurisconsulte avisé, intelligence fine, esprit vif, il s'adonna à la science. Il avait la langue affilée. Il est l'auteur d'annotations dont la plus remarquable est celle qu'il fit sur ces paroles de Khelil : « L'intention de celui qui jure doit être spécifiée. » J'ai abrégé cet ouvrage en y ajoutant des citations prises à d'autres auteurs et en ai fait un volume auquel j'ai donné le titre de : *Tenbih el-ouâqif ʿala tahrir khoṣṣiṣet niyatou 'l-hâlif*. Il avait publié aussi un traité sur l'obligation de la prière du vendredi en commun dans le village d'Ansammani, contrairement à l'opinion d'autres auteurs : c'est lui qui avait raison. Il est également l'auteur des livres : *El-djaouâb el-medjdoud ʿan as'ilat el-qâḍi Mohammed-ben-Mahmoud* et *Adjouibat el-faqîr ʿan as'ilat el-émir*, ce dernier en réponse à l'émir Askia-El-Hâdj-Mohammed, et d'autres ouvrages. Il reçut les leçons de El-Moghili, de El-Djelâl-Es-Soyouti et d'autres maîtres. Il eut une discussion avec le hafiḍ El-Belbâli sur certaines questions. Il vivait encore aux environs de l'année 950 (1543).

Abou-Bekr-ben-Ahmed-Bir-ben-ʿOmar-ben-Mohammed-Aqît, Tombouctien de naissance, il fixa sa résidence dans la noble ville de Médine. C'était mon oncle paternel. Il était bon, doué d'une belle voix, réservé, ascète, pieux, craignant Dieu. C'était un saint béni connu par ses vertus, et d'une piété, d'une réserve, d'une bonté évidentes. D'une foi solide, il pratiquait beaucoup l'aumône et la bien-

---

1. C'est Ahmed-Baba, dont on reproduit le texte, qui parle.
2. Cf. l'*Essai*, p. 20.

faisance, gardant rarement quelque chose par-devers lui malgré ses faibles ressources. Il était d'une ardeur incomparable pour le bien et fut ainsi dès son jeune âge. Il fit le pèlerinage de La Mecque et fréquenta les lieux saints, puis il retourna dans son pays à cause de ses enfants qu'il ramena avec lui. Après avoir fait de nouveau le pèlerinage, il se fixa à Médine où il demeura jusqu'à sa mort survenue au commencement de l'année 991 (fin janvier ou février 1583); il était né en 932 (1526-1527). Il fut mon premier professeur de syntaxe; grâce à la protection divine dont il jouissait je fis de grands progrès et, en peu de temps, sans efforts, j'arrivai à être maître de cette branche de la science. Il eut de glorieux moments. Toujours craintif envers Dieu et attentif à lui plaire, il donnait de sages conseils aux hommes. Il sanglotait sans cesse (٤٢) et sa langue s'humectait pour louer Dieu et mentionner souvent son nom. Très ouvert avec tout le monde, il était un des meilleurs saints de la terre. Il repoussa la fortune et se priva de ses éclats, bien qu'il appartînt à une famille jouissant d'une haute considération. Je n'ai jamais vu son pareil, ni même quelqu'un qui en approchât par ses mérites. Il a laissé quelques petits traités sur le soufisme et sur d'autres sujets[1].

Ahmed-ben-Ahmed-ben-'Omar-ben-Mohammed-Aqît-ben-'Omar ben Ali-ben-Yahya, mon père. — Jurisconsulte, théologien, fils de jurisconsulte et théologien, c'était un esprit fin et sagace. Érudit, traditionniste, il avait tout étudié, la théorie du droit, la rhétorique, la logique. De cœur sensible, il jouissait d'une grande estime et d'une haute considération auprès des princes et auprès de tout le monde. Il se plaisait à user de son influence et jamais son intervention n'était repoussée. Il était ferme à l'égard des rois comme

---

1. Cf. l'*Essai*, p. 24.

à l'égard des autres, aussi tous avaient-ils pour lui le plus profond respect. On allait lui rendre visite chez lui et, quand, dans un de ses voyages, il tomba malade à Kâgho, le grand sultan Askia-Daoud, pour lui rendre honneur, venait le voir chaque nuit pour veiller et causer avec lui jusqu'à ce qu'il fut guéri. Son pouvoir et sa gloire étaient célèbres; personne n'osait lui résister tant était grande son autorité. Il aimait les gens de bien et se montrait humble avec eux, n'ayant jamais de haine contre personne et rendant justice à tous. Il était amateur de livres; sa bibliothèque bien garnie contenait tous les ouvrages rares et précieux ; il les prêtait volontiers.

Il avait pris des leçons de son oncle paternel, la bénédiction de cette époque, Mahmoud-ben-'Omar et d'autres maîtres. Il voyagea en Orient en l'année 956 (1549); il fit le pèlerinage de La Mecque et visita le tombeau du Prophète. Dans ce voyage, il entra en relations avec de nombreux savants tels que En-Nâsir-El-Laqqâni, le chérif Youcef, disciple de Es-Soyouti, El-Djemal, fils du cheikh Zakariya, El-Adjhouri, Et-Tadjouri. A La Mecque et à Médine il rencontra Amîn-ed-dîn-El-Meïmouni, El-Mellaï, Ibn-Hadjar, Abdelaziz-El-Lamṭi, Abdelmo'ti-Es-Sekhaouï, Abdelqader-El-Fakihi, etc. Il profita de l'entretien de ces savants, mais il fréquenta surtout assidûment Aboul-Makârim-Mohammed-El-Bekri et jouit de sa protection divine. Il nota un certain nombre de propositions de ce maître et rentra ensuite dans son pays, où il fit quelques cours.

Il a commenté le tekhmis[1] des *Achriniyât el-fazâziya*, poème (٤٢) en l'honneur du Prophète; il fit également un excellent commentaire du poème de El-Moghili sur la lo-

---

1. Cette sorte de développement d'une pièce de poésie consiste à ajouter quatre vers à chacun des vers d'un poème de façon à former des strophes de cinq vers.

gique et des gloses sur un passage de Khelil ; puis il composa sur le commentaire de Et-Mataï, des gloses marginales pour montrer les passages inexacts de cet ouvrage ; il commenta encore la *Soghra*[1] de Es-Senousi, la *Qortobiya*[2], les *Djomel*[3] d'El-Khoundji sur les *osoul*[4], mais il n'acheva pas la plupart de ces travaux. Pendant vingt et quelques années, durant le mois de redjeb et les deux mois suivants il expliqua les deux *Sahih*. Il mourut le dimanche soir, 17 du mois de cha'ban de l'année 991 (6 septembre 1583).

Comme sa parole était devenue embarrassée, un jour que, dans la mosquée, il lisait le *Sahih* de Moslem, notre maître le très docte Mohammed-Baghyo'o, qui était assis en face de lui, lui fit signe d'interrompre sa lecture. Le lundi suivant il mourut. Parmi ses nombreux disciples il faut citer : les deux jurisconsultes vertueux, notre maître Mohammed et son frère Ahmed, tous deux fils du jurisconsulte Mahmoud-Baghyo'o ; ils étudièrent sous lui les *osoul*, la rhétorique et la logique ; les deux jurisconsultes et frères Abdallah et Abderrahman, fils tous deux du jurisconsulte Mahmoud, et d'autres encore. Moi-même j'ai suivi ses cours sur de nombreuses matières et il m'a délivré des diplômes de licence sur tout ce qu'il enseignait selon son système ou selon un système d'emprunt. J'ai étudié avec lui les deux *Sahih*, la *Mouatta*[5] et la *Chifa*. Il était né au commencement de moharrem de l'année 929 (novembre-décembre 1522). Après sa mort (Dieu lui fasse miséricorde !) je l'ai vu dans un beau songe[6].

1. Titre abrégé d'un ouvrage sur les dogmes de la foi composé par Mohammed-ben-Youcef-Es-Senousi ; le titre complet est : العقيدة الصغرى.
2. Poème qui traite des devoirs du musulman.
3. Traité de logique par Ibn-Nâmâwar-El-Khoundji.
4. C'est le nom que l'on donne à la science qui s'occupe de la théorie du droit ou aux principes dont il dérive.
5. Titre d'un recueil de traditions publiée d'après Malik-ben-Anas, le fondateur de la doctrine malékite.
6. Cf. l'*Essai*, p. 21.

CHAPITRE DIXIÈME

Ahmed-ben-Mohammed-ben-Saʿid, fils de la fille du jurisconsulte Mahmoud-ben-ʿOmar. — Jurisconsulte, théologien, érudit et professeur, il assista une fois aux leçons de son grand-père sur la *Risala* et le *Mokhtasar* de Khelil. Il étudia sous d'autres maîtres le *Mokhtasar* et la *Modaououana*. La population profita de ses talents de l'année 960 (1553) jusqu'au moment de sa mort, survenue en moharrem, le premier mois de l'année 976 (juillet 1568).

Le jurisconsulte, notre maître **Mohammed** et son frère **Ahmed** également jurisconsulte. — Celui-ci étudia sous la direction du précédent[1] la *Mouatta*, la *Modaououana*, le *Mokhtasar* de Khelil et d'autres ouvrages. Il est l'auteur d'une glose marginale sur Khelil où il s'occupe à la fois et de la forme et du fonds. Il naquit en 931 (1524-1525). Je l'ai connu étant tout jeune et ai assisté à son cours.

Mohammed-ben-Mahmoud-ben-Abou-Bekr, le Ouankori, le Tombouctien. — Il est plus connu sous le nom de Baghyoʿo (*ba* avec la voyelle *a*, *ghaïn* avec le *djezm*, *ya* avec la voyelle *o* et *ʿaïn* avec la voyelle *o*). Il fut notre maître et notre protecteur. Jurisconsulte, théologien, érudit, vertueux, pieux, dévot (ττ), il était une des meilleures créatures vertueuses de Dieu, un savant pratiquant, un homme empreint de bonté ; il était d'une loyauté parfaite, d'une nature pure. Il était tellement porté au bien et à croire que tout le monde était comme lui qu'il avait une excellente opinion des autres et qu'il les considérait, pour ainsi dire, comme étant ses égaux en bons sentiments et n'ayant aucune connaissance du mal.

Il s'occupait des affaires des autres, se nuisant au besoin pour leur rendre service. Il était indulgent pour leurs fai-

---

[1]. Cette notice est fort mal rédigée. Après avoir parlé des deux frères au début, on ne parle plus que d'un seul et le nom du personnage sous lequel l'auteur étudia n'est indiqué que par un pronom qui semble se rapporter au savant Ahmed dont la biographie seule est donnée.

sieuses, cherchait à les mettre d'accord et les engageait à
aimer la science, à suivre ses enseignements, à y employer
tous leurs instants, à fréquenter les savants et à être d'une
docilité parfaite. Il prodiguait à tous ses livres les plus précieux, les plus rares et auxquels il tenait le plus ; jamais il
ne les réclamait ensuite, quelle que fût la science dont ils
traitaient. Il perdit ainsi une grande quantité de ses livres
Dieu lui en sache gré ! . Parfois un étudiant se présentait
à sa porte et demandait un livre : il le donnait sans même
savoir à qui il avait affaire. C'était vraiment étonnant qu'il
agit ainsi : il le faisait pour être agréable à Dieu, malgré la
passion qu'il avait pour les livres qu'il collectionnait avec
ardeur soit en en achetant, soit en en faisant copier.

Un jour j'allai le trouver pour lui demander des ouvrages
de grammaire. Il chercha dans sa bibliothèque et me donna
tous ceux qu'il y put trouver. Il avait une grande patience
pour enseigner ; il y consacrait tous les instants du jour et
et quand il s'agissait de faire apprendre quelque chose d'utile à un bélitre, il ne se décourageait pas et ne se rebutait
jamais. Les personnes présentes en étaient obsédées, mais
lui n'y prenait point garde. C'était au point qu'un jour j'entendis un de nos condisciples, étonné de sa patience, dire :
« Je crois que ce jurisconsulte a bu de l'eau de Zemzem[1] pour
n'être point rebuté de l'enseignement. » Cela ne l'empêchait
pas de se consacrer aux actes de piété.

Il ne croyait pas à la mauvaise foi des gens et avait toujours bonne opinion des autres tant qu'ils n'avaient commis
aucune faute et même s'ils avaient commis quelque faute.
Il ne s'occupait que de ce qui le regardait et s'abstenait de
prendre part aux bavardages ; il s'était drapé dans le plus

---

1. Les eaux du puits de Zemzem, puits situé dans l'enceinte du temple de La Mecque, passent pour avoir la puissance de guérir bien des maux et de donner nombre de vertus.

magnifique manteau de la discrétion et de la réserve. Il tenait ferme en sa main le solide étendard de la continence. Calme et digne, d'une nature d'élite et d'une modestie qui rendait faciles les rapports avec lui, il avait séduit tous les cœurs. Tout le monde était unanime à faire de lui le plus grand cas. On ne voyait que gens épris de lui, le glorifiant et faisant sincèrement son éloge.

Sa longanimité était telle qu'il ne refusait jamais d'enseigner à un débutant ou à un esprit borné. Il passa toute sa vie à enseigner tout en s'occupant activement des affaires du peuple et des affaires des cadis. On n'aurait pu lui trouver un remplaçant ni rencontrer son pareil.

Le sultan lui offrit le gouvernement de son palais[1]; il refusa d'accepter l'offre qui lui était faite et la rejeta après avoir insisté auprès du prince (عو); il fut ainsi délivré par Dieu de ce souci.

Il s'adonna à l'enseignement surtout après la mort de Sidi Ahmed-ben-Mohammed-ben-Saïd. Quand je le connus, il commençait ses cours aussitôt après la prière du matin et les continuait jusqu'au grand *doha*[2] en variant les sujets qu'il traitait. Alors il rentrait chez lui et y faisait la prière du *doha*; puis, parfois, il allait alors chez le cadi s'occuper des affaires des gens ou les concilier entre eux. Après cela il continuait d'enseigner chez lui jusqu'à midi; il faisait la prière du *dohor* avec tous les fidèles et reprenait ses cours jusqu'à l'*asr*. Cette dernière prière faite, il se rendait dans un autre endroit pour enseigner de nouveau jusqu'au crépuscule ou à peu de chose près jusqu'à ce moment. Après le *maghreb*[3] il ensei-

1. Les mss. A et B donnent جيش qui signifie « armée ». Il ne serait pas impossible d'ailleurs que le prince eût songé à lui confier le commandement de ses troupes; on sait que le cadi Asad dirigea une expédition en Sicile. Le ms. C écrit جل et le sens serait alors de « palais »; cette dernière leçon est plus probable que la première.
2. Le *doha* a lieu vers neuf heures et demie du matin.
3. La prière du coucher du soleil.

gnait à la mosquée jusqu'à l'*acha*¹ et alors il rentrait chez lui. J'ai même entendu dire qu'il venait toujours à la mosquée à la fin de la nuit.

Esprit subtil, sagace, fin, éveillé, méticuleux, prompt à la risposte, rapide à comprendre, d'une intelligence lumineuse, il était taciturne, silencieux, grave. Parfois cependant il se déridait ou encore il lançait à ses auditeurs quelque trait qui témoignait de sa supériorité intellectuelle bien connue et de la promptitude de son entendement. Il avait appris l'arabe, et le droit avec deux vertueux jurisconsultes, son père et son oncle maternel.

En même temps que son frère, le vertueux jurisconsulte Ahmed, il se fixa à Tombouctou. Tous deux suivirent assidûment les leçons des jurisconsultes Ahmed-ben-Mohammed-ben-Sa'ïd sur le *Mokhtasar* de Khelil ; puis ils partirent en pèlerinage à La Mecque avec leur oncle maternel. Dans ce voyage ils rencontrèrent En-Nâsir-El-Laqqâni, Et-Tadjouri, le chérif Youcef-El-Aumayouni, El-Barahamouchi² le hanafite, l'imam Mohammed-El-Bekri et d'autres savants et profitèrent de leurs entretiens. Ils rentrèrent dans leur pays lors de la mort de leur oncle maternel et, après avoir accompli le pèlerinage, ils s'établirent à Tombouctou, où ils étudièrent, sous la direction de Ibn-Sa'ïd, le droit et la tradition. Ils expliquèrent avec lui la *Mouatta*, la *Modaououana*, le *Mokhtasar*, etc. Avec mon père, ils étudièrent les *osoul*, la rhétorique et la logique en expliquant les *Osoul* d'Es-Sebki et le *Telkhis el-miftah*³. Puis, après la mort de son frère, Mohammed seul étudia également avec mon père les *Djomel* d'El-Khoundji. En même temps il se livrait à l'enseigne-

---

1. La prière qui a lieu à la nuit tombante.

2. Ou : « El-Barahamnouch », suivant le ms. C.

3. Le تلخيص المفتاح est un traité de rhétorique de Djelâl-ed-Dîn-Mohammed-El-Qazouîni.

ment et devint plus tard le plus grand maître de son époque sans que personne pût lui être comparé.

J'ai suivi assidûment ses cours pendant plus de dix ans ; j'ai vu avec lui huit fois environ le *Mokhtasar* de Khelil en entier avec les interprétations qu'il en donnait (٤٦) et celles qu'il tenait des autres. J'ai étudié avec lui, de façon à en avoir l'intelligence complète, la *Mouatta* ; le *Teshil*[1] d'Ibn-Mâlek que j'ai examiné à fond et sous toutes ses faces durant trois ans ; les *Osoul* d'Es-Sebki avec le commentaire d'El-Mahalli, vu à fond trois fois ; l'*Alfiya*[2] de El-Irâqi avec commentaire de l'auteur ; le *Telkhis el-miftah* avec l'abrégé de Es-Saad, deux fois, au moins ; la *Soghra* d'Es-Senousi ; le commentaire de *El-Djezaïriya*[3] ; les *Hikem*[4] d'Ibn-'Ata-Allah, avec commentaire de Zerrouq ; le *Nadm*[5] d'Abou-Moqra'a et la *Hachemiya* sur l'astrologie avec leurs commentaires ; la *Moqaddima*[6] d'Et-Tadjouri à ce sujet ; le *Redjez*[7] d'El-Moghili sur la logique ; la *Khazeredjia*[8] sur la métrique, avec le commentaire du chérif Es-Sibti ; une grande partie de la *Tohfat el-hokkâm*[9] d'Ibn-'Acem avec le commentaire du fils de l'auteur ; tout cela d'après ses interprétations. J'ai

---

1. Le titre complet est : تسهيل الفوائد وتكميل المقاصد. C'est un traité de grammaire en prose composé par l'auteur de l'*Alfiya*, Djemâl-el-Dîn-Mohammed-ibn-Malek.

2. Traité en vers sur les traditions, par Abd-er-Rahim-ben-El-Hosaïn-El-Atsiri El-Irâqi.

3. Poème sur l'unité de Dieu de احمد بن عبد الله الجزائري.

4. Traité de morale et de mysticisme par 'Ata-Allah-Tâdj-ed-Dîn-Ahmed-El-Iskenderâni-Ech-Chadzili. Le titre en est : الحكم العطائية.

5. Probablement le poème de ابو مقرع sur le calcul des nativités.

6. Peut-être l'ouvrage intitulé : مقدمة فى علم الميقات de Mohammed-ben-Idris. C'est un traité pour déterminer l'heure des prières.

7. C'est sans doute le poème indiqué sous le numéro 11 dans la liste donnée par Cherbonneau (cf. l'*Essai*, p. 13).

8. Poème didactique sur la prosodie par Diya-ed-Dîn-Abdallah-ben-Mohammed-El-Khazradji.

9. Traité de droit malékite en vers (cf. O. Houdas et F. Martel, *La Tohfat d'Ebn-Acem*, texte et traduction, Alger, 1882).

également étudié avec lui les *Fera'i*[1] d'Ibn El-Hâdjeb, étude complète et critique. J'ai assisté à ses cours sur le *Taudih*[2], mais il ne m'en expliqua qu'une partie depuis le chapitre du dépôt jusqu'au chapitre des jugements. J'ai encore étudié avec lui une grande partie du *El-Monteqa* d'El-Bâdji ; la *Modaououana* avec commentaire d'Abou-'l-Hasen-Ez-Zerouaïli, la *Chifa* d''Iyâḍ ; la moitié du *Sahih* d'El-Bokhari avec son interprétation et la totalité du *Sahih* de Moslim à plusieurs reprises ; le *Modkhel* d'Ibn El-Hâdjeb[3] ; enfin j'ai assisté à quelques-unes de ses leçons sur la *Risala*, l'*Alfiya*, etc. J'ai commenté avec lui le Coran sublime jusqu'au milieu de la sourate de l'A'raf[4] ; je lui ai entendu lire en entier le *Djam'i el-mi'yâr*[5] de El-Ouancherisi, ouvrage qui forme un gros volume, et d'autres matières encore. J'ai discuté souvent avec lui sur des points douteux et ai eu recours à sa science sur des questions importantes. Pour tout dire il fut mon professeur, mon maître et personne ne m'a été aussi utile que lui, soit par lui-même, soit par ses livres (Dieu lui fasse miséricorde et lui accorde le paradis en récompense !). Il m'a délivré des diplômes de licence écrits de sa main sur les matières qu'il enseignait suivant sa méthode ou suivant celle d'autrui. Je lui ai communiqué un certain nombre de mes ouvrages ; il y a mis de sa main des annotations flatteuses pour moi ; il a même reproduit les résultats de certaines de mes recherches et je l'ai entendu en citer quelques-unes dans ses leçons, ce qui prouve son impartialité, sa modestie et son respect pour la vérité en toute circonstance. Il était avec

---

1. Sans doute le مختصر الفروع d'Ibn-El-Hadjeb.

2. C'est le توضيح de Sidi Khelil.

3. Le ms. C a El-Hadjeb, au lieu de El-Hâdj qui se trouve également dans Cherbonneau.

4. C'est le titre de la VIIe sourate du *Coran*.

5. Ouvrage de jurisprudence de Ahmed-ben-Yahya-ben-Mohammed-ben-Abdelouâhid-ben-Ali-El-Ouancherisi.

CHAPITRE DIXIÈME

nous le jour de notre malheur [1]. Ce fut la dernière fois que je le vis. Plus tard j'appris qu'il était mort un vendredi de chaououal de l'année 1002 (juin-juillet 1593); il était né, m'avait-il dit, en 930 (1524). Il est l'auteur de notes et de gloses marginales dans lesquelles il a appelé l'attention sur (٤٧) les erreurs commises par les commentateurs de Khelil et autres ; il avait relevé une à une toutes les erreurs contenues dans le grand commentaire de Et-Lataï, et provenant soit de la rédaction de l'auteur, soit de ses citations. Ce travail extrêmement utile je l'ai condensé dans un de mes opuscules (Dieu fasse miséricorde à ce maître !). Ici finit l'extrait que je donne du *Edz-Dzil* [2].

Un des seigneurs des gens de Sankoré, — le fait a été transmis de source sûre, — avait versé une aumône de 1000 mitsqals d'or entre les mains du cheikh, du jurisconsulte, le vertueux Abou-Abdallah. c'est-à-dire le cadi Moaddib-Mohammed-El-Kâbari ; celui-ci la distribua aux pauvres à la porte de la mosquée de Sankoré. Voici ce qui s'était passé : La famine avait éclaté à ce moment-là. Le cheikh parlant un jour dans sa medrasa dit : « Quiconque fera l'aumône de 1000 mitsqals, je me charge de lui procurer le paradis. » Ce fut alors que le généreux personnage en question donna cette somme qui fut répartie entre les pauvres. On assure que plus tard le cheikh vit en songe quelqu'un qui lui dit : « A l'avenir ne prends plus d'engagements en notre nom. »

Comme le saint, l'ascète, le jurisconsulte Abderrahman, fils du jurisconsulte Mahmoud, racontait l'aventure précédente pendant son cours qui se faisait à la mosquée, on raconte qu'un homme lui dit : « O monseigneur, croyez-vous

---

1. Le jour de la prise de Tombouctou par les troupes marocaines sous la conduite de Djouder.
2. Cf. l'*Essai*, p. 25.

qu'à cette heure si vous promettiez le paradis à quelqu'un il vous donnerait mille mitsqals d'or? » Abderrahman répondit en ces termes : « El-Kâbari et ses semblables, voilà les hommes qui étaient capables de suivre une pareille voie. »

Le cheikh dont il vient d'être parlé, c'est-à-dire le jurisconsulte, le cadi **Moaddib-Mohammed-El-Kâbari,** le maître des maîtres (Dieu lui fasse miséricorde, lui témoigne sa satisfaction et nous fasse profiter de ses bénédictions dans ce monde et dans l'autre!) se fixa à Tombouctou, au ixe siècle. Il fut le contemporain d'un grand nombre de cheikhs, entre autres des personnages suivants : le jurisconsulte Sidi Abderrahman-Et-Temîmi, grand-père du cadi Habib ; le jurisconsulte Anda-Ag-Mohammed le grand, grand-père par sa mère du jurisconsulte le cadi Mahmoud ; le jurisconsulte Omar-ben-Mohammed-Aqit, père du jurisconsulte Mahmoud susdit ; le très docte, le pôle, Sidi Yahya-Et-Tadelsi, etc. Il atteignit au plus haut degré de la science et de la vertu. Il eut pour disciples le jurisconsulte 'Omar-Anda-Ag-Mohammed-Aqit et Sidi Yahya. On dit qu'il ne laissa pas s'écouler un seul mois sans avoir fait lire en entier le *Tehdib*[1] de El-Beradaï, tant il avait de lecteurs. A cette époque, la ville était remplie d'étudiants soudanais, gens de l'ouest (٤٨), pleins d'ardeur pour la science et pour la vertu. C'était à ce point qu'on assure qu'il y a, enterrés dans le même enclos que lui, trente personnages de Kâbara, tous savants et saints. Son champ de repos se trouve entre celui du saint jurisconsulte El-Hâdj-Ahmed-ben-'Omar-ben-Mohammed-Aqit et l'endroit où se fait la prière pour demander la pluie. Tel est le renseignement qui nous a été fourni par notre maître, l'ascète, le jurisconsulte, El-Amin-ben-Ahmed, frère du jurisconsulte Abderrahman (que la terre leur soit légère !).

---

1. Il s'agit du تهذيب مسائل المدونة والمختلطة de Abou-Sa'ïd-Khelef-ben-Abou-'l-Qâsem-El-Berâdi'i, traité de droit malékite.

CHAPITRE DIXIÈME

Ce cheikh béni fut l'auteur de miracles nombreux et remarquables. En voici un entre autres : Un thaleb de Merrâkech donnait libre carrière à sa langue contre le cheikh et en disait des choses peu convenables, l'appelant, par exemple, El-Kâfiri [1]. Ce thaleb possédait une haute considération et jouissait d'un grand crédit auprès des princes chérifiens auxquels il faisait la lecture d'El-Bokhari pendant le ramadan. Dieu le punit en lui infligeant l'éléphantiasis. On fit venir des médecins de tous les pays : l'un d'eux alla jusqu'à dire que le thaleb ne guérirait qu'autant qu'il aurait mangé le cœur d'un enfant. Le prince d'alors fit égorger on ne sait combien d'enfants ; mais cela ne servit à rien et le malade mourut dans de tristes conditions (Dieu nous préserve d'un pareil sort !). Ce fait a été rapporté par le très docte, le jurisconsulte Ahmed-Baba (Dieu lui fasse miséricorde !).

Un autre miracle est celui-ci que j'ai entendu raconter par mon père qui le tenait de ses maîtres : Un certain jour des dix premiers de dzou-'l-hiddja [2], le cheikh sortit pour aller acheter des animaux vivants destinés à la fête des sacrifices. Ces animaux se trouvaient de l'autre côté du Fleuve. Le cheikh qui avait avec lui un de ses disciples se mit à marcher sur le Fleuve. Le disciple, entraîné par quelque circonstance dont Dieu eut le secret, suivit l'exemple qui lui était donné et disparut en plein fleuve au moment où son maître gagnait l'autre rive. Celui-ci appela alors son disciple, lui tendit la main et le retira de l'eau ; puis il lui dit : « Qu'est-ce qui t'a

---

1. Jeu de mots sur l'ethnique du personnage qui était El-Kâbari et que le thaleb transformait en Kâfiri, c'est-à-dire « appartenant aux infidèles ». C'est seulement en prononçant les mots à la façon du langage vulgaire que le jeu de mots est véritablement possible.
2. C'est le 10 de ce dernier mois de l'année musulmane qu'a lieu la grande fête, dite des sacrifices, parce que ce jour-là les pèlerins doivent égorger une victime. Ce jour-là tous les fidèles, en quelque lieu qu'ils se trouvent, immolent également un animal.

donc porté à agir ainsi ? — Comme je vous ai vu faire, j'ai voulu faire aussi moi-même, répondit l'autre. — Comment pouvais-tu comparer ton pied à celui d'un homme qui n'a jamais marché dans la voie de la désobéissance divine ! » s'écria le cheikh.

Le jour où mourut ce cheikh (Dieu lui fasse miséricorde !), le cheikh, l'imam, le saint, l'illuminé, le modèle, le voyant, le pôle, le secours, l'érudit, le bien dirigé, le noble seigneur, le divin Sidi Yahya-Et-Tadelsi fit son élégie dans les vers suivants (٤٩) :

Souviens-toi ! le souvenir est plein d'enseignements utiles ; dans ses replis il y a de quoi désaltérer l'élite de ceux qui viennent boire ;

N'as-tu pas vu que si la trace de ceux qui mettent de l'ardeur à être généreux mérite d'être citée, la trace laissée par les penseurs est plus digne d'être estimée encore.

Les parfums du vent d'est rendent à l'homme la vigueur de l'esprit ; il va alors rejoindre ses compagnons et les aider de son bras[1] ;

La disparition d'une intelligence de ce monde est un deuil qui se manifeste en tous pays et chez tous les hommes de valeur.

Les maîtres de la science ont été atteints par la mort du cheikh, et il y a dans cet événement la menace de prochains malheurs ;

O étudiants de la science du droit, vous savez ce qu'était parmi les hommes celui qui imprègne vos cœurs de tristesse.

La tristesse qui envahit vos cœurs vient de la perte de ce maître, ce jurisconsulte bienveillant, porteur des joyaux de la science,

A l'enseignement parfait, dont l'intelligence rapprochait tout et qui découvrait dans le *Tehdib* les plus heureuses indications ;

Ce maître c'était Mohammed-Moaddib, l'homme prudent, dont la persévérance et la patience élevaient sans cesse le rang.

Est-il possible qu'après lui on trouve quelqu'un qui explique tout ? O Arabes, trouverons-nous après lui quelqu'un pour nous faire marcher ? (nous fouetter).

Si nous n'avions pour nous consoler le Prophète, ses compagnons, les grands maîtres de la religion et les guides spirituels,

Les larmes devraient couler de nos yeux comme une pluie ininterrompue en voyant disparaître ces corps et s'éteindre ces flambeaux.

Le monde s'est obscurci et ses tristesses se sont fait jour dans cette matinée où la nouvelle de sa mort s'est répandue parmi les maîtres.

---

1. Le texte de ces vers étant souvent altéré par les copistes, la traduction en est parfois douteuse.

CHAPITRE DIXIÈME

Quel homme intelligent refuserait de venir le porter en terre avec la foule? Les anciens, eux aussi, ont eu la tristesse de ces rudes épreuves,

Lorsque les deux civières se sont rompues sous un homme vertueux qui nous avait conduit à Médine plus d'une fois [1],

En faisant cela nous rendrons honneur et nous ferons un acte de bonne éducation à l'égard de l'homme vertueux qui a été fidèle au pacte des maîtres [2].

O mes frères, priez pour lui; que Dieu lui fasse bon accueil en lui accordant le repos et le calme d'un glorieux tombeau!

Qu'il jouisse d'une large demeure dans le paradis en témoignage de sa maîtrise et pour prix de sa soumission à la foi!

Qu'il reçoive du Clément, à qui appartiennent la gloire et la sublimité, un salut plein de bienveillance et d'un heureux profit;

Que le Seigneur, le Dieu du trône, daigne répandre ses bénédictions sur le meilleur de ses envoyés, son plus éminent représentant,

Mahomet, qui a été choisi pour achever l'œuvre de miséricorde et parachever la tâche de ses nobles devanciers;

Qu'il en soit ainsi également pour sa famille, ses compagnons, et leurs successeurs, tous ceux pour l'amour desquels s'élève la prière du fidèle! (o.).

Telle est cette pièce de vers que j'ai copiée sur un texte écrit de la main de mon père (Dieu, par sa grâce, lui fasse miséricorde et lui pardonne!).

Généalogie du cheikh Sidi Yahya (Dieu lui fasse miséricorde, nous fasse profiter de ses bénédictions et les renvoie sur nous dans ce monde et dans l'autre!) Il s'appelait **Yahia-ben-Abderrahim-ben-Abderrahman-Ets-Tsaʻalebi-ben-Yahia-El-Bekkaï-ben-Abou'l-Hasan-ʻAli-ben-Abdallah-ben-Abdeldjebbâr-ben-Temim-ben-Hormoz-ben-Hâtem-ben-Qosaï-ben-Youcef-ben-Youchʻa-ben-Ouard-ben-Battâl-ben-Ahmed-ben-Mohammed-ben-Aïssa-ben-Mohammed-ben-El-Hasan-ben-ʻAli-ben-Abou-Tâleb** (Dieu blanchisse la face de ce dernier et témoigne sa satisfaction et sa miséricorde à tous!). Il vint à Tombouctou au début du gouvernement des Touareg; il y fut bien accueilli par le Tombouctou-

---

1. Traduction incertaine.
2. Ce dernier mot est loin d'être sûr.

Koï, Mohammed-Naddi, qui le prit en affection, le traita avec la plus grande distinction et lui fit bâtir une mosquée dont il lui confia les fonctions d'imam.

Yahya atteignit au plus haut degré de la science, de la vertu et de la sainteté ; sa renommée se répandit par tous pays et dans tout l'univers. Ses bénédictions se firent sentir à tous grands et petits. Il fit plusieurs miracles et eut souvent la double vue. Le jurisconsulte, le cadi, le père des bénédictions, Mahmoud a dit : De tous ceux qui mirent le pied à Tombouctou, personne ne fut aussi éminent que Sidi Yahya. Le saint, l'ascète, le jurisconsulte, le prédicateur Abou-Zeïd-Abderrahman, fils du jurisconsulte Mahmoud, qui vient d'être nommé, a dit à son tour : « Il est du devoir des gens de Tombouctou de visiter chaque jour le mausolée de Sidi Yahya pour en obtenir les bénédictions et ils devraient le faire même s'ils demeuraient à trois jours de marche de cette ville[1]. »

Tout à ses débuts (Dieu lui fasse miséricorde !) Sidi Yahya s'abstenait de faire du négoce ; mais à la fin de sa carrière, il s'en occupa activement. Il racontait à ce sujet que jusqu'au moment de se livrer au négoce il voyait chaque nuit le Prophète en songe ; ensuite il ne le vit plus qu'une fois par semaine, puis une fois par mois et enfin une fois par an. Et comme on lui demandait la cause de cela, il répondit : « J'imagine que ce n'est qu'à cause de mon négoce. — Et pourquoi n'y renoncez-vous pas ? lui dit-on. — Je ne veux, dit-il, être à la charge de personne. » Voyez (Dieu nous fasse à vous et à nous miséricorde!) combien le négoce est chose funeste, bien que ce cheikh béni apportât le plus grand soin et qu'il mît le plus grand scrupule à se garder de tout

---

1. La distance de trois jours de marche est considérée, chez les musulmans, comme un éloignement suffisant pour dispenser de certaines obligations d'ordre religieux ou d'un caractère juridique.

ce qui est illicite. Voyez aussi combien est dure la nécessité d'être à la charge des autres, puisque, à cause de cela (٠١), ce maître béni renonçait à une haute faveur divine. Nous demandons à Dieu qu'il nous fasse la grâce de nous être indulgent et de nous pardonner dans ce monde et dans l'autre!

On raconte qu'un jour, entouré d'un groupe d'étudiants, et assis hors de la mosquée au pied du minaret, il faisait son cours, quand les nuages s'élevant dans le ciel menacèrent d'une pluie si prochaine, que les étudiants se préparaient à se lever. Le tonnerre ayant grondé ensuite, le cheikh dit : « Ne vous pressez pas, restez en place, car la pluie ne tombera pas ici, l'ange lui ordonne d'aller tomber dans tel pays. » Et en effet les nuages passèrent et disparurent.

Notre maître, l'ascète, le jurisconsulte, El-Amin-ben-Ahmed (Dieu lui fasse miséricorde !) nous a raconté qu'un jour les servantes du cheikh avaient mis à cuire un poisson frais et l'avaient laissé depuis le matin jusqu'au soir sans que le feu produisît le moindre effet. Comme il les entendait s'étonner de cela, il leur dit : « Mon pied a touché quelque chose d'humide en passant dans le vestibule pour aller à la prière ce matin, peut-être est-ce le poisson qu'il a frôlé : or le feu ne peut rien brûler de ce que mon corps a touché. »

On raconte encore que, lorsque les étudiants de Sankoré venaient le trouver pour recevoir ses leçons, il leur disait : « O gens de Sankoré, vous devriez vous contenter de Sidi Abderrahman-Et-Temimi. » Ce personnage était venu du Hedjaz en compagnie du sultan Mousa, roi de Melli, lorsque celui-ci revint de son pèlerinage à La Mecque. Il se fixa à Tombouctou et trouva cette ville remplie d'une foule de jurisconsultes soudanais. Aussitôt qu'il s'aperçut que ceux-ci en savaient plus que lui en matière de droit, il partit pour Fez, s'y adonna à l'étude du droit, puis il revint se fixer de nouveau à Tombouctou. Il était le grand-père du cadi Habib (Dieu leur fasse miséricorde à tous!).

En l'année 868 (1463-1464) Sidi Yahya mourut et peu de temps après lui mourut son ami le cheikh Mohammed-Naddi, ainsi qu'il a été dit précédemment (Dieu leur fasse miséricorde à tous deux!).

Le cheikh **Masira-Bobo-Ez-Zoghrâni**, ami du jurisconsulte Mahmoud-ben-'Omar. — C'était un théologien éminent, un homme bon, vertueux, pieux. On aurait trouvé difficilement son pareil dans sa tribu, car elle n'est guère renommée pour sa vertu, ni pour la pureté de son islamisme. A ses débuts, le prédicateur, l'ascète, le jurisconsulte Abderrahman, fils du jurisconsulte Mahmoud, fut assidu auprès de lui (٥٢); il se laissa diriger par lui et recueillit un certain nombre de ses sermons. On dit qu'un jour qu'il était dans sa medrasa on lui annonça un enterrement. « Qui est-ce? demanda-t-il — Un Zoghrâni, lui répondit-on. — Alors, reprit-il, je veux aller prier sur lui en considération du cheikh Masira-Bobo. » Il se rendit en effet à l'enterrement et y pria sur le défunt.

Le cheikh, le savant en Dieu, le saint, l'homme doué de la double vue, l'auteur des miracles, le jurisconsulte **Abou-Abdallah-Mohammed-ben-Mohammed-ben-Ali-ben-Mousa**, **'Oriân er râs** (Tête nue). C'était un des vertueux serviteurs de Dieu, un ascète généreux qui dépensait tout son bien en aumônes pour l'amour de Dieu. Quand il recevait des offrandes ou des étrennes, il n'en gardait rien pour lui et en faisait aumônes aux pauvres et aux malheureux. Il acheta un grand nombre d'esclaves et leur donna ensuite la liberté pour l'amour de Dieu et en vue de la vie future. Il n'avait pas de portier; tout le monde entrait chez lui sans demander la permission. On venait le visiter de tous les pays et à toute heure, surtout le vendredi, après la prière de l'asr.

Les personnes qui le visitaient le plus souvent étaient les gens du Makhzen[1], les pachas, des personnages de moindre importance et des voyageurs de passage ; ils lui faisaient ces visites à cause de ses nombreuses bénédictions.

Tantôt il était expansif, tantôt, au contraire, il était concentré. Dans ses moments d'expansion il racontait à ceux qui l'entouraient des histoires singulières ou merveilleuses ; il riait tout le premier de ses récits. Parfois, au moment où il riait, il frappait de sa main bénie la main de son interlocuteur et mettait sa main gauche sur sa bouche. Il me frappa ainsi souvent sur la main. Lorsque, au contraire, il était concentré il ne racontait rien et se contentait de répondre à celui qui lui parlait. Dans ces moments ce que je lui ai entendu dire le plus souvent, c'étaient ces phrases : « Ce que Dieu veut sera ; ce qu'il ne veut pas ne sera pas. » Ou encore : « Dieu est mon appui et il me suffit », que Dieu exauce qui l'implore », « il n'y a rien au-delà de Dieu ». Si quelqu'un, ayant éprouvé quelque malheur, lui demandait de réciter la Fatiha[2], il étendait ses deux mains bénies et après avoir dit la formule d'exorcisme[3] et le bismillah[4] il disait : *Ya sin*, etc.[5] ; ô le plus clément des cléments, ô le plus clément des cléments, ô le plus clément des cléments. Ensuite il récitait la Fatiha trois fois et faisait trois fois l'invocation suivante : Que Dieu nous améliore ainsi que vous, qu'il rétablisse nos affaires et les vôtres (٥٢), qu'il nous assure à vous et à nous une fin calme et heureuse.

Ce ne fut que vers la fin de sa vie, lorsque le moment

---

1. Le mot « Makhzen » s'emploie au Maroc et au Soudan pour désigner le gouvernement ou la cour du souverain.
2. Le premier chapitre du Coran.
3. La dernière sourate du Coran.
4. Formule qui consiste à dire : « Au nom de Dieu le clément, le miséricordieux », et que l'on doit prononcer chaque fois qu'on entreprend quelque chose.
5. C'est le titre et le commencement de la trente-sixième sourate du Coran.

du voyage suprême s'approcha, qu'il eut un portier et qu'il ne permit plus de pénétrer chez lui comme aux premiers temps. Il lui arrivait même de refuser de recevoir à certains moments. A partir de cette époque il se borna à réciter la Fatiha une seule fois, puis même il cessa de la réciter. Un jour que j'étais assis devant lui, il me dit : « A tous ceux qui viendront ici dis-leur que je ne puis plus réciter cette Fatiha. » Il fit alors pour moi sa prière accoutumée une seule fois et ce fut la dernière (Dieu lui fasse miséricorde, lui témoigne sa satisfaction et le place au plus haut degré de la demeure dernière !).

Au début de sa carrière, il fit la rencontre du père des œuvres généreuses, le saint, le pôle, l'érudit, Sidi Mohammed-El-Bekri, un tout jeune homme à cette époque. Comme il venait de quitter son ami en Dieu, le jurisconsulte Ahmed-ben-El-Hâdj-Ahmed-ben-'Omar-ben-Mohammed-Aqit, à la suite d'une des visites accoutumées qu'ils se faisaient entre eux, il trouva le jeune homme assis à midi près de la porte de la mosquée de Sankoré, dont la porte n'était pas encore ouverte ; El-Bekri tenait à la main le livre de la *Risala* d'Abou-Zeïd-El-Qaïrouâni qu'il étudiait sous la direction de son maître le jurisconsulte Abderrahman, fils du jurisconsulte Mahmoud. En le voyant ainsi, le cheikh béni s'arrêta et lui demanda quel était le livre qu'il tenait à la main : « C'est la *Risala*, » répondit El-Bekri. Le cheikh tendit sa main bénie en disant : « Montre-le-moi. » Puis le prenant dans ses mains, il l'examina un instant et le rendit en disant : « Dieu te bénisse au sujet de ce livre [1]. » Puis il passa son chemin, sans savoir à qui il avait eu affaire, car il ne l'avait jamais vu. Quand son maître revint à la mosquée, il lui raconta cette aventure et le maître soupçonna que c'était El-Bekri. En sortant de la mosquée

---

1. C'est-à-dire : « Puisses-tu tirer profit de ce travail ».

il se rendit chez son frère, le jurisconsulte Ahmed, dont il vient d'être question et lui dit : « Sidi Mohammed-El-Bekri est-il venu te voir aujourd'hui ? — Oui, répondit Ahmed; il est même resté plus tard que d'habitude. » Alors le maître lui raconta ce qui s'était passé entre El-Bekri et Mohammed-Ad[1]-'Ali-Mousa, comme l'appelaient les gens de Sankoré.

Plus tard le cheikh eut l'esprit troublé au point qu'on crut qu'il était devenu fou. Il ne couchait plus que dans les mosquées (ou la mosquée). Mohammed-El-Bekri a entendu dire que le cheikh avait annoncé qu'il avait vu Celui qu'on ne peut voir[2] et qu'en conséquence sa fin serait heureuse. Or, un de ses étudiants dignes de foi m'a raconté avoir demandé au cheikh si quelqu'un en ce monde avait vu Dieu. « Oui, lui aurait-il répondu ; il y a dans cette ville en même temps que toi une personne qui a vu Dieu le Très-Haut ». Comme (ο ι) je parlais de ce fait à mon maître, le très docte, le jurisconsulte Mohammed-Baba, le fils du jurisconsulte El-Amin, sans lui dire qui avait prononcé ces mots, mon maître me dit : « Celui qui a dit cela est celui-là même qui a vu le Seigneur (qu'il soit béni et exalté !). »

Un certain vendredi, après la prière de l''asr, nous étions au nombre de trois auprès du cheikh, moi et deux autres personnes. Le cheikh était dans un de ses moments d'expansion et il causait avec nous. Tout à coup les nuages s'élevèrent dans le ciel. Changeant aussitôt de visage, le cheikh devint maussade, interrompit sa conversation et demeura extrêmement agité dans sa salle de cours. A peine les premières

---

1. Équivalent sans doute ou abréviation de Aïda « fils ».
2. La partie de la phrase qui précède manquait dans les mss. A et B. Elle ne figure pas non plus dans le texte imprimé; le ms. C n'était pas encore en ma possession au moment où l'impression de cette partie du texte avait lieu. Celui qu'on ne peut voir c'est Dieu. Suivant les musulmans, aucun homme ne peut voir Dieu sans mourir aussitôt après ; il n'y a eu d'exception que pour Moïse.

gouttes de pluie tombèrent-elles qu'il devint dur et violent dans ses discours. « Je ne veux recevoir personne, dit-il, lorsque la pluie tombe. » Nous sortîmes tous aussitôt. Je racontai l'aventure à mon maître, le jurisconsulte El-Amin et il en fut tout surpris.

Un de mes confrères m'a raconté le fait suivant : «J'avais un voisin avec qui, matin et soir, nous nous réunissions dans l'intimité. Un jour il manqua au rendez-vous et, comme sa maison était voisine de la mienne, j'allai chez lui demander de ses nouvelles. Quand je fus à la porte de sa demeure, le portier alla l'avertir, puis il revint et me dit : « Mon maître vous fait savoir qu'il ne peut vous voir en cet instant. » En entendant ce discours, je faillis éclater de colère et, me frappant la poitrine avec la main, je m'écriai : Un homme tel que moi va visiter un tel chez lui et celui-ci le renvoie sans même l'avoir vu! Je décidai dès lors de ne plus jamais lui adresser la parole.

Peu de temps après cela, je rendis visite au cheikh bén. Sidi Mohammed-'Oriân-er-râs. A peine étais-je introduit en sa présence qu'après m'avoir salué il me parla en ces termes : « Un des saints de Dieu avait perdu une des situations qu'il occupait. Il en éprouva un si vif chagrin qu'il formula le souhait de rencontrer El-Khidr[1] (sur lui soit le salut!) afin qu'il lui servît d'intermédiaire auprès de Dieu pour lui faire rendre la situation qu'il avait perdue. Dieu, dans sa bonté et sa grâce, la lui rendit sans l'intercession de personne. Peu après El-Khidr vint trouver le saint et le salua à la porte de sa maison : « Qui es tu, dit le saint? — La personne que vous demandiez, répondit El-Khidr. — Dieu a fait que je puis me passer de toi, » reprit le saint. El-Khidr s'en alla, sans se frapper la poitrine avec la main et sans dire : « O un tel, on ne

---

1. El-Khidr est le personnage dont il est question dans le *Coran*, sourate XVIII versets 62 et suiv.

« renvoie pas un homme tel que moi ». L'homme était excusable, car il était sans doute dans une situation qui ne lui permettait pas d'être vu par personne. » Je compris alors ce qu'il voulait dire; je me repentis de ce que j'avais fait; j'en demandai pardon à Dieu et allai retrouver mon voisin et confrère. Je me présentai et il me fit immédiatement ouvrir sa porte. J'entrai et il me dit : « Excusez-moi de ne pas m'être laissé voir le jour où vous êtes venu, mais j'étais étendu (●●) à ce moment sur le sol et j'avais des coliques. Je ne pouvais admettre que quelqu'un me vît dans cet état. — Dieu nous excuse vous et moi », lui répliquai-je.

Un de ses voisins a raconté le fait suivant : J'étais allé un jour chez le cadi Mahmoud-ben-Ahmed-ben-Abderrahman : « Tu as un saint pour voisin, me dit-il. — Oui, répondis-je. — Le saint qui ne vient pas à l'office du vendredi », ajouta-t-il. Je gardai le silence, puis après cela j'allai voir mon voisin Sidi Mohammed-ʿOriân-er-râs. « O un tel, me dit-il, faut-il oui ou non pardonner? — Pardonner est mieux, répondis-je. — En effet, répliqua-t-il, si je ne pardonnai pas, il arriverait des choses qui ne conviendraient pas. Eh! bien, dis donc à celui qui prétend que je ne vais pas à la prière du vendredi que, bien avant qu'il vînt lui-même à l'office, il y avait été précédé par celui qu'il prétend n'y avoir jamais assisté. » Les anecdotes de ce genre sur son compte sont extrêmement nombreuses (Dieu lui fasse miséricorde, lui témoigne sa satisfaction et nous fasse profiter de son influence! Amen!).

Le jurisconsulte, le théologien, l'ascète, le vertueux, le pieux, le réservé, notre maître **El-Amin-ben-Ahmed**, frère utérin du jurisconsulte Abderrahman-ben-Ahmed, le chef d'école. Sa langue sans cesse s'humectait pour proclamer les louanges de Dieu, aussi Sidi Mohammed-ʿOriân-er-râs ne l'appelait pas autrement que El-Amin le litaniste.

Un de mes confrères des gens de Sankoré m'a raconté que son père, vieillard très âgé, lui avait dit : « J'ai connu Sankoré à l'époque ancienne où les vertueux personnages y étaient très nombreux, eh! bien, je n'ai vu aucun d'eux pratiquer l'islam avec autant de ferveur que le jurisconsulte El-Amin. »

Il nous a raconté, lui-même (que Dieu lui fasse miséricorde!) dans sa medrasa, que le jurisconsulte 'Omar-ben-Mohammed-ben-'Omar, frère du jurisconsulte Ahmed-Moghya, étudiait la *Chifa* du cadi 'Iyâḍ sous la direction du très docte, de l'érudit, le jurisconsulte Ahmed-ben-El-Hâdj-Ahmed-ben-'Omar-ben-Mohammed-Aqît et que lui et son fils le jurisconsulte Ahmed-Baba assistaient à ses leçons, ainsi que le jurisconsulte, le cadi Ahmed (٠٦). Le maître n'admettait pas que quelqu'un pût lui adresser une question; il ne faisait d'exception que pour l'étudiant interrogé et, à certains moments, pour Sidi Ahmed. Quant à son fils Ahmed-Baba, chaque fois qu'il posait une question, son père lui disait : « Tais-toi! » Un jour cependant que le maître avait demandé à l'étudiant 'Omar si le verbe *qabouha* est transitif ou intransitif, celui-ci n'ayant pu répondre, il s'adressa à Sidi Ahmed qui, lui aussi, se tut. « Cependant, dit-il, je vous ai lu ce verset : et ils seront honnis[1] (s. XXVIII, v. 42) ». Ce disant, il tourna ses yeux vers moi et se mit à sourire.

Nous étions un certain nombre de condisciples qui montrâmes un jour à notre cheikh, le jurisconsulte El-Amin, le livre intitulé : *Delâïl el-kheïrât*[2], dont les copies présentent des variantes, et nous lui demandâmes de nous indiquer s'il fallait conserver le mot *seyyidna* ou s'il fallait le rejeter. Il nous répondit : Nous avons adressé la même question à notre

---

1. Le mot traduit par « honnis » est le participe passé du verbe sur lequel il questionnait. Il y a un jeu de mots intraduisible.
2. Titre d'un livre de prières et litanies en l'honneur du Prophète. Il a pour auteur : Mohammed-ben-Soliman-El-Djezouli.

cheikh, le très docte, le jurisconsulte Mahmoud-Baghyo‘o, et il nous a répondu qu'il n'y avait aucun inconvénient dans ces divergences et qu'elles ne causaient aucun dommage.

Comme nous l'interrogions aussi sur les paroles de l'auteur : « et que tu pardonnes à un tel fils d'un tel ». Nous avons adressé, nous répondit-il, la même question au jurisconsulte Abderrahman, fils du jurisconsulte Mahmoud, et voici la réponse qu'il nous fit : « et que tu pardonnes à Abderrahman, mais sans ajouter le nom du père. »

Quant à la date de la mort d'El-Amîn, elle sera donnée plus loin, si Dieu veut, en parlant de l'année 1041 (1637). Celle de la mort de Sidi Mohammed-'Orian-er-râs viendra, s'il plaît à Dieu, à l'occasion de l'année 1027 (1618).

CHAPITRE XI

MENTION PAR ORDRE CHRONOLOGIQUE DES IMAMS DE LA GRANDE MOSQUÉE ET DE LA MOSQUÉE DE SANKORÉ

La grande mosquée fut bâtie par le sultan El-Hâdj-Mousa, roi de Melli. Son minaret est formé de cinq assises. Le cimetière touche à la mosquée extérieurement du côté du sud et du côté de l'ouest. C'est une coutume chez les gens du Soudan occidental de n'enterrer leurs morts que dans les emplacements qui touchent aux mosquées et les entourent (٥٧) extérieurement. Ce fut à son retour du pèlerinage de La Mecque, lorsqu'il s'empara de Tombouctou, que El-Hâdj-Mousa fit édifier la grande mosquée. Plus tard, le jurisconsulte, le juste cadi El-'Aqib, fils du cadi Mahmoud, rebâtit la mosquée après l'avoir démolie; il fit alors entrer dans la mosquée tout l'emplacement occupé par les tombes, en sorte que la superficie en fut considérablement augmentée.

Les premiers personnages qui occupèrent les fonctions d'imam dans cette mosquée furent des savants nègres; ils exercèrent ce sacerdoce sous le règne des gens de Melli et en partie sous celui des Touareg. Le dernier imam nègre fut le jurisconsulte, le cadi **Kâteb-Mousa**; il fut imam pendant quarante ans et durant ce temps il ne se fit suppléer à aucune prière, tant Dieu lui avait donné une santé vigoureuse.

Comme on le questionnait sur les causes de cette santé, il répondit : « J'estime qu'elle est due aux trois choses suivantes : 1° en aucune des quatre saisons, je n'ai couché une seule nuit en plein air; 2° je n'ai jamais passé une nuit sans avoir au préalable oint mon corps de graisse, et aussitôt après l'aurore, je prenais un bain d'eau chaude; 3° enfin, je ne suis jamais sorti pour aller à la prière du matin sans avoir déjeuné auparavant. » Telles furent ses paroles qui m'ont été rapportées par mon père et par le jurisconsulte Sidi Ahmed (Dieu leur fasse miséricorde!).

Kâteb-Mousa ne rendait la justice que sur la place de Sousou-Dabaï, derrière sa maison de côté de l'est. On lui dressait là une estrade sous un grand arbre qui se trouvait en cet endroit, à l'époque. Il fut un des savants du Soudan qui allèrent étudier dans la ville de Fez. Il s'y rendit sous le règne des gens de Melli, sur l'ordre du sultan juste El-Hâdj-Mousa.

Il eut pour successeur comme imam, si je ne me trompe, le grand-père de ma grand'mère, la mère de mon père, le jurisconsulte, l'éminent, le bienfaisant, le pieux sidi **Abd-Allah-El-Balbâli**, qui fut, à ce qu'on croit, le premier blanc qui dirigea la prière dans cette mosquée vers la fin de la dynastie des Touareg. Il vint à Tombouctou au commencement du règne de Sonni-'Ali, en même temps que le jurisconsulte, l'imam, le cadi Kâteb-Mousa, lorsque celui-ci revint de Fez, accompagné de ses deux frères, l'un le père d'Abderrahman, qui se nommait El-Fa'o-Tonka, l'autre le père de Mousa-Kosaï et de Nana, qui s'appelait Bir-Touri. L'hérétique Sonni-'Ali eut pour lui les plus grands égards, car Sidi Abd-'Allah était un homme vertueux, un ascète d'une grande réserve. Il ne mangeait rien qu'il ne l'eût acheté du produit du travail de ses mains. Il est l'auteur de prodiges et de miracles.

Une nuit un voleur entra chez lui et grimpa (٥٧) à un palmier qui se trouvait dans le jardin de la maison, pour en voler les fruits. Il demeura collé à ce palmier jusqu'au lendemain matin. Mais le cheikh eut pitié de lui, le fit descendre et le laissa partir.

Autre fait qui montre sa sainteté : A une certaine époque, il éclata à **Tombouctou** une maladie dont bien peu guérissaient. Un jour, le cheikh, étant allé faire du bois, le rapporta sur sa tête et le vendit. Tous ceux qui se servirent de ce bois et s'en chauffèrent furent rétablis et guéris sur-le-champ. Le cheikh recommença la même opération. Tout le monde s'étant aperçu de la chose et s'en étant fait part les uns aux autres, on afflua de tous côtés pour acheter ce bois. Ce fut ainsi que Dieu, grâce à sa bienveillance pour le cheikh, délivra la population de ce fléau.

Le successeur de Sidi Abdallah ne fut autre, si je ne me trompe, que le cheikh, l'éminent, le vertueux, le bienfaisant, l'ascète, le dévot, le savant en Dieu, le saint, Sidi **Aboul-Qâsem-El-Touâti**. Il habitait dans le voisinage de la grande mosquée. Sa maison, qui était située au sud[1] du temple, n'en

---

1. Le mot employé ici est قبلة qui désigne la direction vers laquelle doit se tourner le fidèle quand il fait sa prière. Pour Tombouctou ce serait le nord-est. Mais dans la langue courante le mot *qibla* est fréquemment pris dans le sens de sud. L'indication donnée reste donc vague.

était séparée que par l'étroit chemin aboutissant à la salle, construite plus tard auprès de la mosquée et y attenant, salle dans laquelle les enfants apprenaient à lire.

A la mort d'Aboul-Qâsem, son disciple, le seyyid[1] **Mansour-El-Fezzâni**, lui succéda ; il eut lui-même pour successeur le seyyid, l'éminent, le vertueux, le bienfaisant, l'ascète, le savant lecteur du Coran, le jurisconsulte **Ibrahim-Ez-Zelfi**, qui fut le maître de mon père.

Ce fut le seyyid Aboul-Qâsem qui créa autour de la mosquée le cimetière actuel qui a remplacé l'ancien où l'espace faisait défaut. Il le fit entourer d'un mur, mais plus tard ce mur fut démoli et il n'en resta plus de traces. Il eut le premier l'idée de faire faire une lecture complète du livre saint après la prière du vendredi ; on y ajoutait la lecture d'un mot[2] des *Achriniyât*. Le prince des Croyants Askia-El-Hâdj-Mohammed fit don, à titre de bien de main-morte, d'un coffret pour renfermer les 60 parties du livre saint[3]. Ce coffret, qui appartenait à cette mosquée, avait été offert en vue de cette lecture complète du Coran ; on en fit usage jusqu'à l'année 1020 (1611), époque à laquelle il fut remplacé par un autre coffret, donné également à titre de main-morte par El-Hâdj-Ali-ben-Salem-ben-'Onaïba[4]-El-Mesrâti ; ce coffret est encore aujourd'hui dans la mosquée.

Un jour que le prince était venu faire la prière du ven-

---

1. Le mot *seyyid* est souvent en Orient l'équivalent de *chérif* « noble », c'est-à-dire descendant de la famille de Mahomet. Ici il semble être mis pour *Sidi*, titre donné à tous les saints personnages.

2. Peut-être « un fragment », quoique le mot حرف ne soit guère pris d'ordinaire dans ce dernier sens.

3. Pour les offices on divise le Coran en soixante parties ou *hizb* ; celui qui récite ou lit un de ces cahiers se nomme *hazzâb*. Toutefois, quand on veut faire une récitation ou lecture complète du Coran, chaque hazzâb peut débiter deux, trois ou quatre hizb, en sorte qu'au besoin, on peut en fort peu de temps réciter le Coran en entier.

4. Le texte arabe imprimé porte 'Obaïda, mais le ms. C confirme la lecture 'Onaïba.

dredi, il attendit, un instant après la fin de la prière, voulant aller saluer le cheikh éminent, l'imam Sidi Aboul-Qâsem-Et-Touâti. Il lui envoya son frère Faran-Amar pour lui annoncer sa venue dans ce but. Faran trouva l'imam en train de réciter les louanges du Prophète ; il s'arrêta auprès de lui, attendant la fin de cette récitation. Mais le sultan voyant qu'il tardait à venir dépêcha un autre messager (●٩) qui interpella Faran à haute voix en lui disant : « Askia voudrait partir. — Ils sont encore en train de réciter l'office, » répondit Faran également à haute voix. Le cheikh lui adressa aussitôt une verte réprimande en lui disant : « Baisse le ton de ta voix. Ne sais-tu donc pas que le Prophète est présent partout où on récite ses louanges. J'ai déjà récité un hémistiche des vers composés en son honneur et le fait d'avoir prononcé son nom a eu pour résultat de le rapprocher de moi ; maintenant il est ici avec moi. » Quand la récitation fut finie, le prince vint saluer cheikh qui lui dit la fatiha.

Aboul-Qâsem conserva très longtemps ses fonctions d'imam. Il fut l'auteur de prodiges et de miracles. Il donnait souvent des repas auxquels il invitait surtout des *meddâh*[1], tant il avait de passion pour les panégyriques du Prophète. L'endroit où se déclamaient ces panégyriques était tout près de sa maison ; aussitôt qu'il en entendait réciter un, il s'empressait d'aller porter aux meddâh des pains tout chauds qu'on eût dit sortir à l'instant même du four, et cela se produisait même au milieu de la nuit, en sorte que tout le monde voyait bien que c'était un miracle.

On raconte qu'un jour, pendant qu'il faisait la prière du matin, et il la faisait bien avant le jour, les fidèles virent ses vêtements dégoutter d'eau. Comme on le questionnait à ce sujet, il répondit : « Un homme qui se noyait à l'instant

---

1. Nom donné à celui qui récite un panégyrique et en particulier celui de Mahomet. Il s'applique également à tous les bardes.

dans le lac Debo m'a appelé à son secours, je suis allé le sauver et c'est de là que provient cette eau. »

On rapporte que la nuit étant obscure au moment où la foule entourait sa civière, les porteurs, en se bousculant, tombèrent tous par terre; mais, grâce à la puissance du Créateur, la civière resta suspendue en l'air, jusqu'à ce qu'ils se fussent relevés et qu'ils eussent pu la reprendre. On vit également ce jour-là un grand nombre de gens inconnus assistant à ce convoi funèbre; c'était le fait d'un miracle de sa part. Il mourut (Dieu lui fasse miséricorde) au commencement de l'année 922 (1516). Le jurisconsulte El Mokhtar, le grammairien, mourut à la fin de cette même année comme je l'ai constaté par la lecture de certaine chronique.

Un jurisconsulte, doué de mémoire et s'occupant de choses historiques, m'a dit que Sidi Aboul-Qâsem était mort en 935 (1528-1529) et que le père des bénédictions, le jurisconsulte Mahmoud-ben-'Omar n'avait pas tardé plus de vingt ans à le suivre dans la tombe; puis il a ajouté qu'il ne présida à la prière publique que lorsque son cousin maternel, l'imâm Anda-Ag-Mohammed, dût cesser ses fonctions d'imâm à cause de l'extrême faiblesse de ses membres bénis, faiblesse provenant de son grand âge. Toutefois, il présida la prière à l'enterrement de Sidi Aboul-Qâsem-El-Touâti et à celui de son assesseur Fayyâḍ-El-Ghadâmsi. Aboul-Qâsem fut enterré dans le nouveau cimetière où reposent un grand nombre (٦٠) d'hommes vertueux. On dit que cinquante Touatiens, ses émules en vertu et en piété, sont enterrés auprès de lui en cet endroit. De même, dans le vieux cimetière autour de la mosquée, il y un a grand nombre de gens vertueux qui y sont enterrés.

On raconte qu'un certain chérif, descendant de la famille du Prophète, était venu faire une retraite pieuse dans l'ancienne mosquée durant le cours du ramadan. Une fois, pressé par un besoin naturel, il sortit vers minuit de la mosquée par la porte de derrière. Quand il revint, il trouva tout le cimetière rempli de gens assis, ayant pour costume des chemises et des turbans blancs. Il voulut traverser cette foule pour rentrer à la mosquée, mais arrivé au milieu de sa course, l'un de ces hommes lui dit : « Comment se fait-il que tu nous foules aux pieds avec tes chaussures? » Le chérif retira aussitôt ses chaussures et rentra à la mosquée (Dieu leur fasse miséricorde, leur témoigne sa satisfaction et nous soit utile par leurs bénédictions en ce monde et dans l'autre! Amen!).

Quand son disciple Sidi Mansour mourut, il fut enterré à côté et en avant de la tombe de son maître. Le cheikh Ibrahim-Ez-Zelfi avait fait préparer l'emplacement de sa tombe dans le voisinage immédiat de celle de Mansour, ce à quoi la population ayant consenti, tous trois reposèrent dans le même mausolée[1]. Notre maître le cheikh Ibrahim-Ez-Zelfi, dit mon père, jouissait d'une grande considération chez les gens de Tombouctou à son époque, et ils avaient une grande foi en lui; sans cela ils n'auraient pas admis qu'il fût enterré en cet endroit.

Après la mort de l'imam Sidi Aboul-Qâsem, les gens de la grande mosquée furent unanimes pour lui désigner[2] comme successeur le jurisconsulte **Ahmed**, le père de Nana-Sorko; ils exposèrent leur désir au père des bénédictions, le jurisconsulte, le cadi Mahmoud et celui-ci ayant approuvé leur choix, Ahmed devint imam de la grande mosquée. Deux mois[3] après cette nomination, arriva du Touât le fils de Sidi Aboul-Qâsem. Alors les notables de la mosquée allèrent trou-

1. La traduction de cette phrase est faite d'après le texte du ms. C; la phrase, qui a été reproduite dans le texte imprimé est celle des mss. A et B.
2. C'était le personnel de la mosquée qui faisait la présentation du candidat imam, mais c'était le cadi qui le nommait à ces fonctions.
3. Le ms. C dit : un mois.

(*Histoire du Soudan.*)

ver Mahmoud et lui dirent : « Nous voudrions que vous nous donnassiez le fils du cheikh comme imam. — Maintenant que Ahmed est nommé imam, leur répondit-il si vous ne me laissez pas tranquille, je vous fais tous emprisonner ». Le jeune homme retourna au Touât et sept mois après l'imam Ahmed mourait (Dieu lui fasse miséricorde!).

On décida alors de nommer le jurisconsulte Sidi **Ali-El-Djezouli** qui était un nouveau-venu ; le jurisconsulte, le cadi Mahmoud lui conféra la dignité d'imam. Ali se fit suppléer dans ses fonctions par le jurisconsulte éminent 'Otsman-ben-El-Hasen-ben-El-Hàdj-Tichti chaque fois qu'il fut empêché de les remplir lui-même. C'était un homme vertueux ; lorsqu'il fut sur le point de mourir il donna à son suppléant son costume du vendredi[1].

L'usage était que les fidèles qui venaient prier (וו) à la mosquée donnassent à titre de subvention 500 mitsqals d'un ramadan à l'autre[2]. Un certain ramadan, cet imam n'ayant reçu que 200 mitsqâls, il fit constater le fait au jurisconsulte Mahmoud. Quand vint l'heure de la prière du vendredi et qu'on eut terminé les rites de la prière, Mahmoud appela le muezzin et le chargea de dire aux fidèles : « Puisque vous avez un imam de cette valeur, si vous n'augmentez pas sa subvention, au moins ne la diminuez pas. Donnez-lui donc à l'instant les 500 mitsqâls habituels en plus des deux cents qu'il a. » De la sorte il eut cette année 700 mitsqâls. Il mourut (Dieu lui fasse miséricorde!) après avoir conservé l'imamat pendant dix-huit ans.

Le jurisconsulte Mahmoud déclara que cet imam méritait d'avoir une sépulture isolée, aussi fut-il enterré en dehors des

---

1. Il semble d'après cela que l'imam avait une sorte de costume spécial pour présider à la cérémonie de la prière du vendredi.
2. En d'autres termes : par an. 500 mitsqâls représentaient environ 7.500 francs de notre monnaie, si l'on admet que le mitsqal valait à cette époque 15 francs.

remparts du côté du nord. Puis, Mahmoud donna l'ordre que le suppléant du défunt, le jurisconsulte 'Otsman, fût nommé titulaire des fonctions d'imam, mais celui-ci refusa. Mahmoud lui dit alors : « Je ne te laisserai pas sortir d'ici tant que tu ne m'auras pas indiqué qui mérite d'occuper cette place. » 'Otsman lui désigna alors le jurisconsulte **Seddiq-ben-Mohammed-Taghli**. Ce dernier accepta et devint imam de la grande mosquée. Il était originaire de Kabara, mais né à Djondjo; c'était un jurisconsulte, un théologien, un homme supérieur, bon et vertueux. Il avait quitté Djondjo pour aller se fixer à Tombouctou, où il demeura jusqu'à sa mort.

Voici les motifs qui l'avaient poussé à s'expatrier : Un jour il avait formulé une opinion sur un point de droit aux élèves de sa medrasa; un des étudiants qui se trouvait là ayant été ensuite à Tombouctou pour y faire certaines études revint plus tard à Djondjo et déclara que l'opinion formulée n'était pas conforme à celle des jurisconsultes de Tombouctou. « Et quelle est cette opinion? demanda Seddiq. — Elle est formulée de telle et telle façon, répliqua l'étudiant. — Alors, s'écria Seddiq, j'ai donc perdu mon temps inutilement (ici)[1]. » Ce fut alors qu'il s'expatria (Dieu lui témoigne sa satisfaction!). Une étroite amitié l'unit au suppléant 'Otsman; ils s'aimèrent en Dieu et devinrent si intimes que chacun d'eux lorsqu'il déjeûnait envoyait une partie de son repas dans la maison de son ami. Il en était de même pour le souper. Seddiq avait tant d'affection pour son suppléant que c'était toujours dans la maison de ce dernier qu'il se préparait à la cérémonie du vendredi.

Plus tard l'imam Seddiq alla en Orient pour y faire le pèlerinage de La Mecque et visiter les lieux saints. Dans ce voyage il se trouva avec un grand nombre de jurisconsultes

---

1. C'est-à-dire en faisant ses études à Djondjo.

et de vertueux personnages, entre autres avec le savant en Dieu Sidi Mohammed-El-Bekri-Es-Seddiqi qui aimait beaucoup les jurisconsultes de Tombouctou. El-Bekri, après avoir questionné Seddiq sur ces jurisconsultes, ajouta : « Ton suppléant, qui dirige la prière derrière toi, est un homme vertueux. » Au retour de ce voyage, à peine rentré chez lui, Seddiq vit arriver son confrère et ami, le suppléant 'Otsman, qui le salua, le félicita (١٢) de son heureux retour et lui dit : « Prie Dieu pour nous, puisque tu viens de faire un séjour aux stations vénérées. — Pas du tout, répondit l'imam Seddiq, c'est à toi de prier pour nous, car tu es celui dont le savant en Dieu, Sidi Mohammed-El-Bekri, a dit : « Cet « homme est un homme vertueux. »

Certain cheikh âgé, parmi les gens de Tombouctou, m'a raconté avoir entendu dire au jurisconsulte, l'ascète, le littérateur, l'oncle maternel de mon père, Sidi Abderrahman-El-Ansâri, que l'imam Seddiq lui avait tenu le propos suivant : « Le savant en Dieu, le pôle, Sidi-Mohammed-El-Bekri-Es-Seddiqi, m'a annoncé que la prospérité de Tombouctou était attachée à la prospérité du minaret de la grande mosquée et que les habitants ne devaient point négliger de l'entretenir. » Il occupa les fonctions d'imam durant environ vingt-quatre ans. Il mourut (Dieu lui fasse miséricorde!) peu de temps après la nomination du cadi El-'Aqib.

Le cadi, El-'Aqib, titularisa le suppléant, le jurisconsulte 'Otsman, qui avait une première fois refusé les fonctions d'imam; il réussit à les lui faire accepter en jurant que s'il les refusait il le ferait mettre en prison.

En l'année 975 (1567-1568) mourut son voisin, mon aïeul 'Imran; ce fut 'Otsman qui présida à son service funèbre. Mon aïeul fut enterré dans le nouveau cimetière tout près de Sidi Abou-l-Qâsem-Et-Touâti. Quant à l'imam, il mourut à la fin de l'année 977 (1570) et on l'enterra dans le vieux cimetière (Dieu leur fasse miséricorde et leur témoigne sa satisfaction !).

Les suffrages des gens de la grande mosquée se partagèrent entre le jurisconsulte Godâd-El-Foullani et le jurisconsulte Ahmed, fils de l'imam Seddiq. Le cadi El-'Aqib fit choix de **Godâd** et le nomma imam. C'était un homme excellent et vertueux. Il conserva ses fonctions d'imam durant douze ans.

A sa mort il fut remplacé par l'imam **Ahmed**, fils de l'imam Seddiq, et cela sur l'ordre du cadi El-'Aqib. Ahmed conserva ses fonctions quinze ans, neuf mois et huit jours sous la dynastie des Songhaï, dont il fut le dernier imam à la grande mosquée, et cinq ans sous le règne du sultan hachémite Aboul-'Abbas, Maulay-Ahmed. On trouvera plus loin la date de l'avènement et de la mort de ces deux personnages à la mention des décès et des événements de l'année 1021 (1612).

Quant à la mosquée de Sankoré, elle fut bâtie par une femme, une grande dame, très riche, très désireuse de faire de bonnes œuvres, à ce que l'on raconte ; mais nous ne savons pas à quelle date cette mosquée fut bâtie. Un grand nombre de cheikhs furent appelés successivement à en être l'imam (Dieu leur fasse miséricorde et leur pardonne !). Voici ceux que nous avons connus (١٢) dans l'ordre où ils ont été nommés :

Le saint, le vertueux, le père des bénédictions, le jurisconsulte **Mahmoud-ben-'Omar-ben-Mohammed-Aqît** ; il fut nommé imam sur l'autorisation du jurisconsulte, le cadi Habib ; son successeur fut son cousin maternel l'imam **Anda-Ag-Mohammed**, fils du jurisconsulte El-Mokhtâr, le grammairien. Il dut résigner ses fonctions quand l'âge eut affaibli ses membres bénis. Quand l'imam Anda-Ag-Mohammed mourut, le jurisconsulte, le cadi Mohammed, fils du jurisconsulte Mahmoud, désigna pour occuper cette place

Mohammed, le fils du défunt. Celui-ci s'étant excusé à cause de son incontinence d'urine, le cadi le contraignit à faire la preuve de cette maladie et le jurisconsulte **El-'Aqib**, fils du jurisconsulte El-'Aqib, fils du jurisconsulte Mahmoud, vint apporter son témoignage sur ce point; alors le cadi Mohammed revint sur sa décision et nomma imam le témoin lui-même.

Après la mort du cadi Mohammed, frère d'El-'Aqib, le prince Askia-Daoud obligea El-'Aqib d'accepter les fonctions de cadi; il fut donc investi des deux charges et les conserva jusqu'à sa mort, sans s'être jamais fait suppléer pour la prière sinon durant la maladie à la suite de laquelle il succomba. A ce moment il donna alors l'ordre au fils de son frère, au jurisconsulte, à l'ascète Mohammed-El-Amin, fils du cadi Mohammed, de diriger la prière des fidèles, mais sa mère Nana[1]-Hafsa-bent-El-Hàdj-Ahmed-ben-'Omar s'y opposa. La prière en commun fut ainsi interrompue pendant quelque temps à la mosquée. Alors le très docte, le jurisconsulte Mohammed-Baghyo'o, invita l'imam à désigner un suppléant pour diriger la prière, mais celui-ci lui répondit :

« Oui, mais à la condition expresse que ce sera toi. — Cela n'est pas possible, répondit Mohammed, à cause des devoirs qui me retiennent à l'autre mosquée. »

Les notables s'accordèrent ensuite pour désigner son cousin, le jurisconsulte **Abou-Bekr-ben-Ahmed-Bîr**. On le désigna malgré lui : aussi après avoir dirigé les prières du dohor, de l''asr, de maghreb et de l''acha, il quitta la ville le soir même et s'enfuit au village de Tenbahouri; il mourut peu de temps après cela. Les notables mirent alors en avant son frère, le saint de Dieu, le jurisconsulte **Abderrahman**, fils du jurisconsulte Mahmoud, qui fut nommé titulaire de la fonction et l'accepta; malgré qu'il fût très malade, il ne se

---

1. « Nana » est le féminin de San « maître, chef ».

fit jamais suppléer une seule fois jusqu'à la prise de la ville par Mahmoud-ben-Zergoun. Après lui on nomma le jurisconsulte **Mohammed-ben-Mohammed-Koraï** qui reste en fonctions jusqu'à sa mort. Pendant très peu de temps, le cadi, Sidi **Ahmed**, dirigea la prière; après lui ce fut son fils, le jurisconsulte **Mohammed**, qui occupa cet emploi et, quand il mourut, ce fut le jurisconsulte **Santâ'ou-ben-El-Hâdi-El-Oueddâni** qui fut désigné par le cadi 'Abderrahman-ben-Ahmed-Moghya et actuellement encore il est l'imam de Sankoré (14).

CHAPITRE XII

SONNI-'ALI

Quant à ce maître tyran, ce scélérat célèbre, Sonni-'Ali, dont le nom s'écrit avec un *o* placé après l's et un *i* après l'*n* redoublé, suivant l'orthographe que j'ai trouvée fixée dans le *Dzeil ed-dibâdj* du très docte jurisconsulte Ahmed-Baba (le Dieu très-haut lui fasse miséricorde!), c'était un homme doué d'une grande force et d'une puissante énergie. Méchant, libertin, injuste, oppresseur, sanguinaire, il fit périr telle quantité d'hommes que Dieu seul en sait le nombre. Il persécuta les savants et les pieux personnages en attentant à leur vie, à leur honneur ou à leur considération.

Parlant des événements principaux du ixe siècle, le très docte, l'érudit, El-'Alqami (Dieu lui fasse miséricorde!) s'exprime ainsi dans le commentaire de l'ouvrage de El-Djelâl-Es-Soyouti, intitulé *El-Djami'-es-serir* : « Nous

---

1. Le titre complet de cet ouvrage relatif aux traditions orthodoxes est الجامع الصغير من حديث البشير النذير. Le commentaire dont il est question est celui de Chems-ed-Din-Mohammed-El-'Alqami.

avons appris qu'il a paru au pays de Tekrour, sous le nom de Sonni-'Ali, un personnage qui fait périr les hommes et ravage la contrée. Ce personnage a commencé de régner en l'année 869[1] (1464-1465). »

On rapporte que le père des bénédictions, le saint de Dieu, le jurisconsulte, le cadi Mahmoud-ben-'Omar-ben-Mohammed-Aqît, naquit un an avant l'avènement de Sonni-'Ali. Cela est exact. En effet, j'ai vu dans le *Dzeil*[2] que Mahmoud (Dieu lui fasse miséricorde!) naquit en l'année 868 et qu'il mourut en l'année 955 le jeudi soir, 16 du mois de ramadan (19 octobre 1548).

Sonni-'Ali occupa le trône vingt-sept ou vingt-huit ans. Son règne fut employé en expéditions guerrières et en conquêtes de pays. Il s'empara de Dienné où il séjourna un an et un mois. Il conquit Djondjo et permit au Dirma-koï[3] d'y pénétrer à cheval et cela à diverses reprises. Eux deux seuls jouirent de cette faveur qui appartenait exclusivement au prince du Songhaï[4].

Il fit également la conquête de Bara et du territoire des Senhâdja-Nounou qui, à cette époque, était gouverné par la reine Bikoun-Kâbi. Il s'empara de Tombouctou et de toutes les montagnes, sauf Dom[5] qui lui résista. Il conquit le pays des Kounta[6] et eut le dessein d'infliger le même sort au pays

---

1. 866, d'après le ms. C, ce qui, d'après ce qui suit, est sûrement une erreur de copiste.
2. Le *Dzeil-ed-Dibâdj* de Ahmed-Baba, déjà cité précédemment.
3. C'est sans doute un titre de fonction : le chef du Dirma.
4. Le texte ne précise pas la ville dans laquelle le Dirmakoï avait le droit de pénétrer à cheval, mais il semble bien que cela s'applique à la ville de Djondjo.
5. L'auteur écrit : « les montagnes », sans doute pour dire les pays montagneux dont faisait partie celui de Dom ou Doum.
6. La tribu des Kounta est une grande tribu maure de la région dite Sahel; son territoire très vaste s'étend au nord-ouest de Tombouctou et confine au pays de l'Adrar (cf. la *Notice sur les Maures du Sénégal et du Soudan*, par le commandant B. de Lartigue, dans le *Bulletin du Comité de l'Afrique française*, supplément de juillet 1897).

CHAPITRE DOUZIÈME

de Bergou[1], mais il ne put y parvenir. Sa dernière expédition fut dirigée contre le pays de Gourma[2].

Aussitôt que Sonni-'Ali fut investi de l'autorité souveraine, le Tombouctou-Koï, le cheikh Mohammed-Naddi, lui adressa une lettre de vœux et de salutations. Dans cette lettre il demandait au prince de ne pas lui enlever son argent, car il se considérait lui-même comme un des membres de la famille du prince[3].

A sa mort, le cheikh fut remplacé dans ses fonctions par son fils 'Omar. Celui-ci écrivit à son tour une lettre qui était tout l'opposé de celle que son père avait adressée au prince. Dans cette lettre, en effet, il disait que son père avait quitté ce monde sans posséder autre chose que deux pièces d'étoffe de lin. Quant à lui, ajoutait-il, il avait de nombreuses forces à sa disposition (١٠) et tous ceux qui voudraient lui faire obstacle verraient quelles étaient ces forces.

En recevant cette lettre, Sonni-'Ali dit à ses compagnons : « Quelle différence entre l'esprit de ce jeune homme et celui de son père! L'écart qui se manifeste entre leurs discours est égal à celui qui existe entre leurs esprits. »

Sonni-'Ali entra à Tombouctou le 4 ou le 5 du mois de redjeb de l'année 873 (29 ou 30 janvier 1468), la quatrième ou la cinquième année de son avènement au trône. Il exerça dans cette ville de grands, d'immenses et terribles ravages; il l'incendia, la ruina et fit périr un grand nombre de personnes.

Dès que Akil avait entendu parler de la venue de Sonni-

---

1. Ou Berkou.
2. Ou « Korma ». Il s'agit ici sans doute du pays de Gourma qui se trouve dans la boucle du Niger.
3. J'ai adopté la leçon du ms. C qui remplace ﺍﻟﻪ par ﻣﺎﻟﻪ. Il est impossible de conserver la leçon du texte imprimé, même en supposant que le cheikh demandait à ne pas envoyer ses enfants comme otages à la cour parce qu'il se considérait comme appartenant à la famille du prince.

'Ali, il avait fait venir mille chameaux et, emmenant avec lui les jurisconsultes de Sankoré, car leur sort était ce qui le préoccupait le plus, il était parti pour Biro. De cet exode faisaient partie le jurisconsulte 'Omar-ben-Mohammed-Aqît, et ses trois enfants bénis : le jurisconsulte Abdallah, le jurisconsulte Ahmed qui était l'aîné des trois, et le jurisconsulte Mahmoud qui était le moins âgé. Ce dernier, à cette époque, était un enfant de cinq ans, incapable aussi bien de se tenir sur une monture que de marcher à pied. Il fallut le porter sur les épaules et ce fut le grand-père de Makkauki, un de leurs esclaves, qui eut la charge de ce fardeau jusqu'à l'arrivée à Biro. Dans le groupe de ceux qui firent ce voyage se trouvait l'oncle maternel de ces jeunes gens, le jurisconsulte El-Mokhtàr, le grammairien, fils du jurisconsulte Anda-Ag-Mohammed qui connut l'imam Ez-Zemmouri (Dieu lui fasse miséricorde!) à Biro et obtint de lui le diplôme pour l'enseignement du livre de *Ech-Chifa* du cadi 'Iyâḍ (Dieu lui fasse miséricorde!).

Le jour du départ, on vit des hommes d'âge mûr, tout barbus, trembler de frayeur quand il s'agissait d'enfourcher un chameau, et tomber ensuite à terre aussitôt que l'animal se relevait. C'est que nos vertueux ancêtres gardaient leurs enfants dans leur giron, en sorte que ces enfants grandissaient sans rien savoir des choses de la vie, parce que, étant jeunes, ils n'avaient jamais joué. Or, le jeu à ce moment, forme l'homme et lui apprend un très grand nombre de choses. Les parents regrettèrent alors d'avoir agi ainsi et, lorsqu'ils furent de retour à Tombouctou, ils laissèrent à leurs enfants le temps de jouer et se relâchèrent de la contrainte qu'ils leur avaient imposée.

Le tyran, le libertin[1], s'empressa de faire périr ou d'hu-

---

1. L'auteur emploie souvent ces deux épithètes pour désigner Sonni-'Ali.

milier tous les savants qui étaient restés à Tombouctou. Il donna pour prétexte qu'ils étaient les amis des Touareg, leurs courtisans, et que c'était pour cela qu'il était irrité contre eux. Il fit emprisonner la mère du jurisconsulte Mohammed qui était Sata[1], la fille de Anda-Ag-Mohammed (ٮٮ), et il fit mettre à mort les deux frères de cette dame, le jurisconsulte Mahmoud et le jurisconsulte Ahmed, tous deux fils du jurisconsulte Anda-Ag-Mohammed. Bref, il ne cessa d'infliger misères sur misères, humiliations sur humiliations à tous les savants (Dieu nous préserve d'un pareil sort!).

Un jour il donna l'ordre de lui amener, pour en faire ses concubines, trente vierges, filles de savants. Il se trouvait alors au port de Kabara et voulut que ces jeunes filles fissent la route à pied. Elles partirent donc, sortant pour la première fois du gynécée[2]. Un serviteur du prince les accompagnait; il les fit marcher jusqu'à ce que, arrivées à un certain endroit, elles furent absolument incapables d'aller plus loin. Le serviteur en avisa le prince qui ordonna de les mettre à mort toutes, ce qui fut fait (le Ciel nous préserve!). L'endroit où elles s'étaient arrêtées est situé à l'ouest et tout près d'Amadagha et s'appelle : *Fina qadar el-abkâr*[3].

Après le départ des savants pour Biro, Sonni-'Ali investit des fonctions de cadi le jurisconsulte, le cadi Habîb, petit-fils du seyyid 'Abderrahmân-Et-Temîmi, et il eut les plus grands égards pour le cousin paternel de ce cadi, El-Mamoun, père de 'Ammâr-Ida-El-Mamoun. C'était au point qu'il ne l'appelait que « mon père »[4]. Aussi, quand le prince

---

1. Ou « Sita ».
2. Les jeunes filles sortent très rarement chez les musulmans des villes, aussi sont-elles peu habituées à la marche.
3. C'est-à-dire : « le seuil du destin des vierges », ou, peut-être, avec une vocalisation différente, « la limite du pouvoir des vierges ».
4. Dans la conversation les Arabes s'interpellent souvent par des expressions telles que : « mon cousin », « mon frère », « mon oncle », « mon fils », « mon père ». Cette dernière formule marque toujours une grande déférence.

fut mort) et que tout le monde commença à raconter ses méfaits, El-Mamoun répétait toujours : « Je ne dirai aucun mal de Sonni-'Ali; il a toujours été bon pour moi ; jamais il n'a mal agi vis-à-vis de moi, comme il l'a fait à l'égard des autres. » Il n'en disait donc ni bien, ni mal, et cette juste attitude lui valut la considération du père des bénédictions, le jurisconsulte Mahmoud.

Jusqu'en l'année 875 (1470-1471), Sonni-'Ali continua à faire mettre à mort des savants ou à les humilier. Aussi tous ceux des gens de Sankoré qui étaient demeurés dans la ville s'enfuirent-ils également à Biro. Le prince envoya le Tombouctou-Koï, El-Mokhtâr-Mohammed-ben-Naddi, à la poursuite des fuyards. Celui-ci les rattrapa à Ta'djit[1] où eut lieu un combat dans lequel les plus éminents d'entre eux trouvèrent la mort. Cette affaire de Ta'djit est bien connue.

Se tournant ensuite contre les enfants du cadi El-Hay[2] qui se trouvaient à Alfa'a[3]-Konko, le prince leur infligea toutes sortes d'avanies et d'humiliations. Bon nombre d'entre eux se réfugièrent alors à Tikda. Sonni-'Ali déclara alors que ces personnes s'étaient rendues dans cette région pour faire appel aux Touareg et leur demander de venir les venger de lui. Il donna aussitôt l'ordre de massacrer tous ceux qui étaient restés à Alfa'a-Kouko et, après en avoir fait périr un grand nombre, il fit emprisonner le reste, hommes et femmes (Dieu nous préserve!). Ce fut à cause de cela, dit-on, que, depuis cette époque jusqu'à ce jour, la pluie ne tomba plus en cet endroit en quantité suffisante pour être utile.

Trente hommes, d'entre les plus éminents, s'enfuirent de cette ville et se dirigèrent vers l'ouest (٦٧). Un cer-

---

1. Ou Ta'djiti.
2. Ou El-Hayy.
3. Le ms. C dit : Alfagha. Il semble que c'est plutôt le mot Alfa'a qui signifie « lettré », « savant », « marabout ».

tain jour, qu'au cours de leur fuite ils étaient arrivés à la ville de Chîbi, ils s'installèrent sous un arbre pour y faire la sieste ; ils n'avaient rien mangé depuis la veille et s'endormirent. L'un d'eux s'éveilla bientôt et dit à ses compagnons : « Je viens de nous voir tous en songe rompant notre jeûne cette nuit même dans le paradis. » A peine avait-il achevé ces paroles que des cavaliers envoyés par le perfide, le scélérat, arrivèrent et les mirent tous à mort (Dieu nous préserve ! qu'il fasse miséricorde à tous ces personnages et leur témoigne sa satisfaction !).

Un certain jour, pour lui faire affront et lui infliger une torture, le prince obligea le jurisconsulte Ibrahim, chef de Alfa'a-Konko, et fils d'Abou-Bekr, fils du cadi El-Hay, de demeurer en plein soleil dans cet endroit. Le prince vit alors en songe le père d'Ibrahim, Abou-Bekr, qui, de son bâton, lui donnait des coups vigoureux en disant : « Que Dieu disperse tes enfants comme tu as dispersé les miens ! » Ce vœu fut exaucé.

Quant aux personnes de Alfa'a-Konko qui s'étaient réfugiées à Tikda, elles y demeurèrent et firent de cette ville leur nouvelle patrie.

Malgré toutes ces persécutions qu'il faisait endurer aux savants, Sonni-'Ali reconnaissait cependant leurs mérites. « Sans les savants, dit-il, il n'y aurait en ce monde ni agrément, ni plaisir. » Et de fait, il faisait du bien à certain nombre d'entre eux et les comblait d'égards. Ainsi, lorsqu'il fit une expédition contre les Foulan[1] et qu'il razzia la tribu de Sonfotir, il envoya un grand nombre de femmes captives aux notables de Tombouctou, quelques-unes aux savants et aux saints en guise de cadeau, et il enjoignit à tous d'en faire leurs concubines. Ceux qui n'observent point les devoirs de la religion en firent en effet leurs concubines, mais les

1. Les Peuls ou Foulbés.

hommes qui en suivent fidèlement les préceptes les épousèrent.

Parmi ces derniers, figura le grand-père de ma grand'mère paternelle, l'éminent seyyid, l'homme de bien, l'ascète, l'imam 'Abdallah-El-Belbâli; il épousa la femme qui lui avait été envoyée et qui s'appelait 'Aïcha-El-Foulâniya[1]. C'est de ce mariage qu'est née Nâna-Bir-Touri, la mère de la mère de mon père. Mon père a encore pu connaître cette 'Aïcha ; elle était extrêmement vieille et devenue aveugle.

Au nombre des traits de caractère de ce tyran libertin, il faut citer la façon dont il se jouait de la religion. Il remettait à la nuit ou au lendemain ses cinq prières quotidiennes; alors il faisait les gestes à plusieurs reprises tout en restant assis et en désignant successivement chaque prière par son nom[2]. Après quoi il faisait une seule salutation finale et disait : « Maintenant répartissez-vous tout cela entre vous, puisque vous vous connaissez bien les unes les autres. »

Un autre trait de son caractère, c'est qu'il donnait l'ordre de tuer quelqu'un, fût-ce une des personnes qu'il estimait le plus, sans le moindre motif, ni (١٨) la moindre nécessité. Parfois il se repentait de ce qu'il avait fait. Aussi, connaissant bien cette particularité, ses serviteurs faisaient cacher et mettre à l'abri tous ceux dont le meurtre ordonné pouvait donner lieu à un repentir de sa part. Aussitôt que ce repentir se manifestait ils lui disaient : « Nous l'avons épargné, il n'est pas mort. » Il était alors très heureux de cette circonstance.

Un de ses serviteurs Askia-Mohammed agit souvent de cette

---

1. 'Aïcha, la Foulbée.
2. Au lieu de faire, par exemple, la prière du matin à l'heure canonique, il la faisait le soir en même temps que d'autres, se contentant de dire : « Ceci est la prière du matin, ceci est la prière du midi, etc. ». De même pour gagner du temps il faisait la salutation finale qui termine chaque prière une seule fois pour les cinq prières.

façon. Que de fois ayant reçu l'ordre de mettre quelqu'un à mort ou de l'emprisonner, il fit le contraire de ce qui lui avait été dit. Cet Askia-Mohammed agissait ainsi parce qu'il était très énergique et très courageux ; Dieu avait mis cette énergie dans son tempérament. Quand il lui arrivait d'être en butte aux violences du prince, sa mère Kasaï allait à Tombouctou trouver Nàna-Tinti, la fille du jurisconsulte Abou-Bekr, fils du cadi El-Hay ; elle lui demandait de faire des prières pour que Dieu secourût son fils contre Sonni-'Ali. « Si Dieu, disait-elle, exauce votre prière, il vous accordera, s'il lui plaît, toutes les joies dans vos enfants et dans vos proches. » Cette promesse s'accomplit quand il arriva au pouvoir.

Quant au frère d'Askia, 'Omar-Komzâgho, il se montra très docile aux ordres du prince, car c'était un homme intelligent et fin ; aussi le tyran ne lui causa-t-il jamais le moindre ennui, contrairement à ce qu'il fit à son secrétaire Ibrahim-El-Khidr. Ce secrétaire, originaire de Fez, était venu se fixer à Tombouctou et habitait dans le quartier de la grande mosquée du côté du sud en tirant un peu vers l'ouest. Sonni-'Ali, qui lui avait conféré les fonctions de secrétaire, donna un jour l'ordre de le mettre à mort et de confisquer tous ses biens. L'ordre ne fut exécuté qu'en partie[1], car les serviteurs du prince cachèrent Ibrahim. Les choses demeurèrent ainsi jusqu'au jour où le prince reçut le livre de la *Risâla*[2]. N'ayant auprès de lui personne en état de le lire, il s'écria : Ah ! si Ibrahim, le ventripotent, était là, nous ne serions point dans l'embarras où nous sommes à cause de ce livre ! — Ibrahim est vivant, lui dit-on

---

1. Le texte dit : « l'ordre fut exécuté », sans dire en partie ce que la suite indique.

2. Cette anecdote semble avoir pour but de montrer qu'il n'existait plus de savants à Tombouctou, puisque personne n'était capable de lire cet ouvrage de droit appelé la *Risâla*.

alors, nous l'avons caché. » Le prince donna l'ordre de faire venir Ibrahim. Celui-ci lut le livre et fut réintégré dans ses fonctions. En outre il reçut le double de l'argent qu'il avait perdu. Malgré cela il ne trouva le calme et le repos que sous le règne de Askia-Mohammed qui le confirma dans ses fonctions, l'honora et le traita généreusement jusqu'au jour où il mourut. Hauïa[1], le fils d'Ibrahim, succéda à son père dans ses fonctions de secrétaire, mais il fut attaché en cette qualité à la personne de l'inspecteur[2] nommé par Askia à Tombouctou. Ce nouveau poste était honorable et d'une grande importance.

Sonni-'Ali entra à Kabara en l'année 882 (1477); c'était au cours de cette même année que le roi de Mossi[3] entra à Sâma. En 884 (1479) Sonni-'Ali était à Tosoko. Cette même année naquit Aïda-Hamed, fils de la sœur de Alfa[4]-'Mahmoud. Quant à Mahmoud (Dieu lui fasse miséricorde!) il jeûna pour la première fois[5] cette année-là également (٦٩). Il a raconté qu'il avait alors, si je me trompe, dix-sept ans, et qu'il quitta Kabara en l'année 885[6] (1480).

En cette année-là au mois de djomâda Ier (9 juillet-8 août 1480) le roi de Mossi entra à Biro qu'il quitta en djomada II (8 août-7 septembre 1480); le siège avait duré un mois. Il exigea des habitants qu'on lui donnât une femme et il épousa la fille de l'éminent seyyid Anda-Naddi-'Ali-ben-Abou-Bekr[7]. Il la garda jusqu'à l'avènement du prince des Croyants Askia El-Hâdj-Mohammed. Ce fut ce prince qui dé-

---

1. Ou Houïa.
2. C'était une manière de contrôleur de l'administration locale.
3. Le texte porte simplement Mouchi, qui est pour Mossi; mais on trouve Mouchi-Koï un peu plus loin.
4. Le mot Alfa' ici a la valeur de « savant ».
5. C'est souvent par l'époque à laquelle il a jeûné pour la première fois qu'un musulman connaît approximativement la date de sa naissance.
6. Ms. C dit : 805.
7. Ce passage du texte imprimé renferme le déplacement d'un membre de phrase qui le rend inintelligible.

livra cette femme des mains du roi de Mossi après lui avoir fait la guerre et saccagé la ville ; alors il épousa cette femme à son tour. Après le siège, le roi du Mossi livra combat aux habitants de Biro, les vainquit et emmena leurs familles en captivité. Mais, comme il s'en retournait avec son butin, les habitants de Biro le poursuivirent, lui livrèrent bataille et délivrèrent leurs familles captives. 'Omar-ben-Mohammed-Naddi, qui à cette époque était à Biro, se fit remarquer par sa vaillance et son ardeur au combat. Il fut le premier à atteindre le roi du Mossi[1] et sut le forcer à livrer les familles qu'il emmenait en captivité.

Au mois de cha'aban de cette année (8 octobre-7 novembre 1480) Alfa'-Mahmoud quitta Biro et revint à Tombouctou. Il a raconté (Dieu lui fasse miséricorde !) qu'il étudia alors la *Risâla* d'Ibn-Abou-Zeïd sous la direction de Aïda-Hamed[2]. On en était au passage relatif aux deux génuflexions de la pièce de l'aurore quand le roi du Mossi arriva. Mahmoud étudia aussi une partie de ce livre sous la direction de Ahmed-ben-'Otsmân, mais je ne me souviens plus avec qui il en acheva l'étude. Il commença ensuite à étudier le *Tehdib* sous la direction de son frère.

Le jurisconsulte El-Mokhtâr, le grammairien, oncle maternel de Mahmoud, revint aussi à Tombouctou. Quant au père de Mahmoud, le jurisconsulte, 'Omar-ben-Mohammed-'Aqît, il mourut là-bas (à Biro).

Quand le tyran eut cessé de régner, Mahmoud, qui habitait Tombouctou, écrivit à son frère, le jurisconsulte Abdallah qui était alors à Tâzekhta, bourg situé dans le voisinage de Biro. Dans cette lettre il ordonnait à son frère de venir à Tombouctou, mais celui-ci lui répondit qu'il ne viendrait jamais dans cette ville, parce que les gens de Sankoré ne te-

---

1. Ce prince portait le titre de Mossi-Koï.
2. Le texte imprimé a ﻋﺒﺪ, au lieu de ﺍﻳﺪ, la véritable leçon donnée par le ms. C.

naient aucun compte des liens de parenté, ni des devoirs filiaux et se répandaient en calomnies les uns contre les autres. Il ajoutait qu'en outre il ne voulait pas habiter là où se trouvait la postérité de Sonni-ʿAli. Enfin, s'il fallait absolument qu'il habitât Tombouctou, il voulait que ce ne fût pas ailleurs que dans le quartier de la grande mosquée dans le voisinage du sultan El-Oudjli, le père de ʿOmar-Biro, parce qu'il connaissait les excellents sentiments de ce personnage à cause des bons rapports qu'ils avaient eus ensemble lorsqu'ils étaient voisins à Tâzekhta. Il resta donc à Biro jusqu'à sa mort (Dieu lui fasse miséricorde et nous fasse participer à ses bénédictions!).

Dès qu'il fut installé à Tombouctou, le père des bénédictions, le jurisconsulte Mahmoud, fréquenta assidûment le cadi Habib afin d'apprendre de lui la théologie[1]. Cela dura jusqu'au jour où Habib son maître mourut en lui léguant (v·) ses fonctions de cadi et en lui recommandant de ne pas fréquenter les gens riches dans leurs demeures aussitôt qu'il serait nommé cadi. Il ne lui faisait cette recommandation que pour éviter les dommages qui résulteraient de cette fréquentation pour les faibles et les malheureux, car il avait pu juger par lui-même des inconvénients que cela présentait.

Mahmoud se conforma aux instructions du défunt (Dieu leur fasse miséricorde à tous deux et nous soit favorable à cause d'eux dans ce monde et dans l'autre!).

Puis le prince Sonni-ʿAli entreprit de creuser un canal à partir de Ras-el-ma pour arriver par eau jusqu'à Biro[2]. Il déploya pour cette œuvre tous ses efforts et il y dépensait la plus grande activité, lorsque la nouvelle lui vint

---

1. Ou « la science » d'une manière générale. Cependant il est plus probable que le mot علم ici est employé pour désigner la théologie.

2. Ce canal n'était point destiné à favoriser le commerce de cette ville, mais à permettre de l'attaquer plus facilement.

que le roi du Mossi avait décidé de marcher contre lui à la tête de ses troupes et de l'attaquer. L'endroit où se trouvait Sonni-'Ali quand il reçut cette nouvelle s'appelle Chan-Fenech[1] et c'est là que s'arrêta le canal. Dieu épargna ainsi aux habitants de Biro le malheur qui les menaçait[2].

Se portant ensuite à la rencontre du roi du Mossi, Sonni-'Ali prit contact avec lui à Djiniki-To'oï, bourg situé près de la ville de Kobi en arrière du Fleuve. La bataille s'engagea en cet endroit et Sonni-'Ali vainqueur mit en fuite le roi du Mossi et le poursuivit jusqu'à la limite de ses États sur le territoire desquels il pénétra. Cette bataille eut lieu en l'année 888 (1483).

Sonni-'Ali revint alors sur ses pas ; il campa à Dira, puis il se mit en marche pour faire la conquête des montagnes, ainsi qu'il a été dit précédemment. Après quoi il fit une expédition contre le Gourma, fut vainqueur et saccagea le pays. Ce fut sa dernière expédition. En quittant Batira, il fit restaurer le rempart de Kabara appelé Tila, en l'année 890 (1485).

Cette année-là, El-Hâdj-Ahmed-ben-'Omar-ben-Mohammed-Aqît partit en Orient pour faire le pèlerinage de La Mecque et il en revint à l'époque des violences du Kharedjite Sonni-'Ali, selon ce que rapporte Ahmed-Baba, dans le *Dzeil*.

En 891 (1486), le Tombouctou-Koï, El-Mokhtâr-ben-Mohammed-Naddi, fut arrêté et mis en prison par ordre de Sonni-'Ali. L'année suivante, en 892 (1487), en présence du jurisconsulte Abd-el-Djebbâr-Koko, on prononça le nom de Sonni-'Ali à Arafa[3] et Abd-el-Djebbâr fit des imprécations contre lui. A partir de ce moment la puissance du prince décrût et bientôt prit fin.

1. Ou : Chan-Fenes.
2. C'est-à-dire l'exécution du canal.
3. Colline de La Mecque où s'accomplissent certaines cérémonies du pèlerinage.

L'affaire de Tosoko[1] eut lieu en 893 (1488). Ce fut au cours de cette année que les gens de Tombouctou entrèrent à Hauki où ils demeurèrent cinq ans. Parmi les personnages qui émigrèrent alors on peut citer : le saint de Dieu, Sidi Aboul-Qâsem-Et-Touâti ; le père des bénédictions, le jurisconsulte Mahmoud, son frère El-Hâdj-Ahmed, etc. (Dieu leur fasse miséricorde !).

Moaddib-Zonkàsi mourut en 894 (1489) (ᴠ١) et, en 898 (1492-93) mourut Sonni-'Ali, fils de Sonni-Mahmoud-Da'ou, au moment où il revenait de son expédition du Gourma dans laquelle il avait guerroyé contre les Zeghrâni et les Foulâni et les avait combattus. En arrivant dans le pays de Gourma, au moment du retour, il fut emporté en route par un torrent appelé Koni et périt par la volonté du Puissant, du Tout-Puissant, le 15 du mois de moharrem, le premier des mois de l'année 898 (6 novembre 1492) de l'hégire. Ses enfants lui firent ouvrir le ventre, en retirèrent les entrailles et remplirent la cavité de miel afin que le corps ne se corrompît pas. Mais on prétend que Dieu lui a infligé cela[2] en punition de la tyrannie qu'il avait déployée sa vie durant envers les populations. L'armée de Sonni-'Ali campa à Ba'anayiya.

CHAPITRE XIII

ASKIA-EL-HADJ-MOHAMMED

Le fils de Sonni-'Ali, Abou-Bekr-Dâ'ou, fut proclamé sou-

---

1. Le texte porte simplement : Tosoko.
2. « Cela », c'est-à-dire d'avoir le ventre ouvert.

verain dans la ville de Donogha¹. Dès que le très fortuné, le très orthodoxe Mohammed-ben-Abou-Bekr-Eṭ-Ṭouri, ou, suivant d'autres auteurs, Es-Sellenki², un des principaux généraux de Sonni-'Ali, eut appris cette nouvelle³, il conçut le dessein de s'emparer du pouvoir souverain et, dans ce but, il combina de nombreux moyens d'action. Aussitôt qu'il eut achevé d'agencer le réseau de ses machinations, il se mit en marche à la tête de tous ses partisans et alla attaquer la ville dont il vient d'être parlé, dans la nuit⁴ du 1ᵉʳ du mois de djomada Iᵉʳ de cette année (18 février 1493). Mais, ses troupes mises en déroute, Mohammed prit la fuite et ne s'arrêta que lorsqu'il eut gagné le bourg de Ankogho⁵ qui est voisin de Kâgho. Il demeura dans ce bourg pour y rassembler ses troupes et eut une nouvelle rencontre avec son adversaire en cet endroit, le lundi, 14 du mois de djomada Iᵉʳ (3 mars 1493). Le combat s'engagea avec une grande violence ; la lutte fut si terrible et l'action si meurtrière que tous faillirent y succomber (ע׳). Enfin, Dieu donna la victoire au très fortuné, au très orthodoxe Mohammed-ben-Abou-Bekr et Sonni-Abou-Bekr-Dà'ou s'enfuit à Abar⁶, où il demeura jusqu'à sa mort.

A la suite de cette victoire, le très fortuné, le très orthodoxe⁷ Mohammed devint maître du pouvoir suprême, prince des Croyants, khalife des musulmans. En apprenant cette

1. Ou « Dono'a », suivant le ms. C.
2. Ou « Selenki ».
3. Le texte est ainsi conçu, mais il s'agit évidemment de la nouvelle de la mort de Sonni-'Ali.
4. Mot à mot : « la deuxième nuit ». Mais on sait que, dans le compte du temps, les Arabes placent la nuit avant le jour : la deuxième nuit du mois pour eux est donc, suivant notre supputation, la première du mois.
5. Ou : « Anko'o ».
6. La leçon de l'imprimé est « Ayan ».
7. Les deux épithètes appliquées à Mohammed sont employées sans la mention de son nom ; elles ont pour objet de permettre de distinguer ce personnage d'avec les autres dont il est question, sans être obligé de répéter chaque fois son nom.

nouvelle, les filles de Sonni-'Ali s'étaient écriées : « *Askia*, expression qui, dans leur langue, signifie : « il ne l'est pas[1] ! » Quand on rapporta ce propos à Mohammed, il enjoignit qu'on ne lui donnât pas d'autre surnom que cette expression, et qu'on l'appelât Askia-Mohammed.

Dieu délivra ainsi les musulmans de leurs angoisses ; il se servit du nouveau prince pour faire cesser les malheurs et les agitations dont ils souffraient. Askia-Mohammed déploya, en effet, le plus grand zèle pour fortifier la communauté musulmane et améliorer le sort de ses membres. Il fréquenta les docteurs et leur demanda des avis sur ce qu'il était de son devoir de faire dans les affaires du gouvernement.

La population qui, sous le règne du Kharédjite Sonni-'Ali, était toute entière appelée au service des armes, fut dorénavant divisée en deux catégories : l'armée et le peuple. Le prince envoya tout d'abord au prédicateur 'Omar l'ordre de faire sortir de prison El-Mokhtâr-ben-Mohammed-Naddi et de le lui amener afin qu'il le rétablît dans ses fonctions. Le prédicateur répondit que El-Mokhtâr était mort ; mais, d'après certains récits, ce serait lui qui se serait hâté de faire périr le prisonnier à ce moment-là. Alors, le prince manda de Biro 'Omar, le frère de El-Mokhtâr, et l'investit à la place de son frère des fonctions de Tombouctou-Koï.

A la fin de l'année 899[2] (1494), Askia-Mohammed s'empara de Zâgha par l'intermédiaire de son frère le Kourmina-Fâri[3], 'Amar-Komzâgho ; cette même année, il livra combat

---

1. Ou : « il ne le sera pas » !
2. On remarquera que ce changement de dynastie coïncide presque exactement avec le commencement du x⁰ siècle. C'est que le commencement de chaque siècle étant considéré comme une sorte d'époque fatidique, où peut apparaître un mahdi, les révolutions ont à ce moment plus de chances de succès qu'à toute autre date.
3. Titre d'une fonction.

à Bakar-Magha. Au cours de la deuxième année du dixième siècle, au mois de safar (21 octobre-19 novembre 1495), si je ne me trompe, il partit pour accomplir le pèlerinage de La Mecque. Il visita le temple sacré entouré d'un groupe de notables pris dans chacune des tribus.

Parmi les notables qui accompagnaient le prince figurait le saint de Dieu, Mour-Sâlih-Djaura (Dieu lui fasse miséricorde et nous fasse profiter de son influence dans ce monde et dans l'autre!). D'origine ou`akori, il était né à Tauta-allah, ville située sur le territoire du Tendirma. Durant le trajet du voyage, le prince put juger de l'influence du cheikh auprès de Dieu. Entre La Mecque et Le Caire, le simoun souffla avec une telle violence que la provision d'eau s'évapora complètement. On était sur le point de mourir de chaleur et de soif. Le prince envoya alors demander à Mour d'implorer Dieu pour qu'il les abreuvât d'eau et d'invoquer aussi dans sa prière le patronage du Prophète (que Dieu répande sur lui ses bénédictions et lui accorde le salut!). Le saint personnage bouscula vivement le messager en lui disant : « Le patronage du Prophète est trop élevé pour qu'on le fasse intervenir à propos de choses terrestres. » Puis il adressa une prière à Dieu et aussitôt une large ondée leur permit de s'abreuver au gré de leur désir.

Le prince avait emmené avec lui un corps de troupes de 1.500 hommes : 500 cavaliers et 1.000 fantassins. Au nombre de ses compagnons se trouvaient : son fils Askia-Mousa, le Hoco-Koraï-Koï[1] 'Ali-Folen, etc. Les fonds qu'il avait emportés s'élevaient à 300.000 pièces d'or. Cette somme avait été prise chez le prédicateur 'Amar et faisait partie du trésor à lui confié par Sonni-'Ali. Quant à l'argent que Sonni-'Ali avait dans son palais, il avait disparu sans qu'on en eût jamais rien retrouvé.

1. C'était le titre de la fonction de ce personnage.

Askia-Mohammed accomplit les rites du pèlerinage de La Mecque et visita les lieux saints. Tous ceux que Dieu avait désignés pour l'accompagner firent également le pèlerinage à la fin de cette même année[1]. Le seyyid béni, Mour-Sâlih-Djaura, adressa les prières les plus ferventes en faveur de 'Amar-Komzâgho, le frère du prince. 'Amar, qui était resté au Soudan pour diriger les affaires de l'empire, avait pour Mour la plus vive affection ; il lui rendait bien des services et le traitait avec la plus grande déférence.

Sur les fonds qu'il avait emportés, le prince préleva une somme de 100.000 pièces d'or qu'il remit comme aumône aux deux villes saintes, puis il acheta à Médine un jardin qu'il constitua ouaqf en faveur des gens du Soudan ; ce jardin est bien connu là-bas. Les dépenses d'entretien se montèrent à 100.000 pièces d'or et 100.000 pièces d'or furent employées en achat de marchandises et autres choses dont le prince eut besoin.

Dans ces régions bénies, Askia-Mohammed rencontra le noble khalife abbasside[2] et lui demanda de le désigner comme son lieutenant pour le pays du Songhaï. Le khalife acquiesça à son désir, en l'invitant à se dessaisir de son autorité pendant trois jours et à venir ensuite le trouver le quatrième jour. Les choses s'étant ainsi passées, le khalife déclara Askia-Mohammed son lieutenant en lui plaçant sur la tête un bonnet et un turban et fit ainsi de lui un véritable lieutenant de l'Islam.

Askia-Mohammed eut occasion de voir, en ces contrées, un grand nombre de docteurs musulmans et de saints per-

---

1. Les cérémonies du pèlerinage ont lieu dans le dernier mois de l'année musulmane.

2. El-Motaouekkel-'ala-Allah-Abou'l-'Izz-Abdelaziz-ben-Ya'qoub-ben-Mohammed-ben-El-Mo'atadhed-billah, etc., le 1er khalife abbasside d'Égypte (avril 1479-septembre 1497). Ces khalifes n'exerçaient plus depuis longtemps que l'autorité spirituelle et c'est en cette qualité qu'ils désignaient les souverains temporels.

sonnages, entre autres El-Djelàl-Es-Soyouti (Dieu lui fasse miséricorde !); il les questionna sur divers points relatifs à ses États et obtint d'eux des réponses motivées. Il leur demanda également de prier pour lui et il ressentit les effets de leurs bénédictions.

La troisième année du siècle, il était de retour de son pèlerinage et entrait à Kâgho au mois de dzoul-hiddja, le dernier mois de cette année (31 juillet-30 août 1497).

Dieu favorisa le règne de Askia-Mohammed, il lui assura de grandes conquêtes et le couvrit de son éclatante protection. Ce prince s'empara de tout le pays des Kounta jusqu'à l'océan Atlantique du côté de l'occident et son autorité s'étendit de la frontière du pays de Bindoko jusqu'à Teghazzé et ses dépendances. Tous ces peuples il les soumit par le glaive et par la force, ainsi qu'on le verra dans le récit de ces expéditions. Dieu accomplit (v ε) partout ce que ce prince désirait, en sorte que Askia-Mohammed fut aussi docilement obéi dans tous ses États que dans son propre palais. Partout régnèrent une large abondance et la paix absolue. Louanges soient rendues à Celui qui favorise qui il veut de la façon qui lui plaît; Il possède la suprême bonté.

Durant l'année 903 (août 1497-août 1498) il entreprit une expédition contre Naʿasira, le sultan[1] du Mossi. Il emmena avec lui le seyyid béni, Mour-Sàlih-Djaura, en l'invitant à lui donner les indications nécessaires pour que cette expédition fût une véritable guerre sainte[2] faite dans la voie de Dieu. Mour ne refusa pas de se conformer à cet ordre et expliqua

---

1. Le mot « sultan » est employé ici pour désigner tous les chefs indépendants. si petits que fussent leurs États.
2. La guerre sainte ou *djihàd* est surtout celle qui a pour objet de contraindre des païens à embrasser l'islamisme. Tous les traités de droit musulman contiennent un chapitre spécial où sont expliquées les règles à suivre dans ce genre d'expéditions. Il y a tout d'abord à faire une sommation avant de commencer les hostilités.

au prince toutes les règles relatives à la guerre sainte. Le prince des Croyants, Askia-Mohammed, demanda alors au seyyid d'être son messager auprès du sultan du Mossi. Le seyyid accepta cette mission ; il se rendit au pays de Mossi et remit la lettre de son maître qui sommait le sultan d'embrasser l'islamisme.

Avant de répondre, le sultan du Mossi déclara qu'il voulait tout d'abord consulter ses ancêtres qui étaient dans l'autre monde. En conséquence, accompagné de ses ministres, il se rendit au temple de l'idole du pays. De son côté le seyyid s'y transporta également afin de voir comment on s'y prenait pour consulter les morts. On commença par faire les offrandes accoutumées ; puis on vit apparaître un vieillard âgé. A sa vue tout le monde se prosterna ; ensuite le sultan annonça l'objet de sa démarche. S'exprimant alors au nom des ancêtres, le vieillard dit : « Jamais je n'accepterai pour vous pareille chose. Vous devez, au contraire, lutter jusqu'à ce que vous ou eux ayez succombé jusqu'au dernier. »

Alors Na'asira répondit au seyyid béni : « Retourne vers ton maître et annonce-lui que entre lui et nous il ne saurait y avoir que luttes et combats. » Demeuré seul dans le temple avec le personnage qui s'était montré sous la forme d'un vieillard, le seyyid l'interpella en ces termes : « Au nom du Dieu puissant, je te demande de dire qui tu es ? — Je suis Iblis, répondit le pseudo-vieillard, je les égare afin qu'ils meurent tous en état d'infidélité. »

Mour retourna auprès du prince Askia-El-Hadj-Mohammed et lui rendit compte de tout ce qui s'était passé. « Maintenant, ajouta-t-il, votre devoir est de les combattre. » Aussitôt le prince entama la lutte avec eux ; il leur tua nombre d'hommes, dévasta leurs champs, saccagea leurs demeures et emmena leurs enfants en captivité. Tous ceux, hommes ou femmes, qu'on ramena comme captifs, furent l'objet de la bénédiction divine[1]. Dans toute la contrée, aucune autre expédition, en dehors de celle-ci, n'eut le caractère d'une guerre sainte faite dans la voie de Dieu.

Cette année-là le cadi Habib mourut (Dieu lui fasse miséricorde!). Le prince confia alors les fonctions de cadi au cheikh-el-islâm (v°), le père des bénédictions, Mahmoud[2], qui devint ainsi cadi de Tombouctou et du territoire de cette ville.

Un de mes confrères, en qui j'ai entière confiance, m'a raconté tenir du chef des musulmans, le jurisconsulte Mohammed-ben-Ahmed-Baghyo'o (Dieu le protège!), que ce fut le jurisconsulte Abou-Bekr, fils du cadi El-Hay, qui engagea Askia-El-Hàdj-Mohammed à choisir, pour le poste de cadi, le jurisconsulte Mahmoud. « Ce jeune homme, lui avait-il dit, est un personnage pieux et béni. » La nomination fut aussitôt faite. Ici se termine ce que m'a rapporté le cheikh ou'akori[3].

Le jurisconsulte El-Mokhtàr, le grammairien, l'oncle maternel de Mahmoud, était, à ce moment, absent de Tombouctou. A son retour, il reprocha très vivement au jurisconsulte Abou-Bekr la désignation qu'il avait faite. « Pourquoi, lui dit-il, avoir indiqué mon neveu[4]? n'aviez-vous donc pas un fils digne de remplir les fonctions de cadi? pourquoi ne pas l'avoir désigné[5]? » A cette époque, le père des béné-

---

1. C'est-à-dire se convertirent à l'islamisme.
2. Selon son habitude, l'auteur se sert de l'épithète « père des bénédictions » pour désigner Mahmoud qu'il ne nomme pas ici.
3. Ou : « le cheikh El-Ou'akori », cet ethnique pouvant être son nom.
4. Le texte imprimé porte « mon père »; le ms. C « mon fils ». Ces deux leçons sont sûrement fautives.
5. Pour bien comprendre la portée de ce reproche, il faut se souvenir que, suivant un dicton bien connu, sur trois cadis, deux iront sûrement en enfer et que le troisième a lui-même quelque chance d'y aller. De là cette répulsion qu'éprouvent bien des musulmans pour les fonctions de la magistrature.

dictions, Mahmoud, était âgé de trente-cinq ans; il exerça ses fonctions de cadi durant cinquante-cinq ans et mourut à l'âge de quatre-vingt-dix ans (Dieu lui fasse miséricorde!).

Lorsqu'il fut nommé cadi, Mahmoud était imam de Sankoré. Il résigna cette dernière fonction vers la fin de sa vie et en investit son cousin maternel, le jurisconsulte, l'imam Anda-Ag-Mohammed, fils de El-Mokhtâr, le grammairien. Depuis ce moment il cessa pour toujours de présider la prière; il ne fit d'exception que le jour de la mort du saint de Dieu, Sidi Aboul-Qasem-Et-Touâti et lors de celle de Fayyâd-El-Ghedâmsi (Dieu leur fasse miséricorde!). Dans ces deux circonstances il présida la prière.

Au retour de cette expédition contre Na'asira, le prince Askia-Mohammed campa à Touya pendant le mois de ramadan (12 avril-12 mai 1498).

Pendant la cinquième année du xe siècle (19 août 1498-8 août 1499), Askia-El-Hâdj-Mohammed se rendit dans le Tendirma où il s'empara du Bâghena-Fâri, Ostman et tua Dinba-Donbi, le Peul. Au cours de la sixième année (8 août 1499-28 juillet 1500) il entreprit une expédition contre Ayar[1] et obligea Tildza[2] à entrer sous son autorité.

Pendant la septième année (28 juillet 1500-17 juillet 1501) il envoya son frère 'Amar-Komzâgho à Zalen pour combattre Qâma-Fiti-Qalli, caïd du sultan de Melli, qui commandait dans cette ville. Le caïd se défendit avec succès. 'Amar, n'ayant pu aboutir à aucun résultat, informa le prince de la situation et alla camper avec son armée à Tenfiren[3], ville proche de Zalen du côté de l'orient. Ce fut là que naquit un des fils de 'Amar, 'Otsmân, qui fut surnommé Tenfiren.

1. Ou « Abar ».
2. Ce nom est-il celui d'une ville ou d'un personnage? Le texte ne permet pas de se prononcer à cet égard. La phrase est d'ailleurs obscure à cause de la préposition qui suit le verbe.
3. Ou « Tinferin ».

CHAPITRE TREIZIÈME

Le prince alla en personne attaquer Qàma-Fiti-Qalli ; il le vainquit, saccagea la ville, pilla le palais du sultan de Melli et emmena sa famille en captivité. Parmi les captives se trouvait Meryem-Dâbo qui fut mère de Ismaïl, fils de Askia-El-Hàdj-Mohammed. Après être resté quelque temps dans cette contrée afin d'améliorer la situation du pays et de l'organiser sur des bases nouvelles, le prince revint sur ses pas. En ce qui concerne les gens de Dienné ils s'étaient soumis volontairement aussitôt que le prince était monté sur le trône.

Durant les huitième, neuvième (۷٦) et dixième année (17 juillet 1501-14 juin 1504), il n'y eut pas d'expéditions. Au commencement de la onzième (14 juin 1504-4 juin 1505) le prince entreprit l'expédition de Berko que l'on appelle également Berbou. Ce fut au cours de cette campagne que fut prise comme captive Zârakor[1]-Banki, qui devint mère de Askia-Mousa, un des fils du prince.

Dans la bataille qui eut lieu à ce moment, il périt un grand nombre des meilleurs Zâ-Bir-Benda[2] et des plus vaillants d'entre eux. En voyant, cela 'Amar-Komzàgho, le frère du prince, ne put retenir ses larmes et s'écria : « Tu veux donc la ruine de Songhaï. — Non, répondit Askia-el-Hâdj-Mohammed ; je veux au contraire sa prospérité. Tous ces gens que tu viens de voir succomber nous auraient rendu la vie difficile au Songhaï s'ils étaient restés avec nous. Il ne nous était pas possible de les traiter nous-mêmes comme ils viennent de l'être, c'est pourquoi je les ai amenés ici afin qu'ils fussent décimés et que nous fussions débarrassés d'eux. Je savais bien qu'ici ils ne pourraient échapper à la mort. » Ces paroles dissipèrent le chagrin de 'Amar et calmèrent son désespoir.

1. Ou « Zárakon ».
2. Ou « Aïber-Benda ». C'était peut-être les descendants d'un des princes Zâ.

A cette époque naquit le jurisconsulte Mohammed, fils du père des bénédictions, le cadi, le jurisconsulte Mahmoud (Dieu leur fasse miséricorde !). La douzième année (4 juin 1505-24 mai 1506) se passa sans qu'il y eût d'expéditions. Durant la treizième année (24 mai 1506-13 mai 1507) le prince entreprit la campagne contre Kilanbout[1] qui est Melli.

Au cours de la quinzième année (2 mai 1508-21 avril 1509), le cheikh-el-islam, le cadi Mahmoud-ben-'Omar, se rendit en pèlerinage à La Mecque. Pendant son absence il se fit suppléer : dans ses fonctions d'imam, par son oncle maternel, le jurisconsulte El-Mokhtàr, le grammairien; dans ses fonctions de cadi, par le cadi 'Abderrahman-ben-Abou-Bekr. Il suivit en cela les ordres de Askia-El-Hàdj-Mohammed. Il revint du pèlerinage le 27 du mois de cha'ban de la seizième année du xe siècle (10 décembre 1509). Comme il arrivait à Kàgho, le prince, qui à ce moment-là se trouvait au port bien connu de Kabara, ayant appris cette nouvelle, s'embarqua sur un navire et se porta à la rencontre de Mahmoud jusqu'à Kàgho où il le rejoignit.

Le père des bénédictions, Mahmoud, reprit ensuite sa marche vers Tombouctou; il rentra dans cette ville et regagna sa demeure en parfaite santé. Bien des gens de Tombouctou crurent qu'il allait abandonner ses fonctions d'imam à son oncle maternel, El-Mokhtàr; mais il n'en fut rien et à l'heure du dohor, le jour même de son arrivée, il allait à la mosquée et y présidait la prière.

Quant au cadi 'Abderrahman il continua à exercer ses fonctions de cadi, sans que, durant dix ans, le jurisconsulte Mahmoud lui parlàt de rien. Après ce laps de temps le cheikh

---

[1] Mot à mot : « Kilanbout et elle Melli ». Cette localité était-elle la capitale de Melli ou se trouvait-elle simplement dans ce pays? A défaut de plus amples renseignements la première hypothèse semble préférable.

Ahmed Bibokor[1] fit part de la situation au prince. Celui-ci dépêcha sur l'heure un messager à Tombouctou pour intimer au cadi ʿAbderrahman l'ordre de quitter cette ville et de remettre son service au jurisconsulte, le cadi Mahmoud. ʿAbderrahman partit aussitôt et Mahmoud reprit son siège de magistrat.

Cet événement eut un épilogue : Une discussion se produisit plus tard à la suite d'un échange de paroles entre le cadi Mohammed-ben-Ahmed, fils du cadi ʿAbderrahman, et Nefaʿa, fils du Tombouctou-Koï, El-Moustafa-Koraï et petit-fils du cheikh Ahmed-Bibokor. Comme le cadi Mohammed se montrait très agressif, Nefaʿa lui dit : « Tout ceci vient de l'ancienne inimitié qui a existé entre nos aïeux, parce que mon grand-père, le cheikh Ahmed, a dénoncé au prince la conduite de ton grand-père, le cadi ʿAbderrahman, ce qui a provoqué sa destitution. Voilà pourquoi tu nous en veux. »

La dix-septième année (10 avril 1510-31 mars 1511), le prince envoya le Hoco-Koraï-Koï, ʿAli-Folen et le Belmaʿa, Mohammed-Karaï, auprès du Baghena[2]-Faran, Ma'-Qoto-Kotya.

Pendant la dix-huitième année (31 mars 1511-19 mars 1512) Askia-El-Hàdj-Mohammed entreprit son expédition contre le maudit, le faux prophète, Tayenda et le tua à Zâra. Les circonstances voulurent que, à ce moment, Kalo[3], le fils aîné de Tayenda, fût en expédition et absent de l'armée de son père. Quand il apprit ce qui venait d'arriver à son père, le *maudit*, il s'enfuit avec les troupes qu'il avait avec lui et se réfugia dans le Fouta, nom d'un pays voisin de l'océan Atlantique et appartenant au sultan du Djolf[4].

---

1. Ou « Biyokon ». Il semble que Bibokor soit une orthographe fautive de Abou-Beker.
2. Le ms. C. écrit « Baghon » et « Qota » au lieu de « Qoto » qui vient ensuite.
3. Ou « Kolo » ou même « Kollo ».
4. C'est-à-dire du Diolof ou Yolof.

Il demeura en cet endroit et, après avoir machiné une trahison contre le sultan, il réussit à s'emparer de sa personne et le mit à mort. Depuis lors, le pays de Djolf fut divisé en deux parties : une moitié, sur laquelle régna Kalo, fils de Salta-Tayenda, et l'autre moitié eut pour souverain Domel, le principal caïd du sultan de Djolf.

Kalo devint un sultan puissant, disposant de forces considérables et le royaume qu'il fonda existe encore aujourd'hui. Les populations du Djolf sont soudanaises[1]. A sa mort, Kalo eut pour successeur son fils Yoroyim. Quand ce dernier mourut, il fut remplacé par Kalàya-Tabâra, homme éminent, bon, juste et dont l'équité atteignit un degré tel que, dans tout l'Occident[2], il n'eut pas son pareil, si l'on en excepte toutefois le sultan de Melli, Kankan[3]-Mousa (Dieu leur fasse à tous miséricorde !). Après la mort de Kalâya, son neveu Kota, fils de Yoroyim, lui succéda et quand il mourut, il eut lui-même pour successeur son frère Sanba-Lâm. Ce dernier s'appliqua à faire régner la justice ; il interdit toute iniquité et n'en toléra aucune. Il régna trente-sept ans. A sa mort, son fils Abou-Bekr prit le pouvoir et c'est lui qui l'exerce encore aujourd'hui.

OBSERVATION. — Tayenda-Salta-Yâlelba, Nima-Salta-Ourarbi, Doko-Salta-Firouhi et Kada-Salta-Oularbi, originaires de la tribu des Djolf, située sur le territoire de Melli, quittèrent leur pays et allèrent s'établir sur le territoire de Qayâka. Lorsque (ᴠᴀ) Askia-El-Hâdj-Mohammed eut tué le *maudit*, ils émigrèrent tous dans le Fouta et s'y fixèrent. Ils y sont encore aujourd'hui.

Quant aux Djolf, ce sont les meilleurs des hommes : par leurs actes et par leur caractère ils diffèrent essentielle-

---

1. C'est-à-dire de race noire.
2. Par ce mot il faut entendre le Soudan occidental.
3. Le ms. C porte ici l'orthographe « Konkon ».

ment de tous les autres Foulani. Dieu, par grâce spéciale, les a dotés d'un tempérament généreux et il leur inspire de belles actions et une conduite digne d'éloges. Dans la contrée où ils sont établis aujourd'hui, ils disposent d'une puissance considérable et d'une solide autorité. Pour la valeur et la bravoure ils n'ont pas leurs pareils. Enfin, d'après ce que nous avons entendu rapporter, la loyauté et la fidélité aux engagements sont, pour ainsi dire, innées chez eux et y atteignent leur apogée.

A la fin de la dix-neuvième année (19 mars 1512-9 mars 1513), le prince fit une expédition au Kachena ; il en revint au mois de rebi' Ier de la vingtième année (7 mai-6 juin 1513). Vers la fin de la vingt et unième année (26 février 1514-15 février 1515) il entreprit une campagne contre El-'Odâla, sultan de Agadez[1], et la termina au cours de la vingt-deuxième année (15 février 1515-5 février 1516) ; au moment de son retour, Kotal[2], chef de Liki et surnommé Konta, se révolta contre lui.

Voici quelle fut la cause de cette révolte : Konta, en revenant avec le prince de son expédition contre Agadez, avait espéré recevoir dès son arrivée dans son pays sa part du butin qui avait été fait. Cette espérance ayant été déçue, il parla de cette affaire au Dendi-Fâri[3] et celui-ci lui répondit : « Si tu adresses une réclamation de ce genre au prince, tu te feras traiter en rebelle. » Konta ne répliqua rien ; puis ses compagnons étant venus les trouver et lui ayant dit : « Où donc est notre part du butin ? Nous ne l'avons pas encore vue ; pourquoi ne la réclames-tu pas ? » il leur répondit : « Je l'ai demandée et le Dendi-Fâri m'a assuré que si je persistais à la réclamer, je serais traité en rebelle. Or, je

---

1. La vocalisation donnée est « Akdez ».
2. Ms. C donne : « Kounta ».
3. Ce n'est pas un nom de personne, mais un titre de fonction.

ne veux pas être seul traité en rebelle; associez-vous à moi et alors je réclamerai. — Eh ! bien, s'écrièrent-ils, nous serons traités en rebelles ainsi que toi. — Merci, répliqua-t-il, c'est tout ce que je désirais de vous. »

Là-dessus Konta se rendit auprès du Dendi-Fâri ; il renouvela sa demande et essuya un refus. La révolte éclata aussitôt; dans un grand combat que les rebelles livrèrent aux troupes du prince, ils tinrent tête à leurs adversaires et cessèrent dès lors de reconnaître l'autorité de Askia-El-Hàdj-Mohammed. Cette situation dura jusqu'à la fin de la dynastie des gens du Songhaï et Konta conserva son indépendance. Une expédition dirigée contre lui pendant la vingt-troisième année (5 février 1516-24 janvier 1517) ne produisit pas le moindre résultat.

Au cours de la vingt-quatrième année (24 janvier 1517-13 janvier 1518), le prince envoya son frère le Kormina-Fâri, 'Omar, contre Qâma-Fatiya; 'Omar tua Qâma. Durant la vingt-cinquième année, le 15 du mois de ramadan (20 septembre 1518) Askia-El-Hâdj-Mohammed campa à Kabara. Son frère 'Omar Komzâgho mourut la vingt-sixième année, le 3 du mois de rebi' Ier (5 mars 1519). A raison de cet événement Mour-Sâlih-Djaura resta trois jours enfermé sans se montrer en public. Il sortit ensuite de chez lui et, aussitôt arrivé à la medrasa, il dit aux étudiants : « En ce jour, le Seigneur a laissé (en paix) 'Omar et lui a pardonné[1]. » 'Omar avait pour le seyyid une affection des plus vives; il lui rendait souvent service et le traitait avec les plus grands égards.

Le prince, qui, à ce moment, se trouvait à Sankiya[2], bourg situé en arrière de Koukiya du côté de Dendi, confia à Yahya, son frère, les fonctions de Kormina-Fâri. Celui-ci

---

1. Cette phrase donne à entendre que, sur les prières du saint, Dieu s'est décidé après trois jours à épargner 'Omar et à lui pardonner ses fautes.
2. Il y a dans le texte imprimé « Sankariya »; les copistes auront sans doute confondu Sankiya et Sankoré.

conserva ses fonctions neuf ans [1] et mourut pendant la révolte du Fâr-Mondzo, Mousa, à l'époque où celui-ci se révolta contre son père, le prince Askia-El-Hâdj-Mohammed.

Dans la vingt-huitième année (12 décembre 1520-1er décembre 1521), mourut ʿOmar-ben-Abou-Bekr, le sultan de Tombouctou. Au cours de la trente et unième année (10 novembre 1523-29 octobre 1524), le prince envoya son frère Faran-Yahya à Kozara où mourut le Binka-Farma, ʿAli-Yamra. Quand Faran-Yahya fut de retour, il envoya ʿAli-Folen à Binka pour en rapporter la succession du défunt Binka-Farma, ʿAli-Yarma, et il demanda au prince de nommer Binka-Farma son fils Bella, alors Adiki-Farma. Le prince y consentit.

Bella, quoique un des plus jeunes enfants de Faran-Yahya, se distinguait d'entre ses frères par son courage et sa vaillance. Aussitôt que ses frères aînés connurent sa nomination, ils furent très irrités et jurèrent de crever son tambour le jour où il viendrait à Kâgho. La dignité conférée à Bella était élevée dans la hiérarchie gouvernementale et celui qui l'exerçait était un des personnages ayant droit au tambour.

Tous les frères de Bella, sauf le Fâri-Mondzo Mousa, qui était l'aîné de tous, ne cessèrent de manifester leur jalousie par des paroles injurieuses à son encontre. Quand Bella eut connaissance de tous ces propos, il jura à son tour de crever le derrière[2] de quiconque voudrait crever son tambour. Puis il se rendit à Kâgho faisant battre le tambour devant lui. Arrivé à un certain endroit bien connu près de la ville, qui marquait la limite à laquelle tous les tambours devaient cesser de battre, sauf seulement celui du prince, Bella donna l'ordre à ses hommes de ne point interrompre leur batterie tant

1. Ms. C : « neuf jours ».
2. Le texte imprimé ajoute : « de la mère ».

qu'ils ne seraient pas arrivés à la porte du palais du prince.

Tous les personnages de l'armée qui, selon l'étiquette, devaient se porter à la rencontre d'un dignitaire du rang de Bella, montèrent à cheval pour aller le recevoir, et, parmi eux, figuraient les frères qui avaient juré de crever le tambour. Quand les deux groupes furent en présence, ceux qui, d'après le cérémonial, devaient mettre pied à terre pour saluer, le firent, sauf le Fâri-Mondzo Mousa; il salua, mais en restant à cheval et en faisant seulement un léger signe de tête, puis il dit : « Moi je n'ai rien dit, car tu sais que si j'avais promis de faire quelque chose, j'aurais sûrement tenu ma parole! » Personne ne put cependant manifester son hostilité contre Bella. L'inimitié que conçurent ses frères contre lui n'eut d'autre origine que son élévation à une haute dignité et aussi la supériorité qu'il montra sur eux dans les combats et sur les champs de bataille où il se fit remarquer par son audace.

La situation devint telle que Mousa se détourna de ses devoirs envers son père. Il était irrité contre lui et ressentait de la haine à la fois contre le prince et son fidèle serviteur et conseiller ʿAli-Folen, l'entente et l'assistance mutuelle étant parfaite entre ces deux personnages. Il prétendait que le prince ne faisait rien sans obéir aux prescriptions de son conseiller.

A la fin de son règne, Askia-El-Hâdj-Mohammed devint aveugle, mais personne ne le sut, car ʿAli-Folen était sans cesse près de lui et ne le quittait jamais. Cependant, à la suite des menaces de Mousa, qui avait juré de le tuer, ʿAli-Folen, saisi de crainte, s'enfuit dans le Tendirma et se réfugia auprès du Kormina-Fâri, Yahya, en l'année trente-quatrième (8 octobre 1526-27 septembre 1527).

Ce fut en la trente-cinquième année (27 septembre 1527-15 septembre 1528) que le Fâri-Mondzo, Mousa, se révolta.

Il partit avec quelques-uns de ses frères pour se rendre à Koukiya. Le prince manda alors à son frère Faran-Yahya, qui était dans le Tendirma, de venir mettre fin aux menées de tous ces jeunes gens. Yahya se rendit auprès du prince, qui lui enjoignit d'aller à Koukiya trouver les rebelles et lui recommanda instamment de ne point se montrer trop cruel à leur égard.

Aussitôt arrivé à Koukiya, Yahya eut à lutter contre les rebelles qui le reçurent les armes à la main. Blessé dans cette rencontre, il tomba au pouvoir de ses adversaires; il fut jeté sur le sol la face contre terre et dépouillé de ses vêtements. Ce fut dans cette position qu'il parla aux rebelles du sort qui les menaçait. Pendant ce temps, Daoud, le fils du prince, était debout à la tête du blessé, ayant à côté de lui son frère Ismaïl et Mohammed-Benkan-Kirya, fils de Omar-Komzâgho. Ce dernier ayant dit à ses deux compagnons que tout[1] cela n'était que verbiage et mensonge, Yahya s'écria : « Comment Mârou-Benkan-Kirya, — c'était le diminutif de son nom dans leur langue — c'est toi qui oses m'accuser de mensonge! Et crois-tu donc qu'ici tu n'en entendras plus jamais, ô toi qui jettes la division parmi les parents? » Puis, comme Ismaïl l'avait recouvert d'une pièce d'étoffe, il lui dit : « O Ismaïl, je savais bien que tu étais le seul capable de faire pareille chose, car tu es un de ceux qui favorisent les rapprochements des familles. » Ensuite Yahya rendit le dernier soupir et le prince éleva à la dignité de Kormina-Fâri, son fils[2] 'Otsmân-Youbabo.

Mousa retourna avec ses frères à Kâgho, puis à la fin de l'année, un dimanche, jour de la fête des sacrifices (26 août 1528), un peu avant la prière il détrôna son père (٨١). Askia-El-Hâdj-Mohammed était à ce moment au *mosalla*[3]. Mousa

---

1. Les paroles de Yahya.
2. L'ambiguïté de la traduction existe dans le texte.
3. Les jours de grande fête les prières publiques se font en plein air dans un

jura alors que personne ne ferait la prière avant qu'il n'eût été lui-même proclamé souverain. Le prince résigna ses fonctions en faveur de Mousa, qui, investi du pouvoir royal, fit accomplir la prière de la fête. Il continua d'habiter sa maison, tandis que son père restait dans le palais d'où il ne sortit plus durant le reste de sa vie. Askia-El-Hâdj-Mohammed régna trente-six ans et six mois.

CHAPITRE XIV

ASKIA-MOUSA ET ASKIA-MOHAMMED-BENKAN

Askia-Mousa entreprit ensuite de faire mettre à mort ses frères, mais nombre d'entre eux s'enfuirent dans le Tendirma, auprès du Kormina-Fâri, ʿOtsmân-Youbâbo. Parmi eux se trouvaient : ʿOtsmân-Sidi, Bokar-Kirin [1]-Kirin, Ismaʿïl, etc. Très contrarié de cette circonstance, le prince dit alors à ses courtisans : « Je connais bien mon frère ʿOtsmân : il est incapable de prendre une résolution de lui-même ; il n'agit qu'à l'instigation de son entourage et, comme il ne fréquente que des gens abjects ou des écervelés, je crains qu'un conflit éclate entre lui et moi. »

Puis il envoya à ʿOtsmân un messager porteur d'une lettre par laquelle il annonçait son élévation au trône ; en outre il remit au messager une seconde lettre destinée à sa mère Kamsa en lui disant : « Si mon frère ne veut pas recevoir

---

endroit spécialement réservé à cet effet et appelé *mosalla* (l'endroit où l'on prie). Le souverain doit assister à la prière publique chaque vendredi et aussi chaque jour de grande fête.

1. Variante : Kin.

la lettre qui lui est adressée, faites parvenir la seconde lettre à ma mère. » Dans cette dernière missive, le prince suppliait sa mère d'user de son ascendant et de celui de son mari, d'intervenir auprès d'ʻOtsmân afin d'éviter qu'il fût la cause d'un conflit entre eux deux.

Le messager se rendit auprès d'ʻOtsmân ; mais celui-ci ne lui prêta aucune attention, ne daigna pas même le regarder et refusa de recevoir la lettre. La seconde lettre fut alors remise à la mère du prince. Elle en prit connaissance et quand elle en eut bien compris l'objet, elle alla trouver ʻOtsmân et lui adressa la parole en ces termes : « Je te renie[1] si tu refuses de reconnaître l'autorité de ton frère ; car il n'a pas été seulement un frère pour toi, mais en quelque sorte un père. Sais-tu pourquoi on t'a donné le surnom[2] que tu portes le jour où je t'ai enfanté? Eh! bien il n'y avait pas à la maison, en ce moment, de quoi chauffer (٨٢) la boisson qui m'était destinée, et ton frère qui était sorti tardait à rentrer. Quand il est revenu, ton père lui a dit : « Où « donc es-tu allé aujourd'hui? Il y avait ici un hôte[3] qui t'at- « tendait depuis le commencement de la journée. » A peine eut-il entendu ces mots que ton frère prit sa cognée, s'en alla dans la forêt et en rapporta de quoi chauffer ma boisson. C'est pour cela que je te dis qu'il est ton père. Maintenant il s'adresse à moi et me demande d'user de mon crédit pour que tu ne sois pas le promoteur d'un conflit entre lui et toi. »

Aussitôt qu'il eut entendu ces paroles, ʻOtsmân se soumit ; il donna l'ordre de faire venir le messager, et dès que celui-ci fut arrivé, il se leva et demanda des nouvelles de la santé de l'Askia. L'usage voulait que l'on agît ainsi[4] quand on reconnaissait l'autorité du souverain. Ensuite ʻOtsmân se fit

---

1. Mot à mot : « je retire mon sein ».
2. Le surnom de Youbabo.
3. L'hôte auquel on fait allusion est le nouveau-né.
4. C'est-à-dire que l'on se tint debout pour recevoir un message du souverain.

lire la lettre qui lui était adressée et prit la résolution de se rendre auprès du prince. En conséquence, il ordonna d'armer des embarcations, de les équiper complètement, puis il sortit de son palais pour se mettre en route avec ses troupes ; mais, presque aussitôt, son chanteur s'étant mis à chanter, il entra dans une telle colère qu'il faillit éclater de rage et s'adressant à son entourage : « Qu'on décharge, s'écria-t-il, tout ce qui est dans les embarcations. Par ma tête ! celui qui vous parle ne mettra plus de poussière sur sa tête pour personne[1] ! »

Rentré chez lui, 'Otsmân manifesta sa rébellion de telle façon qu'on n'en pût plus douter. Le messager du prince retourna donc à Kâgho ; il instruisit son maître de ce qui venait de se passer, et celui-ci se prépara à marcher sur le Tendirma.

La lutte éclata alors et les hostilités commencèrent. Les troupes, ayant le prince à leur tête, se mirent en marche et arrivèrent près de Tombouctou. Le cheikh-el-islâm, le père des bénédictions, le jurisconsulte, le cadi Mahmoud-ben-'Omar (Dieu lui fasse miséricorde !) se porta à leur rencontre jusqu'à la ville de Tiryi afin de tenter une réconciliation entre le prince et ses frères. Mais introduit auprès de Askia-Mousa, le cadi s'assit en lui tournant le dos au lieu de lui faire face. « Pourquoi me tournes-tu le dos ? — Parce que, répondit Mahmoud, je ne veux point me trouver face à face avec quelqu'un qui a dépouillé le prince des Croyants de son pouvoir. — Je n'ai agi ainsi, répliqua Askia-Mousa, que parce que je craignais pour mes jours. Il y avait des années que Askia-El-Hàdj-Mohammed n'agissait plus que sous l'inspiration de 'Ali-Folen, et je redoutais qu'un jour celui-ci l'engageât à me perdre. Voilà pourquoi j'ai déposé le prince. »

1. L'étiquette voulait que le sujet fidèle ou le vassal prît un peu de poussière et la portât sur sa tête quand il se présentait devant le souverain. Refuser de mettre de la poussière sur sa tête équivalait donc à un acte de rébellion.

Le cadi demanda à Askia-Mousa de pardonner à ses frères ; il l'engagea à s'abstenir d'entrer en lutte avec eux, de rompre ainsi les liens de famille qui les unissaient et de causer des troubles dans le pays. « Ayez quelque patience, répondit le prince, attendez qu'ils aient été brûlés par le soleil et alors ils se hâteront de rechercher l'ombre. » Ce disant, il souleva une portière qui dissimulait de grands javelots empoisonnés, puis il ajouta : « Voici le soleil ; l'ombre c'est toi. Quand ils auront souffert, ils se réfugieront auprès de toi, et alors je leur pardonnerai. » Voyant le prince bien décidé à user de la violence, le cadi rentra à Tombouctou.

Askia-Mousa quitta la localité où il était et, se portant à la rencontre de l'ennemi, il vint camper à Touya. Là, il apprit que le Kormina-Fâri, 'Otsmân, avait dessein de venir lui offrir le combat. A cette annonce, on vit paraître (٨٢) sur son visage des signes d'effroi et de regret. « Ton frère 'Otsmân, lui dit alors le Balama', Mohammed-Kiraï, a avec lui deux hommes : Bokar-Kirin-Kirin et... (j'ai oublié le nom de l'autre). Eh ! bien, n'eût-il que mille hommes sous ses ordres, s'il avait avec lui ces deux braves ou seulement l'un d'eux, il te vaincrait quand même tu serais toi à la tête de dix mille hommes. Dans les conditions inverses[1] c'est toi qui serais le vainqueur. »

Pendant que le prince et ses courtisans étaient encore réunis, ils aperçurent, dans le vestibule[2], un individu qui tantôt se laissait voir et tantôt se dissimulait. Arrivé auprès d'eux, ce personnage, qui n'était autre que Bokar-Kirin-Kirin dont il vient d'être parlé, se baissa et souleva un peu de terre devant le prince. « Pourquoi viens-tu ici? demanda

---

1. C'est-à-dire : moins d'hommes, mais ayant avec toi l'un de ces deux personnages.

2. Les trois manuscrits ont le mot سراب, « mirage », mais je pense qu'il faut lire سرداب et c'est ainsi que je traduis.

Askia-Mousa. — Ce n'est, répondit-il, ni par affection pour toi, ni par aversion pour 'Otsmân. Je tiens seulement à éviter la perdition et ne veux pas être au nombre des maudits[1]. — Et comment cela? reprit le prince. — C'est que, ajouta-t-il, tous les nôtres sont des gens raisonnables[2]. »

Un instant après, l'autre personnage[3] vint à son tour et répéta exactement ce qu'avait dit le premier, ce qui causa à Askia-Mousa la joie la plus vive.

'Otsmân arriva ensuite et le combat s'engagea entre Akakal[4] et Kabara. On était alors en la trente-sixième année du siècle (15 septembre 1528-5 septembre 1529). Au cours de cette bataille un grand nombre de personnes périrent des deux côtés et parmi elles 'Otsmân-Sidi.

Isma'il s'enfuit à Biro entraîné par le Maghcharen-Koï[5]; celui-ci avait épousé Kibira[6], sœur d'Isma'il; il s'appelait Akbiren-Kasa[7], et était fils de la sœur de Akil. Isma'il demeura à Biro jusqu'à l'avènement de Askia-Mohammed-Benkan.

Quant à 'Otsmân, le Kormina-Fâri, il avait pris la fuite en même temps que 'Ali-Folen, le Binka-Farma, Bella[8] et d'autres personnages. 'Otsmân gagna la ville de Tomni où il habita jusqu'à sa mort qui eut lieu en l'année 964 (4 novembre 1556-24 octobre 1557).

'Ali-Folen se rendit à Kano. De là il avait l'intention de se rendre en pèlerinage à La Mecque et de s'établir près de la noble ville de Médine, mais le destin ne lui permit pas de réaliser son dessein et il mourut à Kano.

1. Allusion au verset 44 de la sourate XI du Coran.
2. C'est-à-dire que, malgré la valeur de leurs chefs qui leur auraient probablement assuré la victoire, ils croyaient agir plus sagement en renonçant au combat.
3. Celui dont l'auteur a oublié le nom et qui était l'émule de Bokar-Kirin-Kirin.
4. Ou : « Akakan ».
5. « Le chef des Touareg ».
6. Ou : « Kibina ».
7. C'est la leçon donnée par le ms. C. Le texte imprimé a Kibinenkasi.
8. Le texte imprimé porte Kala, ce qui est une erreur évidente.

Le Binka-Farma, Bella, retourna à Tombouctou et vint demander protection au père des bénédictions, le cadi, le jurisconsulte, Mahmoud. Celui-ci envoya intercéder en faveur de Bella auprès du prince en ce moment à Tila. Askia-Mousa répondit que tous ceux qui chercheraient asile dans la maison du cadi y seraient en sûreté, mais que Bella, seul, ne jouirait pas de cette immunité. Alors, prenant tous les livres qu'il avait auprès de lui, Bella les mit sur sa tête en s'écriant : « Je me place sous la sauvegarde de ces livres[1]. » Cette résolution fut portée à la connaissance du prince qui refusa d'admettre cette sauvegarde. Alors s'adressant au père des bénédictions (لا ؟), Bella lui dit : « Je te prends à témoin de tout ce que tu m'as vu faire ; je n'ai agi ainsi que pour ne pas être mon propre meurtrier[2]. Eh! bien, maintenant qu'il fasse ce qu'il voudra ! »

Aussitôt Bella se rendit chez le prince auprès duquel il fut introduit après délibération. En entrant il trouva Mohammed[3]-ben-Askia-Mousa debout au chevet de celui-ci et lui disant : « Mon cher père, épargnez la vie de mon vénérable ami le Binka-Farma. » Le fils du prince, Mohammed, accueillit le Binka-Farma en lui souhaitant de vivre[4]. « O mon cher enfant, répondit celui-ci, il faut absolument que je meure, car il est trois choses que je ne ferai jamais : 1° je ne lui donnerai jamais le titre de Askia ; 2° pour lui je ne mettrai jamais de poussière sur ma tête ; 3° jamais je ne chevaucherai derrière lui. »

1. Les livres religieux tels que le Coran, le *Sahih* d'El-Boukhari, etc., peuvent dans bien des cas, rendre inviolable celui qui les porte sur sa tête.
2. Non seulement les musulmans réprouvent le suicide, mais ils n'admettent même pas que l'on s'expose à la mort sans nécessité.
3. Les trois mss. font suivre le nom de Mohammed de : « fils de Askia-Mousa », ce qui indique bien qu'il ne s'agit pas du fils de Bella, comme on pourrait le croire en voyant Mohammed désigner Bella par ces mots : « mon père ». Cette expression est une formule de politesse que je rends par : « mon vénérable ami », faute de mieux.
4. Ou : en le saluant.

Sur ce, le prince ordonna de saisir le Binka-Farma qui fut aussitôt mis à mort. Selon une autre version, le Binka-Farma aurait été tué en même temps qu'Alfaʿ[1]-Konko et Alfaʿ-Donko-ʿOmar-Komzâgho. Ces deux personnages étaient à la fois cousins paternels et cousins maternels et leurs mères étaient toutes deux de race peule. Le supplice qui leur fut infligé fut le suivant : on creusa un trou très profond ; on les y jeta vivants et on recouvrit ensuite de terre (Dieu nous préserve d'un tel sort!).

Askia-Mousa fit également mettre à mort le Dirmâ-Koï, Dankara, le Bara-Koï, Soleïmân. Il confia les fonctions de Kormina-Fâri à Mohammed-Benkan-Kiraï, puis il retourna au Songhaï en passant par le territoire de Dienné. Quand il était arrivé à Tirfaï, il avait reçu la visite du saint de Dieu, le jurisconsulte, Mour–Maʿa[2]-Kenkoï, venu à sa rencontre de Djindjo et accompagné de ses étudiants. Après avoir salué le prince et avoir prié pour lui selon la coutume, le saint lui avait dit : « Au nom du Très-Haut et au nom de son Prophète (Dieu répande sur lui ses bénédictions et lui accorde le salut!), je vous demande la grâce du Dirma-Koï et du Bara-Koï ; ils ont tous deux été bons pour les habitants de leur pays qui sont extrêmement satisfaits d'eux. Ils n'ont pas pris part à la révolte de plein gré ; ils l'ont fait malgré eux, dans la crainte de perdre la vie, et contraints et forcés, car ils ne pouvaient pas résister au Faran, ʿOtsmân. — Mais, répondit le prince, ils ont méconnu mon autorité d'une façon absolue. — Ne faites point cela, répliqua le cheikh, ne repoussez pas mon intercession. — Il faut qu'ils meurent », répartit le prince.

Voyant qu'il ne lui restait aucun espoir de réussir dans sa démarche, le cheikh dit alors : « J'habite Djindjo depuis

---

1. Le ms. C écrit الفغ.
2. Ou : « Magha ».

l'époque où régnait Sonni-'Ali. Dans cette ville nous n'avons trouvé paix et repos que sous le règne de ton père, le très fortuné, le béni prince des Croyants, Askia-El-Hâdj-Mohammed. Nous avons prié le Ciel qu'il lui accordât un règne prospère et de longs jours ; nous avons demandé au Très-Haut de lui donner un fils béni qui fût l'espoir des musulmans. Nos prières ont été exaucées. Dieu nous a dit ton nom[1]. Chaque fois que nous avons prié (Λ ο), nous l'avons fait pour que tu occupes le trône et nos vœux se sont réalisés. Or maintenant, tu méconnais nos efforts, tu nous refuses toute influence. Eh! bien, puisque nos mains sont encore levées au Ciel pour l'implorer en ta faveur, nous les y maintiendrons ; mais ce sera pour te maudire. » Cela dit, le cheikh et ses étudiants se levèrent et retournèrent chez eux.

Dans la soirée de ce jour, Askia-Mousa continua son voyage. Le Bena-Farma, Ishâq-ben-Askia-El-Hâdj-Mohammed, quitta alors sa place et, rejoignant le Kormina-Fâri, Mohammed-Benkan, il le tira par derrière. Celui-ci se retourna et dit : « Qu'as-tu qui te pousse à agir ainsi ? Pourquoi avoir quitté ton rang pour venir ici me tirer par derrière ? — C'est à cause de ce que le cheikh vient de faire à l'égard de Askia-Mousa ; il l'a importuné, et sans la crainte qu'il inspire au prince, celui-ci eût perdu patience. Par Dieu ! si c'eût été moi, j'aurais tué le cheikh sur l'heure, eussé-je dû pour cela demeurer éternellement en enfer. »

Le soir, quand on arriva au gîte, les personnes qui, selon l'habitude, passaient la soirée à causer avec le prince se rendirent auprès de lui. Le Kormina-Fâri raconta alors, tel qu'il s'était passé, l'incident qui s'était produit entre lui et le Bena-Farma, Ishâq. « Par Dieu ! s'écria Askia-Mousa, pas un poil de mon corps n'a éprouvé la moindre crainte ;

1. C'est-à-dire que le nom de l'enfant qui succéderait à Askia-El-Hâdj-Mohammed serait Mousa.

mais si le cheikh avait vu à ce moment ce que j'ai vu moi-même, il serait mort à l'instant de frayeur et crainte. » Puis il ajouta, en s'adressant au Kormina-Fâri : « N'avez-vous donc pas vu que le cheikh levait les paumes de ses deux mains jusqu'à la hauteur de ses épaules ? — Certes, je l'ai vu, répondit le Kormina-Fâri. — Eh ! bien, poursuivit le prince, c'était pour repousser deux lions qui, placés sur ses épaules, tendaient leurs pattes vers moi, la gueule épanouie. Jamais je n'ai vu lions de pareille taille et ayant telles dents et telles griffes. C'est alors que j'ai donné au cheikh l'ordre de retourner chez lui et que lui et ses compagnons sont partis furieux pour regagner Djindjo. »

Aussitôt arrivé à Kâgho, le prince commença par mettre à mort les frères qui lui restaient. Ceux-ci, saisis d'effroi en le voyant agir, s'ingénièrent d'abord à se mettre à l'abri. Puis, le jour où le prince fit arrêter le Faran, Abdallah-ben-Askia-El-Hâdj-Mohammed, frère germain de Ishâq, tous ses frères survivants s'entendirent pour se soulever contre lui et le tuer s'il mettait à mort Abdallah (ΛΊ). Quelques jours après, Askia-Mousa fit appeler Ishâq et plaçant devant lui un turban et une tunique à doubles pans[1], il lui dit : « Ton frère, le Faran Abdallah, est un lâche ; je l'avais fait interner[2] dans un endroit et il y est mort de peur. »

Ishâq alla trouver le Châ'a-Farma, 'Alou-Saï[3], fils du roi Askia-El-Hâdj-Mohammed et lui raconta la nouvelle en pleurant : « Tais-toi, lui dit 'Alou ; es-tu donc une femme? Abdallah est le dernier de nous qu'il aura tué, car dorénavant il ne tuera plus jamais. » Après s'être entendus pour agir en secret contre le prince, on réussit à le tuer dans le village de Mansour où lui-même avait fait périr le Balama' Mohammed-

---

1. Mot à mot : « une chemise à deux queues ». C'étaient les vêtements du défunt Faran Abdallah ; sans doute, le costume qui était l'insigne de ses fonctions.
2. Le mot du texte signifie : serrer, mettre en réserve.
3. Ou : 'Alou-Ouaï.

CHAPITRE QUATORZIÈME

Kiraï, qui eut pour successeur le Balama Mohammed-Dondo-Miya, nommé grâce à l'appui de Mohammed-Benkan.

Askia-Mousa périt le mercredi, 24 du mois de cha'ban de l'année 937 (12 avril 1531). Il avait régné deux ans, huit mois et quatorze jours. Il avait été tué de la main du Châ'a-Farma 'Alou, dont il a déjà été fait mention. Le jour même de la mort de Askia-Mousa, à la date indiquée ci-dessus, le très fortuné, le noble Askia-Mohammed-Benkan-ben-'Omar-Komzâgho fut élevé au trône.

Voici comment les choses s'étaient passées. Quand les frères du prince Askia-Mousa avaient résolu de le tuer, l'aîné d'entre eux, le Châ'a-Farma 'Alou, s'était chargé de le frapper. « Je lui lancerai mon javelot pendant qu'il sera à cheval, avait-il dit ; si je le manque, jetez-vous tous sur moi et tuez-moi avec vos armes et vous serez ainsi à l'abri de sa fureur[1] ».

'Alou lança son javelot et atteignit à l'épaule gauche le prince au moment où il était en train de causer avec le Bara-Koï qu'il avait mandé auprès de lui dans le cortège. En se retournant, le Bara-Koï vit tout à coup le javelot planté dans l'épaule du prince et le sang couler de sa blessure ; quant au prince, il ne s'était même pas retourné et n'avait pas fait mine d'avoir été atteint de la moindre des choses, tant il avait de vigueur et de sang-froid.

Le Bara-Koï prit la fuite, tandis que Askia-Mousa se disposait à livrer combat aux assaillants. Mais sa main gauche étant devenue incapable de tenir la bride de son cheval, il rentra chez lui, retira le fer de la plaie, cautérisa la blessure et y appliqua un bandage. Puis il passa la nuit à se préparer pour le lendemain au combat et à la lutte contre ses frères ; il ne goûta pas un instant de sommeil tant il était irrité et en colère, jurant à maintes reprises que le lendemain le sang coulerait et à torrents.

1. Le prince ne pouvant dès lors les soupçonner de complicité.

Quand le jour vint, il ceignit ses armes et sortit. La bataille s'engagea entre les deux partis qui en vinrent aux mains. Les frères vainqueurs mirent le prince en déroute, le poursuivirent, l'atteignirent et le tuèrent. Au retour, le Châ'a-Farma 'Alou trouva le Kormina-Fâri occupant la place de l'Askia sous le¹ dais. C'était son frère 'Otsmân-Tinfiran qui avait dit au Kormina-Fâri de se mettre là afin d'être Askia ; mais celui-ci refusa (٨٧) d'accepter en disant : « Je ne suis pas de taille à lutter contre ces gens-là. » C'était ses cousins qu'il désignait ainsi.

'Otsmân insista vivement, jurant que si son frère ne prenait pas la place il la prendrait lui-même, bien que le cadet ne dût point avoir le pas sur l'aîné. Là-dessus le Kormina-Fâri accepta et prit place sur le trône de l'Askia. Quand le Châ'a-Farma, 'Alou, revint du combat et qu'il aperçut de loin le Kormina-Fâri, il s'écria : « Qui donc est sous le dais? Je ne suis pas homme à briser un arbre avec ma tête pour qu'un autre en mange les fruits². »

S'approchant alors de son frère, 'Otsmân-Tinfiran lui dit : « Sors du dais! » puis il le frappa sur la tête du bois de ses javelots. Le Kormina-Fâri sortit du dais et 'Alou se préparait à s'y installer quand 'Otsmân lui lança son javelot par derrière et l'atteignit. 'Alou prit alors la fuite pendant que Mohammed-Benkan reprenait sa place où il reçut serment d'obéissance de ses sujets et fut confirmé dans ses fonctions souveraines.

Dans sa fuite le Châ'a-Farma, 'Alou, arriva chez les gens du port³ et leur demanda de cautériser sa blessure; mais le Kouma-Koï le fit arrêter, lui trancha la tête avec une faucille et alla porter cette tête à l'Askia. A ce moment l'Askia

---

1. Mot à mot : « les bois » ; il s'agit sans doute d'une estrade ou d'une réunion de piliers de bois supportant une sorte de dais.
2. Nous dirions : tirer les marrons du feu.
3. Les matelots ou les employés du port; le texte ne précise pas.

remercia le Kouma-Koï de ce qu'il venait de faire, puis, avoir laissé passer un certain temps, il le fit mettre à mort ainsi qu'un grand nombre de ses gens.

Le nouveau prince s'installa dans le palais royal, d'où il fit partir au préalable son oncle paternel Askia-El-Hâdj-Mohammed qu'il envoya pour l'y interner dans l'île de Kankâka[1], localité voisine de la ville du côté de l'ouest. Il confia les fonctions de Kormina-Fâri à son frère, 'Otsmân, qui les conserva aussi longtemps que dura son règne; puis il envoya à Biro demander qu'on lui renvoyât Isma'il qui était son ami et son camarade d'enfance. Isma'il fut ramené au Songhaï où le prince, après lui avoir fait jurer sur le Coran de ne jamais le trahir, lui donna en mariage sa fille Fati.

Mohammed-Benkan obligea les filles de Askia-El-Hâdj à paraître dans les audiences où il siégeait; elles avaient le visage découvert et Yâna[2]-Mara lui criait : « Un seul poussin d'autruche vaut toujours mieux que cent poussins de poule. »

Le prince maintint la royauté de la façon la plus remarquable; il l'agrandit, l'embellit et para sa cour de courtisans en plus grand nombre qu'auparavant et vêtus de somptueux habits. Il multiplia les orchestres, le nombre des chanteurs et chanteuses et augmenta faveurs et cadeaux. Durant son règne la prospérité s'étendit sur son empire et une ère de richesse commença de s'établir.

Son prédécesseur, le prince des Croyants, Askia-El-Hâdj-Mohammed, n'avait pas ouvert son âme aux choses de ce

---

1. Le ms. C ajoute Kanka devant ce mot; mais, comme c'est à la fin d'une ligne, il est probable que le copiste avait commencé à écrire le mot et que, n'ayant pas assez de place pour le terminer, il l'a récrit de nouveau en entier à la ligne suivante.

2. Les mots Yâna-Mâra paraissent être un nom propre, mais cela n'est pas sûr et il se peut qu'ils forment un titre.

monde. Il redoutait le mauvais œil et ne cessait de détourner (ᴧᴧ) son frère, Faran-'Omar, des préoccupations mondaines en lui disant : « Ne t'expose pas aux dangers du mauvais œil qui te perdrait. »

Quant à Askia-Mousa, du jour où il monta sur le trône il n'eut pas une minute de repos à cause de l'hostilité des membres de sa famille, hostilité qui est le plus grand fléau de ce monde, car elle est éternelle : jamais elle ne faiblit, ni ne cesse. Jusqu'à sa dernière heure il eut d'incessantes préoccupations ; angoisses et soucis absorbaient son esprit, car il fallait toujours veiller et être sur ses gardes.

Le très fortuné souverain Mohammed-Benkan avait le goût des expéditions guerrières et des combats. Il en fit un si grand nombre qu'il lassa la patience des gens du Songhaï qui le prirent en aversion. Il entreprit en personne une expédition contre Kanta et le combat s'engagea entre eux à l'endroit appelé Ouantarmasa[1]. Kanta infligea une honteuse défaite à son adversaire qui s'enfuit avec toute son armée. Poursuivis par leurs vainqueurs, les fuyards furent acculés à un marigot et ne durent leur salut qu'à Dieu seul. Comme il était impossible de franchir le marigot à cheval, le prince mit pied à terre ; il se fit porter sur les épaules du Hi-Koï Bokar-'Ali-Doudo, puis, quand il eut franchi ce passage, les soldats de Kanta revinrent sur leurs pas. Quant à ses propres troupes, elles se dispersèrent de tous côtés.

Partout où le prince passa la nuit au cours de cette fuite, il reposait sa tête sur les jambes de Bokar-'Ali-Doudo que celui-ci étendait à cet effet. Alors il se mettait à causer avec son compagnon et finit par lui dire un soir : « Cette défaite que je viens de subir et toutes les peines qu'elle m'occassionne m'irritent moins que ce que vont dire les gens de Tombouctou quand ils en apprendront la nouvelle, surtout ce

---

1. Ou : « Ouantaramasa ».

que se diront les uns aux autres certains mécontents qui se réunissent derrière la mosquée de Sankoré. » Et alors il en nomma quelques-uns : Bouzoudaya, un tel, un tel, etc., car il connaissait bien l'état des esprits à Tombouctou, ayant habité Sankoré dans sa jeunesse pour y faire ses études. Puis il ajouta : « L'un d'eux dira : Jeunes gens, avez-vous entendu parler de ce qui est arrivé à Marankan[1]-Kiraï avec Kanta? — Qu'est-il arrivé? demandera l'auditoire. — Eh! bien, poursuivra le narrateur, il a été si bien défait qu'il a failli périr lui et toute son armée. — Ah! répondra l'assistance, il n'arrivera plus malheur maintenant à celui qui fera opposition à Askia-Mohammed; c'est (ᴧᴧ) contre lui-même qu'il a dirigé cette expédition. » Il me semble, continua-t-il en s'adressant au Hi-Koï Bokar-'Ali-Doudo que je les vois débiter ces discours. » Ensuite le prince arriva à Kâgho et depuis cette époque, aucun des askias ne fit d'expédition contre Kanta.

L'expédition suivante fut dirigée contre le Gourma. Arrivé près des habitations de ce pays, le prince envoya des éclaireurs pour épier les païens et le renseigner sur leur compte; mais ceux-ci, qui avaient appris sa venue, s'étaient mis en campagne et venaient pour le combattre. Les éclaireurs revinrent annoncer la marche de l'ennemi. Le prince les renvoya de nouveau et ils rentrèrent presque aussitôt en disant que les païens étaient tout près. Il fit mander alors à Dankolko, qui était chargé de surveiller la route à ce moment, d'arrêter l'ennemi; mais celui-ci qui, à l'arrivée du messager, était en train de jouer aux échecs soudanais et était tout absorbé par son jeu, ne prêta nulle attention à l'envoyé du prince avant que l'ennemi fût tout à fait rapproché.

A ce moment Askia-Mohammed enfourcha son cheval et se

---

1. Ou : « Marabkan ». C'était sans doute un surnom donné à Askia-Mohammed-Benkan.

mit à crier : « Qu'est-ce que cela signifie? les païens sont près de nous et cet homme ne dit rien avant d'avoir terminé sa partie. » Puis se tournant vers Dankolko, il lui dit : « Fi! donc, ô lâche ; tu n'es pas digne d'être un général. » L'action s'engagea ensuite et grâce à d'habiles manœuvres les païens furent défaits et mis en complète déroute.

S'adressant alors à Dankolko, le prince lui dit : « Maintenant que l'ennemi est arrivé jusqu'à toi, fais de lui ce que tu voudras. » La cavalerie poursuivit l'ennemi, ne cessant de lui tuer du monde jusqu'au lendemain. Le prince redoutait beaucoup Dankolko ; aussi, peu après son arrivée à Kâgho, ayant appris la mort de Kala-Châ'a, il dit à son général : « Dieu me fait voir qu'il n'y a que toi qui conviennes à cet emploi, je te fais Kala-Cha'a. — Mais malheureux! s'écria Dankolko, tu ne veux donc plus faire la guerre! — Certes, je la ferai, répondit le prince ; mais ce poste que je te confie est un des plus importants à mes yeux et je ne veux pas choisir un autre que toi pour l'occuper. — Alors, il faut que j'accepte. — Il le faut. — Eh! bien soit! à la grâce de Dieu, reprit Dankolko, mais je vous demande de me donner un tel pour successeur dans mes anciennes fonctions. » Askia-Mohammed accéda à cette demande, puis quand Dankolko eut pris congé de lui et se fut éloigné, il s'écria : « Va, je ne t'y laisserai pas longtemps dans tes fonctions et je ne te donnerai pas le successeur dont tu m'as parlé. »

Peu après cela, Isma'il se rendit une nuit dans l'île où se trouvait son père (Askia-El-Hâdj-Mohammed) pour le saluer. A peine était il assis devant son père que celui-ci, lui prenant le bras, lui dit : « O Ciel! comment un bras comme celui-ci laisse-t-il les moustiques me dévorer et les grenouilles sauter sur moi, alors que c'est cela qui me répugne le plus au monde. — Je n'y puis rien, répondit Isma'il (١٠). —

Va, répliqua le père, trouver un tel, un de ses eunuques, saisis-le par telle partie du corps et, lorsqu'il aura reconnu ce signe d'intelligence entre lui et moi, dis-lui qu'il te remette le dépôt que je lui ai confié. Prends cet or qu'il te donnera pour acheter des hommes en secret et va chez Souma-Kotobâki, un des amis de Askia-Mohammed-Benkan, lui demander ma grâce. »

Isma'ïl alla trouver Souma et lui demanda la grâce de son père : « Dieu maudisse la condition d'homme libre, s'écria Souma; si ce n'était à cause d'elle tu ne sortirais pas d'ici sain et sauf. Mais aussitôt que tu auras obtenu ce que tu désires, tue-moi sur l'heure, il le faut, il le faut. » Askia-El-Hâdj-Mohammed savait que Isma'ïl et tout son clan tenaient beaucoup à cette grâce et que, pour la réaliser, ils iraient au besoin, jusqu'à sacrifier leur vie; mais il n'en dit rien ni en bien, ni en mal[1].

Ce même clan avait autrefois méconnu l'autorité du souverain; il s'était emparé de la ville et le Hi-Koï, Bokar-'Ali-Doudo, avait dû prendre la fuite; mais aidé d'un petit nombre de gens qu'il avait avec lui, le Hi-Koï avait imaginé un stratagème qui lui avait permis de reprendre la ville et d'y rétablir son autorité, après un violent combat.

Bientôt les gens du Songhaï, fatigués de leur souverain, commencèrent à manifester entre eux leur opinion à son égard. Yâri-Sonko-Dibi, ayant eu connaissance de ces propos, en fit part au prince dont il était l'ami et le familier. L'Askia ne put s'empêcher de faire part de ces plaintes à ses courtisans en pleine audience. On eût dit qu'il ne croyait pas à leur réalité. A peine en eut-il parlé que tous s'écrièrent : « Nous ne sortirons pas d'ici avant que tu nous aies dit le nom de celui qui fait l'office de dénonciateur parmi nous; il

---

1. Tout le passage qui précède et le paragraphe qui suit sont fort obscurs.

faut que tu choisisses entre lui et nous¹. » Il ne put faire autrement que de dire : « C'est Yâri-Sonko-Dibi. » Alors toute l'assemblée saisit le coupable ; on lui teignit le corps en rouge, en noir et en blanc ; puis on le fit monter sur un ânon et on le promena par toute la ville en criant à haute voix devant lui : « Voilà la rétribution que mérite tout dénonciateur ! »

Le prince se prépara ensuite pour une expédition et se mit en route. Arrivé au village de Mansour, localité où il avait été proclamé souverain, il s'y arrêta et envoya le Dendi-Fâri, Mâr-Tomzo, faire une expédition avec son armée. Ceci se passait au mois de chaoual, l'un des mois de la quarante-troisième année (٤٣) du siècle (24 mars-22 avril 1537). En lui confiant la direction de ses troupes, le prince avait dit au personnage dont il vient d'être parlé : « Si tu réussis, tu seras un Dendi-Fâri ; sinon tu seras Mâr-Tomzo. » Il entendait dire « révoqué »².

Mâr-Tomzo dit alors : « Le Très-Haut arrangera tout cela par la vertu de ce mois consacré à la rupture du jeûne et dans le mois de repos³ qui suit nous respirerons tous, s'il plaît à Dieu ». Puis il partit pour l'expédition qui lui était confiée. Le prince le fit accompagner d'un grand nombre de ses courtisans pour le surveiller et l'empêcher de trahir. Mâr-Tomzo commença par écarter tous ces personnages⁴, par des manœuvres aimables et quand il fut maître de la direction des affaires, il fit arrêter tous les courtisans et les mit

---

1. Je lis خُتاره au lieu de مختاره que donnent les mss.

2. C'est-à-dire qu'il perdrait son titre de Dendi-Fâri et qu'il n'aurait plus que son nom de Mâr-Tomzo.

3. Le mois de la rupture du jeûne est le mois de chaoual. Celui qui le suit est dzou 'l-qa'ada dont le nom signifie : « consacré au repos ». Mais, pour Mâr-Tomzo, le repos auquel il veut faire allusion sera d'être débarrassé de la tyrannie de Mohammed-Benkan.

4. On ne dit pas si c'était pendant l'expédition ou au retour ; mais les personnages dont il veut parler étaient les hommes influents de la cour.

aux fers. Puis il renversa le prince du trône dans ce même village de Mansour où celui-ci avait été autrefois proclamé souverain. Cette déposition eut lieu exactement le jour anniversaire de l'avènement, le mercredi, 12 du mois de dzou'l-qaada (23 avril 1537), mois du repos pour les gens du Songhaï, dans l'année déjà indiquée (943). Quand le nouvel Askia connut cet événement il dit : « Il m'avait bien parlé de cela l'autre jour, mais je n'ai compris qu'aujourd'hui. »

CHAPITRE XV

ASKIA-ISMA'IL

Askia-Isma'ïl fut élevé au trône par le Dendi-Fâri, Mâr-Tomzo, le jour même de la déposition de son prédécesseur. Cet événement eut lieu dans une localité appelée Tàra. Mohammed-Benkan avait régné six ans et deux mois.

Cette même année, c'est-à-dire en l'année 943 (20 juin 1536-10 juin 1537), le cadi Abderrahmân, fils du jurisconsulte Abou-Bekr, fils du jurisconsulte, le cadi El-Hâdj, mourut dans la matinée du samedi, 21 du mois de rebi' II (7 octobre) ; il était âgé de quatre-vingt-deux ans. Il avait été précédé dans la tombe par le saint de Dieu, le jurisconsulte, El-Hâdj-Ahmed-ben-'Omar-ben-Mohammed-Aqît qui le devança d'un an moins un mois, car ce dernier (Dieu lui fasse miséricorde !) mourut (٩٢) en l'année 942 (2 juillet 1535-20 juin 1536), le jeudi soir, 10 du mois de rebi' II (9 octobre), au début de la maladie épidémique appelée *Kafi*.

Aussitôt élevé au trône, Isma'ïl expédia des agents pour

poursuivre Mohammed-Benkan, le prince déchu, et l'expulser du pays de Songhaï. Ces agents se divisèrent en deux groupes : l'un qui se dirigea vers le Haoussa ; l'autre, vers le pays de Gourma. Dans ce dernier groupe, se trouvait Yâri-Sonko-Dibi qui avait demandé lui-même au prince d'en faire partie.

Un autre personnage avait sollicité également la même faveur. Ce personnage avait demandé une promotion de titre à laquelle il avait droit ; mais le poste qui lui revenait avait été attribué à un autre. Arrivé au pouvoir, Isma'îl l'avait dédommagé de ce passe-droit en lui confiant une dignité plus haute encore que celle qui lui avait été refusée.

Avant d'expédier ces agents, Isma'îl avait envoyé à Kâgho un messager pour empêcher Mohammed-Benkan d'entrer dans cette ville. Dans sa fuite, Mohammed-Benkan se dirigea vers Tombouctou ; il y avait deux jours qu'il était en route, sans avoir pu manger du *koura*[1], dont il était extrêmement friand, lorsqu'il rencontra un messager qu'il avait envoyé à Dienné, alors qu'il était encore au pouvoir. Ce message revenait dans une embarcation abondamment pourvue de bonnes choses. Dès que la suite du prince déchu eut reconnu le messager, elle le hêla en lui disant : L'Askia est ici. Le messager se dirigea de ce côté et vint mouiller près d'eux, et il n'eut pas de peine à comprendre à ce moment tout ce qui s'était passé.

Comme le prince déchu demandait du koura, le messager lui répondit : « Tout ce qui est dans l'embarcation t'appartient, prends-en ce que tu voudras. — Ce n'est plus à moi aujourd'hui, répondit-il ; je ne suis pas devenu un voleur, un coupeur de route, et je ne te demande que de ce qui t'appartient. » Le messager lui donna alors du

---

1. De la noix de gourou, ou autrement dit de la kola, ainsi que le dit une note marginale du ms. C. Peut-être faut-t-il prononcer *goura*.

koura autant qu'il lui en fallait. Mohammed-Benkan mangea ce koura; mais à peine l'eut-il avalé, qu'il vomit tout ce qu'il avait dans l'estomac, ce à quoi il était sujet depuis longtemps [1].

Le messager offrit à l'Askia de l'emmener avec lui, mais celui-ci refusa en disant : « Poursuis ta route tranquillement et en paix; quand tu arriveras au terme de ton voyage, raconte au prince ce qui s'est passé entre nous deux et ne lui cache aucun détail, car s'il venait à apprendre tout cela de la bouche d'un autre il te tuerait injustement. Les gens du Songhaï ne sont point bienveillants [2]. » Aussitôt qu'il eut rejoint le prince, le messager lui raconta tout ce qui s'était passé.

Mohammed-Benkan arriva à Tombouctou à la fin de la nuit; il se dirigea vers la maison du père des bénédictions, le cadi, le jurisconsulte Mahmoud, pour le saluer. Il trouva (١٢) là le fils du cadi, 'Omar-El-Montabih, seul sur la terrasse, occupé à étudier le *Miayâr* de El-Ouancherisi, au clair de la lune qui brillait ce jour-là. Ce jeune homme, qui pouvait avoir alors environ vingt-sept ans, alla prévenir son père le jurisconsulte Mahmoud de cette visite. Mohammed-Benkan fut alors introduit; il salua le cadi et lui raconta toutes ses aventures avec les gens du Songhaï. Puis, il se remit en route immédiatement et se dirigea vers le Tendirma pour y rejoindre son frère, le Kormina-Fâri, 'Otsmân.

Dans la matinée du lendemain, les cavaliers de Askia Ismaïl, lancés à la poursuite du prince déchu, entrèrent à Tombouctou et continuèrent ensuite leur route sans désemparer. Au moment de l'*asr* ils atteignirent les fugitifs auprès

---

1. Était-ce le koura seul qui produisait cet effet ou le prince avait-il une ladie d'estomac? Le texte ne précise pas la chose.
2. Cette mauvaise opinion au sujet des gens du Songhaï est reproduite peu plus loin.

du lac[1] de Koro-Kendi, à peu de distance de Tendirma. Un engagement eut lieu en cet endroit, mais les cavaliers de Askia-Ismaïl revinrent sur leurs pas quand ils eurent acquis la certitude que Mohammed-Benkan avait rejoint son frère 'Otsmân, et qu'il avait avec lui son fils Bokar.

'Otsmân demanda à son frère de retourner à Kâgho pour engager la lutte, en lui disant : « Ce doigt qui a fait de toi un askia, te rendra askia de nouveau. — Cela est impossible, répondit Mohammed-Benkan ; durant mon règne, j'ai renforcé l'armée du Songhaï et lui ai donné des guerriers contre lesquels toutes tes forces réunies ne sauraient lutter. J'ajouterai, d'ailleurs, que les gens du Songhaï quand ils en veulent à quelqu'un ne lui pardonnent jamais. »

Les cavaliers de Askia-Ismaïl, qui s'étaient dirigés vers le Gourma, arrivèrent à la ville de ce nom, qui est située en face de Tendirma[2]. Alors Yâri-Sonko-Dibi cria à haute voix : « Salut à toi, Askia-Marankan[3] ! salut à toi, Askia-Marankan ! — Qui es-tu ? demanda quelqu'un de Tendirma. — Je suis Yâri-Sonko-Dibi répondit celui-ci ; je ne veux pas qu'il t'arrive malheur en ce jour-ci ; je veux seulement te montrer que mes paroles se sont vérifiées. » L'autre personnage[4] répéta le même appel au prince déchu et, quand on lui demanda : Qui es-tu, il répondit : « Je suis un tel : tu m'avais refusé une charogne, Dieu m'a donné à la place de la chair fraîche. » Cela fait, les cavaliers rentrèrent au Songhaï.

Mohammed-Benkan, accompagné de son frère 'Otsmân et de son fils Bokar, se mirent en route vers le Melli. Arrivés

1. Ou « fleuve », le même mot arabe ayant les deux sens.
2. Le nom de la ville et du district étant le même, il est parfois difficile de distinguer s'il s'agit de l'un ou de l'autre. Ici il s'agit de la ville.
3. C'était un surnom ou un sobriquet donné à Mohammed-Benkan.
4. C'était celui à qui Mohammed-Benkan avait refusé le poste auquel il avait droit, « la charogne » comme il l'appelle. Par « chair fraîche » il entend les fonctions plus élevées que lui avait conférées Askia-Ismaïl.

à la ville de Sanqari¹-Zoumaʿ, ils s'y arrêtèrent pour y fixer leur demeure. Bokar se maria dans cette ville et eut un enfant appelé Mârba.

Le gens du Melli se mirent à abreuver les nouveaux-venus d'humiliations et de vexations telles que ʿOtsmân ne pouvait les supporter. Son frère, dans ses discours (ﻖﻟ), l'exhortait à la patience. Mais un jour vint où ʿOtsmân, poussé à bout par ces vexations, entra dans une si violente colère que Askia-Mohammed-Benkan dût alors se fâcher à son tour et lui dire ces dures paroles : « Je vois que maintenant tu ne nous veux plus aucun bien. » Furieux, ʿOtsmân partit et alla habiter Biro, tandis que Askia-Mohammed emmenait ses enfants à Sàma, pays situé à l'extrémité du territoire des sultans de Kala, et s'y fixait avec sa famille.

On rapporte que, au moment où le chanteur proclama son avènement, Askia-Ismaʿil eut une émotion violente et qu'il perdit du sang par l'anus. Il dit alors à ses frères : « Cela m'arrive uniquement à cause du Coran sur lequel j'avais juré fidélité à l'Askia-Mohammed-Benkan ; le Livre saint exerce ainsi son châtiment contre moi. Je ne conserverai pas longtemps le pouvoir ; réfléchissez donc à votre situation et soyez hommes. Trois choses m'ont déterminé à déposer mon prédécesseur du pouvoir : 1° le désir de faire sortir notre père de cette île dont le séjour lui avait été imposé ; 2° l'intention de ramener nos frères à la cour ; 3° enfin ces paroles que disait Yàna-Mâra, chaque fois qu'elle voyait Mohammed-Benkan : « Un seul poussin d'une autruche vaut mieux que cent poussins d'une poule. »

Le jour où Ismaʿil fut élevé au rang d'Askia, le Fara-Mondzo, Souma-Kotobàki, descendant de son cheval, s'écria : « Prince, hâte-toi de me tuer ainsi que je te l'ai dit. — Non, répondit Ismaʿil, je veux que tu continues à occuper

---

1. Ou « Sonqara ».

tes fonctions et tu seras honoré et respecté par moi. — Non, je vous en supplie, répliqua le Fara-Mondzo. » Puis, voyant que, malgré toutes ses bonnes paroles et ses cajoleries, Souma ne voulait rien entendre, le prince le fit mettre en prison.

Chaque fois que le prince descendait de cheval en venant au conseil [1], c'était son frère Daoud qui montait l'animal ; aussi pour récompenser son frère de ce zèle le nomma-t-il Fara-Mondzo, lorsqu'il eut renoncé à l'espoir de faire accepter de nouveau ces fonctions à Souma-Kotobâki. Il éleva à la dignité de Kormina-Fâri, Hemâdou[2], le fils de Aryao, la fille de l'Askia-El-Hâdj-Mohammed : le père de Hemâdou était le Balama'-Mohammed-Kiraï.

Au commencement de l'année 944 (10 juin 1537-30 mai 1538) il fit sortir son père de Kankâka, où il était interné, et le fit retourner à Kâgho. En cette même année il se rendit à Douri [3]. Le samedi soir, veille de la rupture du jeûne (2 mars 1538) de cette année, Askia-El-Hâdj-Mohammed mourut (Dieu lui fasse miséricorde, lui pardonne et le favorise de sa grâce !).

Ismaïl fit ensuite une expédition contre Bakaboula dans le pays de Gourma. Quand Bakaboula vit que le prince approchait il se mit en marche avec sa famille (۱۰) et ses gens et se déroba à son adversaire. Un corps de cavalerie fut confié au Kormina-Fâri, le fils de Aryao, qui poursuivit le rebelle et le rejoignit. Un engagement eut lieu, mais le païen sut se défendre. En apprenant cette nouvelle, Ismaïl fit dire au Kormina-Fâri de l'attendre, qu'il allait venir en personne. « Sousou [4] ! mes amis, s'écria le Kormina-Fâri

---

1. « En venant », dit simplement le texte.
2. Plus loin la forme donnée à ce nom est Hammâd : حمّاد, au lieu de همّاد qui se trouve ici.
3. Ou : « Dirao ».
4. Courage !

(le mot *sousou* dans leur langue sert à exciter); — et alors vous savez bien, et n'avez pas le moindre doute à cet égard, que lorsque le prince arrivera il n'aura que des éloges à nous faire; — marchons de l'avant! » Bakaboula, qui leur avait tué neuf cents cavaliers, fut tué à son tour ainsi que tous les infidèles qu'il avait avec lui; son camp fut pillé et le butin fut tel qu'un esclave à Kâgho se vendit alors 300 cauries.

Isma'il mourut le 4[1] du mois de redjeb de l'année 946 (15 novembre 1539), après avoir envoyé les gens du Songhaï en expédition.

CHAPITRE XVI

ASKIA-ISHAQ

Lorsque les gens du Songhaï apprirent la nouvelle de la mort d'Isma'il, ils se hâtèrent de rentrer à Kâgho avant que le Balama' y fût arrivé. Ils convinrent de mettre sur le trône Ishâq, le frère du défunt, et le proclamèrent souverain le 16 du mois de cha'aban de l'année ci-dessus indiquée (27 décembre 1539). Isma'il avait régné deux ans et neuf mois, et le jour de son avènement il était âgé de vingt-sept ans.

Ishâq fut le plus illustre des princes qui occupèrent le trône (du Songhaï); il fut également celui qui parmi eux inspira le plus de terreur et de respect. Il fit périr un nombre considérable de personnes appartenant à l'armée. Il agissait

---

1. Le texte porte « : au mois de redjeb le mercredi ». On peut supposer que le mot arabe mercredi aura été confondu avec le mot quatre auquel il ressemble beaucoup : c'est l'hypothèse que j'ai adoptée. Toutefois il serait également permis de croire ou qu'il s'agit du premier jour du mois qui tombait un mercredi ou encore que la date a été omise.

de la façon suivante : dès qu'il soupçonnait quelqu'un de la moindre velléité de résistance à son autorité, il le faisait délibérément mettre à mort, à moins que celui-ci réussît à s'enfuir du pays. Telle était sa manière de faire accoutumée.

Aussitôt monté sur le trône, il expédia un Zaghrâni à Biro pour tuer le Kormina-Fâri 'Otsmân et promit pour ce meurtre trente vaches dont aucune n'aurait encore vêlé. Le Zaghrâni tua le Kormina-Fâri (۹۹) et revint ensuite toucher le prix de son crime qui lui fut payé intégralement ; puis, comme il retournait dans son pays, le prince donna l'ordre de le tuer, ce qui fut fait.

Ishâq fit ensuite mettre à mort le Kormina-Fâri, Hemàdou, fils de Aryao, et lui donna pour successeur 'Ali-Kochya[1]. Puis il s'informa de Souma-Kotobâki pour savoir s'il était encore vivant ou non. Comme on lui répondit qu'il était encore vivant, il donna l'ordre de le mettre en liberté et de le lui amener. Quand Souma fut en sa présence, il lui dit : « Un homme comme toi, qui connaît le bien et qui se montre reconnaissant, mérite qu'on l'approche de soi et qu'on en fasse son bras droit et son compagnon. Je désire donc que tu reprennes tes fonctions et que tu sois honoré et respecté. — Le sultan orthodoxe et béni[2], répondit-il, m'a déjà fait cette même demande, et n'a rien obtenu ; à plus forte raison n'obtiendras-tu pas cela, toi qui n'es rien. » Le prince le fit mettre à mort.

Plus tard, il éprouva au fond du cœur une crainte très vive du Hi-Koï, Bokar-'Ali-Doudo. Il annonça alors au Honbori-Koï qu'il donnerait l'ordre au Hi-Koï de prendre rang[3] après lui et qu'en route il devrait l'arrêter et le mettre aux

---

1. Ou « Kosira ».
2. C'est-à-dire l'Askia-Isma'îl.
3. C'était sans doute une dérogation à l'étiquette qui assignait dans le cortège royal une place différente au Hi-Koï et au Honbori-Koï.

fers. Au moment de se mettre en route, Ishâq dit dans son audience : « Hi-Koï, tu prendras rang avec le Honbori-Koï. » Hi-Koï se tut et ne dit rien. Le prince répéta une seconde fois : « Hi-Koï, tu prendras rang avec le Honbori-Koï. » Hi-Koï se tut encore. Alors le prince dit : « O Bokar-'Ali, c'est toi qui prendras rang avec le Honbori-Koï. » Aussitôt Bokar se leva et s'écria : « J'obéirai à vos ordres, maintenant que je sais que c'est Bokar-'Ali qui doit être auprès du Honbori-Koï ; quant au Hi-Koï, il ne prendra pas rang avec le Honbori-Koï. » Toute l'assistance admira sa présence d'esprit et l'habileté de cette riposte. Le prince nomma Mousa aux fonctions de Hi-Koï, à la place de Bokar-'Ali.

Ishâq fit la prière de la fête des sacrifices à Kabara à la fin de la quarante-huitième année (27 mars 1542). L'année suivante (17 avril 1542-6 avril 1543), il fit une expédition contre Ta'ba, la ville la plus reculée de l'empire des sultans du Bindoko. Au retour de cette expédition, il passa par Dienné et y fit la prière du vendredi. Quand il voulut entrer dans la mosquée il vit près de ce monument, du côté de l'est[1], un énorme tas d'immondices. « Qu'on jette tout cela dehors ! » s'écria-t-il. Et la prière du vendredi ne fut pas faite avant que ses serviteurs n'eussent enlevé toutes ces immondices; il sembla ensuite qu'il n'y en avait jamais eu la moindre trace, tant on redoutait sa sévérité quand il avait donné des ordres.

Quand l'office du vendredi fut terminé, le prince adressa quelques questions au cadi El-'Abbâs-Kibi, mais Mahmoud-Baghyo'o, qui était assis en face du cadi et qui était son assesseur, s'empressait de faire les réponses avant le cadi. Ishâq était arrivé depuis peu à Kâgho lorsqu'une députation de la population de Dienné vint lui annoncer la mort de El-'Abbas, en lui demandant de vouloir bien lui désigner un

1. Le mot « qibla » s'emploie souvent pour désigner le sud.

successeur. « N'y a-t-il donc pas (٩ v) un cadi là-bas ? répondit-il. — Nous n'en connaissons pas, répliquèrent les gens de Dienné. — Lui se connaît bien, répartit le prince ; c'est ce magister, ce noir gros et court qui m'a répondu quand je causais avec le défunt. Il sait bien, lui, qu'il est un cadi, et c'est pourquoi il mettait tant de hâte à me répondre. Qui donc parmi les jurisconsultes aurait pu agir ainsi sinon un cadi. Allez! avant ce jour, il était déjà votre cadi. »

Après le retour de l'expédition contre Taʿba, le Faran ʿAli-Kochiya, dont les menées tortueuses étaient parvenues à leur comble, en vint au point de vouloir profiter d'un moment de surprise pour faire assassiner le prince. Mais Ishâq, qui se tenait sur ses gardes, prit en conséquence toutes ses précautions. Arrivé au port de Kabara, il se rendit à Tombouctou pour saluer le cadi, le jurisconsulte Mahmoud ; puis cette visite faite, il revint au port et se hâta de monter dans son embarcation. Voyant cela, le Faran marcha précipitamment pour s'approcher du prince, mais celui-ci enjoignit aux rameurs de s'éloigner jusqu'au milieu du Fleuve. Le Faran fut tellement suffoqué de cette manœuvre que, sans s'en douter, il entra dans le Fleuve et eut de l'eau à mi-jambe. Désespérant alors d'arriver à ses fins, il s'écria : « Ah! c'est ainsi!» Puis il s'en retourna en proie à une vive colère.

Dès qu'il eut atteint la ville de Kâgho, Askia-Ishâq envoya aux gens de Tendirma l'ordre de chasser ʿAli-Kochiya de leur pays. Le Faran partit seul et s'enfuit au pays du Ouadaï[1] où il fut fait captif par un homme qui le vendit. Mis aux fers, il fut ensuite employé à arroser un jardin. Un jour, un certain Arabe, qui au temps de l'arrogance et de la tyrannie du Faran, venait lui vendre des chevaux, l'ayant fixé attentivement, s'écria : « Mais on dirait que tu es le Faran ʿAli-Kochiya. » En entendant cela, le Faran se précipita dans le

---

1. C'est la leçon du ms. C. Les autres mss. ont الوادى « la Vallée ».

CHAPITRE SEIZIÈME

puits (d'où il tirait de l'eau pour l'arrosage) et y trouva la mort.

A l'époque où il exerçait son insolente autorité, 'Ali-Kochiya ne craignait pas d'en abuser et de vendre des hommes de condition libre. Des plaintes à ce sujet furent adressées au cadi Mahmoud qui vint un jour le trouver (٩٨) et lui dit : « Pourquoi vends-tu des hommes libres? ne crains-tu pas qu'à ton tour pareil sort ne t'arrive? » Ces paroles du père des bénédictions faillirent exaspérer de colère le Faran, mais il se contenta de marquer sa surprise et de contester la chose en disant : « Comment se pourrait-il que je fusse vendu. » Dieu cependant confirma à son égard l'hypothèse émise par le cadi.

Ishâq confia les fonctions de Kormina-Fâri à son frère Daoud qui les conserva huit ans. En l'année 951 (25 mars 1544-15 mars 1545), il se rendit à Kokor-Kâbi[1], localité située dans le pays de Dendi. L'année suivante, en 952 (15 mars 1545-4 mars 1546), il envoya son frère Daoud, le Kormina-Fâri, faire une expédition contre Melli. Le sultan de Melli, ayant réussi à s'échapper, Daoud occupa la ville avec son armée et y demeura sept jours. Il avait fait annoncer dans son camp que tout soldat qui voudrait faire ses ordures devait se rendre[2] dans le palais du roi de Melli ; aussi le septième jour, ce palais, malgré son immense étendue, fut-il rempli de matières fécales. Daoud se mit ensuite en route pour retourner au Songhaï. Quand les habitants de Melli entrèrent dans leur ville ils éprouvèrent une vive surprise en voyant dans quel état était la demeure du sultan, et en même temps ils furent étonnés du grand nom-

---

1. Ou « Kokoro-Kâbi ».
2. Daoud se proposait à la fois de témoigner son mépris pour le sultan du Melli et de faire connaître par ce singulier procédé le nombre considérable de ses soldats.

(*Histoire du Soudan.*)

bre des habitants du Songhaï, de leur abjection et de leur stupidité.

En l'année 955, le jeudi soir 16 du mois de ramadan (19 octobre 1548), mourut, ainsi qu'il a été dit précédemment, le cheikh-el-islàm, le père des bénédictions, le jurisconsulte, le cadi Mahmoud-ben-'Omar (Dieu lui fasse miséricorde et, grâce à lui, nous soit favorable dans ce monde et dans l'autre!). Les fonctions de cadi furent alors confiées à son fils le jurisconsulte, le cadi Mohammed, qui avait alors quarante-cinq ans. Il conserva ses fonctions de cadi dix-sept ans et trois mois. Il mourut au lever du soleil, le dimanche 13 du mois de safar de l'année 973 (8 septembre 1565); il était alors âgé de soixante-trois ans. (Le Très-Haut lui fasse miséricorde!)

Au début de l'année 956 (30 janvier 1549-20 janvier 1550), Ishàq se rendit à Koukia où il contracta la maladie qui amena sa mort. Comme l'état du malade était devenu fort grave, des amis mandèrent en secret au Kormina-Fâri, Daoud, de venir immédiatement. Daoud redoutait l'influence du Arbinda-Farma, Bokar, le fils de Kibro[1], fille de Askia-El-Hâdj-Mohammed. Ce Bokar en effet jouissait d'une telle renommée et d'une si brillante réputation que les gens du Songhaï n'auraient jamais choisi un autre que lui pour l'élever au pouvoir souverain.

Daoud confia ses soucis à un savant en lui demandant ce qu'il y avait à faire. Le savant pratiqua alors l'opération suivante (٩٩) : il donna l'ordre qu'on lui apportât un baquet rempli d'eau. Quand on lui eut donné ce baquet, il prononça des formules magiques et cria à haute voix : « Bokar! » Celui-ci ayant répondu à cet appel, le savant lui dit : « Viens vers moi. » Aussitôt, par la toute-puissance divine, sortit de l'eau un être dont l'aspect et signalement répondaient à

---

1. Ou « Kibiro ».

ceux de Bokar. Le savant mit des fers aux pieds de cet être le perça d'une lance et s'écria : « Va-t'en! », l'individu disparut alors dans l'eau.

Après cela, Daoud se mit en route vers Kâgho, à peine y était-il arrivé que l'Arbinda-Farma, dont il vient d'être parlé, mourut. Daoud se rendit alors à Koukiya où il arriva avant la mort de Askia-Ishâq. Le Hi-Koï Mousa eut une vive altercation avec Daoud et lui dit : « Qui t'a intimé l'ordre d'agir ainsi ? qui t'a donné ce conseil? Retourne chez toi à l'instant! » Daoud retourna chez lui; mais, peu après, Ishâq étant mort, le Hi-Koï lui fit dire de revenir et il revint.

Lorsque Ishâq s'était senti perdu, il avait choisi quarante cavaliers des plus braves et leur avait enjoint de conduire à Kâgho son fils Abdelmalek afin de le placer sous la sauvegarde du prédicateur de cette ville. Le prince en usait ainsi parce qu'il savait très bien tout le mal qu'il avait fait aux gens du Songhaï et toutes les vexations et les humiliations que, dans son arrogance et sa tyrannie, son fils Abdelmalek, lui aussi, leur avait fait endurer. Les cavaliers accomplirent les désirs du souverain ; parmi eux figurait : 'Otsmân-Dorfan, fils de Bokar-Kirin-Kirin, fils du prince Askia-El-Hâdj-Mohammed.

Durant les jours où son autorité était puissante, Ishâq reçut de Maulay Ahmed le Grand, empereur du Maroc, une invitation à lui livrer les mines de Teghazza. Dans la réponse qu'il adressa se trouvaient les mots suivants : « Le Ahmed qui a écouté (ces conseils)[1] ne saurait être l'empereur actuel du Maroc et quant à l'Ishâq qui l'écoutera ce n'est pas moi; cet Ishâq-là est encore à naître. » Puis il envoya deux mille Touareg montés en leur enjoignant de saccager toute l'ex-

---

1. Cette phrase est loin d'être claire dans le texte. Cependant je crois en avoir donné le sens.

trémité de la région du Draʻa du côté de Merrâkech[1], de ne tuer personne et de revenir ensuite sur leurs pas. Les Touareg se précipitèrent sur le marché des Beni-Asbih[2] aussitôt qu'il fut installé et organisé ; ils pillèrent toutes les richesses qu'ils trouvèrent en cet endroit, et revinrent ensuite comme on le leur avait prescrit, sans avoir tué personne. Tout cela n'avait été fait par Ishâq que pour montrer (١٠٠) sa puissance au sultan Ahmed.

Après la mort de Ishâq, on fit l'estimation des richesses qu'il avait prises injustement et par la violence aux négociants de Tombouctou. On trouva la somme de 70.000 pièces d'or. L'agent chargé de ces exactions était Mahmoud-Yaza, frère de El-Amin-Yaza, qui tous deux étaient d'anciens chanteurs. Ce Mahmoud faisait constamment la navette entre Tombouctou et Kâgho. Chacun, selon ses moyens, était obligé de lui donner ce qu'il exigeait et personne, du vivant du prince, n'osa se plaindre, tant on redoutait sa cruauté.

Ishâq mourut, à ce que l'on croit[3], un samedi. C'était le 24 du mois de safar de l'année 956 (23 mars 1549). Entre le jour de sa mort et celui de la mort du père des bénédictions, le jurisconsulte Mahmoud, il s'était écoulé cinq mois et dix jours. Son règne avait duré neuf ans et six mois.

1. C'est-à-dire en se rapprochant le plus possible de la ville de Maroc.
2. Ou « Asih ». Il s'agit probablement du qçar des Beni-Sebih' où se tient un marché permanent (cf. de Foucauld, *Reconnaissance au Maroc*, p. 295). Rohlfs écrit Aṣaǵ.
3. Le jour de la semaine est seul douteux.

CHAPITRE XVII

ASKIA-DAOUD

Ishâq eut pour successeur son frère, Askia-Daoud, fils du prince Askia-El-Hâdj-Mohammed. Daoud fut proclamé souverain le dimanche[1], 25 du mois de safar de l'année qui vient d'être indiquée (24 mars 1549), dans la ville de Koukiya.

Il rentra à Kâgho le premier jour du mois de rebi‘ Ier (30 mars) et confia les fonctions de Kormina-Fâri à Kochiya, qui était Zaghrâni d'origine ; il nomma Fâri-Mondzo son fils, Mohammed-Benkan, et, Koraï-Farma, son frère, El-Hâdj. Ensuite il reçut la visite du Dendi-Fâri, Mohammed-Benkan-Sinbalo, qui vint de Dendi.

En arrivant à Kâgho, Daoud déclara que tous les fonctionnaires méritaient un châtiment à l'exception du seul Hi-Koï, Mousa, qui s'était montré un serviteur dévoué, de bon conseil et qui avait scrupuleusement fait tout son devoir. En disant cela, il faisait allusion à l'ordre (١٠١) que lui avait donné le Hi-Koï de s'en retourner lorsqu'il était venu à Koukiya sans y avoir été appelé.

Ce Hi-Koï, Mousa, était un homme doué au plus haut degré d'audace, de bravoure et d'énergie. Aussi Askia-Daoud chercha-t-il le moyen de s'en débarrasser par surprise. Il enjoignit donc au fils de sa sœur, c'est-à-dire à Mohammed fils de Della, de surveiller de près Mousa et de le tuer dès

---

1. C'est la date fournie par le ms. C. Les autres mss. disent le vendredi, 23 ; mais l'erreur est évidente, puisque c'est seulement le 24 que mourut Askia-Ishâq. Ralfs a également adopté la date du 23.

qu'il en trouverait l'occasion. Un certain jour, Mohammed lança son javelot contre Mousa et le tua. 'Ali-Doudo[1] fut nommé Hi-Koï à la place du défunt.

Le prince fit ensuite remettre en liberté Bokar-'Ali-Doudo-ben-'Ali-Folen et le garda auprès de lui à Kâgho. Quand le Dendi-Fâri, Mohammed-Benkan-Sinbalo, mourut, il conféra le titre de Dendi-Fâri au Hoko-Koraï[2]-Koï, Kamkoli ; mais il lui fit enlever les insignes de son costume et ne lui laissa porter que la coiffure officielle dans les réceptions[3].

Bokar-'Ali-Doudo, le soir même, se rendit au milieu de la nuit à la porte de la maison du Fâri-Mondzo, Mohammed-Benkan, fils de Askia-Daoud, et heurta la porte avec violence. A ce bruit, tout troublé et effrayé, Mohammed sortit, en tenant ses javelots à la main, et s'écria : « Qu'y a-t-il ? — Il y a, répondit Bokar, que le prince, à la réception de demain, me fera certainement mettre à mort ; voilà pourquoi je viens te trouver. — Et pour quel motif te tuerait-il ? demanda Mohammed. — Parce que, répliqua Bokar, il veut donner demain les fonctions de Dendi-Fâri à Kamkoli ; je le sais, j'en suis sûr, il me faudra mourir demain. — Attends-moi ici jusqu'à ce que je revienne, » repartit Mohammed.

Aussitôt Mohammed se rendit au palais ; il se présenta à la porte principale et frappa. Les portiers allèrent de suite prévenir le prince qui donna l'ordre de faire entrer Mohammed et celui-ci raconta les choses comme elles venaient de se passer. « Retourne chez toi, lui dit prince ; annonce à Bokar

---

1. Ou : « Dâdo ».
2. Ou : « Hoko-Kori ».
3. Il résulte de ce passage que le Dendi-Fâri, ainsi sans doute que les autres fonctionnaires, avait un costume officiel qui se composait d'un uniforme spécial et d'un bonnet d'une certaine forme. En ne laissant au nouveau titulaire que sa coiffure officielle, Askia-Daoud avait voulu marquer que la nomination n'était que provisoire.

que les fonctions de Dendi-Fâri lui sont destinées et qu'il en prendra possession dès demain, s'il plaît à Dieu. »

Le lendemain matin, quand tout le monde fut réuni pour l'audience royale, le prince s'adressa au Ouanado[1], dont la mission était de répéter les paroles qu'il adressait à l'assistance, et lui dit : « Annonce à l'assemblée que j'ai consulté Dieu le Très-Haut, afin de savoir à qui je devais confier (١٠٢) la direction des affaires du peuple de Dendi et que Dieu ne m'a pas indiqué pour remplir cette charge d'autre personne que le Hi-Koï, Bokar-'Ali-Doudo ; c'est donc lui qui est maintenant Dendi-Fâri. »

En entendant ces paroles, le Hoko-Koraï-Koï, Kamkoli, se leva ; il ramassa un peu de terre[2], la répandit devant Askia-Daoud et s'écria : « Est-ce qu'un prince a besoin de dissimuler ? Par Dieu ! ce n'est pas le Très-Haut qui t'a suggéré ce choix, c'est de toi-même que tu l'as fait. » Puis il alla reprendre le rang qu'il occupait primitivement dans l'assemblée.

Quand Bokar mourut, le prince nomma Kamkoli aux fonctions de Dendi-Fâri ; après la mort de Kamkoli, il en investit Bâna qui mourut seulement sous le règne de Askia-El-Hâdj. A cette époque personne ne fut nommé à ces fonctions qui demeurèrent sans titulaire jusqu'à l'arrivée à Kâgho du Kormina-Fâri, El-Hâdi, qui s'était révolté contre Askia-El-Hâdj. Ce fut alors que le Hi-Koï, Bokar-Chîli-Idji, dit au prince : « Investissez-moi des fonctions de Dendi-Fâri et je vous promets de mettre la main sur El-Hâdi et de vous le livrer. » Bokar, nommé Dendi-Fâri, réussit à arrêter El-Hâdi.

---

1. Ce mot, est peut-être un nom propre ; mais il semble plutôt que c'est le titre d'une fonction. Le prince ne communiquait donc pas directement avec ses sujets dans les affaires publiques.

2. On a vu déjà que c'était une façon de montrer qu'on se soumettait aux décisions du prince. Kamkoli accepta donc la déchéance dont il était l'objet et eprit la place que lui assurait son titre de Hoko-Koraï-Koï.

Expéditions de Askia-Daoud. — Au mois de chaoual de l'année au cours de laquelle il fut élevé au trône (23 octobre-21 novembre 1549), Daoud entreprit une expédition contre le Mossi. A la fin de l'année 957 (fin de l'année 1550), il fit une campagne contre Tagha[1], nom d'une localité sise dans le pays de Bâghena[2] et qu'on appelle encore Tirmisi et Koma[3]. Là il fit la guerre contre le Fondoko, Djâdji-Tomân[4], et ramena de cette expédition des chanteurs et un grand nombre de chanteuses dites *Mábi*; il les installa à Kâgho dans un quartier spécial, agissant envers eux comme l'avait fait Askia-El-Hâdj-Mohammed à l'égard des gens de Mossi.

Au mois de djomada Ier de l'année 958 (7 mai-6 juin 1551), le prince revint à Tendirma et (١٠٢) ce fut durant cette année-là qu'eut lieu, dans le district de Korzo, une maladie épidémique[5] qui fit un très grand nombre de victimes.

En l'année 959 (29 décembre 1551-18 décembre 1552), un conflit éclata entre Askia-Daoud et Kanta, sultan de Lîka; un traité de paix y mit fin en 960 (18 décembre 1552-7 décembre 1553). L'année suivante, en 961 (7 décembre 1553-26 novembre 1554), Askia-Daoud se rendit à Koukiya d'où il expédia contre le Kachena le Hi-Koï, 'Ali-Doudo, à la tête d'un détachement composé de 24[6] cavaliers du Songhaï. Ce détachement rencontra, dans un endroit appelé Karfata, un corps de 400 cavaliers appartenant à la population de Libti du pays de Kachena. Les deux troupes en vin-

---

1. Ou : « Ta'a ».
2. Le ms. C orthographie Bâghen; mais la forme de ce mot est la même que celle du nom de la province de Bâghena.
3. Ou : « Tirmisi-Ouakoma ». Rien n'indique si *oua* est la conjonction arabe *et* ou si cette syllabe fait partie du nom.
4. Ou « Tomâni ». Quant au mot Fondoko, ce pourrait être un nom de personne au lieu d'être un titre comme je le suppose.
5. Le mot employé signifie d'ordinaire « la peste »; mais il peut également s'appliquer à d'autres maladies épidémiques.
6. Le ms. C donne par erreur le chiffre 420.

rent aux mains et la lutte fut très longue et très meurtrière.

Les gens de Kachena tuèrent quinze de leurs adversaires au nombre desquels le Hi-Koï, ci-dessus nommé et son frère Mohammed-Benkan-Kouma, fils du Faran, ʿOmar-Komzâgho ; ils firent prisonniers les neuf autres qui tous furent blessés et parmi lesquels figuraient : ʿAlouâz-Lîl, fils du Faran Oʿmar-Komzâgho et père de Qâsem, Bokar-Chîli-Idji, Mohammed-Della-Idji, etc. Les vainqueurs prirent soin des blessés et les comblèrent des plus grandes attentions ; puis ils leur donnèrent la liberté et les renvoyèrent à Askia-Daoud en lui disant : « De pareils hommes, doués d'une si grande vaillance et d'un tel courage, ne méritent point de mourir. » La vigueur et l'audace de ces guerriers avaient si bien émerveillé les gens du Kachena qu'ils les citèrent toujours comme des modèles à suivre. Le défunt ʿAli-Doudo fut remplacé dans ses fonctions de Hi-Koï, par Bokar-Chîli-Idji.

Pendant l'année 962 (26 novembre 1554-16 novembre 1555), le prince monta de Borno à Ouarach-Bokar et expédia le Chaʿa-Farma, Mohammed-Kenâti, qui était ouankoré d'origine, et le Hoko-Koraï-Koï, Kamkoli, avec des troupes pour se rendre dans les montagnes[1]. Durant l'année 963 (16 novembre 1555-4 novembre 1556), Askia-Daoud dirigea une expédition contre Bousa qu'il ruina complètement ; un grand nombre de personnes périrent dans les eaux en cet endroit. Ce fut cette même année que mourut le cheikh El-Amîn, fils de Ed-Dao, sultan de Oudjela.

En l'année 966 (14 octobre 1558-3 octobre 1559), le prince entreprit une expédition contre Souma, ville du pays de Melli. Comme le Souma-Anzo venait de mourir au moment où il arrivait dans cette ville, Askia-Daoud lui donna son fils[2] pour (١٠٤) successeur. Puis il poursuivit sa route

---

1. Ou : « à El-Djebâl », si le mot est un nom propre.
2. La rédaction est si obscure qu'on ne sait d'une façon positive s'il s'agit du

jusqu'à Dibikaralâ où, avec Kanta-Faran[1], il livra bataille au général du sultan de Melli, et le vainquit.

Au cours de ce voyage, le prince épousa Nâra, la fille du sultan de Melli. Il fit conduire la princesse au Songhaï dans un somptueux équipage. Elle était couverte de bijoux, entourée de nombreux esclaves, hommes et femmes, et abondamment pourvue de meubles et de bagages. Tous les ustensiles de son ménage étaient en or : plats, cruches, mortier, pilon, etc. Elle resta au Songhaï jusqu'à la fin de ses jours et mourut dans ce pays.

Askia-Daoud reprit ensuite le chemin du Songhaï. A ce moment Askia-Mohammed-Benkan, qui était devenu aveugle, mourut dans la ville de Sâma. Quand Askia-Daoud arriva en face de Sâma, de l'autre côté du Fleuve, les deux fils de sa[2] fille, Mahmoud et le Kalko-Farma, Sa'ïd, lui firent demander la permission de venir le saluer. Cette autorisation leur ayant été accordée, les deux jeunes gens traversèrent le Fleuve et se rendirent auprès de Askia-Daoud. Celui-ci fut très heureux de les recevoir et passa la nuit à causer avec eux. Vers la fin de la nuit, comme la conversation languissait, l'un d'eux secoua le prince et lui dit : « Vous dormez déjà ? » Tout surpris, Daoud se mit à rire et s'écria : « Mes yeux n'avaient pas goûté un instant de sommeil depuis le jour où votre père et votre mère s'étaient concertés pour me trahir. »

Puis il s'informa du Korkâ-Mondzo, Sorko, fils du Kala-Cha'a et demanda s'il était encore vivant : « Oui, il est encore vivant, répondirent les jeunes gens. — Occupe-

fils du défunt ou du fils du prince. Toutefois il semble bien qu'il s'agit du fils du défunt.

1. Peut-être n'est-ce pas un nom de personne. mais un titre, ce que semble indiquer le mot Faran. Ici encore il y a dans le texte une certaine obscurité ; on ne voit pas avec précision si Kanta-Faran était avec Askia-Daoud ou avec le général de Melli.

2. Les mots « les deux fils de sa fille » ne se trouvent que dans le ms. C.

t-il toujours la même situation infime[1]? répliqua Daoud. — Oui, « repartirent les jeunes gens. Ce propos lui ayant été rapporté, Sorko, qui avait la langue mordante, s'écria : « Et que vaut-il mieux ? Être destitué d'un haut emploi ou conserver une position modeste comme la mienne. »

Korkâ est le nom d'un village du Tendirma. C'était le Kormina-Fâri, ʿOtsmân-Youbabo, qui avait nommé Sorko au poste qu'il occupait. Sorko vécut de longues années et il exerçait encore ces fonctions lors de la chute de la dynastie du Songhaï. Il mourut seulement après que le pacha Mahmoud-ben-Zergoun eut mis en liberté Bokar-Kanbou-ben-Yaʿqoub et l'eut nommé Kormina-Fâri. Ce fut douze jours après cette dernière nomination que Sorko, le Korkâ-Mondzo, passa de vie à trépas.

Le lendemain du jour où Askia-Daoud s'était arrêté en face de la ville de Sâma, il avait donné l'ordre à tous ses musiciens d'aller saluer Askia-Mohammed (١٠٠)-Benkan et de lui donner une aubade. Mais en entendant les cris de ces gens, Askia-Mohammed eut une rupture d'anévrisme qui occasionna sa mort subite. Sa famille continua à demeurer à Sâma.

Quand il arriva à Dienné, au retour de cette expédition, Askia-Daoud fit camper ses troupes à Zoboro, puis il entra dans la ville de Dienné pour y faire la prière du vendredi. A cette époque, El-Amìn était Dienné-Mondzo ; c'était le prince qui l'avait nommé à ces fonctions, car auparavant, sous le règne du prince Askia-El-Hâdj-Mohammed, il était un des coureurs qui marchaient en tête du cortège royal et qui étaient chargés à tour de rôle de sangler la selle du cheval du souverain. Askia-Ismaʿïl, le fils d'Askia-El-Hâdj-Moham-

---

1. Le texte porte « mondaine » ici et un peu plus loin. Je pense que les copistes auront confondu دَنِيّة avec دُنْيَوِيّة ou que l'auteur aura pris ces deux mots dans le même sens.

med, avait promu ensuite El-Amîn à la fonction de « chef des piétons ou maître de route[1] » qu'il exerça jusqu'aux premiers jours de l'avènement de Askia-Daoud. Ce dernier en fit alors un Dienné-Mondzo, c'est-à-dire un chef de la ville.

L'office du vendredi terminé, au moment où Askia-Daoud sortait de la mosquée, El-Amîn se mit en posture pour sangler la selle du cheval du prince comme il le faisait autrefois ; alors celui-ci lui mettant la main sur la tête lui dit d'un ton de colère et en élevant la voix : « Nous t'avons placé à la tête d'un district et tu ne le surveilles pas, car les Bambara sont ici maintenant en très grand nombre et ils ont réussi à s'assurer des avantages qu'ils n'avaient plus. »

Le prince continua à parler ainsi jusqu'à ce qu'il fut près de la porte de Zoboro. Alors El-Amîn lui dit : « Dieu bénisse vos jours et favorise votre règne ! Un jour que, du temps de votre père, je me tenais dans cette posture pour sangler son cheval, il posa sa main sur ma tête ainsi[2], — pardon de mon irrévérence ! — et me dit : « Celui-là qui ne s'abstiendra « pas de faire des expéditions dans le Hadjar[3] et dans la forêt « de Koubo, c'est qu'il n'a d'autre dessein que de décimer « ses troupes ou de les anéantir. » Vous étiez vous-même présent à cette scène qui s'est passée dans votre pays, dans cette ville. Maintenant faites ce que bon vous semblera. » Askia-Daoud se mit ensuite en route et rentra chez lui[4] un vendredi[5] du mois de chaoual (7 juillet-5 août 1559).

1. Quelque chose d'analogue sans doute à « maître de postes » ou chef des porteurs.
2. C'est-à-dire que, en disant cela, il fit le geste : de là l'exclamation qui suit.
3. Aucun ms. ne donne les voyelles de ce nom qui ainsi que le nom suivant désigne sans doute des régions du pays des Bambara.
4. Le texte dit : « y rentra », sans qu'on puisse déterminer à quel pays se rapporte y.
5. La date exacte manque dans les mss. Peut-être est-ce parce que le premier de ce mois était un vendredi et que cette absence de quantième signifierait qu'il s'agit du 1er du mois.

CHAPITRE DIX-SEPTIÈME

Au mois de rebi' Ier de l'année 967 (décembre 1559), le Cha'a-Farma, Mohammed-Kanâti, mourut. Le dimanche soir, 7 du mois de chaoual de cette même année (1 {e} juillet 1560), eut lieu le décès de Ouaïza-Hafsa. En l'année 968, dans la matinée du dimanche 4 du mois de rebi' II (23 décembre 1560) mourut le cheikh, le jurisconsulte, El-Mokhtâr-ben-'Omar, et le vendredi, 1er du mois de djomada Ier (18 janvier 1561), Ouaïza-Kaïbono fut élevée au pouvoir[1] (١٠٦). Le sultan de Lìki, Mohammed-Kanta, mourut cette année-là, le 9 du mois de ramadan (25 mai 1561); il eut pour successeur son fils Ahmed qui prit le pouvoir durant ce même mois.

En l'année 969 (11 septembre 1561-31 août 1562), Askia-Daoud monta vers Borno et pour la seconde fois fit une expédition contre le Mossi[2], dont le chef abandonna le pays avec toutes ses troupes. Le Kîma-Koï, Abou-Bekr-Sou, le fils du Faran Mohammed-Benkan-Sinbolo et nombre d'autres personnes périrent dans cette campagne. Le prince fut de retour de cette expédition au mois de redjeb de cette année (7 mars-6 avril 1562). Dans ce même mois de redjeb mourut le Kormina-Fâri, Kochiya-ben-'Otsmân; il avait exercé ces hautes fonctions pendant douze ans.

Le mercredi après-midi, le 19 du mois de rebi' II de l'année 970 (16 décembre 1562), mourut le juriconsulte 'Otsmân (que Dieu lui fasse miséricorde!). Au cours de cette même année, au mois de rebi' Ier, un vendredi (29 octobre-28 novembre 1562), Ya'qoub, fils du prince Askia-El-Hâdj-

---

1. Les trois mss. donnent وَلِّت, c'est-à-dire « fut élevée au pouvoir ; mais sans s'expliquer autrement. Il est probable que les copistes auront mal lu le mot زُوجت, « se maria », que, portait sans doute le texte primitif.

2. Souvent l'auteur se sert du même mot pour désigner un pays et son chef, omettant de distinguer le second du premier par l'addition du mot Koï. Le copiste du ms. C a signalé ici cette négligence en plaçant Mossi-Koï au-dessous du verbe « abandonna » qui, selon le texte, aurait pour sujet le mot Mossi, tout court, c'est-à-dire le pays du Mossi, ce qui n'aurait aucun sens.

Mohammed, fut nommé Kormina-Fàri, et le lundi, 17 du mois de ramadan de cette année (5 mai 1563), mourut son fils, le Fâri Mohammed-Benkan. Dans la deuxième décade du mois de dzoul'-hiddja, terminant cette année (2-11 août 1563), le Fâri Bokar-'Ali-Doudo-ben¹-El-Qîma fut élevé à la dignité de sultan du Dendi, ainsi que cela a été dit précédemment.

Quant à Mohammed-Ikoma, le Teghâzza-Mondzo², fonctionnaire au service de l'Askia, il mourut à Teghâzza en l'année 964 (4 novembre 1556-24 octobre 1557). Il avait été tué par le Filâli³ Ez-Zobeïri, père de Ya'ïch-ben-El-Filâli, sur l'ordre de Moulay Mohammed-Ech-Cheikh-El-Kebîr⁴, sultan de Merrâkech. En même temps que lui on avait massacré des Touareg qui transportaient du sel, Idlaï-'Ali-Iniyen⁵, 'Ali-Andar, Ondous⁶-Ikmetkoul et d'autres. Les Touareg qui avaient échappé au massacre vinrent trouver Askia-Daoud et lui annoncèrent qu'ils ne voulaient pas cesser d'emporter du sel comme ils avaient coutume de le faire, et que, (١٠٧) du reste, ils connaissaient une mine de sel autre que la grande mine de Teghâzza. Daoud les autorisa à aller chercher du sel dans cette autre mine et ce fut cette année-là qu'ils creusèrent la mine de Teghâzza-El-Ghizlân⁷ et en rapportèrent du sel.

El-Filâli, dont il a été parlé ci-dessus, n'avait agi ainsi que par haine contre Askia-Daoud qui lui avait préféré son cousin paternel, El-Haneïti, père du cheikh Mo-

1. Le ms. C remplace ب par م et il faudrait alors traduire par : de El-Qîma.
2. « Inspecteur de Teghazza ».
3. Originaire du Tafilalet, oasis du Sud marocain.
4. Sur ce souverain du Maroc, cf. *Nozhet-elhâdi*, trad. O. Houdas, p. 44.
5. Ou : « Iniyi ».
6. Ou : Outdous ». Ikmetkoul est peut-être pour Ag-Metkoul : c'est-à-dire fils de Metkoul.
7. Ou : la Teghazza des Gazelles.

hammed-El-Touïreg[1] et l'avait nommé chef de Teghâzza.

En l'année 971 (21 août 1563-9 août 1564), le prince envoya le Fâri, Bokar-'Ali-Doudo, dans le pays de Barka pour y combattre Bani, une sorte de démon rusé, habile et très méfiant. Le Fâri se mit en route au mois de chaoual (mai 1564), au moment où la chaleur était excessive. Il conduisit ses hommes à travers les solitudes et les déserts, cachant avec soin son but à tout le monde, ainsi que le prince lui-même le lui avait recommandé.

Comme le voyage était extrêmement pénible, les soldats se plaignirent au Fâri-Mondzo, Mohammed-Benkan, fils de Askia-Daoud, et le prièrent en secret de s'informer du point vers lequel on se dirigeait. En entendant la question que lui posa le Fâri-Mondzo, Bokar entra dans une violente colère et refusa énergiquement de répondre : « Comment s'écria-t-il, c'est toi qui veux dévoiler les secrets du prince! Jamais je ne céderai devant l'arrogance que vous manifestez tous. » Pris de crainte, le Fâri-Mondzo se tut.

Bokar joignit Bani à l'improviste et déboucha dans son pays en dévalant du haut de la montagne. Jamais Bani n'aurait pu croire qu'une expédition venant du Songhaï pût parvenir jusqu'à lui à cette époque de l'année. Dans le combat qui s'engagea, les gens du Songhaï massacrèrent tous leurs adversaires. Quant à Bani lui-même, il périt de la main du Hoṣol-Farma, 'Alou-Boṣo, fils du Fâri-Mondzo[2], Mohammed-Benkan-Sinbolo. Au mois de dzoul'-hiddja qui termina cette année (1ᵉʳ juillet-9 août 1564), les troupes rentrèrent à Kâgho.

En l'année 972 (9 août 1564-29 juillet 1565), un mercredi soir du mois de cha'ban (mars 1565), mourut Ouïza-Kaïbono. En l'année 973 (20 juillet 1565-19 juillet 1566),

---

1. Diminutif du mot « Touareg ».
2. Le ms. C donne Dendi-Fâri à la place de Fâri-Mondzo.

mourut le jurisconsulte, le glorieux cadi, Mohammed, fils du jurisconsulte Mahmoud (Dieu leur fasse miséricorde!) et cela (١٠٨) au mois de safar (septembre 1565), ainsi qu'il a été dit précédemment. Les fonctions de cadi furent confiées au frère du défunt, le juste, le jurisconsulte, l'imam, le cadi, El-'Aqib, qui conserva ce poste durant dix-huit ans (Dieu lui fasse miséricorde!). Au mois de djomada II de cette même année (24 décembre 1565-22 janvier 1566), mourut le Fâri[1] Bokar-'Ali-Doudo.

Le samedi, 18 du mois de rebi' II de l'année 974 (2 novembre 1566), peu après l'heure de midi, mourut le cheikh béni, l'appui des musulmans, le prédicateur, Mohammed-Sîsi (Dieu lui fasse miséricorde!). Le prince lui désigna pour successeur, dans ces fonctions de prédicateur, le jurisconsulte, le khatib, Mohammed-Kibi-ben-Djâbir Kibi, qui était de Dienné et lui enjoignit de se rendre à Kâgho. Auparavant le prince avait sollicité le très docte, le jurisconsulte Mohammed-Baghyo'o, le Ouankoré, d'accepter ces fonctions ; mais celui-ci ayant refusé de les accepter s'adressa à son maître, et frère, le saint de Dieu, le jurisconsulte, Ahmed-ben-Mohammed-Sa'ïd, qui consentit à se rendre avec lui à Kâgho pour prier le prince de ne pas obliger Mohammed à remplir cet emploi. La démarche faite, les deux personnages revinrent à Tombouctou. Peu de temps après leur retour, le cheikh-el-islam, le jurisconsulte Ahmed, qui avait intercédé pour Mohammed-Baghyo'o, mourut (Dieu leur fasse à tous deux miséricorde et nous favorise grâce à leur bénédiction ! Amen!).

Mon grand-père, 'Imrân-ben 'Amir-Es-Sa'ïdi, mourut en l'année 975, le 20 du mois de ramadan (19 mars 1568) ; il était âgé de soixante-trois ans et fut enterré dans le voisi-

---

1. Lisez : le Dendi-Fâri.

CHAPITRE DIX-SEPTIÈME

nage du tombeau de Sidi Aboul'-Qâsem-Et-Touàti (Dieu leur fasse miséricorde!).

Au début de la prière de l'asr, le mercredi, 28 du mois de moharrem, le premier mois de l'année 976 (23 juillet 1568), mourut le saint de Dieu, le très docte jurisconsulte, Ahmed-ben-Mohammed-Sa'îd, fils de la fille du jurisconsulte Mahmoud. Les prières de ses funérailles furent faites après la prière du coucher du soleil et sa mise en terre eut lieu entre les deux 'acha'. Son tombeau est tout près de celui de son grand-père Mahmoud. Il avait vécu quarante-deux ans.

Vers la fin de cette même année, le cadi El-'Aqib fit restaurer la mosquée de Mohammed-Naddi (١٠٩) et la remit en parfait état. Les travaux furent achevés au mois de safar de l'année 977 (16 juillet-14 août 1569). Ce fut alors que l'on commença à apporter les briques destinées à la reconstruction de la grande mosquée; ce travail fut inauguré le 15 du mois de redjeb (24 décembre 1569). La démolition des anciens murs fut terminée le dimanche, 15 du mois de dzoul'-hiddja (21 mai 1570) et les travaux de réédification commencèrent le mardi, 17 du même mois (23 mai).

Dans le mois de chaoual de cette année (19 mars-17 avril 1570), mourut l'homme vertueux, l'imam de cette mosquée, l'imam 'Otsmân-ben-El-Hasen-Et-Tichiti; il fut enterré dans un des anciens cimetières que le cadi, l'équitable El-'Aqib avait fait mettre en état et annexer à l'ancienne mosquée. L'emplacement qu'occupe le tombeau de cet imam est bien connu de tous les gens instruits. Sur la désignation du cadi El-'Aqib, les fonctions d'imam de la grande mosquée furent attribuées à l'imam Mohammed-ben-Kedâd-ben-Abou-Bekr, le Foulâni, qui était un des vertueux adorateurs de Dieu.

Au commencement de l'année 978 (5 juin 1570-26 mai 1571), Askia-Daoud dirigea une expédition contre Souro-

---

1. C'est-à-dire entre la tombée de la nuit et la nuit complète.

Bentanba[1], dans le pays de Melli ; ce fut sa dernière expédition dans l'Atarama[2] qui se trouve du côté de l'occident. Pendant qu'il était en marche, il envoya son fils, le Karaï-Farma, El-Hàdj, vers El-Hamdiya. Le prince avait avec lui les deux sultans : El-Hàdj-Mahmoud-Bîr-ben-Mohammed-El-Lîm-ben-Akalankaï[3], qui était Maghcharen-Koï et le mari de sa fille Bita, et Al-Miski, l'Andasen-Koï, à la tête de 24.000 hommes de troupes touareg. Le chiffre du contingent que chacun d'eux était tenu de fournir lorsque le prince les appelait à prendre part à une expédition était fixé à 12.000 hommes. Ce fut à la tête de ces forces réunies que Askia-Daoud fit sa campagne contre les Arabes de ces contrées; puis il revint sur ses pas. En route, sa femme devint enceinte[4] de son fils Haroun-Er-Rechid (١١٠), dont le frère aîné, le Fàri-Mondzo, Mohammed-Benkan-ben-Askia-Daoud, avait été chargé de la conduite des troupes pendant la marche; mais il fut atteint à ce moment de la maladie dite les ulcères de Masar[5].

A son retour, Askia-Daoud passa par Tombouctou et campa dans cette ville sur la place qui est en arrière de la mosquée. Ce fut là que le cadi El-'Aqib, les jurisconsultes et les notables du pays vinrent le saluer et faire des vœux pour lui. Comme la construction de la mosquée n'était pas encore terminée à cette époque, le prince dit au cadi : « Ce qui reste à faire, c'est moi qui m'en charge, ce sera mon lot dans la participation à cette œuvre pie. » Puis il donna tout ce qu'il avait sur lui ce jour-là et aussitôt rentré à Kàgho il

---

1. Ou ; « Bentanna ».
2. Ou : « Atarma ».
3. Ou : « Akalanqaï ». Au lieu de « les deux sultans », dans le ms. C, les mss. A et B ont : « le sultan Nàna »... Quant au nom « Akalanqaï », il doit se décomposer en Ag « fils de » et Alanqaï.
4. Cette phrase et la phrase qui suit sont très obscures dans le texte.
5. Ce mot est peut-être un nom commun et désignerait alors la maladie sous le nom qu'elle porte au Soudan.

envoya quatre mille poutres faites de l'arbre appelé kankao. La construction de la mosquée fut terminée cette année-là.

Le prince entreprit ensuite une expédition contre le Gourma ; il atteignit la ville de Zonako[1], livra combat au chef de cette localité, Tinin-Toutoma, et le vainquit. Après cela il expédia le Kormina-Fàri, Ya'qoub, vers Sana ; il saccagea Dâ'a, à cause de certains agissements équivoques du Dâ'a-Koï, et emmena toute la famille de ce chef en captivité. Mais le Oma-Koï ayant ensuite réconcilié les deux adversaires, le prince rendit au Dâ'a-Koï toute sa famille.

Rentré dans son palais, Askia-Daoud exécuta encore trois démonstrations militaires, sans toutefois faire de butin, ni livrer de combats. La première de ces démonstrations poussa jusqu'au Mossi d'où l'on revint sans avoir rien pillé ; la seconde fut dirigée vers le Dendi et parvint jusqu'à Loulâmi. Le prince avait avec lui la mère de celle-ci[2], Sànaï, fille du Fàr-Koï, qui mourut là et y fut enterrée. Quant à la troisième démonstration, celui qui m'a fourni ces renseignements en avait oublié les détails.

En l'année 985 (21 mars 1577-10 mars 1578), le cadi El-'Aqib fit restaurer la mosquée située dans le souq de Tombouctou. Au cours de cette année mourut à Kâgho le prédicateur Mohammed-Kibi-ben-Djàbir (ننن)-Kibi (Dieu lui fasse miséricorde !). Ce fut également durant cette année que moururent : Moaddib-Kasenba-ben-'Ali-Kasenba et Ahmed-Sira-El-Meddâh-ben-El-Imam ; que Bâouen[3] s'enfuit de Tomni à Souma[4] et qu'une comète apparut le jeudi soir, vingt-cinquième nuit du mois de cha'aban (7 novembre 1577). Enfin ce fut cette année-là également que mourut à Merrà-

---

1. Ou : « Zobako ».
2. A moins que Loulâmi soit un nom de femme, on ne voit pas à qui pourrait se rapporter ce pronom, qui est du féminin dans le texte.
3. Ou : Baouenk.
4. Ou : « Soua ».

kech le sultan Moulay Abdelmelek[1] qui eut pour successeur son frère Moulay Ahmed-Edz-Dzehebi.

Monté sur le trône, Moulay Ahmed manda à Askia-Daoud de lui abandonner l'exploitation de la mine de Teghâzza pendant une année entière. En même temps le prince marocain envoya une somme de 10.000 pièces d'or à titre de cadeau et de don bénévole[2]. Askia-Daoud fut tout surpris de cette marque d'attention et de cette générosité, et cela fut la cause de l'amitié qui unit les deux princes. Quand Moulay Ahmed apprit la mort de Askia-Daoud, il prit le deuil et tint une audience dans laquelle il reçut les compliments de condoléances de tous les hauts fonctionnaires de l'armée.

Le Kormina-Fâri, Ya'qoub, mourut vers la fin de cette année ; il avait occupé ses fonctions seize ans et cinq mois. Le jeudi[3], 12 du mois de moharrem de l'année 986 (21 mars 1578), le cadi El-'Aqib commença les travaux de restauration de la mosquée de Sankoré. Ce mois de moharrem avait commencé un lundi. Ce fut également en cette année qu'eut lieu le conflit qui éclata entre les fils du cheikh Mohammed-ben-Abdelkerîm et Yahya, le Tombouctou-Mondzo.

Au mois de chaoual de cette année (décembre 1578), Askia-Daoud donna les fonctions de prédicateur à Mahmoud-Darâmi. Au mois de ramadan, le neuvième mois de l'année 986 (novembre 1578), il nomma son fils, Mohammed-Ben-kan, sultan de Kormina. Dans la dernière décade du mois de dzoul'-qa'ada (19 janvier-29 janvier 1579), le prince

---

1. Sur ce prince, cf. *Nozhet-elhâdi*, trad. O. Houdas, p. 111.
2. Tout ce passage est si obscur qu'il est bien difficile d'en saisir le sens avec une entière certitude. Il semble cependant que le prince marocain ait demandé au souverain du Soudan de renoncer à prélever le tribut habituel sur le sel pendant une année, afin de faire croire à ses sujets que cette mine lui appartenait ou lui avait été cédée.
3. Le ms. C ajoute en marge : « ou le vendredi ».

quitta Kâgho ; il arriva à Tombouctou le mardi 29 de ce mois (27 janvier) et à Tendirma, dans la première décade du mois de dzoul'-hiddja (27 janvier-7 février 1579); là, il investit son fils El-Hâdj des fonctions de Fâri-Mondzo et donna pleins pouvoirs sur la contrée occidentale au Kormina-Fâri, Mohammed-Benkan (١١٢). Ce fut au mois de ramadan de la même année (novembre 1578) que mourut le Balama‘, Khâled, fils du prince Askia-El-Hâdj-Mohammed ; les fonctions de Balama‘ furent alors conférées à Mohammed-Ould-Della[1].

Le Kormina-Fâri avait demandé à son père l'autorisation d'entreprendre une expédition pour aller combattre les populations du mont Domma[2] qui avaient résisté au Sonni-'Ali et à Askia-El-Hâdj-Mohammed, si bien que ni l'un ni l'autre n'avaient rien pu contre eux. Le prince fournit des troupes au Kormina-Kâri et mit à leur tête le Hoko-Koraï-Koï Yâsî[3] et lui enjoignit de n'exposer ses soldats à aucun danger inutile, ni à aucune surprise. Ses recommandations à cet égard furent des plus pressantes. Quand on fut arrivé à la montagne, le Faran Mohammed-Benkan voulut la faire escalader par ses troupes, mais Yâsî s'y opposa. Le Faran réitéra à plusieurs reprises son intention de procéder à l'attaque, et comme Yâsî persistait dans son refus d'y donner son adhésion, il l'apostropha en ces termes : « O esclave déserteur, tu n'as donc peur de personne ! — Tu te trompes dans le choix des épithètes, répliqua Yâsî, c'est méchant esclave qu'il faut me dire ; eh ! bien, oui, il en est effectivement ainsi. » Et il ne consentit pas à condescendre au désir du Faran.

Un des habitants de cette montagne, Ma‘-El-Ghandour, dont la corpulence était célèbre et bien connue de tous, était

1. Ms. C ; « Ould-Mohammed-Della ».
2. Ou : « Dom ».
3. Ou : « Yâsiya ».

monté sur un pic pour, de là, guetter les troupes ennemies. Alors Mohammed-Ould-Mauri, monté sur son cheval, grimpa lentement à travers la montagne en se dissimulant et, arrivé auprès de Ma', il lui lança son javelot. Ma' tomba aussitôt mort sur le sol. De ce moment, les gens de Domma éprouvèrent une crainte de plus en plus vive de la cavalerie du Songhaï. Le Faran Mohammed-Benkan s'en retourna ensuite sans avoir livré aucun combat.

En l'année 989, le samedi soir, 29 du mois de moharrem (6 mars 1581), mourut l'imam Mohammed-ben-Abou-Bekr-Kedâd, le Foulâni. Ce fut Ahmed, fils de l'imam Seddiq, qui fut nommé aux fonctions d'imam de la grande-mosquée, le mercredi, 17 du mois de safar (23 mars 1581). Cette même année mourut le Balama' Mohammed-Ould-Della-Karo, le Bena-Koï; si je ne me trompe, il avait exercé ses fonctions durant cinq ans. Il eut pour successeur Mohammed-Oua'ouan[2] le Da'naka-Koï, fils de 'Aïcha-Benkan, la fille du prince Askia-El-Hàdj-Mohammed; il fut nommé à ces fonctions par Askia-Daoud.

Ce fut en l'année 990 (26 janvier 1582-25 janvier 1583) qu'eut lieu à Tombouctou une terrible peste qui fit périr un grand nombre de personnes. En cette même année des brigands du Màsina attaquèrent une embarcation de Askia-El-Hàdj qui venait de Dienné et pillèrent une partie de son chargement. Jamais pareil fait ne s'était produit sous la dynastie du Songhaï. Le prince qui régnait au Màsina à cette époque était Fondoko[3]-Boubo-Maryama.

Aussitôt qu'il eut connaissance de ce fait, le Faran, Mohammed-Benkan, se mit en marche contre le Màsina pour venger ces affronts. Comme il n'avait parlé de son projet à

---

1. Les voyelles de ce mot sont incertaines.
2. Ou : « Oua'ouben. »
3. Fondoko est peut-être un titre.

aucun des grands de son entourage ceux-ci ne le rejoignirent qu'après son départ. Deux personnes, son frère, le Toni-Koï, Sâlika[1], et le Bena-Farma, Dako, firent mine de l'approuver bien qu'ils ne fussent pas de cet avis, mais c'était par haine et colère de ce qu'il les avait dédaignés au point de ne pas les avoir avertis de son dessein et à plus forte raison de ne pas les avoir consultés à ce sujet.

Néanmoins le Faran fit son expédition contre le Màsina ; il ravagea le pays d'une manière terrible, faisant périr nombre de lettrés distingués et de saints personnages qui, après leur mort, occasionnèrent d'étonnants prodiges. Quant au sultan du Màsina, il s'enfuit vers Faï-Sanouï où il attendit la fin de la campagne avant de rentrer dans ses États. Instruit de ce qu'avait fait son fils, Askia-Daoud désapprouva complètement sa conduite. Cet événement fut d'un mauvais augure pour le souverain, car il ne demeura plus bien longtemps en ce monde après cette affaire, ce qui suffit à démontrer son influence funeste.

Au mois de redjeb de cette année (22 juillet-21 août 1582), après un règne de trente-quatre ans et six mois, Askia-Dàoud mourut dans sa ferme de Tondibi, près de Kàgho ; c'est là qu'il habitait avec sa famille et qu'il passait une grande partie de son temps durant les dernières années de sa vie. Ses enfants, tous grands, étaient dans cette propriété au moment de sa mort. Son corps, paré pour les funérailles, fut transporté dans une embarcation jusqu'à Kàgho, où il fut enterré.

1. Ou : Sâlek.

CHAPITRE XVIII (١١٤)

ASKIA-EL-HADJ

El-Hâdj, le plus âgé des enfants de Askia-Daoud, qui se trouvaient en ce moment auprès de leur père, ceignit ses armes et monta à cheval. Tous ses frères, à cheval également, le suivirent, en se tenant à une certaine distance de lui. Personne, à cette époque, dans tout le Songhaï, n'égalait El-Hâdj en audace, en bravoure, en sang-froid et en endurance, aussi tous les personnages présents, hommes de conseil et d'expérience, déclarèrent que El-Hâdj méritait le pouvoir et qu'il eût été digne de l'occuper même à Bagdad[1].

On dit que, parmi les souverains du Songhaï, deux ont brillé au premier rang : le prince Askia-El-Hâdj-Mohammed et son petit-fils et homonyme El-Hâdj-Mohammed-ben-Askia-Daoud. Deux d'entre eux ont occupé le dernier rang : Askia-Mohammed-ben-'Omar-Komzâgho et Askia-Ishâq-ben-Askia-Daoud. Quant aux autres, ils ont eu un règne plus glorieux que ces deux derniers.

Pendant qu'on était en route pour Kâgho, Hâmed quitta ses frères pour se porter en avant et se mit à entretenir El-Hâdj en secret en lui disant : « Fais arrêter un tel, un tel et un tel. » Les autres frères qui avaient vu ce manège comprirent que cet entretien secret n'avait d'autre objet qu'une dénonciation.

Aussi, quand Hâmed eut repris sa place dans le cortège, El-Hâdi, ou un autre de ses frères, s'avança vers El-Hâdj et lui dit : « N'écoute pas les avis de ce dénonciateur ; ne prends

---

1. C'est-à-dire qu'il eût mérité d'occuper le califat suprême.

aucune mesure fâcheuse contre personne, car ici nul ne te conteste le pouvoir. Nous n'admettons que le droit de primogéniture. Si Mohammed-Benkan eût été présent en ce jour, le pouvoir ne te serait pas échu ; mais même si tu n'avais pas été au milieu de nous et que ce dénonciateur néfaste eût été présent, nous ne lui aurions pas accordé la puissance souveraine[1]. — Loin de moi la pensée de vouloir du mal à l'un de vous, répondit El-Hâdj, puisque votre père vous a confiés à mes soins. Du reste l'événement qui se produit aujourd'hui (١١٠), j'aurais préféré qu'il eût eu lieu plus tôt, c'est-à-dire du vivant de mes oncles paternels ou d'autres de mes parents plus âgés que moi. Si le sort ne me contraignait pas de m'asseoir sur ce trône aujourd'hui, jamais je ne m'y serais assis. »

Aussitôt après l'arrivée à Kâgho, quand les funérailles du défunt Askia furent terminées, les généraux, les troupes, la population tout entière et les dévôts personnages prêtèrent serment d'obéissance à El-Hâdj. Cette cérémonie eut lieu le 17[2] du mois de redjeb (7 août 1582). Au moment où il fut appelé au pouvoir, El-Hâdj était atteint d'une maladie consistant en ulcères[3] à la partie inférieure du corps. Par suite de cette circonstance, le prince fut dans l'impossibilité de se mettre en personne à la tête des troupes et c'est pour cela qu'il ne fit pas une seule expédition jusqu'au jour de sa mort.

Dès qu'il avait appris la nouvelle de la maladie de Askia-Daoud, le Faran, Mohammed-Benkan, s'était mis en route pour Kâgho ; mais en arrivant à Tombouctou on lui annonça à la fois la mort du prince et l'avènement au trône de

---

1. Tout cela est un peu alambiqué. En réalité, c'est Mohammed-Benkan qui aurait dû monter sur le trône et son absence seule l'avait privé de son droit ; cependant El-Hâdi reconnaît que si El-Hâdj n'avait pas été là, on l'eût tout de même choisi plutôt que son frère Hâmed.
2. Le texte imprimé porte 27, mais le ms. C a 17.
3. Ces ulcères ou ulcérations étaient peut-être des hémorroïdes.

son frère Askia-El-Hâdj. Revenant aussitôt sur ses pas, il s'attarda trois jours à Akakan, puis prenant le chemin de Djomâlen, il alla camper à Doubouso et, continuant de nouveau sa marche, il arriva chez lui.

Mohammed-Benkan s'occupa alors de réunir des troupes avec l'intention de se porter sur Kâgho et d'y livrer bataille. Arrivé à Tombouctou, il se rendit chez le cadi de cette ville sous prétexte de le saluer ; puis, les troupes, qui ne se doutaient de rien, apprirent tout à coup qu'il avait demandé au cadi de lui accorder sa protection et d'écrire au nouveau souverain que lui, Mohammed-Benkan, résignait son commandement parce qu'il désirait se fixer à Tombouctou et s'y livrer à l'étude de la science.

Toutes les troupes, en apprenant cette nouvelle, s'enfuirent de Tombouctou et se mirent en marche vers Kâgho pour y rejoindre Askia-El-Hâdj. Le cadi ayant fait la démarche qui lui avait été demandée, El-Hâdj accepta la démission de Mohammed-Benkan et investit du sultanat de Kormina son frère El-Hâdi-ben-Askia-Daoud, tandis qu'il faisait de son frère El-Mostafa, un Fâri-Mondzo.

Mohammed-Benkan était donc resté à Tombouctou dans les conditions qui viennent d'être dites ; mais les chefs de l'armée estimèrent que ce séjour à Tombouctou n'aurait que de fâcheuses conséquences aussi bien pour eux que pour le prince. Après s'être concertés, il décidèrent d'aller trouver Askia-El-Hâdj et lui dirent : « Il faut choisir entre nous et entre ton frère Mohammed-Benkan, car nous ne pouvons accepter qu'il demeure ainsi à Tombouctou. Nous avons sans cesse besoin d'envoyer des messagers à Tombouctou pour y régler nos affaires (١١٦), et chaque fois qu'ils verront un de nos agents aller dans cette ville, les dénonciateurs ne manqueront pas de dire : Ah ! l'agent d'untel est allé trouver Mohammed-Benkan.

Askia-El-Hâdj écouta ce propos et en tint compte. Il expédia Amar[1]-ben-Ishâq-Bir-Askia avec quelques personnes, en lui enjoignant d'arrêter Mohammed-Benkan et de l'interne à Kanato. Ces émissaires parvinrent auprès de Mohammed-Benkan au moment de la plus grande chaleur du jour et le trouvèrent endormi dans l'intérieur de sa demeure, tandis que son cheval était attaché dans la cour et entouré des serviteurs chargés de le soigner. Montés sur leurs chevaux, les émissaires purent voir par-dessus le mur de la maison. Ils s'étaient d'ailleurs voilé le visage avec des turbans noirs et s'étaient enveloppés de cafetans de même couleur. Amar lança un javelot contre le cheval afin de le tuer et d'empêcher ainsi Mohammed-Benkan d'enfourcher sa monture et d'essayer de se défendre.

Atteint par le trait qui lui avait été décoché, le cheval se débattit violemment au milieu de ses entraves et le bruit qu'il fit réveilla Mohammed-Benkan. Comme il interrogeait les esclaves sur la cause de ce mouvement du cheval, ceux-ci l'informèrent de ce qui venait de se passer et il comprit que tout cela avait lieu sur l'ordre du prince. Le cheval ayant été tué, les émissaires purent s'emparer de Mohammed-Benkan et exécuter les instructions qu'ils avaient reçues.

Mohammed-Benkan demeura à Kanato jusqu'à l'avènement de Askia-Mohammed-Bâno. Quant à ses trois enfants : Omar-Bîr, Omar-Kato et Binba-Koïra[2]-Idji, ils durent se cacher par crainte de Askia-El-Hâdj et ils restèrent cachés jusqu'à la fin du règne de ce prince et de celui de Askia-Mohammed-Bâno. Ce fut avant l'intronisation de Askia-Ishâq qu'ils se montrèrent et firent tous leurs efforts pour atteindre Amar et le tuer pendant le cours de cet interrègne.

1. Ou : Amara.
2. Ou : « Koïzi ».

Prévenu de leur dessein, Amar se cacha parmi la troupe de gens qu'on appelait les Souma et dont la fonction consistait à faire cortège[1] au prince lors de son entrée dans la salle du trône. La coutume voulait que ces Souma fussent vêtus d'un burnous, aussi Amar en revêtit-il un également, puis quand Askia-Ishâq eut fait son entrée au palais, il en sortit aussitôt, car la situation troublée ayant alors pris fin, personne n'aurait pu dès lors commettre une agression contre quelqu'un.

Dès que Bokar-ben-Askia-Mohammed-Benkan eut appris l'élévation au trône de Askia-El-Hâdj-Mohammed (١١٧), il quitta Kala, où il se trouvait, et partit avec son fils Marbâ pour se rendre à Kâgho. Il fut reçu avec beaucoup d'égard par Askia-El-Hâdj qui lui conféra les fonctions de Bâghena[2]-Fâri. Après cela Bokar retourna à Tendirma puissant et honoré. Ainsi que son fils il fut considéré comme faisant partie de l'armée de Kormina.

On rapporta ensuite à Askia-El-Hâdj que Fondoko-Boubo-Maryama avait juré que jamais sa tête ne passerait sous la porte du palais du prince. Askia-El-Hâdj donna aussitôt l'ordre au Bâghena-Fâri, Bokar, de se rendre auprès de Fondoko, de le circonvenir habilement de façon à ne pas éveiller sa méfiance et lui permettre de fuir, puis de l'arrêter et de le lui amener. Bokar se conforma à ces instructions; il arrêta Fondoko, l'amena au prince et le lui présenta couvert de chaînes de fer. « Eh! bien, Ibn-Maryama, lui dit Askia-El-Hâdj, c'est donc toi qui as juré que jamais ta tête ne passerait sous la porte de mon palais. — Dieu bénisse votre vie, prince! s'écria Fondoko; ne vous hâtez pas et,

---

1. Le texte n'explique pas le rôle des Souma; il ne dit pas s'ils assistaient chaque fois à l'entrée du prince dans la salle d'audience ou s'ils ne devaient se trouver là que le jour de son élévation au trône.

2. L'orthographe du ms. C est Bâghen. C'est du chef du Bâghena qu'il s'agit sûrement.

avant d'agir, laissez-moi vous parler. — « Parle! répliqua le prince. — Je jure devant Dieu, reprit Ibn-Maryama, que je n'ai jamais dit pareille chose; ce sont mes ennemis, ceux qui ne veulent que ma mort, qui ont imaginé ces propos. D'ailleurs, où donc aurais-je pu fuir pour vous échapper? »

Le prisonnier fut emmené sur l'ordre du prince et il se passa quelque temps sans que personne sût ce qu'il était devenu, si bien que tout le monde s'imagina qu'il n'était plus de ce monde. Puis, un certain jour, le prince se le fit amener devant lui et lui dit : « Je veux te rendre ton sultanat. » Fondoko remercia le prince de sa bienveillance, lui souhaita toutes les prospérités et répondit : « Si vous me laissez libre de choisir, eh! bien je vous dirai que je n'en veux plus. — Et alors que veux-tu? demanda le prince. — Rester ici auprès de vous, répliqua-t-il, et vous servir. » Cette réponse produisit grand effet sur le prince qui l'en récompensa en lui donnant dix chevaux, de nombreux esclaves, une maison, enfin tout ce qu'il pouvait désirer ou souhaiter. Ibn-Maryama demeura donc à Kâgho puissant et honoré. Hamda-Amina le remplaça comme chef de la population du Mâsina:

A la fin de la matinée du dimanche, 11 du mois de redjeb de l'année 991 (31 juillet 1583), mourut le cadi El-'Aqib (١١٨). Il avait fait régner l'équité dans tout son pays à un tel point que, dans aucune autre contrée, on ne lui connut d'émule sous ce rapport. Il était demeuré en fonctions durant dix-huit ans, et, entre sa mort et celle de Askia-Daoud, il s'écoula treize mois.

Le dimanche soir, 17 du mois de cha'ban de cette même année (5 septembre 1583), eut lieu la mort du jurisconsulte, du traditionniste, Aboul'-'Abbàs-Ahmed-ben-El-Hâdj-Ahmed-ben-Mohammed-Aqît (Dieu, le Très-Haut, leur fasse à tous miséricorde!).

Pendant une année et demie après la mort du cadi, du juste, El'-Aqib, les fonctions de cadi à Tombouctou restèrent sans titulaire. La raison de cette vacance fut que le prince Askia-El-Hâdj avait en vain offert cette situation deux ou trois fois au très docte jurisconsulte Abou-Hafs-'Omar, fils du jurisconsulte Mahmoud[1], qui l'avait refusée. Durant ce temps c'était Mohammed-Baghyo'o, le Ouankoré, qui tranchait les différends qui surgissaient entre les mulâtres[2] et les gens de passage, tandis que le mufti, le jurisconsulte Ahmed-Ma'yâ[3] réglait les contestations qui s'élevaient entre les habitants de Sankoré.

Cette situation menaçait de se prolonger, quand le cheikh béni, le jurisconsulte vertueux Takonni[4] manda en secret à Askia-El-Hâdj d'écrire à Abou-Hafs 'Omar[5] en lui disant que s'il n'acceptait les fonctions qu'on lui proposait, il se verrait obligé d'y nommer un ignorant, et qu'en conséquence, à dater de ce moment, il serait lui seul Abou-Hafs bientôt responsable devant Dieu des sentences rendues. En lisant cette lettre, Abou-Hafs se mit à pleurer et se décida à accepter les fonctions de cadi qu'il commença à exercer le dernier jour du mois de moharrem de l'année 993 (1er février 1585) et qu'il conserva pendant neuf années entières.

Au mois de safar de l'année 992 (13 février-13 mars 1584), le Kormina-Fâri, El-Hâdi, avait quitté Tendirma et s'était rendu à Kâgho avec l'intention d'y provoquer une révolte et de s'emparer du pouvoir. Selon certains récits, ce serait ses frères qui, de Kâgho, où ils se trouvaient, lui auraient mandé secrètement que Askia-El-Hâdj n'avait plus la moin-

---

1. « Les mss. A et B ont « Mohammed. »
2. Le mot traduit par « mulâtres » ou métis désigne ici les populations d'origine non soudanienne.
3. Ou : « Maghyâ ».
4. Ou : « Tokonni ».
5. Il s'agit du personnage qui avait refusé de se laisser nommer cadi.

CHAPITRE DIX-HUITIÈME

dre énergie et qu'il vînt en conséquence s'emparer du pouvoir. Puis ils auraient trahi leur frère et l'auraient[1] abandonné.

En arrivant à Kabara, au lieu de se rendre en personne comme c'était sa coutume pour saluer le jurisconsulte 'Omar[2], El-Hâdi lui envoya quelqu'un pour s'acquitter de ce devoir de politesse, puis il continua sa route. Avant d'arriver à Kâgho (١١٩), il rencontra des envoyés de Askia-El-Hâdj qui l'invitèrent à revenir sur ses pas. Il refusa de céder à leurs injonctions et les envoyés du prince retournèrent auprès de leur maître et l'avisèrent de ce refus.

El-Hâdi arriva à Kagho le dimanche soir, 4 du mois de rebi' Ier (16 mars 1584); il avait revêtu une cuirasse et se faisait précéder par des trompettes, des timbaliers, etc. Askia-El-Hàdj fut fort effrayé en entendant ce bruit, car il était malade et incapable d'agir. Le Hi-Koï, Bokar-Chîli-Idji, lui dit alors : « Investissez-moi dès à présent du sultanat de Dendi et je vous amènerai El-Hâdi prisonnier. » Le prince nomma Bokar aux fonctions qu'il sollicitait; elles étaient vacantes depuis la mort de Bàna qui n'avait été remplacé par personne comme Dendi-Fâri.

Bokar se mit aussitôt à l'œuvre et usa d'habileté. Les frères de El-Hâdi, qui se trouvaient là en ce moment, et parmi lesquels figuraient entre autres : Sàlah, Mohammed-Kâgha et Noûh, se rendirent à pied auprès de leur frère et lui dirent : « Quel motif t'amène ici? Que veux-tu? Qui as-tu consulté et avec qui t'es-tu concerté? Il semble que tu n'as agi ainsi que parce que tu nous considérais tous ici comme des femmes. Eh! bien, attends-nous ici et tu verras de quoi nous sommes capables. »

---

1. La suite du récit semble confirmer que El-Hàdi était venu de son propre mouvement.
2. Le nouveau cadi de Tombouctou, dont il vient d'être parlé, Abou-Ḥafṣ-'Omar.

Là-dessus les frères se retirèrent puis, ceignant leurs armes et montant à cheval, ils revinrent disposés à combattre avec leur frère[1]. Alors quelques personnes dirent à El-Hâdi : « Rends-toi à la maison du prédicateur et fais en sorte qu'il te réconcilie avec Askia-El-Hâdj. » Suivant ce conseil, El-Hâdi se rendit à la maison du prédicateur ; mais, dès que le prince eut appris cette circonstance, il sortit sur-le-champ et donna l'ordre d'arrêter El-Hâdi en cet endroit et de le lui amener.

Askia-El-Hâdj enjoignit de dépouiller El-Hâdi de son costume et l'on s'aperçut alors qu'il portait une cotte de mailles. « Ah ! El-Hâdi, s'écria le prince, tu n'es donc qu'un ingrat ! » A ces mots, le Fâri-Mondzo, El-Mostafa, se prit à pleurer à chaudes larmes et dit : « Tel n'était pas le sort que je désirais pour notre général[2] ; ce que j'aurais souhaité, c'est que tu le misses à notre tête pour aller combattre les sultans du Mossi, du Bouṣa, — et il énuméra un certain nombre de sultans, — et tu aurais vu ce dont nous aurions été capables sous sa direction. »

Le Fâri-Mondzo, qui venait de parler en ces termes, était le frère germain de Askia-El-Hâdj; sans cette circonstance il n'aurait osé agir ainsi. Le prince donna l'ordre de lui amener le cheval que montait El-Hâdi (١٢٠). A peine l'eut-il vu et examiné qu'il s'écria : Mon frère, El-Hâdi, n'a osé se révolter que parce qu'il avait ce cheval[3]. » Puis il fit conduire l'animal dans ses écuries. Dieu avait doué le prince d'une compétence particulière en matière de chevaux.

Bon nombre des partisans de El-Hâdi furent bâtonnés et son oncle maternel, qui avait été l'âme de la sédition, suc-

---

1. Toute cette scène était-elle sincère ou avait-elle été imaginée par Bokar? Le discours que tient El-Mostafa, et qui se trouve quelques lignes plus loin, donne à penser que El-Hâdi était réellement soutenu par ses frères.
2. C'est-à-dire : El-Hâdi.
3. Le prince entend par là que, avec un cheval pareil, El-Hâdi, sûr d'échapper personnellement, en cas d'insuccès, n'aurait pas craint de se révolter.

CHAPITRE DIX-HUITIÈME

comba sous les coups. Quant aux biens des révoltés, ils furent entièrement pillés. Le prince ordonna de conduire El-Hàdi à Kanato et de l'y tenir enfermé. Cela fait, il nomma le Kala-Cha'a, Mohammed-Qaïa-ben-Denkelko aux fonctions de Hi-Koï en remplacement de l'ancien titulaire, Bokar-Chîli-Idji. D'autre part, Mohammed, invité à désigner qui lui conviendrait le mieux pour lui succéder dans son ancien emploi, choisit son fils Bokar qui devint donc Kala-Cha'a. Enfin le prince désigna son frère Hàmed pour être Balama', quand le Balama', Mohammed-Oua'o, mourut.

A cette époque, le sultan Maulay Ahmed-Ech-Cherif, le hachémite, envoya une ambassade avec de superbes cadeaux à Askia-El-Hàdj; mais le véritable objet de la mission était de recueillir des informations sur le pays du Tekrour, et c'est dans ce but que Maulay Ahmed avait envoyé son ambassadeur à Kàgho. Le prince fit le plus brillant accueil à l'envoyé marocain et lui donna, au moment où celui-ci rentrait dans son pays, une quantité de présents double de celle qu'il avait reçue. Ces présents consistaient en esclaves, en musc, etc. et ils comprenaient en outre quatre-vingts eunuques.

Peu après cet événement on reçut la nouvelle qu'une armée de 20.000 hommes avait été envoyée dans la direction de Oueddân par le sultan du Maroc qui lui avait donné l'ordre de s'emparer de toutes les villes qu'elle rencontrerait sur les rives du Fleuve ou ailleurs et de poursuivre sa route jusqu'à Tombouctou. Cette nouvelle causa le plus grand effroi parmi la population; mais bientôt Dieu décima cette armée qui, éprouvée par la faim et la soif, s'éparpilla de tous côtés. Les survivants retournèrent dans leurs pays sans avoir rien accompli de leur dessein, et tout cela s'était accompli par la toute-puissance du Créateur.

Plus tard, le sultan du Maroc expédia un caïd avec deux

cents soldats[1] à Teghâzza, avec ordre de s'emparer des gens de cette localité. Mais ceux-ci, prévenus à temps de l'arrivée de cette troupe, quittèrent Teghâzza et se refugièrent, les uns à El-Hamdiya[2], les autres au Touât, ou ailleurs. Aussi, en arrivant avec sa troupe, le caïd trouva-t-il le pays abandonné; il n'y restait plus que quelques individus (١٦١). Tous les notables se rendirent auprès de Askia-El-Hâdj, et le mirent au courant de ce qui s'était passé. D'accord avec les notables, le prince décida d'empêcher d'extraire du sel de la mine.

En l'année 994, au mois de chaaoâl (15 septembre-14 octobre 1585), on fit savoir que personne ne devait aller à Teghazza et que quiconque s'y rendrait s'exposerait à perdre tous ses biens. Alors les Idelaï[3], qui ne pouvaient se résigner à manquer de sel, se répandirent de tous côtés pour en chercher : les uns allèrent à Tenaoudara, y pratiquèrent des fouilles à cette époque, et y trouvèrent du sel ; d'autres se rendirent ailleurs et, durant ce temps, la mine de sel de Teghâzza fut abandonnée. Le caïd et sa troupe retournèrent alors à Merrâkech (Maroc).

Ce fut à cette époque également que Askia-El-Hâdj enleva à son oncle paternel, Seliman-Kankâka, les fonctions de Benka-Farma pour les confier à Mahmoud-ben-Askia-Isma'îl. Au mois de dzooul'hiddja qui termina cette année (13 novembre-12 décembre 1586), les frères de Askia-El-Hâdj se révoltèrent contre lui ; il se rendirent à Karaï auprès de Mohammed-Bâno-ben-Askia-Daoud, l'emmenèrent avec eux et, après avoir déposé Askia-El-Hâdj, ils le nommèrent askia à sa place. Cet événement se passa le 4 du mois de moharrem, le premier mois de l'année 995 (15 décembre 1858). Peu de jours après cela, Askia-El-Hâdj mourait, après avoir

---

1. Ou : « fusiliers ».
2. Ville de la région du Sahel.
3. Ou : « Adelaï ».

exercé l'autorité souveraine pendant quatre ans et cinq mois.

CHAPITRE XIX

ASKIA-MOHAMMED-BANO

Aussitôt après son avènement, Askia-Mohammed-Bâno investit son frère, Sâlaḥ, des fonctions de Kormina-Fàri. En même temps il donnait à Mohammed-Es-Sâdeq l'emploi de Balama' qu'il enlevait à Hâmed. Ensuite il se hâta de faire mettre à mort ses deux frères, le Faran Mohammed-Benkan et le Faran El-Hàdi qui se trouvaient alors à Kanato ; c'est là qu'ils furent enterrés l'un à côté de l'autre.

Quand El-Hàdi avait appris que son frère avait été élevé au trône, il en avait été tout surpris. « Au diable la précipitation ! s'était-il écrié, c'est le plus sot de ceux qu'a procréés notre père qui a été nommé sultan. El-Hàdj, lui, n'a fait périr aucun de ses frères tant que (١٢٢) son règne a duré. »

Les frères du nouveau prince n'eurent que du mépris pour lui : ni eux, ni personne autre n'eut d'estime pour son caractère et tout son règne ne fut qu'une suite de calamités et de famines. Tous les frères de Mohammed-Bâno s'accordèrent donc pour déposer ce personnage et donner le pouvoir souverain à Nouḥ, le Bental-Farma. Celui-ci ayant accepté ce projet, il fut convenu qu'une certaine nuit déterminée il se rendrait dans un endroit fixé d'avance, qu'il ferait alors sonner ses trompettes et qu'à ce signal tous les conjurés se réuniraient pour le proclamer sultan.

Le complot fut éventé sans que Nouḥ en fût prévenu. Le

prince fit aussitôt arrêter le Hi-Koï Mohammed-Qâya, père du Kala-Chaʻa Bokar, puis le Châʻa-Farma El-Mokhtâr, ainsi que d'autres personnages parmi les principaux conjurés et les révoqua de leurs fonctions. Aussi, quand Nouḥ, venu au rendez-vous, eut fait sonner ses trompettes et qu'il ne vit personne, il prit la fuite. Mais il fut rejoint par les personnes envoyées à sa poursuite et fait prisonnier ainsi que son frère le Fâri-Mondzo El-Mostafa ; tous deux, sur l'ordre du prince, furent jetés en prison dans le pays de Dendi.

Le Kala-Chaʻa Bokar, qui venait d'être révoqué, retourna à Tendirma. Ce fut un manant[1] de Tendirma qui lui succéda dans ses fonctions et devint Kala-Chaʻa. Plus tard, le Mâsina-Mondzo Karsalla étant mort, ce fut ce Kala-Chaʻ qui fut nommé à sa place et devint Mâsina-Mondzo. Le prince nomma Sorkiyâ aux fonctions de Hi-Koï, puis il fit de ʻAli-Djâouendo un Châʻa-Farma et de son frère Ishaq-ben-Daoud un Fâri-Mondzo.

Le Balamaʻ Mohammed-Es-Sâdeq-ben-Askia-Daoud tua le Kabara-Farma, ʻAlou, homme tyrannique et pervers. Par cet événement, qui eut lieu à Kabara, le samedi soir, 7 du mois de rebiʻ II, de l'année 996 (6 mars 1588), Dieu délivra les musulmans des exactions de cet homme. Mais, après s'être emparé de toutes les richesses accumulées dans la maison de ʻAlou, Mohammed-Es-Sâdeq méconnut l'autorité de Askia-Mohammed-Bâno et manda au frère de ce prince, le Kormina-Fâri Sâlaḥ, de venir le trouver, qu'il le ferait monter sur le trône auquel, en raison de son âge, il avait plus de droits que tout autre.

Sâlaḥ se mit en marche, à la tête de ses troupes ; mais,

---

1. Le texte porte حراطين, pluriel de حرطاني, mot fréquemment employé dans les oasis sahariennes pour désigner les populations sédentaires qui se livrent à la culture du sol. Ces populations, d'ordinaire fortement mêlées de sang noir, sont considérées par les nomades comme une race inférieure indigne d'être investie de fonctions publiques.

arrivé près de Kabara, les gens avisés de son entourage l'engagèrent à s'arrêter à l'endroit où il se trouvait. « Le Balamaʿ Es-Sâdeq, lui dirent-ils, est un fourbe capable de trahison et de perfidie. Enjoins-lui de t'envoyer tout ce qu'il a pris dans la maison du Kabara-Farma ʿAlou, car c'est à toi que cela doit revenir (١٢٢) du moment qu'il te reconnaît pour sultan. S'il est de bonne foi, il t'enverra le tout; sinon il n'en fera rien. »

Sâlaḥ fit la démarche indiquée et le refus qu'il éprouva lui montra que le Balamaʿ n'était point de bonne foi. La lutte s'engagea dès lors entre eux et, dans un combat qui s'ensuivit, Sâlaḥ fut tué de la main du Balamaʿ Mohammed-Es-Sâdeq, dans la soirée du mercredi, 24 du mois de rebiʿ II de cette année-là (23 mars 1588). Dix-sept jours s'étaient écoulés entre la mort de Sâlaḥ et celle du Kabara-Farma.

A la tête des deux armées qui venaient de se combattre et qui étaient maintenant réunies sous ses ordres, le Balamaʿ décida de marcher sur Kâgho afin de renverser du trône l'Askia Mohammed-Bâno. Dans ce but il manda au Benka-Farma, Mahmoud-ben-Ismaïl, de venir se joindre à lui; mais Mahmoud effrayé abandonna Benka et se réfugia à Kâgho.

C'était Mohammed-Koï-Idji-ben-Yaʿqoub qui, lors du combat livré contre le Faran Sâlaḥ, avait atteint le premier celui-ci de son javelot; mais c'était le Balamaʿ qui, venant ensuite, avait donné le coup de lance qui avait aussitôt amené la mort de Sâlaḥ. Puis, quand le soleil fut couché, c'était lui qui avait donné l'ordre de préparer les funérailles du défunt et de le porter en terre.

Le sort voulut que Mârenfa-El-Hâdj-ben-Yâsi, fils de l'émir Askia-El-Hâdj-Mohammed, vînt à Tombouctou demander aux serviteurs du prince, qui se trouvaient dans cette ville, d'honorer de leur présence la célébration prochaine de son mariage avec la fille de Askia-Mohammed-Bâno. Mârenfa alla ensuite à Kabara trouver le Balama' Mohammed-Es-Sàdeq et lui présenter ses hommages. Tout ceci se passait avant les événements qui avaient amené le meurtre du Kabara-Farma et celui du Kormina-Fàri. « Tu vois, avait dit Mohammed Es-Sâdeq à Mârenfa, dans quelle situation nous sommes, aussi je désire que tu sois avec moi. — O Balama', répondit Mârenfa, j'en jure par Dieu, je ne suivrai personne autre que Askia-Mohammed-Bâno tant qu'un seul de ses doigts pourra encore remuer. » Le Balama' essaya d'entraîner son interlocuteur par de belles paroles et finit par lui dire : « Si tu le veux, je te donnerai ma fille en mariage et elle sera ta femme en même temps que la fille de Mohammed-Bâno. — O Sâlek, répliqua Mârenfa, par Dieu! je ne sui vrai jamais personne autre que Mohammed-Bâno tant qu'un seul de ses doigts pourra encore remuer. »

Alors le Balama' interpella Mârenfa par son nom en supprimant son surnom pour qu'il vît bien qu'il devait renoncer à tout espoir[1]; puis il le fit arrêter et mettre en prison et l'y garda jusqu'au moment où la révolte fut bien décidée et inévitable. A ce moment (١٢٤) Koï-Idji, qui était un des familiers et des conseillers du Balama', lui dit : « Mets Mârenfa en liberté; rends-le toi favorable en lui faisant du bien, car dans une révolte on peut avoir besoin de gens comme lui. » Le Balama' ordonna aussitôt de relâcher Mârenfa; il le traita avec bienveillance, lui fit retirer les fers qu'on lui avait mis aux pieds et lui donna un de ses chevaux de selle. Aussitôt Mârenfa, ayant encore au pied un des anneaux de ses chaînes, enfourcha son cheval et s'enfuit à Kâgho où il raconta son aventure à l'Askia.

Le Balama' se mit en route vers Kâgho à la tête d'une

---

1. Le fait d'interpeller quelqu'un par son nom au lieu d'employer son surnom indique qu'on est animé de sentiments peu bienveillants à l'égard de cette personne.

nombreuse armée composée de gens de l'ouest, parmi lesquels figuraient : le Baghena-Fari Bokar, le Honbori-Koï Mensa, le Bara-Koï Amer, le Kala-Cha'a Bokar, etc. Il quitta Kabara le mardi, 1er du mois de djomada Ier (29 mars 1588), et poursuivit sa marche pour réaliser son dessein.

Quand Mohammed-Bâno eut connaissance des projets du Balama', il fut très inquiet et sortit de Kâgho le samedi, 12 du mois ci-dessus indiqué (9 avril 1588) pour se porter à la rencontre de l'ennemi. Mais le jour même, à l'heure de de la méridienne, il mourut dans son camp. Certains auteurs rapportent qu'il mourut de colère, parce qu'on trouva sur sa lèvre inférieure des blessures qu'il s'était faites avec ses dents.

On l'avait entendu dire lorsqu'il avait appris que le Balama' venait pour le déposer du trône : « Dieu maudira sa royauté! c'est un être vil et méprisable, sinon comment admettre que ce Sàlek eût osé agir ainsi contre moi et tenir à mon égard les discours qu'il a tenus. » Selon une autre version, Mohammed-Bâno aurait succombé à l'obésité, car il était extrêmement gras. Or il faisait une chaleur excessive ce jour-là et il s'était mis en route revêtu d'une cuirasse de fer. Quoi qu'il en soit, c'est la colère qui fut cause de sa mort.

Les troupes du sultan rentrèrent à Kâgho. Toutefois le Hoko-Koraï-Koï se sépara d'eux à la tête de 4.000 cavaliers eunuques et se rendit à Hadda[1].

---

1. On pourrait lire Hidda ou Houdda, le texte ne donnant pas de voyelles.

CHAPITRE XX

ASKIA-ISHAQ II, FILS DE ASKIA-DAOUD

Le lendemain de ce jour, le dimanche, 13 de djomada Ier de l'année 996 (18 avril 1588), Askia-Ishâq, fils de Askia-Daoud, fut proclamé sultan. Ce prince était le premier enfant qu'avait eu Askia-Daoud après son élévation au trône. Mohammed-Bâno n'avait donc conservé le pouvoir qu'une année, quatre mois et huit jours.

Le samedi suivant, 19 du même mois (16 avril), un messager d'Askia-Ishâq arriva à Tombouctou pour y annoncer la nouvelle de l'avènement de son maître. Les habitants de Tombouctou, qui savaient que le Balama' était en route pour Kâgho, se montrèrent fort hésitants. En effet, aussitôt que le Balama' eut appris la nouvelle qu'Ishâq s'était fait proclamer sultan, il réunit toutes les troupes qu'il avait avec lui et celles-ci lui prêtèrent serment de fidélité et le reconnurent pour Askia. Cela fait, le nouvel Askia envoya un messager aux habitants de Tombouctou et leur enjoignit d'arrêter l'envoyé de Ishâq.

Le messager du nouvel Askia arriva à Tombouctou le lundi, 21 du mois ci-dessus indiqué (21 avril). Suivant l'ordre qu'ils en avaient reçu, les habitants de la ville s'emparèrent de l'envoyé de Ishâq et le mirent en prison. Cet événement causa de la joie à un grand nombre de personnes, entre autres au Tombouctou-Koï Bokar, au Maghcharen-Koï Tibirt-Aksid, à El-Keïd-ben-Hamza-Es-Senâouï. Tous ces personnages organisèrent des réjouissances pour fêter l'avènement de

Mohammed-Es-Sâdeq, et firent battre du tambour sur les terrasses des maisons. Les gens de Tombouctou avaient en réalité une grande affection pour ce prince qui s'illusionna lui-même et illusionna les autres.

Après cela on cessa à Tombouctou d'avoir des nouvelles de Kâgho. On rapporte que le jurisconsulte Abou-Bekr-Lanbarô, secrétaire et ministre de la plume, a dit : « Kâghô, à la fin de la semaine qui suivit la proclamation au trône de Askia-Ishâq, était devenu comme un corps sans vie tant on y redoutait le Balama' Mohammed-Es-Sâdeq, et tant était grande la frayeur qu'il inspirait. Voyant cela et sachant que le Balama' était impitoyable, que sa dureté se ferait sentir tout d'abord aux savants (١٢٦) et aux jurisconsultes, Abou-Bekr, qui se considérait lui-même comme un savant, se rendit auprès de l'Askia, au moment de la méridienne et se présenta à lui : « Quel sujet t'amène à cette heure, demanda le prince? — Dieu vous accorde sa bénédiction et embellisse votre règne! répondis-je [1]. Depuis que je suis entré dans ce palais auguste jamais on n'avait entendu parler d'un second roi du Songhaï. — Je n'ai jamais su pareille chose, ni ne l'ai entendu dire auparavant, s'écria Askia-Elfa[2]. Y aurait-il donc un second roi du Songhaï? — Dieu bénisse votre existence, répliquai-je, il y en a un. C'est celui qui, au dehors, impose sa domination à vos sujets, tandis que vous êtes ici inactif à l'intérieur de ce palais. Et alors je me mis à lui énumérer tout ce qu'il avait fait[3], depuis l'époque de son grand-père jusqu'au temps de Askia-Mohammed-Bâno. — C'est cela que tu voulais dire, me demanda-t-il. — Oui, repartis-je; Dieu bénisse votre existence. — Mais,

---

1. Le texte emploie ici le discours direct dont il n'a pas fait usage au début de ce récit.
2. C'était un surnom donné à Ishâq.
3. Bien que le texte ne le nomme pas, il s'agit évidemment du Balama' Mohammed-Es-Sâdeq.

dit-il, celui qui serait capable de résister à cet homme je ne le vois pas parmi tous ces gens-ci. — Ne dites pas cela, lui répliquai-je. La bénédiction divine est encore à la surface de la terre chez deux de vos jeunes gens[1] : 'Omar-Kato-ben-Benkan et Mohammed-ben-Askia-El-Hâdj. Ce sont deux êtres bénis. Faites-les venir sur-le-champ, comblez-les de faveurs au point qu'ils en soient entièrement inondés. »

Le prince manda tout d'abord 'Omar-Kato. Celui-ci logeait avec lui dans sa maison le nègre de son père qui l'avait élevé ; ce nègre s'appelait Zabya. En apprenant qu'il était mandé au palais à pareille heure, 'Omar fut très effrayé[2] ; néanmoins il partit troublé et agité, laissant à la maison Zabya plein d'anxiété. Arrivé en présence de l'Askia, celui-ci lui dit : « O 'Omar, mon enfant, depuis le jour où vous êtes venu me rendre hommage, je ne vous ai plus revu qu'en cet instant. Ne savez-vous pas que cette maison est la vôtre, que je n'y suis entré qu'à cause de vous. Ne cessez donc plus désormais d'y porter vos pas. » Puis l'Askia donna à 'Omar toutes sortes de belles choses, des vêtements superbes, des grains, des cauris, etc. Il lui fit en outre don d'un de ses chevaux de selle.

'Omar se prosterna (١٢٧) et sortit en toute hâte pour rentrer chez lui. Il y trouva Zabya dans une angoisse et un trouble tels que Dieu seul pouvait s'en rendre compte. « Que s'est-il passé là-bas? demanda Zabya à son maître dès qu'il fut rentré. — Je suis mort[3], répondit-il. — Je donnerai ma vie pour racheter la tienne, mais c'est moi qui meurs (d'im-

---

1. Mot à mot : « vos deux fils ».
2. Les heures du milieu du jour sont réservées au repos et chacun d'ordinaire reste chez soi à ce moment. Il faut une circonstance grave pour qu'on se prive de ce loisir habituel, ce qui explique l'émotion de 'Omar.
3. Cette expression paraît prise dans ce sens : « je perds ma liberté d'action » plutôt que dans celui de : « je suis à bout de forces à cause de mon émotion ». Il y a peut-être aussi dans l'emploi du verbe « mourir » un jeu de mots dont je ne me rends pas compte.

patience), donne-moi vite de bonnes nouvelles, s'écria Zabya. — Eh! bien, répliqua 'Omar, attends et tu verras. »
A ce moment arrivèrent les envoyés de l'Askia avec les présents. « Ah! c'est à cause de tout cela, répondit Zabya. Si tu ne meurs pas de cela, de quoi donc pourras-tu mourir? l'homme libre ne meurt que de bienfaits. Puisses-tu ne jamais mourir d'autre chose et puissé-je moi te devancer dans cette voie! »

L'Askia fit ensuite mander Mohammed, le fils de l'Askia-El-Hâdj, et fit pour lui ce qu'il avait fait pour 'Omar.

Le lendemain 'Omar-Kato s'équipa, monta à cheval et se rendit au palais de l'Askia. Le prince tenait audience au milieu d'une foule considérable. 'Omar fit caracoler son cheval en avant, puis en arrière et, quand il eut achevé ce cérémonial accoutumé, il parla en ces termes, après avoir été invité à prendre la parole: « Ouanadou[1], dis à l'Askia que toute cette troupe de gens du Songhaï affirme des choses qu'elle ne ferait point. Ce sont des gens qui gardent à la fois le feu et l'eau dans leur bouche. Tous ceux qui t'ont parlé ici une première fois ne se sont point exprimés avec sincérité. Demain Sâlek[2] sera ici; quand nous nous rencontrerons avec lui, voici la lance que j'enfoncerai dans le fils[3] de sa mère. Que quiconque est sincère ici répète le même propos. » L'assemblée se sépara aussitôt, chacun courut aux armes après avoir prononcé les paroles ci-dessus.

Le vendredi, 18 du mois de djomada 1er (15 avril 1588), le Balama' Mohammed-Es-Sâdeq campa avec ses troupes à Konbo-Koraï. Sa tente dressée, le Balama' y entra et la première personne qui vint les attaquer fut Mârenfa-El-Hâdj,

---

1. C'est le nom ou le titre du personnage qui transmettait au prince les paroles de ses sujets et qui rapportait à ceux-ci les discours du prince.
2. C'était le surnom donné à Mohammed-Es-Sâdeq.
3. Le texte porte : « le comme ceci de sa mère ».

dont il a été déjà parlé. Celui-ci en voyant la tente du Balama' lança son cheval à toute vitesse et quand il fut près du camp il s'écria : « Où est Sâlek? » Ce disant, il lança son javelot contre la tente qu'il faillit renverser pendant que le Balama' était à l'intérieur. Puis il retourna au galop en arrière. Alors arriva le corps des Touareg, puis toute la cavalerie de l'Askia, et tous fondirent sur le camp comme une nuée de sauterelles.

Le Balama' ainsi que ses compagnons se levèrent aussitôt, prirent leurs javelots et se préparèrent à combattre. Puis le Balama' excita (١٢٨) son cheval et le lança dans la direction de l'Askia Ishaq; il trouva sur sa route 'Omar-Kato et Mohammed, fils de l'Askia-El-Hâdj. 'Omar-Kato lui lança alors à la tête son javelot, mais le trait ricocha en l'air parce qu'il avait atteint le casque que le Balama' avait sur la tête. « Comment 'Omar-Kato, mon fils, c'est toi qui lances le fer contre moi? s'écria le Balama'. — Tonkara (ce mot était un titre honorifique donné au Balama' et au Kormina-Fâri), répondit 'Omar, aucun de nous, si l'Askia lui avait donné la situation que tu occupes, n'aurait fait autrement que de la remplir avec fidélité. » Ces paroles brisèrent le cœur du Balama' qui revint à la charge contre son adversaire[1] et ne cessa avec ses compagnons de lutter tout le jour contre les troupes de l'Askia, mais vaincu il dut s'enfuir à Tombouctou, tandis que l'Askia rentrait dans son palais et ordonnait à ses hommes de poursuivre le fuyard et de l'arrêter partout où il irait.

Les habitants de Tombouctou n'avaient aucune nouvelle de ce qui s'était passé lorsque brusquement, le mercredi, 28 du mois de djomada Ier (25 avril 1588), ils virent arriver le Balama' qui avait réussi à s'échapper, et qui leur annonça que ses troupes avaient été mises en déroute. Il leur raconta

---

1. 'Omar-Kato.

que le vendredi, pendant qu'il était à Konbo-Koraï, il avait vu s'élever un immense nuage de poussière que soulevait une nombreuse armée de l'Askia, qu'une rencontre avait eu lieu, que le combat avait duré depuis neuf heures du matin jusqu'au coucher du soleil et qu'un grand nombre de combattants avaient péri. C'est alors, dit-il, que j'ai tourné bride avec le Honbori-Koï, le Bara-Koï et le Bâghena-Fâri, tous blessés sauf le Bâghena-Fâri.

Sâlek se rendit ensuite à Tendirma et traversa le Fleuve dans la direction du Gourma, emmenant avec lui le Honbori-Koï Mousa, et le Bena-Farma Dako. Il fut alors rejoint par les hommes envoyés à sa poursuite, arrêté et conduit à Kanato. Sâlek et le Bena-Farma Dako furent mis à mort dans cette localité sur l'ordre du prince et ils furent enterrés dans le voisinage des tombes de Benkan et de Hâdi. Ces quatre tombes sont bien connues en cet endroit. Quant au Honbori-Koï, on l'amena (١٢٩) auprès de l'Askia qui le fit conduire à Sonkouro. Là il fut placé dans une peau de bœuf qui fut cousue sur lui, puis on le jeta ainsi dans un trou long de deux toises creusé dans l'écurie, après quoi on le recouvrit de terre tout vivant. Ce fut ainsi qu'il mourut. Dieu nous préserve de la tyrannie des hommes!

Le prince envoya ensuite à Tombouctou des messagers chargés d'arrêter le Maghcharen-Koï Tibirt, le Tombouctou-Koï Bokar et de les mettre à mort[1] en cet endroit Quant à El-Keïd-ben-Hamza, il lui fut fait grâce parce que c'était un pauvre négociant, hâbleur, sans conséquence et dont il n'y avait pas à s'inquiéter. Le saint de Dieu Sidi Abderrahman, fils du jurisconsulte Mahmoud, a dit à ce sujet : Le prince aurait dû étendre son indulgence aux deux autres qui, eux

---

1. Le ms. C dit : « de séjourner », au lieu de « mettre à mort ». Les deux leçons s'expliquent difficilement, car il est dit, quelques lignes plus loin, que ces deux personnages furent ramenés à Kâgho, où ils furent mis à mort.

non plus, n'avaient aucune influence et ne pouvaient lui porter ombrage.

Quand les envoyés eurent ramené les deux prisonniers, le prince les fit mettre à mort; puis il donna l'ordre de rechercher tous les complices de Sâlek dans cette insurrection. Nombre d'entre eux furent mis à mort; d'autres furent emprisonnés et beaucoup furent fustigés avec de lourdes lanières tressées.

Mohammed-Kaï-Idji, fils de Ya'qoub, succomba sous les coups de fouet. Quant à Ya'qoub, fils d'Arbenda, comme on l'avait amené en présence du prince et qu'il avait commencé à parler d'une voix sourde, Ouanadou lui dit : « Fils de monseigneur, élève la voix. Était-ce donc ainsi que tu parlais quand tu étais en présence de Sâlek ? » Ya'qoub éleva alors la voix de telle façon qu'il dépassa les bornes permises, Ouanado avait voulu ainsi aggraver sa situation. Aussi Ya'qoub fut-il frappé au point qu'il faillit périr sous les coups; néanmoins il n'en mourut pas.

L'Azaoua-Farma, Bokar-ben-Ya'qoub, emprisonné à Karabara[1], y demeura jusqu'à ce qu'il fut mis en liberté par le pacha Mahmoud-ben-Zergoun; le Bara-Koï ainsi que le Kala-Châ'a, Bokar, furent jetés dans la même prison; ils recouvrèrent leur liberté lors de la révolution accomplie[2] par le pacha Djouder; ils revinrent alors dans leur pays respectif et reprirent leurs fonctions sans que personne eût donné aucun ordre à ce sujet. On amena ensuite Boubeker-ben-El-Feqqi-Donko. Quand il fut en présence du prince, celui-ci lui dit : « Eh! bien, le Koychâ[3], te voilà toi qui, durant toute ta longue existence, n'as pas réussi à trouver une situation qui te permette d'abriter ta vieillesse sous un turban[4]! » Puis

---

1. Ou : Kabara.
2. Lorsque Djouder reprit l'autorité pour la seconde fois.
3. Ici le mot a l'article dans le texte arabe; plus loin il ne l'a plus.
4. C'est-à-dire : d'arriver à une fonction administrative quelconque.

le prince ordonna qu'on lui amenât Korziya et quand il fut là il lui dit : « Prends cet homme et veille sur ce méchant vieillard. » C'était pour avilir Koychà et l'humilier que le prince agissait ainsi, car Korziya avait la langue affilée ; il était fort expert en injures et en gros mots et Koychà lui servit de cible.

On amena ensuite le Korko-Mondzo Sorko[1], fils du (١٣٠) Kala-Chaʿa : « O vieillard, qui cours de sédition en sédition, lui dit le prince, tu ne sortiras pas de mes mains tant que tu ne m'auras pas énuméré, l'une après l'autre, toutes les séditions auxquelles tu as pris part. — Jamais, répondit le vieillard, dans aucune sédition on ne m'a fait un affront pareil à celui que je subis aujourd'hui. — Va-t'en, lui répliqua le prince en riant, je te pardonne pour l'amour de Dieu. »

Puis ce fut le tour de Saïd-Màra, personnage maladif, extrêmement maigre, mais médisant et déchirant volontiers l'honneur de son prochain. Quand il fut en présence du prince, celui-ci dit : « Voyez cet homme ; on pourrait le faire asseoir à son aise sur le bout d'un bâton[2], et pourtant si, de sa langue il piquait une pierre, il la transpercerait. » Appelant ensuite le Kanka-Farma, il lui dit : « Emmène cet homme dans tous les coins de la ville et fais sur lui la proclamation suivante : Quiconque verra cet homme assis derrière la maison de Bita ou le rencontrera allant par la ville au milieu ou à la fin de la nuit, devra le frapper par le fer, car il est mis hors la loi. Celui qui le rencontrerait et ne le tuerait pas laisserait vivre un ennemi de Dieu et de son Prophète en même temps qu'un de mes ennemis personnels. »

On promena Saïd-Màra par la ville comme l'ordre en avait été donné, mais, arrivé devant la grande mosquée, il se

1. Ou : Sorka.
2. Tant il est maigre et menu.

dégagea des liens qui le tenaient attaché à l'arçon de la selle du héraut et pénétra dans la mosquée pour demander qu'on intercédât en sa faveur. L'imam, ayant eu connaissance de ce fait, se rendit auprès du prince pour intercéder en faveur de cet homme. Le prince fit alors venir Saïd-Mâra et dit à l'imam : « Tu peux te retirer, je lui pardonne. » Mais s'adressant à l'imam, Saïd-Mâra lui dit : « Ne pars pas encore, car j'ai une autre faveur à demander au nom de ton influence et du caractère sacré de la grande mosquée. Puisqu'on a annoncé publiquement que j'étais hors la loi, je demande qu'on fasse savoir de la même façon que j'ai obtenu mon pardon. De la sorte tout le monde saura ce qui s'est passé et je n'aurais pas à craindre d'être tué injustement, mes ennemis à Kâgho étant fort nombreux. » A ces mots, l'Askia ne put s'empêcher de partir d'un grand éclat de rire et donna des ordres pour qu'on fît droit à la requête qui venait de lui être adressée.

Toutes ces affaires furent réglées, le prince ayant voulu en finir en une seule fois avec tous ces gens-là. Il procéda ensuite aux nominations suivantes : il investit Mahmoud-ben-Ismaïl des fonctions de Kormina-Fàri ; son frère Mohammed-Kâgho fut nommé Balama‘ ; Mohammed-Hayko, fils du Faran Abdallah, fils du prince Askia-El-Hâdj-Mohammed, devint Binka-Farma.

Ce dernier, ainsi que son frère, le Tonki-Farma, Tiliti, avait été doué par Dieu d'une beauté merveilleuse (١٣١). Jamais dans tout le Songhaï on n'avait vu deux hommes aussi beaux. Quand ils se rendirent à Tombouctou la foule les suivit pour les admirer.

Le prince nomma encore : Yenba-ould-Sàï-Oulou, Fàri-Mondzo ; El-Hasen fut promu Tombouctou-Koï ; Akmadhol, frère de Tadakomadet, devint Maghcharen-Koï. Ce dernier et El-Hasen furent les deux derniers sultans de leur nation sous le gouvernement des Songhaï. El-Hasen fit acte de soumission aux autorités arabes[1], mais Akmadhol refusa jusqu'à sa mort de se soumettre aux conquérants.

Ensuite le prince fit mettre à mort son frère, Yâsiya-Boro-Bir, fils de l'Askia Daoud. Ce meurtre injuste et inique fut provoqué par un des courtisans du prince, le Yalbi[2]-Farma, Bano-Idji, qui avait dénoncé Yâsiya comme cherchant à s'emparer du trône, alors que celui-ci était le meilleur des enfants de Daoud, qu'il se distinguait d'eux par son caractère et par sa chasteté qui l'avait préservé de toute débauche, chasteté qui faisait absolument défaut chez ses frères.

Le Bâghena-Fâri, Bokar était retourné à Tendirma où il s'était placé sous la protection du jurisconsulte, le cadi Mahmoud-Kouti, en lui demandant d'intercéder en sa faveur auprès de l'Askia Ishaq. Son fils, Mârba, lui ayant reproché cette démarche, il renonça à son projet et le père et le fils se mirent en route pour le Kala où ils s'établirent dans une localité appelée Médina et y demeurèrent jusqu'à l'arrivée de l'armée du pacha Djouder.

Sous ce règne mourut le Dendi-Fâri, Bokar-Chîli-Idji; il fut remplacé dans ses fonctions de Dendi-Fâri par El-Mokhtar. Puis mourut également le Kala-Cha'a qui avait été nommé par Askia-Mohammed-Bâno. Le Konti-Mondzo, El-Hasen, vint alors au Songhaï solliciter ce poste qui était vacant; il resta au Songhaï jusqu'à l'arrivée du pacha Djouder et la chute de la dynastie songhaïe.

En l'année 997 (20 novembre 1588-10 novembre 1589), le prince fit une expédition contre Nemtanoko[3], des païens du Gourma et, au cours de cette expédition, mourut le Binka-Farma, Mohammed-Hayko. A son retour à Kâgho,

---

1. C'est-à-dire aux autorités marocaines.
2. Ou : Yàyyi.
3. Ou : Nemnatoko.

le prince lui donna pour successeur 'Otsmân-Dorfan[1], fils de Bokar-(١٣٢) Kirin-Kirin, fils du prince Askia-El-Hâdj-Mohammed ; comme il était fort âgé à cette époque, il dit à l'Askia : « Si ce n'était qu'on ne doit pas refuser une faveur venant de vous, je n'accepterais pas ces fonctions à cause de mon grand âge, car je faisais partie des quarante cavaliers[2] choisis par Askia-Ishâq-Bir à Koukiya pour conduire son fils Abdelmalek à la maison du khatib à Kâgho, c'était au moment où Askia-Ishâq désespérait de survivre à la maladie qui occasionna sa mort. » Certes il avait raison de rappeler cela, car cet Askia-Ishâq (Ier) ne fut jamais remplacé par un successeur digne de lui[3].

En l'année 998 (10 novembre 1589-30 octobre 1590), le prince fit une expédition à Tinfina chez les païens du Gourma. Dans la première décade du mois de dzou'l-hiddja de cette même année (1er-10 octobre 1590) mourut ma grand'mère, la nièce de mon père ; elle s'appelait Fatma-bent-Sid-Ali, fils d'Abderrahman et était d'origine ansarienne[4] ; elle fut enterrée près du tombeau de son mari, mon grand-père 'Imrân (Dieu leur fasse miséricorde. Amen !).

Durant l'année 999 (30 octobre 1590-19 octobre 1591) le souverain fit une expédition contre Kala dont le sort le préocupait vivement par suite de la nouvelle de l'arrivée de l'armée du pacha Djouder ; mais ce dernier négligea de s'occuper de cette localité et ne s'inquiéta pas de l'avoir laissée sur ses derrières.

Depuis le jour où Askia-Ishâq monta sur le trône jusqu'au

---

1. Le texte imprimé a Dar-Farau, ce qui est une erreur des copistes.
2. Voir ci-dessus, chap. xvi, p. 163.
3. Ce passage n'est pas très clair. Il semble que 'Otsman veuille dire qu'il avait mérité la confiance du prince Ishâq et que si celui-ci eût vécu plus longtemps il lui aurait confié de hautes fonctions, puisqu'il l'avait jugé digne d'une mission de confiance quarante ans plus tôt.
4. Descendants des Ansar ou Auxiliaires du Prophète Mahomet.

moment où ses troupes furent mises en déroute à la suite de leur rencontre avec l'armée du pacha Djouder il s'écoula trois ans et trente-quatre jours; et, depuis cette déroute jusqu'au combat livré au pacha Mahmoud-ben-Zergoun à Zenzen, six mois et sept jours. On trouvera plus loin, s'il plaît à Dieu, le récit de ces événements.

Au commencement (١٣٣) de l'an 1000 (19 octobre 1591-8 octobre 1592) Askia-Ishâq fut détrôné par Mohammed-Kâgho qui s'empara du pouvoir souverain sur le Songhaï; mais il ne le conserva que quarante jours seulement, après quoi il fut fait prisonnier par le pacha Mahmoud et déposé à son tour. Nous ne savons pas exactement combien il s'écoula de temps entre la bataille de Zenzen et la déposition d'Askia-Ishâq par Mohammed-Kâgho.

Renseignements complémentaires. — Le prince Askia-El-Hâdj-Mohammed-ben-Abou-Bekr eut de nombreux enfants, garçons et filles. Plusieurs d'entre eux portèrent le même nom. Ainsi Askia-Mousa, Mousa-Benbalo et le Karaï-Farma Mousa. Trois s'appelèrent ʿOtsmân : le Kormina-Fâri ʿOtsmân-Youbâbo, Mour-ʿOtsmân-Seyyidi, et ʿOtsmân-Konkoro. Il y eut trois Mohammed : Mour-Mohammed-Konbo, Mohammed-Kodira et Mohammed-Karaï; trois Seliman : Seliman-Katenka, le Binka-Farma Seliman-Kankâka qui fut le dernier de ses enfants et naquit dans l'île de Kankâka où son père était prisonnier et Seliman-Kendi-Koraï; trois ʿOmar : ʿOmar-Koukiya, ʿOmar-Touto et ʿOmar-Youyaʿ; trois Bokar : Bokar-Kouro, Bokar-Sîn-Filli et Bokar-Kirin-Kirin; trois Ali : Ali-Ouayyi, Ali-Kosir et le Binka-Farma Ali-Yendi[1]-Kaniya.

Il eut encore d'autres enfants : le Hâri-Farma Abdallah, le Faran Abdallah, frère germain de Ishâq-Bir, et des Askias Ismaʿïl, Ishaq et Daoud, le Kormina-Fâri Yaʿqoub, Et-Tâher,

---

1. Ou : Bindi.

Mahmoud-Donkori, Mahmoud-Dondo-Miya, le Binka-Farma Habîb-Allah, le Balama' Khâled, Yâsiya, Ibrahim, Fâma'a, Yousef-Kaï, etc... (١٣٤).

Parmi ses filles on compte : Ouaïza-Bàni, Ouaïza-Idji-Hàni, Ouaïza-'Aïcha-Kara, Ouaïza-Hafsa, 'Aïcha-Benkan, mère du Balama' Mohammed-Korbo, 'Aïcha-Kara, mère du Balama' Mohammed, 'Ao, Bansi, Hàouadàkoï, mère du Honbori-Koï Mansa, Hàoua-Adam, fille de Tanbâri, Maka-Mauri, Maka-Màsina, Faràsa, mère du Dirma-Koï Mânenka[1], Kiboro, sœur germaine de l'Askia-Isma'il, Sofi-Kara, Dadel, Yàna-Hosar[2], Fati-Hindo, mère de Abderrahman, Fati-Idji, Fati-Ouaïno et Kara-Toudjili, mère de Seyyid-Kara.

Quant à son père, il s'appelait Abou-Bekr et on le surnommait Bâr, suivant les uns et suivant d'autres Thouranki ou Silenki; sa mère s'appelait Kasaï et ses frères étaient : le Kormina-Fâri 'Omar-Komzàgho et le Kormina-Fâri Yahya. Son frère 'Omar eut comme enfants : Askia-Mohammed-Benkan, le Kormina-Fâri 'Otsmàn-Tinfirin, le Binka-Farma 'Ali-Zolaïl, Mohammed-Benkan-Koumà et Elfeqqi-Donko.

La mère de Askia-Mousa se nommait Zàra-Koboronki; elle fut d'abord suivante chez le Koboro-Koï qui la rendit enceinte d'un enfant qui fut sultan; elle devint ensuite la captive de Askia-Mohammed-El-Hàdj qui, avant de monter sur le trône, eut d'elle aussi un enfant, Askia-Mousa. Enfin le Boussa-Koï, devenu maître de cette femme à la suite d'un combat qu'il avait livré à l'Askia, eut également d'elle un enfant qui devint sultan de Boussa.

La mère de l'Askia-Isma'il était ouankorée; elle se nommait Meryam-Dabo; celle de l'Askia Ishàq-Bir était du Dirma et avait nom Keltoum; celle de l'Askia-Daoud, Sàna-Fâri, était la fille du Fâri-Koï; celle de l'Askia Mohammed-

---

1. Ou : Mânenki.
2. Ou : Hosor.

CHAPITRE VINGTIÈME

Benkan s'appelait Amina-Kiraï[1]; celle de l'Askia El-Hâdj, fils de Daoud, se nommait Amina-Qâya-Barda; celle de l'Askia Mohammed-Bâno, Amisi-Kâra; celle de l'Askia Ishâq-Zeghrâni, Fatma-(١٣٠) Boso, la Zeghrânienne; la mère de El-Hâdi était Zabir-Benda; celle du Kormina-Fâri ʿOtsmân-Youbâbo, Kamsa-Mimenkoï; celle de ʿOtsmân-Tinfirin, Tâti-Zaʿanki; celle du Kormina-Fâri Hammâd, Aryao, sœur de l'Askia Mohammed-El-Amir. Le père du Kormina-Fâri Hammâd était le Balamaʿ Mohammed-Kiraï et son frère Masouso fut le père de Mohammed-Benchi-Idji.

Le premier Kormina-Fâri fut ʿOmar-Komzâgho; ses successeurs furent : Yahya; ʿOtsman-Youbâbo; Mohammed-Benkan-Kirya; son frère ʿOtsman-Tinfirin; Hammâd[1]-Aryao, fils du Balamaʿ Mohammed-Kiraï; Ali-Kochira; Daoud; Kochiya; Yaʿqoub; Mohammed-Benkan[2]; El-Hâdi; Sâlah et Mahmoud-ben-Ismaʿïl.

Le premier Balamaʿ fut Mohammed-Kiraï, qui fut tué par Askia-Mousa au moment où il se rendait au village de Mansour; il eut pour successeurs : Mahmoud-Dondomiya, fils de l'émir Askia-El-Hâdj-Mohammed; Hammâd, fils de Aryao; Ali-Kochira; Kochiya; Khâled; Mohammed-ould-Della; Mohammed-Ouaʿo-ould-Daʿanka-Koï; Hâmed, fils de l'Askia-Daoud, ce Balamaʿ fut révoqué par Askia-Mohammed-Bâno et interné à Dienné où il demeura jusqu'à sa mort. Après lui vinrent : Mohammed-Es-Sâdeq et ʿMohammed-Kâgho[3].

Le premier Binka-Farma fut Ali-Yamra; après lui vinrent successivement : Bella; Bârkona, père de Amina-Qâya, mère de El-Hâdj; ce personnage n'était point digne de la fonction

---

1. Ou : Kirao.
2. Plus haut on trouve la forme حمادو, Hemâdou, qui doit être une erreur (Cf. ci-dessus, p. 156, note 2.
3. Ou : « Markan » qui était son surnom.

qu'il occupait; il eut pour successeurs : Ali-Bindi[1]-Kaniya, fils de l'émir Askia-El-Hàdj-Mohammed : sa mère, une esclave-mère, Adjor, était du pays de Kiso. Incapable de remplir ses fonctions, ce Binka-Farma fut révoqué par Askia-Ishâq et alla vivre chez les maîtres de sa mère (١٣٦). Les fonctions de Binka-Farma furent ensuite occupées par Bokar-Bir-ben-Mour-Mohammed-ben-Askia-Mohammed qui les exerça longtemps : elles passèrent après cela à Ali-Zolaïl le juste, puis à Seliman-Kankàka qui fut révoqué par Askia-El-Hàdj et exilé à Dienné où il demeura jusqu'à sa mort; enfin à Mahmoud-ben-Isma'ïl; à Mohammed-Heïka et à Otsman-Dorfen.

L'Askia Daoud eut un grand nombre d'enfants, garçons et filles; parmi les garçons six portèrent le nom de Mohammed; ce furent : Mohammed-Benkan; El-Hàdj-Mohammed; Mohammed-Bâno; Mohammed-Es-Sâdeq; Mohammed-Kâgho et Mohammed-Sorko-Idji. Deux s'appelèrent Hàroun : Hàroun-Denkataya et Hâroun-Fâta-Tourâdji. Les autres enfants furent Hâmed; El-Hàdi; Sàlah; Nouh; El-Mostafa; Ali-Tondi; Mahmoud-Forâro-Idji; Ibrahim qui alla à Maroc; Dako; Eliâs-Kouma; Sahnoun; Ishâq; Idris; Màrenfa-Ansa; El-Amin; Yâsi-Boro-Bîr; San; Selimàn-Zoouo; Dzou'l-Kifl, etc.

Parmi les filles on peut citer : Bita, qui épousa le Maghcharen-Koï Mahmoud-Bîr-El-Hàdj-ben-Mohammed-El-Laïm; Kâsa, la femme du Djinni-Koï Youba'la[2] qui alla à Maroc; Fati, femme de Sâtoka; Ouaïza-Hafsa; Ouaïza-Akaïbano[3]; Hafsa-Kimàri. Les ulémas, les jurisconsultes, les négociants et les chefs de l'armée en épousèrent un grand nombre.

---

1. Ou : « Komzàgho ».

2. C'est par erreur que le texte imprimé met devant ce nom la conjonction « et », ce qui en ferait un personnage autre que le Djinni-Koï.

3. Ou : « Akaïbono ».

Le Kormina-Fâri Mohammed-Benkan, fils de l'Askia-Daoud, eut, d'après ce que nous savons, quatre enfants mâles : 'Omar-Bîr; 'Omar-Kato; Yenbo-Koïra-Idji et Saïd qui alla à Maroc où il fut élevé au rang d'Askia et où il est encore aujourd'hui.

D'après nos informations, Askia-El-Hâdj-Mohammed, autre fils de l'Askia Daoud, eut trois enfants, dont deux mâles : Mohammed et Hâroun-Er-Rechid ; ce dernier fut Askia sous la domination arabe. Le troisième enfant, qui était une fille, s'appelait Fâti-Touri ; elle alla à Maroc et mourut dans cette ville où moururent également les deux autres enfants.

CHAPITRE XXI (١٣٧)

VENUE DU PACHA DJOUDER AU SOUDAN

Djouder était de petite taille et avait les yeux bleus. Voici les circonstances qui occasionnèrent sa venue : Il y avait un certain Ould-Kirinfil qui était un des serviteurs du prince du Songhaï. Son maître, le souverain Askia-Ishâq, fils du prince Askia-Daoud, fils du prince Askia-El-Hâdj-Mohammed, irrité contre lui, l'avait envoyé, pour y être interné, à Teghâzza, localité qui faisait partie des États des roi du Songhaï et était administrée par eux.

Or le destin voulut que Ould-Kirinfil parvînt à s'échapper de cette localité où il était interné et réussît à se rendre dans la cité rouge de Merràkech. Son dessein était de se présenter au souverain du pays, le chérif Maulay Ahmed-Edz-Dzehebi, mais celui-ci avait, à ce moment, quitté Merràkech et se trouvait à Fez où il était allé châtier les chérifs de cette ville.

Il avait fait crever les yeux aux révoltés et bon nombre d'entre eux succombèrent à ce supplice. (Nous appartenons à Dieu et c'est vers lui que nous devons retourner.) Il avait agi ainsi en vue d'avantages purement temporels. (Dieu nous préserve d'un pareil sort!)

Ould-Kirinfil demeura à Merrâkech; de là il écrivit au souverain marocain une lettre dans laquelle il l'informait de son arrivée et lui donnait des nouvelles du pays du Songhaï dont les habitants, disait-il, étaient dans une situation déplorable à cause de la bassesse de leur nature. Il engageait donc vivement Maulay Ahmed à s'emparer de ce pays et à l'arracher des mains de ses maîtres.

Aussitôt qu'il eut reçu cette lettre, Maulay Ahmed écrivit à son tour au prince Askia-Ishâq, lui annonçant qu'il comptait se rendre dans son pays, que, pour le moment, il était à Fez loin de sa capitale, mais que, si Dieu voulait, l'Askia pourrait, par le document joint à sa lettre, connaître ses intentions. Et, entre autres choses, Maulay Ahmed, dans ce document, demandait qu'on lui abandonnât l'exploitation de la mine de sel de Teghâzza, mine que, plus que tout autre, il avait droit de posséder puisque c'était grâce à lui que ce pays était défendu et protégé contre les incursions des infidèles chrétiens, etc. Ces dépêches expédiées par messager arrivèrent dans la ville de Kâgho pendant que le souverain était encore à Fez, au mois de safar de l'année 998 de la fuite du Prophète (que sur lui soient les meilleurs saluts et bénédictions!) (10 décembre 1589-8 janvier 1590). J'ai vu moi-même l'original de ces documents. Maulay Ahmed retourna ensuite à Merrâkech. La neige fut si abondante au cours de ce voyage qu'il faillit périr en route (١٢٨); grand nombre de ses gens perdirent les mains ou les pieds par suite du froid et l'on arriva à la capitale dans le plus fâcheux état. Demandons à Dieu qu'il nous épargne ces épreuves.

Non seulement le prince Askia-Ishâq ne consentit pas à abandonner la mine de Teghâzza, mais encore il répondit en termes violents et injurieux et envoya en même temps que sa réponse des javelots et deux chaussures de fer. Aussitôt que ce message lui parvint, Maulay Ahmed décida d'envoyer une armée faire une expédition dans le Soudan, et l'année suivante, c'est-à-dire au mois de moharrem qui commença l'année 999 (novembre 1590), il mit en marche contre le Songhaï un important corps d'armée comprenant 3.000 hommes d'armes, tant cavaliers que fantassins, accompagnés d'un nombre double de suivants de toute sorte, ouvriers de divers genres, médecins, etc.

Le pacha Djouder fut mis à la tête de cette expédition; il avait avec lui une dizaine de généraux, le caïd Mostafa-Et-Torki, le caïd Mostafa-ben-Asker, le caïd Ahmed-El-Harousi-El-Andelousi, le caïd Ahmed-ben-El-Haddâd-El-'Amri, chef de la gendarmerie, le caïd Ahmed-ben-'Atiya, le caïd 'Ammâr-El-Feta le renégat, le caïd Ahmed-ben-Yousef le renégat, et le caïd 'Ali-ben-Mostafa le renégat, ce dernier, qui fut le premier chef marocain investi du commandement de la ville de Kâgho, périt en même temps que le pacha Mahmoud-ben-Zergoun, lorsque celui-ci fut tué à El-Hadjar. Enfin le caïd Bou-Chiba-El-'Amri et le caïd Bou-Ghëita-El-'Amri. Deux lieutenants-généraux commandaient les deux ailes de l'armée: Ba-Hasen-Friro, le renégat, l'aile droite et Qâsem-Waradououï-El-Andalousi, le renégat, l'aile gauche. Tels sont les généraux et lieutenants qui partirent avec Djouder.

Le prince marocain annonça à ses généraux qu'il résultait des calculs divinatoires que le pays de Songhaï devait cesser d'être dominé par les Soudanais et que son armée devait s'emparer d'une certaine partie de ces contrées. L'armée se mit ensuite en marche vers le Songhaï.

Dès qu'il eut connaissance de la nouvelle (١٢٩) du départ de cette armée, le prince Askia-Ishâq réunit ses généraux et les principaux personnages de son royaume afin de les consulter sur les mesures à prendre et leur demander leur avis ; mais chaque fois qu'un conseil judicieux fut donné on s'empressa de le rejeter. Dieu, dans sa prescience, avait décidé ainsi que ce royaume disparaîtrait et que cette dynastie s'effondrerait : nul ne peut repousser ce qu'Il a décidé, ni faire obstacle à ses décisions.

Il se trouva qu'à ce moment Hammou-ben-Abd-el-Haqq-Ed-Derʻi était venu en voyage à Kâgho. Le prince Askia donna au cheïkh Ahmed-Touïreq-Ez-Zobeïri l'ordre d'arrêter et de mettre en prison Hammou, bien que celui-ci fût l'agent du Songhaï à Teghâzza, sous prétexte qu'il n'était venu à Kâgho qu'afin de servir d'espion au souverain marocain Ahmed-Edz-Dzehebi. L'ordre fut exécuté et Hammou fut jeté en prison ainsi que Rafi', Ahmed-Nini-Bir et El-Harrouchi, père de Ahmed-El-Amdjed.

Les troupes marocaines atteignirent le Niger dans le voisinage du bourg de Karabara. Elles s'arrêtèrent en cet endroit où Djouder donna un grand repas pour célébrer leur heureuse arrivée au bord du Fleuve. Le fait que ces hommes étaient arrivés là sains et saufs faisait présager que l'entreprise réussirait et que le succès couronnerait les efforts de leur chef. Cet événement eut lieu le mercredi, 4 du mois de djomada II de l'année 999 de l'hégire (30 mars 1591) ainsi qu'il a été dit précédemment.

L'armée ne passa pas par la ville de Araouàn, mais elle passa à l'est de cette localité. Sur sa route elle rencontra les chameaux de Abdallah-ben-Chaïn-El-Mahmoudi ; Djouder prit de ces chameaux la quantité qui lui était nécessaire, puis Abdallah partit aussitôt pour le Maroc et se rendit à Merrâkech auprès de Maulay Ahmed à qui il se plaignit de

CHAPITRE VINGT-ET-UNIÈME

l'iniquité dont il avait été ainsi la victime. Ce fut lui qui annonça le premier l'arrivée de l'armée marocaine au bord du Niger. La première personne dont le prince lui demanda des nouvelles fut Ba-Hasen. « Ba-Hasen, répondit-il, est peut-être bien portant. » Ensuite le prince s'informa du caïd Ahmed-ben-El-Haddâd et du pacha Djouder. Puis il écrivit à ce dernier de payer la valeur des chameaux qu'il avait pris.

Les Marocains reprirent ensuite leur marche ; ils se dirigèrent (١٤٠) vers la ville de Kâgho et rencontrèrent sur leur route le prince Askia-Ishâq à un endroit appelé Tenkondibo'o, près de Tonbodi. Le prince songhaï était à la tête de 12.500 cavaliers et 30.000 fantassins. La réunion de ces troupes ne s'était pas faite plus tôt parce que les gens du Songhaï ne pouvait croire à la nouvelle de l'expédition et qu'ils avaient attendu son arrivée sur les bords du Fleuve.

La bataille s'engagea le mardi, 17 du mois indiqué précédemment (12 avril). En un clin d'œil les troupes de l'Askia furent mises en déroute. Parmi les personnes notables qui périrent dans cette bataille on cite parmi les cavaliers : le Fondoko Boubo-Meryama, l'ancien chef du Màsina révoqué ; le Chaʿ-Farma Ali-Djâouenda ; le Binka-Farma ʿOtsmân-Dorfan-ben-Bokar-Kirin-Kirin, le fils du prince Askia-El-Hâdj-Mohammed ; il était alors très âgé et Askia-Ishàq l'avait nommé Binka-Farma lorsque le Binka-Farma Mohammed-Heika était mort, ainsi que nous l'avons dit, dans l'expédition de Nemnatako.

Il périt également ce jour-là un grand nombre de personnages parmi les fantassins. Quand l'armée fut défaite ils jetèrent leurs boucliers sur le sol et s'accroupirent sur ces sortes de sièges, attendant l'arrivée des troupes de Djouber qui les massacrèrent dans cette attitude sans qu'ils fissent résistance et cela parce qu'ils ne devaient point fuir en cas de déroute. Les soldats marocains leur enlevèrent les bracelets d'or qu'ils avaient au bras.

Askia-Ishâq tourna bride et s'enfuit avec le reste de ses troupes ; puis il manda aux gens de Kâgho de quitter la ville et de fuir de l'autre côté du Niger dans la direction du Gourma ; il envoya également la même recommandation aux habitants de Tombouctou et, poursuivant sa route sans passer par Kâgho, il arriva en cet équipage à Koraï-Gourma. Arrivé là, il y campa avec le reste de ses troupes, au milieu des pleurs et des lamentations. Ce fut au milieu de cris et de vociférations que l'on commença à grand'peine à traverser le Fleuve dans des barques. Dans la bousculade qui se produisit beaucoup de gens tombèrent dans le Fleuve et y périrent (١٤١) ; on perdit en outre une quantité de richesses telle que Dieu seul en connaît la valeur.

Quant aux gens de Tombouctou, il leur fut impossible de quitter la ville et de traverser le Niger à cause des obstacles qu'ils rencontrèrent et des difficultés de la situation. Seuls, le Tombouctou-Mondzo Yahya-ould-Bordam et les serviteurs de l'Askia qui se trouvaient là quittèrent la ville et allèrent camper à Elkif-Kindi, localité voisine de Touya.

Le pacha Djouder poursuivit sa route avec son armée jusqu'à Kâgho. Il ne restait plus personne dans cette ville sinon le khatib Mahmoud-Darâmi, vieillard âgé à cette époque, et les étudiants et négociants qui n'avaient pu sortir et prendre la fuite. Le khatib Mahmoud vint au-devant des Marocains ; il leur souhaita la bienvenue, leur témoigna de la déférence et leur offrit une magnifique et large hospitalité. Il eut avec le pacha Djouder des conférences et de longs entretiens au cours desquels on lui témoigna les plus grands égards et la plus haute considération.

Djouder manifesta le désir de pénétrer dans le palais du prince Askia-Ishâq ; il fit en conséquence venir des témoins et, quand ils furent là, il entra avec eux dans le palais ; mais, après avoir tout visité et examiné de façon à s'en bien rendre compte, il lui parut que tout cela était bien misérable.

Le prince Askia-Ishâq envoya demander au pacha de traiter avec lui. Il s'engageait à faire remettre par Djouder au souverain marocain Maulay Ahmed 100.000 pièces d'or et 1.000 esclaves. En retour le pacha devait lui abandonner le pays et ramener son armée à Merràkech. Djouder fit répondre qu'il n'était qu'un esclave docile et qu'il ne pouvait agir que sur l'ordre du souverain, son maître. Puis, d'accord avec les négociants de son pays, il écrivit en son nom et en celui du caïd Ahmed-ben-El-Haddâd pour transmettre ces propositions, après avoir eu soin de dire que la maison du chef des âniers au Maroc valait mieux que le palais de l'Askia qu'il avait visité. Cette lettre fut portée à destination par Ali-El-'Adjemi qui était *bâchouḍ*[1] à cette époque.

Djouder ramena ses troupes à Tombouctou où il attendit la réponse du sultan du Maroc. Il n'était resté, si je ne me trompe, que dix-sept jours à Kâgho. On arriva à Mosa-Benko le (١٤٢) mercredi, dernier jour du mois de djomada II (24 avril 1591); on en repartit le jeudi, 1ᵉʳ du mois de redjeb l'unique (25 avril), puis on alla camper sous les murs de Tombouctou du côté du sud et l'on resta en cet endroit trente-cinq jours.

Le cadi de Tombouctou, le jurisconsulte Abou-Hafs-'Omar, fils du saint de Dieu, le jurisconsulte, le cadi Mahmoud, envoya le muezzin, Yaḥma, saluer le pacha, mais il ne lui offrit pas la moindre hospitalité contrairement à ce qu'avait fait le khatib Mahmoud-Darâmi lorsque les Marocains étaient arrivés à Kâgho. Djouder fut vivement irrité de cette réception;

---

1. Ce titre, dont les dictionnaires ne donnent pas la signification, semble désigner des officiers chargés plus spécialement de transmettre les dépêches ou communications importantes. Peut-être cependant le mot bâchouḍ n'est-il que la forme arabisée du mot oda-bâchi devenu bâch-oda, puis bâch-od.

néanmoins il[1] envoya toutes sortes de fruits, dattes, amandes, ainsi que beaucoup de cannes à sucre ; puis il fit endosser au cadi un manteau de drap rouge écarlate[2]. Les gens sensés n'augurèrent rien de bien de tout cela, et l'événement confirma leurs prévisions.

Les Marocains entrèrent dans la ville de Tombouctou le jeudi, 6 du mois de cha'ban, le brillant (30 mai 1591); ils parcoururent la ville dans tous les sens et reconnurent que le quartier le plus florissant était celui des Ghadamésiens. Ils le choisirent donc pour y installer la casbah dont ils commencèrent la construction, après avoir expulsé de leurs maisons un certain nombre de personnes du quartier.

Djouder fit alors sortir de prison Hammou-ben-Abd-el-Haqq-Ed-Der'i et lui confia les fonctions d'*amin* au nom du sultan Maulay Ahmed. Quant à Râfi' et à Ahmed-Nini-Bîr, ils étaient morts tous deux avant son arrivée à Kâgho. Le pacha avait donné quarante jours de délai, tant pour aller à Merràkech que pour en revenir, au bâchoud Ali-El-'Adjemi.

Quand l'armée marocaine était arrivée au Soudan elle avait trouvé ce pays un des plus favorisés de Dieu par la richesse et la fertilité. La paix et la sécurité régnaient partout dans toutes les provinces grâce au souverain le très fortuné, le béni, le prince des Croyants, Askia-El-Hàdj-Mohammed-ben-Abou-Bekr, dont la justice, la fermeté s'étendaient partout, en sorte que ses ordres accomplis sans peine dans son palais s'exécutaient avec autant de facilité sur tous les points les plus éloignés de l'empire, des frontières du pays de Dendi à celles du pays de El-Hamdiya, des confins du pays de Bindoko à Teghâzza et au Touàt ainsi que dans toutes leurs dépendances.

---

1. Ce passage est si mal rédigé qu'on ne sait exactement si ce fut Djouder ou le cadi qui envoya ces friandises.

2. Ce mot est ainsi écrit et vocalisé dans le texte سَكَرْلاد « sacarlàd ».

Tout changea à ce moment (١٤٢) : le danger fit place à la sécurité ; la misère à l'opulence ; le trouble, les calamités et la violence succédèrent à la tranquillité. Partout les gens s'entre-dévorèrent ; en tous lieux et en tous sens les rapines s'exercèrent et la guerre n'épargna ni la vie, ni les biens, ni la situation des habitants. Le désordre fut général, il se répandit partout, s'élevant au plus haut degré d'intensité.

Le premier qui donna le signal de ces violences fut Sanba-Lamdou, le chef de Donko ; il ruina le pays de Ras-el-mà ; il s'empara de tous les biens, fit périr un certain nombre d'habitants et réduisit en esclavage quantité d'hommes libres. Son exemple fut suivi par les Zaghrâniens qui dévastèrent le pays de Bara et celui de Dirma. Quant au territoire de Dienné il fut saccagé de la façon la plus horrible par les Bambaras idolâtres qui, à l'est comme à l'ouest, au nord comme au sud, détruisirent tous les village, pillèrent tous les biens et firent des femmes libres leurs concubines avec lesquelles ils eurent des enfants qui furent élevés dans la religion des mages[1] (Dieu nous préserve de telles calamités !). Toutes ces atrocités furent exécutées sous la direction du Châ'a-Koï, de Qàsem, fils du Binka-Farma 'Alou-Zolaïl-ben-Omar-Komzâgho, le cousin paternel du Bâghena-Fâri et de Bohom, fils du Fondoko Boubo-Maryama, du Màsina.

Parmi les chefs païens qui conduisaient ces hordes de brigands on cite : Mansa-Sàma dans le pays du Fadoko[2] ; Qàïa-Bâbo, dans le pays de Koukiri, du côté de Kala. Du côté du Chîli et du Bindoko, on trouvait : Salti-Sanba-Kisi, le Peul, à la tête de la tribu des Ourourbi ; Salti-Yorobara, père de Hamda-Soulo, le Peul, à la tête de la tribu des Djaloubi établis du côté de Foromàn ; Mansa-Magha-Ouli, père de Kin'i-Koï, un des douze sultans du Bindoko, nombre égal à

---

1. Ce mot est pris ici dans le sens de fétichistes ou païens.
2. Ou « Fadko ».

celui qu'ils étaient dans le pays de Kala, et Bonkouna-Kendi, etc.

Ces troubles se renouvelaient sans cesse et allaient toujours en grandissant, tandis que, depuis le jour où le prince Askia-El-Hâdj-Mohammed était monté sur le trône du Songhaï (١٤٤), aucun des chefs d'aucune région n'avait osé s'attaquer aux souverains du pays, tant Dieu leur avait départi de force, de vigueur, d'audace, de courage et de majesté. Bien, au contraire, c'était le prince qui allait attaquer ces chefs dans leur pays et le plus souvent Dieu lui accordait la victoire, ainsi qu'on l'a vu dans les récits de l'histoire du Songhaï.

Les choses durèrent ainsi jusque vers le moment où la dynastie songhaïe tira à sa fin et où son empire cessa d'exister. A ce moment la foi se tranforma en infidélité; il n'y eut pas une seule des choses défendues par Dieu qui ne fût pratiquée ouvertement. On but du vin; on se livra à la sodomie et quant à l'adultère il était devenu si fréquent que sa pratique semblait devenue licite. Sans lui pas d'élégance, pas de gloire : c'était à tel point que les enfants des sultans commettaient l'adultère avec leurs sœurs.

On raconte que le fait se produisit la première fois à la fin du règne du sultan, le juste, le prince des Croyants, Askia-El-Hâdj-Mohammed, et que ce fut son fils Yousef-Koï qui imagina ce genre de débauche. Quand le père apprit la chose il entra dans une violente colère et maudit son fils en demandant à Dieu qu'il le privât de son membre viril avant d'entrer dans l'autre monde. Dieu exauça ce vœu et une maladie fit perdre au jeune prince l'organe de sa virilité. (Le Ciel nous préserve d'un pareil sort!) La malédiction s'étendit au fils de Yousef, Arbinda, père du Bana-Koï[1] Ya'qoub, car à la suite

---

1. Ms. C. donne « Toni-Koï ».

CHAPITRE VINGT-ET-UNIÈME

de la même maladie il perdit également son membre viril vers la fin de sa vie.

C'est à cause de ces abominations que Dieu se vengea en attirant sur le Songhaï l'armée marocaine victorieuse ; il la fit venir d'une contrée très lointaine, au milieu de terribles souffrances. Alors les racines de ce peuple furent séparées du tronc et le châtiment qu'il subit fut un de ceux qui sont exemplaires.

Revenons maintenant au récit des propositions de paix dont nous avons parlé. Le bâchoud 'Ali-El-'Adjemi, envoyé par Djouder, arriva auprès du sultan Maulay Ahmed et lui fit connaître le premier la nouvelle de la conquête du Soudan. Quand le sultan eut lu la lettre qui lui était adressée il entra dans une violente colère ; il révoqua sur-le-champ Djouder de ses fonctions et le remplaça par le pacha Mahmoud-ben-Zergoun qui partit à la tête de 80 soldats, emmenant avec lui, comme secrétaire, Mâmi-ben-Berroun et, comme chaouch, **Ali-ben-'Obéïd.**

Le nouveau pacha reçut l'ordre de chasser Askia-Ishàq du Soudan, de faire mettre à mort le caïd Ahmed-ben-El-Haddâd-El-'Amri parce qu'il avait été d'accord avec Djouder pour parler de paix. La lettre annonçant aux troupes la décision concernant le caïd fut remise au pacha. Mais les chérifas[1] et les principaux (١٤٠) chefs de l'entourage du prince, ayant sollicité la grâce de Ahmed-ben-El-Haddâd, réussirent à l'obtenir et demandèrent qu'une nouvelle lettre fût envoyée à ce sujet. Cette seconde lettre contenant le pardon fut écrite et elle parvint au caïd Ahmed-ben-El-Haddâd avant la première. En la recevant, il donna un dîner auquel il convia les lieutenants-généraux et les bâchoud et les informa de ce qui s'était passé. Puis il donna 100 mitsqâls à chacun des lieutenants-généraux et fit des libéralités à chacun des bâchoud.

---

1. Les femmes de la cour, filles ou femmes du souverain.
(*Histoire du Soudan.*)

Ceux-ci lui annoncèrent alors qu'il ne lui arriverait aucun désagrément du moment que la lettre de grâce avait devancé l'autre. Le soir, en effet, quand l'ordre de mettre à mort le caïd arriva, ils s'interposèrent entre lui et le pacha Mahmoud-ben-Zergoun et délivrèrent leur ami en invoquant l'ordre naturel des choses.

Le vendredi, 26 du mois de chaoual de l'année 999 (17 août 1591), Mahmoud arriva à Tombouctou accompagné du caïd Abd-El-'Ali et du caïd Hammou-Barka. Il révoqua aussitôt Djouder et prit le commandement de l'armée. Dans le feu des reproches et dans l'emportement de sa colère il avait été jusqu'à demander à Djouder ce qui l'avait empêché de poursuivre l'Askia. Et comme l'ancien pacha donnait pour excuse qu'il n'avait pas de barques, Mahmoud se mit à en faire construire. Puis ne trouvant aucun moyen d'arriver à justifier la mort du caïd Ahmed-ben-El-Haddâd, il le révoqua de ses fonctions pour les donner au caïd Ahmed-ben-'Atiya. Il agit ainsi parce que, d'une part, Ben-Atiya et Ben-El-Haddâd étaient ennemis l'un de l'autre et que, d'autre part, ce dernier était l'ami du pacha Djouder. C'était donc surtout la haine qu'il avait contre Djouder qui avait guidé le pacha Mahmoud-ben-Zergoun dans cette circonstance.

Mahmoud décida ensuite de marcher contre Askia-Ishâq. Il s'occupa tout d'abord de se procurer des barques, car le directeur du port, Mondzo-El-Fa'-ould-Zerka, les avait toutes emmenées lors de sa fuite du côté de Binka, lorsque Askia-Ishâq avait mandé aux habitants de Tombouctou d'évacuer cette ville. On coupa donc les grands arbres qui se trouvaient dans l'enceinte de la cité, on les transforma en planches, puis on arracha tous les grands vantaux (١٤٦) des portes des maisons et en assemblant le tout on construisit deux barques. La première de ces barques fut lancée dans le Fleuve le vendredi, 3 du mois sacré de dzou 'l-qaada de cette année

(23 août 1591); la seconde fut lancée un vendredi également, le 17 du même mois (6 septembre).

Le lundi, 20 de ce mois (9 septembre), Mahmoud à la tête de toutes ces troupes sortit de la ville; il avait avec lui Djouder le pacha révoqué et tous les caïds, sauf le caïd El-Mostafa-Et-Torki qu'il délégua à la garde de Tombouctou avec l'amin Hammou-Haqq[1]-Ed-Der'i. On campa hors des murs de la ville du côté de l'est et on resta là jusqu'à la fin du mois ; puis on se remit en route le samedi, 2 du mois sacré de dzou 'l-hiddja, le dernier mois de l'année 999 (24 septembre 1591).

Mahmoud campa d'abord à Mosa-Banko ; de là il alla camper ensuite à Sihinka où il séjourna pour y faire la prière de la fête des sacrifices[2]. Il fit alors demander au cadi Abou-Hafs-'Omar de lui envoyer quelqu'un pour présider à cette prière et le cadi lui envoya l'imam Sa'ïd, fils de l'imam Mohammed-Kidâdo. Celui-ci dirigea la prière de la fête et Mahmoud lui assigna ensuite le poste d'imam dans la mosquée de la casbah, poste que Sa'ïd conserva jusqu'à l'époque où il mourut.

Après la fête, Mahmoud reprit sa marche pour aller combattre Askia-Ishâq. Celui-ci, qui était alors au Bornou, ayant appris la venue de l'ennemi, se porta à sa rencontre. Les deux adversaires se rencontrèrent à Banba, le lundi, 25 du mois précité (14 octobre 1591), et la bataille s'engagea près de la colline de Zenzen. Défait de nouveau par le pacha Mahmoud, Askia-Ishâq s'enfuit en complète déroute. Parmi les personnes de son armée qui succombèrent ce jour-là se trouvait le Fàri-Mondzo Yenba-ould-Saï-Oulo, dont la mère était une princesse. Askia-Ishâq lui donna pour successeur San-ould-Askia-Daoud.

1. On a vu ci-dessus qu'il faut lire Hammou-ben-Abd-el-Haqq.
2. Fête qui a lieu le 10 du mois de dzou 'l-hiddja.

Après cette nomination. qui fut la dernière de son règne, Askia-Ishâq se dirigea vers le pays de Dendi et campa à Karaï-Gourma. Au cours de la défaite qu'on venait de subir, le Balama' Mohammed-Kâgho, fils de Askia-Daoud, fut atteint d'une balle et devint gravement malade. Askia-Ishâq lui enjoignit alors de se tenir dans un poste avancé[1] qu'il lui désigna, tandis qu'il assignait au Baraï-Koï Malki (ۑ ﺕ ﻭ) un autre poste de même nature. Le Baraï-Koï Malki reçut en outre l'ordre de diriger une expédition contre les Peuls établis à Onso'o, ce qui fut fait.

Dans le poste où il était, le Baraï-Koï Malki avait avec lui un certain nombre de frères de l'Askia-Ishâq que celui-ci avait révoqués de leurs fonctions au cours de l'expédition de Tonfina à cause de la lâcheté dont ils avaient fait preuve à ce moment. Craignant que ses frères ne s'enfuissent et allassent rejoindre l'ennemi, Askia-Ishâq écrivit au Baraï-Koï de les incarcérer, mais ceux-ci ayant eu vent de la chose prirent la fuite dans la direction de Kâgho. Parmi eux figuraient entre autres : Ali-Tondi, Mahmoud-Forâro-Idji, Borhom, Selimân, tous fils du prince Askia-Daoud. Le pacha Mahmoud-ben-Zergoun, avec son armée, les poursuivit jusqu'à Koukiya; puis arrivé en cet endroit il y campa.

Au moment où il battait en retraite, à la suite de sa seconde défaite, Askia-Ishâq avait envoyé à Tombouctou un de ses agents. Celui-ci arriva dans cette ville le vendredi soir, 1er du mois de moharrem, le mois initial de l'an 1000 de l'hégire du Prophète (que la meilleure des bénédictions et le plus parfait des saluts soient sur l'auteur de cette hégire!) (19 octobre 1594), et raconta ce qui s'était passé entre son maître et le pacha Mahmoud. Comme il arrivait à Tombouctou le fait suivant venait de s'y passer.

---

1. Le mot employé ici désigne d'ordinaire les postes établis sur les frontières pour surveiller l'ennemi et empêcher toute agression.

Le Tombouctou-Mondzo, Yahia-ould-Bordam, accompagné de ses partisans et des Zaghrâniens habitant Yoroua, était venu attaquer le caïd El-Mostafa-Et-Torki. Il arriva sous les murs de la ville le jeudi, 21 du mois sacré de dzou'l-hiddja qui termina l'année 999[1] (10 octobre 1591); il avait juré, paraît-il, d'entrer dans la casbah par la porte de Kabara et d'en sortir par la porte du Marché. Ce Yahia, qui était le plus stupide et le plus ignorant des hommes, à peine arrivé sous les murs de la casbah, fut atteint d'une balle et succomba le jour même dans la soirée. Sa tête fut aussitôt coupée, mise au bout d'une perche et promenée par toute la ville. Un héraut suivait, criant à haute voix : « Gens de Tombouctou, cette tête est celle d'un mondzo de votre ville. Quiconque d'entre vous ne se tiendra pas tranquille subira un sort pareil à celui de ce mondzo. » Puis les soldats marocains, le visage pourpre de colère, se mirent à dégainer (١٤٨) et à frapper à toute heure les gens qu'ils rencontraient, ce qui alluma le feu de la révolte.

Revenons maintenant à la fin du récit des faits qui se passèrent entre le pacha Mahmoud-ben-Zergoun et les gens de Songhaï dans ces régions. Mahmoud était campé à Koukiya; il avait avec lui 174 tentes, chaque tente contenant 20 fusiliers, ce qui donnait un effectif total d'environ 4000 fusiliers[2]. C'était là une armée considérable telle que personne ne pouvait lui résister ou la mettre en fuite, à moins d'être secouru ou aidé par le Très-Haut.

Askia-Ishâq envoya alors 1.200 cavaliers choisis parmi les plus braves de son armée et parmi ceux qui n'avaient jamais tourné le dos devant l'ennemi. Il mit à leur tête le

1. C'est par erreur que le ms. C dit 1099.
2. A cette époque l'organisation de l'armée marocaine avait été copiée sur celle des Turcs. En campagne les soldats étaient groupés par escouades de 20 hommes qui occupaient une même tente. Il est à peine besoin de faire remarquer que l'effectif était de 3.480 hommes et non de 4.000 hommes.

Hi-Koï Laha-Sorkiyâ, homme du plus grand courage et de plus haute vaillance, et lui enjoignit d'attaquer l'ennemi s'il trouvait une occasion de le surprendre à l'improviste.

Peu de temps après avoir quitté l'Askia, cette troupe fut rejointe par le Balama' Mohammed-Kâgho qui avait avec lui une centaine de cavaliers. Comme le Hi-Koï demandait au Balama' pourquoi il venait le rejoindre, celui-ci répondit : « C'est l'Askia qui m'a donné l'ordre de te suivre. — C'est un mensonge et une défaite, répondit le Hi-Koï. Il n'est pas un, grand ou petit, qui ne sache qu'un Balama' ne saurait surveiller un Hi-Koï. Certes il n'est pas permis qu'il en soit ainsi ; mais tout ceci, ô fils de Daoud, n'est dû qu'à vos déplorables habitudes et à vos vils caractères qui vous font ambitionner le pouvoir. » Là-dessus le Hi-Koï Laha s'éloigna avec les personnages de sa suite.

Dauda-Kouro, fils du Balama' Mohammed-Della-Kobronki, sortit alors des rangs du groupe et se dirigea du côté du Hi-Koï. « O Dauda, lui dit le Hi-Koï, tu veux donc me tuer, comme ton père a tué Mousa, le Hi-Koï de Askia-Daoud ! Tu ne le pourras certes pas, car je suis plus brave que le Hi-Koï Mousa et ton père valait beaucoup mieux que toi. Par Dieu ! si tu t'approches de moi, je t'éventre et ferai traîner tes entrailles sur le sol. » Dauda retourna aussitôt dans le groupe d'où il était sorti.

Tout le monde fut plus que jamais convaincu du courage et de la vaillance du Hi-Koï Laha et reconnut qu'il avait eu raison de déclarer qu'il était supérieur en bravoure au Hi-Koï Mousa (١٤١). C'était en effet le plus brave des hommes de son époque. Puis Laha retourna vers Askia-Ishâq et lui raconta ce qui s'était passé. Peu de temps après cela le groupe dont il a été parlé ci-dessus prêta serment de fidélité à Mohammed-Kâgho et le proclama Askia.

A cette nouvelle Askia-Ishâq se prépara à partir pour le

canton de Kobbi; dès qu'il voulut se mettre en route les chefs des troupes qui avaient été sous ses ordres mirent la main sur tous les insignes et les emblèmes de la royauté, puis ils accompagnèrent le prince jusqu'à un endroit appelé Târa : là ils se séparèrent. Le prince leur demanda pardon et eux de leur côté implorèrent sa clémence, puis il se mit à pleurer et tous fondirent en larmes. Ce fut la dernière entrevue qu'il eut avec eux.

Le Créateur, — et nul ne peut résister à ses ordres, ni s'opposer à ses décisions, — voulut que Askia-Ishâq se rendît à Tonfina chez les païens du Gourma, qu'il avait combattus l'année précédente. Personne des gens du Songhaï ne l'accompagna dans sa retraite, sauf le Yaï-Farma Bana-Idji et quelques-unes des personnes de son entourage. Ishâq ne demeura pas longtemps parmi les païens du Gourma, car ceux-ci le mirent bientôt à mort lui, son fils et toute sa suite, en sorte que tous moururent martyrs (Dieu leur fasse miséricorde et leur pardonne!).

Parmi les traits du caractère de Askia-Ishâq il faut citer sa générosité; il répandait en dons des sommes considérables. Il avait demandé aux docteurs et aux faqîrs de prier le Ciel pour que Dieu ne le fît pas mourir tandis qu'il serait au pouvoir. Ce désir, Dieu le réalisa en sa faveur. Il mourut, si je ne me trompe, dans le mois de djomada II de l'an 1000 (15 mars-18 avril 1592).

CHAPITRE XXII

ASKIA-MOHAMMED-KAGHO. — ASKIA-NOUH. — RÉVOLTE DE DIENNÉ.

L'armée revint ensuite auprès de Askia-Mohammed-Kâgho. Quand la cérémonie de la prestation du serment de fidélité eut pris fin, le prince envoya l'ordre de mettre en liberté ses deux frères, le Fâri-Mondzo, Thafa, et le Bental-Farma, Nouh. Ces deux fils de Daoud avaient été internés dans le pays de Dendi par leur frère Askia-Mohammed-Bâno. Quant à ses autres frères, fils de Askia-Daoud, ils commencèrent aussitôt (١٠٠) à prendre la fuite et se réfugièrent auprès des Marocains.

Le premier qui se réfugia auprès de l'ennemi fut le Da'a-Farma révoqué, Seliman, fils de Askia-Daoud; il alla trouver le pacha Mahmoud qui lui fit bon accueil. Cet événement inspira des craintes à Askia-Mohammed-Kâgho qui envoya demander de prêter serment de fidélité au sultan Maulay Ahmed. Son secrétaire, Bokar-Lanbâro, fut chargé de cette mission qui fut couronnée de succès.

A ce moment la disette se fit sentir dans l'armée du pacha et l'on en vint à manger les bêtes de somme. Mahmoud fit alors mander à Askia-Mohammed-Kâgho de lui venir en aide et de lui envoyer des aliments quelconques. Le prince donna l'ordre de moissonner toutes les céréales qui pouvaient l'être à ce moment du côté du Haousa : c'était du millet blanc que l'on expédia aussitôt aux Marocains.

Peu après, le pacha Mahmoud fit dire à l'Askia de se rendre auprès de lui pour prêter serment de fidélité. Comme le prince allait se mettre en route, il en fut détourné par les gens avisés de son entourage et, entre autres, par le Hi-Koï Laha. « Pour moi, dit ce dernier, je n'ai pas confiance en ces gens-là. Si tu es absolument décidé à te rendre auprès du pacha, tu devras envoyer chacun de nous isolément l'un après l'autre. Si vous le désirez je m'y rendrai moi-même le premier. Si on me tue, il ne vous arrivera aucun mal et j'aurais été en quelque sorte votre rançon; si j'échappe à tout danger, alors que les autres personnages agissent comme moi et ce sera toi enfin, prince, qui seras le der-

CHAPITRE VINGT-DEUXIÈME

nier à venir. Les Marocains ne pourront alors te faire aucun mal puisque cela ne saurait en rien leur servir. »

Cet avis ne fut pas approuvé par le secrétaire Bokar-Lanbâro et tout le monde se mit en route à la fois. Quand on fut à une faible distance des Marocains, Askia-Mohammed-Kâgho fit demander une audience au pacha Mahmoud qui expédia aussitôt quarante des notables et principaux chefs de l'armée à sa rencontre. Ces personnages n'avaient ni équipement, ni armes, aussi le Hi-Koï Laha engagea-t-il ses compagnons à les tuer en disant : « Faisons disparaître tous ces dignitaires et l'armée marocaine n'aura plus aucun chef. » Askia-Mohammed-Kâgho se préparait à suivre ce conseil lorsque, voyant cela, le secrétaire Bokar jura au prince qu'il ne trouverait auprès du pacha Mahmoud autre chose qu'une sécurité absolue sous la protection et la sauvegarde de Dieu. Le prince écouta ces paroles et agit en conséquence.

Quand les dignitaires marocains furent en présence de l'Askia, ils le saluèrent et lui transmirent les salutations du pacha Mohammed avec ses souhaits de bienvenue ; puis ils se mirent en marche précédant l'Askia et ses compagnons. Le pacha, qui avait déjà dressé ses filets de perfidie et de trahison, avait fait préparer un excellent repas. A peine avait-on commencé de manger qu'on se saisit du prince et de ceux qui avaient pénétré avec lui (١٠١) dans la tente du pacha Mahmoud et qu'on les dépouilla de leurs armes.

Les gens du Songhaï, qui se trouvaient derrière les tentes, ayant eu vent de ce qui venait de se passer, prirent aussitôt la fuite. Ceux d'entre eux que la volonté divine avait décidé d'épargner se tirèrent d'affaire, mais ceux dont la mort avait été prédestinée succombèrent sous les coups de sabre ou sous le feu des mousquets.

Parmi ceux qui réussirent alors à s'échapper se trouvait :

'Omar-Kato, fils du Kormina-Fâri, Mohammed-Benkan, fils du prince Askia-Daoud. Enfourchant le cheval de Askia-Mohammed-Kâgho, il s'enfuit et, grâce au Ciel, il échappa aux nombreuses balles qui furent tirées contre lui. Haroun-Dankataba, fils de Askia-Daoud, réussit également à prendre la fuite et à se tirer d'affaire. Blessé de douze coups de sabre, il se jeta dans le Fleuve et le traversa à la nage. Mohammed-Sorko-Idji, fils du prince Askia-Daoud, ainsi que d'autres personnages purent également se sauver.

Quant à Askia-Mohammed-Kâgho, il fut chargé de chaînes de fer, ainsi que dix-huit personnages d'importance, entre autres : le Hi-Koï Laha ; le Kormina-Fâri Mohammed, fils du prince Askia-Isma'îl, fils du prince Askia-El-Hâdj-Mohammed ; le Fâri-Mondzo, San, fils du prince Askia-Daoud ; le Dendi-Fâri El-Mokhtâr ; le Kouma-Koï, etc.

Le pacha envoya tous ces personnages à Kâgho ; il les adressa au caïd Hammou-Barka, qu'il avait nommé son lieutenant dans cette ville, et lui enjoignit de les mettre en prison dans une des pièces du palais du souverain. Ensuite il donna l'ordre de les faire périr et tous furent écrasés sous les murs de la pièce où ils avaient été enfermés. Il y furent ainsi enterrés à l'exception d'un seul, le Hi-Koï Laha ; comme, lors de l'entrée des Marocains à Kâgho, il avait cherché à empêcher ses compagnons d'aller au-devant de la mort, il fut tué et mis en croix à Kâgho.

'Ali-Tendi et Mahmoud-Forâro-Idji, tous deux fils du prince Askia-Daoud, qui avaient pris la fuite, s'étaient rendus à Kâgho. Arrivés dans cette ville, ils allèrent trouver le khatib Mahmoud-Darâmi et le saluèrent. Puis, comme celui-ci leur demandait pourquoi ils étaient venus, ils répondirent qu'ils voulaient faire leur soumission au pacha Mahmoud. Le khatib les détourna de ce projet et les engagea vivement à retourner auprès de leurs frères et concitoyens. « Notre père, répondirent-ils, serait encore vivant (١٥٢) et nous donnerait ce conseil que nous ne le suivrions pas ; à plus forte raison ce conseil émanant d'un autre que lui. » Les deux personnages s'étant rendus auprès du caïd Hammou-Barka et lui ayant fait part de leur dessein, celui-ci écrivit au pacha Mahmoud pour l'en aviser. Le pacha donna l'ordre de les interner, puis quand il eut pris Askia-Mohammed-Kâgho, il enjoignit au caïd de les mettre à mort, ce qui fut fait.

Seliman, fils du prince Askia-Daoud, avait été chargé de chaînes en même temps que les autres personnes arrêtées ; mais des gens avisés ayant parlé de lui au pacha, celui-ci lui rendit la liberté. Seliman resta auprès des Marocains avec quelques autres personnages peu nombreux, parmi lesquels se trouvaient entre autres : le Bâraï-Koï Malki, Mohammed-ould-Benchi, Mohammed-Mauri-Koï, dont la mère était la fille du prince Askia-Daoud. Quant à Mohammed-ould-Benchi, Benchi était le nom de sa mère qui était issue de ʿOmar-Komzàgho ; son père était Mohammed-ben-Masouso, fils du Balamaʿ Mohammed-Kiraï.

Le pacha Mahmoud traita Seliman avec les plus grands égards et alla jusqu'à le nommer Askia. Le nombre des personnes arrêtées par le pacha Mahmoud en même temps que Askia-Mohammed-Kâgho était de quatre-vingt-trois, tant fils de princes que personnages d'une moindre condition. A ce moment l'armée marocaine se trouvait à Tenchi, nom d'une localité voisine de la ville de Koukiyâ.

On rapporte que le prince Askia-El-Hâdj-Mohammed ben-Abou-Bekr, après avoir vaincu Sonni-ʿAli et s'être emparé du pouvoir souverain, avait, dans la même localité, arrêté un nombre égal des enfants et des serviteurs du Sonni et cela après leur avoir accordé l'aman sous la foi du serment. Dieu, le Fort et le Puissant, voulut que ce manque de foi fût ainsi vengé finalement dans les mêmes conditions.

Suivant certains récits, Askia-Mohammed-Kâghô ne demeura pas en ce monde plus de quarante jours après la mort de Askia-Ishâq. Ces deux princes n'ont donc pas tardé à se réunir dans l'autre monde. Gloire au Vivant, à l'Éternel dont le règne ne cessera jamais et dont la durée n'aura point de limites !

Lorsque Mohammed-Kâgho avait envoyé l'ordre d'élargir de prison ses deux frères, le Fâr-Mondzo El-Mostafa et le Bental-Farma Nouh, ce dernier plus jeune que le premier, ces deux personnages avaient éprouvé la joie la plus vive, et avaient résolu, quand ils rejoindraient le prince, de lui témoigner la plus grande déférence en marchant à pied devant lui quand il monterait à cheval. Mais, en route, ils apprirent la triste nouvelle de l'arrestation du prince et de ses courtisans. Ils revinrent alors sur leurs pas (١٠٢) et retournèrent au pays de Dendi.

Les gens du Songhaï se groupèrent autour des deux frères et décidèrent, d'accord avec Nouh, d'élever au souverain pouvoir le Fâr-Mondzo El-Mostafa et de lui donner le titre d'Askia. « Non, répondit El-Mostafa, Nouh est plus digne que moi de ces fonctions, car il est plus favorisé du Ciel. Or Dieu place sa faveur là où Il le veut, sans tenir compte de l'âge ou de la jeunesse. »

On prêta donc serment d'obéissance à Nouh et tous les gens du Songhaï qui avaient pris la fuite dans une autre direction vinrent le rejoindre ; il ne lui restait plus à désirer que la présence de Mohammed-Mauri et de Mohammed-ould-Benchi qui étaient restés chez le pacha Mahmoud ; mais bientôt Dieu leur permit de s'échapper et ils vinrent alors le retrouver. Le Bâraï-Koï Malki réussit également à s'échapper ; Askia-Nouh éprouva une joie très vive de l'arrivée de tous ces personnages qui étaient sains et saufs et il en témoigna sa reconnaissance au Très-Haut. « Maintenant, s'écria-t-il, il ne me reste aucun souhait à formuler, du moment que ces deux hommes m'ont rejoint. »

De son côté le pacha Mahmoud investit Seliman des fonctions d'Askia sur les gens du Songhaï qui se trouvaient avec lui.

Dans le peuple on racontait que c'était le secrétaire Bokar-Lanbâro qui avait trahi Mohammed-Kâgho et ses compagnons, les avait vendus au pacha Mahmoud et avait ainsi permis à ce dernier de s'emparer d'eux. Après tous ces événements, Bokar, qui était allé habiter Tombouctou, dit un jour à un de ses amis : « On m'accuse de trahison et pourtant, j'en prends Dieu à témoin, il n'en est rien. Je n'ai donné à Mohammed-Kâgho d'autre conseil que celui qui m'avait été inspiré par Dieu, en m'appuyant sur ce que Mahmoud m'avait assuré sous la foi du serment et en me fiant à ses paroles. Lui seul a été un traître et il m'a trahi en même temps qu'il trahissait Mohammed-Kâgho. Bientôt nous nous retrouverons tous en présence du Dieu très-haut, et à ce rendez-vous la vérité se fera jour. »

Après avoir préparé ses troupes, le pacha Mahmoud se mit à la poursuite de Askia-Nouh et le rejoignit à l'extrémité du pays de Dendi. L'action s'engagea et les gens du pays de Kanta entendirent le bruit de la fusillade pendant une journée entière.

Nouh s'installa tout d'abord avec ses compagnons dans la ville de Koʻrâou sur les confins du pays de Melli du côté où ce pays touche au territoire de Kanta. Le pacha Mahmoud continua la poursuite commencée, et, au cours de cette expédition, il bâtit une casbah dans la ville de Kolen où il installa une garnison de deux cents fusiliers sous le commandement (١٥٤) du caïd 'Ammâr-el-Feta.

Durant deux années entières la guerre continua dans ces régions, entre le pacha et Nouh. Des rencontres nombreuses et sanglantes se produisirent entre les deux armées. Un jour que le pacha poursuivait Nouh, il arriva avec ses troupes dans un immense et vaste bas-fonds. Tandis que les Marocains suivaient leur route ils arrivèrent à une grande forêt très touffue que traversait le chemin. Le lieutenant-général Ba-Hasen-Feriro, qui était un homme avisé et prudent, ayant brusquement arrêté son cheval, le pacha envoya mander Ba-Hasen et, outré de colère, il blâma sa lâcheté en termes violents, en lui demandant pourquoi il s'arrêtait ainsi.

Quand Ba-Hasen arriva près du pacha il lui dit : « Par Dieu! si je savais qu'un seul des poils de mon corps se fût agité de crainte ou de terreur, je l'arracherai sur-le-champ. Mais ce que je ne veux pas c'est exposer les troupes de notre maître le sultan à aucun danger, à aucune surprise. » Puis il ordonna de lancer des *dirbâch*[1] dans la forêt. Aussitôt que cela eut été fait, on vit des hommes sortir de la forêt et prendre la fuite ; une vive fusillade en tua un grand nombre.

Askia-Nouh avait, en effet, disposé une embuscade dans cette forêt parce qu'il savait que l'armée marocaine ne pouvait suivre une autre route. Il espérait la faire tomber dans ce guet-apens, mais Dieu, le Très-Haut, fit échouer ce stratagème traître et perfide et sauva l'armée marocaine grâce à la perspicacité du lieutenant-général Ba-Hasen-Feriro.

Pénétrant ensuite dans la forêt, l'armée marocaine la franchit sans encombre. De nombreux et terribles combats s'engagèrent dans cette région. Malgré le petit nombre de ses partisans Askia-Nouh obtint des résultats que Askia-Ishàq n'eût pas réussi à atteindre avec des forces plus considérables, même cent fois plus grandes.

Le jour de la bataille de Birnaï le pacha Mahmoud perdit quatre-vingts hommes de ses meilleurs fantassins qui furent

---

1. Ce mot signifie en turc bâton, verge d'huissier. Il faut sans doute l'entendre ici dans le sens de fusée ou projectile muni d'une baguette.

CHAPITRE VINGT-DEUXIÈME

tués. Quelqu'un, en qui j'ai toute confiance, m'a raconté qu'après la bataille, Mahmoud vint examiner ceux qui étaient morts et qu'il donna l'ordre (١٠٠) de dénouer les ceintures qu'ils portaient sur le ventre. Toutes ces ceintures étaient pleines de dinars frappés[1] que le pacha Mahmoud s'appropria en totalité.

Les troupes marocaines souffrirent beaucoup de leur long séjour dans ce pays et furent très gravement éprouvées par des fatigues qu'elles endurèrent, par le manque de vivres, par le dénûment dans lequel elles se trouvèrent et par les maladies que leur causa l'insalubrité du pays. L'eau attaqua les intestins des hommes, provoqua la dysenterie et en fit mourir un très grand nombre en dehors de ceux qui périrent dans les combats.

Au début c'était Askia-Nouh qui conduisait lui-même ses troupes au combat, mais plus tard il chargea de ce soin Mohammed-ould-Benchi. Ce fut donc à ce dernier qu'incomba la responsabilité des opérations militaires, et il accomplit dans cette circonstance nombre d'actions glorieuses et de faits d'armes retentissants.

Comme le pacha Mahmoud rencontrait de grandes difficultés dans cette région, il écrivit à son souverain Maulay Ahmed pour se plaindre des terribles épreuves qu'il avait à subir et lui annoncer que toute sa cavalerie avait péri. Le sultan du Maroc envoya environ six corps d'armée qui, l'un après l'autre, vinrent faire leur jonction avec les troupes que le pacha commandait dans ces régions. Parmi ces colonnes de renfort se trouvaient : la colonne du caïd ʿAli-Er-Râchedi, celle des trois caïds Ben-Dahmân, ʿAbdelaziz-ben-Omar et ʿAli-ben Abdallah-El-Telemsâni; celle de ʿAli-El-Mechmâch, etc.

---

1. En se servant de cette expression l'auteur a sans doute voulu montrer que les soldats marocains gardaient tout l'argent de leur solde qui était en monnaie d'or et qu'ils se procuraient ce dont ils avaient besoin sans bourse délier.

Malgré tout cela, Mahmoud rentra à Tombouctou sans avoir vaincu Nouh, comme il l'espérait.

Revenons maintenant à la lutte qui s'était engagée entre les habitants de Tombouctou et le caïd El-Mostafa-Et-Torki, après la mort du Tombouctou-Mondzo Yahya. Comme les soldats marocains avaient blessé bon nombre de gens, les notables allèrent se plaindre au jurisconsulte, le cadi Abou-Ḥafṣ-'Omar, fils du saint de Dieu, le jurisconsulte, le père des bénédictions, le cadi Mahmoud-ben-'Omar. Ce magistrat consulta sur ce point les gens de bon conseil. Les uns furent d'avis qu'il fallait repousser l'ennemi par les armes si les circonstances le permettaient; d'autres, au contraire, estimèrent qu'il était préférable de s'abstenir de toute violence, leur situation pitoyable ne pouvant que s'aggraver par la résistance.

Le cadi 'Omar avait alors pour huissier Amar[1] qui était le plus scélérat des hommes de cette époque, bien que (١٥٦) le cadi ne s'en doutât point. Un soir, il expédia cet homme au chef des mulâtres, 'Omar-Ech-Cherif, fils de la fille du chérif Ahmed-Eṣ-Ṣeqli, et lui dit d'inviter celui-ci à faire annoncer immédiatement par le crieur public que les habitants eussent à bien veiller sur leurs personnes et à prendre les plus grandes précautions contre les Marocains.

Au lieu de transmettre ces paroles, Amar dit au chef des mulâtres que le cadi lui enjoignait de donner l'ordre aux habitants de se soulever pour combattre les Marocains. Cet ordre fut donné la nuit même et le lendemain matin toute la population était en armes prête à combattre le caïd El-Mostafa. La lutte commença dans la première décade du mois de moharrem, le premier mois de l'année 1000 (19-29 octobre 1591) et dura jusqu'à la première décade du mois de rebi' Ier (17-27 décembre 1591).

1. Ce nom ne figure pas dans le ms. C.

CHAPITRE VINGT-DEUXIÈME

Durant ces jours de troubles, il périt de part et d'autre nombre de gens dont Dieu avait décidé la mort. Parmi eux on cite Ould-Kirinfil, celui qui avait été la cause de la venue de l'armée de Djouder. Il était arrivé avec cette armée et était resté à Tombouctou avec le caïd El-Mostafa; il fut tué dans un des combats par les habitants de Tombouctou.

Aousenba-Et-Targui[1], le Maghcharen-Koï, était venu avec ses hommes au secours de El-Mostafa. Ces Touareg mirent le feu à la ville, le vendredi, 14 du mois ci-dessus indiqué, et ils recommencèrent le lendemain. Ce fut un jour terrible pour les habitants de Tombouctou. Les Touareg s'approchèrent des maisons du cadi 'Omar pour y mettre le feu. Une des filles de ce magistrat accourut aussitôt auprès de son père et lui dit : « Aousenba s'est avancé dans son attaque jusqu'à la porte de la maison de Elfa'-'Abdo[2]. » Cet Elfa'-'Abdo était le jurisconsulte Abdallah, frère du cadi et fils du jurisconsulte Mahmoud. « Que Dieu, le Très-Haut, s'écria alors le cadi, fasse qu'une incursion arrive jusqu'à la porte de la maison d'Aousenba et que le plus vil des êtres le dompte et lui fasse un affront pareil à celui qu'il nous fait! »

Ce vœu fut exaucé : une expédition de Touareg Kel-Amini arriva jusqu'à la tente de Aousenba; l'un d'eux y pénétrant le tua; or ce meurtrier était le plus infime de ces Touareg. Cela se passa le dimanche, 22 du mois de châoual de l'année 1005 (8 juin 1597). Aousenba avait été élevé dans la famille du cadi; il y avait fait ses études et, devenu grand, il avait été traité comme un enfant de la maison. Plus tard il se conduisit comme il vient d'être dit avec traîtrise et perfidie (Dieu nous préserve d'une telle hypocrisie (١٥٧) et d'une aussi triste fin!).

---

1. « Et-Targui » signifie « le Touareg »; ce mot pourrait ne pas faire partie du nom et être une simple épithète.
2. Ce mot 'Abdo est ici l'abréviation de Abdallah.

(*Histoire du Soudan.*)

L'affaire de la grande mosquée eut lieu le jeudi, 4 du mois de safar l'excellent (21 novembre 1591). Les gens sortirent pour abattre les maisons le mercredi, 24 du mois qui vient d'être cité (9 décembre 1591). Ce fut le vendredi, 26 du même mois (11 décembre 1591), qu'arriva Barâî-Chîgho pour s'occuper de l'argent que l'Askia devait remettre à Djouder pour la conclusion de la paix ; il quitta Amazagha pour se rendre à Tenbahouri le jeudi, 9 du mois de rebi' Ier (25 décembre 1591).

Le pacha Mahmoud fut informé de ce qui s'était passé entre les habitants de Tombouctou et le caïd El-Mostafa ; il apprit que des combats avaient eu lieu, que El-Mostafa et ses compagnons étaient assiégés dans le casbah et la nouvelle lui en fut apportée par Mâlek, le père de Mohammed-Dara, que le caïd lui avait envoyé. Le pacha expédia aussitôt le caïd Mâmi-ben-Barroun à la tête de 324 fusiliers, pris deux par deux dans chacune des tentes. Avant d'arriver à Tombouctou, aucun de ces hommes ne fut mis au courant de ce qui s'était passé.

Mâmi avait reçu pour instructions d'arranger les choses avec les habitants de Tombouctou dût-il les faire périr jusqu'au dernier. C'était un homme intelligent, adroit et ingénieux. Il arriva avec ses hommes durant la douzième nuit de rebi' Ier, la nuit même de la nativité du Prophète (27 décembre 1591). Une grande terreur se répandit aussitôt dans la ville et beaucoup de personnes se jetèrent dans les déserts et les solitudes.

Le caïd Mâmi réconcilia le caïd El-Mostafa avec la population de Tombouctou. Ce fut une grande joie pour tout le monde. Tous ceux qui avaient fui la ville y rentrèrent ; de ce nombre fut le commandant du port, Mondzo-Elfa'-ould-Zauka, qui ramena avec lui toutes les embarcations. A la suite de cette réconciliation, les habitants de la ville prêtèrent serment de fidélité au sultan Maulay Ahmed. Les routes s'ouvrirent de nouveau dans toutes les directions; chacun reprit ses occupations et quiconque le voulut put aller à Dienné ou ailleurs.

Puis se mettant en marche contre les Zaghrâni qui habitaient Yoroua, le caïd Mâmi fondit sur eux, tua leurs hommes et emmena leurs femmes et leurs enfants en captivité à Tombouctou où ils furent vendus (١٥٨) pour un prix variant de deux cents à quatre cents cauries.

Quelque temps après, le caïd El-Mostafa expédia à Dienné, dans l'embarcation de Zinka-Daradj, un seul sergent[1] qui avait mission de recevoir le serment de fidélité des habitants de cette ville. Ce sergent arriva juste au moment où mourait le Djinni-Koï Ouaïbo'ali. Le Djinni-Mondzo Bokarna[2], qui commandait la ville au nom de l'Askia, le cadi Benba-Kenâti, Chima et Tâkoro, les deux caïds du Djinni-Koï, les notables, les jurisconsultes et les négociants du pays écrivirent au caïd El-Mostafa et au caïd Mâmi qu'ils consentaient à prêter serment de fidélité.

Plus tard les caïds El-Mostafa et Mâmi envoyèrent le commandant[3] Abdelmalek avec dix-sept soldats pour nommer un Djinni-Koï. Ces fonctions furent confiées à Isma'ïl-ben-Mohammed qui les conserva pendant sept mois. Dieu permit à la petite troupe marocaine de s'emparer du coquin le plus abominable, Benkouna-Kendi, qui jetait alors le trouble dans toute la contrée. On l'amena aux Marocains qui le tuèrent dans la maison du Djinni-Koï, puis s'en retournèrent à Tombouctou.

Quant à Ouaïbo'ali, dont il a été question plus haut, son nom était Abou-Bekr-ben-Mohammed. Il avait occupé ses

---

1. Le mot du texte est *chaouch*.
2. Ou « Bokar », suivant le ms. C.
3. Ou « capitaine », le mot employé étant *raïs*.

hautes fonctions[1] durant trente-six ans. Il avait épousé Kâsa, la fille du prince Askia-Daoud, et celle-ci demeura sous sa puissance maritale tant qu'il vécut.

Le caïd Mâmi vint ensuite en personne à Dienné et logea dans la maison du Djinni-Koï; il donna le sultanat de Dienné à Abdallah-ben-'Otsmân et, après avoir réglé toutes les affaires de la ville, il rentra à Tombouctou. Pendant qu'il se rendait à Dienné, El-Hâdj-Bokar-ben-Abdallah-Kiraï-Es-Senâouï allait de son côté à Tombouctou. Il venait, avec le consentement des habitants de Dienné, demander au cadi 'Omar[2] la révocation du cadi Mohammed-Benba-Kenâti.

Le cadi 'Omar refusa énergiquement de déférer à ce désir et El-Hâdj-Bokar retourna donc à Dienné exaspéré; ayant rencontré le caïd Mâmi dans cette ville, il renouvela sa plainte au nom des habitants en assurant que leur cadi était un prévaricateur. En conséquence Mâmi révoqua le cadi Mohammed, qu'on enferma ensuite comme châtiment dans une maison dont on boucha la porte, ne laissant d'autre ouverture qu'une lucarne par laquelle on passait au prisonnier l'eau et la nourriture. Tous ceux qui ont connu exactement ce qui s'est passé à cette époque à Dienné et qui sont gens sensés prétendent que l'accusation portée contre le cadi était fausse (١٠٩). Le caïd Mâmi nomma aux fonctions de cadi de Dienné un marocain, Ahmed-El-Filâli.

Quand Mâmi fut de retour à Tombouctou, le Bâghena-Fâri, Bokar, fils de Askia-Mohammed-Benkan, arriva à Dienné venant du pays de Kala; il avait avec lui son fils Mârabâ, le fils de son frère, Chichi, Bindoko-Yâou-ould-Kersala et Ourar-Mondzo, ainsi qu'un petit groupe d'autres personnes. La petite troupe campa en face de Zoboro et, comme

---

1. Les fonctions de Djinni-Koï.
2. On voit par là que le cadi de Tombouctou était le grand-cadi du Soudan à cette époque.

l'eau à ce moment arrivait jusqu'au pied de la citadelle, elle demanda aux habitants de la ville la permission d'y pénétrer.

Ni le Djinni-Koï, ni le Mondzo-Koï ne voulurent donner cette autorisation, parce qu'ils craignaient que ces gens ne voulussent provoquer des troubles. Ceux-ci insistèrent vivement pour être admis dans la ville, assurant qu'ils étaient venus uniquement pour prêter serment d'obéissance au sultan Maulay Ahmed-Edz-Dzehebi. Alors les gens de la ville leur envoyèrent Habîb-Torfi qui apporta un exemplaire du Coran et le *Sahih* de El-Bokhâri et leur demanda de jurer sur ces livres qu'ils n'avaient d'autre but que celui qu'ils avaient indiqué.

Bokar et ses compagnons, ayant prêté le serment demandé, entrèrent dans la ville. Mais le lendemain soir, au commencement de la nuit, toutes les mauvaises têtes s'étant jointes à eux, ils modifièrent leurs intentions et convinrent de revenir sur leur serment de fidélité et de choisir un askia pour souverain. Parmi les personnes qui prirent part à cette réunion on peut nommer Mohammed-ould-Banyâti, Sori-Soti et Kankan-Dentoura.

Deux ou trois jours après cela, les conjurés s'emparèrent du Djinni-Mondzo, Bokarna, et pillèrent toutes les richesses que renfermait sa maison. Ils arrêtèrent également le cadi marocain[1], le chargèrent de chaînes et l'expédièrent dans la ville de Beled, une des villes du pays de Kala. Ensuite ils démolirent la maison dans laquelle on avait enfermé le jurisconsulte, le cadi Mohammed-Benba-Kenâti et, après avoir fait sortir le cadi de cette prison, ils lui intimèrent l'ordre de partir et d'aller dans n'importe quel pays il voudrait.

Rendu à la liberté, Mohammed-Benba se rendit chez le sultan de Ta'ba auprès duquel il demeura jusqu'à sa mort

---

1. Ahmed-El-Filâli.

(Dieu, le Très-Haut, lui fasse miséricorde, et, dans sa grâce et sa générosité, lui accorde son indulgence !). On assure que, pendant tout le temps qu'il resta enfermé, Mohammed-Benba s'occupa uniquement à lire (١٦٠) le livre sacré de Dieu et cela nuit et jour. On cite de lui le prodige suivant : Le jour où il sortit de prison on ne trouva pas dans toute la maison la moindre trace de déjections ni urine, ni excréments.

Ce jour-là on nomma cadi Mouri-Mousa-Dâbo qui fut maintenu dans ses fonctions par le Makhzen marocain après la fuite des rebelles. Ceux-ci décidèrent ensuite d'arrêter tous les négociants partisans du Makhzen et de confisquer leurs biens. Ils voulurent emprisonner, entre autres, Hâmi[1]-San-Sokar-Es-Senâouï qui était, dit-on, le plus considéré et le plus important des négociants.

Cette arrestation avait été décidée la nuit, pendant une veillée, dans la maison des rebelles. Quand Mohammed-ould-Benyâti et Sori-Soṭi sortirent de la maison, ils allèrent trouver Fedji-Mâbi, la femme de Hâmi, et lui annoncèrent la nouvelle en secret en lui donnant l'ordre de prévenir ce dernier. Fedji s'étant acquittée de la commission, Hâmi prévint son frère El-Hâdj-Bokar ; puis, ayant réussi à se procurer une petite embarcation, il partit secrètement à la faveur de la nuit, prenant dans sa fuite la direction de Tombouctou.

Le lendemain, la nouvelle de cette fuite ayant été connue, le Bâghena-Fâri envoya à la poursuite du fugitif et pour le ramener des gens qui montèrent l'embarcation du Fenfa[2] Bâmoʻaï-Fîri-Fîri. El-Hâdj-Bokar manda aussitôt le Fenfa chez lui et lui promit de l'argent pour qu'il ralentît la marche de son bateau de façon à laisser à son frère le temps d'arriver en lieu sûr. Le Fenfa accepta cette proposition.

1. Ou : Hâm.
2. Ce titre était celui du directeur du port.

Quand il fut en vue de la ville de Ouenzagha, Hâmi, dont la barque était à l'ancre, aperçut l'embarcation qui le poursuivait. Aussitôt il démarra précipitamment et redoubla de vitesse dans sa marche.

Quand les gens de la barque du Fenfa arrivèrent à Ouenzagha, ils s'informèrent du fugitif. Un Tombouctien, à qui Hâmi avait fait cependant beaucoup de bien, leur répondit : « A l'instant l'embarcation de Hâmi vient de démarrer ; continuez votre route et vous la rejoindrez à peu de distance d'ici. » Ouenzagha-Mouri[1], qui venait d'entendre ces paroles, s'avança aussitôt vers eux et leur dit : « Retournez sur vos pas ; les soldats marocains ont appris votre venue et ils se sont retirés dans la ville de Kouna pour vous y attendre et vous tuer. Dites au Bàghena-Fàri que c'est moi qui vous ai donné l'ordre de revenir sur vos pas. » Les poursuivants retournèrent alors en arrière. Grâce à Ouenzagha-Mouri, Dieu, le Très-Haut, écarta ainsi le malheur que (١٦١) le Tombouctien avait voulu attirer sur la tête de son bienfaiteur.

A ce moment, les rebelles, commirent à Dienné toutes les turpitudes et toutes les tyrannies qu'ils voulurent. Ce fut au point qu'un certain vendredi, à l'heure du dohor, alors que toute la population était réunie, dans la mosquée, ils se présentèrent à cheval devant la porte, leurs armes à la main et jurant que personne ne prierait tant qu'on n'aurait pas proclamé un askia et que l'imam n'aurait pas fait en chaire le prône[2] au nom de cet askia.

Comme les notables leur disaient que cela était impossible

---

1. Il est difficile de déterminer si c'est un nom de personne ou un titre équivalant à celui de chef de Ouenzagha.

2. On sait que l'imam doit faire chaque vendredi, à l'issu de l'office, une prière dans laquelle il prononce le nom du souverain. En demandant cette formalité les rebelles voulaient donner au chef qui aurait été choisi la consécration légale de son autorité.

et illégal, la loi religieuse ne permettant pas d'agir ainsi, ils devinrent encore plus insolents et plus grossiers. Cela dura jusqu'au moment du coucher du soleil. Alors les notables leur dirent : « Attendez que nous sachions ce qui s'est passé entre le pacha Mahmoud et l'askia : peut-être ce dernier a-t-il été vainqueur et, dans ce cas, les choses reviendraient au point où elles étaient primitivement[1]. » En entendant ces paroles, ils cessèrent leurs violences et la population put accomplir la prière du vendredi.

Hâmi arriva ensuite à Tombouctou et informa le caïd El-Mostafa de ce qui venait de se passer. Celui-ci décida aussitôt de faire en personne une expédition contre Dienné, mais le caïd Mâmi lui dit : « Demeurez ici dans votre casbah; je me charge de vous débarrasser de tout cela. » Puis il se mit en marche à la tête de trois cents hommes d'élite qu'il avait choisis.

Quand les Marocains furent près de la ville, le Djinni-Koï leur envoya Ṣalḥa-Tâfini et Tâkoro-Ansa-Mâni avec des noix de gourou, qu'ils devaient offrir au caïd en l'engageant vivement à hâter son arrivée. Le Sanqara-Koï, Boubo-Oulo-Bir, suivit les messagers et le Masina-Koï, Hammedi-Amina, se porta à la rencontre des Marocains à Douï[2]. On raconte que ce fut Habib-ould-Mohammed-Anbâbo qui avait écrit au Mâsina-Koï, au nom du caïd ʿAmmâr, de suivre le caïd Mâmi partout où il irait, de lui venir en aide, de le guider de ses conseils, et que c'est à cause de cela qu'il était venu promptement en personne à leur rencontre.

Le Bâghena-Fâri, qui avait appris la nouvelle du départ de ces envoyés, plaça aux portes des remparts des gardes qui eurent mission de les arrêter lors de leur retour. Ṣalḥa-Tâfini rentra à Dienné par la porte de Chima-Anzouma et

1. C'est-à-dire qu'ils auraient pour chef un askia comme ils le désiraient.
2. Ou : Douye.

CHAPITRE VINGT-DEUXIÈME

Dieu lui épargna tout mal de la part des gardes qui ne le virent point. Tàkoro, qui rentra par la porte du Grand Marché, fut arrêté et mis en prison pour être tué ensuite. Mais, le caïd Màmi ayant hâté son arrivée, le Bàghena-Fàri et ses compagnons, préoccupés (١٦٢) du soin de sauver leurs personnes, se hâtèrent de quitter la ville et s'enfuirent sans songer à Tàkoro. Dans leur fuite ils se dirigèrent vers la ville de Tîra.

Laissant dans la ville de Diennè une garnison de quarante soldats qu'il plaça sous les ordres de 'Ali-El-'Adjemi, le caïd Màmi poursuivit sans relâche les rebelles, ayant avec lui le Djinni-Koï, 'Abdallah, le sultan du Màsina et le sultan de Sanqara, Boubo-Oulo-Bîr, chacun d'eux avec ses propres troupes, et atteignit les fuyards dans la ville de Tîra. Là le combat s'engagea. Màraba[1] , le fils du Bàghena-Fàri, Bokar, s'étant approché, lança un javelot contre la barque dans laquelle se trouvait le caïd Màmi au milieu du Fleuve ; l'embarcation se fendit de proue en poupe, mais, en un clin d'œil, les mariniers, tout en restant sur le Fleuve, réparèrent cette avarie et maintinrent le navire en équilibre.

Le caïd réussit ensuite à mettre les rebelles en fuite et les dispersa de tous côtés. Le Bàghena-Fàri et ses enfants s'enfuirent vers le Bindoko et atteignirent la ville du Tàranida-Koï ; celui-ci s'empara d'eux, les mit à mort et envoya à Diennè la tête du Bàghena-Fàri, celle du Bindoko-Yaou et du Ourori-Mondzo et la main de Màraba. De Diennè toutes les têtes furent expédiées par les habitants de la ville à Tombouctou au caïd El-Mostafa et la main de Màraba fut suspendue derrière le château sur la route de Doboro.

Le Djinni-Koï, Abdallah, fit demander aux habitants de la ville de Diennè ce qu'étaient devenus le Mondzo, Bokarna, et le cadi El-Maghribi. Ils renvoyèrent au Djinni-Koï,

---

1. Ou : Mârba.

Mondzo Bokarna ; mais, pour le cadi, il se trouva qu'il venait de mourir peu auparavant (Dieu très haut lui fasse miséricorde !).

Quand le caïd Mâmi avait résolu de quitter Tombouctou pour accomplir l'expédition dont il vient d'être parlé, le caïd El-Mostafa avait donné l'ordre à Hâmi, qui avait apporté la nouvelle de la révolte, de partir avec l'armée. Mâmi se mit en route avec deux barques chargées de sel. Comme le sel faisait absolument défaut à Dienné quand il y arriva, il le vendit avec un bénéfice très considérable.

Le caïd Mâmi retourna ensuite à Tombouctou. L'ordre était rétabli et, dans toute la région, il n'y avait plus rien qui pût causer quelque inquiétude. Louanges en soient rendues à Dieu le grand, le très élevé. 'Ali-El-Adjemi conserva ses fonctions de chef de la ville de Dienné (que Dieu la garde !), et il fut le premier des fonctionnaires du Makhzen marocain qui administrèrent cette cité.

CHAPITRE XXIII (١٦٣)

LISTE DES CHEFS DE DIENNÉ. — LES TOUAREG ATTAQUENT TOMBOUCTOU

Le Djinni-Koï, Abdallah, dont il a été parlé ci-dessus, conserva ses fonctions durant dix ans ou, suivant quelques-uns, dix ans et deux mois. A sa mort, il fut remplacé par le Djinni-Koï, Mohammed-ben-Ismaïl. Après être resté à ce poste pendant seize ans et cinq mois, Mohammed fut révoqué par le pacha 'Ali-ben-Abdallah-Et-Telemsâni qui le fit en outre emprisonner à Dienné d'abord, où il resta une année, puis à Tombouctou où il resta deux ans. Pendant ces trois années il fut remplacé comme Djinni-Koï par Abou-Bekr-ben-Abdallah. Quand le pacha Ahmed-ben-Yousef prit son commandement il fit sortir Mohammed de prison et le rétablit dans ses fonctions de Djinni-Koï qu'il occupa de nouveau trois ans, après quoi il mourut un dimanche, vers midi, le 15 du mois de chaouâl de l'année 1029 (13 septembre 1620).

Mohammed mort, le Djinni-Koï qui lui succéda fut Abou-Bekr fils d'Abdallah dont il a été parlé ci-dessus. Il conserva le pouvoir pendant sept ans et mourut en l'année 1036 (22 septembre 1626-12 septembre 1627) à l'époque où le caïd Yousef-ben-'Omar-El-Qasri gouvernait Tombouctou.

Les fonctions de Djinni-Koï furent ensuite confiées à Mohammed-ben-Kanbara-ben-Mohammed-ben-Isma'ïl, qui les occupa dix-huit mois. Il fut ensuite révoqué et remplacé par le Djinni-Koï, Abou-Bekr-ben-Mohammed. Ce dernier, après avoir conservé son poste pendant trois ans, fut tué sans résistance [1] par le caïd Mellouk-ben-Zergoun. Cet événement eut lieu dans la soirée du jeudi, 13 du mois de djomada Ier de l'année 1042 (26 novembre 1632).

Mohammed-Kanbara, qui avait été révoqué, reprit ensuite ses fonctions de Djinni-Koï; il les conserva deux ans moins trois mois et fut de nouveau révoqué par le pacha So'oud-ben-Ahmed-'Adjeroud lorsque celui-ci vint à Dienné, le dernier jour du mois sacré de dzou'l-hiddja qui termina l'année 1043 (26 juin 1634). Le pacha lui donna pour successeur (١١٤) Abdallah-ben-Abou-Bekr-El-Meqtoul [2] qui entra en fonctions le 1er jour du mois sacré de moharrem commençant l'année 1044 (27 juin 1634). Abdallah resta à ce poste

1. L'expression arabe employée ici signifie littéralement « lié, attaché » de façon à ne pouvoir se défendre. Cependant le sens pourrait être : à brûle-pourpoint, sans aucun motif.
2. « El-Maqtoul » signifie « assassiné »; c'était, sans doute, un surnom qui avait été donné à Abou-Bekr après sa mort.

pendant huit ans moins deux mois et mourut dans la matinée du jour de la rupture du jeûne, le vendredi (1ᵉʳ chaoual) un des mois de l'année 1051 (3 janvier 1642). Les prières de ses funérailles furent faites au mosalla.

Le Djinni-Koï révoqué, Mohammed-Kanbara, exerça de nouveau les fonctions de chef de Dienné, pendant une année et trois mois. Puis, révoqué une seconde fois, il eut pour successeur son frère Isma'îl-ben-Mohammed-ben-Isma'îl qui fut élevé à cette dignité le lundi, 3 du mois de moharrem, le premier des mois de l'année 1053 (24 mars 1643); il conserva ses fonctions durant neuf ans et fut révoqué au mois sacré de moharrem le premier des mois de l'année 1062 (14 décembre 1651-13 janvier 1652). Son frère Ankeba'li-ben-Mohammed-ben-Isma'îl lui succéda et c'est encore lui qui à l'époque actuelle est Djinni-Koï.

Au moment où le caïd Màmi revint de son expédition contre le Bâghena-Fàri, Abou-Bekr-ould-El-Ghandàs, le Targui, se mit en route de Ras-el-Mà à Tombouctou pour y combattre le caïd El-Mostafa. Comme les Touareg s'approchaient de la ville, El-Mostafa fut très inquiet parce qu'il manquait absolument de cavalerie. Il n'y avait alors à Tombouctou qu'un seul cheval, c'était le sien. Il était donc en proie à une grande angoisse lorsqu'il reçut la nouvelle que le caïd 'Ali-Er-Ràchedi était arrivé à Bir-Takhonât à une journée de marche de Tombouctou. Or ce caïd avait avec lui 1.500 hommes d'infanterie, 500 cavaliers et 500 chevaux non montés. Ces renforts avaient été envoyés à la suite de la lettre adressée par le pacha Mahmoud[1], lettre dans laquelle il annonçait qu'il avait perdu tous ses chevaux dans le pays de Dendi.

Aussitôt (١٦٠) le caïd El-Mostafa expédia Amnira[2]-ould-El-

---
1. Il faut ajouter : au sultan du Maroc.
2. La lecture de ce nom est peu sûre.

CHAPITRE VINGT-TROISIÈME

Ghezzàli, afin de hâter le plus possible l'arrivée de ces chevaux; ce dernier les amena en temps voulu en sorte que, parmi les Marocains, la joie fit place à la tristesse. El-Mostafa se porta à la rencontre du Targui. Celui-ci venait d'arriver à Bir-Ez-Zobeïr dans la soirée, amenant avec lui tous ses compagnons touareg, un grand nombre de Sanhadji, porteurs de tresses[1] et des Zaghràni. Il avait également avec lui Màmi-ould-Amar-ould-Kobori et son frère Ahmed qui tous deux étaient venus habiter près de lui lorsqu'ils avaient fui de Tombouctou après l'affaire du caïd El-Mostafa.

La bataille s'engagea auprès du puits dont il vient d'être parlé. La première personne qui fut tuée fut précisément Màmi-ould-Amar qui, à l'époque du gouvernement songhaï, s'était montré très tyrannique, débauché et rapace (Dieu nous préserve de gens pareils!). Il fut atteint par une balle et mourut sur le coup. Abou-Bekr le Targui s'étant mis à l'écart, les Marocains le poursuivirent jusqu'à la colline de Nana-Zarqoutan. Alors, faisant volte face, le Targui se précipita sur le caïd El-Mostafa l'épée nue à la main et il allait le frapper quand Edris-El-Abiod se plaça entre eux avec son bouclier. L'arme s'abattit sur le bouclier, le coupa en deux et trancha même un des doigts de Edris.

Enfin Dieu décida la victoire en faveur du caïd El-Mostafa. L'ennemi, mis en déroute, s'enfuit, et nombre de compagnons d'Abou-Bekr le Targui furent tués par les Marocains. Lors de leur arrivée à Ras-al-Mà, les Touareg avaient tué Ben-Daoud et tous les soldats qu'il avait avec lui et qui avaient construit la casbah qui se trouvait en cet endroit. Ces soldats au nombre de soixante et onze étaient restés sur place pour défendre la casbah.

Cela fait, le caïd 'Ali-Er-Ràchedi continua sa route et con-

---

1. Il s'agit de Berbères ayant l'habitude de tresser une partie de leurs cheveux, ainsi que le font encore les populations du Rif marocain.

duisit son corps d'armée au pacha Mahmoud jusque dans le pays de Dendi. Ensuite d'autres renforts arrivèrent avec les caïds Ben-Dahmân, ʿAbdelaziz-benʿ-Omar et ʿAli-ben-Abdallah-Et-Telemsâni qui amenèrent à eux tous quatre cents hommes (١٦٦). Ils poursuivirent leur route et rejoignirent le pacha Mahmoud qui, ainsi qu'on l'a vu plus haut, réunit six corps d'armée dans le pays de Dendi.

Le caïd ʿAli-ben-Abdallah-Et-Telemsâni était le fils d'Abdallah, un des principaux caïds du sultan dans la ville de Fez. Quand son père mourut, ʿAli fut nommé caïd à sa place. C'était alors un tout jeune homme. Comme il passait sa vie en orgies de toutes sortes et qu'il s'enivrait de vin, il perdit bientôt toute considération parmi les habitants de la ville. Mais il avait auprès du sultan un très puissant appui, le fils de sa sœur qui était mariée au caïd ʿAzzouz, aussi son nom ne tomba-t-il pas complètement dans l'oubli.

Il fut envoyé au Soudan par le sultan de Maroc en qualité de caïd de troisième ligne[1] et il n'exerça ces fonctions de caïd qu'après la mort de deux personnages qui le précédaient hiérarchiquement. Devenu seul caïd, il accomplit les actions les plus extraordinaires au point qu'on le citait comme modèle dans toutes les circonstances difficiles ou critiques. Qu'elle serait longue la liste des expéditions auxquelles il prit part, des braves qu'il combattit, des ennemis qu'il fit périr, des demeures qu'il saccagea ou prit d'assaut, des pays qu'il conquit, des séditions qu'il apaisa, des places fortes qu'il protégea, des illusions qu'il dissipa pour les ramener à la réalité! Durant des années et des années il appliqua tous ses efforts à cette tâche et pacifia si bien le pays que l'on n'entendait partout que ces mots : paix, paix.

Le pacha Mahmoud, qui n'avait pas quitté le pays de

---

1. On voit par ce passage que le titre de caïd n'impliquait pas toujours l'exercice immédiat de la fonction.

CHAPITRE VINGT-TROISIÈME

Dendi, manda alors au caïd El-Mostafa de mettre à mort les deux chérifs, le cheikh Mohammed-ben-'Otsmân et Baba-bou-'Omar, fils de la fille du chérif Ahmed-Eş-Şeqli. Ces deux personnages furent tués de la façon la plus cruelle sur le marché par l'ordre du hàkem 'Ali-Ed-Deràouï. Le chaouch El-Kâmel, qui accomplit cette exécution, coupa les deux mains et les deux pieds des victimes avec une hache et abandonna ensuite sur place ces malheureux ainsi mutilés qui ne tardèrent pas à mourir dans cette situation. (Nous appartenons à Dieu et c'est vers Lui que nous devons revenir.) Ceci se passa le jeudi, 9 du mois sacré de moharrem (١٧٧), le premier des mois de l'année 1001 (16 octobre 1592) ; ce mois commença un mercredi, le 5 octobre¹.

Les corps des deux suppliciés furent enterrés dans une même fosse tout près du tombeau de Sidi Aboul-Qàsem-Et-Touâti. Aussitôt après cette exécution le ciel s'était tout à coup obscurci et une poussière rouge avait envahi l'atmosphère. Ces deux personnages, qui appartenaient à la fière descendance de la famille de Prophète (que Dieu répande sur lui le salut et lui accorde sa bénédiction!), périrent en véritables martyrs (que Dieu leur témoigne sa satisfaction et leur fasse miséricorde!). La main de l'exécuteur resta desséchée jusqu'à sa mort, et, bientôt, la fille du Prophète² demandera compte à ce chaouch de ce qu'il a fait.

Au mois de safar de cette même année (7 novembre-6 décembre 1592), le jurisconsulte, le cadi Abou Hafṣ-'Omar, fils du saint de Dieu, le jurisconsulte, le cadi, Mahmoud-ben-Omar (Dieu leur fasse miséricorde et nous fasse profiter de leur bénédiction!), envoya Chems-Ed-Dìn, fils de son frère le cadi Mohammed, porter une lettre au cheikh béni, Sidi Ab-

---

1. En réalité ce mercredi était le 8 octobre et non le 5.
2. L'auteur s'est servi ici du mot « La Vierge » pour désigner Fatima, la fille du Prophète.

dallah-ben-Mobarek-El-'Ani, et fit accompagner ce messager du El-Faʿ Mohammed-ould-Idider et du El-Faʿ Konbaʻali. Dans cette lettre le cadi demandait au cheikh d'aller trouver le sultan Maulay Ahmed et de faire appel à sa clémence en faveur des habitants de Tombouctou au sujet des troubles qui avaient éclaté entre eux et le caïd El-Mostafa. C'étaient, ajoutait-il, les Marocains qui avait eu les premiers torts, car la population de Tombouctou soumise d'abord à Dieu et à son prophète était également dévouée au sultan.

La députation quitta Tombouctou après la prière du dohor, le mercredi, 20 du mois ci-dessus indiqué (26 novembre 1592) ; elle se rendit auprès du cheikh qui se mit aussitôt en route avec elle pour se rendre auprès du sultan à Merrâkech, ville dans laquelle lui, le cheikh, n'était jamais allé.

La supplique, dans laquelle le cadi faisait valoir les excuses qu'il avait cru devoir présenter, fut remise au sultan. Celui-ci agréa la recommandation du cheikh qui retourna ensuite dans son pays. Le sultan accueillit les envoyés avec les plus grands égards ; il leur fit une réception extraordinaire et magnifique, puis, après les avoir gardés un an auprès de lui, il les renvoya chez eux avec le caïd Bou-Ikhtiyâr.

CHAPITRE XXIV

LUTTE CONTRE ASKIA-NOUH. — MORT DU PACHA MAHMOUD-BEN-ZERGOUN. — EXPÉDITION CONTRE LE MASINA.

Revenons maintenant au retour du pacha Mahmoud à Tombouctou. On a vu précédemment que le pacha s'était attardé pendant deux ans dans le pays de Dendi pour y combattre contre Askia-Nouh. N'ayant pu réussir à atteindre le but qu'il poursuivait, il revint à Tombouctou. Mais, avant de parvenir dans cette ville, il écrivit au caïd, El-Mostafa, lui enjoignant de faire arrêter le cadi 'Omar et ses frères, puis d'attendre son arrivée. Le caïd répondit qu'il lui était impossible d'exécuter cet ordre : « Attendez, ajouta-t-il, pour ce faire, que vous soyez vous-même ici dans nos murs. »

Dès qu'il fut à Tombouctou, le pacha voulut mettre son dessein à exécution; mais les gens prudents et avisés l'engagèrent à n'en rien faire et à tirer vengeance auparavant de Abou-Bekr-ould-El-Ghandâs et de ses complices qui avaient fait périr Ben-Daoud et ses compagnons. Au moment où le pacha allait suivre ce conseil, Abou-Bekr prit la fuite et se mit hors d'atteinte. Le pacha alors attaqua brusquement les Senhadji et en fit un tel carnage que tout le monde s'imagina qu'il ne restait plus dans toute cette contrée un seul Senhadji. En outre le pacha fit un butin considérable.

Cette expédition terminée, le pacha rentra à Tombouctou. Au moment où il avait quitté le pays de Dendi, il avait laissé derrière lui, à Kâgho, le pacha Djouder qu'il avait nommé son lieutenant dans cette ville. Pendant le trajet il s'était arrêté pour bâtir la casbah de Benba dans laquelle il installa une garnison qu'il plaça sous les ordres du caïd El-Mostafa-ben-'Asker.

Ce fut après être rentré à Tombouctou, de retour de Ras-el-Mâ où il était allé attaquer les Senhadji, que le pacha Mahmoud commença à prendre les mesures qui devaient aboutir à l'arrestation des jurisconsultes enfants de Sidi Mahmoud (Dieu fasse miséricorde à celui-ci et nous soit favorable à cause de lui!).

Le principal auxiliaire du pacha et son conseiller le plus influent à cette époque était Habîb-ould-Mohammed-Anbâbo. La première mesure qui fut prise, après délibération, fut de faire annoncer à Tombouctou par un crieur public que le pacha devait le lendemain faire une perquisition dans toutes les maisons de la ville, que tout individu, dans la maison duquel on trouverait des armes, n'aurait qu'à s'en prendre à lui-même du sort qui l'attendrait s'il avait des armes et que seules les maisons des jurisconsultes enfants de Sidi Mahmoud seraient exceptées de la perquisition.

A cette annonce, la population entière se hâta de transporter toutes ses richesses dans les maisons des jurisconsultes pour les y mettre en dépôt. On pensait en effet que si le pacha trouvait de l'argent dans une quelconque (١٦٩) des maisons au moment de la perquisition, il s'en emparerait par la violence et injustement. Tel était en effet le but réel de ceux qui avaient pris cette mesure.

Le lendemain, la perquisition eut lieu et toutes les maisons de la ville furent fouillées. A la suite de cette opération, le pacha fit annoncer par le crieur public que, les jours suivants, tous les habitants devraient se réunir dans la mosquée de Sankoré pour y prêter serment de fidélité au sultan Maulay Ahmed.

Quand tout le monde fut assemblé dans la mosquée, on fit prêter serment aux gens du Touat, à ceux du Fezzan, à ceux d'Audjela et à tous ceux qui appartenaient à cette région. Cela dura tout le premier jour qui fut un lundi, 22 du mois sacré de moharrem, le premier des mois de l'année 1002 (18 octobre 1593). Puis le mardi, 23 du même mois, ce fut le tour des gens de Oualata, de Oueddan et autres personnes de ces régions.

« Il ne reste plus maintenant que les jurisconsultes qui n'ont pas encore juré, dit alors le pacha; ce sera pour demain en présence de tout le monde. » Le jour suivant, quand tout le monde fut réuni dans la mosquée, on ferma les portes, puis on fit sortir tous les assistants à l'exception des jurisconsultes, de leurs amis et de leurs suivants. Le pacha Mohammed les fit tous arrêter ce jour-là, c'est-à-dire le mercredi, 24 du mois de moharrem de l'année 1002 (20 octobre 1593); puis, après les avoir ainsi faits prisonniers, il ordonna de les conduire à la casbah en les partageant en deux groupes : l'un qui se rendrait à la casbah en traversant toute la ville; l'autre qui prendrait un chemin passant hors de la ville du côté de l'est.

Les personnes qui composaient ce second groupe furent massacrées sans défense ce jour-là. Comme elles étaient en marche et qu'elles avaient atteint le quartier de Zim-Konda, l'une d'elles, un Ouankoré du nom de Andafo, s'empara du sabre d'un des soldats qui les conduisaient et l'en frappa. Immédiatement quatorze des prisonniers furent massacrés par les soldats.

Parmi les victimes de ce massacre on comptait neuf personnes appartenant aux grandes familles de Sankoré : le très docte jurisconsulte Ahmed-Moʻyâ; le pieux jurisconsulte Mohammed-El-Amîn, fils du cadi Mohammed-ben-Sidi-Mahmoud; le jurisconsulte El-Mostafa, le fils du jurisconsulte Masira-Anda-ʻOmar; Mohammed-ben-Ahmed-(١٧٠) Bîr, fils du jurisconsulte Sidi Mahmoud; Bouzo-ben-Ahmed-Ad-ʻOtmân; Mohammed-El-Mokhtàr-ben-Moʻyà-Achâr; Ahmed-Bîr-ben-Mohammed-El-Mokhtâr, fils de Ahmed, le frère du El-Fâ Ṣalḥa-Takouni, ce dernier fils du frère de Masira-Anda-ʻOmar; Mohammed-Siri-ben-El-Amîn, père de Sonna; Mahmoud-Kiraoukori, un des habitants du quartier de Kàbir; Borhom[1]-Boyroli[2]-Et-Touàti, le cordonnier; c'était un des gens de Koïra-Kona; deux Ouankoré, Andafo qui avait provoqué la catastrophe, et son frère; deux hartani appartenant

1. Ou : Yborhom.
2. Ou : Boydoli.

aux enfants de Sidi Mahmoud; enfin Fadl et Chinoun, tous deux tailleurs.

Un seul individu de ce groupe échappa au massacre; ce fut Mohammed-ben-El-Amîn-Kânou; il fut délivré de ses liens par le frère du caïd Ahmed-ben-El-Haddâd qui le prit sur son cheval et l'emporta dans sa maison où il le conduisit sain et sauf. En apprenant cette catastrophe, le pacha Mahmoud, qui était encore à la mosquée, s'écria qu'il n'avait pas autorisé ce massacre et il envoya aussitôt des ordres pour que pareil fait ne se renouvelât pas.

Le cadi 'Omar était à cette époque un vieillard âgé. Comme il souffrait de douleurs de reins qui l'empêchaient de marcher on le fit monter sur un jeune mulet et l'on en fit autant pour l'ascète Sidi Abderrahman qui faisait partie du même groupe que lui, celui qui avait traversé la ville. Tous ceux qui avaient été arrêtés sur l'ordre du pacha Mahmoud avaient été garrottés pour acccomplir le trajet; il n'y avait eu d'exceptions que pour les deux personnages qui viennent d'être nommés.

Le massacre des prisonniers avait eu lieu près de la maison de Amrâdocho, un des hartani de la ville de Tombouctou et il reçut l'ordre d'enterrer tous les cadavres dans sa maison. Le jurisconsulte Ahmed-Mo'yà, le jurisconsulte Mohammed-El-Amîn et le jurisconsulte El-Mostafa furent ensevelis dans la même fosse, et ce fut le très docte jurisconsulte Mohammed-Baghyo'o qui s'occupa de toutes ces funérailles. Amrâdocho quitta ensuite Tombouctou pour se mettre en voyage et il alla s'établir dans la ville de Chibi où il demeura jusqu'à sa mort.

Quand l'ascète Sidi Abderrahman avait appris l'événement, il s'était écrié : « De tous les membres de cette famille, tous succomberont aujourd'hui à l'exception de

Mohammed-El-Amîn¹. » Puis lorsqu'il apprit la mort de Fadl, il dit encore : (١٧١) « Fadl a succombé dans cette affaire, mais il aura la récompense suprême. »

Le pacha Mahmoud pénétra dans toutes les maisons des jurisconsultes ; il en emporta tout ce qu'elles contenaient d'argent, de choses et de meubles en quantité telle que Dieu seul la peut connaître, car outre les biens des jurisconsultes il se trouvait là des richesses apportées en dépôt par la population.

Les gens du pacha pillèrent tout ce qu'ils purent trouver, faisant mettre à nu hommes et femmes pour les fouiller. Ils abusèrent ensuite des femmes et les emmenèrent ainsi que les hommes dans la casbah où ils les tinrent prisonniers durant six mois. Quant au pacha Mohammed, il gaspilla toutes les richesses dont il s'était emparé et les dispersa de tous côtés. Il en fit des largesses à ses soldats, sans envoyer autre chose au sultan Maulay Ahmed que 100.000 pièces d'or.

Pendant qu'il était à Tombouctou, le pacha Mahmoud apprit que le jeune² caïd 'Ammâr et ses compagnons qu'il avait laissés dans la casbah de Kolen étaient dans une situation très critique par suite des attaques de Askia-Nouh. Il expédia le caïd Mâmi-ben-Barroun avec des embarcations pour aller recueillir les assiégés et les ramener à Tombouctou.

Arrivé à Kolen, le caïd Mâmi ne trouva pas moyen de parvenir à la porte de la casbah tant le blocus établi par les troupes de l'Askia était étroit. Avec ses embarcations il pénétra par la voie du Fleuve jusque derrière la casbah dont on démolit les murs de ce côté, ce qui permit à une embar-

---

1. C'est-à-dire Mohammed-ben-El-Amin-Kânou. Le texte ne dit pas nettement à quel moment l'ascète annonça cette nouvelle sous forme de prédiction.
2. Cette épithète pourrait à la rigueur être un surnom.

cation de s'approcher. Le caïd ʿAmmâr monta alors sur une barque du Fenfa Saïd-Dogha et toute la garnison put ensuite gagner ainsi Tombouctou et y arriver en toute sécurité.

Après que le pacha Djouder fut retourné à Merrâkech, les habitants de Dienné chassèrent de leur ville le sultan de Melli ; le caïd ʿAmmâr était alors pacha, et des félicitations lui furent adressées par l'intermédiaire du chaouch Mesaoud-El-Lebbân qui alla le trouver sur la barque du Fenfa dont il a été question ci-dessus. Le Fenfa racontant cet événement ajouta : « Quand nous fûmes en présence du pacha, celui-ci me dit : « N'est-ce pas toi qui m'as em-« mené dans ta barque lorsque nous avons évacué la casbah « de Kolen ? — Oui, lui répondis-je. » Et je vis par là combien sa vue était perçante et sa mémoire fidèle. »

En réponse à la démarche des envoyés du cadi ʿOmar qui s'étaient rendus à Merrâkech, le sultan Maulay Ahmed envoya à Tombouctou le caïd Bou-Ikhtyâr, peu de temps après la capture des jurisconsultes[1], et, si je ne me trompe, c'était au mois de safar de l'année 1002 (27 octobre-25 novembre 1593). Ce caïd était un renégat chrétien (١٧٢) au teint bronzé et fort bel homme. Fils d'un prince chrétien, dont les frères étaient jaloux de sa mère, une favorite, il dut, pour échapper à leurs persécutions réitérées, se réfugier auprès du souverain musulman du Maroc Moulay Ahmed. Son père envoya alors des sommes considérables pour le racheter ; mais quand il reçut cet argent, Maulay Ahmed le remit au jeune homme en lui disant : « Tout ceci t'appartient, c'est ta propriété légitime. » Il était d'usage dans ces circonstances de ne jamais remettre l'argent[2].

1. C'est-à-dire : des arrestations opérées par le pacha Mahommed-ben-Zergoun.
2. L'auteur veut dire qu'il n'était pas d'usage de remettre au captif l'argent destiné à son rachat, quand ce rachat, pour un motif quelconque, n'était pas effectué.

En fin de compte le sultan accorda sa grâce au cadi 'Omar et lui écrivit un rescrit à ce sujet. Il fit partir les envoyés du cadi avec le caïd Bou-Ikhtiyâr et donna l'ordre à ce dernier de dire au pacha Mahmoud de ne molester en aucune façon le cadi ni ses gens. Auparavant, le sultan avait écrit au pacha d'arrêter tous ces gens-là et de les lui amener enchaînés ; mais personne dans son entourage ne savait que cette lettre avait été écrite.

Quand on arriva à Teghazza, le caïd Bou-Ikhtiyâr, ayant appris tout ce que Mahmoud-ben-Zergoun avait fait contre les jurisconsultes à Tombouctou, manda Chems-Ed-Dîn pendant la nuit et lui dit : « Maulay Ahmed m'a trompé et vous a trompés. » Puis il raconta à Chems-Ed-Dîn tout ce qui avait été fait contre les personnes de sa famille et l'engagea à chercher un moyen de sauver sa vie.

Chems-Ed-Dîn se réfugia alors auprès de Aïssa-ben-Seliman-El-Berbouchi, cheikh des Oulad Abderrahman, dont les tentes à ce moment se trouvaient derrière Teghazza. Il se plaça sous la protection de ce cheikh et lui demanda de le conduire jusqu'à la ville de Ouâda[1]. Accédant à son désir, le cheikh conduisit lui-même Chems-Ed-Dîn dans cette localité, et ce dernier y séjourna jusqu'au moment où le très docte jurisconsulte Ahmed-Baba revint à Tombouctou. Alors Ahmed-Baba l'envoya chercher. Chems-Ed-dîn vint trouver Ahmed-Baba, habita avec lui et mourut peu de temps après cela (que Dieu lui fasse miséricorde !).

Quant à Maham-ould-Idider il reçut également un écrit de sauvegarde qui lui fut délivré par Maulay Ahmed et qu'il remit au pacha Mahmoud lui-même, lorsqu'il arriva à Tombouctou en compagnie du caïd Bou-Ikhtiyâr ; celui-ci était à la tête d'une armée composée de 1.200 soldats : 600 de ces soldats, provenant des populations de Massa, marchaient

---

1. Ou : Ouâd.

avec lui séparément; les 600 autres, comprenant des gens du Haha, marchaient de leur côté avec El-Hasan-ben-Ez-Zobeïr.

Maulay Ahmed avait donné l'ordre aux deux corps d'armée de voyager séparément dans la crainte qu'il y eût encombrement et bousculade pour l'eau en arrivant à l'aiguade. Partout où (١٧٣) Bou-Ikhtiyar avait passé le jour, El-Hasen-ben-Zobeïr y venait passer la nuit, en sorte que Bou-Ikhtiyâr entra avant son collègue dans la ville de Tombouctou. C'était la première fois que Maulay Ahmed se servait de gens de Massa et du Haha pour le service militaire; il les avait exonérés en échange de toutes charges et impôts. En même temps que ces deux caïds était venu le caïd Abdelmalek qui poursuivit sa route jusqu'à Kâgho où il alla demeurer.

Après avoir gardé en prison les jurisconsultes tombouctiens pendant environ cinq mois, le pacha Mahmoud se décida à les envoyer à Merrâkech. Ils partirent donc formant une troupe nombreuse où figuraient pères, enfants, petits-fils, hommes et femmes entassés pêle-mêle[1]. La caravane se mit en route le samedi, 25 de djomada II de l'année ci-dessus indiquée (18 mars 1594); elle comprenait en outre, le lieutenant-général Bahasen-Feriro, le caïd Ahmed-ben-Yousef-El-'Euldji[2] et d'autres personnages.

Bahasen-Feriro succomba pendant le voyage dans les circonstances suivantes : le jour où il mourut, la caravane venait de commencer à se mettre en marche. Il se rendit à ce moment vers le saint de Dieu, le pieux jurisconsulte, Sidi Abderrahman, fils du saint de Dieu, le père des bénédictions, Mahmoud et le trouva en train de faire ses ablutions. Il lui

---

1. Mot-à-mot : serrés comme les flèches dans un carquois.
2. El-Euldji signifie « le rénégat » et pourrait n'être qu'une épithète, au lieu de faire partie du nom du caïd.

lança un coup de pied et lui donna l'ordre de se mettre en route sans achever son ablution. Le saint ne bougea pas, acheva son ablution et enfourcha ensuite sa monture. Feriro se mit en selle également ; mais, peu après, son chameau s'emportant le jeta à terre. Dans sa chute Feriro se brisa la colonne vertébrale[1] et mourut sur-le-champ.

Lorsqu'on arriva en vue de la ville de Merrâkech, le jurisconsulte, le cadi Abou-Ḥafṣ-'Omar, fils du jurisconsulte Mahmoud, lança en ces termes une imprécation contre les habitants de cette ville : « O mon Dieu! ainsi qu'ils nous ont tourmentés et fait sortir de notre pays, tourmente-les à ton tour et fais qu'ils soient obligés de quitter leur patrie! » Dieu exauça cette imprécation, car du jour de leur entrée à Merrâkech commença pour cette ville une ère de calamités.

Aussitôt que les jurisconsultes eurent quitté Tombouctou, le pacha Mahmoud-ben-Zergoun fit changer l'emplacement du marché[2] et le transporta du côté de la porte de la casbah. Ce changement eut lieu le jeudi, 6 du mois de cha'ban de l'année précitée (27 avril 1594).

La caravane arriva à Merrâkech le premier jour du mois de ramadan de cette année (1er juin 1594), à ce que rapporte le très docte Ahmed-Baba (que Dieu lui fasse miséricorde et nous fasse bénéficier de sa sainteté!) dans son livre intitulé *Dzeil-Ed-Dîbâdj*. Dans ce même ouvrage Ahmed-Baba dit à ce sujet : « Ainsi que les membres de sa famille, il ('Omar) subit de cruelles épreuves (١٧٤) ; il fut interné dans sa propre ville au mois de moharrem de l'année 1002 (octobre 1593) sur l'ordre de Mahmoud-ben-Zergoun, après que

---

1. Mot-à-mot : se cassa le cou.
2. C'est généralement sur les marchés que les révoltes se manifestent tout d'abord, et l'on comprend dès lors tout l'intérêt qu'il y avait à placer le marché dans le voisinage de la casbah qui contenait les troupes.

celui-ci se fut emparé de cette cité. Emmené prisonnier avec tous les siens et chargés de chaînes, il arriva à Merrâkech le premier jour du mois de ramadan de cette même année. Il resta avec toute sa famille enfermé dans cette ville jusqu'au moment où son supplice cessa enfin, et où il fut rendu à la liberté, le dimanche, 21[1] du mois de ramadan de l'année 1004 (19 mai 1596). Les cœurs de tous les musulmans se remplirent de joie à cette nouvelle. Puisse Dieu faire de cette épreuve l'expiation de leurs péchés ! »

Le caïd Ahmed-ben-El-Haddâd revint en secret de Merrâkech à Tombouctou sans que le pacha Mahmoud eût connaissance de son retour. Il était allé au Maroc en prenant la route de Oualata et avait informé le sultan Maulay Ahmed de toutes les exactions que commettait le pacha Mahmoud qui, disait-il, ne connaissait que son sabre ; c'était au point que si quelqu'un en sa présence déclarait vouloir servir[2] le sultan, il tirait aussitôt son sabre en partie du fourreau en disant : « Le sultan, le voici ! »

Ce récit excita chez le sultan une vive colère. « Comment, s'écria-t-il, je n'aurais de victoires dans le Soudan que grâce à l'épée de ce misérable ! » Sa colère devint encore plus violente lorsqu'il vit arriver les envoyés du pacha amenant les jurisconsultes et qu'il apprit qu'on avait pillé des richesses incalculables dans les maisons de ces derniers sans lui envoyer autre chose que 100.000 mitsqal.

Il écrivit alors à l'amin, le caïd Hammou-Haqq[3]-Ed-Der'i de se rendre auprès de lui et à Baqqâs-Ed-Dârcmi de remplir les fonctions d'amin à la place de Hammou. Quand ce dernier arriva à la cour, il présenta ses comptes au sultan ;

---

1. Ou : le 11 d'après le ms. C ; mais il est probable que le copiste a omis la fin du mot 20 qui, en arabe, est formé par une terminaison ajoutée au mot 10.

2. Ou dire : « que Dieu donne la victoire au sultan ».

3. Au lieu de Hammou-Haqq, il faut sans doute lire Hammou-Abdelhaqq.

celui-ci y vit figurer la mention de sommes énormes et, après avoir reçu tout d'abord les sommes qui venaient de lui être apportées, il demanda ce qu'était devenu tout cet argent. L'amin répondit que le pacha Mahmoud avait dilapidé ces fonds et les avait gaspillés.

Mais le prince apprit que Hammou-Haqq ne lui avait pas remis en entier les sommes qu'il avait par-devers lui, qu'il en avait détourné une partie, 20.000 pièces d'or qu'il avait enfouies dans un jardin qu'il possédait au Der'a. En conséquence il le fit arrêter et mettre en prison, puis il écrivit au caïd El-Hasen-ben-Ez-Zobeïr, qui était à Tombouctou, pour lui annoncer qu'il le nommait amin et que Baqqâs devrait se rendre dans la ville de Dienné (١٧٠) pour y exercer les fonctions d'amin. Hammou-Haqq resta en prison jusqu'à sa mort, et ce fut alors seulement que l'on découvrit l'or qu'il avait volé et enfoui. Grâce à la volonté de Dieu et à son pouvoir, le sultan rentra en possession de cet argent.

Après avoir fait de nouveaux préparatifs, le pacha Mahmoud recommença la guerre contre Askia-Nouh qui avait quitté le pays de Dendi et s'était transporté dans la région de El-Hadjar. Il prit avec lui toutes les troupes qu'avaient amenées le caïd Bou-Ikhtiyàr, puis il se porta avec elles à la rencontre du pacha Djouder qu'il joignit à Konkoroubou et qui venait de la ville de Kâgho, et il lui offrit de l'emmener avec lui. Djouder demanda qu'on le laissât tout d'abord aller jusqu'à Tombouctou y prendre un peu de repos, ajoutant qu'ensuite il ferait sa jonction. Mahmoud atteignit le pays de El-Hadjar et s'empara de Honbori et de Da'nka et de toutes les dépendances de ces deux villes.

Le sultan Maulay Ahmed envoya alors au Soudan le caïd Mansour-ben-Abderrahmân avec l'ordre d'arrêter Mahmoud-ben-Zergoun et de lui infliger une mort ignominieuse. Le fils du prince, Maulay Abou-Fârès, dépêcha aussitôt à son tour, et en lui enjoignant la plus grande diligence, un messager au pacha pour l'informer du but de la venue de Mansour-ben-Abderrahmân et l'engager vivement à prendre toutes ses mesures pour sa sécurité avant l'arrivée de ce caïd.

En recevant cette nouvelle, le pacha Mahmoud fut certain qu'elle était exacte, car il avait toujours été le serviteur fidèle de Maulay Abou-Fârès et lui avait été plus dévoué qu'aux autres fils du sultan Maulay Ahmed. Il se mit alors en marche avec ses troupes, emmenant avec lui Askia-Seliman et se dirigea vers les rochers de Almina-Ouâlo. On campa au pied de ces rochers, et, la nuit venue, le pacha décida de les escalader pour marcher contre les païens. Askia-Seliman s'opposa à ce projet en disant qu'il n'y avait pas lieu d'escalader ces rochers pendant la nuit pour livrer un combat. En disant cela, il ne doutait pas que le pacha voulait les conduire, lui et eux, à une mort certaine.

Vers la fin de la nuit, le pacha partit à la rencontre des païens, emmenant avec lui quarante soldats marocains et dix mulâtres des habitants de Tombouctou. Le reste de l'armée ne savait rien de ce départ lorsqu'elle entendit le bruit de la fusillade qui crépitait sur la montagne au moment du lever de l'aurore. Tout le monde, effrayé par ce bruit, se précipita vers l'endroit où était la tente du pacha et, ne l'y voyant pas, se porta vers la montagne où l'on trouva ceux qui (١٧٦) avaient échappé au combat d'entre les compagnons du pacha et qui annoncèrent que celui-ci était mort ainsi que le caïd 'Ali-ben-El-Mostafa et d'autres personnes encore dont Dieu avait décidé la mort ce jour-là.

Lorsque le pacha, atteint par les flèches, était tombé sur le sol, les gens de Tombouctou l'avaient aussitôt chargé sur leurs épaules pour le ramener au camp. Mais, serrés de près, ils abandonnèrent le corps dont les païens détachèrent la tête et l'envoyèrent à Askia-Nouh ; celui-ci l'expédia à Konta, le sultan de Kabbi, qui la fit mettre au bout d'une perche qu'on planta sur le marché de Lika où elle resta pendant longtemps. Askia-Seliman ramena les troupes marocaines, en marchant avec la plus grande diligence dans la crainte d'être rejoint par les païens et il arriva ainsi au lac[1] de Binka.

Avant la mort du pacha, le Maghcharen-Koï Aousenba était venu le trouver et lui avait amené son fils Aknezer[2] ; il avait demandé que son fils Aknezer fût nommé chef des Touareg établis à Ras-el-Mà, tandis que lui conserverait l'autorité sur ceux qui habitaient du côté de l'est. Mahmoud avait accepté cette combinaison ; il avait partagé la redevance de 1.000 mitsqal, que ces Touareg payaient depuis de longues années, en imposant 500 mitsqal à chacune des deux nouvelles fractions. Telle fut la façon dont les choses furent arrangées.

L'armée marocaine alla rejoindre Djouder et demeura avec lui dans l'île de Zintà jusqu'à l'arrivée du caïd Mansour dans la ville de Tombouctou. Mansour fit son entrée dans cette ville le jeudi, 1ᵉʳ du mois de redjeb l'unique, de l'année 1003 (12 mars 1595). Le pacha Djouder s'était porté à sa rencontre jusqu'à Abrâz.

Mansour campa avec ses troupes dans le jardin de Dja'far[3] et, à la suite du conseil qui fut tenu en cet endroit, il se porta vers El-Hadjar dans le dessein de venger la mort de Mahmoud. L'armée se mit en marche au mois de chaouàl de cette même année (juin 1595) ; elle se composait de trois mille hommes tant cavaliers que fantassins. Elle prit contact avec Askia-Nouh dans le pays de El-Hadjar.

---

1. Ou : « fleuve ».
2. Ou : Ag-Nezer.
3. Ou : « à Djenan-Dja'far », qui serait alors un nom de localité.

Askia-Nouh, qui avait avec lui toutes les populations songhaïes, fut vaincu par le caïd Mansour qui lui fit subir une déroute telle que jamais Mahmoud-ben-Zergoun ne lui en avait infligée de pareille. Mis en fuite avec son armée, Askia-Nouh dut abandonner toute la population qu'il avait avec lui, et le caïd Mansour l'emmena tout entière en captivité, hommes et femmes, jeunes et vieux, chanteurs et chanteuses. Cela fait, Mansour retourna à Tombouctou et confia l'administration de tout ce monde à Askia-Seliman[1]. A dater de ce moment il se trouva maître du parti songhaï et de tous ses adhérents (١٧٧).

Mansour habita Tombouctou. C'était un homme béni, juste, ayant une grande autorité sur ses troupes ; il empêcha les tyranneaux et les déclassés d'opprimer les musulmans. Les faibles et les malheureux eurent bientôt pour lui une grande affection, tandis que les méchants et les débauchés n'eurent pour lui que de la haine.

Peu après son installation à Tombouctou, Mansour entra en conflit avec le pacha Djouder ; il voulut retirer à ce dernier les troupes qu'il avait sous ses ordres et prendre l'administration du pays, puisque Djouder avait été en réalité révoqué depuis le moment de la venue de Mahmoud-ben-Zergoun. Les choses en vinrent au point que des dépêches à ce sujet furent adressées de part et d'autre à Maulay Ahmed. Le sultan répondit en partageant l'autorité entre ces deux personnages. Djouder eut l'administration du pays, étant donné qu'il l'avait conquis par les armes. Quant au caïd Mansour, il eut le commandement de toutes les troupes, et il fut interdit à l'un comme à l'autre d'empiéter sur les attributions de son collègue.

A la suite de ces événements, Mansour fit des préparatifs pour une nouvelle expédition dans le pays de Dendi. Il se

---

1. Cette phrase n'est pas très claire dans le texte.

mit en marche et alla camper à Karabara où il s'arrêta pendant des mois parce qu'il était malade. Il revint ensuite à Tombouctou et alla s'installer avec ses troupes dans son campement habituel. Ce fut là qu'il mourut de la maladie dont il était atteint, vers le moment du coucher du soleil, le vendredi, 17 du mois de rebi' Ier de l'année 1005 (9 novembre 1596).

On prétend que Djouder aurait empoisonné Mansour et aurait ainsi causé sa mort; il aurait, assure-t-on, agi de même à l'égard du caïd Bou-Ikhtiyâr qui ne tarda pas beaucoup à mourir après son arrivée au Soudan et qui fut enterré dans la mosquée de Mohammed-Naḍḍi. Quant à Mansour, il ne fut pas enterré le jour même de sa mort, mais seulement dans la matinée du lendemain, le samedi. Après que les prières eurent été faites sur lui, il fut enseveli dans la mosquée de Mohammed-Naḍḍi près du tombeau de Sidi Yahya. Plus tard son fils, venu de Merrâkech, transporta le corps de son père dans cette ville et lui donna là sa sépulture définitive.

Après la mort de Mansour, Maulay Ahmed envoya au Soudan le pacha Mohammed-Ṭâba'. Celui-ci, à la tête d'une armée de 1000 hommes tant fantassins que cavaliers, arriva à Tombouctou le lundi, 19 du mois de djomada Ier de l'année 1006 (28 décembre 1597), et campa derrière la casbah du côté de l'est. C'était un homme âgé et un des caïds du sultan Maulay Abdelmalek; il était homme d'expérience, avisé et prudent; il avait été jeté en prison par Maulay Ahmed au début de son règne et y était resté enfermé douze ans.

Mohammed-Ṭâba' se prépara à quitter son camp pour entreprendre une expédition dans le pays de El-Hadjar; il enleva à Djouder le commandement des troupes qu'il avait sous ses ordres (١٧٨) et emmena avec lui le caïd El-

Mostafa-Et-Torki. Arrivé à Ankandi, Mohammed-Ṭabaʿ y mourut le mercredi, 5 du mois de chaouàl (11 mai 1597) ; on prétend que Djouder lui avait fait administrer du poison par Nâna-Torkia

Djouder était resté à Binka[1] pendant ce temps pour garder le pays. Le caïd El-Mostafa dut ramener ses troupes en arrière après avoir eu avec les habitants du pays de El-Hadjar un certain nombre d'engagements et après avoir été, lui aussi, à ce que l'on assure, victime d'un empoisonnement. Quand il arriva à l'endroit où se trouvait Djouder pour veiller à la défense du pays, celui-ci voulut lui reprendre le commandement des troupes et, comme El-Mostafa s'y refusait, le différend fut porté devant les chefs de l'armée. Ceux-ci donnèrent gain de cause à Djouder dont ils counaissaient fort bien la façon de commander et qui d'ailleurs avait toute l'armée dans sa main.

Tous se mirent ensuite en route pour Tombouctou. Quand on arriva au port de Koronozafi, Djouder donna l'ordre à El-Mostafa, qui était malade, de se rendre dans la ville de Tombouctou et de séjourner dans la casbah. Puis, dès que celui-ci fut parti, il envoya des gens sur ses traces avec ordre de le tuer avant qu'il arrivât dans la ville. Étranglé dans le village de Kabara par ces émissaires au nombre desquels figurait Ibrahim-Es-Sekhâouï, El-Mostafa mourut et son corps, transporté dans la ville, y fut enterré la première nuit du mois de dzou 'l-hiddja qui acheva l'année 1006 (4 juillet 1598). Son tombeau se trouve dans le cimetière de la mosquée de Mohammed-Naḍḍi.

Cette même année, c'est-à-dire en l'année 1006 (14 août 1597-4 août 1598), l'amin, le caïd El-Hasen-ben-Ez-Zobeïr retourna à Merràkech, emportant une somme considérable

---

1. Le ms. C donne Tombouctou, au lieu de Binka, ce qui est sûrement une erreur du copiste.

d'argent provenant de l'impôt foncier[1] perçu sur le pays pendant trois ans et un peu plus. Il fut remplacé dans ses fonctions, durant son absence, par le caïd Abdallah-El-Hayouni et Sa'ïd-ben-Daoud-Es-Sousi. Mais lorsque l'amin revint avec le pacha Seliman, à la fin de l'année 1008 (24 juillet 1599-13 juillet 1600), les deux personnages cessèrent leurs fonctions intérimaires qui n'avaient pas duré tout à fait trois ans.

Lorsque le pacha Mahmoud-ben-Zergoun avait fait arrêter les enfants de Sidi Mahmoud, le prince du Mâsina, Hammedi-Amina, était venu (١٧٩) à Tombouctou intercéder en leur faveur auprès du pacha. Comme le prince y mettait une très grande insistance, le pacha, qui persistait dans son refus, songea à le faire arrêter, lui aussi, en le voyant si obstiné à vouloir défendre ses protégés en dépit de tout. Mais un des conseillers soudanais de Mahmoud dissuada celui-ci de cette arrestation et le pacha laissa le prince du Mâsina retourner dans son pays.

Un peu plus tard Djouder manda au prince du Mâsina de se rendre auprès de lui. Celui-ci ayant refusé de venir, le pacha envoya au caïd El-Mostafa-Et-Torki, qui se trouvait alors à Tendirma, l'ordre de faire une expédition contre le Mâsina. El-Mostafa partit ayant avec lui 700 soldats ; 400 fantassins et 300 cavaliers, puis il écrivit au caïd 'Ali-ben-Abdallah-Et-Telemsâni, qui se trouvait à ce moment à Ouenzagha[2], en observation, de se joindre à lui dans cette campagne.

Les deux caïds se mirent en marche, emmenant avec eux les plus vaillants des gens du Songhaï, tels que le Kormina-Fâri Bokar-Konbou, le Kala-Châ'a Bokar et d'autres personnage de même valeur. Le prince du Mâsina s'enfuit avec

---

1. Le texte porte le mot : kharadj.
2. Ou : Ouenza'a.

les gens de sa maison seulement. Mais les Marocains joignirent l'ennemi derrière la ville de Zâgha dans un endroit appelé Toulo-Fina. Le prince du Mâsina, qui avait avec lui un grand nombre de païens du Bambara, s'enfuit avec ses compagnons, laissant les païens seuls aux prises avec El-Mostafa. Les Marocains tuèrent un grand nombre de ces païens qu'ils avaient cernés au milieu d'une grande forêt; ils s'emparèrent de toute la famille de Hammedi-Amina, entre autres de sa femme 'Aïcha-Folo et de quelques-uns de ses jeunes enfants.

Hammedi-Amina, avec ses principaux chefs, se dirigea vers la ville de Zâra auprès du sultan de cette ville Faran-Sorâ, pendant que son cousin paternel était nommé sultan à sa place et que sa famille était enfermée en prison à Dienné. Après deux années de séjour à Zâra il rentra dans son pays.

Aussitôt que le caïd El-Mostafa eut achevé de combattre les païens, il marcha sur les traces de Hammedi-Amina et le poursuivit jusqu'au moment où celui-ci pénétra dans le pays de Qayâka. Alors revenant sur ses pas, il parvint à la ville de Koukirikoï[1] où habitait le Kala-Châ'a et y campa quelques jours avec ses troupes (١٨٠).

De là les Marocains se mirent en marche en se dirigeant vers la ville de Chininkou et campèrent sur la rive opposée du Fleuve. Ils députèrent des envoyés aux notables de cette ville qui vinrent les saluer et retournèrent ensuite chez eux pour aller chercher les victuailles destinées à l'hospitalité. Quand ceux-ci furent de retour, les Marocains leur enjoignirent de leur envoyer des embarcations pour traverser le Fleuve.

A peine arrivés de l'autre côté du Fleuve, les Marocains assaillirent les gens du pays et un grand combat s'engagea

---

1. Koukirikoï pourrait être le titre du chef de la ville de Koukiri et il faudrait alors traduire « la ville *du* Koukiri-Koï. »

dans lequel le caïd ʿAli-ben-Abdallah-Et-Telemsâni fut atteint par une flèche empoisonnée. Le caïd, qui souffrait de cette blessure, s'étant mis à fumer du tabac fut pris de vomissements qui le débarrassèrent complètement du poison et assurèrent sa guérison. Ce fut à la suite de cela qu'il prit l'habitude d'user du tabac et ne cessa depuis, jusqu'à sa mort, de fumer presque constamment.

Le cheval du Kala-Châʿa Bokar, atteint d'une flèche, succomba sous son cavalier. Celui-ci, qui était d'une extrême bravoure, très vaillant et très hardi, continua de combattre à pied, mais sans succès. Un gendarme[1] marocain, qui connaissait bien les brillantes qualités du Kala-Châʿa, le voyant ainsi dans la mêlée, descendit de son cheval et l'engagea à enfourcher sa monture; mais le Kala-Châʿa, craignant qu'on lui fît affront de sa conduite, refusa d'accepter cette offre et il fallut que le gendarme marocain lui jurât qu'il tuerait le cheval s'il ne le montait pas, pour qu'il se décidât à l'enfourcher. Quand le combat fut terminé, le gendarme marocain dit au Kala-Châʿa : « J'ai vu qu'à pied tu ne rendais aucun service et j'ai craint de te voir succomber inutilement. Tandis que moi tout ce que je pouvais faire d'utile à cheval je pouvais le faire aussi bien à pied, c'est pour cela que je t'ai si vivement pressé de prendre mon cheval. »

En somme, on fit un grand carnage des habitants de la localité; on prit de nombreux prisonniers, hommes et femmes, jurisconsultes et gens dévots. Dès que la nuit vint, à la suite de cette affaire, le caïd ʿAli-ben-Abdallah fit relâcher tous ceux qui étaient tombés prisonniers entre ses mains et entre celles de ses compagnons et leur rendit leur liberté. Il n'en fut pas de même du caïd El-Mostafa et de ses compagnons; ils emmenèrent à Tombouctou tous leurs prisonniers, les

1. C'est-à-dire un de ces cavaliers qui sont attachés au service d'un chef marocain pour faire office de courrier et de gendarme.

vendirent au prix qu'ils en trouvèrent et réalisèrent ainsi un certain profit.

Selon le dire de quelques personnes, la cause du châtiment infligé aux habitants de Chininkou serait la suivante : Le Châ'a-Makaï, à la tête d'une troupe de païens du Bambara, s'était porté sur Dienné, ravageant le pays, chassant devant lui les habitants et semant partout le plus grand désordre. Or c'étaient les gens de Chininkou seuls qui leur avaient fait traverser le Fleuve (١٨١) et c'est à cause de cela que les Marocains leur avaient infligé un châtiment. Plus tard Ba-Redouan, qui était alors caïd de la ville de Dienné, dirigea en personne une seconde expédition contre eux, mais ils le mirent en fuite lui et son armée et les chassèrent du pays où, par la suite, les Marocains ne s'aventurèrent plus jamais.

Ce Châ'a-Makaï était un des habitants de Kala. Au début de l'occupation marocaine il avait été au service du Makhzen à Dienné en qualité de palefrenier[1]. Quand il connut la façon de combattre des Marocains, il s'éloigna d'eux et se retira dans son pays d'où il devint un cruel fléau pour eux. A plusieurs reprises et un grand nombre de fois il lança les païens sur le territoire de Dienné qu'il saccagea et ruina complètement.

CHAPITRE XXV

Le sultan Maulay Ahmed ayant donné l'ordre au pacha Djouder de se rendre auprès de lui dans le courant de l'année 1007 (4 août 1598-24 juillet 1599), le pacha écrivit au

---

1. Ou : « simple cavalier ».

prince en le priant d'envoyer quelqu'un pour gouverner le pays et le représenter comme chef de l'armée.

Comme le sultan avait envoyé dans ce but le caïd El-Mostafa-El-Fîl et le caïd Abdelmalek-El-Bortoqâli[1], Djouder adressa en toute hâte une seconde lettre au prince, lui demandant de ne pas confier le pays à ces deux caïds parce que le sultan de Melli s'était déjà mis en campagne pour venir dans la contrée et que le roi du Mâsina Hammedi-Amina faisait également des préparatifs pour y revenir. C'était donc non des caïds qu'il fallait envoyer, mais un pacha dont le titre en imposerait davantage.

Là-dessus Maulay Ahmed expédia le jeune 'Ammâr-Pacha, seul, sans le faire accompagner de troupes. Précédemment 'Ammâr était allé au Songhaï conduire une armée de 1000 hommes dont 500 renégats et 500 Andalous[2]. Arrivés à Adzaouât, ces deux groupes se divisèrent pour suivre une direction différente : les renégats prirent une direction qui était le bon chemin et arrivèrent sains et saufs; les autres, qui s'étaient dirigés d'un autre côté, s'égarèrent et périrent tous. Avec ces derniers se trouvait Mâdji que le cadi 'Omar avait envoyé à Merrâkech après le départ des autres envoyés et qui périt également.

Djouder reçut alors l'ordre de venir immédiatement et en toute hâte (١٨٢), tout le pays fût-il en feu à ce moment. Toutes ces lettres et tous ces messages se succédèrent dans un temps très court. Les deux caïds, El-Mostafa et Abdelmalek, arrivèrent dans la ville de Tombouctou au mois de djomada Ier de l'année 1007 (30 novembre-30 décembre 1598); mais le pacha 'Ammâr n'y arriva qu'au mois de redjeb de la même année (28 janvier-27 fé-

---

1. « Le portugais ». Un certain nombre de ces caïds étaient des rénégats ; de là ces surnoms indiquant leur origine étrangère.
2. C'est-à-dire des descendants des Maures d'Espagne réfugiés au Maroc.

vrier 1599). Quant au pacha Djouder il se mit en route, pour se rendre à Merrâkech, le jeudi, 27 du mois de ramadan de cette même année également (25 mars 1599).

Le sultan Mahmoud, roi de Melli, décida de faire une expédition contre les gens de Dienné[1]. Il envoya un messager au Kala-Cha'a Bokar pour l'informer de ce projet et lui demander son concours. Bokar, qui se trouvait à ce moment dans la ville de Kounti, demanda au messager si Sanqar-Zouma'a[2] et Faran-Sora devaient se joindre au roi de Melli. « Non, répondit celui-ci. — Eh! bien, répondit Bokar, présente-lui mes salutations et dis-lui que je l'attends ici s'il plaît à Dieu. » Dès que le messager eut tourné le dos, Bokar dit à ses compagnons : « Cela ne m'a pas l'air grave, du moment que les deux principaux de ses vassaux ne suivent point le roi de Melli. »

Quand le roi de Melli s'approcha de Dienné, Bokar se mit en marche vers cette ville en prenant les devants. Ni le sultan de Kala, ni celui du Bindoko n'avaient répondu à l'appel de Mahmoud et il n'avait avec lui que le Fadoko-Koï, le Oma-Koï et Hammedi-Amina, le roi du Mâsina.

Seyyid Mansour, que le pacha Djouder avait nommé hâkem de Dienné, donna aussitôt avis de l'expédition du roi de Melli au pacha 'Ammâr en lui demandant de le secourir. Celui-ci envoya un corps d'armée sous les ordres du caïd El-Mostafa-El-Fîl et du caïd-'Ali-ben-Abdallah-Et-Telemsâni. Quand ces renforts arrivèrent à Dienné dans la matinée du vendredi, dernier jour du mois de ramadan de l'année ci-dessus indiquée (26 avril 1599), ils trouvèrent l'ennemi campé avec toutes ses troupes sur les dunes de Sânouna et ses forces étaient si considérables qu'elles s'étendaient

---

1. Le plus souvent, par le mot اهل « gens », l'auteur entend les Marocains, à l'exclusion de la population noire.

2. La conjonction « et » a été omise dans le texte arabe.

jusqu'au bras du Fleuve dans lequel les barques devaient passer pour se rendre à la ville[1]. Le combat s'engagea en cet endroit et ce ne fut qu'à la faveur d'une violente fusillade que les Marocains durent leur salut. Toutefois les barques réussirent à pénétrer dans la ville.

Le hâkem de Dienné, Seyyid Mansour, tint alors conseil avec ses compagnons les plus expérimentés. Le Kala-Chaʻa Bokar émit l'avis de faire une sortie sur-le-champ. « Si, ajouta-t-il, nous laissons passer cette nuit sans agir, toute la population du pays viendra se grouper autour de l'ennemi. » Alors Seyyid Mansour donna rendez-vous (١٧٢) à ses compagnons pour livrer bataille aussitôt après l'office du vendredi. A ce moment, en effet, la sortie eut lieu à laquelle prit part le Djinni-Koï Mohammed-Kinba-ben-Ismaʻîl. En un clin d'œil le Melli-Koï et ses troupes furent mis en déroute et perdirent un grand nombre d'hommes.

Grâce à son cheval, le Melli-Koï put s'échapper. Il fut suivi par le Kala-Chaʻa Bokar et par Sorya-Mohammed qui, l'ayant rejoint en lieu sûr, le saluèrent comme sultan et ôtèrent leurs bonnets pour lui rendre honneur ainsi que c'était leur coutume. « Maintenant, dirent-ils au prince, il vous faut accélérer votre marche, afin de ne pas être atteint par l'ennemi, sinon, si l'on vous atteignait et vous reconnaissait, on vous traiterait de la plus indigne façon. » Là-dessus ils prirent congé du prince et revinrent sur leurs pas.

Quand le combat et la poursuite furent terminés, tous les caïds et les troupes rentrèrent à Dienné le vendredi vers minuit, veille de la fête[2]. Aussitôt l'office de la fête terminé, on décida de diriger une attaque contre Hammedi-Amina

---

1. Dans ce passage, qui n'existe que dans les mss. A et B, le ms. B met la négation, en sorte qu'il faudrait traduire, « dans lequel les barques ne devaient pas passer ».

2. La fête, dont il est question ici, est celle de la rupture du jeûne.

et ses tentes qui étaient alors dans la ville de Soa, bourg situé près de El-Medina¹. Mais le Kormina-Fâri Bokar-ben-Ya'qoub représenta que ce personnage étant un nomade, sa puissance était peu redoutable et qu'il y avait beaucoup plus à craindre du Oma-Koï qui était un sédentaire et qui avait su entraîner le Melli-Koï dans l'expédition qu'il venait de faire contre eux.

S'en rapportant donc à l'appréciation du Kormina-Fâri, les Marocains se mirent en marche contre le Oma-Koï; ils détruisirent la ville de So'o² où ils firent un immense butin, car à cette époque c'était un grand centre commercial. Cela fait, ils revinrent à Dienné et conclurent la paix avec Hammedi-Amina à qui ils rendirent toute sa famille qu'ils avaient emmenée en captivité au cours de cette expédition. Ils révoquèrent Hammedi-'Aïcha et l'emmenèrent à Tombouctou où il resta emprisonné jusqu'au jour où il mourut sous le gouvernement du pacha Mahmoud-Lonko³.

Quant à la paix dont il vient d'être fait mention, elle n'eut lieu qu'après la défaite de Seliman-Chaouch, lieutenant-général à cette époque. Cette défaite eut lieu dans les circonstances suivantes : Au moment où les troupes revenaient de l'expédition de So'a, le Fondoko Hammedi-Amina avait adjoint à ses troupes un grand nombre de païens du Bambara, puis il s'était mis en route vers l'est pour soulever le pays.

A cette nouvelle, les habitants de Dienné expédièrent un corps d'armée pour combattre le Fondoko et placèrent à sa tête le lieutenant-général Seliman-Chaouch, qui avait avec lui le Fondoko Hammedi-'Aïcha. Les deux troupes se ren-

---

1. Ou « près de sa capitale », si le mot « El-Medina » n'est pas un nom propre.
2. Ce nom est écrit plus haut : Soa; les Soudaniens confondent aisément les deux lettres ع et غ et les substituent l'une à l'autre non seulement dans les noms propres, mais encore dans les noms communs. On trouve aussi l'orthographe Soo.
3. Ou : « Longo »; ce serait alors un surnom espagnol.

contrèrent dans la ville de Ti[1], et, dans le combat qui s'engagea en cet endroit, tous les fusiliers de la colonne marocaine périrent, à l'exception de deux hommes. A la suite de cette bataille, Hammedi-Amina alla dresser ses tentes dans le bas-fonds de Dibi où il demeura quelques jours. Les gens du campement de Hammedi[2]-'Aïcha prirent la fuite (١٨٤) et se réfugièrent dans le pays de Bara où ils séjournèrent pendant longtemps.

Le Fondoko Hammedi-Amina se mit ensuite en marche et retourna à So'a ; il s'y attarda jusqu'au moment où la paix dont il a été question fut conclue et où on lui rendit toute sa famille qui comprenait : sa femme 'Aïcha-Folo ; son plus jeune fils Kalil et Amina-bent-Fondoko-Boubo-Maryama, la femme de son fils aîné Boubo-Yama qui était son héritier présomptif.

Hammedi-'Aïcha fut révoqué et mis en prison. Lorsque Mìma arriva au pouvoir, il se rendit à Qayâka auprès du Faran-Sora en compagnie de tous les gens du Mâsina, sauf un petit nombre. Après être resté là un an, il retourna au Borgou où il ne trouva plus aucun compétiteur. Il fit alors sa soumission aux agents marocains, mais en paroles seulement.

CHAPITRE XXVI

LES ROIS DU MASINA

Les rois du Mâsina sont originaires de Koma, nom d'une

---

1. Ou : « Tiya ».
2. Il s'agit ici de tous les gens campés avec Hammedi-Aïcha, soldats ou non. L'orthographe Hammedi est donnée par le ms. B. Peut-être faudrait-il lire ici et ailleurs Hammadou.

localité du pays de Qayâka qu'on appelle encore To'o et Tirmisi. Il y avait là un sultan nommé Djâdji-ben-Sâdi qui avait deux frères germains : Maghan et Yoko[1]. Ce dernier mourut, laissant une veuve que le sultan Djâdji voulut épouser, mais elle s'y refusa, ne voulant d'autre époux que Maghan qui, lui, n'en voulait pas, et qui ne pouvait d'ailleurs pas l'épouser à cause de la crainte que lui inspirait le sultan son frère.

Les gens avaient longtemps glosé sur cette situation, lorsque, un jour, Maghan entra chez sa belle-sœur et lui adressa des reproches en lui disant : « Pourquoi refuses-tu d'épouser le sultan? Qui donc a plus de droits que lui à cela? Que vont devenir (١٨٠) les enfants que tu as? » Il eut beau essayer de tourner ses phrases dans tous les sens, il ne parvint pas à la persuader et ses efforts furent vains.

Comme Maghan sortait de la maison de sa belle-sœur, des délateurs qui l'avaient vu allèrent trouver le sultan en lui disant : « Eh! bien, croirez-vous maintenant que tout ce que nous vous avons dit de Maghan est la vérité? nous venons à l'instant de le voir sortir de la maison de la veuve. »

Quand ensuite Maghan se rendit chez le sultan pour le saluer et qu'il fut en présence du monarque, celui-ci lui dit : « Ah! le Ciel vous bénisse! Voici donc à quoi vous vous occupez et la façon dont vous agissez. Je veux épouser une femme et vous allez lui monter la tête contre moi! » Puis il s'emporta en paroles dures et méchantes.

Très irrité de cette apostrophe, Maghan quitta le sultan, enfourcha son cheval et partit droit devant lui pour s'enfuir. Il fut suivi par quelques partisans, deux ou cinq cavaliers et un certain nombre de gens à pied. Quand le soleil fut couché, ils bivouaquèrent et allumèrent du feu. Quelques

---

1. Le ms. C. écrit Yenko.

bœufs égarés passant par là s'arrêtèrent auprès d'eux ; ils en prirent un, l'égorgèrent et en firent leur souper.

Le lendemain, ils poursuivirent leur marche, chassant devant eux les bœufs et arrivèrent ainsi à une colline appelée Mâsina et située sur le territoire du Bâghena-Fâri. Là ils trouvèrent des Sanhadji, porteurs de tresses, qui avaient établi leur résidence en cet endroit ; ils demeurèrent avec eux jusqu'à ce qu'ils eurent été rejoints par les personnes de leurs familles, qu'ils avaient laissées en arrière. Maghan se rendit alors auprès du Bâghena-Fâri, et quand il fut en sa présence, il le salua, lui raconta son aventure, et lui dit ce qu'il désirait.

Le Bâghena-Fâri souhaita la bienvenue à Maghan, lui fit un excellent accueil et l'invita à s'établir sur son territoire, à l'endroit qui lui plairait. Puis, il le nomma sultan des personnes qu'il avait amenées avec lui. Les Foulâni commencèrent à venir rejoindre Maghan, les uns appartenant à la même tribu que lui, les autres provenant de la tribu de Sanqar qui, à cette époque, nomadisait sur le territoire compris entre les bords du Fleuve et Mîma.

Maghan eut de nombreux enfants : l'aîné se nommait Bohom-Maghan, les autres Ali-Maghan, Denba-Maghan, Kouba-Maghan, Harenda-Maghan ; ces cinq enfants, tous frères germains, avaient eu pour mère Dimmo-bent-Yadala ; les autres enfants étaient : Yalila-Maghan, seul fils d'une autre femme de Maghan et Hammedi-Binda et Sanba, tous deux fils de la même mère.

Quand Maghan-ben-Sàdi mourut, il eut pour successeur comme sultan son fils aîné Bohom, qui se maria avec une femme nommée Yedenki dont il eut un fils appelé Nakiba-Yedenki (١٨٦) ; ce fut à cette même femme que Ouara-Yedenki rattache son origine. Il épousa une autre femme du nom de Kaffi dont il eut un fils appelé Kâneta-'Ali dont est issu Ouorârdo¹-'Ali. Il épousa encore une autre femme appelée Tiddi qui donna le jour à Hammedi-Tiddi, et c'est à cette femme que rattachent leur généalogie Ouoro-Tiddi, Za'aki-Tiddi et Ouededo²-Tiddi.

A sa mort, le sultan Bohom-Maghan laissa la royauté à son frère 'Ali-Maghan; c'est de ce dernier prince que descend Ouoro-'Ali. Sauf ces deux personnages, aucun des autres enfants de Maghan n'occupa le sultanat. Quand 'Ali mourut, il laissa comme successeur au trône le fils de son frère, Kâneta-ben-Bohom, qui épousa une fille de la tribu des Sanqar, appelée Derâma-Sâfou³ et dont il eut comme enfants : Djàdji-Kâneta, Anyayâ-Kâneta, Denba⁴-Kâneta, Yoro-Kâneta, Lanbouro⁵-Kâneta et Kani-Kâneta. Il épousa une autre femme du nom de Bouka, dont il eut un seul enfant, Moko-Kâneta. C'est à ce personnage que remonte Ouoro-Moko.

Quant à Djâdji-Kâneta, il épousa Benba-bent-Hammedi-Tiddi dont il eut un fils, Soudi, qui fut la tige de rejetons parmi lesquels on compte Ouoro-Boki et Ouoro-Dibba, l'ancêtre du jurisconsulte Ahmed-Bîr-El-Mâsini.

Kâneta périt dans une bataille que lui livrèrent les Zaghrâni et dans laquelle ceux-ci furent vainqueurs; à cette même époque les Mossi avaient vaincu aussi les gens du Mâsina. Kâneta eut pour successeur son frère 'Ali à qui Dieu donna la victoire sur les Zaghrâni et sur les Mossi, car il les vainquit tous deux. Il eut pour fils Denba-'Ali, Djenka-'Ali et Chimmo-'Ali. A sa mort, il fut remplacé sur le trône par Anyayâ-Kâneta qui quitta le Mâsina pour se transporter dans

---

1. Ou : Ouorâdro.
2. Le ms. C : Ouro-Tiddi, qui est une erreur évidente.
3. Suivant le ms. C : Sâfou-Darâma.
4. Les mss. A et B donnent : Denba-Doubi.
5. Ms. C : Lâmboro.

le Djanbal et cela sous le règne du prince Askia-El-Hâdj-Mohammed. Anyayâ-Kâneta conserva le pouvoir pendant trente ans; durant vingt ans il l'exerça au Mâsina et, pendant dix années, dans le Djanbal.

Anyayâ-Kâneta eut pour successeur le fils de son frère, Soudi-ben-Djâdji-Kâneta. Il demeura au pouvoir dix ans et épousa Yebkano, la fille de Anyayâ, dont il eut deux fils : Ilo-Soudi et Hammedi-Foulâni. Quand Soudi mourut (١٨٧) une discussion se produisit entre son fils Ilo et son oncle Hammedi-Siri, le fils de Anyayâ, et tous deux se disputèrent le pouvoir souverain. Le litige ayant été porté devant le prince Askia-Ishâq, fils du prince Askia-El-Hâdj-Mohammed, l'Askia décida qu'ils partageraient le pouvoir et, après avoir donné à Ilo-Soudi et à son compétiteur Hammedi-Siri un costume royal et un cheval, il les renvoya tous deux dans leur pays en disant : « Que le peuple obéisse à celui des deux qu'il aimera le mieux! » La population de Mâsina se divisa en deux fractions : la plus importante obéit à Ilo et le reste reconnut l'autorité de Hammedi-Siri.

Un combat s'engagea alors entre les deux princes : Ilo vainqueur chassa son rival du pays. Hammedi se réfugia auprès des Sanqar et leur ayant demandé du secours, il revint au Mâsina reprendre les hostilités. Vaincu de nouveau par Ilo, il alla s'adresser à l'askia qui était à Kâgho. Celui-ci députa un messager à Ilo pour l'inviter à se rendre auprès de lui. Ilo obéit à cette injonction et s'embarqua pour se rendre à Kâgho; mais, avant d'arriver dans cette localité, il fut tué sur l'ordre du prince. Il n'était resté au pouvoir qu'une seule année.

L'autorité demeura donc aux mains de Hammedi-Siri; il la conserva durant quatre années et, pendant tout ce temps, Hammedi-Foulâni demeura à Kâgho auprès de l'askia. Comme certains habitants du Mâsina refusaient d'obéir à Hammedi-Siri, l'askia donna le sultanat du Mâsina à Hammedi-Foulâni qui retourna dans son pays avec des troupes de l'askia. Hammedi-Siri ayant aussitôt pris la fuite, tout le pouvoir se trouva réuni aux mains de Hammedi-Foulâni qui se mit à la tête de la tribu de son père et razzia les troupeaux de Soudo-Kahmi qui était un descendant de Djâdji-ben-Sâdi. La tribu de Soudo abandonna complètement le pays de Mâsina et se réfugia auprès de l'askia à qui elle paya une redevance. De la sorte Hammedi-Foulâni n'eut plus dans tout le Mâsina d'autre adversaire que la tribu de Anyayâ.

Hammedi-Foulâni fit encore une expédition contre la tribu de Ouorardo-'Ali et celle de Ouoro-Moko. Ces deux tribus étaient venues de Qayâka s'établir au pays de Djanbal sous le règne de Anyayâ et s'étaient fondues en une seule. A la suite de l'expédition dirigée contre elles, ces tribus se réfugièrent dans le pays de Kaha et y demeurèrent. Le prince qui les commandait[1] alors conserva le pouvoir pendant vingt-quatre ans; puis il fut destitué par Dinba-Lakâro, le petit-fils de Soudo-Djâdji, qui ne garda le pouvoir que cinq mois, suivant les uns, six mois, suivant d'autres, et qui fut à son tour remplacé par Hammedi-Foulâni qui resta leur chef jusqu'à sa mort.

Sur l'ordre de l'askia, Bâbo[2]-Ilo succéda à Hammedi-Foulâni (١٨٨) et demeura au pouvoir pendant sept ans. Il mourut dans la ville de Kâgho et eut pour successeur Borhom[3]-Bouy fils de Hammedi-Foulâni; lui et Boubo-Ilo avaient la même mère qui étaient Bouy, la fille de Dinba.

---

1. Le texte est peu clair ici, le nom du chef n'étant pas mentionné dans les mss. A et B et le ms. C ayant une lacune en cet endroit. Il semble cependant qu'il s'agit de Anyayâ.

2. Il faut sans dire lire Boubo-Ilo qui est la forme donnée pour ce nom un peu plus loin.

3. Ou : Borhim ou Borhima.

Il occupa le pouvoir pendant huit ans et mourut dans la ville de Dienné à l'époque où le prince Askia-Daoud revint dans cette ville au retour de son expédition contre le Melli. Le prince avait mandé Borhom dans cette ville et c'est là qu'il mourut. Il eut pour successeur son frère Boubo-Maryama, fils de Hammedi-Foulâni, qui garda le pouvoir pendant vingt-quatre ans.

Le Kormina-Fàri, Mohammed-Benkan, fils de Askia-Daoud, ayant dirigé une expédition contre Boubo-Maryama, celui-ci se réfugia sur le territoire de Faï-Sendi. Au moment où il se disposait à fuir, Djadal lui prit son cheval, nommé Senba-Dâï, en disant que cet animal appartenait à l'askia. Quand Boubo-Maryama revint dans son campement du Mâsina, il fut révoqué de ses fonctions par Askia-El-Hâdj-ben-Askia-Daoud qui cependant l'avait précédemment nommé. Il eut pour successeur Hammedi-Amina-ben-Boubo-Ilo[1] qui fut investi du pouvoir par Askia-El-Hâdj dont il vient d'être parlé. Il avait déjà exercé l'autorité pendant six ans, lors de l'arrivée de l'armée du pacha Djouder, et il la conserva ensuite pendant treize ans, ce qui fait en tout, avant et après cet événement, dix-neuf années, en y comprenant deux années pendant lesquelles le pouvoir fut exercé par le Fondoko Hammedi-'Aïcha.

Après sa mort, Hammedi-Amina, qui vient d'être nommé, fut remplacé par son fils, Boubo-'Aïcha, surnommé Yâmi. Il détint le pouvoir pendant dix ans, et quand il mourut, il eut pour successeur son frère, Borhom-Bouy, qui régna pendant douze ans.

A la mort de Borhim, Selâ-Moko-'Aïcha lui succéda. C'était un homme plein d'équité. Il déploya une grande énergie contre les tyrans et les prévaricateurs qui se trouvaient parmi ses fonctionnaires, ses courtisans et les fils des

---

1. Le ms. C ajoute : Ghelâdj.

sultans. Il les empêcha de nuire aux faibles et aux malheureux, et l'on n'entendit jamais parler d'une pareille équité sous le règne d'aucun des princes de cette famille. Il conserva le pouvoir pendant deux ans.

Quand il mourut, Selâ-Moko eut pour successeur le fils de son frère, Hammedi-Amina-ben (١٨٩)-Boubo-Yâmi, qui règne encore aujourd'hui depuis vingt-cinq ans, en y comprenant deux mois pendant lesquels le pouvoir a été exercé par le Fondoko Hammedi-Fâtima.

C'est de Hârenda-Maghan que descend Ouoro-Hârenda, et c'est de Yoro-Kâneta qu'est issu Ouoro-Yoro. Quand la tribu de Anyayâ refusa de reconnaître l'autorité de Hammedi-Foulâni et que Hammedi-Siri devint leur sultan, ce fut dans cette tribu que se recrutèrent ensuite ses successeurs, tandis que, d'autre part, les sultans du Mâsina se recrutaient dans la tribu de Boubo-Ilo, en sorte que les sultans du Mâsina ont été fournis par les quatre tribus suivantes : la tribu de Anyayâ, celle de Boubo-Ilo, celle de Moko-Kâneta et celle de Ardo-Maghan. La tribu de Moko-Kâneta habitait tantôt le Borkou[1], tantôt le pays de Qayâka. Elle resta au Borkou sans le quitter un seul instant à l'époque de Fondoko Kidâdo[2] qui régna trente ans.

CHAPITRE XXVII

LES PACHAS SELIMAN, MAHMOUD-LONKO

Revenons maintenant à ce que nous avons à dire pour terminer l'histoire du pacha ʿAmmâr. Il exerça son autorité

---

1. Le ms. C. met ici Yorka, tandis que plus loin il donne Borkou.
2. Le ms. C. écrit « Kirâdo ».

un an, deux mois et quelques jours ; mais, au cours de cet intervalle, il se laissa dominer par le caïd El-Mostafa-El-Fîl, si bien que ce dernier parut être le dispensateur du pouvoir. Or, ce caïd était un homme tyrannique, violent et rebelle, qui ne s'inquiétait de personne. Quand le sultan marocain apprit ce qui s'était passé entre ces deux personnages, il entra dans une violente colère contre ʿAmmâr, à qui il reprochait de s'être montré si faible qu'il avait subi le joug du caïd El-Mostafa, et contre ce dernier à cause de sa tyrannie et de sa violence.

En conséquence, le sultan révoqua le pacha ʿAmmâr et envoya pour occuper son poste le pacha Seliman. Il enjoignit à ce dernier de faire arrêter ʿAmmâr et le caïd El-Mostafa, de se montrer particulièrement dur et méprisant envers ce dernier, puis de les lui envoyer tous deux à Merrâkech, sa capitale, en chargeant de chaînes El-Mostafa.

Seliman arriva à Tombouctou le jeudi, 5 du mois sacré de dzouʾl-qaʿada de l'année 1008 (19 mai 1600). Aussitôt arrivé, il s'aperçut que El-Mostafa, dont il vient d'être parlé (١٩٠), était l'homme qui lui avait été dépeint ; aussi résolut-il de le faire arrêter au moment même où il se rendait auprès de lui, mais il fut détourné de ce projet par tous les gens de bon conseil à cause des troubles que cette arrestation aurait pu provoquer.

Dès que le pacha Seliman fut installé, qu'il fut entré dans la salle d'audience et qu'il eut pris place sur l'estrade, il fit arrêter El-Mostafa au moment où celui-ci pénétrait dans la salle. Puis, après qu'on lui eut déchiré ses beaux vêtements, on le chargea de lourdes chaînes et de liens très pesants, et on l'expédia dans cet état au sultan marocain. Quant à ʿAmmâr, selon les instructions du sultan, il fut mis en prison, mais traité avec certains égards et envoyé ensuite à Merrâkech.

Le pacha Selîman avait amené avec lui 500 fusiliers, ou même davantage, selon certains récits. Il se fit bâtir une habitation hors de la ville et, renonçant au séjour dans la casbah, il s'installa en cet endroit, entouré de ses troupes. C'était un homme à hautes vues et à grandes pensées, habile administrateur et chef énergique; il déploya toutes ces qualités dans la conduite de ses troupes et il obtint qu'aucun de ses soldats ne passât la nuit ailleurs que dans le camp qui entourait son habitation. Tout individu de l'armée qui restait dans la ville après le coucher du soleil recevait à coup sûr pour ce fait telle bastonnade que Dieu avait décidé qu'il reçût.

Le pacha passa toutes ses nuits en éveil, surveillant à la fois et le camp et la ville, en sorte qu'aucun cri ne pouvait s'élever sans qu'il l'entendît et qu'il en eût connaissance. Chaque fois qu'un vol était commis sur n'importe quel point il arrivait toujours, après enquête, à en découvrir l'auteur qu'il punissait de la façon qu'il convenait.

En examinant avec soin la conduite de l'amîn, le caïd El-Hasan-ben-Ez-Zobéïr, il découvrit que c'était un homme de désordre qui volait le trésor royal. Il vit aussi que cet amîn s'était approprié trois cents jeunes filles encore qu'elles fussent trop faibles pour être employées comme servantes. Le pacha lui enleva donc les fonds du trésor royal et les fit déposer pour être placés sous sa surveillance dans une des pièces du palais qui se trouvaient dans la casbah. Puis il consulta les bâchoud sur ce qu'il devait faire de l'amîn. « Nous n'avons, lui répondirent-ils, rien à dire à ce sujet. Le sultan n'est pas éloigné de vous, écrivez-lui donc l'un et l'autre. »

Chacun d'eux, le pacha et l'amîn, écrivit en conséquence au sultan et celui-ci répondit au pacha Selîmân de laisser l'amîn en liberté disposer comme il l'entendrait du trésor.

« D'ailleurs, ajouta-t-il, ce trésor nous appartient et le caïd El-Hasan est notre amin. Tout ce qui vient de se passer entre vous deux n'a d'autre cause que ce fait que lorsque tu as eu besoin d'environ 3000 (١٩١) mitsqal il te les as prêtés et qu'il faut que tu les lui rendes. » Mais en réalité c'était le caïd Azzouz qui était venu en aide à l'amin et avait défendu sa cause auprès du sultan. Selimân conserva le pouvoir quatre ans et deux mois; il fut le dernier des pachas que le sultan Maulay Ahmed envoya au Soudan.

Le très docte jurisconsulte Ahmed-Baba (Dieu lui fasse miséricorde!) rapporte que le prince, le sultan Maulay Zîdân, fils du prince Maulay Ahmed, lui a dit : « Depuis le pacha Djouder jusqu'au pacha Selimân mon père a expédié au Soudan, dans les différents corps d'armée qu'il y avait envoyés, 23.000 hommes de ses meilleurs soldats, ainsi que cela est noté dans un registre que le prince lui-même m'a montré. Tout cela, ajouta Maulay Zîdân, a été fait en pure perte et tous ces hommes ont péri au Soudan[1], sauf environ cinq cents hommes qui sont revenus à Merrâkech et qui sont morts dans cette ville. »

Sur ces entrefaites le sultan Maulay Ahmed vint à mourir[2]. Le pacha Selimân, qui en avait reçu la nouvelle, la cacha à tout le monde durant une année entière; il ne la divulgua qu'après qu'il eut reçu l'avis de l'avènement au trône de Maulay Abou-Fârès, fils de Maulay Ahmed, qui succéda à son père, après la mort de celui-ci, dans les premiers jours de l'année 1012 (11 juin 1603-30 mai 1604).

Le nouveau sultan envoya au Soudan le pacha Mahmoud-Lonko qui arriva à Tombouctou au mois de safar de l'année 1013 (juillet 1604); il amenait avec lui 300 soldats ou

1. Nombre de ces soldats marocains s'étaient fixés au Soudan.
2. Il mourut de la peste le 20 août 1603.

même davantage, selon certains récits ; la plupart de ces soldats étaient de la province de Mâssa. Le lieutenant-général Mohammed-El-Mâssi, l'accompagnait ; ce personnage avait été emprisonné à Merrâkech à cause des guerres qu'il avait fomentées ; le pacha Mahmoud obtint du caïd Azzouz qu'on lui donnât cet officier et il en fit son lieutenant-général. Le pacha Mahmoud arriva à Tombouctou au moment même où avaient lieu les funérailles de Askia-Selimân ; on assure qu'il demanda qu'on découvrît le visage du défunt afin de le contempler.

Le sultan avait donné l'ordre au pacha Selimân de se rendre auprès de lui et la même injonction avait été transmise au caïd Ahmed-ben-Yousef qui, à cette époque, commandait la ville de Dienné. Le caïd écrivit au pacha Selimân pour le prier de l'attendre quelques jours afin qu'il pût le rejoindre et faire le voyage en sa compagnie. Le pacha attendit, mais, comme l'attente se prolongeait, il se mit en route avant l'arrivée du caïd et celui-ci le rejoignit ensuite.

Le caïd 'Ali-ben-Abdallah-El-Telemsâni remit au caïd Ahmed une lettre qu'il adressait au sultan Maulay (١٩٢) Abou-Fârès pour le mettre au courant de la situation ; il lui faisait part en même temps des nombreuses occupations que lui donnaient les expéditions à faire et la garde des places fortes en indiquant la pénurie des moyens dont il disposait pour parer à toutes les difficultés ; c'était, ajouta-t-il, à cause de tout cela qu'il ne lui envoyait pas de cadeau[1] par l'entremise du caïd Ahmed ci-dessus nommé.

A son retour du Maroc, le caïd Ahmed rapporta une lettre du sultan dans laquelle celui-ci donnait au caïd 'Ali la ville de Tendirma en lui attribuant pour son usage tous les revenus de cette ville. Arrivé à Tombouctou, Ahmed expédia la

1. Le mot « cadeau » ici doit s'entendre dans le sens de tribut ou redevance que tout vassal doit à son suzerain.

lettre du sultan à Ouenzagha où se trouvait le caïd ʿAli pour assurer la défense de cette région. Or, il se trouva qu'à ce moment, le caïd ʿAli-Et-Torki était gouverneur de la ville de Tendirma. Le caïd ʿAli-El-Telemsani fit aussitôt savoir au gouverneur de Tendirma qu'il allait se rendre dans cette ville et que, s'il l'y trouvait encore là, il lui ferait sûrement trancher la tête.

Effrayé à cette nouvelle, Ali-Et-Torki s'enfuit à Tombouctou où l'amin, le caïd El-Hasan, furieux contre lui, lui adressa les plus violents reproches; alors l'amin désigna comme gouverneur de Tendirma le moqaddem[1] Haddou-ben-Yousef. Mais quand celui-ci apprit que ʿAli-Et-Telemsâni se dirigeait vers cette ville, il eut peur à son tour et s'enfuit à Mouri-Koïra. ʿAli-Et-Telemsâni entra donc à Tendirma, en prit possession et s'y installa. Quant à Haddou, il retourna ensuite à Tombouctou.

Un conflit s'était élevé entre l'amin et ʿAli-ben-ʿObeïd qui était gouverneur de Kîso[2]. ʿAli-ben-ʿObeïd s'enfuit à Tendirma et se réfugia auprès du caïd ʿAli-Et-Telemsani avec l'intention de se fixer auprès de lui. Les gens de Tombouctou mandèrent au caïd de leur renvoyer le réfugié, mais le caïd s'y refusa. L'amin, le caïd El-Hasan, se rendit alors en personne à Tendirma, mais il n'obtint pas qu'on lui remît le réfugié.

Dans la longue discussion qui s'engagea à ce sujet, l'amin finit par dire ces paroles : « Ce don fait par le sultan n'est pas exécutoire, puisque c'est moi qui suis son amin et son mandataire général; c'est donc à moi qu'il appartient d'infirmer ses dons ou de les valider; d'ailleurs, il n'y a sur tout ceci qu'un simple passage d'une dépêche. » — « Du

---

1. Ce titre équivalait alors à celui de « commandant » ou « chef de corps » quand il s'agissait de militaires. Aujourd'hui il désigne un sous-officier.
2. Ou « Kîcho », d'après le ms. C.

moment, répondit le caïd, que vous dîtes qu'un don ne peut être exécutoire sur le simple passage d'une dépêche, vos fonctions d'amîn n'ont aucune valeur, puisque c'est également par un simple passage d'une dépêche venue du sultan que ces fonctions vous ont été attribuées. »

Enfin, n'ayant trouvé aucun moyen d'arriver à ses fins, l'amîn rentra à Tombouctou. Là, de concert avec le pacha Mahmoud, il fit jurer à tous les soldats de l'armée marocaine qu'aucun d'eux ne se réfugierait[1] (١٦٢) dorénavant, auprès du caïd ʿAli-Et-Telemsâni. Les soldats jurèrent comme on le leur avait demandé. Alors Seyyid ʿAli-Et-Touâti se rendit auprès du caïd, l'engagea à être calme et lui fit force exhortations. « Ne détruis pas, ajouta-t-il, l'organisation de cette armée, car il se pourrait, si Dieu le voulait, que demain cela tournât contre toi. » Enfin, il réussit à fléchir le caïd ʿAli-Et-Telemsâni qui se décida à renvoyer ʿAli-ben-ʿObeïd qui a été déjà nommé ci-dessus.

L'amîn, le caïd El-Hasan, s'occupa ensuite de modifier l'organisation des troupes et de changer leur affectation : le bataillon des soldats de Fez occupa dorénavant l'aile droite, tandis que le bataillon des gens de Merrâkech passait à l'aile gauche. Les corps des renégats et des Andalous furent placés sous les ordres de ces deux bataillons. L'amîn prétendit qu'il agissait ainsi d'après les instructions du sultan Maulay Abou-Fârès. Enfin, l'amîn nomma, lieutenant-général du bataillon de Fez, Moʿallem-Selimân-El-ʿArfâouï et, lieutenant-général du bataillon de Merrâkech, Haddou-ben-Yousef-El-Adjnâsi.

L'amîn, le caïd El-Hasan, mourut dans le milieu de l'année 1015 (9 mai 1606-28 avril 1607); il eut pour successeur

---

1. Les soldats marocains, mécontents de leur caïd, allaient souvent se placer sous les ordres d'un autre caïd. C'est ce que l'amîn essaie d'empêcher dorénavant.

dans ses fonctions le thaleb[1] Mohammed-El-Belbâli qui fut désigné sur l'ordre du commandant en chef le pacha Mahmoud-Lonko.

Mohammed-El-Belbâli acheta beaucoup d'esclaves et autres choses dépendant de la succession de son prédécesseur et occupa les fonctions d'amin pendant sept jours. Le huitième jour, arriva le fils de l'amin défunt, le caïd 'Amer-ben-El-Hasan, que le sultan Maulay Abou-Fârès avait envoyé pour être amin, et qui prit possession de ce poste, après avoir enlevé au thaleb Mohammed tout ce que celui-ci avait acheté de la succession du défunt.

En l'année 1016 (28 avril 1607-17 avril 1608) Maulay Zîdân, fils du sultan Maulay Ahmed, monta sur le trône; il renvoya au Soudan, pour y être commandant en chef, le pacha Selimân. Mais à peine celui-ci, envoyé d'abord à Merràkech, eût-il quitté cette ville, qu'il fut tué par Saïd-ben-'Obeïd. Le sultan autorisa alors une agression contre la tribu des Cheràga qui perdit un grand nombre d'hommes et entre autres, Sa'îd-ben-'Obeïd, le meurtrier du pacha.

Le lieutenant-général Mo'allem-Selimân se montra indocile et rebelle. Il ne s'occupa que de contrarier les desseins du pacha Mahmoud-Lonko et de lui susciter de continuelles difficultés. Alors le pacha voulut (١٤٤) faire partir le caïd 'Ali-ben-Abdallah-Et-Telemsâni de Tendirma et le faire venir auprès de lui pour l'opposer à Selimân et briser la résistance et l'opposition de ce dernier. Mais il en fut empêché par le caïd Mâmi-ben-Berroun qui lui dit : « Mo'allem-Selimân est comme un chien qui aboie contre toi ; si tu lui jettes un os, il se précipitera dessus et ne pensera plus à toi pendant qu'il le rongera. Tandis que si 'Ali vient ici, il ne cherchera autre chose qu'à prendre la place que tu occupes. »

1. Le mot « thaleb » fait peut-être partie du nom du personnage; cependant il paraît être plutôt une épithète accolée à son nom, bien qu'il soit parfois écrit sans l'article.

Toutefois, comme le pacha vit que Mo'allem-Selimân continuait à être de plus en plus agressif et audacieux, il fit mander au caïd 'Ali de venir. Celui-ci arriva sans amener sa famille qu'il laissa à Tendirma. Le pacha se plaignit vivement de Mo'allem-Selimân et donna l'ordre à 'Ali de le tuer. Celui-ci exécuta cet ordre le mercredi soir, 9 du mois sacré de moharrem, le premier des mois de l'année 1017 (25 avril 1608); mais il ne prit pas part directement à la chose et ce furent ses compagnons qui accomplirent le meurtre. Ils avaient trouvé Mo'allem-Selimân assis devant la porte de sa maison avec le caïd Ibrahim-Achkhân et les avaient frappés tous deux à coups de sabre. Mo'allem-Selimân périt immédiatement sous les coups, tandis que Achkhân, qui n'était tout d'abord que blessé, succomba plus tard à ses blessures.

Cet événement causa un grand effroi dans la ville. Cette nuit-là, les habitants fermèrent à clé les portes de leurs maisons et leur émoi ne s'apaisa que lorsque, durant cette même nuit, des crieurs publics annoncèrent que tout était calme. Le pacha Mahmoud donna l'ordre au caïd 'Ali d'habiter Tombouctou et quand celui-ci eut fait venir sa famille il lui confia pleins pouvoirs[1]. Quatre ans et demi se passèrent ainsi sans que rien ne fût fait que sur l'ordre du caïd. Enfin le caïd déposa le pacha et prit sa place, en sorte que les choses se passèrent comme l'avait annoncé le clairvoyant Mâmi.

Cette même année arriva le Hi-Koï Seyyid-Karaï-Idji, qui venait faire une expédition au nom de l'askia Hàroun-Denkataya, fils du prince, l'askia Daoud, souverain du Dendi. Son but était d'attaquer les populations soumises aux Maro-

---

1. Les pachas du Soudan agissaient comme de véritables souverains et avaient des caïds qui jouaient auprès d'eux le rôle de ministres. Le caïd 'Ali avait été nommé en quelque sorte premier ministre.

cains qui se trouvaient sur les bords du Fleuve. En apprenant cette nouvelle, le caïd ʿAli-ben-Abdallah-Et-Telemsâni partit, au mois de rebiʿ II (15 juillet-13 août 1608), à la tête d'un corps d'armée pour repousser cette agression. Dans ce corps d'armée se trouvait l'askia Hâroun, fils de l'askia (١١٠) El-Hâdj, fils du prince Askia-Daoud. C'était le pacha Mahmoud qu'il l'avait investi de ces fonctions d'askia lors de la mort de l'askia Selimân, fils du prince, Askia-Daoud, car il était Balamaʿ à cette époque. Mais ce fut le pacha Selimân qui, après la révocation de Haroun, lui confia les fonctions de général[1].

Le caïd ʿAli se mit en marche, mais sans s'approcher du Fleuve. Il atteignit la montagne de Douï et de là revint vers la capitale de l'ennemi. Quand le Fondoko Boubo-Ouolo-Kaïna, souverain de Sanqara, apprit que le caïd prenait cette direction qui devait lui faire traverser son pays, il fut saisi de crainte et se réfugia auprès du Fondoko Boubo-Yâmi, souverain du Mâsina qui, a ce moment, était en état d'hostilité avec les Marocains. Le caïd ʿAli poursuivit le Fondoko à la tête de ses troupes et arrivé à la ville d'Ankaba il s'y arrêta et manda au souverain du Mâsina de lui livrer le fugitif et de le lui amener.

Le souverain du Mâsina répondit que Boubo-Ouolo-Kaïna s'était placé sous sa protection ; toutefois il proposa de conclure l'arrangement suivant : le caïd ferait la paix avec Boubo-Ouolo, le laisserait rentrer dans sa tribu et celui-ci donnerait immédiatement en échange 2000 vaches. Le caïd ʿAli ayant accepté cette proposition, le souverain du Mâsina remit sur-le-champ un nombre de vaches égal à celui qui avait été stipulé et cela personnellement. Boubo-Ouolo se rendit au camp du caïd ʿAli qui le fit accompagner dans sa

---

1. La phrase est très obscure dans le texte. Le sens paraît être que le pacha Seliman confia de nouveau à l'askia révoqué ses premières fonctions.

tribu par le caïd Ahmed-El-Bordj à qui il devait remettre 2000 bœufs à titre de droit de *châchia*[1], car c'était comme une investiture nouvelle du Fondoko dans ses anciennes fonctions. Le Fondoko donna ces 2000 vaches et y ajouta encore les 2000 qui avaient été convenues pour la conclusion de la paix. Ces 6000 vaches furent remises en une seule fois et très rapidement[2].

Au cours de cette campagne, les gens du Songhaï se soulevèrent contre l'askia Hâroun, fils de El-Hâdj, à ʿAnkaba. Le caïd ʿAli chercha à les calmer et il y réussit ; mais quand il fut de retour à Tombouctou, les Songhaï se révoltèrent de nouveau et l'askia fut alors déposé ; l'amin, le caïd ʿAmer, le fit venir auprès de lui ; il le traita de la façon la plus bienveillante et avec les plus grands égards jusqu'au jour où l'askia mourut. L'askia était resté en fonctions durant quatre ans et vécut après sa déposition pendant huit ans.

L'année suivante, c'est-à-dire en 1018 (6 avril 1609-26 mars 1610), le Dendi-Fâri Bâr, au nom de l'askia qui était à Dendi, se mit en marche à la tête d'une nombreuse armée et se dirigea vers le territoire de la ville de Dienné. Il traversa le grand bras du Fleuve et vint camper à Tirfoï au mois de safar de l'année ci-dessus indiquée (mai 1609). On assure que c'était le Djinni-Koï, Mohammed-Benba, qui avait engagé l'askia (١٩٦) de Dendi à envoyer cette expédition en lui promettant son concours pour enlever aux Marocains ce territoire qu'ils occupaient.

Le Djinni-Koï s'était associé secrètement dans cette entreprise avec le Sorya Mousa et aussi, dit-on, avec le Kala-Chaʿa

---

1. Le mot « châchia » signifie « calotte rouge ». Le droit d'investiture du Fondoko s'appelait donc le « droit de bonnet. ».
2. Cette remarque a pour but de montrer la richesse de ce pays à l'époque où se passaient ces événements.

Mohammed. Il avait également demandé au Fondoko Borhom, seigneur du Mâsina, de se joindre à eux, mais celui-ci refusa en disant qu'il était un pasteur, car toute personne investie de l'autorité souveraine sur cette terre est le serviteur de son peuple et son berger [1]. Toutefois le Djinni-Koï garda le secret de tout cela vis-à-vis de son principal serviteur pour le courage et pour l'habileté, le Sorya révoqué Ansa-Mân.

Le Dendi-Fâri fit savoir au Djinni-Koï qu'il était campé à tel endroit et qu'il l'attendait. Mais celui-ci lui renvoya à son tour le messager pour lui enjoindre de continuer sa marche jusqu'au château de la ville de Dienné et qu'alors il viendrait à sa rencontre et se joindrait à lui. Comme Ansa-Mân avait eu connaissance de cette démarche, il envoya un messager secret au Dendi-Fâri en lui disant de s'abstenir complètement de venir rejoindre le Djinni-Koï et il ajouta que les gens de Dienné n'étaient point gens de parole, ni de bon conseil, aussi les troupes de l'askia ne devaient-elles pas se fier à eux. Suivant le conseil qui lui était donné, le Dendi-Fâri s'éloigna aussitôt, traversa le Fleuve et retourna dans la direction du Gourma.

Or, il arriva à ce moment que le caïd Ahmed-ben-Yousef venait de quitter Tombouctou pour retourner à Dienné dont il était le caïd à cette époque. Il avait l'habitude, durant son commandement, d'habiter Dienné un certain nombre de mois de l'année et de passer le reste du temps à Tombouctou.

Quand la nouvelle de cette expédition avait été connue d'une façon certaine, le Kori-Koï en avait averti les gens de la ville de Kobbi et leur avait montré la gravité de la situation. Ce fut alors qu'il fut rejoint par le caïd Ahmed,

---

1. Le Fondoko voulait dire qu'il n'était point dans son rôle de faire la guerre sans y être contraint par le besoin de défendre ses sujets.

dont il vient d'être parlé, et qui avait avec lui un certain nombre de fusiliers. Il organisa une colonne en cet endroit et manda aussitôt au pacha Mahmoud-Lonko qui était à Tombouctou de lui envoyer en toute hâte un corps d'armée en lui recommandant instamment d'agir avec promptitude.

Le pacha donna l'ordre au caïd ʿAli-ben-Abdallah-Et-Telemsâni de partir aussitôt avec des troupes. Le caïd quitta donc Tombouctou, emmenant avec lui toutes les troupes, sauf celles qui, selon l'usage, ne se montraient que lorsque le commandant en chef se mettait lui-même en mouvement, comme, par exemple, le caïd des Mekhâzeni[1] (١٩٧) et d'autres. Puis on se mit en route dans la direction du Gourma. Le caïd, ayant appris que le Dendi-Fâri disposait de forces considérables, envoya demander au pacha de lui faire parvenir des renforts. Le caïd Haddou quitta aussitôt Tombouctou avec tous les soldats disponibles qui s'y trouvaient, emmenant en outre avec lui l'askia Hâroun, en disponibilité[2] à cette époque, et il gagna la ville de ʿAnkaba où il campa.

De son côté, le Dendi-Fâri était arrivé à la ville de Kobbi où le caïd Ahmed-ben-Yousef avait installé ses troupes. Ce dernier s'enfuit avec ses soldats et tous se réfugièrent dans la casbah de Kobbi. Le Dendi-Fâri s'empara de la tente du caïd marocain et de tous les objets que l'armée marocaine avait laissés derrière elle. Puis il mit la main sur un certain nombre de barques qui venaient de la ville de Dienné; il y trouva des richesses considérables, de l'or et d'autres objets qu'il s'appropria, et ensuite il assiégea les troupes qui occupaient la casbah où elles étaient entrées.

Quand la nouvelle de ces événements parvint au caïd ʿAli-

---

1. Les Mekhâzeni ou soldats du Makhzen forment une espèce de corps d'élite analogue à notre gendarmerie.
2. Mot à mot: « révoqué ».

ben-Abdallah, celui-ci se trouvait avec son armée à ʿAnkaba. Il partit aussitôt à la tête des soldats qu'il avait choisis pour se porter au secours des assiégés, laissant à ʿAnkaba le caïd Haddou, l'askia Bokar, l'askia Hâroun et le caïd Ahmed-ben-Saʿïd[1] et tous leurs contingents.

Dès que le Dendi-Fâri apprit la marche du caïd ʿAli, il décampa pendant la nuit et se dirigea vers le pays de Dirma, en arrière de la montagne de Kora. Comme il approchait ensuite de la ville de Djondjo[2], il s'arrêta avec ses troupes et manda aux habitants de Djondjo de lui envoyer des vivres[3], ce qui fut fait.

La colonne marocaine de ʿAnkaba, qui s'était mise en marche pour combattre le Dendi-Fâri, l'atteignit près de la montagne indiquée ci-dessus. Un violent combat s'engagea en cet endroit et de nombreux morts de part et d'autre restèrent sur le champ de bataille. Quantité de vaillants Marocains périrent ce jour-là, entre autres Abdelaziz-El-Kâteb qui faisait partie du corps des Mekhâzeni et qui était connu par sa vaillance et son audace.

Les gens du Songhaï, c'est-à-dire les partisans du Dendi-Fâri, firent prisonnier le Balamaʿ Ishâq, fils du Binka-Farma Mohammed-Heïka et l'emmenèrent auprès de l'askia à Dendi. Le combat n'avait pris fin qu'au moment où le soleil était sur le point de se coucher. Ce qui avait le plus effrayé les Marocains dans cette rencontre, c'était le bruit que produisaient les boucliers battant sur les jambes des chevaux quand ceux-ci galopaient. Toute l'armée marocaine, chefs et soldats, s'enfuit jusqu'au lac Dabi où les hommes avaient de l'eau jusqu'aux cuisses. Mais ayant re-

1. Saʿdoun, d'après le ms. C.
2. Ou : Diondio.
3. Les populations sur le territoire desquelles passent des troupes doivent fournir des vivres à ces dernières, quand elles ne veulent pas faire acte d'hostilité.

connu la cause de leur terreur, ils quittèrent (١٩٨) le lac, après avoir éprouvé la plus grande terreur et la crainte la plus extrême. Enfin, ils entendirent le bruit des clarinettes du caïd 'Ali-ben-Abdallah qui était sur le lac et le traversait en se dirigeant de leur côté : c'était la délivrance. Tous ceux qui ont assisté à cette affaire racontent que jamais bruit plus suave ne charma jamais leurs oreilles, c'était le salut après l'angoisse.

Quand le caïd 'Ali atteignit la ville de Kobbi, le caïd Ahmed-ben-Yousef lui raconta ce qui s'était passé, à savoir qu'après être allé dans le pays de Dirma il était revenu en cet endroit avec tous ses compagnons, mais qu'il était arrivé alors que le combat était terminé. Quant au Dendi-Fâri, aussitôt qu'il connut l'arrivée du caïd 'Ali avec ses renforts, il retourna en arrière et rentra dans son pays. La bataille avait eu lieu dans la première décade du mois de rebi' Ier, de l'année déjà indiquée (4-13 juin 1609).

Accompagné de ses troupes, le caïd Haddou retourna à Tombouctou. Les Marocains se montrèrent tels que des fagots d'épines ou que des tigres féroces[1] à l'égard des habitants de la ville ; ils dispersèrent toutes les réunions et durant un long temps on ne vit plus deux personnes oser se réunir pour causer. Déjà, avant leur retour de cette expédition, le commandant en chef avait ordonné de faire des patrouilles au moment de la prière de l''acha et quelquefois même auparavant pour empêcher d'une façon absolue les *meddâh* de réciter leurs panégyriques pendant la durée du grand mois[2] ; cela n'était plus permis qu'après la prière du coucher du soleil, alors que l'usage établi et admis de tout temps était que ces récits eussent lieu après la prière de l''acha.

---

1. Mot à mot : se couvrirent le corps d'épines et se vêtirent de peaux de panthères.
2. Il s'agit sans doute du mois de rebi' Ier pendant lequel est né le Prophète

De son côté le caïd ʿAli-ben-Abdallah s'était rendu dans la ville de Dienné emmenant avec lui ses troupes et l'askia Bokar. Il avait été devancé dans cette ville par le caïd Ahmed-ben-Yousef. Tout le pays de Dienné, était en effet, soulevé et en révolte et tous les habitants des villages établis le long du Fleuve avaient pris la fuite et s'étaient réfugiés dans le pays de El-Hadjar.

La première barque marocaine, qui arriva dans la ville de Sâqa, fut attaquée par les cavaliers du pays de Sâtonka qui, après l'avoir pillée, se retirèrent. Quand le caïd ʿAli arriva à son tour dans cette localité, il passa son chemin sans s'occuper de ces gens-là[1]. Sur sa route il trouva également que les habitants de la ville de Kouna s'étaient révoltés et avaient attaqué les soldats marocains qui étaient dans la casbah ; mais Dieu ayant assuré la victoire de ces derniers, les gens de Kouna s'étaient enfuis à El-Hadjar. Poursuivant toujours sa route, le caïd arriva avec ses barques au port de la ville de Koubaʿa. Quand les barques mouillèrent en cet endroit, le caïd n'avait nulle intention de combattre, mais les compagnons du Sorya Mousa étant venus sur ces entrefaites commencèrent aussitôt l'attaque.

Les Marocains prirent leurs armes et la lutte s'engagea le (١٩٩) samedi, 11 du mois de rebiʿ Ier, de l'année déjà indiquée ci-dessus (14 juin 1609). Le combat fut vif et acharné ; il dura jusqu'au moment où le soleil sur le point de se coucher avait perdu tout son éclat. Les gens avisés dirent alors au caïd ʿAli : « Si la nuit se passe sans que tu aies remporté l'avantage, tu ne le remporteras pas plus tard. »

Le caïd ʿAli mit aussitôt pied à terre et pénétra par les remparts de la ville jusqu'à ce qu'il arriva à la porte de la

---

1. C'est-à-dire : sans venger l'attaque et le pillage de la barque.

maison du Sorya au milieu de ses soldats qui combattaient les troupes de celui-ci. Ce dernier était aveugle ; il était assis dans sa demeure tandis que son Bara-Koï était monté sur la terrasse avec ses hommes ; le Sorya envoyait saluer le Bara-Koï à chaque instant et s'informait des nouvelles de sa santé. « Tant qu'il sera vivant, disait-il, les Arabes (Marocains) ne pourront rien contre nous. » Or voici qu'un homme vint lui annoncer que le Bara-Koï avait été atteint par une balle et qu'il était mort au même instant. « Maintenant, s'écria le Sorya, les Marocains arriveront à leurs fins. »

Peu après, en effet, les Marocains brisèrent la porte de la maison du Sorya, et, pénétrant à l'intérieur, ils le saisirent. Puis, après avoir fait un grand carnage, ils pillèrent toute la ville, sauf le quartier des païens Boubo et ils emmenèrent le Sorya chargé de chaînes.

Le Djinni-Koï Mohammed-Benba fit venir des hommes dans sa maison où il fit creuser un puits, se montrant ainsi disposé à combattre et à soutenir le siège. Arrivé à la ville de Dienné, le caïd 'Ali campa avec ses troupes à Sibiri ; puis il envoya dans la ville le Sorya qui y fut mis à mort de la pire des morts et il invita le Djinni-Koï à se rendre auprès de lui. Le Djinni-Koï s'empressa de se rendre au camp du caïd ; celui-ci ne lui adressa pas de trop vifs reproches et Dieu en cela lui avait inspiré le meilleur des conseils.

Tous les soldats marocains qui tenaient garnison à Dienné étaient persuadés que le caïd mettrait à mort le Djinni-Koï, aussi quand ils le virent revenir sain et sauf dans sa demeure, ils entrèrent en fureur contre le caïd 'Ali en l'accablant d'injures et de malédictions. Le caïd 'Ali revint ensuite à Tombouctou.

Les Marocains[1] de Dienné firent annoncer à toutes les po-

---

1. L'expression « les gens » employée dans le texte s'applique seulement aux Marocains en garnison dans cette ville.

pulations des localités sises sur le bord du Fleuve, que l'aman leur serait accordé s'ils revenaient dans leurs demeures. Les uns se hâtèrent de rentrer dans leurs foyers; d'autres hésitèrent un peu mais finirent également par y revenir.

L'année suivante, en 1019 (26 mars 1610-16 mars 1611), au commencement des hautes eaux (٢٠٠) du Fleuve, le caïd revint à Dienné avec l'askia Bokar pour régler les questions de souveraineté[1]. Aucun des soldats qui étaient là en garnison ne douta un seul instant qu'aussitôt arrivé dans la ville, le caïd 'Ali ne tirerait vengeance du Djinni-Koï et ce dernier lui-même était persuadé de la chose.

Le caïd 'Ali campa hors des murs de la ville auprès des jardins[2]. Il fit mander le Kala-Cha'a Mohammed qui se présenta. Puis il pensa de nouveau que l'arrestation du Djinni-Koï n'offrirait aucun avantage et qu'elle occasionnerait dans le pays des troubles qu'il serait ensuite difficile d'apaiser. Il lui imposa seulement une forte contribution[3]. Le Djinni-Koï perçut cette somme très considérable des gens de sa tribu qui la lui payèrent promptement et sans tarder, tant ils étaient heureux de voir sain et sauf cet homme qui leur était cher et qu'ils aimaient du fond du cœur.

A cette époque l'askia Bokar était jaloux du Kala-Cha'a Mohammed parce qu'il voyait qu'il avait plus d'autorité que lui. Il y avait un vif dissentiment entre eux. Quand on fut de retour à Tombouctou, le pacha Mahmoud trouva étrange qu'on n'eût pas arrêté le Djinni-Koï à cause de toutes les grandes intrigues qu'il avait fomentées. Aussi quand le caïd 'Ali vint le trouver à son arrivée il lui demanda s'il avait ou

---

1. Il s'agissait de savoir si l'on nommerait un nouveau chef indigène de la ville ou si l'on maintiendrait l'ancien.
2. Le mot traduit par « jardins » pourrait être un nom de localité « El-Djenan ».
3. Les dictionnaires ne donnent point cette signification de « contribution » pour le mot arabe نصاف. Cependant le sens ne paraît pas douteux d'après le contexte.

non procédé à l'arrestation. « Non, répondit le caïd ʿAli, il a payé une contribution. » Alors il ajouta en manière de vœu en faveur du Djinni-Koï : « Puisse Dieu ne jamais faire voir aux habitants de Dienné le moment où il ne sera plus parmi eux ! » Ensuite il remit au pacha la totalité de la contribution.

Pour ce qui est de l'askia Bokar, il ne cessa de dénoncer le Kala-Chaʿa au pacha Mahmoud et de multiplier ses calomnies contre lui. « C'était lui, disait-il, qui avait été l'instigateur de la révolte et qui avait envoyé dire à l'askia de faire venir le Dendi-Fâri. » Alors le pacha écrivit au caïd Ahmed-ben-Yousef en lui donnant l'ordre de mettre à mort le Kala-Chaʿa. Le caïd fit tous ses efforts pour protéger le Kala-Chaʿa et alla jusqu'à offrir de payer pour lui 500 mitsqal si on lui laissait la vie. Le pacha refusa, tenant absolument à le faire mourir, et le Kala-Chaʿa périt ainsi injustement, victime d'une inimitié.

Quand le caïd ʿAli-ben-Abdallah fut sur le point de quitter Dienné pour revenir à Tombouctou, il destitua le caïd Ahmed-ben-Yousef de ses fonctions, qu'il donna au thaleb[1] Mohammed-El-Belbâli dès son arrivée à Tombouctou. Le caïd ʿAli arrangea les affaires de façon à l'y envoyer comme *hâkem*[2] de cette ville.

Le caïd ʿAli-ben-Abdallah continua à jouir du pouvoir et de sa haute situation jusqu'en l'année 1021 (4 mars 1612-21 février 1613). A ce moment il se trouvait à Asafaï, pour veiller à la défense de cette place (٢٠١) bien connue à l'époque, lorsqu'il reçut la nouvelle que Seyyid Kiraï-Idji, Dendi-Fâri à cette époque, marchait contre lui à la tête d'une grande expédition sur l'ordre de l'askia El-Amîn, souverain du Dendi.

---

1. Ce mot « thaleb » fait peut-être partie du nom et alors il faudrait traduire à El-Thaleb-Mohammed-El-Belbâli
2. Le sens de cette phrase est assez obscur dans le texte.

CHAPITRE VINGT-SEPTIÈME

Au mois de rebi' II, si je ne me trompe, le caïd 'Ali marcha à la rencontre de l'ennemi à la tête d'un grand corps d'armée dans lequel se trouvait le cheikh Ahmed-Tourik[1]-Ez-Zobëïri. Il joignit son adversaire à Chirko-Chirko, localité au fin fond du pays de Binka dans la direction de l'est[2]. Chacune des deux armées en présence s'arrêta en face l'une de l'autre, puis on se sépara sans combat en se tournant le dos pour prendre deux directions opposées. L'askia Bokar aurait, à ce qu'on rapporte, dit à cette occasion : « Je n'ai jamais vu deux nations perdre à la fois leur pouvoir[3], à l'exception de ces deux-ci. »

On assure que le caïd 'Ali avait envoyé de l'or au Dendi-Fâri Seyyid Kiraï par l'entremise de l'askia Bokar, afin qu'il se retirât sans combattre. Ce Dendi-Fâri était le fils de la sœur de l'askia Bokar. Quand il revint auprès de l'askia El-Amîn, celui-ci, qui avait entendu parler de cette affaire, la lui dévoila ouvertement pendant l'audience qu'il lui donna, et, outré de colère, il lui reprocha vivement d'avoir reçu un pot-de-vin pour renoncer au combat. En rentrant chez lui, le Dendi-Fâri ayant bu de l'eau de *hals*[4], mourut aussitôt. On trouva parmi ses hardes de l'or, dont personne ne lui connaissait la possession auparavant, et c'est ainsi que les soupçons à son encontre furent fortifiés.

Ensuite, le caïd 'Ali ramena ses troupes à Tombouctou ; il déposa le pacha Mahmoud-Lonko, dont il prit les fonctions dans la matinée du mercredi, 15 du mois de cha'aban, le brillant de l'année susdite (11 octobre 1612), au mois de

---

1. Peut-être faut-il ajouter une voyelle à la fin de ce mot qui n'est pas voyellé dans le texte.
2. Au Soudan le mot قبل signifie « est », alors que d'ordinaire il s'emploie ailleurs pour indiquer le sud.
3. Ou : « partir chacune de son côté » sans livrer combat après s'être trouvées ainsi en présence l'une de l'autre.
4. J'ignore de quel poison il s'agit. Au lieu de « eau de *hals* », on pouvait traduire : « suc de *hals* ».

juillet¹, si je ne me trompe. Puis il monta aussitôt à cheval et parcourut toute la ville. Descendant ensuite de cheval, il entra chez le pacha Mahmoud. Celui-ci le salua, le félicita et fit des vœux pour lui. Toutefois, parmi les paroles qu'il prononça en cette circonstance, il ajouta ces mots : « Vous venez d'ouvrir une porte par laquelle vous sortirez de la même façon que vous y êtes entré. » Il faisait allusion à sa révocation prochaine, et, en effet, il en fut ainsi. Peu de temps après cela, Mahmoud mourut, après avoir conservé le pouvoir huit ans et sept mois. Il fut le dernier des pachas envoyés de Merrâkech² et l'on prétend qu'il mourut empoisonné.

CHAPITRE XXVIII (٢٠٢)

DÉCADENCE DE LA DYNASTIE RÉGNANTE AU MAROC EN PUNITION DES EXCÈS QU'ELLE AVAIT COMMIS AU SOUDAN

On a vu précédemment que les jurisconsultes, fils du seyyid Mahmoud, étaient arrivés dans la cité rouge de Merrâkech ; cet événement marqua pour cette ville le commencement d'une ère de calamités.

L'auteur du *El-Kheber*³ rapporte qu'au moment de leur arrivée les fils de Mahmoud rencontrèrent les prisonniers chrétiens qui allaient et venaient pour accomplir les tra-

1. Cette année-là le mois de juillet correspondait au mois de djomada Ier. L'erreur porte sans doute sur l'indication du mois de l'année solaire, le 15 de ce mois étant un dimanche, tandis que le 15 de cha'ban était bien un mercredi.
2. Ou, pour mieux dire, nommé par le gouvernement marocain. Depuis ce moment, en effet les pachas furent choisis par l'armée d'occupation sans en référer à l'empereur du Maroc.
3. Peut-être qu'au lieu d'une citation d'un ouvrage appelé *El-Kheber*, il n'y a ici qu'une manière fautive de dire : « On rapporte la nouvelle que... »

vaux qui leur étaient imposés. L'un deux qui, depuis le commencement de sa captivité, n'avait jamais paru gai et qu'on n'avait jamais vu même sourire, changea subitement d'attitude ce jour-là. Il était arrêté avec ses compagnons à la porte des remparts quand les Soudanais s'y présentèrent. Aussitôt qu'il les vit, il se mit à rire et à éclater de joie, cessant immédiatement de conserver son air revêche et de mauvaise humeur. Ce fait surprit tout le monde ; la nouvelle s'en répandit bientôt et parvint aux oreilles du sultan Maulay Ahmed qui fit interroger le captif à ce sujet. « Comment ne me réjouirais-je pas, répliqua le chrétien, maintenant que nos espérances vont se réaliser pleinement au sujet de cette ville, car nous savons par nos chroniques que Merrâkech sera ruiné lorsque les *Motelettsemin*[1] y entreront. Or, ces gens qui viennent d'arriver offrent précisément les caractères qui nous ont été indiqués pour les Motelettsemin. »

La première calamité qui se produisit à l'encontre du sultan fut la révolte de Maulay Nasr, fils du sultan Maulay 'Abdallah ; il eut pour lui toute la population de la province du Gharb[2], tant était grande l'affection qu'elles avaient pour son père. Maulay Ahmed éprouva une crainte très vive à cause de cet événement ; il se mit en campagne à la tête d'une solide et nombreuse armée, après avoir rendu la liberté aux jurisconsultes qu'il avait internés et leur avoir fait grâce. Dieu fit qu'il s'empara de son adversaire et qu'il le fit tuer. Dans sa joie, il envoya annoncer cet heureux événement jusque dans le pays (٢٠٢) du Soudan.

1. Ce nom est donné d'une manière générale à toutes les populations du nord et du centre de l'Afrique qui portent un voile sur la figure. On sait qu'on désigne aussi les Almoravides sous ce nom. La prétendue prédiction ne peut se rapporter à l'arrivée des Almoravides qui était antérieure de beaucoup à cette époque.
2. Le mot Gharb, qui désigne surtout la partie septentrionale du Maroc dont Fez est le chef-lieu, s'emploie parfois pour désigner l'empire du Maroc tout entier.

D'autres calamités vinrent de tous côtés s'ajouter à cette première épreuve, en sorte que Maulay Ahmed se repentit de la façon dont il s'était conduit à l'égard des ulémas du Soudan. Son fils, qui était la joie de son âme et son héritier présomptif, Maulay Ech-Cheikh, se révolta dans la ville de Fez. Maulay Ahmed se mit en personne à la tête de ses troupes, et s'empara de ce fils; puis il donna l'ordre au pacha Djouder de le conduire à Méquinez et de l'y mettre en prison. Alors il désigna pour son successeur son autre fils Abou-Fârès, le frère germain de Maulay Ech-Cheikh et il fit part de ce dessein à Djouder lorsque celui-ci revint de Méquinez.

Enfin Maulay Ahmed fut empoisonné[1] par sa femme, Aïcha-bent-Abou-Bekr-Ech-Chebbâniya, la mère de son fils Maulay Zîdân, qui l'avait accompagné, elle et son fils, durant cette expédition. Le poison était contenu dans des figues que le prince mangea, ainsi que sa petite-fille, la fille de Maulay Ech-Cheikh. A peine cette enfant, encore toute jeune, eut-elle mangé une seule figue qu'elle bondit brusquement, puis retomba sur le sol et mourut aussitôt. Le sultan intoxiqué, lui aussi, se hâta de quitter la ville de Fez pour se rendre dans la rouge cité de Merràkech, mais il mourut au cours du trajet dans la seconde décade du mois de rebi' Ier de l'année 1012 (18-28 août 1603).

Djouder cacha à tout le monde la mort du sultan jusqu'à son arrivée dans la ville de Merràkech; il le fit alors ensevelir et exécuta sa recommandation au sujet de l'élévation au trône de Maulay Abou-Fârès. En conséquence on prêta serment de fidélité à ce dernier, tandis qu'à Fez Maulay Zîdân se déclarait investi du pouvoir souverain et recevait le serment d'obéissance des habitants de cette ville.

1. Cet empoisonnement paraît être une légende, car Maulay Ahmed est mort de la peste. L'auteur en veut faire une punition du Ciel qui aurait ainsi vengé le Soudan des exactions commises par les Marocains.

La lutte s'engagea entre les deux sultans. Maulay Abou-Fârès, pour aller combattre Maulay Zîdân à Fez, équipa une armée dont il donna le commandement à Djouder. Quand celui-ci approcha de Fez il apprit que Maulay Zîdân se portait à sa rencontre en personne. Il dépêcha aussitôt un messager à Maulay Abou-Fârès pour l'informer que Maulay Zîdân était en route pour le combattre à la tête de ses troupes et qu'il ne pouvait, lui, absolument pas entrer en lutte avec le prince et le repousser[1]; qu'en conséquence il fallait donner l'ordre de mettre en liberté Maulay Ech-Cheikh pour qu'il prît le commandement des troupes et qu'il engageât le combat. Maulay Abou-Fârès ayant accepté cette proposition, Djouder envoya mettre Maulay Ech-Cheikh en liberté.

Le messager était de retour de chez Maulay Abou-Fârés, quand celui-ci écrivit à Djouder une seconde lettre dans laquelle il lui disait : « Quand tu auras frappé avec cette épée remets-la dans le fourreau[2]. » Or cette lettre tomba entre les mains de Maulay Ech-Cheikh avant de parvenir à Djouder. Maulay Ech-Cheikh ayant lu la lettre comprit l'allusion qu'elle contenait. Il livra néanmoins bataille et vainquit Maulay Zîdân qui s'enfuit dans le pays du Sous; puis il retourna à Fez, prit l'autorité suprême dans cette ville (١٠٢٤) et prépara, pour aller à Merrâkech combattre Maulay Abou-Fârès, une expédition dont il confia le commandement à son fils Maulay Abdallah-Es-Seghir.

Abou-Fârès, vaincu, se réfugia dans les montagnes et Maulay Abdallah prit le pouvoir à Merrâkech, où il ne demeura que un an et neuf mois, exactement le même temps qu'y avait passé Maulay Abou-Fârès qui n'y était resté lui

---

1. Djouder prétexta sans doute qu'il était interdit à un fidèle de lutter contre un descendant du Prophète investi de l'autorité suprême. Il voulait se ménager les faveurs de Maulay Zîdân au cas où celui-ci aurait été vainqueur.

2. C'est-à-dire de faire disparaître Maulay Ech-Cheikh dès qu'on n'aurait plus besoin de ses services.

aussi que un an et neuf mois. A peine était-il au pouvoir que sa mère vint l'engager vivement à faire périr les grands chefs qui avaient été les fonctionnaires de son grand-père Ahmed ; de cette façon, dit-elle, il jouirait en paix de son autorité. Maulay Abdallah les fit donc tous périr ; ils étaient au nombre de onze, tous caïds, et parmi eux se trouvait le pacha Djouder. Maulay Abdallah envoya les têtes de ces chefs à son père qui était à Fez. Celui-ci, en voyant ces trophées, prit en aversion les choses de ce monde et regretta d'être au pouvoir.

Maulay Abou-Fârès sortit ensuite des montagnes où il s'était réfugié et se rendit à Fez où il demeura auprès de son frère Maulay Ech-Cheikh. De son côté Maulay Zîdân usant de toutes ses ressources réussit à équiper une armée qu'il dirigea contre Maulay Abdallah à Merrâkech et mit à la tête de cette expédition le fils de son oncle paternel, Maulay Abou-Hassoun, surnommé également Bou-Ech-Chaïr. Celui-ci ayant engagé la lutte et remporté la victoire, Maulay Abdallah s'enfuit à Fez et s'y réfugia auprès de son père Maulay Ech-Cheikh ; puis il tua son oncle Abou-Fârès et enleva le pouvoir à son propre père.

Très irrité de tout cela, Maulay Ech-Cheikh s'enfuit et alla se réfugia chez les chrétiens[1] où il demeura. Plus tard il leur vendit la ville de El-'Araïch (Larache), localité très importante et d'une grande valeur dans l'empire musulman. Les chrétiens en prirent possession et aujourd'hui encore elle est entre leurs mains. Maulay Ech-Cheikh resta jusqu'à sa mort dans le pays des Chrétiens et l'on prétend qu'il abjura la foi musulmane[2]. Le Ciel nous préserve de pareille chose !

Maulay Abdallah demeura à Fez uniquement occupé à de

---

1. Il s'agit des Espagnols qui en effet conservèrent Larache jusqu'en 1689.
2. Selon le *Nozhet El-Hadi*, Maulay Ech-Cheikh revint au Maroc où il fut assassiné à Feddj-El-Ferès, près de Tétuan, le 21 août 1613.

mauvaises actions, tyrannie, oppression et autres choses de même genre¹. Enfin on finit par l'interdire et à l'empêcher de continuer ses méfaits jusqu'à sa mort. Dès ce moment les habitants de Fez durent s'occuper eux-mêmes de leurs affaires, n'ayant plus ni prince, ni gouverneur, et encore aujourd'hui il n'y a plus dans cette ville d'autres chefs que des chefs de quartier.

Quant à Maulay Abou-Hassoun, il s'empara du pouvoir souverain (٢٠٥) à Merràkech et le garda environ quarante jours. Comme les habitants de cette ville se trouvaient dans une extrême disette par suite de la cherté des vivres, il leur fit distribuer toutes les denrées comestibles qui avaient été mises en réserve dans les greniers royaux. C'est à cause de cela qu'on le surnomma Bou-Ech-Ch'aïr (l'homme à l'orge). Maulay Zîdân survint ensuite et, après avoir tué Abou-Hassoun, il prit possession de la royauté.

Au nombre des calamités qui frappèrent la ville de Merràkech se trouve la peste qui éclata pour la première fois dans cette ville. La maladie, qui se répandit et persista pendant longtemps, faillit faire périr toute la population, jeunes gens et vieillards. Le nombre des victimes fut si considérable que Dieu seul en peut savoir le chiffre et depuis cette époque l'épidémie n'a plus épargné comme autrefois les habitants de cette cité.

On m'a rapporté que le prince, le sultan Maulay Ahmed, avait commencé la construction de la grande mosquée, et comme il l'avait établie sur un plan merveilleux, on lui avait donné le nom de *mosquée de la prospérité*; mais, détourné de cette occupation par une série d'événements malheureux, le prince ne put, avant sa mort, achever cet édifice qui reçut alors le nom de *mosquée de la ruine*.

---

1. Sur la conduite de ce prince, cf. le *Nozhet-El-Hâdi*, p. 313 de la traduction.

Une autre calamité qui se produisit alors fut la révolte de Ahmed-ben-Abdallah-Es-Saouri[1]. Cette sédition très grave, et qui eut de désastreuses conséquences, puisqu'elle sema la discorde parmi les populations et qu'elle fit périr nombre de personnes, jeunes et vieilles, fut un véritable châtiment infligé par Dieu pour venger les fils de Mahmoud. La sentence divine prédestinée s'accomplit dans toute son intégralité.

Ahmed-ben-Abdallah leva l'étendard de la révolte sur les bords de l'Oued-Es-Saoura[2] pendant le mois sacré de moharrem, le premier des mois de l'année 1019, le jour de 'Achoura (4 avril 1610). L'Oued Es-Saoura est le nom d'un pays situé entre le Touât et le Tafilâlet. Des ramassis de gens de toute sorte écoutèrent la voix de l'agitateur qui marcha contre Merrâkech pour attaquer Maulay Zîdân, après lui avoir, au préalable, écrit de nombreux messages soit en prose, soit en vers, pour lui reprocher les fautes graves qu'il avait commises contre la religion du Très-Haut en altérant les pratiques établies par son Prophète (Que Dieu répande sur Mahomet ses bénédictions et lui accorde le salut!).

Maulay Zîdân se porta à la rencontre de son adversaire et essaya de le repousser, mais les balles lancées contre les révoltés ne produisirent point sur eux la moindre blessure. Les troupes du sultan se débandèrent alors et s'enfuirent dans les montagnes, tandis que les révoltés entraient dans la ville de Merrâkech, où ils commirent les plus grands excès, pénétrant dans le palais du sultan, s'emparant de tout ce qu'ils y trouvaient, faisant sortir les femmes de condition de leur retraite, les dépouillant de leurs vêtements et

---

1. Ce personnage est plus connu sous le nom de Abou Mahalli. Cf. à ce sujet le *Nozhet-El-Hâdi*, p. 325 et suiv. de la traduction.

2. Les cartes portent souvent la forme Messaoura. C'est le nom d'une rivière et en même temps le nom d'une région.

CHAPITRE VINGT-HUITIÈME

se livrant sur elles à la débauche (٢٠٦). Ce fut exactement la répétition des actes commis par Mahmoud-ben-Zergoun lorsqu'il avait envahi les habitations des fils du Seyyid Mahmoud. Le Souverain tout-puissant, qui ne néglige jamais de punir les méchants, avait ainsi voulu faire mesure égale dans le châtiment.

L'argent, les hardes, les meubles qui se trouvaient dans les habitations furent enlevés par les révoltés qui les dispersèrent de tous côtés et dans tous les pays. Un grand nombre de ces objets furent apportés dans la ville de Tombouctou pour y être vendus par des commerçants. Tout le monde voulut acheter de ces choses et en avoir en sa possession. Certains de ces meubles finirent par arriver dans l'habitation des fils de Mahmoud où l'on peut admirer leur beauté et la façon merveilleuse dont ils étaient ajustés. Ce fut un grand enseignement que Dieu donna à ceux qui sont clairvoyants, car ils virent comment agit Celui dont la force et la puissance sont uniques au monde.

Le prince, le sultan Maulay Ahmed-Edz-Dzehebi était le fils de Maulay Mohammed-Ech-Cheikh, fils de Maulay Mohammed-Amghâr[1] le chérif, fils d'Abderrahman. Sa mère était une concubine[2] du nom de Lella-'Aouda; elle était la fille d'un Foulâni.

Mohammed Amghâr était venu de l'Orient au Maroc; il était allé dans le pays du Sous marocain et s'y était établi à demeure. Les habitants de la contrée l'avaient accueilli avec les plus grands égards, lui témoignant force honneurs et respects. Il finit par être nommé chef du Sous et en fut le souverain pendant trente-trois mois.

---

1. « Amghâr » est un mot berbère signifiant « ancien ».
2. Ou, plus exactement, une esclave rendue mère. On sait que l'enfant né d'un patron et de son esclave est parfaitement légitime aux yeux des musulmans et que la mère se trouve affranchie par ce fait.

Mohammed-Amghâr mourut ensuite laissant trois enfants : Maulay Ahmed-El-Aʿaredj qui était l'aîné ; Maulay Mohammed-Ech-Cheikh et Maulay Abdallah. De Maulay Mohammed-Ech-Cheikh sont issus Maulay Abdelmalek et Maulay Ahmed-Edz-Dzehebi ; Maulay Abdallah eut de nombreux enfants parmi lesquels on cite Maulay Mohammed et Maulay Nâser.

Maulay Ahmed-El-Aʿaredj devint souverain de la rouge cité de Merrâkech. Mais des intrigants le brouillèrent bientôt avec son frère Mohammed-Ech-Cheikh en lui disant que ce dernier voulait lui ravir le pouvoir. Un conflit éclata entre les deux frères, et, à la suite d'un combat, Maulay Mohammed-Ech-Cheikh, vainqueur, s'empara de son frère et le tint en prison sa vie durant.

Maulay Mohammed-Ech-Cheikh, devenu sultan, conserva le pouvoir jusqu'à sa mort. Il eut pour successeur son frère, Maulay Abdallah, qui régna (٢٠٧) pendant dix-sept ans. Ce prince gouverna sagement les populations du Maroc et s'en fit grandement aimer. Il exila les enfants de son frère aux extrémités de son royaume et comme ceux-ci lui adressaient des représentations à ce sujet il leur dit : « Je désire épargner vos existences et vous permettre de vivre longtemps. Si vous habitiez dans le voisinage de mes enfants ils vous tueraient. » Les choses demeurèrent ainsi jusqu'à sa mort.

Maulay Mohammed-Ech-Cheikh eut pour successeur son fils Maulay Mohammed-El-Mesloukh, qui régna un an et neuf mois. Comme il avait mécontenté les fils de son oncle paternel, Abdelmalek et Ahmed-Edz-Dzehebi, ceux-ci se rendirent auprès du prince des Croyants, le sultan ottoman[1] de Constantinople. Abdelmalek demanda au souverain turc de lui fournir un fort contingent de troupes pour lui permettre de conquérir le trône de Merrâkech. Accédant à ce

1. Amurat III.

CHAPITRE VINGT-HUITIÈME

désir, le sultan donna au prince marocain une armée de soldats turcs en nombre suffisant qui permit à Abdelmalek de vaincre le fils de son oncle paternel, Maulay Mohammed, fils de Mauley Abdallah. Celui-ci vaincu se réfugia auprès des chrétiens et Maulay Abdelmalek occupa le pouvoir souverain à son tour pendant un an et neuf mois également.

Maulay Abdelmalek modifia les usages de ses ancêtres pour les remplacer par les coutumes turques. Il emprunta aux Turcs la forme de leurs vêtements, leur façon de manger et jusqu'aux titres de leurs fonctionnaires qu'il fit prendre aux siens. Enfin tout dans l'empire marocain fut organisé à la façon turque. On y fit usage de toutes sortes d'armes à feu ; on y revêtit des caftans, des férédjé[1], des chîrkhoukh[2], etc., les fonctionnaires prirent alors les titres de bachoud, d'odabâchi, d'oldach, etc.

De son côté Maulay Mohammed, fils de Maulay Abdallah, avait demandé au souverain chrétien[3] de lui fournir des troupes pour combattre Maulay Abdelmâlek. Le prince chrétien accéda à sa demande et mit son propre fils à la tête de l'armée qu'il fournit. Les troupes se rendirent au Maroc et Dieu voulut que, dans la bataille qui fut livrée contre les Marocains, trois personnages moururent sans cependant prendre une part directe à l'action[4] : Maulay Mohammed, Mauley Abdelmàlek et le fils du souverain chrétien. Ce fut là une étrange coïncidence décrétée (٢٠٨) par le Tout-Puissant, Celui qui sait tout.

La bataille engagée entre les deux armées continua sans que, de part ni d'autre, aucun des combattants connût la mort du sultan Maulay Abdelmàlek. Le caïd Mohammed-

1. Sorte de simarre servant d'uniforme.
2. Le mot *chirkhoukh*, ou *chyoukhoukh* selon le ms. C, ne figure pas dans les dictionnaires. Il a sans doute été altéré par les copistes.
3. Don Sébastien, roi du Portugal ; il vint lui-même au Maroc et y périt.
4. C'est-à-dire sans combattre personnellement.

Thab'a cacha cet événement et n'en fit part à personne. Il allait à chaque instant vers la litière où se trouvait le souverain Maulay Abdelmâlek, lui adressait la parole, faisait l'éloge des hommes qui combattaient vaillamment et retournait ensuite auprès de ceux-ci pour leur dire que le sultan les saluait, voyait ce qu'ils faisaient, les en remerciait et faisait des vœux pour eux. Ce manège dura jusqu'au moment où les troupes des chrétiens vaincues tournèrent le dos et prirent la fuite.

Dès que la nouvelle de la mort de Maulay Abdelmâlek fut connue, Maulay Ahmed-Edz-Dzehebi se sauva et alla se cacher, craignant qu'on ne le tuât. Les Turcs songèrent à nommer sultan du Maroc Maulay Isma'îl, fils de Maulay Abdelmâlek, mais les habitants de Merrâkech n'en voulurent point et ils allèrent chercher Maulay Ahmed dans la retraite où il s'était caché à ce moment et l'élevèrent au pouvoir; dès lors, Maulay Ahmed demeura souverain.

Tout d'abord Maulay Ahmed, à la suite d'une haine ancienne qu'il avait contre les caïds de son frère à cause de la conduite qu'ils avaient tenue vis-à-vis de lui, les fit mettre à mort. Parmi eux se trouvaient le caïd Ed-Deghâli, le caïd Redhouân, le caïd Dja'afer et le caïd 'Ali-El-Djonaouni. Furent seuls épargnés le caïd Djouder et le caïd Mohammed-Thaba'. Toutefois Djouder fut interné dans une maison de campagne où il resta durant douze ans, jouissant d'ailleurs dans cette captivité de toutes les douceurs de l'existence et de tous les plaisirs de la vie.

Après ces douze années, Maulay Ahmed rendit la liberté à Djouder et l'envoya en qualité de pacha au Soudan. Djouder occupa ces hautes fonctions pendant vingt-sept ans et demi; il y déploya une merveilleuse intelligence et fit preuve des connaissances les plus extraordinaires en toute chose et des plus hautes conceptions. Son bonheur dans les affaires de ce monde et la chance dont il fut favorisé jour et nuit furent tels qu'on prétend qu'il ne conçut aucun projet sans qu'il se réalisât au gré de son désir, et souvent même Dieu lui accorda plus qu'il n'espérait. Il mourut au commencement de l'année 1012 (11 juin 1603-30 mai 1604). A dater de ce moment la dynastie marocaine fut ébranlée et sa décadence alla sans cesse en croissant.

CHAPITRE XXIX (٢٠٩)

RÉVOLTE DE ES-SAOURI CONTRE MAULAY ZIDAN AU MAROC

Revenons maintenant, pour en finir, à l'affaire de Maulay Zìdân avec Es-Saouri. Ce dernier ne voulut jamais entrer en personne[1] dans la ville de Merrâkech et resta, pendant tout le temps que dura sa suprématie, hors de l'enceinte de la ville. Enfin Seyyid Yahya-Es-Soussi équipa une armée contre lui et une bataille s'engagea en dehors des remparts de la ville, dans la première décade du mois de ramadan de l'année 1022 (15-24 octobre 1613). Es-Saouri fut vaincu et tué. Les habitants de Merrâkech lui tranchèrent la tête et leurs enfants s'en amusèrent comme d'un jouet.

Après cette victoire, Seyyid Yahya fit mander au sultan Zìdân de venir à Merrâkech et d'y reprendre l'autorité souveraine. Zìdân répondit en lui demandant de quitter le pays pour se rendre où il voudrait aussitôt que lui-même se mettrait en marche vers Merrâkech. Il agissait ainsi parce qu'il n'avait point confiance en Yahya et qu'il redoutait quelque trahison de sa part. Dès que Yahya eut quitté Mer-

1. Le *Nozeth-El-Hâdi* dit au contraire qu'il s'installa dans le palais impérial.

râkech, le sultan retourna dans sa capitale où il demeura jusqu'à sa mort qui eut lieu en l'année 1037 (12 septembre 1627-31 août 1628). Son règne avait duré vingt-deux ans.

Zîdân eut pour successeur son fils Abou-Merouan-Maulay Abdelmâlek. Ce prince était sanguinaire et d'une grande prodigalité; il passait tout son temps à commettre de vilaines actions. La population ne tarda pas à prendre en dégoût ce personnage et il fut mis à mort par ses propres sujets. Il périt dans le courant de l'année 1039 (21 août 1629-10 août 1630), après avoir régné deux ans et huit mois.

Il eut pour successeur son frère Abou-Abdallah-Maulay-El-Oualîd dont la conduite au pouvoir fut semblable à celle de son frère; la population le prit également en aversion. Sa tante paternelle, la chérifa Lalla-Sofia, s'entendit avec les fonctionnaires du palais pour faire assassiner le sultan. Celui-ci, frappé d'une balle, mourut dans le courant de l'année 1045 (17 juin 1635-5 juin 1636), après avoir régné cinq ans.

La tante paternelle du défunt fit monter sur le trône le plus jeune frère d'El-Oualîd, l'éminent, le fortuné (٢١٠), le béni Maulay Mohammed-Ech-Cheikh-ben-Maulay-Zîdân. Ce fut un vrai prince des Croyants, un khalife des musulmans. Il eut une conduite irréprochable et usa de procédés affables envers les pauvres et les malheureux en même temps qu'il honora les ulémas et les saints personnages. Il y a aujourd'hui dix-neuf ans qu'il est monté sur le trône. Dieu prolonge sa vie et lui continue son appui, sa bienveillance et sa faveur marquée! Dieu peut tout cela et il est à même d'exaucer ces vœux.

CHAPITRE XXX

OBITUAIRE ET RÉCIT DE DIVERS ÉVÉNEMENTS PAR ORDRE CHRONOLOGIQUE (1591-1613)

Voici maintenant un passage relatif aux personnages de l'armée, aux jurisconsultes, aux notables, à mes frères et parents, indiquant la date de leur mort ou d'autres faits les concernant, depuis la venue du pacha Djouder jusqu'à l'année 1021 (4 mars 1612-21 février 1613); on y trouvera aussi la mention de certains événements placés dans l'ordre chronologique.

La mort du Cha'a-Farma 'Ali-Djaouend, celle du Binka-Farma 'Otsmân-Dorfan, celle du Fondoko Boubo-Maryama, etc. qui succombèrent dans le combat qui fut livré entre le pacha Djouder et Askia-Ishâq eurent lieu le mardi, 17 du mois de mois de djomada I[er1] de l'année 999 (13 mars 1591).

Le jeudi, 21 du mois de dzou 'l-hiddja, qui termina l'année qui vient d'être dite (10 octobre 1591), mourut le Tombouctou-Mondzo Yahya-ould-Bordam; il avait été frappé d'une balle lancée par les soldats du caïd El-Mostafa, alors qu'il se trouvait près des murs de la casbah.

Le lundi, 25 du même mois (14 octobre 1591), le Fari-Mondzo Yenba-ould-Saï-Ouolo mourut dans un combat qui eut lieu entre le pacha Mahmoud-ben-Zergoun et Askia-Ishâq.

En l'année 1000, au mois de djomada Ier, si je ne trompe (14 février-15 mars 1592), Askia-Ishâq et ses compagnons

---

1. Ou de Djomada II, d'après le ms. C.

(*Histoire du Soudan.*)

moururent (٢١١) à Nemtanako ; quant à Askia-Mohammed-Kâgho et à ses compagnons, ils succombèrent dans la ville de Kâgho à quarante jours d'intervalle.

Au cours de cette même année eut lieu à Kâgho la mort du khatîb Mahmoud-Darâmi (Dieu lui fasse miséricorde!).

Ce fut le jeudi, 9 du mois sacré de moharrem, le premier des mois de l'année 1001 (8 octobre-7 novembre 1592) que périrent martyrs[1] les deux chérifs, Baba-Ech-Chérif et 'Omar-Ech-Chérif, tous deux fils de la fille du chérif Ahmed-Eṣ-Ṣeqli. Ils furent tués sur l'ordre du pacha Mahmoud-ben-Zergoun et mis à mort sur le marché de la ville de Tombouctou. Tous deux furent enterrés, dans un même tombeau, dans le cimetière de la grande-mosquée.

Dans la nuit du dimanche, première nuit du mois sacré de moharrem de l'année 1002 (27 septembre 1593), presque au moment du lever de l'aurore, mourut à Arkiya le très docte jurisconsulte, le cadi Mahmoud-Ko'ti-ben-El-Hâdj-El-Motaouekkel-'ala-'llah. Son corps fut transporté à Tombouctou et ce fut là que, après la seconde prière du soir, le lundi, on récita sur lui les prières des funérailles. Immédiatement après cela il fut enterré près du tombeau du jurisconsulte Ahmed-ben-El-Hâdj-Ahmed. (Dieu leur fasse miséricorde et nous fasse profiter de leurs bénédictions. Amen!)

Le mercredi, 24 du même mois (31 octobre 1593), moururent le jurisconsulte, le docte mufti Ahmed-Ma'yâ, le jurisconsulte, le pieux, Mohammed-El-Amîn — le dernier fils du cadi Mohammed — et le jurisconsulte El-Mostafa, fils du jurisconsulte Masira-Anda-'Omar. Ils périrent martyrs ainsi que onze autres personnes que le pacha Mahmoud-ben-Zergoun avait fait arrêter dans la mosquée de Sankoré (Dieu

---

1. Cette expression signifie simplement qu'ils furent tués sans aucun motif et sans opposer la moindre résistance.

CHAPITRE TRENTIÈME

leur fasse miséricorde à tous et les élève au plus haut des degrés du paradis. Amen!).

Ce fut le samedi, 19 du mois de safar de la même année (9 novembre 1593), que le jurisconsulte, le cadi Mohammed-ben-Ahmed, fils du cadi Abderrahman, commença à exercer ses fonctions de cadi. Il fut nommé à cet emploi sur l'ordre du pacha Mahmoud et par l'entremise de Habib-ben-Mohammed-Babo. Le poste avait été d'abord offert au très docte jurisconsulte Abdallah-ben-Ahmed. Boryo-Habib avait engagé au service du nouveau cadi dix chaouchs, mais celui-ci s'excusa de ne pouvoir les prendre et demanda à résilier la convention, ce qui fut fait lorsque le cadi eut promis, par acte écrit, de payer 400 mitsqal d'or au père de Habib, Mohammed-Babo[1].

Au mois de djomada 1ᵉʳ de la même année (23 janvier-22 février 1594) mourut (ر١٢), à Dienné, le jurisconsulte Mohammed-Baba-Masira, fils du jurisconsulte Anda-Ag-Mohammed, surnommé El-Mosalli, fils de Ahmed-ben-Mellouk-ben-El-Hâdj-Ed-Doleïmi. C'était un jurisconsulte instruit et célèbre. Chaque fois qu'il se trouvait à Tombouctou, le très docte, le jurisconsulte Abdallah-ben-Ahmed-Boryo allait écouter ses leçons tout en se tenant hors de la maison[2]. (Dieu lui fasse miséricorde!)

Le vendredi, 19 du mois de chaoual, après la prière de l'après-midi, eut lieu la mort du cheikh-el-islâm, le bienfaiteur de l'humanité, le pieux, le vertueux, le saint, l'éminent, le très docte jurisconsulte Mohammed, fils du jurisconsulte le cadi Mahmoud-Baghyo'o-El-Ouankori; il fut enterré la nuit même dans le cimetière de Sankoré. (Dieu lui fasse

---

1. Le texte ne dit pas nettement pourquoi le cadi promit de payer cette somme au père de Habib. On ne voit pas non plus la raison de l'intervention de Habib dans le choix des chaouchs du cadi.

2. Il ne voulait sans doute pas se mêler à la foule des étudiants, tout en désirant s'instruire.

miséricorde et nous soit bienveillant grâce à lui! Amen!)

Le 18 du mois sacré de dzou 'l-hiddja, le dernier des mois de l'année 1002 (4 septembre 1594), on reçut dans la ville de Tombouctou la lettre du jurisconsulte, le cadi Abou-Hafs-'Omar, fils du jurisconsulte, le cadi Mahmoud annonçant que lui et ses compagnons étaient heureusement arrivés à Merrâkech sains et saufs. Au cours de cette même année, l'année 1002, mourut à Tombouctou le caïd Bou-Ikhtiyâr ; il fut enterré dans la mosquée de Mohammed-Naddi.

Dans la nuit du jeudi, 1er du mois sacré de moharrem, le premier des mois de l'année 1003 (16 septembre 1594), eut lieu la mort du cheikh, du jurisconsulte, du saint, du maître en fait de hadits, d'histoire sacrée, d'histoire profane et de récits des grands événements, de celui qui atteignit le plus haut degré de la science du droit au point que certain de ses maîtres contemporains disait de lui que s'il avait vécu au temps où Ibn-Abdessalâm vivait à Tunis il aurait mérité d'être le mufti de cette ville, le cadi Abou-Hafs-'Omar, le maître du bon droit, le fils du cadi Sidi Mahmoud-ben-'Omar. Il mourut à Merrâkech et fut enterré près du tombeau du cadi Abou'l-Fadl-'Iyâd (Dieu leur fasse à tous miséricorde!). Durant sa vie, chaque fois qu'il parlait d'Abou'l-Fadl-'Iyâd, que de fois n'avait-il pas répété ces mots : « Il ne saurait y avoir de tristesse pour quiconque sera enterré près de la tombe de ce personnage. » Dieu avait fini par lui accorder cette faveur.

On rapporte que, lorsqu'il se sentit mourir, Abou-Hafs-'Omar fit mander à Seyyid 'Ali-ben-Seliman-Abou-Ech-Chekoua de venir le trouver. Quand celui-ci fut présent il lui remit un pli cacheté en lui disant : « Fais parvenir ce pli au sultan à telle époque. » Or cette époque fut postérieure à celle de sa mort. Quand le moment fut venu, Seyyid 'Ali porta la lettre au sultan. Celui-ci l'ouvrit et y trouva ces mots : « Tu es un oppresseur et je suis un opprimé ; prochainement l'oppresseur se retrouvera (ر۱ر) avec l'opprimé en présence de Dieu le juge équitable ». On rapporte que le sultan s'était repenti du traitement qu'il avait infligé à Abou-Hafs et à ses compagnons et qu'il aurait dit : « Si quelqu'un m'avait donné le conseil de faire ce que j'ai fait de mon propre mouvement, je l'anéantirais et n'en laisserais pas subsister la moindre trace. »

Le mardi, 22 du mois de djomada Ier de l'année 1004 (23 janvier 1596), mourut le jurisconsulte Abou-Bekr-ben-Mahmoud-ben-Aïda, l'imam (que Dieu le très-haut lui fasse miséricorde!).

Dans la nuit du mardi, nuit de la rupture du jeûne, au moment où la nouvelle lune se montra (28 mai 1596) et alors que tout le monde poussait encore des cris de joie et d'allégresse pour se réjouir de la fin du ramadan, naquit l'auteur de ces pages, Abderrahman-ben-Abdallah-ben-'Imrân-ben-'Amir-Es-Sa'ïdi. Dieu lui inspire l'orthodoxie et le maintienne au nombre de ceux qui seront appelés à la suprême félicité! Cet événement eut lieu en l'an 1004.

Le mardi soir, le 28 du mois susdit (cha'ban), mourut à Yendabogho le cheikh, le vertueux, le saint de Dieu, le jurisconsulte Ibrahim, fils du jurisconsulte 'Omar (Dieu lui fasse miséricorde et nous soit utile grâce à lui. Amen!).

Le mercredi soir, première nuit du mois de safar de l'année 1005 (23 décembre 1596), mourut à Tombouctou Omm-Selma, la fille du jurisconsulte Mahmoud-ben-'Omar. C'était la dernière survivante de ses filles.

Le vendredi, vers le moment du coucher du soleil, le 17 du mois de rebi' Ier de cette année (8 novembre 1596), mourut à Tombouctou, le caïd Mansour-ben-Abderrahman. La prière des funérailles fut dite sur lui dans la matinée du samedi et il fut enterré près du tombeau de Seyyid Yahya

(Dieu lui fasse miséricorde!) dans la mosquée de Mohammed-Naddi. Plus tard, son fils vint de Merràkech chercher son corps et le transporta dans cette dernière ville.

Le vendredi, 9 du mois de ramadan de cette même année (26 avril 1597), mourut l'imam Ahmed, fils de l'imam Seddiq, dans la ferme de Korobo'. Son corps fut transporté à Tombouctou où eurent lieu les prières funèbres après l'office du vendredi. Il fut enterré dans le cimetière de Sankoré (Dieu lui fasse miséricorde!).

Dans la dernière décade du mois sacré de dzou'l-qa'da de cette même année (6-15 juillet 1597), mourut à Merràkech, 'Aïcha-Isiri, la fille du cadi El-'Aqib.

Dans la nuit du mardi (٢١٤), entre le coucher du soleil et la nuit complète, le 6 du mois sacré de dzou'l-hiddja terminant l'année 1005[1] (21 juillet 1597), mourut à Merràkech, Mohammed-Seïf-Es-Sonna[2], le fils du cadi El-'Aqib.

Le 13 du même mois, mourut également, dans la même ville, Seyyid-ben-'Otsmân, fils du cadi Seyyid Mahmoud (Dieu très-haut leur fasse miséricorde. Amen!).

Le vendredi, 6 du mois de safar de l'année 1006 (18 septembre 1597), mourut Sa'ïda, la mère du jurisconsulte Abdallah, fils du jurisconsulte Mahmoud-ben-'Omar. C'était la dernière survivante des femmes de ce dernier. Les prières des funérailles furent dites sur elle après l'office du vendredi (Dieu fasse miséricorde à tous. Amen!).

Dans la matinée du jeudi, 5 du même mois de la même année (17 septembre 1597), mourut, dans la ville de Merràkech, le cheikh, le jurisconsulte, le saint, le vertueux, le prédicateur béni du Ciel, Sidi Abou-Zeïd-Abderrahman, fils du saint de Dieu, le jurisconsulte, le cadi, Sidi Mahmoud-ben-'Omar. Il fut enterré avec Ibn-El-Qettân, en face de la

---

1. Le ms. C indique l'année 1008.
2. Mot à mot : « le glaive de la tradition prophétique. »

mosquée de ʿAli-ben-Yousef. (Dieu leur fasse miséricorde et nous fasse profiter de leur faveur divine en ce monde et dans l'autre vie. Amen!)

Le vendredi, 20 du même mois (6 octobre 1597), après la prière du matin, mourut Mohammed[1], le muezzin de Sankoré à Tombouctou; les prières funéraires furent dites sur lui dans la matinée et il fut enterré aussitôt après cela.

Au mois de rebiʿ II de cette même année (11 novembre-10 décembre 1597), mourut dans la ville de Merrâkech, le cheikh, le meddâḥ, le jurisconsulte, le vertueux ʿOmar-ben-El-Hâdj-Ahmed-ben-ʿOmar, connu sous le nom de Baba-Koraï. (Dieu lui fasse miséricorde!)

Le premier jour du mois de chaʿban de cette année également (9 mars 1598), mourut, dans la ville de Merrâkech, le cheikh, le jurisconsulte Abou-Mohammed-Abdallah, fils du jurisconsulte, le cadi Mahmoud-ben-ʿOmar. (Dieu lui fasse miséricorde!)

Le mercredi, 5 du mois de chaoual de cette année (11 mai 1598), moururent, dans la même localité, à Onkondo, le pacha Mahmoud-Thâbaʿ et Kodâro[2].

Durant la nuit qui précéda le 1ᵉʳ du mois sacré de dzou'l-hiddja, terminant l'année 1006 (4 juillet 1598), mourut, au port de Kabara, le caïd El-Mostafa-Et-Torki; il fut enterré (٢١٥) dans la mosquée de Mohammed-Naḍdi près du tombeau de Seyyid Yahya (Dieu lui fasse miséricorde!).

Dans la matinée du 5 du mois de redjeb de l'année 1008 (21 janvier 1600), mourut le jurisconsulte, l'éminent, l'excellent, l'ascète, l'instituteur, l'oncle maternel de mon père, Seyyid Abderrahman, fils du jurisconsulte, de l'éminent, de l'imam, du cadi Seyyid ʿAli-ben-Abderrahman-El-Ansari-El-Mesnâni.

---

1. Le ms. C donne le nom de Yaḥmadou.
2. Cette phrase est assez ambiguë et le sens donné ici n'est peut-être pas exact.

Il fut enterré dans le cimetière de la grande-mosquée. (Dieu le très-haut lui fasse miséricorde et nous soit utile grâce à lui Amen!)

Ce fut également pendant le cours de cette année que mourut le jurisconsulte, le savant, 'Otsmân-ben-Mohammed-ben-Mohammed-ben-Denba-Sàl, le Peul; il était imam dans la mosquée de Mohammed-Naddi. (Dieu lui fasse miséricorde!)

Au mois de redjeb l'unique de l'année 1010 (26 décembre 1601-25 janvier 1602), mourut le jurisconsulte, le savant, le très docte Abou-Mohammed-Abdallah, fils du jurisconsulte Ahmed-Boryo-ben-Ahmed, fils du jurisconsulte du cadi, Anda-Ag-Mohammed (Dieu par sa grâce lui fasse miséricorde!).

Dans la nuit du mercredi 11 du mois de redjeb l'unique de l'année 1011 (3 janvier 1603), après le coucher du soleil, mourut le jurisconsulte, le savant, l'éminent, l'excellent, Mahmoud-ben-Mohammed-Ez-Zeghrâni, né et élevé à Tombouctou. Les prières furent dites sur lui dans la matinée du jeudi et il fut enterré près de la porte du mausolée du jurisconsulte Mahmoud. On prétend que son père et son frère Mohammed sont enterrés en ce même endroit. Il mourut à l'âge de 64 ans d'après les indications fournies par lui-même. Il avait étudié le droit, d'abord sous la direction du jurisconsulte Ahmed-ben-Mohammed-Sa'îd, puis sous celle d'Abdallah, fils du jurisconsulte Mahmoud. Il était habile grammairien et fit des cours au début de sa carrière. Mais une bronchite l'obligea de cesser ses leçons et de garder la chambre pendant de nombreuses années. Il dut aussi à cause de cela renoncer à assister aux réunions de toute sorte et à l'office du vendredi. Il était imam de la mosquée des Touâtiens [1].

---

1. Il n'en avait sans doute que le titre puisqu'il n'était pas en état d'en remplir les fonctions à cause de son état de santé.

Dans la nuit du jeudi, 3 du mois de cha'ban de l'année ci-dessus indiquée (16 janvier 1603), la crue du Fleuve atteignit Ma'doko ; c'était le 7 du mois de janvier[1] à l'époque du gouvernement du pacha Selimân. La crue atteignit de nouveau ce niveau sous le gouvernement du pacha Selimân, pendant la nuit du 7 du mois de redjeb l'unique de l'année 1012 (11 décembre 1603) ; c'était le 2 du mois de décembre.

Dans la matinée du 13 du mois de rebi' Ier de l'année (٢١٦) 1012 (21 août 1603), eut lieu la mort du prince El-Mansour-billah[2] Abou-'l-Abbàs-Maulay-Ahmed-Edz-Dzehebi. Il succomba au moment où il venait de quitter la ville de Fez et où il était en route pour rentrer dans la ville de Merrâkech. Son corps fut transporté dans cette dernière ville où il fut enterré.

Le samedi, vers midi, le dernier jour du mois de cha'ban de l'année qui vient d'être dite (1er février 1604), mourut le jurisconsulte, le savant, l'éminent, le dernier rejeton d'ancêtres illustres, le protecteur des étudiants, Abou-Hafs-'Omar-ben-Mohammed-ben-'Omar, l'émule du jurisconsulte Ma'yâ (Dieu leur fasse à tous miséricorde et nous soit utile grâce à eux. Amen!).

Vers la fin de cette année (mai 1604), mourut mon oncle paternel Baba-'Amir-ben-'Imràn-Es-Sa'ïdi (Dieu lui fasse miséricorde, lui pardonne ses fautes et lui fasse habiter son vaste paradis!). Il fut enterré près de son père dans le cimetière de la grande-mosquée.

Pendant l'année 1013, au mois de safar (29 juin-28 juillet 1604), mourut à El-Fa'-Konko, l'askia Seliman, fils de

---

1. La différence entre la date donnée par l'auteur et la date réelle est de neuf jours, soit qu'il n'ait pas tenu compte de la réforme grégorienne, soit qu'il ait commis une erreur de date.
2. Ou « le favorisé de Dieu ». C'était le titre royal honorifique du prince.

l'askia Daoud. Le cadi Mohammed-ben-Ahmed, fils du cadi Abderrahman, se rendit dans cette localité pour présider à ses funérailles, puis le corps fut transporté à Tombouctou et enterré dans le cimetière de Sankoré.

Au mois de dzou 'l-qa'da de cette année (21 mars-20 avril 1605), mourut le vertueux, le saint, le dévot, l'éminent, l'auteur de miracles, le jurisconsulte 'Ali-Sîl[1]-ben-Abou-Bekr-ben-Chihâb-El-Oualati, né et élevé à Tombouctou. Il était le fils de la fille du saint de Dieu, Baba-Masiri-Bîr. C'était un ami de mon père. Il lui avait raconté que le cheikh enterré sous le minaret de la grande-mosquée de Tombouctou était son propre grand-père. Il en est effectivement ainsi et ce personnage était le fils de l'oncle paternel de Masiri-Bîr; il s'appelait 'Ammâr et avait été surnommé Abou-'ṣ-Ṣemm [2] par les Arabes de Oualata, parce qu'il feignait de ne point entendre toutes les paroles qui ne lui plaisaient point.

Quand le cadi El-'Aqib restaura l'ancienne mosquée, le tombeau fut démoli sans qu'on sût qu'il se trouvait là. On retrouva le corps absolument intact ainsi que le linceul qui l'enveloppait. Le très docte, le cheikh-el-islâm, le jurisconsulte Mohammed-Baghyo'o-El-Ouankori, qui se trouvait là, couvrit le corps de son burnous pendant qu'on creusait la fosse dans laquelle il fut de nouveau enseveli.

Plus tard, un des saints du Maroc vint en pèlerinage à Tombouctou; il se rendit auprès du jurisconsulte, du traditionniste, de l'érudit, Abou'l-Abbas-Ahmed-ben-El-Hâdj-Ahmed-ben-'Omar, qui avait auprès de lui à ce moment le jurisconsulte Mohammed-Baghyo'o-El-Ouankori et le jurisconsulte Ahmed-Ma'yâ. Le pèlerin les salua et leur annonça qu'il n'était venu dans cette ville qu'à cause du saint personnage enterré sous le minaret de la mosquée, qu'il avait vu

---

1. Ou : Sîli.
2. Mot à mot : « le père de la surdité ».

en songe ce personnage, que celui-ci lui avait dit qu'il était enterré en cet endroit et lui avait enjoint de venir visiter (٢١٧) son tombeau. C'est pourquoi cet homme était venu à Tombouctou.

Le jurisconsulte Mohammed-Baghyo'o, ou l'une des personnes qui étaient là, ayant demandé au pèlerin de quel couleur était le teint d'Abou-'ṣ-Ṣemm, il répondit à Mohammed-Baghyo'o qu'il était plus noir que lui, tout en ajoutant que Ahmed-Ma'yà était plus clair de teint que le défunt. D'ailleurs, ajouta-t-il, sa véritable couleur était celle de cet homme et, ce disant, il montrait le très docte jurisconsulte Ahmed-ben-El-Hàdj-Ahmed. Après cela le pèlerin s'en alla (Dieu fasse à tous miséricorde et nous soit utile grâce à eux tous!).

Le samedi soir 13, du mois de cha'ban de l'année 1014 (24 décembre 1605), la crue du Fleuve atteignit Ma'doko; c'était le 12 du mois de décembre sous le gouvernement du pacha Mahmoud-Lonko.

Le 25 de ce mois, dans la même année (5 janvier 1606), mourut le jurisconsulte, le savant, le très docte, l'éminent, l'excellent, le distingué professeur, Abou-Abdallah-Mohammed-Baba-ben-Mohammed-El-Amìn-ben-Habîb, fils du jurisconsulte El-Mokhtar. Il succomba le jeudi après la prière du matin; il était né également après la prière du matin un jeudi du mois de djomada II de l'année 981 (28 septembre-27 octobre 1573); il avait donc quatre-vingt-deux ans et deux mois. (Dieu lui fasse habiter les degrés les plus élevés du paradis!)

Ce personnage avait une érudition très variée dont il donna des preuves nombreuses et fréquemment répétées. Il atteignit un haut degré de science et fut professeur et auteur d'ouvrages. Il avait reçu les leçons du jurisconsulte Abderrahman, fils du jurisconsulte Mahmoud et avait assisté aux conférences du jurisconsulte Mohammed-El-Ouankori où l'on traitait du droit, de la grammaire et de la théologie, mais il n'avait pas étudié sous sa direction. Il fut en correspondance avec lui sur des questions d'espèces juridiques et le cheikh lui délivra un diplôme équivalant à celui qu'il avait donné à son père, Mohammed-El-Amîn. Il suivit assidûment les cours de Sidi Ahmed sur la grammaire jusqu'à ce qu'il eut de cette science une connaissance sûre. Il étudia sous la direction du jurisconsulte Ma'yâ une partie du *Mokhtaṣar* de Sidi Khalil et acheva cette étude avec le jurisconsulte Mohammed-ben-Mohammed-Koraï lorsque celui-ci fut chargé de conférences dans la mosquée de Sankoré. Ce fut de ce même personnage qu'il entendit la lecture du *El-Taouḍiḥ* (٢١٨) d'Ibn-El-Hâdjeb, et celle du *Djamï'-el-djaouâmï'*. Il entendit la lecture de la *Modououana* et celle du *Mouaṭṭa* faites par le jurisconsulte Abderrahman-ben-Ahmed le modjtâhid[1]. Il apprit les deux recensions de *Ouerech* et de *Qâloun* d'après celui qui était le porte-drapeau de cette science à son époque, Sidi Ben-Abdelmaula-El-Djilali ; il reçut les leçons de Abdallah, fils du jurisconsulte Ahmed-Boryo qui lui conféra la licence d'enseigner la *Chifa* et El-Bokhâri. Il est l'auteur de quelques ouvrages, entre autres, d'un commentaire de l'*Alfiya* de Es-Soyouṭi, du *Tekmila* d'El-Bedjâï sur la *Lâmyia* ; d'un commentaire des interpolations des exemples cités par El-Khazeradji ; d'un commentaire sur un fragment des *Séances* de Hariri ; d'une glose marginale inachevée sur El-Bedjâï ; enfin de superbes et magnifiques poèmes sur les vertus du Prophète. Cinq ans avant sa mort ou même auparavant, il s'astreignit à composer lors de chaque fête de la Nativité

---

1. C'est le nom que l'on donne à l'homme dont le savoir est tel qu'il lui est permis d'innover en matière de législation, à la condition, bien entendu, de se conformer aux principes établis par le Qoran et la Sonna.

du Prophète un éloquent poème en l'honneur de Mahomet. (Que Dieu lui en sache gré!) Il composa deux poèmes élégiaques, l'un à l'occasion de la mort de son maître le jurisconsulte Mohammed-El-Ouankori, l'autre en l'honneur du jurisconsulte Abderrahman.

Dans la nuit du lundi, 14 du mois de chaʿbân de l'année 1015 (15 décembre 1606), mourut l'amîn, le caïd El-Hasen-ben-Ez-Zobéïr; il fut enterré dans la mosquée de Mohammed-Naḍḍi, près du tombeau du Seyyid Yahya. (Dieu lui fasse miséricorde!)

Le même jour, Abou-Bekr-ben-El-Ghandâs, le Targui, fut tué à Ras-El-Ma par un Targui de la tribu des Kel-Amini[1] à qui il avait lancé son javelot dans la bouche et qui lui lança à son tour son javelot. Ils moururent tous deux. Akenzer-ben-Ausenba et Abou-Bekr étaient cousins maternels.

Le mardi, 10 du mois sacré de dzou 'l-hiddja de l'année 1016 (8 avril 1607), arriva à Tombouctou le cheikh, le savant, le très docte, l'unique de son siècle et le phénix de son temps, le jurisconsulte Ahmed-Baba, fils du jurisconsulte Ahmed-ben-El-Hàdj-Ahmed-ben-ʿOmar. Le prince Maulay Zîdân lui avait rendu la liberté, conformément à la promesse qu'il lui avait faite du vivant de son père de le laisser retourner au pays de ses ancêtres le jour où Dieu le mettrait lui Zîdân en possession du palais de son père. Il tint la promesse qu'il avait faite ; toutefois quand Ahmed-Baba eut quitté Merrâkech et qu'il fut en route pour le Soudan, Maulay Zîdân regretta (٢١٩) ce qu'il avait fait. Mais Dieu avait décidé que Ahmed-Baba serait enterré au lieu où il était né.

Le mardi, 17 du même mois (15 avril 1607), mourut le jurisconsulte, le cadi Mohammed-ben-Ahmed, fils du cadi

1. Ou « Kel-Amin », d'après le ms. C.

Abderrahman. Et, à ce moment, sur l'ordre du gouverneur de l'époque, le pacha Mahmoud-Lonko, les fonctions de cadi furent confiées au jurisconsulte, au saint de Dieu, Mohammed-ben-Anda-Ag-Mohammed fils de Ahmed-Boryo.

Au mois de dzou-'lhiddja, qui termina l'année 1016 (30 mars-28 avril 1607), si je ne me trompe, mourut, dans la ville de Dienné, le jurisconsulte, l'imam Abdallah, fils de l'imam 'Otsmâu-ben-El-Hasen-ben-El-Hàdj-Es-Senhâdji. (Dieu lui fasse miséricorde!)

Dans la première décade du mois de rebi' Ier de l'année 1019 (24 mai-2 avril 1610), mourut la chérifa Nâna-Bîr, fille du chérif Ahmed-Eṣ-Ṣeqli. Le septième jour après elle, mourut sa fille, la chérifa Nâna-'Aïcha. (Dieu lui fasse miséricorde et reverse sur nous une partie de leurs bénédictions. Amen!).

Le jeudi, 15 du mois de djomada Ier de cette année (5 août 1610), mourut le cheikh, le jurisconsulte Abderrahman-ben-Ahmed. C'était un docteur de la loi[1]. (Dieu lui fasse miséricorde!)

Le dimanche, 12 du mois de djomada II, même année (1er septembre 1610), mourut le jurisconsulte Ṣâliḥ, fils du saint de Dieu, le jurisconsulte Ibrahim. Son père fut l'auteur de miracles et de prodiges. En voici quelques-uns de lui : Le mur de la mosquée de Sankoré se fendait la nuit pour lui livrer passage quand il allait y faire ses dévotions la nuit. La terre de son mausolée est efficace pour le mal de dents, quand on l'applique sur une dent malade. On assure que l'épreuve en a toujours été faite avec succès. (Dieu leur fasse à tous miséricorde et nous soit utile grâce à eux. Amen!)

Le dimanche soir, 6 du mois de chaoual de l'année 1020 (12 décembre 1611), mourut le cadi, le jurisconsulte Mohammed-ben-Anda-Ag-Mohammed-ben-Ahmed-Boryo-ben-

---

1. Ou « modjtahid ».

Ahmed, le fils du cadi, le jurisconsulte Anda-Ag-Mohammed. Cette même nuit mourut son ancien ami et compagnon, le cheikh Abdennour-Es-Senâouni. Les prières des funérailles furent dites pour tous deux dans la matinée du lundi et ils furent enterrés dans le cimetière de Sankoré. (Dieu leur fasse miséricorde. Amen!) Le samedi, 12 du même mois (17 décembre 1511), les fonctions de cadi furent, sur l'ordre du pacha Mahmoud-Lonko, confiées au frère du défunt cadi, le jurisconsulte, le savant Sidi Ahmed-ben-Anda-Ag-Mohammed-ben-Ahmed-Boryo.

CHAPITRE XXXI (٢٢٥)

LE PACHA ALI-BEN-ABDALLAH-ET-TELEMSANI. — AHMED-BEN-YOUSEF-EL-'EULDJI. — 'AMMAR. — HADDOU-BEN-YOUSEF-EL-ADJENASI. — MOHAMMED-BEN-AHMED-EL-MASSI. — HAMMOU-BEN-ALI-ED-DER'I. — YOUSEF-BEN-'OMAR-EL-QAṢRI. — IBRAHIM-BEN-ABDELKERIM-EL-DJERARI ET ALI-BEN-ABDEL-KADER.

On a vu précédemment le récit relatif à l'avènement au pouvoir du pacha 'Ali-ben-Abdallah-Et-Telemsâni; il entra en fonctions dans la matinée du mercredi, 15 du mois brillant de cha'ban de l'année 1021 (11 octobre 1612). Aussitôt qu'il fut investi du pouvoir, les choses changèrent d'aspect et l'organisation du pays fut modifiée. On ne voyait qu'événements inattendus et innovations et cela sans discontinuer.

Lorsque, après avoir chassé de Merrâkech le prince Maulay Zîdân, fils du prince Maulay Ahmed, l'agitateur Abou-Mahalli, Seyyid Ahmed-ben-Abdallah-Es-Saouri, annonça son avènement aux habitants de Tombouctou, le pacha 'Ali-ben-Abd-allah demanda aux troupes cantonnées dans la ville de Tombouctou de prêter serment d'obéissance à Abou-Mahalli et de le reconnaître comme souverain.

Tout d'abord les soldats marocains acquiescèrent au désir de leur chef et l'assurèrent de leur concours; mais à peine s'étaient-ils séparés du pacha que, reprenant leurs esprits, ils regrettèrent l'adhésion et le concours qu'ils venaient de promettre et refusèrent d'une façon absolue de faire ce qui leur avait été demandé.

Néanmoins le pacha, malgré la résistance qu'il rencontrait à son dessein, rejeta l'autorité du prince Maulay Zîdân et prêta serment d'obéissance à l'agitateur Es-Saouri. Ses soldats imitèrent ensuite son exemple qui fut suivi également par les habitants de Dienné.

Six mois s'étaient écoulés depuis cet événement lorsque l'on reçut la nouvelle de la résistance opposée par Seyyid Yahya-Es-Soussi[1], du succès qu'il avait remporté sur Es-Saouri qu'il avait tué et de l'appel qu'il avait adressé à Maulay Zîdân pour que celui-ci rentrât dans son palais y reprendre le souverain pouvoir.

A la nouvelle du rétablissement de Maulay Zîdân, les habitants de Dienné reprochèrent vivement aux gens de Tombouctou de leur avoir fait enfreindre inutilement le serment d'obéissance qu'ils avaient prêté autrefois au souverain marocain et ils leur témoignèrent une vive hostilité. Ils eurent avec eux, dans cette circonstance, les gens de Kâgho qui, eux, n'avaient cessé d'être fidèles à Maulay Zîdân et ne lui avaient fait défection en aucune manière.

Effrayés de tout cela, les habitants de Tombouctou revinrent au serment de fidélité qu'ils avaient méconnu et le renouvelèrent. Il y avait dans tout ceci une faute grave commise par le pacha 'Ali, aussi le prince Maulay Zîdân se décida-t-il en fin de compte (٢٢١) à prendre des mesures rigoureuses

---

1. Sur ce personnage cf. le *Nozhet-El-H'adi*, p. 339 et suiv. de la traduction.

contre lui; d'ailleurs, sous le gouvernement de ce pacha, tous les fonctionnaires de chaque pays et de chaque région du Soudan s'étaient montrés tyranniques, oppresseurs et perturbateurs de l'ordre public.

Sous le gouvernement de ʿAli il arriva à Tombouctou un corbeau blanc; on l'aperçut pour la première fois le 22 du mois de rebiʿ Iᵉʳ de l'année 1024 (21 avril 1615) et chacun put le voir de ses yeux jusqu'au mercredi, 28 du mois de djomada Iᵉʳ (26 juin 1615). Ce jour-là les enfants s'en emparèrent et le tuèrent.

Dans l'année 1025 (20 janvier 1616-9 janvier 1617) la crue du Fleuve fut beaucoup plus forte que d'ordinaire. Jamais personne n'avait vu une inondation aussi considérable et tous les vieillards âgés de cette époque reconnurent que jamais ils n'avaient vu une crue aussi considérable et qu'aucune des personnes qu'ils avaient connues n'avait été témoin d'une chose pareille. Tous les champs de culture furent submergés et les récoltes endommagées. Dans la région à l'ouest, dans la direction de Dienné, nombre d'hommes et d'animaux périrent emportés par les eaux. Cette même année la crue du Fleuve atteignit Maʿdoko le dimanche, 10 du mois de dzou'l-qaʿda (19 novembre 1616); ce jour-là était le 11 du mois de novembre.

Au mois sacré de moharrem, le premier des mois de l'année 1026 (9 janvier-8 février 1617), un violent conflit éclata entre le pacha et le caïd Haddou-ben-Yousef-El-Adjenâsi. Le pacha quitta la casbah et alla s'établir en dehors de cette citadelle, emmenant avec lui des hommes choisis parmi les soldats du bataillon de Merràkech au nombre de quatre-vingt-trois [1]. Toute cette troupe lui était très dévouée et bien décidée à le soutenir et à veiller sur lui nuit et jour.

---

1. Le texte dit : environ 83 ; du moment qu'on donne un chiffre fixe, il semble que ce mot « environ » ne soit pas nécessaire.

A dater de ce moment l'autorité du pacha alla en déclinant et en s'amoindrissant, si bien qu'il fut déposé le lundi, 5 du mois de rebi' Ier de cette année (13 mars 1617). Il avait exercé son autorité durant cinq ans moins deux mois.

Le jour même où le pacha 'Ali avait été déposé, toutes les troupes furent unanimes à proclamer à sa place le pacha Ahmed-ben-Yousef-El-'Euldji. Puis, après avoir jeté en prison l'ancien pacha et l'avoir chargé de chaînes, elles écrivirent au prince Maulay Zîdân pour lui exposer les méfaits dont il s'est rendu coupable, l'ignominie de sa conduite et les malversations qu'il avait commises, en dépit de l'amîn, aux dépens du trésor public. L'année suivante, ainsi qu'on le verra plus loin, s'il plaît à Dieu, le sultan fit régler cette affaire.

A tout instant la situation devenait de plus en plus critique et chaque jour amenait des événements plus graves que les précédents. Cette année-là la pluie fit défaut. Les gens se mirent à faire des prières rituelles[1] pour obtenir la chute des eaux du ciel (٢٢٢) et ne cessèrent de les continuer pendant environ quatorze jours sans que la sérénité du ciel fût un seul moment troublée. A la fin cependant il tomba quelques gouttes de pluie.

La cherté des vivres fut excessive à Tombouctou; un grand nombre de personnes succombèrent à la famine et la disette fut telle qu'on mangea des cadavres de bêtes de somme et d'êtres humains. Le change tomba à 500 cauries. Puis la peste vint à son tour décimer la population et fit périr bien des gens que la famine avait épargnés. Cette cherté des vivres, qui dura deux ans, ruina les habitants qui en furent réduits à vendre leur mobilier et leurs ustensiles. Tous les vieillards furent unanimes à dire qu'ils n'avaient jamais vu une telle calamité et qu'aucun des vieillards qui les avaient précédés ne leur avait rien raconté de semblable.

---

1. C'est la prière dite الإستسقاء pour demander de la pluie.

CHAPITRE TRENTE-ET-UNIÈME

Le jeudi, dernier jour[1] du mois de dzou'l-hiddja de cette année (28 décembre 1617), la crue du Fleuve atteignit Ma'doko ; ce jour-là était un 18 décembre.

Le dimanche, 22 du mois de safar de l'année 1027 (18 février 1618), après la prière de l'après-midi, les habitants de Tombouctou entendirent, dans la direction de l'orient, un bruit dans les airs pareil à celui du grondement lointain du tonnerre. Le bruit fut si violent que certaines personnes crurent à un tremblement de terre. Une grande terreur et une forte panique se répandirent aussitôt sur le marché ; tout le monde s'enfuit et se dispersa de tous côtés.

Un de mes collègues, en qui j'ai toute confiance, m'a raconté qu'il était assis sous un arbre, à une distance d'un jour de marche de la ville, lorsqu'il fut surpris par ce bruit. Il sentit alors le sol s'agiter et vit les arbres se pencher et les reptiles sortir de leurs repaires ; puis, l'agitation cessant, les arbres reprirent leur position normale et les reptiles regagnèrent leurs gîtes.

Le mardi, dernier jour du mois de rebi' 1ᵉʳ de cette année, (27 mars 1618), arrivèrent le jeune[2] pacha 'Ammâr et le cadi Màmi-Et-Torki ; Maulay Zîdân les avait envoyés à la tête d'une armée d'environ quatre cents (٣٣٣) soldats en même temps qu'il expédiait l'amin Mohammed-ben-Abou-Bekr. Tout ce monde campa à Abrâz[3] dans la matinée de ce jour ; dans la soirée les nouveaux arrivés reçurent la visite du pacha Ahmed-ben-Yousof qui vint les saluer ; puis les jurisconsultes et les notables de Tombouctou vinrent à leur tour présenter leurs hommages au moment même où apparaissait le crois-

---

1. Le ms C écrit le 7, au lieu du dernier jour.
2. Le mot « El-Feta » traduit par « le jeune » est peut-être un surnom et alors il faudrait simplement le transcrire.
3. Ou Abrâza.

sant de la lune annonçant le commencement du mois de rebi' II, un mercredi[1].

Dès le lendemain, le pacha 'Ammâr entra dans la ville, mais le caïd Mâmi et les troupes ne firent leur entrée que dans la matinée du samedi. On lut alors la lettre du sultan et l'on exécuta ses ordres relativement au pacha 'Ali-ben-Abdallah. Le caïd Mâmi réclama à 'Ali l'argent que celui-ci avait détourné du trésor; il soumit ensuite le pacha à une torture si violente que celui-ci en mourut incontinent.

Quant au caïd Haddou, trois jours après l'arrivée du pacha et de ses compagnons, il partit à la tête des troupes pour se rendre à Asafaï. A ce moment, les soldats, qui étaient venus avec le caïd Mâmi, dont il vient d'être parlé, avaient été dispersés sur les bords du Fleuve, chaque groupe d'entre eux ayant été rejoindre le bataillon de renégats ou d'Andalous auquel il était incorporé, et l'on expédia Mâmi dans la ville de Kagho où il demeura jusqu'à sa mort.

Le motif qui avait fait partir le caïd Haddou à la tête des troupes était la nouvelle que l'on venait de recevoir que le Dendi-Fâri, sur l'ordre de l'askia El-Amîn, s'était mis en campagne se dirigeant du côté de Kobi. Mais le Honbori-Koï lui envoya un messager pour lui enjoindre de ramener les troupes de l'askia parce que celui-ci était atteint d'une maladie dangereuse. Le Dendi-Fâri revint donc sur ses pas, tandis que le caïd Haddou continuait à se maintenir là où il était pour veiller à la garde du pays jusqu'au moment de la crue du Fleuve.

Au mois de djomada II (26 mai-24 juin 1618), le pacha 'Ammâr retourna à Merrâkech avec l'amîn, le caïd 'Amir

1. Comme les Arabes n'ont point de calendriers et qu'ils ne connaissent le commencement du mois que par l'apparition du croissant de la lune que l'état de l'atmosphère ne permet pas toujours d'apercevoir ce jour-là, ils indiquent toujours le jour de la semaine qui commence le mois de façon à permettre de rectifier l'erreur d'un jour qu'ils auraient pu commettre.

ben-El-Hasen ; il en revint puissant et honoré sans avoir éprouvé aucune des épreuves ou des disgrâces qui arrivèrent à ses successeurs dans le gouvernement du Soudan. Ce fut le caïd Mohammed-ben-Abou-Bekr qui exerça alors les fonctions d'amîn à Tombouctou.

Au mois de redjeb (24 juin-24 juillet 1618), les troupes déposèrent le pacha Ahmed-ben-Yousef : il n'était resté en fonctions qu'une année et quatre mois. Ce même mois Haddou-ben-Yousef-El-Adjenâsi fut élevé aux fonctions de pacha sur l'avis unanime des troupes.

Ce fut également durant ce mois que mourut, à Dendi, l'askia El-Amîn qui fut remplacé dans ses fonctions par l'askia Daoud, fils de l'askia Mohammed-Bano, fils du prince Askia-Daoud. A la suite de cet événement et au cours du même mois le pacha Haddou ramena à Tombouctou, de l'endroit où il se trouvait, les troupes qu'il commandait. Ce pacha fut un chef béni et fortuné ; son gouvernement fut comme une étoile (٢٢٤) brillante. Il exempta la population de la dîme du Kanaï[1] pendant cette année-là, à cause des dommages qui résultaient encore de la cherté des vivres. Cette mesure causa un immense soulagement à tous les musulmans.

Durant la première décade du mois de chaoual de cette année (21-30 septembre 1618), on vit apparaître une comète. Tout d'abord elle se leva sur l'horizon au moment de l'aurore, puis, s'élevant peu à peu, elle atteignit le milieu du ciel entre le coucher du soleil et la nuit. Enfin elle disparut.

Le lundi soir, 20 du mois sacré de moharrem de l'année

---

1. Ce mot « Kanaï » est précédé de l'article arabe, ce qui semble indiquer un nom commun ; cependant rien ne s'oppose grammaticalement à ce que ce soit un nom propre. J'ai adopté la première interprétation sans savoir cependant en quoi consistait cette dîme.

1028 (7 janvier 1619), la crue du Fleuve atteignit Ma'doko ; c'était le 29 décembre. A la fin du même mois (17 janvier), mourut le pacha Haddou ; il fut enterré dans la mosquée de Mohammed-Naḍḍi. Il avait été gouverneur du Soudan pendant sept mois.

L'armée se mit d'accord pour élever à ce moment aux fonctions de pacha Mohammed-ben-Ahmed-El-Mâssi. Aussitôt arrivé au pouvoir, le nouveau pacha révoqua l'askia Bokar-Konbou-ben-Ya'qoub, fils de l'émir Askia-El-Hâdj-Mohammed qui était resté en fonctions douze ans et le remplaça par l'askia El-Hâdj-ben-Abou-Bekr-Koycha'a[1]-ben-El-Fekki-Denka-ben-'Omar-Komzâgho. Il fit ensuite arrêter l'ex-pacha Ahmed-ben-Yousef et le mit en prison où il demeura jusqu'à sa mort. Puis il nomma Yousef-ben-'Omar-El-Qaṣri au poste de caïd de Dienné après l'avoir précédemment arrêté et mis en prison à Tombouctou.

Le nouveau pacha donna à Mobârek, le fils de sa sœur, le poste de caïd du bataillon de Merrâkech ; mais, à peine entré en fonctions, celui-ci voulut faire périr son oncle maternel. Avisé de ce dessein, le pacha prit les devants et fit boire à son neveu un poison violent qui le tua sur-le-champ.

Il éleva au poste de caïd du bataillon de Fez Hammou-ben-'Ali-Ed-Der'i qui n'était alors que bâchouḍ. Dieu se servit de ce personnage pour avilir et perdre le pacha. En effet, Hammou-ben-'Ali arrêta et jeta en prison le pacha ainsi que son vizir le lieutenant-général Mohammed-Kan[2]-bakoli-El-Mâssi ; ceux-ci, après être restés en prison, périrent ensuite de la plus affreuse des morts.

Le pacha Mohammed-ben-Ahmed avait gouverné le Soudan pendant trois ans moins un mois, et il était resté en

---

1. Le ms. C donne l'orthographe « Kaychi'a ».
2. Ou : « Kanbakolo ».

prison durant trois mois; son gouvernement eut exactement la même durée que celui de l'askia El-Hâdj.

Le caïd Hammou-ben-'Ali-Ed-Der'i prit possession des fonctions de pacha le jour même de l'arrestation de son prédécesseur, c'est-à-dire (٢٢٠) le mercredi, 19 du mois sacré de dzoul'-hiddja, le dernier des mois de l'année 1030 (4 novembre 1621); il ne prit pas possession du *tibchât*[1] et n'habita pas le palais ordinaire des pachas; il se fit construire une autre habitation dans la casbah et y demeura.

Dans la dernière décade du mois de safar de l'année 1031 (5-14 janvier 1622), le pacha manda au caïd Yousef-ben-'Omar-El-Qaṣri, qui était dans la ville de Dienné, de venir le trouver à Tombouctou. Il voulait tirer vengeance de ce caïd à cause d'une certaine affaire qui s'était passée entre eux auparavant. Le caïd quitta Dienné dans la matinée du lundi, 5 du mois de rebi' Ier (19 janvier 1622), pour se rendre à la convocation qui lui était adressée, et le jeudi, 10 (23 janvier), il arrivait à Tombouctou. Le pacha refusa de le recevoir tant qu'il n'aurait pas dit à son envoyé quelle somme il donnerait pour obtenir un accueil favorable, mais Yousef refusa de se prononcer là-dessus.

Or, durant la nuit du jeudi 15 de ce mois (27 janvier), par l'arrêt de Celui à qui appartiennent la prédestination, la volonté, la force et la puissance, le caïd Hammou était assassiné dans la mosquée pendant qu'il faisait la prière du deuxième 'acha. Il était placé derrière l'imam pendant la deuxième reka'a quand, au moment où il se prosternait, il fut atteint d'une balle tirée par un homme de Mâssa de la suite du pacha Mohammed-El-Mâssi. Les compagnons du pacha, qui formaient un groupe nombreux, s'étaient concertés pour

---

1. Ce mot paraît signifier « l'exercice de la fonction du pacha » ou l'endroit qu'occupait le pacha dans les cérémonies officielles, le trône en quelque sorte. En d'autres termes il prit seulement le titre de caïd.

tuer Hammou cette nuit-là à la suite d'un message qu'ils avaient échangé avec leur maître. Le meurtrier réussit à s'enfuir et à échapper au châtiment, mais on arrêta un de ceux qui assistaient à cet événement et on le tua près de la porte de la mosquée, en dehors de cet édifice[1].

Ce fut alors que les chefs de l'armée résolurent de tuer le pacha Mohammed-El-Massi ainsi que son lieutenant-général Mohammed-Kanbakoli. On les tua aussitôt et leurs têtes furent supendues le lendemain sur le marché. On convint également de prendre le caïd Yousef pour remplacer le pacha, ce qui fut fait sur-le-champ. Louanges soient rendues à Dieu, le fort, le puissant qui venge ses adorateurs quand il le veut et comme il lui plaît. Dans cette même nuit ces trois personnages allèrent se réunir dans l'autre monde.

Quand le caïd Hammou-ben-'Ali avait pris les fonctions de pacha, il avait révoqué l'askia El-Hàdj et nommé à sa place l'askia Mohammed-Benkan, fils du Balama'-Mohammed Eṣ-Ṣàdeq, fils du prince Askia-Daoud, après lui avoir expédié quelqu'un à Tendirma (٢٢٦) pour l'inviter à venir auprès de lui. Il était arrivé aussitôt après avoir été investi de l'autorité. Le caïd Hammou demeura au pouvoir trois mois.

Le vendredi, 16 du mois de rebi' Ier de l'année 1031 (29 janvier 1622), toute l'armée décida d'élever au pouvoir suprême le caïd Yousef-ben-'Omar-El-Qaṣri. Le nouveau pacha imita la conduite du caïd Hammou en ce qui concernait la dénomination de caïd[2] et l'habitation dans la demeure que ce dernier avait construite. Il fut un chef béni et sous son gouvernement ce fut une ère de prospérité brillante, d'événements heureux, de fortune générale, d'abondance et de richesse.

1. C'est un sacrilège que de répandre le sang dans l'intérieur d'une mosquée.
2. Ce passage semble indiquer que le caïd Hammou s'était contenté du titre de caïd et qu'il n'avait pas adopté celui de pacha. Mais cela n'est pas clairement énoncé.

CHAPITRE TRENTE-ET-UNIÈME

A peine investi de ses fonctions, Yousef envoya comme caïd à Dienné Mellouk-ben-Zergoun. Puis, un an après, il le révoqua et le remplaça par le caïd Ibrahim-ben-Abdelkerim-El-Djerâri qui resta à Dienné deux années entières. Grâce à ce dernier, les impôts prospérèrent et produisirent de très grands revenus, car il perçut tout ce qui était dû de redevances et de contributions dans les meilleures conditions possibles. Il eut pour successeur dans ses fonctions à Dienné en qualité de hâkem ʿAli-ben-ʿObéïd.

Le samedi, 23 du mois de ramadan de l'année 1032 (21 juillet 1623), arriva à Tombouctou le caïd Abdallah-ben-Abderrahman-El-Hindi ; il était à ce moment caïd de Benba[1]. Il entra dans la ville au moment du lever de l'aurore, entouré de ses compagnons ; il voulait essayer de se faire nommer pacha, et c'était le cheikh ʿAli-Ed-Deraouï, l'amîn du sultan, chargé de percevoir les taxes de Teghâzza, qui l'avait engagé à venir dans ce but. Mais, ni le caïd Mohammed-ben-Abou-Bekr-El-Amîn, ni les chefs de l'armée ne lui furent favorables et on le contraignit même de quitter la ville sur-le-champ.

Il quitta donc la ville de Tombouctou, accompagné du cheikh ʿAli-Ed-Deraouï qui emmenait avec lui tout son bataillon de renégats et un certain nombre d'hommes appartenant à d'autres bataillons. Ils allèrent camper au port de Kabara, et, de là, ils envoyèrent dire à ceux de leurs partisans qui se trouvaient dans la ville de Dienné de venir les rejoindre. Ceux-ci étant arrivés, on prit la résolution de livrer combat.

Aussitôt le gouverneur, le caïd Yousef leur dépêcha des jurisconsultes et des chérifs pour essayer d'arranger les choses pacifiquement ; mais il essaya un refus. Alors le caïd Yousef et l'amîn, le caïd Mohammed-ben-Abou-Bekr, en-

1. Le ms. C donne l'orthographe Yenba ici, plus loin on trouve Benba.

voyèrent toutes les troupes dant ils disposaient et une bataille s'engagea le mercredi, 25 du mois de chaoual de cette année (22 août 1623). Dans ce combat périrent des deux côtés tous ceux dont Dieu avait fixé à ce moment l'heure (ررر) de la mort[1].

N'ayant point réussi à atteindre son but, le caïd Abdallah retourna à Benba, suivi du cheikh ʿAli-Ed-Derâouï. Peu après cela, le caïd Mohammed-El-Kelououï-El-Mâssi, alors caïd des troupes de Kâgho, alla trouver le saint de Dieu, le cheikh El-Monir[2] et le pria de se rendre avec lui à Tombouctou auprès du caïd Yousef, afin de réconcilier ce dernier avec le caïd Abdallah.

Les deux personnages se mirent en route et réussirent à obtenir cette réconciliation. Le caïd Abdallah vint en personne faire sa paix avec le pacha et retourna ensuite dans sa ville de Benba. En y arrivant il apprit que le cheikh ʿAli était mort durant son absence. On assure que ce cheikh s'était empoisonné. Dieu nous garde de pareille chose !

Le caïd Abdallah continua d'habiter Benba jusqu'après le départ du pacha ʿAli-ben-Abdelkader pour le Touât. A ce moment le représentant du pacha, son frère, le caïd Mohammed-El-Arbi, envoya chercher le caïd Abdallah et, quand l'on eut par surprise amené à Tombouctou, il lui fit trancher la tête, la nuit de la nativité du Prophète. Le corps[3] du caïd fut exposé sur le marché. Selon une autre version, ce serait le pacha ʿAli qui aurait lui-même donné l'ordre de tuer le caïd.

Le 20 du mois de chaʿban de l'année 1036 (6 mai 1627), le caïd Yousef fut déposé de ses fonctions de pacha. Il les

---

1. C'est une façon de s'exprimer quand on ne veut pas se prononcer sur le nombre des combattants qui ont été tués dans une bataille.

2. Ce mot « Monir » qui signifie « brillant » pourrait bien être un surnom.

3. Ou la tête, le texte ne se prononçant pas à cet égard.

avait exercées durant cinq ans et cinq mois. Il eut pour successeur le caïd Ibrahim-ben-Abdelkerim-El-Djerâri qui fut choisi par toute l'armée. Il s'installa dans le palais destiné au caïd[1]. Au cours même du mois pendant lequel il avait été nommé, il révoqua le hâkem 'Ali-ben-'Obeïd de ses fonctions de chef de Dienné et les confia à Seyyid Mansour, fils du pacha Mahmoud-Lonko.

Au mois de djomada Ier de l'année 1037 (8 janvier-7 février 1628), arriva un messager envoyé par le sultan Maulay Abdelmalek-ben-Maulay-Zìdân, annonçant son élévation au trône et la mort de son père. Une copie de la lettre-patente qu'il avait adressée fut apportée par son messager dans la ville de Dienné où elle arriva le jeudi, 4 du mois de djomada II (10 février).

Le jeudi, 11 du même mois (17 février), le pacha Ibrahim-El-Djerâri se rendit à Tombouctou et s'installa dans le palais du gouvernement[2]. Il montra une grande mollesse et une excessive faiblesse dans son administration. Le plus infime des soldats put molester à sa guise et comme il l'entendait les habitants, soit dans la ville, soit au dehors, sans que personne s'y opposât ou lui adressât le moindre reproche. On commit des excès de toute sorte et tout le pays fut profondément bouleversé et opprimé.

Le lundi soir, 12 du mois de cha'ban de cette année (17 avril 1628), mourut à Dienné le hâkem Seyyid Mansour-ben-Mahmoud (٢٢٨) et, à la fin du même mois, le pacha Ibrahim-El-Djerâri fut déposé de ses fonctions qu'il avait

---

1. On a vu plus haut que le caïd Hammou n'avait pas pris le titre de caïd et qu'il s'était fait construire une habitation afin de ne pas habiter dans la demeure habituelle des pachas. C'est de cette habitation qu'il s'agit ici.

2. L'expression employée ici dans le texte indique que Ibrahim se considéra dorénavant comme un véritable pacha et qu'il prit possession de la résidence de ce haut fonctionnaire.

exercées une année, exactement le même temps qu'avaient duré les fonctions du hâkem précité.

La déposition du pacha avait été ourdie à Kâgho au moment où vint dans cette ville le lieutenant-général ʿAli-ben-Abdelkader pour réconcilier les habitants avec El-Dje-râri. La cause de cette résolution était que le pacha avait donné tout l'argent qu'il avait recueilli à Diennè aux troupes qui étaient à Tombouctou, sans en attribuer la moindre part aux gens de Kâgho : de là la colère de ces derniers. Aussi quand ʿAli-ben-Abdelkader vint les trouver pour les réconcilier avec le pacha, promirent-ils à ʿAli de le porter au pouvoir suprême[1].

De retour à Tombouctou, ʿAli-ben-Abdelkader chercha à gagner la faveur des habitants et y réussit, car ceux-ci le nommèrent pacha le 4 du mois de ramadan de l'année précitée (8 mai 1628). Il fut comme le glaive de Dieu dégainé contre les perturbateurs et les méchants qui en avaient pris à leur aise sous le gouvernement de son prédécesseur Ibrahim Ed-Djerâri. Il les affaiblit, les dompta et en fit périr un certain nombre. Aussi, traqués de toutes parts, sous l'empire de la crainte et de la terreur, tous les autres se réfugièrent dans les mosquées ou dans les maisons des gens pieux pour s'y mettre à l'abri[2].

Le pacha ʿAli resta en fonctions quatre ans et cinq mois. Ce fut sous son gouvernement que mourut à Merrâkech le pacha ʿAmmâr-ben-Abdelmâlek (Dieu lui fasse miséricorde!). A ce moment, au mois de ramadan (mai 1628), il avait nommé ʿAli-ben-ʿObéïd hâkem de Diennè, mais il ne le laissa dans ces fonctions que sept mois, car au mois de rebiʿ 1er de l'année 1038 (29 octobre-28 novembre 1628), il le

---

1. A la dignité de pacha.

2. Outre les mosquées qui sont des asiles inviolables, les maisons des saints personnages jouissent souvent du même privilège.

révoqua à la suite d'une querelle qui avait surgi entre eux. Il voulut lui donner pour successeur comme hâkem de Dienné le caïd révoqué Yousef-ben-'Omar; mais celui-ci refusa en désignant pour remplir cet emploi Mellouk-ben-Zergoun qui fut alors nommé caïd de Dienné.

'Ali désigna ensuite l'ex-pacha Ibrahim-El-Djerâri, pour aller comme son agent dans la tribu de Sofnetir. Celui-ci se rendit dans la tribu, fit percevoir le zenkal[1] pour déconsidérer le Fondoko et lui faire perdre son prestige, puis il revint. A son retour, Mellouk-ben-Zergoun ayant été révoqué, il le remplaça dans dans ses fonctions de caïd de Dienné, mais il ne tarda pas ensuite à mourir d'un accès de colère.

On raconte que Ibrahim-El-Djerâri, sur la tombe du saint de Dieu, le jurisconsulte Mahmoud-Foudiyâ-Sânou, avait souhaité de mourir et c'est ce vœu qui fut exaucé (Dieu fasse miséricorde à Mahmoud et nous soit utile grâce à lui!). Voici la cause de cet événement. Le pacha avait envoyé à Ibrahim un sabre orné d'or en lui disant : « Nul ne mérite d'avoir ce sabre si ce n'est toi qui aimes tant les biens de ce monde[2]. » A ces mots Ibrahim fondit en larmes et souhaita de mourir : « Ces paroles, dit-il, sont une injure et une amère dérision. »

Mellouk-ben-Zergoun fut donc replacé dans ses fonctions de hâkem de Dienné et les conserva jusqu'au jour où il fut révoqué (٢٢٩) et tué.

Le samedi, 7 du mois de djomada Iᵉʳ de l'année 1038

---

1. L'auteur ne fournit aucun renseignement sur le zenkal qui paraît être un droit qu'avait le Fondoko de prélever certaines choses sur ses sujets, droit qui était considéré comme régalien.

2. La doctrine malékite interdit aux hommes le port des bijoux ou des objets garnis d'une monture en métal précieux. Ces ornements n'étant permis qu'aux femmes, le pacha en attribuant ce sabre orné d'or à Ibrahim le traitait comme une femme et lui faisait ainsi une cruelle injure suivant les idées des musulmans.

(2 janvier 1629), l'amîn, le caïd Mohammed-ben-Abou-Bekr fut mis à mort sur la place du marché et son corps suspendu en cet endroit sur l'ordre du sultan Maulay Abdelmâlck. Il était resté auparavant deux jours en prison et avait été tué le troisième jour. Il fut remplacé dans ses fonctions par l'amîn, le caïd Yousef-ben-'Omar-El-Qaṣri que le sultan lui-même avait désigné.

Dans sa lettre le sultan avait écrit qu'il fallait faire périr du plus cruel supplice l'amîn Mohammed à cause de la perfidie et de la traîtrise qu'il avait témoignées à son égard. Il avait, en effet, voulu faire tuer le caïd Yousef à la suite du règlement des comptes de la gestion de ce dernier durant l'exercice de ses fonctions ; il lui avait fait subir les plus cruelles tortures dans sa prison et était décidé à le tuer, lorsque les hommes du bataillon des gens de Merrâkech s'étaient interposés entre eux deux et avaient écrit au sultan pour le mettre au courant de ce qui se passait.

C'était dans la réponse à cette lettre que le sultan avait ordonné d'infliger le dernier supplice à l'amîn Mohammed et de nommer à sa place le caïd Yousef. Le caïd Yousef assista à cheval à l'exécution qui eut lieu sur la place du marché. Le patient, qui était garrotté, montrant un grand effroi et une vive terreur, le caïd Yousef lui dit : « O Seyyid Mohammed, ne songe en cet instant qu'à Dieu, car il ne te reste plus qu'à être résigné à ton sort. » Au moment où sa tête fut tranchée, Mohammed cria : « O ma mère ! » ; puis il mourut et son corps fut suspendu. On le détacha ensuite et on lui fit des funérailles. Après l'office funèbre son corps fut enterré dans le cimetière de la grande-mosquée.

Dans la dernière décade du mois de cha'bân de cette année (13-24 avril 1629), le pacha entreprit une expédition contre le Mâsina. Voici à quelle occasion. Peu de temps après que le pacha fut entré en fonctions, le Fondoko Selàmoko¹ était mort et avait été remplacé par son neveu Hammedi-Amina, au mois de ramadan. Le pacha avait aussitôt écrit à ce dernier de venir à Tombouctou pour y recevoir l'investiture de ses fonctions, mais Hammedi s'y était refusé formellement. Ce fut alors que le pacha entreprit son expédition et qu'il fit une irruption soudaine dans le Mâsina.

Le Fondoko Hammedi-Amina s'enfuit aussitôt avec tous ses gens et le pacha ne put se mettre à sa poursuite parce que, d'une part, on était en plein été et que, d'autre part, il n'avait pas avec lui des forces suffisantes. Dans ses conditions il se remit en route vers la ville de Dienné où il arriva dans la matinée du samedi, 25 (٢٣.) du mois ci-dessus indiqué (19 avril 1629); il s'y trouva au moment de l'apparition de la lune du mois de ramadan qui commença cette année-là un mercredi². Dans la matinée du jeudi, 1ᵉʳ du mois de ramadan (24 avril), le pacha retourna dans le Mâsina, mais il en revint encore sans avoir pu atteindre l'ennemi. Alors il retourna à Tombouctou sans tenter une nouvelle attaque. Peu après la paix fut conclue entre le pacha et le Fondoko.

Le lundi, dernier jour du mois sacré de moharrem, le premier des mois de l'année 1039 (19 septembre 1629), 'Omar-ben-Ibrahim-El-'Arousi vint attaquer Tombouctou. Le pacha 'Ali-ben-Abdelkader se porta à la rencontre de l'ennemi et la bataille s'engagea à El-Ahrâts, un peu en arrière de El-Fendariya. 'Omar ayant été tué ainsi que son esclave Bilâl, ses partisans se débandèrent, tournèrent le dos et s'enfuirent. Le corps de 'Omar fut apporté sur un chameau et sus-

---

1. Ou : « Selamo'o ».
2. Il convient de rappeler que la nuit précédant le jour dans le calcul du temps chez les musulmans, le ramadan pour eux avait commencé le mercredi au coucher du soleil, mais le 1ᵉʳ jour du mois était bien un jeudi.

pendu le même jour sur le marché ; sa main fut envoyée dans la ville de Kâgho et la tête de son esclave fut expédiée à Dienné.

Peu après, le père de 'Omar, Ibrahim-El-'Arousi, arriva avec ses autres enfants et ses partisans et vint camper sur la colline qui se trouve derrière la ville du côté de l'occident. Il y dressa ses tentes noires[1] et livra en cet endroit un certain nombre de combats aux gens de Tombouctou. Mais bientôt il dut s'éloigner pour retourner à Oualâta sans avoir obtenu le succès qu'il espérait.

Le pacha écrivit ensuite au caïd Mellouk à Dienné d'accorder à Hammedi-Amina, le souverain du Mâsina, le droit de percevoir le zenkal par suite de la conclusion de la paix.

CHAPITRE XXXII

VOYAGE DE L'AUTEUR AU MASINA POUR LA CONCLUSION D'UN TRAITÉ DE PAIX

Durant la deuxième décade du mois sacré de dzou'l-qa'da de cette même année (2-11 juillet 1629), je fis un voyage pour aller rendre visite à mon confrère et ami, l'éminent, le jurisconsulte Senba, cadi de Mâsina. Depuis plusieurs années il m'avait demandé de l'aller voir, mais Dieu avait décidé que je ne pourrais le faire avant ce moment. C'était la première fois que je visitai ce pays.

Quand nous arrivâmes à l'habitation (ررا) du seyyid Senba, il se trouva qu'il était absent et qu'il s'était rendu au

---

1. C'était des tentes de cuir dont se servaient les Touareg et les Maures. Cependant le mot « noire » pourrait aussi être pris ici dans le sens de « nombreuses ».

campement du sultan Hammedi-Amina. Dès qu'un messager lui eut fait connaître mon arrivée, il le renvoya en me faisant dire de choisir entre ces deux alternatives : ou d'aller le rejoindre là où il était et de voir alors le sultan pour lui présenter mes hommages, ou de rester dans son habitation jusqu'au moment où il reviendrait lui-même. Dans ce second cas nous serions retournés ensemble voir le sultan et le saluer.

Pour ne pas lui imposer la fatigue d'un double voyage, je me décidai pour la première alternative. Je me mis donc en route, entouré de tous les égards et de toutes les plus grandes attentions et le lendemain seulement je le rejoignis. Dès que nous fûmes à proximité du campement, le cadi prévint le sultan de ma venue et celui-ci envoya quelqu'un à ma rencontre.

Nous arrivâmes au campement et nous installâmes dans notre habitation dans la matinée à l'instant même où la pluie commença de tomber[1] ; mais nous ne nous vîmes l'un l'autre, le cadi et moi, qu'après la prière du dohor. A ce moment je me rendis à l'habitation du cadi qui me souhaita la bienvenue ; il m'accueillit avec la plus grande joie et la plus vive allégresse, en faisant les meilleurs vœux pour moi.

Le cadi me conduisit ensuite dans l'habitation du sultan qui me souhaita, lui aussi, la bienvenue et quand j'entrai chez lui l'agent du zenkal y arriva en même temps que moi. On fit venir tous les notables personnages et, en leur présence, lecture fut donnée de la lettre du caïd Mellouk, lettre par laquelle il annonçait l'ordre qu'il avait reçu du pacha de lui accorder le pardon pour ce qui s'était passé et de l'autoriser à percevoir le zenkal.

Toute l'assistance fut très heureuse de cet événement et

---

1. C'est-à-dire que c'était le commencement de la saison des pluies.
(*Histoire du Soudan.*)

le sultan dit, après que le Konboma[1] Daoud eut parlé le premier, comme le voulait l'étiquette: « Maintenant je suis assuré que mon pouvoir est affermi, du moment que le pacha m'autorise à percevoir le zenkal. » Puis il donna l'ordre aux chefs, à qui le soin de percevoir le zenkal était départi, de déployer zèle et activité pour qu'il fût choisi avec soin et de bonne qualité, et il ajouta par trois fois: « Je redoutai beaucoup le pacha 'Ali. » Alors le Konboma prit la parole et dit : « Maintenant nous te redouterons tous du moment que toi-même tu redoutes le pacha. » Là-dessus on récita la fatiha et l'on se sépara.

Nous passâmes la nuit en cet endroit. Le lendemain, quand on eut terminé l'affaire pour laquelle on s'était réuni, le cadi alla trouver les notables et leur annonça son intention de retourner chez lui, puis il fit savoir au sultan qu'il voulait m'emmener avec lui. Le sultan lui fit répondre qu'il désirait faire plus ample connaissance avec moi, que le cadi pouvait partir avec la bénédiction du Dieu très-haut et que je le rejoindrais ensuite s'il le désirait. Le cadi n'accepta pas cette proposition et voulut absolument me ramener avec lui (٣٣٣).

Dans la soirée de ce jour, le sultan se rendit à la demeure du cadi et j'assistai à leur entrevue. Le cadi lui dit alors : « Dieu a voulu que cette visite de mon ami n'ait eu lieu que sous ton règne et c'est une faveur qu'il t'a faite. Il me tardait tant de le voir ; je le souhaitais déjà au temps où régnait ton oncle paternel Ibrahim, mais c'est en ce moment seulement que Dieu a décidé de réaliser mon vœu. Il faut absolument, si Dieu veut, que dès demain je rentre chez moi et je ne veux pas laisser mon ami ici sans moi. Demande-lui de te consacrer cette nuit et ainsi tu pourras faire plus ample connaissance avec lui. »

---

[1]. Le Konbom'a était sans doute le fonctionnaire qui transmettait les paroles du souverain, celui-ci ne devant pas, selon l'étiquette, s'entretenir directement avec tout le monde.

Le sultan accepta cette combinaison. Il me fit cadeau de dix vaches, bien que ce ne soit pas l'usage chez eux de faire des cadeaux, tant les biens de ce monde ont de prix à leurs yeux. Puis nous partîmes avec le cadi pour regagner ses pénates. Le cadi me combla d'attentions délicates et d'égards ; il me donna une large hospitalité et me fit en tout le plus cordial accueil durant les nombreux jours que je passai chez lui.

Quand je fus décidé à rentrer chez moi à Dienné, le cadi me fit don de vingt vaches et, en outre, de dix moutons destinés à ma nourriture. Enfin le jour de mon départ il monta à cheval et m'accompagna jusqu'à une assez grande distance de chez lui ; là, en me faisant ses adieux, il me dit : « La visite que tu viens de me faire m'a fait plus de plaisir que n'importe quelle autre chose. Si Dieu nous accorde la faveur d'être encore de ce monde l'un et l'autre, l'année prochaine, reviens me voir. » J'y retournai en effet l'année suivante et je ne cessai d'entretenir avec lui les meilleures relations d'amitié et de courtoisie jusqu'au jour où vint son heure dernière et où il alla en compagnie du *Compagnon le plus élevé*[1]. Dieu lui fasse miséricorde, lui pardonne ses fautes et lui soit indulgent. Puissions-nous un jour être réunis tous deux à l'ombre du trône de Dieu dans les sphères les plus élevées du paradis. C'est la grâce et la faveur que je demande à Dieu.

---

1. « L'ange de la mort ». C'est une allusion aux dernières paroles que prononça le prophète Mahomet quand il se sentit mourir ; il demanda que ce fût l'ange le plus élevé de ceux qui venaient vers lui qui emportât son âme au ciel.

CHAPITRE XXXIII

LE PACHA ALI-BEN-ABDELKADER. — SA LUTTE CONTRE KAGHO ET SA MORT.

Au mois de moharrem, c'est-à-dire au commencement de l'année 1039 (21 août 1629-10 août 1630), le pacha commença la construction de la mosquée de El-Hena (« de la prospérité »); il la termina au mois de safar (20 septembre-19 octobre). Ensuite il prépara une expédition contre le Dendi et se mit lui-même en marche à la tête de ses troupes (٢٣٣).

Arrivé à Koukiyà, le pacha y campa avec son armée, puis il envoya des messagers à l'askia Daoud, fils de l'askia Mohammed-Bàno, fils du prince Askia-Daoud, pour lui proposer de faire la paix et en même temps lui demander la main de sa fille. Les messagers emportèrent avec eux une grande quantité de cadeaux. L'askia accepta de faire la paix et il donna au pacha la main de la fille d'un de ses proches. Puis il expédia des messagers qui partirent en même temps que ceux du pacha qui retournaient auprès de leur maître et les chargea de remettre au pacha la lettre par laquelle il lui annonçait qu'il acceptait la paix et le mariage proposés. Depuis ce moment les meilleures relations de confiance, d'amitié et de cordialité s'établirent entre l'askia et le pacha et subsistèrent tout le temps que celui-ci demeura au pouvoir.

Le pacha rentra ensuite à Tombouctou. Il envoya aussitôt une barque pour aller chercher sa fiancée qui se rendit auprès de lui comme il l'avait désiré. Puis il décida d'entreprendre le pèlerinage à La Mecque, car c'était en vue de remplir ce pieux devoir, disait-il, qu'il avait fait la paix. Il désigna les soldats de l'armée de Tombouctou qui devaient l'accompagner et fit demander aux gens de Kâgho de lui expédier de chez eux un nombre déterminé de soldats, c'est-à-dire cinquante hommes, qui, pour lui faire escorte, devaient se joindre à ceux qu'il avait lui-même choisis à Tombouctou. Mais les gens de Kâgho refusèrent absolument d'accéder à son désir et ce fut là l'origine de la colère qu'il conçut contre eux.

Le cadi, Seyyid Ahmed, et tous les jurisconsultes de la ville de Tombouctou décidèrent d'empêcher le pacha d'exécuter son projet de voyage. Ils lui adressèrent des remontrances à ce sujet et, dans une réunion qui eut lieu alors dans la mosquée de Sankoré et à laquelle assistait le pacha, ils lui énumérèrent toutes les raisons qui auraient pu le faire renoncer à son projet. Mais le pacha fit la sourde oreille et résista.

Le 14 du mois de safar de l'année 1041 (11 septembre 1631), il fit ses adieux à la population et à l'armée et, après avoir désigné pour faire son intérim son frère, le caïd Mohammed-El-'Arbi, il prit le chemin du Touât. Parmi ses compagnons de route figuraient : le seyyid béni, le pieux, l'ascète Seyyid Ahmed-ben-Abdelaziz-El-Djerâri et le jurisconsulte seyyid Mohammed, le fils du très docte jurisconsulte Ahmed-Baba. Au premier croissant du mois de rebi' Ier (26 septembre) ils étaient à la ville de Araoûan.

Quand ils arrivèrent au Touât, El-Filâli-ben-'Isâ-Er-Rahmâni-El-Berbouchi, à la tête de ses partisans, fondit sur eux pendant la nuit dans le dessein de tuer le pacha ; mais celui-ci s'enfuit auprès des deux seyyid [1] et pénétrant dans

---

1. Ou les deux personnages pieux qui l'accompagnaient : Ahmed-ben-Abd-Aziz-El-Djerâri et Mohammed, fils de Ahmed-Baba.

leur tente, il leur demanda de le protéger. Les assaillants le laissèrent personnellement sous la protection des deux seyyid, après avoir (٢٢٤) tué un certain nombre de ses soldats. Puis ils empêchèrent ceux qui restaient de continuer le pèlerinage et les contraignirent de regagner Tombouctou. Le pacha dut donner à ses agresseurs une somme d'argent considérable pour obtenir d'avoir la vie sauve, mais ils laissèrent les simples pèlerins continuer leur voyage avec les deux seyyid.

Quand il fut de retour à Tombouctou, au mois de redjeb de la même année (23 janvier-22 février 1632), le pacha expédia aussitôt son serviteur Mohammed-ben-Moumen-Es-Sebâ'i porter un message de sa part aux habitants de Dienné. Il envoya ensuite son frère, le caïd Mohammed-El-'Arbi, auprès des habitants de Kâgho, afin qu'il fût le caïd de cette ville. Son but était de pouvoir ainsi se venger des gens de Kâgho contre lesquels il avait conçu une vive colère parce qu'ils lui avaient refusé les cinquante soldats qu'il leur avait demandés.

A peine arrivé à Kâgho, Mohammed commença à exercer sa vengeance ; mais les habitants se soulevèrent, l'arrêtèrent, l'enchaînèrent, pillèrent ses biens et voulurent ensuite le tuer. Il demanda protection aux grands cheikhs[1] qui consentirent à lui faire grâce de la vie. Dès que le pacha apprit les mauvais traitements que l'on avait fait subir à son frère, il partit en personne pour aller combattre les gens de Kâgho.

Toutefois il ne laissa rien paraître de son dessein aux gens de son entourage et il quitta la ville au mois sacré de dzou'l-qa'da de cette année (20 mai-19 juin 1632), comme s'il eût voulu aller cultiver de ce côté-là. Poursuivant ensuite

---

1. Il s'agit de personnages religieux et non de personnages politiques, bien que le texte ne soit pas très précis à cet égard.

CHAPITRE TRENTE-TROISIÈME

sa route, il fut rejoint par un certain nombre de soldats ; mais quand les troupes stationnées à Dienné apprirent cela, elles expédièrent successivement par terre deux envoyés aux habitants de Kâgho, afin de les engager à faire cause commune avec eux et à s'entendre pour se révolter contre le pacha. Cette proposition fut acceptée et l'accord se fit entre eux.

Aussitôt que cette résolution fut prise, les habitants de Kâgho se hâtèrent de livrer combat; en un clin d'œil le pacha et ses compagnons furent mis en déroute et réduits à prendre la fuite. Les vainqueurs s'emparèrent de la barque qui portait son trésor et de sa femme[1] qui se trouvait à bord. Le pacha ressentit un vif chagrin de cette dernière circonstance. On s'empara également de l'askia Mohammed-Benkan, mais on le traita avec beaucoup d'égards et de respects. Les gens de Kâgho lui demandèrent de venir habiter parmi eux, afin d'attirer sur leurs têtes les bénédictions du Ciel.

L'askia intercéda en faveur du frère du pacha, le caïd Mohammed-El-'Arbi et obtint qu'on lui fît grâce et qu'on le laissât sous sa protection. Puis il rétablit la paix entre le pacha et les gens de Kâgho qui rendirent sa femme au pacha. Mais, à peine de retour à Tombouctou, le pacha équipa une armée pour aller de nouveau attaquer Kâgho et en exterminer les habitants. Il envoya remettre 700 mitsqal d'or au caïd Mellouk en lui disant de les distribuer en cadeaux et en gratifications aux soldats qui étaient à Dienné, désirant ainsi se concilier leurs bonnes grâces (٢٣٠).

A la suite de ce premier message, le pacha en envoya un second à Dienné à son serviteur Mohammed-ben-Moumen-Es-Sebâ'i. Dans la lettre qu'il adressait à celui-ci, le

---

1. Plutôt concubine que femme légitime, d'après le mot employé dans le texte.

pacha lui enjoignait d'arrêter Salti-Ouri-Mohammed-Qali, de piller tout ce que contenait sa maison, de vendre ses femmes et ses enfants et ensuite de le lui envoyer à Tombouctou chargé de chaînes. Le pacha voulait tuer Salti, parce que celui-ci avait gardé par-devers lui de l'argent qu'il devait lui remettre au moment où il se disposait à partir pour le pèlerinage. Salti s'étant fait attendre trop longtemps, le pacha avait dû partir sans recevoir cet argent.

Or il arriva que le second messager devança le premier et arriva à Dienné dans la matinée du lundi, deuxième jour de la fête des Sacrifices[1]. Dès que le serviteur du pacha, qui à ce moment se trouvait chez le caïd dans la salle du conseil, eut lu la lettre, il fit mander Salti qui était dans la maison du Djinni-Koï en train de se divertir, ainsi qu'il était d'usage durant les jours de fête. Aussitôt que Salti se présenta il fut arrêté, chargé de chaînes et emprisonné dans la casbah.

On me convoqua alors avec un autre notaire[2] pour faire l'inventaire de tout ce que renfermait, à ce moment, la maison de Salti. Comme cet inventaire avait été fait sans comprendre les esclaves, nous reçûmes l'ordre de revenir le lendemain, afin de procéder à cette nouvelle constatation. Puis le lendemain, cette opération terminée, le serviteur du pacha nous donna l'ordre de l'accompagner à la prison, afin de recevoir du prisonnier la déclaration que c'était bien là tout ce qu'il possédait. Le mardi, quand nous entrâmes dans la prison, nous trouvâmes le malheureux Salti, dans un état pitoyable. Je lui lus alors le registre d'inventaire, et comme

---

1. La fête qui a lieu le 10 du mois de dzou'l-hiddja et qui dure trois jours.
2. Le mot traduit par notaire signifie exactement « témoin ». Ces témoins sont chargés de la rédaction de tous les contrats, mais ils ne peuvent opérer valablement qu'avec l'assistance d'un autre témoin honorable qui, comme eux d'ailleurs, a qualité pour rédiger les actes que nous appelons notariés.

il déclara que c'était bien là toute sa fortune, nous le constatâmes par écrit sur le registre pour en faire foi.

Le premier messager envoyé par le pacha arriva le jeudi, 14 du mois sacré de dzou'l-hiddja de l'année 1041 (2 juillet 1632). Quand on lut la lettre qu'il apportait et qu'on y vit les termes conciliants et aimables du début, on crut d'une façon positive et tout à fait certaine que le pacha était dans une situation critique et que son autorité faiblissait.

Or, comme tout était arrangé et organisé à ce moment pour une révolte, les gens se soulevèrent aussitôt, arrêtèrent Mohammed-ould[1]-Moumen et le jetèrent dans la prison où se trouvait Salti-Ouri. Puis ayant mis celui-ci en liberté, ils lui ôtèrent les fers des pieds pour les mettre à ceux de Mohammed-ben-Moumen. Le caïd et les principaux chefs de l'armée me convoquèrent alors (٢٣٦) avec un autre notaire pour aller dans la maison de Mohammed et y faire l'inventaire des richesses qu'elle contenait. Nous dressâmes cet état sur un registre, mais sans y comprendre aucun des esclaves mâles ou femelles. Nous reçûmes alors l'ordre de revenir le lendemain pour faire le recensement de ce personnel.

Cette nouvelle formalité ayant été accomplie le lendemain, vendredi, 15 du mois précité (3 juillet 1632), nous fûmes invités à nous rendre à la prison et à interroger Mohammed sur la situation exacte de sa fortune. Dans cette visite, qui eut lieu le mardi, nous trouvâmes le prisonnier dans une situation identique à celle dans laquelle nous avions trouvé Salti-Ouri. Louanges soient rendues à celui qui fait dans son empire tout ce qu'il lui plaît et qui, en moins de temps

---

1. Le mot « ould » remplace souvent « ben » entre deux noms propres et l'on emploie indifféremment l'un ou l'autre pour le même nom. C'est ce que fait l'auteur qui, trois lignes plus loin écrit Mohammed-ben-Moumen, après avoir écrit ici Mohammed-ould-Moumen.

qu'il n'en faut pour lancer un coup d'œil, délivre les affligés de leurs souffrances !

Mohammed fut d'abord laissé en prison, puis on décida de le mettre à mort, ce qui fut fait la veille au soir de la fête d'ʿAchoura[1], au mois sacré de moharrem ouvrant l'année 1042 (27 juillet 1632).

Revenons maintenant, pour en achever le récit, à ce qui se passa entre le pacha ʿAli-ben-ʿAbdelkader et les habitants de Kâgho. Ceux-ci mirent en liberté l'askia Mohammed-Benkan qui retourna alors à Tombouctou. En arrivant dans cette ville, l'askia trouva le pacha sur le point d'entreprendre une expédition vigoureuse et décisive contre Kâgho, après avoir préparé toutes sortes d'engins pour terrasser les habitants et les châtier.

Le dimanche, 2 du mois de moharram de l'année précitée (20 juillet 1632), le pacha donna l'ordre, aux embarcations de quitter le port de Kabara ; mais arrivées au village de Bouri, le dimanche soir, les troupes se révoltèrent contre le pacha et nommèrent pour le remplacer dans ses fonctions ʿAli-ben-Mobârek-El-Mâssi ; puis elles retournèrent au port de Kabara avec leurs embarcations.

Le pacha ʿAli-ben-ʿAbdelkader, qui prit la voie de terre et se mit en marche dans la matinée du lundi, n'avait connu, avant son départ, ni cette révolte, ni sa déposition. Il poursuivit donc sa marche pour rejoindre ses troupes et ce fut en cours de route qu'il apprit la nouvelle des événements qui venaient de se passer. Il rebroussa chemin aussitôt et rentra à Tombouctou ; mais il fut abandonné par tous ses compagnons, sauf par le caïd Mohammed-ben-Mesaʿoud-El-Merrâkechi, qui était un homme loyal et fidèle à ses engagements.

1. Cette fête a lieu le 10 du mois de moharrem. Suivant certains auteurs, elle devrait avoir lieu le 9.

CHAPITRE TRENTE-TROISIÈME

Après avoir passé la nuit du lundi à Tombouctou, ʿAli-ben-ʿAbdelkader donna, le lendemain mardi, ordre au cadi Seyyid Ahmed d'aller trouver les rebelles au port de Kabara et d'entrer en arrangement avec eux. Arrivé auprès des rebelles, le cadi leur proposa un accommodement (٢٢٧); mais ceux-ci ne voulurent rien entendre et persistèrent de plus en plus dans leur rébellion. Le cadi rentra alors à Tombouctou ; puis, au lieu d'aller rendre compte lui-même de sa mission, il envoya un messager raconter les faits et, quant à lui, il se rendit directement à sa demeure.

Dans la matinée du mercredi, les rebelles quittèrent Kabara et rentrèrent à Tombouctou. ʿAli-ben-ʿAbdelkader quitta aussitôt la ville et se rendit auprès de El-Filâli-ben-ʿAïsa-El-Berbouchi, dont le campement se trouvait à peu de distance, et lui demanda de l'aider à fuir. Il passa cette nuit du mercredi dans le campement de El-Filâli, mais celui-ci ne voulut pas l'aider à fuir comme il l'avait demandé et, dans la matinée du jeudi, il le ramena lui-même à Tombouctou et le conduisit dans la maison du cadi, en priant ce dernier de demander la grâce de l'ancien pacha.

Le cadi fit la démarche demandée auprès du pacha ʿAli-ben-Mobârek. Celui-ci envoya tout d'abord quelqu'un pour recevoir de l'ancien pacha tous les insignes du pouvoir; puis, quand il les eut tous en sa possession, il envoya, dans la soirée, une troupe de soldats avec ordre d'arrêter ʿAli-ben-ʿAbdelkader, de le garrotter et de le conduire à la casbah ; puis, l'ancien pacha eut la tête tranchée dans les écuries et le même supplice fut infligé au caïd Mohammed-ben-Mesaʿoud.

Le cadavre de l'ancien pacha fut traîné par les pieds à travers les rues de la ville jusqu'au marché où il fut suspendu. On détacha ensuite le cadavre, on lui fit des funérailles et on l'enterra dans le cimetière de la grande-mosquée près du tombeau du saint de Dieu, Sidi Abou'l-Qâsem-

Et-Touâti (Dieu lui fasse miséricorde!). Cet événement eut lieu le jeudi, 6 du mois de moharrem précité (24 juillet 1632).

CHAPITRE XXXIV

OBITUAIRE ET RÉCIT DES ÉVÉNEMENTS QUI SE SONT PASSÉS DE L'ANNÉE 1021 A L'ANNÉE 1042 (4 MARS 1612-19 JUILLET 1632)

Voici la liste des personnages morts entre les années 1021 et 1042 et le récit des événements qui ont eu lieu à cette époque.

Le pacha Mahmoud-Lonko mourut au mois de chaouâl de l'année 1021 (25 novembre-24 décembre 1612); il fut enterré dans la mosquée de Mohammed-Naḍḍi; on prétend qu'il fut victime d'un empoisonnement. Peu après sa mort mourut le caïd Mâmi-ben-Berroun:

Dans la nuit du 6 (٢٢٨) du mois de rebi' Ier de l'année 1022 (26 avril 1613), après la prière du second 'acha, mourut le jurisconsulte Mohammed-ben-Mohammed-Benkan. Les prières de ses funérailles furent dites dans la matinée du lendemain et il fut enterré dans le cimetière de Saukoré.

Au mois de djomada Ier de l'année 1024 (29 mai-28 juin 1615), mourut, dans la ville de Dienné, l'excellent, le très dévot, l'ascète, le cadi équitable Abou'l-'Abbás Ahmed-Teroui (Dieu lui fasse miséricorde et soit satisfait de lui!). Il eut pour successeur comme cadi de cette ville, l'imam de la grande-mosquée, le cadi Sa'ïd qui fut nommé au mois suivant de djomada II (28 juin-27 juillet), après avis favorable du gouverneur du Soudan à Tombouctou, le pacha 'Ali-ben-'Abdallah-Et-Telemsâni. A cette époque le hâkem de Dienné était El-Belbâli et le sultan nègre[1], le Djinni-Koï, Abou-Bekr-Sakora.

Durant le mois sacré de moharrem commençant l'année 1025 (20 janvier-19 février 1616), mourut, si je ne me trompe, l'askia Haroun, fils de l'askia El-Hâdj-Mohammed-ben-Daoud.

Pendant le mois de safar (19 février-19 mars 1616) mourut mon ami et maître le jurisconsulte, Mohammed Sâlih-ben-'Ali-ben-Ez-Ziâd (Dieu très-haut lui fasse miséricorde et lui accorde le pardon!).

Le mercredi, entre midi et trois heures, le 5 du mois de rebi' Ier de l'année 1025 (19 mars-18 avril 1616), mourut le jurisconsulte, l'imam, El-Mostafa-ben-Ahmed-ben-Mahmoud-ben-Abou-Bekr-Baghyo'o; il fut enterré le même jour (Dieu lui fasse miséricorde!). C'était un homme d'un caractère doux, tranquille, taciturne et supportant avec patience les importunités des gens. Il avait étudié sous la direction de son célèbre oncle paternel, le jurisconsulte Mohammed-Baghyo'o qui lui avait fait étudier la *Risala*, le *Mokhtaṣar* et d'autres ouvrages. Toutefois il n'avait pas achevé avec son oncle l'étude du *Mokhtasar*. Il reçut également les leçons du jurisconsulte 'Otsman-El-Filâli, du jurisconsulte Mohammed-ben-Mohammed-Koraï et du jurisconsulte 'Abderrahman-ben-Ahmed, le modjtahid. Ce fut avec ce dernier qu'il étudia le *Modaououana* et la *Mouaṭṭa*.

Au début de ses études et du vivant de son oncle, il avait appris du jurisconsulte Ahmed-Baba, fils du jurisconsulte Ahmed, les éléments de la langue arabe, du *Mokhtaṣar* et d'autres matières. Le fils de sa tante paternelle, Mahmoud, (٢٣٩) lui avait enseigné l'*Alfiya* et d'autres sciences. Lorsque

---

1. Le texte dit : « Soudanais ». C'est-à-dire le chef des indigènes soudanais.

le jurisconsulte Ahmed-Baba revint de Merrâkech, El-Mostafa assista quelque temps à ses conférences.

Il fut nommé imam de la mosquée de Mohammed-Naḍḍi au mois de cha'ban de l'année 1008 (15 avril-14 mai 1600) et conserva ces fonctions jusqu'à sa mort. Il suppléa le prédicateur de la mosquée à partir de l'année 1016 (28 avril 1607-17 avril 1608). Il était né (Dieu lui fasse miséricorde!) en l'année 973 (29 juillet 1565-19 juillet 1566).

Au mois sacré de dzou 'l-qa'da de l'année précitée (10 novembre-10 décembre 1616), mourut, dans la ville de Dienné, mon ami le jurisconsulte Sa'ïd, connu sous le nom de Sankam[1]; il était le fils du compagnon de mon père, son intime et cher ami, Baba-Koraï (Dieu lui fasse miséricorde et lui accorde sa grâce bienveillante!) Il fut enterré dans le cimetière de El-Djenan[2].

Durant le mois sacré de moharrem, le premier des mois de l'année 1026 (9 janvier-29 décembre 1617), mourut le cheikh, l'éminent, le vertueux, l'ascète, Mohammed-ben-El-Mokhtâr; c'était le coryphée des panégyristes du Prophète et on le surnommait San[3]. Depuis mon adolescence jusqu'à sa mort je le fréquentai très assidument; je lui dois un grand nombre de connaissances utiles (Dieu lui fasse miséricorde et lui accorde sa clémence!). Il était âgé de quatre-vingt-quatre ans. Le jour de sa mort, mourut également la servante de Dieu Khadidja-Ouaïdja, la fille de El-Hâdj-Ahmed-ben-'Omar-ben-Mohammed-Aqît; elle était âgée de quatre-vingt-quatorze ans: il y avait donc entre eux une différence d'âge de dix ans (Dieu leur fasse miséricorde et leur soit indulgent. Amen!).

Le mercredi dans la nuit, après la prière du deuxième

---

1. Ou : Sankama.
2. Ce nom était celui d'une localité de la banlieue; son sens est le Jardin.
3. Ce mot signifie : « chef, seigneur ».

‘acha, le 1ᵉʳ du mois de safar de cette même année (8 février 1617), mourut mon père, Abdallah-ben-'Imràn-ben-'Âmir-Es-Sa'ïdi¹. Selon le vœu qu'il avait exprimé avant sa mort, les prières dernières furent dites sur lui par notre cheikh, l'éminent, l'ascète, le saint de Dieu, le jurisconsulte El-Amîn, fils de Ahmed, frère du jurisconsulte Abderrahman-ben-El-Modjtâhid. La cérémonie eut lieu le jeudi matin, et, aussitôt après, il fut enterré près du tombeau de son propre père dans le cimetière de la grande-mosquée. Ce fut également le cheikh El-Amîn, qui, sur la recommandation de mon père, le descendit lui-même dans la fosse. L'excellent, l'éminent, le saint, le vertueux, notre maître, le jurisconsulte, Mohammed-Baghyo‘o-El-Ouankori assista au lavage du corps et une foule considérable de hauts dignitaires, de cheikhs, de jurisconsultes, de saints, de notables et de gens de toute condition, furent présents à l'office et aux funérailles. Personne dans la ville ne manqua d'assister à cet enterrement, sauf ceux qu'un motif sérieux en empêcha ou ceux encore qui n'ont cure de se rendre dans les assemblées honnêtes. (Dieu, dans sa grâce et sa générosité, lui soit indulgent et lui pardonne !) Mon père, si je ne me trompe, avait (ΥΣ·) soixante-sept ans. Il était né l'année 60 du dixième siècle (960). (Dieu l'élève aux plus hauts degrés du paradis !)

Durant le même mois, mourut, dans la ville de Dienné, l'imam, le cadi Sa‘ïd. Il avait occupé les fonctions de cadi pendant un an et huit mois. Il eut pour successeur, dans ces fonctions de cadi, le cadi Ahmed, fils du cadi Mousa-Dâbo.

Au cours de la deuxième décade du mois de rebi‘ Iᵉʳ de cette même année (19-28 mars 1617), mourut, à Dienné, l'ami intime de mon père, Baba-Koraï-ben-Mohammed-

---

1. On trouve cet ethnique orthographié tantôt Sa‘ïdi, tantôt Sa‘di. Cette dernière forme a peut-être été adoptée pour laisser croire à un lien de parenté avec les chérifs Sa‘adiens qui ont régné au Maroc.

Koraï (Dieu lui fasse miséricorde et lui accorde son indulgence et son pardon!).

Dans la seconde décade du mois sacré de dzoul'-hiddja, qui termina l'année 1026 (10-19 décembre 1617), mourut Nànà-Siri, fille de l'oncle maternel de mon père, le jurisconsulte, l'ascète, le lecteur du Coran, Seyyid Abderrahman-ben-Seyyid-'Ali-ben-Abderrahman. Elle était d'origine ansarienne[1]. A cette même époque mourut également la noble hachémite et hassanite, Fatma, fille du chérif Ahmed-Eṣ-Ṣeqli[2]. (Dieu leur fasse miséricorde et nous fasse profiter de leur bénédiction. Amen!)

Le vendredi matin, au lever de l'aurore, la veille du dernier jour du mois de moharrem, le premier mois de l'année 1027 (27 janvier 1618), mourut le saint de Dieu, l'auteur des prédictions réalisées, le jurisconsulte Mohammed-'Oriân-er-râs. Ses funérailles eurent lieu dans la matinée et l'office funèbre fut célébré dans le mosalla des funérailles situé dans le Sahara[3]. Toute la population, sans distinction de classe, assista à son convoi et on l'enterra près du tombeau du jurisconsulte Mohammed, mais en dehors de son mausolée du côté de l'est.

Voici la biographie de ce personnage telle qu'elle a été donnée par le cheikh, le jurisconsulte Mohammed-ben-Ahmed-Baghyo'o-El-Ouankori : « Son nom était Mohammed-ben-'Ali-ben-Mousa, mais il était plus connu sous celui de Mohammed-'Oriàn-er-râs. C'était un personnage vertueux. Il avait reçu les leçons des jurisconsultes de son temps, tels

---

1. C'est-à-dire descendant des Ansars ou compagnons du Prophète.
2. Abdesselam-ben-Et-Tayyeb-El-Qàdiri, dans son traité intitulé الدر السني في بعض من بفاس من اهل النسب الحسني, indique les chérifs dits « Eṣ-Ṣeqliyouna », ou les Ṣeqli, comme les plus célèbres de ceux apparentés aux Hosaïniyouna ou Hosaïnites ; ils sont établis à Fez. (Cf. p. 69 de l'édition de Fez.)
3. Par ce mot il faut entendre la partie désertique de la banlieue de Tombouctou.

que les deux frères Abdallah et Abderrahman, fils du jurisconsulte Mahmoud, le jurisconsulte Mohammed Baghyo'o et le jurisconsulte Ahmed-Mo'yâ. Au début de sa vie il se livra à l'enseignement, puis il y renonça et resta confiné chez lui, ne sortant même pas pour aller à l'office du vendredi. Il devait sans doute avoir un motif légitime pour agir ainsi. Sa renommée de sainteté s'étant répandue, il reçut les visites des pachas et autres personnages, et les Arabes, chez qui sa réputation était parvenue, venaient solliciter sa bénédiction et lui apportaient des cadeaux et des ex-voto. Quant à 'Orian-er-râs, il vivait sans sortir de chez lui d'une façon misérable, ne portant point de chaussures (رِئٰى) et il n'eut point de portier, sinon vers la fin de sa vie. Sa générosité et sa bienfaisance étaient célèbres (Dieu lui fasse miséricorde!). Il naquit, d'après ce que j'ai entendu dire, en l'année 955 (11 février 1548-30 janvier 1549). C'était un homme ferme, patient et résolu en toutes choses.

Dans la première décade du mois de rebi' II de cette même année, (28 mars-7 avril 1618), mourut le pacha 'Ali-ben-Abdallah-Et-Telemsâni à la suite de la torture que lui fit subir le caïd Mâmi-Et-Torki. Il fut enfoui[1] dans les écuries, sans que son corps fût lavé, ni qu'on fît sur lui la moindre prière.

A la fin du mois sacré de moharrem, le premier mois de l'année 1028 (17 janvier 1619), mourut le pacha Haddou-ben-Yousef-El-Adjenâsi; il fut enterré dans la mosquée de Mohammed-Naḍḍi.

Au mois de cha'bân de la même année (14 juillet-12 août 1619), mourut le pacha Ahmed-ben-Yousef-El-'Euldji; il fut enterré dans le cimetière de la grande-mosquée.

Cette même année également, si je ne me trompe, mou-

---

1. Les musulmans estiment que l'un des plus cruels châtiments qu'on puisse infliger à un fidèle est de ne point l'ensevelir selon les rites.

(*Histoire du Soudan.*)

rut, dans la ville de Dienné, le jurisconsulte Mahmoud, surnommé El-Faʽ-Siri[1]; il était le fils de Seliman-ben-Mohammed-Karamaʽ-El-Ouankori. (Dieu lui fasse miséricorde!)

Le vendredi, 28 du mois de moharrem, le premier des mois de l'année 1029 (5 janvier 1620), mourut le cheikh, le jurisconsulte, le docte, l'imam, Mohammed-ben-Mohammed-Koraï. (Dieu lui fasse miséricorde et lui accorde le pardon!)

Le dimanche, vers midi, le 15 du mois de chaouâl de cette même année (13 septembre 1620), mourut dans la ville de Dienné, le Djinni-Koï-Yenba, fils du Djinni-Koï Ismaʽil.

Durant la dernière décade du mois de ramadan de l'année 1030 (9-18 août 1621), mourut ma tante maternelle Zahra-bent-ʽImrân.

Le samedi 10 du mois de djomada 1ᵉʳ, si je ne me trompe (23 mars 1622), mourut l'imam de la grande-mosquée, l'imam Mahmoud, fils de l'imam Seddiq-ben-Mohammed-Taʽli. Il avait occupé les fonctions d'imam pendant 26 ans et y avait débuté à l'âge de 70 ans. (Dieu lui fasse miséricorde et efface ses péchés!). Par suite de cette mort l'imam Abdesselâm-ben-Mohammed-Doko[2]-El-Foulâni fut titularisé dans ces fonctions qu'il remplissait à titre de suppléant depuis fort longtemps et cette titularisation fut faite le mercredi, 14 de (٢٤٢) ce même mois.

Le jeudi soir, 16 du mois de rebiʽ Iᵉʳ de cette même année (29 janvier 1632), moururent, ainsi qu'il a été dit précédemment, le caïd Mohammed-ben-ʽAli, le pacha Mohammed-ben-Ahmed-El-Mâssi et le lieutenant général Mohammed-ben-Kaubakal-El-Mâssi.

Durant la première décade du mois de chaoual de la

1. Ou : Sira.
2. Ou : Diko.

même année (9-18 août 1622), mourut, dans la ville de Dienné, Hafsa, esclave rendue mère par mon père. Elle fut enterrée dans la grande-mosquée (Dieu lui fasse miséricorde !).

Dans la matinée du mercredi, 12 du mois sacré de moharrem, le premier des mois de l'année 1032 (16 novembre 1622), mourut le vertueux confrère, l'obligeant, le dévoué, l'affable, l'ami sûr, Mohamme-ben-Abou-Bekr-ben-Abdallah-Koraï-Es-Senâouï ; il fut enterré dans le cimetière du Jardin de la ville de Dienné. Selon sa recommandation dernière je procédai à sa toilette funèbre avec le cadi Ahmed-Dâbo. Il était l'ami des pauvres, des malheureux et des étudiants, et leur faisait beaucoup de bien. Il évitait la société des gens mondains et des tyrans. Plein d'humanité et de douceur, il était fidèle à tous ses engagements qu'il observait scrupuleusement, aussi était-il connu de tous, grands et petits, à cause de ses qualités. Jamais sous la voûte céleste je n'ai vu son pareil pour la loyauté, l'affection solide et l'aménité de caractère. Nous nous fréquentâmes constamment dans ces conditions durant toute sa vie et lorsque la mort nous sépara, il avait toujours été le même avec moi sans jamais varier, fût-ce un seul instant. Puisse Dieu lui pardonner ses fautes, lui faire miséricorde et nous réunir l'un à l'autre à l'ombre de son trône, aux plus hauts degrés du paradis, sans nous faire éprouver ni tourment, ni épreuve. Par sa grâce et sa bonté, Dieu peut nous accorder cette faveur et exaucer ma prière.

Le vendredi, 21 du même mois (25 novembre 1622), mourut ma tante paternelle, Omm-Hâni-bent-'Imrân (Dieu lui fasse miséricorde et, par sa grâce, lui efface ses fautes et les lui pardonne!).

Le dimanche, 11 du mois sacré de dzou 'l-hiddja, le dernier mois de l'année 1032 (6 octobre 1623), mourut ma tante paternelle, Omm-'Aïcha-bent-'Imràn (Dieu lui fasse miséricorde, lui soit indulgent et lui pardonne ses fautes!).

Durant les premiers mois de l'année 1035 (3 octobre 1625-22 septembre 1626), mourut l'éminent, l'excellent, le vertueux, le jurisconsulte, le docte, Abou'l-'Abbas-Ahmed-ben-Mohammed-El-Foulâni-El-Màssi. Comme il avait été atteint d'une maladie dangereuse dans son habitation près de Ankoma [1], il donna ordre de le transporter dans Tombouctou, la capitale. Mais, arrivé au port de Kabara, il y mourut. On apporta son corps à Tombouctou pour y faire ses funérailles et c'est là (٢٤٢) que les prières dernières furent dites sur lui. Il fut enterré dans le cimetière de la grande-mosquée (Dieu très-haut lui fasse miséricorde, lui accorde le pardon et nous fasse profiter de son intercession. Amen!).

Le dimanche, 10 du mois de djomada Ier de cette même année (8 février 1626), mourut le cheikh, l'éminent, le traditionniste, le jurisconsulte, l'imam Mohammed-Sa'ïd, fils de l'imam Mohammed-Kedâdo-ben-Abou-Bekr-El-Foulâni; il fut enterré dans le cimetière de la grande-mosquée. (Dieu lui fasse miséricorde et nous soit utile par son intercession. Amen!)

Le jeudi, à midi, le 21 du même mois (18 février 1626), mourut 'Ali-ben-Ez-Zeyâd; l'office mortuaire eut lieu après la prière du dohor. Il fut enterré près du tombeau de l'imam Sa'ïd. (Dieu lui fasse miséricorde!)

Dans la matinée du vendredi, 20 du mois de djomada II (19 mars 1626), mourut Abdelkerim-ben-Ahmed-Dâ'ou-El-Hâhi (Dieu lui fasse miséricorde!).

Le dimanche, 22 du même mois (21 mars 1626), mourut le jurisconsulte, l'imam, Abdesselam-ben-Mohammed-Doko-El-Foulâni. Les dernières prières furent dites après l'office

1. Ou : Ankom.

CHAPITRE TRENTE-QUATRIÈME

du dohor, et il fut enterré près du tombeau de l'imam Sa'ïd. Il avait exercé les fonctions d'imam pendant quatre ans (Dieu lui fasse miséricorde!). Son successeur dans l'imamat fut l'imam, Seyyid 'Ali-ben-Abdallah-Siri, fils de l'imam Seyyid 'Ali-El-Djozouli, et sa nomination eut lieu sous le gouvernement[1] du caïd Yousef-ben-'Omar-El-Qaṣri avec l'agrément du cadi Seyyid Ahmed-ben-Anda-Ag-Mohammed (Dieu lui fasse miséricorde!).

Dans la matinée du jeudi, 6 du mois de redjeb, l'unique, de cette année également (3 avril 1626), mourut, dans la ville de Dienné, la chérifa Omm-Hâui, fille du chérif Bouya, fils du chérif El-Mezouâr[2]-El-Hasani; elle était la femme de mon frère Mohammed-Sa'di[3] (Dieu leur fasse miséricorde à tous deux!)

Au mois de rebi' Ier de l'année 1036 (20 novembre-20 décembre 1626), mourut le jurisconsulte El-Mokhtâr, le fils de la fille du cadi El'-Âqib-ben-Mohammed-Zenkan[4]-ben-Abou-Bekr-ben-Ahmed-ben-Abou-Bekr-Bir, le serviteur[5] du Prophète (que Dieu répande sur lui ses bénédictions et lui accorde le salut!). Ce fut lui qui apporta à Tombouctou le premier exemplaire de 'El-'Achrinyyât. Il célébrait les louanges et les vertus du Prophète à chaque fête de la Nativité. Il s'occupait lui-même d'aller chercher à Dienné les victuailles nécessaires pour célébrer cette fête, et chaque année, malgré l'âge et les infirmités, il s'acquittait de ce de-

---

1. C'est-à-dire pendant que ce caïd exerçait les fonctions de pacha.
2. Le mot Mizouâr est, suivant l'auteur du *Kitab el-istiqça*, un mot zenatia équivalant au mot arabe رئيس, c'est-à-dire « chef, capitaine ».
3. On pourrait à la rigueur traduire : « la femme du frère de » au lieu de, « la femme de mon frère » ; mais si le texte permet cette confusion, le sens n'est pas douteux.
4. Ou : Zinkina.
5. C'est-à-dire qu'il s'était entièrement consacré à célébrer les mérites du Prophète.

voir. Ses enfants, lui ayant demandé de le remplacer (٢٤٤) dans cet office, alors qu'il était devenu décrépit, il refusa d'accepter leur proposition. Il mourut dans la ville de Kouna en revenant de Dienné. Il fut enterré dans la cour de la mosquée de Kouna (Dieu lui fasse miséricorde et fasse rejaillir sur nous ses bénédictions, dans ce monde et dans l'autre. Amen!).

Le vendredi, 2 du mois de djomada II de cette même année (18 février 1627), mourut, dans la ville de Bîna, notre cheikh, l'éminent, le béni, le jurisconsulte, l'imam, Mohammed ben Mohammed-ben-Ahmed-El-Khelil; ses funérailles furent faites dans la ville de Dienné et il fut enterré dans le cimetière du Jardin. Il avait pour moi la plus extrême affection. Que de fois ai-je entendu les gens me répéter les éloges qu'il faisait de moi durant mon absence. (Dieu lui fasse miséricorde, le récompense de ce qu'il a fait pour moi et nous soit utile, grâce à lui, dans ce monde et dans l'autre. Amen!)

Il m'avait nommé son suppléant pour diriger la prière, mais j'avais dû renoncer plus tard à ces fonctions à cause d'autres occupations qui absorbaient mon temps. Enfin le vendredi, 23 du mois ci-dessus indiqué (11 mars 1627), je fus nommé à sa place imam de la mosquée de Sankoré dans la ville ci-dessus indiquée. Cette nomination fut faite avec l'accord unanime de tous les notables et avec l'agrément du cadi Ahmed-Dàbo qui, à cette époque, entraînait à sa suite tous les hommes éminents.

Dans la matinée du jeudi, 6 du mois de cha'bân de la même année (22 avril 1627), mourut l'illustration et la bénédiction de son temps, le cheikh, le docte, le très savant, l'unique de son siècle et le phénix de son époque, le jurisconsulte Ahmed-Baba-ben-Ahmed-ben-'Omar-ben-Mohammed-Aqît (Dieu lui fasse miséricorde, soit satisfait de lui et nous soit utile par lui en ce monde et dans l'autre!). Il fut enterré près du tombeau de son père.

Le mercredi, 12 du même mois (28 avril 1627), naquit Sofia, la fille de mon frère Mohammed-Sa'di.

Vers la fin de cette année, mourut, dans la ville de Dienné, le Djinni-Koï, Abou-Bekr-Sâkoro, fils de jurisconsulte Abd-allah. Il fut un des plus éminents chefs de Dienné, aussi bien par son administration que par sa piété (Dieu lui fasse miséricorde!). Ce fut également vers la fin de cette même année que mourut, à Merrâkech, le caïd 'Amir, fils du caïd El-Hasen-ben-Ez-Zobeïr.

Le vendredi matin, au moment du lever de l'aurore, le 6 du mois sacré de moharrem, le premier des mois de l'année 1037 (17 septembre 1627), mourut à Merrâkech, Abou-'l-Ma'âli, le sultan, Maulay Zidân (٢٤٥), fils de Maulay Ahmed. (Dieu par sa grâce lui fasse miséricorde!) Il ne fut enterré que le vendredi soir après la prière du coucher du soleil.

Le mercredi, 18 du même mois (29 septembre 1627), mourut, à Dienné, le fils de ma sœur Omm-Nânâ, Abder-rahmân-ben-Et-Tâleb-Ibrahim-En-Neṣrâti. Il était venu là chez nous en compagnie de ma mère qui faisait un pèlerinage. (Dieu très-haut lui fasse miséricorde!)

Dans la soirée du samedi, 24 de ce mois (2 octobre 1627), mourut mon gendre[1], le cheikh El-Mokhtâr-Tamta-El-Ouankori. Je présidai à ses funérailles. Les prières dernières furent dites sur lui entre la prière du coucher du soleil et celle de l'acha et il fut enterré à Dienné dans la grande-mosquée (Dieu lui fasse miséricorde et dans sa bonté lui pardonne ses fautes!).

Le mercredi, vers midi, le 14 du mois de cha'bàn de

1. Le mot traduit par « gendre » signifie « allié par mariage » et s'applique encore au beau-père et au beau-frère.

cette année (20 avril 1628), mourut le chérif Zîdâu, fils du chérif 'Ali, fils du chérif El-Mezouâr (Dieu lui fasse miséricorde et nous fasse profiter des bénédictions de tous dans ce monde et dans l'autre!).

Le lundi soir, 13 du même mois (19 avril 1628), mourut, dans la ville de Dienné, le hâkem Seyyid Mansour, fils du pacha Mahmoud-Lonko; il fut enterré la nuit même dans la grande-mosquée. Par ordre des lieutenants-généraux, je dus passer la nuit devant la porte de la maison du défunt en compagnie de trois notaires[1] et de quatre bâchoud. Nous avions mission de veiller sur la maison après avoir vu ensemble tout ce qu'elle renfermait. Le lendemain, dans la matinée, nous fîmes l'inventaire de la succession en présence des lieutenants-généraux après avoir été autorisés à cet effet par le chef de la justice. On était alors à l'époque du pacha Ibrahim-ben-Abdelkerim-El-Djerâri.

Le mercredi, au moment de la prière de l'après-midi, le 27 du mois de ramadan de cette année (31 mai 1628), mourut mon cher ami, l'éminent, l'obligeant, le jurisconsulte Mohammed-ben-Badara-ben-Hamoud-El-Fezzâni. Les dernières prières furent dites sur lui après la prière du coucher du soleil et il fut, aussitôt après, enterré dans le cimetière de la grande-mosquée (Dieu lui fasse miséricorde, lui soit indulgent et lui pardonne!).

Le samedi, 7 du mois de djomada 1er de l'année 1038 (2 janvier 1629), mourut l'amîn[2], le caïd Mohammed-ben-Abou-Bekr, mis à mort par le pacha 'Ali-ben-Abdelkader sur l'ordre du sultan Maulay Abdelmâlek, ainsi que cela a été raconté plus haut.

Le lundi, dernier jour du mois sacré de moharrem, le premier des mois de l'année 1039 (19 septembre 1629),

---

1. Ou témoins instrumentaires.
2. Ce mot indique la fonction qu'il exerçait, c'est-à-dire celle d'agent financier.

mourut ʿOmar-ben-Ibrahim (٢٤٦) -El-ʿArousi, ainsi que son serviteur Bilâl; ils périrent tous deux dans un combat contre le pacha ʿAli-ben-Abdelkader, ainsi qu'il a été dit précédemment.

A minuit, dans la nuit du samedi au dimanche, le 12 du mois de chaʿbân, le brillant, de cette année (27 mars 1630), mourut, dans la ville de Merrâkech, Abou-Merouân, Maulay Abdelmâlek, fils de Maulay Zîdân (Dieu leur fasse miséricorde!).

Le mercredi, au moment du lever du soleil, le 16 du mois de redjeb de cette année (1ᵉʳ mars 1630), mourut le cheikh, l'éminent, l'ascète, le jurisconsulte Abou-Bekr-ben-Ahmed-Bîr, le fils du saint de Dieu, le cadi, le jurisconsulte, Mahmoud-ben-ʿOmar-ben-Mohammed-Aqît (Dieu leur fasse à tous miséricorde et nous soit utile grâce à eux. Amen!).

Au début de l'année 1041 (30 juillet 1631-19 juillet 1632), mourut l'amîn, le caïd Yousef-ben-ʿOmar-El-Qaṣri; il fut enterré dans la mosquée de Mohammed-Naddi; il avait exercé ses fonctions d'amîn durant deux ans et demi. Il eut pour successeur dans son emploi l'amîn, le caïd Abdelkader-El-ʿImrâni qui fut nommé par le gouverneur, le pacha ʿAli-ben-Abdelkader.

Dans la nuit du 11 du mois de rebiʿ Iᵉʳ, la nuit même de la Nativité (7 octobre 1631), mourut le caïd Abdallah-ben-Abderrahman-El-Hindi qui fut tué par le caïd Mohammed-El-Arbi[1] sur la place du marché par ordre de son frère le pacha ʿAli-ben-Abdelkader; celui-ci, lorsqu'il arriva à la ville de Araouân, avait envoyé un ordre à ce sujet.

Dans la deuxième décade du mois de chaʿbân de cette même année (2-11 mars 1632), mourut, dans la ville de Diennè, le caïd Ibrahim-ben-Abdelkerim-El-Djerâri. Avant qu'il mourût, les lieutenants-généraux et Mohammed-ben-

---

1. Ou : El-Arab.

Moumen-Es-Sibâ'i m'avaient mandé ainsi qu'un autre notaire pour recevoir le testament du défunt : il prit donc ses dispositions testamentaires. Il fut enterré dans la grande-mosquée. Je remis sa succession au pacha 'Ali-ben Abdelkader. Celui-ci écrivit alors au caïd Mellouk-ben-Zergoun de prendre la place qu'occupait le défunt qui était alors à Dienné. Ce fut la dernière fois que Mellouk fut appelé au caïdat de Dienné.

Le mardi, 20 du mois de chaouâl de cette année (10 mai 1632), mourut notre cheikh, l'éminent, le vertueux, le pieux, l'ascète, le saint de Dieu, le jurisconsulte El-Amîn-ben-Ahmed, le frère utérin du jurisconsulte Abderrahman-ben-Ahmed-El-Modjtahid. Les prières funèbres furent dites sur lui par le cheikh, l'éminent, le vertueux, le jurisconsulte Mohammed-Baghyo'o-El-Ouankori (٢٤٧).

Voici l'article biographique que lui a consacré Mohammed-Baghyo'o : « El-Amin-ben-Ahmed-ben-Mohammed fut notre cheikh et notre ami. Sa langue s'humectait sans cesse pour dire des prières. Il était le frère utérin de notre cheikh, le jurisconsulte Abderrahmân (Dieu leur fasse miséricorde!). C'était un homme versé dans la connaissance du droit, dans celle de la grammaire, morphologie et syntaxe, et il possédait en outre des notions étendues sur les compagnons du Prophète. Il mourut (Dieu lui fasse miséricorde!) dans la matinée du mardi, 20 du mois de cha'bân de l'année 1041, à l'âge de quatre-vingt et quelques années. Il était né en l'an 957. On fit sur lui les prières au mosalla des funérailles des dignitaires et des saints dans le Sahara ».

Dieu lui fasse miséricorde, qu'il soit satisfait de lui ; qu'il l'élève aux plus hauts degrés du paradis et que, par sa grâce et sa bonté, il fasse retomber sur nous ses bénédictions, et les bénédictions de sa science dans ce monde et dans l'autre! Ici se termine l'obituaire jusqu'à la date indiquée.

CHAPITRE XXXV

EXPÉDITION CONTRE LE MASSINA. — LES PACHAS DU SOUDAN DE L'ANNÉE 1042 A L'ANNÉE 1063 DE L'HÉGIRE (1632-1653)

Quant au pacha ʿAli-ben-Mobârek-El-Mâssi, il ne resta au pouvoir que trois[1] mois. Au mois de rebiʿ II, il fut déposé et exilé à Tendirma. Puis, comme il vivait en mauvaise intelligence avec ses concitoyens[2] dans cette ville, il fut exilé alors dans la ville de Chîba où il demeura jusqu'à sa mort. D'ailleurs, ce pacha n'avait été choisi par les troupes que parce qu'elles n'avaient trouvé personne autre consentant à exposer sa vie à ce moment, tant étaient grandes la crainte et la terreur qu'inspirait le pacha ʿAli-ben-Abdelkader.

Le jour même de la déposition de ʿAli-ben-Mobârek, le suffrage des troupes se porta à l'unanimité sur Soʿoud-ben-Ahmed-ʿAdjeroud-Ech-Chergui; on le nomma donc pacha, le mercredi, 2 du mois de rebiʿ II de l'année 1042 (17 octobre 1632).

A peine le nouveau pacha venait-il d'être élu et de s'installer sur son trône pour y recevoir le serment d'obéissance (٢٤٨) qu'il arriva de Merrâkech un envoyé du sultan, Abdelouâhed-El-Merâghdi-El-Djerâri; il était porteur de lettres pour les caïds[3] et il prétendit que la dépêche du sultan lui avait été dérobée en cours de route.

1. Le ms. C dit : « huit mois », ce qui est une erreur.
2. Le mot du texte est : « confrères ». Il s'agit des Marocains et non des indigènes.
3. C'était vraisemblablement des lettres de nominations ou de révocations que le sultan marocain avait expédiées.

La révolte des troupes de Dienné contre le pacha ʿAli-ben-Abdelkader-ben-Ahmed se produisait au moment même où le caïd Hammou-ben-ʿAli se trouvait à Dienné. Il était venu dans cette ville pour y acheter des grains et, aussitôt cette opération terminée, il avait fait ses préparatifs afin de rentrer à Tombouctou, puis il avait quitté Dienné le second jour[1] du mois de rebiʿ II (17 octobre 1632).

Le lundi, 10 du mois de djomada Ier (23 novembre 1632), le caïd Mellouk, d'accord en cela avec toutes les troupes, fit arrêter le Djinni-Koï, Bokar et le fit mettre en prison. On prétendit que Bokar avait déchiré[2] l'accord qui s'était fait pour se révolter contre le pacha ʿAli et manqué aux engagements qu'il avait pris avec les troupes en dépit des serments échangés à cette occasion. On dit également que c'était lui qui avait dénoncé le complot au pacha et que c'est alors qu'on aurait arrêté Mohammed-ben-Moumen et pillé tout ce que contenait sa maison. Le messager du caïd apporta la nouvelle le quatrième jour qui suivit l'arrestation de Bokar et en fit part au pacha pendant qu'il était en route dans la direction de El-Hadjar.

Dans la soirée du jeudi, 13 du même mois (26 novembre 1623), Bokar subit le dernier supplice dans la casbah. Sa tête fut placée au sommet d'une poutre que l'on dressa sur l'emplacement du marché. Ce raffinement de cruauté produisit une fâcheuse impression et parut aux yeux des Soudaniens comme une abominable innovation. Aussi se soulevèrent-ils aussitôt et se mirent-ils en état de révolte.

Yousaro-Mohammed-ben-ʿOtsmân se mit à la tête de ce mouvement séditieux ; il fut suivi dans cette voie par Sâsoro,

---

1. Le ms. C dit : « le mercredi », sans indiquer de date.
2. Dans le ms. C le mot employé signifie « inspirer des craintes » ; c'est-à-dire qu'il leur avait montré les dangers de l'accord qu'ils avaient fait.

Kirimou, Màti'a et d'autres personnages dévoués au Djinni-Koï et qui se trouvaient établis à l'ouest de Dienné. Yousaro assiégea les négociants de la ville de Bìna. Aussitôt que la nouvelle de ce siège parvint à Dienné, le caïd Mellouk envoya un corps d'armée pour combattre les révoltés et il mit à la tête de cette expédition les deux lieutenants-généraux en chef Mohammed-ben-Rouh et Sàlem-ben-'Atiya ; mais Yousaro les repoussa sans que ceux-ci pussent rien contre lui. L'armée du pacha prit la fuite, abandonnant une de ses tentes qui resta étendue à terre dans le port (٢٤٩) ; cette tente était celle du lieutenant-général Sàlem.

Mis en déroute, les Marocains s'enfuirent jusqu'au village de Sorba où ils mouillèrent. De là, ils mandèrent au caïd Mellouk d'envoyer des renforts à leur secours. Le lieutenant-général Mohammed-Et-Tàrezi partit à la tête de tous les soldats qui étaient restés dans la ville et rencontra l'armée au moment où elle revenait à Dienné. Il fit route avec elle en sorte que son intervention ne servit à rien.

Avant que l'armée marocaine arrivât à Bìnà, Yousaro avait fait un appel énergique à tous les chefs de la contrée, le Da'ai-Koï, le Oma-Koï, et d'autres encore. Tous répondirent à cet appel et chacun d'eux lui envoya une troupe d'hommes pour lui venir en aide, si bien que Yousaro dut insister auprès d'eux pour les empêcher de se porter en masse ostensiblement pour combattre l'ennemi.

Les habitants de Dienné restèrent dans cette situation critique durant quatre mois, sans savoir à qui s'adresser, ni à qui entendre. Chaque jour on ne recevait que de mauvaises nouvelles qui ne pouvaient que briser le cœur. Le meurtre du Djinni-Koï avait, en effet, porté à son paroxysme la colère des Soudaniens et ils avaient juré que si les gens de Dienné ne leur livraient pas le caïd Mellouk pour le tuer et venger leur chef, ils se rendraient eux-mêmes à Dienné et y tueraient tous les blancs appartenant au Makhzen, mais sans faire de mal aux autres.

L'inquiétude et l'angoisse étaient grandes parmi la population de Dienné lorsque, durant la dernière décade du mois de djomada II (2-11 janvier 1633), arriva le caïd Ahmed-ben-Hammou-ben-'Ali que le pacha So'oud avait nommé caïd de Dienné en remplacement de Mellouk qu'il avait révoqué. Ce fait changea la face des choses et ouvrit la porte à une amélioration de la situation et à l'emploi de la clémence. Les gens ayant dit que c'était le caïd Mellouk seul qui avait fait tuer le Djinni-Koï, le pacha avait révoqué ce caïd et aussitôt le ressentiment des gens de Dienné commença à mollir. Puis le caïd Ahmed sut par des cadeaux et de bonnes paroles si bien calmer la colère des habitants qu'ils oublièrent leurs griefs et n'y songèrent plus. Toutefois ces événements nuisirent aux Marocains dans l'esprit de la population qui dorénavant les méprisa.

Pendant la dernière décade du mois sacré de dzou'l-qâda (28 juin-7 juillet 1633) je fis un voyage au Massina pour y rendre visite à mon ami, le cadi Seyyid Mohammed-Sanba et au sultan Hammedi-Amina, selon l'habitude que j'en avais prise. Je me trouvai auprès d'eux le 1ᵉʳ du mois sacré de dzou'l-hiddja (٢٥٠), terminant l'année 1042 (8 juillet 1633), et le jour de *l'abreuvement*[1] (15 juillet) j'étais de retour à Dienné, porteur d'une lettre que m'avait confiée le sultan Hammedi-Amina, pour la remettre au caïd Ahmed-ben-Hammou-ben-'Ali.

Cette lettre avait trait à un serviteur du prince, un nommé Djorno Koudj, chef des écuries, qui, ayant encouru la colère du prince, s'était enfui dans le pays de Dienné auprès de Djàdji-ould-Hammedi-'Aïcha. Une longue et constante

---

1. Nom donné à une des cérémonies du pèlerinage de La Mecque qui a lieu le 8 du mois de dzou'l-hiddja.

inimitié en était résultée entre ce dernier personnage et Hammedi-Amina. La lettre, que je remis au caïd Ahmed, lui demandait d'essayer par tous les moyens de s'emparer de la personne du serviteur en fuite et une fois pris de le charger de fers et de lui annoncer aussitôt cet événement. Le caïd Ahmed envoya en effet plus d'une fois inviter Djorno-Koudj à venir le trouver, mais celui-ci déclina l'invitation, ayant eu, ce semble, vent de ce qui le menaçait.

Plus tard Hammedi-Amina se rendit dans la région de El-'Aouâli pour y faire, selon son habitude, paître ses troupeaux pendant un certain temps. Ce temps écoulé, il revint dans la région du Sahel. Alors je lui écrivis pour lui faire part de ce qui s'était passé entre le caïd Ahmed et Djorno. Ensuite Hammedi-Amina, ayant retardé son départ jusqu'à la nuit du 1ᵉʳ du mois de chaouâl de l'année 1043 (31 mars 1634), se mit en route lui-même à la tête de ses troupes et se dirigea vers le campement de Djâdji dont il a été parlé ci-dessus. Puis il m'expédia aussitôt un messager m'engageant à l'aller rejoindre en cours de route avant qu'il ne fût arrivé à l'endroit qu'il se proposait d'atteindre. Le rendez-vous était fixé en arrière du fleuve[1] de Kalikoro et je devais amener avec moi un des notaires du cadi afin d'essayer de reconcilier le prince avec Djâdji qui d'ailleurs était son cousin et ne désirait pas rester brouillé avec lui.

Dès que le messager fut arrivé chez moi, je l'emmenai chez le cadi, que j'informai du sujet de son message. « Au nom du Seigneur, répondit le cadi, et à la grâce de Dieu ! Mais il faut auparavant l'autorisation du caïd. » L'autorisation demandée fut accordée et nous reçûmes l'ordre de nous mettre en route.

Le lieutenant-général Mohammed-ben-Rouh, qui avait entendu parler de tout cela, alla trouver le caïd et lui dit :

---

1. Ou : lac de Kalikoro.

« Notre façon de faire ne doit pas être celle des gens de loi. » Alors le caïd lui enjoignit de se rendre lui-même au rendez-vous et celui-ci partit, emmenant avec lui le lieutenant-général Mohammed-El-Hindi avec un certain nombre de soldats (٢٠١) et de suivants. Voyant cela, le messager de Hammedi-Amina s'écria : « C'est là une idée funeste, le prince n'acceptera jamais cela. » Puis, comme il ne voulait pas se laisser devancer par eux auprès du prince ni faire autre chose que ce qui lui avait été ordonné, il prit les devants en toute hâte et arriva avant les lieutenants-généraux au lieu du rendez-vous. Là, il trouva le prince qui était campé et lui raconta ce qui se passait. Celui-ci entra alors dans une violente colère. « Quelle chose pousse donc ces gens à vouloir suivre une voie qui n'est pas la leur? Il ne s'agit pas ici d'une question dans laquelle il y a à faire usage de l'autorité souveraine, mais bien de moyens juridiques, puisque c'est une simple conciliation à opérer entre deux personnes. »

Le prince ordonna à son messager de retourner vers le cadi et de lui dire : « Il ne doit venir chez moi que deux personnes : Abderrahman et un autre notaire. » Le messager devait également ajouter ces mots : « N'est-ce donc pas ton père le cadi Mousa-Dâbo et ses notaires qui sont venus à So'a trouver mon grand-père quand il se produisit un conflit entre lui et son frère Hammedi-'Aïcha, père de ce même Djâdji, et qui ont opéré leur réconciliation? »

Le messager repartit aussitôt, tandis que le prince et son armée se mettaient en marche en ayant soin de s'écarter de la route suivie par les lieutenants-généraux. Le messager répéta au cadi les paroles du prince. « Il a raison, répondit le cadi en entendant ces mots, et tout ce qu'il dit n'est que l'exacte vérité. » Puis il fit connaître la chose au caïd qui nous donna l'ordre de partir et nous convînmes avec lui

CHAPITRE TRENTE-CINQUIÈME

de nous mettre en route après la prière de l'après-midi.

Quand les lieutenants-généraux eurent appris que le prince avait changé son itinéraire, ils prirent, eux aussi, un autre chemin afin de le rejoindre, ce à quoi ils n'arrivèrent qu'après beaucoup de fatigues et bien des difficultés. Mais le prince refusa de les laisser s'approcher de lui, à plus forte raison de les voir; arrivé à Ouaba, il campa dans cette localité et quand sa tente y fut dressée il y entra. Aussitôt les deux lieutenants-généraux qui l'avaient rejoint en cet endroit avec leur suite et qui étaient exposés en plein soleil demandèrent une audience au prince. Celui-ci refusa de les recevoir, puis, après la prière de l'après-midi, il sortit de sa tente, monta à cheval et passa auprès des Marocains, qui étaient assis sur le sol, sans les saluer.

Ensuite, il envoya son frère Selàma'[1] vers la citadelle de la ville à la tête d'une troupe nombreuse. Le lieutenant-général Mohammed-El-Hindi, qui était très hardi, monta aussitôt à cheval et rejoignit le prince : « O Fondoko, lui dit-il, à en juger par ce que nous voyons, tu n'es venu ici que pour combattre les gens de Dienné. S'il en est ainsi, tu ne dépasseras pas ce lieu sans nous avoir combattu les premiers tout d'abord ». Le prince, à ce moment, se décida à leur adresser la parole; il les salua et revint avec eux vers (٢٠٢) sa tente où il les fit entrer.

Quant à nous, nous fîmes la prière de l'après-midi et nous nous disposions à nous rendre auprès du prince, comme il l'avait demandé, quand, à peine sortis de la porte du château, nous rencontrâmes la cavalerie de Selàma'. Celle-ci, répartie à droite et à gauche, prête à attaquer et à lancer des javelots et des flèches[2], était arrivée jusqu'aux portes de la citadelle. Pris de crainte, nous retournâmes sur nos pas.

1. Ou : Selamogho.
2. Ce mot est traduit par conjecture.

(*Histoire du Soudan.*)

Toute la population fut également très effrayée, car on s'imaginait que cette cavalerie n'avait pu arriver jusque-là qu'après avoir passé par-dessus les deux lieutenants-généraux et leur suite.

L'angoisse et l'inquiétude durèrent jusqu'au coucher du soleil. A ce moment-là arrivèrent des messagers envoyés au caïd par les lieutenants-généraux et racontant que ceux-ci avaient passé la nuit chez Hammedi-Amina à la colline de Ouaba et qu'ils priaient le caïd de leur envoyer des vivres[1]; le caïd les leur fit aussitôt envoyer chargés sur des ânes et des mulets.

Djàdji, très effrayé, s'était enfui de l'autre côté du Fleuve, tandis que Djorno prenait la fuite dans une autre direction. Les lieutenants-généraux passèrent la nuit chez Hammedi-Amina en cet endroit où il se trouvait à ce moment. A la fin de la nuit, le prince, sans que les lieutenants-généraux en eussent connaissance, monta à cheval, se porta vers la demeure de Djàdji, entra dans l'habitation et la parcourut tout en restant à cheval. Puis il en sortit et alla jusqu'au mur de la citadelle sur lequel il posa la main afin de mettre à exécution son serment. Le lendemain matin, le prince fit ses adieux aux lieutenants-généraux et prit la route de son pays, tandis qu'il faisait accompagner ces derniers par ses trois frères, Selàma', 'Ali-Et Telemsàni et Abou-Bekr-Amina jusque sous les murs de la citadelle. Arrivés là, on prit congé les uns des autres, les lieutenants-généraux entrant dans la citadelle et les trois frères allant rejoindre le prince pour retourner dans leur pays.

Peu après cela, Djorno m'envoya son fils pour me prier d'intercéder en sa faveur afin qu'il pût, lui et ses enfants, retourner dans leur demeure au Massina. Je fis part de la

---

1. Ou : « la difa » qu'il est d'usage d'offrir aux grands personnages qui passent dans la contrée où l'on habite.

chose au cadi qui écrivit au prince et celui-ci accorda la grâce qui lui était demandée ; il transigea, exigeant toutefois que nous fissions prêter serment dans la mosquée à Djorno et à ses enfants qu'ils ne chercheraient jamais plus à le trahir. Nous envoyâmes quelqu'un qui leur fit prêter le serment demandé dans la mosquée du village de Koufasa, et, par un messager, nous avisâmes le sultan de l'exécution des ordres qu'il avait donnés.

Le prince m'écrivit alors qu'il avait entendu dire que le pacha So'oud venait de partir à la tête d'une colonne pour venir l'attaquer en personne, qu'il ignorait ce qui avait pu motiver cette décision, étant donné qu'il n'avait pas dévié du bon chemin et qu'il n'avait jamais refusé le zenkal, ni (٢٥٣) aucune autre des redevances accoutumées. Il ajoutait qu'il se plaçait sous la protection de l'islam, sous la mienne et sous celle des jurisconsultes, non seulement lui, mais aussi les pauvres, les laboureurs et les marins[1], sauf ceux qui refuseraient de le suivre dans cette voie[2].

J'allai porter cette lettre au cadi. Dès qu'il l'eut parcourue, il me dit : « Le prince a raison ; je ne sache pas qu'il ait commis aucune des choses dont il parle ; mais nous ne possédons aucune information précise à ce sujet. Va donc maintenant, cette nuit même, chez tous les négociants de cette ville et interroge-les sur ce qu'ils sauront à ce propos. Comme leurs marchandises descendent et remontent sans cesse le Fleuve, ils doivent être mieux informés que qui que ce soit de la véritable situation. Si tu entends seulement deux d'entre eux certifier des faits, cela suffira. » Puis le cadi envoya, durant cette même nuit, informer le caïd de cet événement en lui mandant que, si Dieu voulait, j'irai le lende-

---

1. Mot à mot : « les barques ». Le copiste a sans doute omis le mot اهل.
2. C'est-à-dire qui refuseraient obéissance au pacha.

main matin, le trouver au sujet de cette intervention auprès du pacha.

Les choses ayant été toutes réglées comme le cadi m'en avait donné l'ordre, je me couchai avec l'intention de me rendre le lendemain de bonne heure auprès du caïd. Or, le lendemain de bonne heure, le caïd reçut une lettre que le pacha, se trouvant avec ses troupes à Tendirma, lui écrivait de cette ville. Paroles grossières et invectives dictées par la colère, le pacha n'en avait, pour ainsi dire, omis aucune à l'adresse du caïd, des troupes de Dienné et de tous ceux qui se trouvaient avec le caïd dans cette ville. Il demandait comment il se faisait que le rebelle Hammedi-Amina avait pu arriver jusque sous les murs du château, en sorte qu'on avait à peine eu le temps de fermer les portes de la ville et qu'il les avait assiégés durant sept jours, ne se retirant après cela que parce qu'il avait reçu une forte somme d'argent. Mais il ajoutait qu'il allait venir maintenant en personne et qu'ils ne tarderaient pas à voir, eux et Hammedi-Amina, le châtiment qu'il voulait leur infliger.

Dès que cette lettre eut été lue, le caïd m'envoya dire d'avertir le cadi de ne point se rendre du tout auprès de lui, qu'il venait de recevoir du pacha une lettre renfermant, au sujet de la façon dont ils s'étaient conduits vis-à-vis de Hammedi-Amina, de vilaines paroles qu'ils ne méritaient pas et les accusant de n'avoir pas songé à eux, à plus forte raison à lui. Là-dessus le cadi s'abstint de la démarche qu'il voulait faire.

Dès que Djorno apprit ce qui venait de se passer, il fut très tourmenté; mais, comme il n'avait pas la patience d'attendre l'autorisation qu'il avait demandée, il retourna sans plus attendre au Massina avec ses enfants et se rendit auprès du prince Hammedi-Amina qui lui fit grâce ainsi qu'à tous les siens et les laissa en paix.

Dans la dernière décade du mois sacré de dzou'l-qa'da (19-28 mai 1634) le pacha So'oud arriva dans la ville de Dienné ; il campa à Sanouna et installa ses troupes sur la dune qui est en cet endroit. De là il se mit en marche et se dirigea vers Bînâ afin d'aller châtier Yousaro. Le départ eut lieu le 2 du mois sacré de dzou 'l-hiddja, dernier mois de l'année 1043 (30 mai 1634). Tous les habitants de Bînâ abandonnèrent la ville et Yousaro alla se réfugier à une courte distance de la cité où il se tint caché jusqu'au moment où il pourrait y rentrer.

Le pacha ne reçut (۲۰٤) d'autre visite des chefs de ces contrées que celle du Chila-Koï et du Oroun-Koï ; quant au Da'-Koï et au Oma-Koï, ils se contentèrent d'envoyer une députation pour le saluer. Après être resté là et y avoir accompli la prière de la fête des Sacrifices (8 juin), le pacha quitta le pays et partit le lendemain du jour de la fête pour retourner à Dienné. Il s'installa dans le campement qu'il avait précédemment occupé et se mit à opprimer la population.

Les habitants se dénonçaient les uns les autres. C'est ainsi que certains délateurs avaient pressé le pacha d'agir contre mes deux frères Mohammed-Sa'di et Abdelmoghîts avant son départ de Tombouctou. Il leur fit alors mander de se rendre auprès de lui dans son camp, après avoir tout d'abord extorqué injustement deux cents mitsqal à Mohammed. Quand mes deux frères furent arrivés en sa présence, le pacha leur dit : « O El-Fa' (Mohammed) Sa'di, tu passes tout ton temps à réunir, chaque jour chez toi, les négociants de la ville avec le caïd Ahmed et à déblatérer contre moi en parlant de mes défauts et de mes méfaits. Il est vrai qu'on ne nous a pas dit que tu prenais part à ces calomnies. Quant à toi, ô Abdelmoghîts, le tel et tel[1], c'est toi qui opprimes les

---

1. L'auteur ne reproduit pas les épithètes injurieuses dont se servit le pacha en s'adressant à son frère.

gens et leur prends leurs biens injustement pour le compte du caïd Ahmed. Quitte donc cette ville et retourne à Tombouctou. » Puis il donna l'ordre à tous deux de rentrer chez eux.

Le pacha avait l'intention de rester en cet endroit jusqu'à la fin du mois de moharrem (26 juillet) quand, un certain jour, les bâchoud allèrent à Kabara[1] pour y voir leurs collègues et amis. Là, on leur raconta toutes les exactions dont la population était victime ; ils feignirent de n'avoir pas entendu parler de cela pendant qu'ils étaient au camp et s'écrièrent : « Mais c'est la ruine du pays ! » Le soir, quand ils furent de retour au camp, ils dirent au pacha qu'il devrait se préparer à partir le lendemain pour rentrer à Tombouctou ; mais celui-ci prétexta que la chose était impossible, qu'il fallait qu'il attendît là le retour des messagers qu'il avait envoyés aux différents chefs de la région. « Il faut que nous partions incontinent, répliquèrent les bâchoud, car la population de cette ville ne saurait supporter que nous retardions notre départ. Si telle n'est pas ton intention, telle est celle du sultan et de ses troupes. » Alors le pacha se décida à se mettre en route, et il fit distribuer aux patrons des embarcations les cordages nécessaires pour les remorquer.

Quand le pacha était arrivé avec ses troupes (٢٠٠) venant de Tombouctou, il avait demandé au caïd Ahmed dans quelle situation il se trouvait vis-à-vis du prince du Massina lorsque celui-ci était venu camper sous les murs de Dienné. « Ce n'est point à cause des habitants de la ville, répondit le caïd, que Hammedi-Amina était venu ici, car il n'avait d'autre but que de rechercher un de ses serviteurs qui s'était enfui et s'était réfugié chez ses ennemis qui, eux, ignoraient l'état de rébellion de ce serviteur. — S'il en

---

1. Le ms. C dit : Dienné.

était ainsi, répliqua le pacha, pourquoi donc les envoyés du prince ne sont-ils pas venus me rendre visite, me saluer et m'offrir l'hospitalité ? » Aussitôt le caïd Ahmed m'avait envoyé quelqu'un pour me dire d'avertir le prince qu'il eût à faire parvenir en toute hâte et diligence la difa au pacha et de ne pas désigner pour cette mission d'autre personne que le Konboma'. Les choses furent ainsi faites : le Konboma' apporta la difa, salua le pacha, fit des vœux pour lui, renouvela avec lui le pacte d'alliance et l'accompagna jusqu'à la ville de Kouna où il prit congé de lui. Le pacha fit ensuite mander auprès de lui le jurisconsulte Mohammed-Sâdi pour faire la paix avec lui. Mohammed se rendit au camp, fit sa paix avec le pacha qui lui fit présent d'un vêtement.

Le dernier jour du mois de dzou'l-hiddja (26 juin 1634), le Djinni-Koï, Mohammed-Konbaro, fils du Djinni Koï, Mohammed-Yenba, fut révoqué. Le premier jour du mois sacré de moharrem, premier mois de l'année 1044 (27 juin 1634), Abdallah, fils du Djinni-Koï Abou-Bekr, remplaça Mohammed-Konbaro dans ses fonctions de Djinni-Koï. Le lendemain, Mohammed-Konbaro rentra à Tombouctou, emmenant avec lui mon frère Abdelmoghits ; il l'avait fait embarquer sur la chaloupe du Trésor et l'avait recommandé aux bons soins du trésorier, le cheikh Boṣa. Je m'embarquai avec eux ce jour-là et allai jusqu'au bourg de Doboro[1] où je fis mes adieux à mon frère.

Dans la matinée du jour de son départ de Dienné, le pacha So'oud éprouva les premiers symptômes de la maladie dont il devait mourir. Comme il ne pouvait plus supporter le voyage à cheval, il prit place dans une embarcation au moment où moi-même je rentrais à Dienné. Arrivé à la ville

---

1. Ou : Dabina ou Dobono.

de Kouna, le pacha reçut la nouvelle de la fuite de l'amin, le caïd Abdelkader-El-'Imrâni qui s'était enfui pendant la seconde décade du mois de dzou 'l-hiddja (8-17 juin 1634). Sa maladie empira gravement (٢٠٦) par suite des soucis et des angoisses que lui occasionna cette nouvelle.

La fuite de l'amin avait eu lieu dans la deuxième décade du mois sacré de dzou'l-hiddja; elle était motivée par la mauvaise foi, le désordre et la vilenie qui régnaient parmi la population. Le caïd Abdelkader se rendit auprès du marabout Seyyid 'Ali, prince du Sâhel, auprès de qui il trouva un excellent accueil et grands égards; il y demeura honoré et à l'abri de tout danger.

Le pacha parvint à Tombouctou toujours malade. En arrivant au port, il ordonna à mon frère, Abdelmoghits, de se rendre dans la maison de son père[1] et d'y habiter. Puis il investit des fonctions d'amin le hâkem Ahmed-ben-Yahya en remplacement de El-'Imrâni. Ce fut le jour même de son arrivée à Tombouctou, le 13 du mois de moharrem (9 juillet 1634), qu'il nomma Ahmed-ben-Yahya amin. Enfin, sa maladie s'aggravant, il mourut durant la première décade du mois de rebi' Ier (25 août-3 septembre 1634). Il fut enterré dans la mosquée de Mohammed-Naddi. Sur la désignation de l'armée, les fonctions de pacha furent dévolues à ce moment à Abderrahman, fils du caïd Ahmed-ben-Sa'doun-Ech-Chiâdemi.

Le dimanche, 27 du mois de djomada II de cette même année (18 décembre 1634), je quittai la ville de Dienné pour me rendre à Tombouctou, afin de m'occuper de la situation de mon frère Abdelmoghîts et d'obtenir par mes instances qu'il revînt habiter à Dienné dans sa maison. La nouvelle lune du mois de redjeb l'unique (20 décembre

---

1. La maison du père de l'auteur était à Tombouctou.

1634) apparut au moment où nous nous dirigions vers le lac de Dibo et nous mouillâmes à Kabara dans la soirée du 2 (22 décembre). Enfin j'entrai dans Tombouctou, ma ville natale, le dimanche, 5 du mois précité (25 décembre 1634).

J'y fus bien accueilli et avec de grands égards. Quand je fus arrivé auprès du pacha et que je l'eus salué, il me souhaita la bienvenue, me traita avec distinction et me dit ces choses aimables au sujet de mon frère : « Il est innocent de tout ce dont l'ont accusé des délateurs tarés ; tout cela n'est que mensonge et calomnie. » Il m'assura ensuite qu'il lui rendait toute sa liberté, qu'il l'autorisait, si Dieu voulait, à retourner chez lui et il ajouta : « Celui qui l'a dénoncé au pacha So'oud s'était uniquement recommandé de moi et c'est moi qui lui ai donné l'ordre de quitter Dienné. Ce n'est donc pas en réalité mon prédécesseur qui lui a infligé cette disgrâce, mais moi-même. Il serait inique de ma part, à si peu de distance de sa mort, de dénigrer la mémoire de celui que j'ai remplacé » (٢٥٧). Je le remerciai alors et lui récitai la fatiha.

Dieu fit que nous découvrîmes le dénonciateur de mon frère et que nous sûmes qui il était ; grâce à la volonté divine, cet homme subit un sort plus cruel que celui qu'il avait fait infliger à mon frère. Dieu brise l'aiguillon des gens pervers ; louanges lui soient rendues à lui, le Maître des mondes.

Dans la soirée du lundi, 27 de ce mois (16 janvier 1635), l'askia Mohammed-Benkan fut révoqué, et le mercredi, dernier jour du mois de redjeb l'unique (18 janvier), 'Ali-Senba fut nommé askia à sa place.

Après la prière de l'après-midi, le vendredi, 2 du mois de cha'ban (21 janvier 1635), je quittai Tombouctou pour retourner à Dienné où, grâce à Dieu, le Maître des mondes, j'arrivai heureux et sain et sauf dans le courant de la deuxième décade du mois.

Dans la matinée du vendredi, 13 du mois sacré de moharrem, le premier des mois de l'année 1045 (29 juin 1635), mourut le cheikh, le jurisconsulte, le très docte cadi, Abou'l-Abbâs-Sidi-Ahmed-ben-Anda-Ag-Mohammed-ben-Ahmed (Dieu lui fasse miséricorde et nous fasse profiter de ses bénédictions!); il eut pour successeur dans ses fonctions de cadi le jurisconsulte, le cadi Mohammed, fils du jurisconsulte, de l'imam, Mohammed-ben-Mohammed-Koraï.

Au cours de la première décade du mois de safar de cette année (17-26 juillet 1635), mourut le pacha Abderrahman; il fut enterré dans le cimetière de la grande-mosquée. Il avait exercé ses fonctions durant onze mois. Il fut remplacé à cette même date, par le pacha Sa'ïd-ben-'Ali-El-Mahmoudi. Celui-ci révoqua l'askia 'Ali-Senba, qui avait conservé ses fonctions pendant cinq mois et quelques jours, et replaça Mohammed-Benkan dans le poste d'askia.

Ce fut sous le gouvernement de ce pacha que vint à Tombouctou Tira-Afarma-Isma'ïl, le frère de l'Askia-Daoud, fils de Askia-Mohammed-Bàno, fils de Askia-Daoud. Craignant que son frère ne le tuât, il était venu demander au pacha Sa'ïd de lui fournir un corps de troupes afin de détrôner son frère et de prendre sa place. Comme Askia-Mohammed-Benkan, à titre de conseil, l'engageait à n'en rien faire, Tira ne voulut rien entendre et, plein de colère, il assura qu'on lui avait dit qu'il n'y avait d'autre personne l'ayant desservi auprès des gens du Makhzen que l'askia Mohammed lui-même. En entendant ces paroles, Mohammed-Benkan se décida à l'aider auprès (٢٥٨) du pacha Sa'ïd et réussit à lui faire obtenir ce qu'il désirait.

En conséquence le pacha écrivit aux gens de Kàgho, leur donnant l'ordre de fournir à Tira le nombre de soldats nécessaire. Celui-ci se mit alors en route pour le Dendi, en chassa son frère et prit le pouvoir à sa place. Puis il renvoya les soldats en les insultant et en se laissant aller dans son discours à des paroles injurieuses et grossières. Les soldats conçurent de ce procédé une violente colère qui dura jusqu'à l'avènement au pouvoir du pacha Mesa'oud.

Le caïd Ahmed-ben-Hammou-ben-'Ali commença à ce moment à se livrer à toutes sortes de violences et d'exactions, aussi bien à l'égard des grands que des humbles, qu'ils fussent négociants, ulémas, faibles ou malheureux. Il fit si bien que tous les négociants quittèrent Dienné et allèrent s'établir dans la ville de Bînà. Il me révoqua violemment et injustement de mes fonctions d'imam, aussi me rendis-je à Tombouctou. J'y arrivai dans la première décade du mois de chaouâl de l'année 1046 (26 février-7 mars 1637). Toute la population, aussi bien les gens du Makhzen que les autres, me fit un excellent accueil et me prodigua des égards. Tout le monde fut vivement irrité de la conduite du caïd et on n'entendait que gens qui le maudissaient et l'invectivaient.

J'allai trouver le jurisconsulte, le cadi Mohammed-ben-Mohammed-Koraï pour le saluer. Dès qu'il m'aperçut il se dressa sur son lit, me souhaita la bienvenue, me prit par la main et me fit asseoir à côté de lui sur son lit. Le premier, il prit les devants pour me parler des mauvais procédés dont j'avais été l'objet de la part du caïd et il ajouta : « J'ai appris, en effet, que le caïd Ahmed est devenu un fourbe, un délateur et un envieux. » Ensuite il déplora que ces trois défauts fussent réunis chez un même gouverneur et il maudit ce personnage en demandant à Dieu de lui faire subir sa volonté inéluctable.

Les gens de Tombouctou insistèrent auprès de moi afin que je reprisse les fonctions d'imam, mais je refusai tout d'abord. Parmi ceux qui insistèrent figuraient mon honorable ami le chérif Faïz[1] et le conseiller Mesaʿoud-ben-Mansour-Ez-Zaʿeri qui jouissait de la plus grande autorité à ce moment. Enfin je cédai à la suite d'une lettre que le pacha Saʿid-ben-Ali-El-Mahmoudi écrivit à ce dernier à mon sujet (Louanges soient rendues à celui qui a le pouvoir et la volonté suprêmes!) et j'ai conservé cette lettre par-devers moi.

Le pacha avait reçu des plaintes contre le caïd, disant que celui-ci était un des perturbateurs de ce monde qui ne sauraient s'amender. Ces plaintes, fort nombreuses, émanaient des négociants de la ville, des gens notables des Ouled-Sâlem et autres (٢٠٩). Il révoqua donc le caïd, le samedi, 16 du mois sacré de dzou'l-qaʿda de l'année qui vient d'être dite (11 avril 1637). Ce caïd était resté en fonctions quatre ans et six mois. Ordre fut alors expédié au lieutenant-général Mohammed-ben-El-Hasen-Et-Târezi qui était à Dienné de se rendre à Tombouctou et, quand il y fut arrivé, le pacha Saʿid le nomma caïd de Dienné au cours de la première décade du mois sacré de dzou'l-hiddja, le dernier des mois de l'année 1046 (16-25 mai 1637), et, pendant la première décade du mois sacré de moharrem, le premier des mois de l'année 1047 (26 mai-4 juin 1637), Et-Târezi se rendit à Dienné en qualité de caïd.

Le mercredi, 2 du mois de djomada II de cette année (22 octobre 1637), le pacha Saʿid fut déposé et les troupes s'accordèrent pour le remplacer par Mesaʿoud-ben-Mansour-Ez-Zaʿeri. L'ex-pacha avait conservé l'autorité pendant deux ans et cinq mois. Ce fut au mois de dzou'l-qaʿada de cette année que mon frère Abdelmoghits, rendu à la liberté, rentra dans sa maison à Dienné.

Le 4 du mois sacré de dzou'l-hiddja terminant l'année 1047 (19 avril 1638), je quittai Dienné et partis en voyage

---

1. Le texte imprimé porte : Faïn; la leçon Faïz paraît plus vraisemblable.

pour Tombouctou. J'étais dans la ville de Kouna le jour de la fête des Sacrifices (25 avril) et j'arrivai dans ma ville natale, le but de mon excursion, dans la dernière décade du mois (5-14 mai 1638); je m'y trouvai au moment où commença le mois de moharrem, le premier des mois de l'année 1048 (15 mai-14 juin 1638). Mes affaires terminées, je quittai Tombouctou dans la dernière décade du mois de rebi' Iᵉʳ (2-11 août 1638) et rentrai à Dienné où j'arrivai dans la première décade du mois de rebi' II (12-21 août 1628).

Au mois de djomada II (10 octobre-8 novembre 1638), si je ne me trompe, le pacha Sa'îd mourut, empoisonné[1] à ce que l'on prétend. Au mois de cha'bân (8 décembre 1638-6 janvier 1639), le caïd Mohammed-Et-Târezi fut révoqué de ses fonctions de caïd qu'il avait occupées une année et huit mois. Son successeur fut 'Ali-ben-Rahmoun-El-Monebbehi. Ce nouveau caïd arriva dans la ville de Dienné au cours de la dernière décade de ramadan (26 janvier-4 février 1639). Il nomma Kalacha' Abderrahman, fils (رٮ٠) du Kalacha' Bokar, à la place de son oncle paternel défunt, mon confrère et obligeant ami, le Kalacha' Mohammed-Acira[2], qui était mort (Dieu lui fasse miséricorde!) dans la nuit du mercredi 14 de ce même mois de ramadan (19 janvier 1639).

Selon l'usage, le caïd envoya des messagers porter au nouveau Kalacha' ses insignes et en même temps il m'expédia quelqu'un à Binâ pour me demander d'accompagner les messagers auprès du Kalacha', de façon à arranger les choses avec eux dans les meilleures conditions[3]. J'assistai donc à l'entrevue et réglai tout de la manière la plus avan-

---

1. Le mot du texte implique que le poison avait été mêlé à des aliments.
2. Ou : Asina.
3. Il s'agissait de régler les cadeaux à faire aux messagers qui apportaient les insignes.

tageuse pour chacun d'eux, puis prenant les devants, je me rendis à Dienné dans la première décade du mois de chaouâl (5-14 février 1633). Là, je racontais au caïd ce qui s'était passé et il en fut extrêmement joyeux. Il me donna alors un coupon de khomâchi[1] en m'enjoignant d'en faire des vêtements pour mes enfants.

Ce fut au cours de ce mois que commencèrent à Dienné une série de calamités ; il y eut une disette excessive telle qu'on n'en avait jamais vu de semblables. Cette disette, allant sans cesse croissant, se répandit par toutes les provinces et toutes les contrées. Elle atteignit une intensité si grande qu'une femme mangea son propre enfant. Dieu seul sait le nombre de gens qui périrent de faim. On était tellement épuisé et sans forces qu'on ne s'occupait plus de rendre les derniers devoirs aux morts, si bien que là où un homme mourait on l'enterrait, que ce fût dans une maison ou dans la rue, sans laver le corps ni prononcer aucune prière. Cela dura environ trois ans, puis, grâces en soient rendues au Maître des mondes, la disette cessa.

Le caïd 'Ali-ben-Rahmoun renvoya au pacha Mesa'oud les messagers de celui-ci qui l'avaient accompagné à Dienné, et, sur l'ordre du pacha, il leur confia le soin d'emmener le caïd Mohammed-Et-Târezi. Aussitôt qu'ils eurent quitté la ville, les messagers enchaînèrent le caïd Mohammed, et c'est dans cet état qu'ils l'amenèrent dans la salle du conseil du palais du gouvernement, ainsi que le pacha leur en avait donné l'ordre. Le caïd ordonna de conduire le prisonnier dans la ville de Okondo[2] qui servait de lieu d'exécution pour ceux qui avaient encouru sa colère. Mohammed-Et-Târezi fut tué en cet endroit et son corps jeté dans le Fleuve. Ceci se

---

1. Les dictionnaires ne donnent aucun renseignement sur cette étoffe.
2. Ou : Okonda.

CHAPITRE TRENTE-CINQUIÈME

passait dans la dernière décade du mois sacré de dzou-'l-hiddja, terminant l'année 1048 (24 avril-3 mai 1639).

Dans ce même mois[1] fut révoqué l'amin, le caïd Ahmed-ben-Yahya. Il fut jeté dans le Fleuve à un endroit appelé Bourobindi[2] et mourut ainsi trois jours après sa révocation. Il avait occupé les fonctions de caïd cinq ans moins vingt jours. Il fut remplacé comme caïd, le dimanche 27 du mois précité (1er mai 1639) par l'amin, le caïd Belqâcem (ر٦٦)-ben-'Ali-ben-Ahmed-Et-Temli.

Au cours de la première décade du mois de safar de l'année 1049 (3 juin-2 juillet 1639), mourut, à Tombouctou, le caïd Mellouk-ben-Zergoun; il fut enterré dans le cimetière de la grande-mosquée.

Le mardi, dans la nuit, le 6 du même mois (8 juin 1639), mourut le caïd Ahmed, fils du caïd Hammou-ben-'Ali; sur l'ordre du pacha, il avait été jeté dans le Fleuve près du village de Kouna et était mort ainsi[3]. Auparavant le pacha avait pillé sa maison et l'avait mis en prison pendant longtemps dans la ville de Kobbi.

Le lundi, 12 du même mois (14 juin), le pacha partit à la tête d'une colonne pour aller dans le Dendi combattre l'askia Isma'îl, fils de l'askia Mohammed-Bâno, fils du prince Askia-Daoud. Cette expédition était motivée par les actes inqualifiables dont l'askia s'était rendu coupable à l'égard des soldats, lorsque ceux-ci étaient venus l'aider à chasser son frère, ainsi que nous l'avons déjà raconté, et aussi par les paroles grossières dont il s'était servi spécialement en parlant du pacha Mesa'oud.

1. Ou : « dans cette même année », le pronom employé pouvant se rapporter également au nom du mois ou à celui de l'année.
2. Ou : Bourabendi.
3. Il y avait sans doute là des rapides ainsi qu'à Okondo dont il a été question ci-dessus et le supplice consistait à jeter le patient dans le Fleuve en cet endroit.

Le pacha ne fit point connaître aux troupes le but de son expédition avant d'être arrivé à la ville de Benba; là seulement il les mit au courant de son projet. On s'attarda pendant dix jours à Benba pour y radouber les embarcations, puis on se rendit à Kâgho où on resta encore dix jours avant de gagner Koukiya où on se trouva pour célébrer la fête de la Nativité (12 juillet). Enfin on se mit en route pour Loulàmi, la ville de l'askia. Aussitôt arrivées devant cette ville, les troupes engagèrent le combat avec l'askia qui s'enfuit en complète déroute avec toute son armée qui se dispersa de tous côtés.

Le pacha s'établit dans la ville avec tous ses soldats ayant avec lui l'askia Mohammed-Benkan, homme habile et de bon conseil. Il manda aux gens du Songhaï qui se trouvaient à proximité de revenir, qu'il leur accordait l'aman. Ils vinrent et firent leur soumission. Le pacha leur donna pour chef Mohammed-ben-Anas, fils du prince Askia-Daoud, avec le titre de askia. Puis il s'empara de tous les biens du fuyard Isma'îl, de ses femmes et de ses enfants qui formaient une troupe nombreuse. Cela fait, il se remit en route avec son armée pour rentrer à Tombouctou. Mais à peine le pacha fut-il parti, que les gens du Songhaï rentrèrent dans leur ville, déposèrent Mohammed-ould-Anas dont il vient d'être parlé et conférèrent l'autorité à Daoud-ben-Mohammed-Sorko[1]-Adji, fils du prince Askia-Daoud (٢١٢).

Le pacha Mesa'oud n'arriva au port de Koronzofiya que le mardi, dernier jour du mois de redjeb l'unique (26 décembre 1639); la nouvelle lune du mois de cha'ban eut lieu un mardi. Il entra à Tombouctou le jeudi, 2 de ce mois (28 novembre au moment de la grande disette qui continua à augmenter d'intensité au point d'arriver à la plus extrême limite

---

1. Ou : Soroko.

et de défier toute description. Il partagea les enfants de
Isma'ïl entre les divers chefs du Soudan afin de les empêcher
de lui nuire[1]; il en donna au Bara-Koï, au Dirma-Koï, au
Djinni-Koï et à ses grands personnages, Chima, Tàkoro,
Selti-Ouri, etc.

Le caïd 'Ali-ben-Rahmoun n'avait pu payer les appointements ni fournir les rations[2] à cause de la détresse qui s'était répandue parmi les populations dans toutes les provinces; il avait même dû cesser de réprimer les crimes, cela ne servant plus à rien. Alors le pacha Mesa'oud, au cours de la première décade du mois sacré de moharrem commençant l'année 1051 (12-21 avril 1641), révoqua ce caïd qui était resté en fonctions deux ans, trois mois et quelques jours. Il le remplaça par le hâkem Abdelkerim-ben-El-'Obéïd-ben-Hammou-Ed-Derâ'i. Ce dernier conserva ses fonctions pendant un an et dix mois, mais sans aboutir non plus à aucun résultat.

Dans la nuit du samedi, 20 du mois de ramadan de l'année 1052 (12 décembre 1642), mourut l'obligeant ami et l'homme de bon conseil, l'askia Mohammed-Benkan, fils du Balama' Mohammed-Eṣ-Ṣâdeq, fils du prince Askia-Daoud (Dieu lui fasse miséricorde, lui soit indulgent et lui fasse grâce de ses fautes!). Il avait occupé le poste d'askia pendant vingt et un an et neuf mois, en y comprenant cinq mois pendant lesquels il fut remplacé par l'askia 'Ali-Senba. Il eut pour successeur dans sa charge son fils El-Hâdj-Mohammed, qui était alors Binka-Farma. Aucun autre Binka-Farma avant lui n'avait été élevé à la dignité d'askia[3] depuis l'établissement de la dynastie

---

1. Le sens de ce dernier membre de phrase est peu clair dans le texte. S'agit-il d'empêcher les chefs ou bien les enfants de Isma'ïl de nuire? Rien ne le précise.
2. Il s'agit des appointements et des rations dus aux soldats et officiers marocains.
3. Hiérarchiquement il y avait un très grand écart entre ces deux fonctions de Binka-Farma et d'Askia.

(*Histoire du Soudan.*)

songhaïe. Encore aujourd'hui c'est El-Hàdj-Mohammed, fils de l'askia Mohammed-Benkan, qui est askia.

Dans la deuxième décade du mois sacré de dzou'l-qa'ada de cette année (30 janvier-8 février 1643), le hâkem Abdelkerim fut révoqué de ses fonctions de caïd de Dienné, et il fut remplacé par Abdallah (٢١٢), fils du pacha Ahmed-ben-Yousef. Ce dernier entra dans la ville de Dienné dans la matinée du vendredi, 7 du mois sacré de dzou'l-hiddja, terminant l'année précitée (26 février 1643).

Le dimanche, 9 du même mois (28 février), le jour de Arafa[1], les gens de Dienné commencèrent à se soulever contre le pacha Mesa'oud. Ils mirent la main sur tous les biens que le pacha avait dans leur ville et s'en servirent pour payer des appointements et distribuer des vivres. Puis ils mirent en prison les messagers du pacha qui se trouvaient là à ce moment et fermèrent la route de Tombouctou, empêchant toutes les personnes qui le désiraient d'accomplir ce voyage. Enfin le dimanche, 15 du mois sacré de moharrem, commençant l'année 1053 (5 avril 1643), ils dépêchèrent deux embarcations avec mission de faire connaître leur situation exacte aux gens de Tombouctou, espérant qu'ils se révolteraient comme ils venaient de le faire eux-mêmes.

Aussitôt que le pacha eut connaissance de cette nouvelle, il songea aux moyens d'envoyer une armée contre les rebelles et il décida de se mettre en route le lundi, 1ᵉʳ du mois de safar l'excellent (21 avril 1643). A ce moment, les gens de Tombouctou se soulevèrent. Une partie d'entre eux se détachant des autres se rendit auprès du caïd Mohammed-ben-Mohammed-ben-'Otsmân et alla le trouver dans sa maison.

---

1. C'est pour mieux préciser la date que l'on ajoute, quand les circonstances s'y prêtent, l'indication d'une des cérémonies du pèlerinage à La Mecque ou d'une fête religieuse.

A cette nouvelle, le pacha prit les armes à la tête d'une partie de ses soldats, la plupart d'entre eux le suivant sans la moindre conviction, et, arrivé à la maison du caïd Mohammed, il brusqua l'attaque. Les révoltés firent face à cette attaque, mirent le pacha en déroute, et le poursuivirent jusqu'à la porte de la casbah, où un autre combat s'engagea, dans lequel périrent tous ceux dont Dieu avait décidé la fin. Puis, ayant fait rentrer tous ceux qui étaient avec lui dans la casbah, le pacha en ferma les portes, se mettant ainsi à l'abri des assaillants.

Le caïd Mohammed et tous ses partisans se rendirent alors au port où ils passèrent la nuit; ils s'emparèrent de toutes les embarcations qu'ils trouvèrent en cet endroit et les gardèrent. Nombre de gens de la casbah vinrent les rejoindre là pendant la nuit après s'être échappés en passant par-dessus les murs de cette citadelle. Voyant cela, le pacha envoya aux révoltés des chérifs pour tenter une réconciliation, mais ils éprouvèrent un refus. Alors le pacha, à la tête d'un détachement de cavalerie, quitta la casbah, se dirigeant du côté de l'ouest, espérant pouvoir s'enfuir. Mais, après avoir passé toute une nuit dans la forêt sans réussir à trouver un moyen de s'échapper, il rentra dans la ville[1], se résignant à subir le destin prévu et décidé par Dieu. Ses jours (٢٦٤), en effet, étaient comptés, et son pouvoir allait cesser et disparaître à tout jamais. Craignant de s'attirer un châtiment, les soldats restés dans la casbah arrêtèrent le pacha et l'emprisonnèrent; puis ils firent part de cette nouvelle à leurs camarades qui étaient au port.

Ceci se passait durant la première décade du mois de safar de cette année (21-30 avril 1643); les troupes décidèrent alors de donner le pouvoir au pacha Mohammed-ben-Mohammed-ben-'Otsmân et lui prêtèrent serment de fidélité. Puis

1. Le texte dit la ville; il semble plutôt que c'était la casbah qu'il fallait dire.

on quitta le port pour rentrer à Tombouctou ; on fouilla le palais du sultan, mais on n'y trouva d'autres richesses que la valeur de 400 mitsqâl en bijoux. On interrogea l'ancien pacha dans sa prison pour savoir où étaient ses richesses. Tout d'abord il ne voulut rien avouer ; enfin comme on insistait en le pressant de questions, il jura que, s'il était resté en fonctions jusqu'à la fin du mois, son indigence aurait été rendue publique et que tous, grands et petits, auraient pu connaître sa détresse.

L'ancien pacha demanda grâce pour sa vie à son successeur Mohammed. Celui-ci lui répondit qu'il lui accordait la vie sauve et qu'il n'imiterait pas son exemple en manquant à sa promesse et en agissant avec traîtrise. Puis il l'expédia chargé de chaînes au gouverneur de Kirao en lui enjoignant de le garder prisonnier dans cette ville. Mesa'oud resta ainsi jusqu'à sa mort qui eut lieu sous le gouvernement de Hayyouni. Il avait exercé ses fonctions pendant cinq ans, huit mois et quelques jours.

Le lundi, 22 de ce mois de safar (12 mai 1643), je partis de la ville de Ouanzagha, afin de me rendre au Massina pour présenter mes compliments de condoléances à la famille de mon ami le jurisconsulte Mohammed-Senba, qui venait malheureusement de mourir, et aussi du sultan, le Fondoko Hammedi-Amina qui venait d'avoir la douleur de perdre son frère Selâma'. J'arrivai à la demeure du sultan dans la soirée du mardi, dernier jour du mois ci-dessus indiqué (19 mai). Je présentai mes hommages au sultan et lui adressai tous mes vœux. J'étais donc chez lui lorsque apparut la nouvelle lune du mois de rebi' Ier (19 mai). Cette nuit-là il m'annonça qu'il venait d'apprendre à l'instant qu'il allait être attaqué par le pacha et que les troupes de ce dernier étaient arrivées à la ville de Chîba.

A cause de cette rencontre, je lui fis mes adieux cette

CHAPITRE TRENTE-CINQUIÈME

même nuit (٢٦٠) et lui annonçai que je me rendais à l'habitation de mon confrère[1] défunt pour faire à sa famille mes compliments de condoléances. Il me demanda alors de dire à son frère[2] le cadi ʿAli-Siri de se rendre auprès de lui à cause de cette nouvelle qu'il venait de recevoir. Je le quittai de bon matin et arrivai dans la soirée du mercredi auprès de mes amis auxquels j'adressai mes condoléances ; puis, après avoir fait parvenir le message du prince au cadi, je passai cette nuit du mercredi chez mes amis. Le lendemain de bonne heure, je quittai mes amis, me dirigeant vers Youar[3]. Je passai la nuit dans les habitations des Senhadjiens faisant partie de la population du Massina, après avoir passé par la ville de Kankora où j'avais quelques affaires à régler.

Le lendemain, après avoir fait la prière du matin, je quittai le campement des Senhadjiens, me dirigeant vers l'habitation de mon confrère, le jurisconsulte Bou-Beker-Moudi, qui se trouvait près de la montagne de Soroba dans le pays du lac de Debo au moment de la baisse des eaux. Au milieu de la matinée, je rencontrai des gens qui fuyaient, emmenant leurs troupeaux de vaches, errant de droite et de gauche à travers les prairies et tout cela à cause de la nouvelle de l'expédition. A midi j'arrivai chez mon ami et lui annonçai la nouvelle. Aussitôt il expédia un éclaireur qui revint pendant que nous faisions la prière du coucher du soleil et nous confirma la nouvelle, ajoutant qu'il avait appris que c'était l'askia qui faisait cette expédition.

Immédiatement, tout le monde prit la fuite, emmenant femmes, enfants et troupeaux, et abandonnant les tentes toutes dressées avec leurs meubles et ustensiles. Partout, dans cette contrée, les gens s'enfuirent, se dispersant de di-

---

1. Ou « ami » ; le texte se sert du mot « frère ».
2. Ici encore le mot « frère » est sans doute mis pour « confrère du défunt ».
3. Ou : « Youaro ».

vers côtés, pleins de crainte et d'effroi. On n'entendait que des pleurs et des cris; personne n'attendait son voisin et chacun partait sans se soucier des autres. Toute la nuit se passa ainsi, et ce ne fut que le lendemain au milieu de la matinée qu'on s'arrêta un peu. Puis, l'excès de la frayeur troublant tous les esprits, on se remit à fuir de nouveau. Nombre de personnes périrent de soif ce jour-là.

Je fis route avec eux jusqu'au moment où nous nous trouvâmes en face de la ville de Ka'ya[1]. Là, je me séparai d'eux et allai dans la ville où j'attendis pour avoir des renseignements précis. J'appris alors que l'expédition était dirigée contre le Fondoko'Otsmân, roi de Dendi[2], par le pacha. Ce Fondoko avait encouru la colère du pacha; il s'était enfui et on l'avait poursuivi jusqu'au moment où il était entré sur le territoire de Massina (٢٦٦). L'expédition, après avoir atteint 'Ankabo, était rentrée à Tombouctou. Contrairement à ce que l'on croyait, l'askia ne se trouvait point dans cette expédition.

De Ka'ya, je montai dans une embarcation, afin de me rendre auprès de mon ami Mensa-Mohammed, fils de Mensa-'Ali, sultan de Farko[3]. Il m'avait envoyé dire de venir avec une embarcation pour emporter des grains quand il avait appris que j'étais sur le point de me rendre à Tombouctou. Je quittai donc Ka'ya le samedi, 15 du mois de djomada Ier (1er août 1643), et, le mercredi 26 du même mois (12 août), vers midi, j'arrivai dans la ville de Koukiri où je m'arrêtai pendant trois jours, le jeudi, le vendredi et le samedi, chez le sultan de cette ville, Maïri. J'en repartis ensuite le samedi pour me rendre auprès du Farko-Koï. La nouvelle lune du mois de djomada II (16 août) apparut le samedi dans la nuit

---

1. Ou : « Ka'anya ».
2. Le ms. C donne : « Donko ».
3. C'est la leçon du ms. C; les autres ms. ont : « Fadoko » qui est dans le texte imprimé.

au moment où j'étais dans le village de Foulaoua. Enfin, dans la matinée du mercredi, 4 du mois (20 août), j'atteignis la ville de Komino, qui est le port de Farko. Je débarquai là et fis prévenir le prince de mon arrivée. Dans la soirée de ce jour, il vint lui-même à ma rencontre, malgré la pluie ; il était à cheval, entouré de sa suite, de ses serviteurs et de ses frères. Il me souhaita la bienvenue et me traita avec les plus grands égards.

Dans la nuit du dimanche, le 15 de ce mois (31 août 1643), après le second ʿacha, une de mes femmes, Tinen, mit au monde, dans cette ville, une fille, que je nommai Zeïneb. La moisson, à ce moment, n'était pas encore commencée, mais le temps en était proche. Cette circonstance fit que je restais quelque temps en cet endroit.

Dans la matinée du vendredi, 11 du mois de redjeb l'unique (25 septembre 1643), je quittai cette ville pour aller dans celle de Chibla rendre visite à son sultan le Sana-Koï ʿOtsmân et au jurisconsulte Abou-Bekr, connu sous le nom de Mouri-Kîba. Je les joignis vers midi ; ils me souhaitèrent la bienvenue et m'accueillirent avec la plus grande distinction. Le jurisconsulte Abou-Bekr-Saʿantara me donna un vêtement et le Sana-Koï me fit cadeau d'une esclave femme. Le lundi, 21 du mois (5 octobre 1643), je retournai à Komino.

Le jeudi, 28 du mois de chaʿbân (11 novembre 1643), je revins auprès du jurisconsulte dont je viens de parler. C'était pour lui faire une lecture complète de la *Chifa* chez lui. Je me trouvai donc là quand la lune du ramadan apparut un jeudi soir. Nous commençâmes notre lecture avec l'aide de Dieu et selon sa (٢١٧) volonté ; à la fin du mois, la lecture était achevée. Il me traita du mieux qu'il put (que Dieu lui en sache gré !). Ensuite il me demanda d'expliquer le même ouvrage à ses enfants ; je me mis aussitôt à l'œuvre et arrivai au bout grâce à la faveur de Dieu et à son bienveillant secours.

Cet excellent et obligeant ami, le jurisconsulte dont je viens de parler, mourut dans la soirée du lundi, 6 du mois sacré de dzou'l-hiddja qui termina l'année 1053 (15 février 1644). Je lavai son corps et récitai sur lui les dernières prières. Aussitôt ces prières terminées, et avant que l'inhumation eût eu lieu, les enfants du défunt me firent cadeau de deux esclaves et d'un turban de mousseline, le tout en guise de récompense[1] au nom du défunt. De son côté le sultan 'Otsmân fit au même titre don d'un esclave à tous les thalebs qui assistèrent à la prière dernière. Telle est la coutume chez eux au sujet des morts. Nous enterrâmes notre ami la nuit même (Dieu lui pardonne, lui fasse miséricorde et lui soit indulgent dans sa grâce et sa bonté!).

Avant de mourir le défunt m'avait donné sa fille Halima, pour que je l'épousasse ; mais Dieu décida que le mariage n'aurait lieu qu'après la mort du père. Le contrat ne fut, en effet, dressé que dans la nuit du dimanche, le 11 du mois sacré de moharrem, le premier des mois de l'année 1054 (20 mars 1644) et la consommation du mariage eut lieu le jeudi soir, 15 du même mois (24 mars). Le sultan m'ordonna de fixer ma résidence auprès de lui ; il insista sur ce point avec une vive insistance et annonça à tous les gens que la chose serait ainsi ; mais en mon for intérieur je n'y consentis pas.

Dans la matinée du vendredi, 28 du mois de safar (6 mai 1644), arriva chez nous l'envoyé du pacha Mohammed-ben-Mohammed-ben-'Otsmân et de l'askia El-Hâdj-Mohammed ; il apportait une lettre de chacun de ces personnages pour le Farko-Koï et pour le Sana-Koï. Le pacha et l'askia annonçaient qu'ils avaient décidé de partir avec l'armée

---

1. Mot à mot : « d'aumône ».

CHAPITRE TRENTE-CINQUIÈME

pour aller combattre l'homme de la rébellion et de la sédition, le fauteur d'iniquités et de troubles, le tyran Hammedi-Amina, le seigneur du Massina. Lorsque, ajoutaient-ils, grâce à la volonté et à la puissance de Dieu, le rebelle sera mis en déroute et s'enfuira, il ne pourra passer ailleurs que par chez vous. Vous devriez donc tuer le fugitif et vous emparer de tous ses biens dont Dieu vous assurera la possession tranquille. Semblable lettre fut adressée au Koukiri[1]-Koï Maïri et au Yâro-Koï Bokar.

Le Farko-Koï garda la lettre de ce dernier par-devers lui sans la montrer (٢٦٧), mais il envoya la sienne à Maïri et la lui fit porter par un des serviteurs de l'askia. Les messagers qui avaient apporté les lettres rapportèrent la réponse : elle disait que tous étaient aux ordres du pacha et de l'askia et que, dès qu'ils apprendraient l'arrivée de ces derniers sur le territoire du Massina, ils ne manqueraient pas d'aller les y trouver pour les saluer et leur rendre hommage. C'était moi-même qui avais rédigé cette réponse et j'y avais joint mes salutations personnelles, ajoutant que, si le généreux dispensateur de toutes choses le permettait, je me joindrai à ces deux personnages pour les accompagner dans leur démarche. J'avais si bien enjolivé la chose qu'ils l'acceptèrent de très bonne grâce. Puis ils se mirent à prendre leurs dispositions et à faire leurs préparatifs.

Le lundi, 2 du mois de rebi' Ier (9 mai 1644), je sortis de Chibla pour aller au marché de Sana-Madoko ; le soir même j'étais de retour à Chibla.

Le jeudi, 12 de ce mois (19 mai), le pacha et l'askia sortirent de Tombouctou à la tête de l'armée pour se rendre au Massina. Le pacha avait écrit aux gens de Dienné pour que les deux lieutenants-généraux et le Djinni-Koï vinssent le

---

1. Ms. C : « Kankora-Koï ».

rejoindre en cours de route et le rendez-vous fut fixé à 'An-kabo. Cet ordre fut exécuté ; le lieutenant-général Moham-med-ben-Rouḥ, le lieutenant-général Mohammed-ben-Ibra-him-Chimirro[1] et le Djinni-Koï Isma'ïl furent exacts au rendez-vous.

On pénétra ensuite dans le Massina où Hammedi-Amina s'était préparé à la lutte. Le combat s'engagea vers midi, le dimanche, 13 du mois ci-dessus indiqué (30 mai) ; la mêlée était terrible et acharnée quand la pluie survenant à ce moment sépara les combattants. Hammedi-Amina rem-porta ce jour-là un grand succès ; sur son ordre, un déta-chement de ses troupes s'était porté sur les derrières de l'ennemi et avait fait un grand carnage des soldats qui veil-laient sur le trésor avec les valets et tous les gens de service. Ils profitèrent ensuite de ce que la masse était occupée au combat sur le champ de bataille pour piller les vivres et les bagages, causant ainsi de grands dégâts.

Quand la chute de la pluie eut séparé les combattants, les deux armées passèrent la nuit l'une en face de l'autre. Puis le matin (٢٦٩) la lutte recommença. Dieu alors assura le succès des troupes du pacha qui défirent l'armée du Massina dans la matinée du lundi, 14 du mois (21 mai), la mirent en déroute avec la permission de Dieu et lui tuèrent un grand nombre d'hommes.

Hammedi-Fâṭima, le fils du Fondoko Ibrahim, envoya alors demander au pacha Mohammed de lui accorder un sauf-con-duit pour se rendre auprès de lui et faire sa soumission. Le pacha accéda à cette demande et quand Hammedi-Fâṭima fut arrivé auprès de lui il le nomma Fondoko ; puis il se remit en marche à la tête de ses troupes pour atteindre Hammedi-Amina n'importe où il serait. Il réussit à le surprendre à l'im-proviste dans son camp et l'attaqua vigoureusement. L'armée

---

1. Ou : « Chimorro ».

de Hammedi-Amina, mise en déroute, abandonna ses troupeaux et ses tentes, s'éparpilla de tous côtés et fut entièrement dispersée.

Les soldats du pacha firent un immense butin et on rendit à Hammedi-Fâṭima toutes les personnes de sa famille qu'il réclama. Les païens du Bambara s'emparèrent de tout ce qui passa sur leur territoire, personnes et biens, Dieu leur ayant ainsi permis de se venger de l'oppression des gens de Massina, de leur arrogance, de leur tyrannie qui avaient semé le trouble dans le pays en tous lieux et dans toutes les directions. Ah! que de créatures de Dieu pauvres et malheureuses avaient péri sous les coups des gens du Massina! Que de richesses ceux-ci avaient prises violemment et injustement!

Le mardi, 7 du mois de djomada Ier (12 juillet 1644), le Sana-Koï 'Otsmàn et le Farko-Koï Mohammed quittèrent la ville de Nàkira avec treize petites barques afin d'aller, conformément à leur promesse, rendre visite au pacha Mohammed et à l'askia. Je pris passage en même temps qu'eux sur une de ces barques et nous entrâmes dans le fleuve de Zàgha[1]. Là nous rencontrâmes Hammedi-Amina qui se trouvait dans la ville de Kikin. Il eut une longue conversation avec le Sana-Koï et le Farka-Koï à qui il demanda pourquoi ils allaient ainsi au camp du pacha. Ceux-ci lui répondirent : « Nous allons faire une visite au pacha et essayer d'obtenir qu'il fasse la paix avec toi. — Nous sommes, vous et moi, répondit Hammedi, en bons rapports de voisinage depuis de longues années, de père en fils. Si vous voulez être fidèles aux liens de cette tradition, retournez immédiatement dans votre pays. Ceux que vous allez voir sont des sultans; or quiconque fait une démarche auprès d'un sultan cesse par

1. Cela veut sans doute dire le fleuve qui passe à Zàgha, qu'il porte ce nom ou un autre.

cela même d'être indépendant et de jouir de sa liberté d'action. Au cas où le pacha et l'askia vous donneraient l'ordre de faire une expédition contre moi, vous ne pourriez plus faire autrement que d'exécuter sa décision, que cela vous plaise (٢٧٠) ou vous répugne. — Tout s'arrangera, si Dieu veut, répliquèrent ses interlocuteurs, et maintenant que nous sommes venus jusqu'ici, il faut absolument que nous fassions notre visite. »

Hammedi-Amina prit alors congé du Sana-Koï et du Farko-Koï et les invita à attendre en arrière du fleuve de Kalenka[1] qu'il leur envoyât des vaches pour la difa, ce qu'il fit en effet. Comme on s'était remis en route, je dis au Sana-Koï et au Farko-Koï en manière de conseil : « Dès que vous aurez rejoint le pacha et l'askia il faudra lui raconter tout ce qui vient de se passer entre vous et Hammedi-Amina, ce sera le moyen de montrer que votre soumission est sincère. » Ils acceptèrent mon conseil et le suivirent.

Le lundi, 13 du mois précité (18 juillet 1644), nous arrivâmes à la ville de Keren où nous trouvâmes le Djinni-Koï Isma'îl, le lieutenant-général Mohammed-ben-Roub, le lieutenant-général Mohammed-Chimirro, le Fondoko Hammedi-Amina et les lieutenants-généraux révoqués de Tombouctou qui étaient en campagne contre Hammedi-Amina. Ils furent heureux de voir le Sana-Koï et le Farko-Koï, les traitèrent avec égards et leur rendirent les plus grands honneurs. Le Farko-Koï raconta aussitôt ce qui venait de se passer avec Hammedi-Amina au cours de leur voyage. « C'est précisément contre lui que notre expédition est dirigée, lui répondit-on. — Eh! bien, répliqua-t-il, Dieu bénisse vos armes et vous aide ! nous sommes avec vous pour tout ce que vous souhaitez et désirez. »

1. Ou : Kalinko.

CHAPITRE TRENTE-CINQUIÈME

Le lieutenant-général Mohammed-ben-Rouḥ, en son nom et en celui de tous les lieutenants-généraux, écrivit aussitôt au pacha pour l'informer de la venue parmi eux à Keren, des gens de Kala, ajoutant qu'il était très heureux de la façon dont les choses s'étaient passées en cette circonstance. Il demanda en outre qu'on lui envoyât un renfort d'hommes, principalement des soldats d'infanterie. C'est moi qui rédigeai cette lettre adressée au pacha.

Quant à la cavalerie que le Sana-Koï et le Farko-Koï avaient amenée avec eux, ils l'envoyèrent au pacha et à l'askia et en même temps ils leur écrivirent une lettre pour leur présenter leurs salutations et leurs vœux, ajoutant qu'ils viendraient les voir en personne aussitôt que l'on aurait mis la main sur le rebelle Hammedi-Amina. De mon côté j'adressais également une lettre dans laquelle je disais au pacha que si j'avais fait ce voyage, c'était dans le désir de lui rendre visite et de le saluer, mais que, pour l'instant, je ne voyais pas le moyen d'y arriver, parce que (٧٧١) je devais suivre les gens de Kala dans leur expédition.

A ce moment, le pacha était campé à Youar. Il envoya aux lieutenants-généraux les renforts d'hommes qu'ils avaient demandés et mit à leur tête l'askia El-Hadj-Mohammed-Benkan et le lieutenant-général Ahmed, fils du pacha Ali-ben-Abdallah-Et-Telemsâni. Ces renforts nous arrivèrent à Keren le vendredi, 17 du mois ci-dessus indiqué (22 juillet 1644).

Dans la nuit du samedi, 18 de ce mois (23 juillet), on reçut la nouvelle de l'endroit où se trouvait Hammedi-Amina. Quant à la réconciliation dont il avait été question avec le Farko-Koï, on n'y pouvait plus songer maintenant que Hammedi-Fâṭima avait été nommé sultan du Massina.

Dès le lendemain matin, dimanche, les troupes se mirent en marche tandis que nous remontions dans nos barques pour retourner à Kala. Mes amis nous avaient dit de les attendre dans la ville de Zâgha jusqu'à ce qu'ils vinssent nous y retrouver. Nous partîmes donc chacun de notre côté et nous arrivâmes à Zâgha le mardi, 21 dans la soirée (26 juillet), où nous restâmes à attendre pendant quatre jours.

Dans la soirée du samedi, 25 de ce mois (30 juillet), le Sana-Koï et le Farko-Koï me firent dire de me rendre à Nourinsanna, la résidence du Sana-Koï sur le bord du Fleuve, en face de sa capitale[1], et de les attendre en cet endroit, parce que, au moment où ils s'occupaient d'atteindre le but qu'ils poursuivaient, ils avaient été empêchés par la pluie d'arriver à destination. Je revins donc sur mes pas et arrivai à Nourinsanni le mercredi, dernier jour du mois, après la prière de l'après-midi (3 août). Je débarquai aussitôt et me rendis à Chibla, que j'atteignis vers le coucher du soleil. J'informai les habitants que le Sana-Koï et le Farko-Koï étaient en bonne santé et leur dis tout le bon accueil que leur avaient fait le pacha et l'askia. La population fut très heureuse de cet événement car il n'y avait eu que moi seul qui avais pu rentrer dans la ville[2] jusqu'au moment où les sultans arrivèrent en cet endroit.

Le mois s'acheva et la nouvelle lune du mois de djomada II eut lieu un jeudi. L'expédition revint peu après sans avoir pu trouver en quel endroit était Hammedi-Amina. Enfin, le lundi, 11 du mois (14 août 1644), le Sana-Koï et le Farko-Koï arrivèrent dans leur capitale. Nous apprîmes ensuite que Hammedi-Amina était dans le pays de Faï-Sandi, contrée qui sépare le territoire de Kala de celui de Qayâka (ررر). Les deux sultans m'enjoignirent alors d'écrire à Faï-

---

1. C'est-à-dire que sa résidence était sur la rive opposée à celle qu'occupait sa capitale.

2. En d'autres termes, il était le premier qui apportât des nouvelles, aucun des autres personnages accompagnant le sultan n'étant revenu chez lui.

Sandi au nom du pacha et de l'askia pour l'inviter à chasser Hammedi-Amina de son territoire et à le tuer s'il s'emparait de sa personne. Faï-Sandi accepta et dit oui.

La nouvelle lune du mois de redjeb l'unique, qui eut lieu un vendredi soir, me trouva encore à Chibla. Je demandai alors au Sana-Koï 'Otsmân l'autorisation de me rendre à Dienné pour y voir mes frères et ma famille. L'autorisation m'ayant été accordée, je quittai Chibla le lundi, 3 du mois de redjeb (6 septembre 1644), et fis route par terre. Je traversai le fleuve de Komino ce jour-là et je passai la nuit du lundi à Komino. Le lendemain matin, je partis de cette localité en suivant la route de Zoula[1]; à midi, le ciel se couvrit de nuages et, comme j'entrai dans la ville de Màkira, l'orage éclata.

J'attendis dans cette localité que la pluie cessât, et vers une heure de l'après-midi, je me remis en route et atteignis Zoula où je passai la nuit du mardi chez le chef de la localité, le Zoula-Faran. La nuit du mercredi, je la passai dans la ville de Fâla, chez le Fâla-Faran. Le jeudi, vers midi, j'atteignis la ville de Foutina qui appartenait au Kamiya-Koï et j'y passai la nuit du jeudi. Le lendemain, dans la matinée, j'arrivai à la ville de Tonko, qui appartenait au Chila-Koï et, après la prière du vendredi, je me remis en route pour aller coucher dans la ville de Fermannata[2]. Dans la matinée du samedi, j'arrivai à la ville du Chila-Koï où je pris un peu de repos. Poursuivant de nouveau mon chemin, j'arrivai vers une heure à Tamakou[3], et ce soir-là samedi, je couchai à Tîmi-Tâma, la ville du Oron-Koï. Le dimanche matin, j'arrivai à Bîna où je séjournai le lundi, le mardi, le mercredi et le jeudi en attendant qu'une barque partît pour

---
1. Ou : Zoulo.
2. Ou : « Fermatna », leçon des ms. A et B
3. « Tamakorolâ », suivant le ms. C.

la ville de Dienné, car on était alors au moment des hautes eaux. Le jeudi soir, 13 du mois ci-dessus indiqué (16 septembre 1644), je m'embarquai à Bîna pour Dienné et le lendemain vers une heure, j'entrai dans cette dernière ville, grâce à Dieu et à son bienveillant appui; je trouvai toute ma famille en bon état et en bonne santé. Dieu, le Maître des mondes, en soit loué !

Le samedi, 15 du mois (18 septembre), une rencontre eut lieu entre le Fondoko Hammedi-Fâṭima et les troupes de Hammedi-Amina. Dans ce combat trois des frères de Fâṭima furent tués, ainsi qu'un grand nombre de ses partisans (٢٧٢) et parmi eux le jurisconsulte Saï¹-ben-Abou-Bekr, le fils de l'oncle paternel du jurisconsulte, le cadi Idda (Dieu leur fasse à tous deux miséricorde!). Hammedi-Fâṭima prit la fuite, mais il fut rejoint et tué. Hammedi-Amina reprit le pouvoir sans que personne osât le lui disputer. Le défunt Fondoko n'avait exercé le pouvoir que deux mois.

Dans la nuit du samedi, 20 du mois de cha'bân (22 octobre 1644), je quittai Dienné pour retourner à Kala par la voie de terre également. Dans la soirée du dimanche, j'arrivai à Bîna, où je m'attardai pendant sept jours pour y régler certaines affaires, et le dimanche 28 (30 octobre) je partis de Bîna de bonne heure pour arriver vers midi dans la ville de Konti² chez le Kala-Châ'a Abderrahman et je couchai chez lui cette nuit du dimanche. Le lundi, dans la matinée, je sortis de Konti ; vers le milieu de la matinée, je passai successivement dans la ville de Ouânta et dans celle de Temtâma, cette dernière formant la limite entre le territoire du sultan de Oron et celui du sultan de Chila. Autrefois cette localité appartenait en commun à ces deux princes ; puis le sultan du Chila ayant triomphé de celui de Oron, en devint

---

1. Ou : « Saïo ».
2. « Konyi », selon les mss. A et B.

CHAPITRE TRENTE-CINQUIÈME

seul maître. Trois localités de cette région portent des noms qui se ressemblent beaucoup : ce sont Tîma-Tâma, Temtâma et Tâtâma.

Vers la fin de la matinée, j'arrivai dans la ville de Komtonna[1] et à midi dans celle de Yousororâ ; au milieu de l'après-midi j'atteignis la ville de Bîna et dans la soirée celle où résidait le sultan de Chila ; j'y passai la nuit du lundi, jour de l'apparition de la lune de ramadan (31 octobre). Dans la matinée du lendemain je quittai cette ville et arrivai vers midi dans celle de Tonko qui fait la limite du côté du couchant entre le territoire du Chila-Koï et celui de Kamiya-Koï : j'y passai la nuit du mardi et le lendemain matin j'en repartis. Vers le milieu de la matinée je traversai la ville de Tâtinna, qui appartient au sultan, le Kamiya-Koï, puis celle de Tâtirma et vers midi j'entrai dans la ville de Foutina où à ce moment le marché était en pleine activité. Après la prière de l'après-midi je quittai cette ville et au moment où le soleil déclinait je passai dans la ville de Taouatâllah[2]. Le soleil se coucha (رعت) au moment où nous arrivions à un village situé non loin de là et où je passai la nuit.

Vers le milieu de la matinée du jeudi j'arrivai à la ville de Fâla, où je m'arrêtai quelques instants pour y saluer le Faran, puis je me remis en route en changeant de direction et, abandonnant la route de Zoula qui était barrée par les eaux du Fleuve, je me dirigeai vers le nord. Après la prière de l'après-midi j'atteignis la ville de Tomi où je couchai la nuit du jeudi. J'en repartis le lendemain matin et vers le milieu de la matinée je traversai successivement les villes de Fâdoko, Nouyou et Misla, pour arriver à une heure de l'après-midi à Qomma où je fis la prière du dohor et celle

1. « Komtana », d'après le ms. C.
2. La terminaison de ce mot ne paraît pas être le mot signifiant Dieu en arabe.

(*Histoire du Soudan.*)

de l'asr ; le soleil était sur son déclin quand j'entrai dans la ville de Farko. J'y passai la nuit du vendredi chez mon ami le Farko-Koï Mohammed, et en repartis le lendemain matin, et arrivai au milieu de la matinée au port de cette ville Komino où je restai un peu avant de traverser le Fleuve pour aller à Chibla où j'arrivai à bon port dans la soirée du vendredi, 4 du mois de ramadan. Là je trouvai tout mon monde et ma famille[1] en bonne santé ; Dieu, le Maître des mondes, en soit loué !

Cette année-là la première lune de chaoual eut lieu le mercredi soir et le mercredi, 14 de ce mois (13 décembre 1644) je me rendis pour certaine affaire dans la ville de Chenchendi[2] ; cette ville est située sur le bord du Fleuve du Sana-Koï[3]. Arrivé là vers la fin de la matinée, je m'y attardai un peu, puis je revins en passant par la ville de Medina qui se trouve également sur le bord de ce même fleuve à très peu de distance de là. Dans la soirée je rentrai à Chibla.

Le jeudi, 12 du mois sacré de dzou'l-hiddja terminant l'année 1054 (9 février 1645), vers midi, naquit un de mes fils, enfant de ma femme Halîma, fille du jurisconsulte Abou-Bekr-Sa'antara ; je lui donnai le nom de Mohammed-Eth-Thayyeb. Dieu fasse que ce nom soit de bon augure et béni !

Les fétichistes du Bambara se soulevèrent contre le Sana-Koï et le Farko-Koï et, dans ce mouvement de rebellion, ils décidèrent d'aller les combattre ; mais Dieu le très-haut par sa puissance et sa force calma le feu de cette sédition. Toutefois elle le calma sans l'éteindre complètement.

Je décidai alors de rentrer auprès de ma famille dans la

---

1. Il avait sans doute là un ménage autre que celui qu'il avait à Dienné.
2. Ou : « Chinchinde ».
3. Le texte porte par erreur سنكى ; c'est سنكى qu'il faut lire, mot qui pourrait bien être l'étymologie du Sénégal.

CHAPITRE TRENTE-CINQUIÈME

ville de Dienné, et le lundi, 23 de ce mois (20 février 1645), après la prière du dohor, je quittai Chibla, grâce au Très-Haut et à son bienveillant appui; après le coucher du soleil, nous traversâmes le Fleuve devant la ville de Komino (كومنو) où je séjournai quatre jours pour organiser mon voyage, puis je quittai cette ville, me dirigeant par terre vers Dienné.

Le lundi soir, apparut la nouvelle lune du mois sacré de moharrem, le premier des mois de l'année 1055 (27 février 1645), au moment où nous étions dans la ville de Taouat-âllah. Le lendemain, mardi, après la prière du dohor, mourut dans la ville de Foutina, ma fille Zeïneb; je l'enterrai le même jour dans cette localité (Dieu lui fasse miséricorde et nous réunisse l'un à l'autre au jour de la Résurrection dans les plus hautes sphères du paradis, sans que, par sa grâce et sa faveur, nous ayons eu à subir aucun châtiment!)[1]. Enfin, le samedi soir, 5 de ce mois, nous arrivâmes dans la ville de Bîna, sains et saufs et en bon état. Dieu, le Maître des mondes, en soit loué!

Dans la matinée du mardi, 22 de ce mois (20 mars 1645), je me rendis par terre dans la ville de Dienné afin d'y chercher une embarcation pour emmener ma famille. J'arrivai dans cette ville, au moment du dohor, et dans la matinée du mardi, dernier jour du mois, je quittai Dienné et retournai par terre à Bîna où j'arrivai également au moment du dohor. Le mardi (soir) apparut pour nous la nouvelle lune du mois de safar, le bon, et le samedi, 4 de ce mois (1er avril 1645), mourut mon confrère Mohammed, fils du cheikh El-Mokhtâr-Temt-El-Ouankori. Enfin, le mercredi soir, 8 de ce mois (5 avril), je me mis en route pour Dienné avec ma famille en prenant la voie du Fleuve, et nous arrivâmes dans cette ville, le vendredi, 10 du mois (7 avril). Louanges soit rendues au Maître des mondes!

1. Autrement dit : « sans passer par le purgatoire ».

Pendant que j'étais à Bîna, avant de partir pour Dienné, on y reçut la nouvelle que les fétichistes (du Bambara) étaient allés à Chibla, que la population tout entière s'était enfuie de la ville, le Sana-Koï comme les autres, et que les païens avaient tout détruit pierre par pierre, sauf la mosquée et la maison dans laquelle j'habitais (le Ciel soit loué de nous avoir épargné l'attaque de ces impies). Peu après, ils agirent de même vis-à-vis du Farko-Koï et de façon plus vive encore.

Quand le pacha Mohammed-ben-Mohammed-ben-'Otsmân était revenu à Tombouctou de son expédition contre le Massina, tandis que les gens de Dienné rentraient à Dienné, il destitua de ses fonctions de caïd de cette dernière ville le caïd Abdallah, fils du pacha Ahmed-ben-Yousef (٢٧٦) qui avait occupé ce poste pendant deux ans et quelques jours. Le pacha enjoignit alors aux gens de Dienné de lui envoyer[1] le lieutenant-général Mohammed-ben-Ibrahim-Chimirro. Ceci se passait à la date du mardi, 1ᵉʳ du mois de moharrem (27 février 1645). Aussitôt que cet ordre parvint à Dienné, le lieutenant-général Mohammed susnommé se rendit auprès du pacha qui l'investit des fonctions de caïd; le nouveau caïd s'en retourna ensuite à Dienné où il arriva le lundi, 18ᵉ jour du mois de rebi' Iᵉʳ, le septième jour de la Nativité (14 mai 1645).

Le Fondoko du Massina, Hammedi-Amina, avait écrit aux gens[2] de Dienné, leur demandant d'user de leur influence en sa faveur pour négocier la paix entre lui et le pacha Mohammed-ben-'Otsmân. A la démarche par écrit que firent les gens de Dienné le pacha répondit en disant qu'il acceptait cette intervention et qu'il tiendrait compte de leur démarche,

---

1. Les textes mss. et l'imprimé portent : « *leur* envoyer », ce qui est une erreur évidente.

2. Ce mot « gens », je le rappelle, s'applique presque toujours aux seuls Marocains, sans comprendre les indigènes.

à la condition toutefois que le cadi du Fondoko, sa mère et son frère[1] viendraient se rendre auprès de lui. Les gens de Dienné firent connaître ces conditions au Fondoko par un messager qu'ils lui envoyèrent. Dans la soirée du dimanche, 8 du mois de djomada Ier (2 juillet 1645), le messager fut de retour annonçant que le cadi allait venir, mais qu'il était impossible à la mère et au frère du Fondoko de se rendre auprès du pacha.

En effet, le dimanche, 22 du mois (16 juillet), le cadi du Fondoko arriva à Dienné. Il eut une entrevue, dans la maison du caïd, avec le cadi de Dienné et les lieutenants-généraux : là on se concerta sur les conditions de paix que l'on proposerait par écrit au pacha. Puis le lundi, 7 du mois de djomada II (31 juillet), le cadi du Massina quitta Dienné pour se rendre à Tombouctou, accompagné de deux notaires du cadi de Dienné. Le pacha fit bon accueil à ces personnages; il accepta les conditions de la paix et les ratifia. Le jeudi, 21 du mois de cha'ban (12 octobre 1645), le cadi du Massina était de retour à Dienné et quittait ensuite cette ville pour rentrer au Massina, le jeudi 28 du même mois (19 octobre); il emmenait avec lui un des fonctionnaires du Makhzen et la paix fut alors conclue définitivement.

Le lundi soir, avant-dernier jour du mois de chaoual (17 décembre 1645), mourut à Dienné le chérif Yousef-ben-'Ali-ben-El-Mezouâr (Dieu lui fasse miséricorde et nous soit utile, grâce à lui dans ce monde et dans l'autre. Amen!).

Le samedi soir, 9 du mois sacré de dzou-'l-hiddja, le dernier des mois de l'année 1055 (26 janvier 1646), mourut, dans la ville de Bîna, notre confrère Mohammed-ben-El-Amin-Ko'ti. Les prières mortuaires furent faites sur lui dans

---

1. On ne sait, par le texte, s'il s'agit de la mère et du frère du Fondoko ou de la mère ou du frère du cadi. Cette dernière hypothèse paraît moins vraisemblable que la première que j'ai adoptée.

le mosalla, le dimanche matin (Dieu lui fasse miséricorde et efface ses fautes!).

Le vendredi soir, 7 du mois sacré de moharrem, commençant l'année 1056 (23 février 1646) (٢٧٧), mourut, dans la ville de Bîna, notre confrère El-Imam-ben-El-Hàdj-Seniber-Ed-Deradji. Je lavai moi-même son corps. Les prières dernières furent dites pour lui dans la matinée du samedi (Dieu lui fasse miséricorde et lui fasse la grâce de lui pardonner!).

Le lundi, 6 du mois de rebi' Ier (22 avril 1646), mourut notre confrère et ami Seyyid El-Hasen-ben-'Ali-El-Kâteb[1]; il fut enterré dans le cimetière de la grande mosquée.

Ce même jour, le pacha Mohammed-ben-Mohammed-ben-'Otsman expédia à Dienné un messager qui était chargé de se rendre auprès du caïd Mohammed-ben-Chimirro, du lieutenant-général Mohammed-ben-Rouḥ, du lieutenant-général Abdallah-El-Harrâr, du lieutenant-général Mahmoud-ben-Ahmed[2], du lieutenant-général Ahmed-ben-Belqâsem-El-Mâssi et du lieutenant-général Ahmed-ben-Dahman[3]-El-Hâḥi, afin de leur enjoindre de se rendre à Tombouctou auprès de lui.

A cette époque j'étais à Bîna. Quand le messager du pacha arriva à Dienné, le samedi, 18 de rebi' Ier (4 mai 1646), les personnages dont je viens de parler m'écrivirent le dimanche et messager et lettre me parvinrent dans le milieu de l'après-midi. Dès le lendemain, lundi, je quittai Bîna, mais nous dûmes coucher deux nuits en route à cause de la baisse des eaux. Enfin j'arrivai à Dienné dans la matinée du mercredi. Le jeudi, 23 du mois (9 mai), après la prière du dohor, l'envoyé du pacha et moi,

---

1. Ce dernier mot signifie : « le secrétaire »; il pourrait ne pas faire partie du nom de El-Hasen-ben-'Ali et être son titre.

2. Le ms. C ajoute : « ben-Mahmoud ».

3. Ms. C écrit : بهماد « Bahmâd », ce qui paraît être une erreur du copiste.

CHAPITRE TRENTE-CINQUIÈME

nous quittâmes le port de Dienné; la nouvelle lune du mois de rebi' II (16 mai) nous apparut le mercredi soir pendant que nous étions dans la ville de Ouaki et le dimanche suivant nous étions arrivés au port de Koronzofiya où on me donna un cheval sur lequel je montai pour me rendre à Tombouctou. J'arrivai dans cette ville le dimanche soir, 4 du mois (20 mai), et, le soir même, j'eus une entrevue avec le pacha. Il me souhaita la bienvenue, m'accueillit avec beaucoup d'égards et m'éleva au rang de *kâteb* (secrétaire). Je demande à Dieu le Très-Haut l'indulgence, le bien-être, la santé et la protection en matière de religion dans ce monde et dans l'autre. Il est puissant en toute chose et il peut exaucer tous nos vœux.

Le samedi[1], 6 du mois de redjeb l'unique (18 août), l'askia Daoud-ben-Mohammed-Sorko-Idji fut rétabli dans les fonctions qu'il exerçait auparavant dans son pays sur ses sujets. Il quitta Tombouctou, en compagnie des envoyés chargés des appointements qui se rendaient à Kâgho, et cela le mercredi, 10 du mois (22 août). Le pacha avait écrit aux habitants de cette ville de l'accompagner jusqu'à sa résidence avec un corps de troupes qu'ils fourniraient et cet ordre fut exécuté.

Les collègues[2] du pacha, ainsi qu'un grand nombre de soldats, avaient intrigué depuis longtemps pour le déposer et ils avaient commencé (٢٧٨) leurs agissements dès l'époque à laquelle ils se trouvaient en expédition en Massina. Enfin, ces intrigues ayant poursuivi leur cours sans interruption jusqu'au mercredi soir, 27 du mois de ramadan (7 novembre), les conjurés levèrent le masque, dans la matinée du samedi, jour de la fête de la Rupture du jeûne (10 novembre) de cette année; ils déposèrent le pacha et le remplacèrent par le pacha Ahmed, fils du pacha 'Ali-ben-

---

1. Le ms. C dit : « le vendredi soir ».
2. C'est-à-dire : « les caïds et autres officiers ».

Abdallah-Et-Telemsâni. Ce fut donc ce dernier qui fut pacha au moment où l'on procéda à l'office de la fête de la Rupture du jeûne.

L'ancien pacha Mohammed-ben-'Otsmân était resté en fonctions durant trois ans et huit mois. Il avait amassé de nombreux biens qui furent vendus après sa mort au Mechouàr et qui furent achetés par les soldats. On l'exila de Tombouctou à Bara; il quitta cette dernière localité pour se rendre dans la ville de Chiba, où il y avait une casbah, parce qu'il craignait d'être tué par surprise par les habitants du Massina. Ensuite il revint à Tombouctou pour y rendre des comptes et cela sous le règne du pacha Ahmed-ben-Haddou, lorsque celui-ci exigea une reddition de comptes de l'expacha Yahya. Les gens du clan de Yahya avaient, en effet, dit à ce dernier que, si on lui réclamait absolument des comptes, on devait exiger qu'on convoquât le pacha Mohammed pour y prendre part. Les choses se passèrent ainsi : l'ex-pacha Mohammed vint; il prit part au règlement de comptes et en sortit indemne sans qu'on lui réclamât quoi que ce fût. Il resta alors à Tombouctou jusqu'à sa mort qui eut lieu dans la soirée du vendredi, 1er du mois de rebi' Ier de l'année 1063 (30 janvier 1653).

Quant au pacha Ahmed, c'était un homme généreux, libéral, bienveillant, timide et d'excellente famille. Il était le digne rejeton de son père par ses qualités, étant toujours sincère dans ses paroles et bon dans ses actes. Il ne conserva le pouvoir que trois mois et huit jours. Sous son pachalik les eaux du Niger atteignirent Ma'doko, le vendredi soir, 6 du mois de dzou 'l-qa'ada (14 décembre), le 4 décembre; la crue s'était arrêtée tout d'abord sept jours à Zoubir-Benko.

Vers midi, le samedi, 5 du mois sacré de dzou 'l-hiddja terminant l'année 1056 (12 janvier 1647), mourut le seigneur de cette époque et sa bénédiction, le cheikh, l'ami, Sidi Ech-

CHAPITRE TRENTE-CINQUIÈME

Cherif-Mohammed, fils (٢٧٩) du chérif El-Hâdj-El-Hasani. Les prières dernières furent dites sur lui après la prière du dohor dans la grande mosquée et il fut enterré dans le cimetière de cette mosquée (Dieu lui fasse miséricorde et nous fasse profiter de ses bénédictions en ce monde et dans l'autre!).

Dans les derniers jours de cette année, mourut le cheikh Abderrahman-Aknezer-ben-Aouasenba-Et-Targui, sultan des Maghcharen, pendant qu'il était à son campement de Ras-el-Mâ. Il eut pour successeur le fils de sa fille, Abou-Bekr-ben-Armachta[1].

Le mercredi soir, entre le maghreb et l'acha, le 8 du mois sacré de moharrem, le premier des mois de l'année 1057 (14 février 1647), mourut le pacha Ahmed. Les prières funèbres furent dites sur lui dans la matinée du jeudi, auprès de la mosquée de Mohammed-Naddi où il fut enterré (Dieu lui fasse miséricorde, lui pardonne et lui accorde sa grâce!).

Aussitôt que l'on fut de retour des obsèques du pacha Ahmed, les troupes décidèrent d'élever au pouvoir le pacha Hamîd-ben-Abderrahman-El-Hayyouni. C'était un homme né sous une mauvaise étoile et incapable d'initiative; il n'était pas fait pour le pouvoir, n'ayant pour cela aucune aptitude, ni naturelle, ni acquise. Il abandonna entièrement la direction des affaires à ses vizirs, se gardant, quant à lui, de parler ou d'agir. Tout cela occasionna de grands désordres dans l'administration, désordres qui ne firent que s'accroître par la suite, parce que ses successeurs imitèrent sa conduite. C'est à Dieu que nous appartenons et c'est vers lui que nous devons bientôt revenir[2]!

Quand le nouveau pacha sentit que son eau était impuis-

---

1. Ou : Ourmachta.
2. Cette formule est employée par les musulmans toutes les fois qu'il se produit quelque événement grave et fâcheux contre lequel ils ne sauraient lutter.

sante à produire le moindre fruit et que son seau ne tirait pas la moindre goutte d'eau du puits[1], il se lança à la tête d'une petite troupe de son armée à travers les déserts, au moment où le ciel enflammé lançait de véritables étincelles, s'exposant ainsi, lui et ses soldats, aux plus graves dangers, si bien que tous les siens s'imaginaient qu'il voulait les faire périr ou les décimer.

Il partit donc de Tombouctou, après la prière du dohor, le samedi, 4 du mois de djomada Ier de cette année (7 juin 1647), se dirigeant du côté du Gourma. Le lundi, on traversa le Fleuve près de la ville de Bara[2] et, le mercredi, 8 du mois ci-dessus indiqué (11 juin), nous nous mîmes en marche, n'ayant pour porter les bagages d'autre moyen de transport qu'un petit nombre de porteurs recrutés parmi les gens (ร∧·) de El-'Amoudi, qui se trouvaient dans cette région. Ce fut grâce à eux que chacun put faire porter une petite quantité d'eau et de provisions de bouche.

Nous nous dirigeâmes vers El-Hadjar, marchant nuit et jour. Enfin le jeudi, 16[3] du mois, nous atteignîmes, vers le moment du dohor, la montagne de Nâyi. Tout le monde était épuisé; un grand nombre de chevaux étaient restés en route et tous les cavaliers qui en avaient eu la force avaient emporté leurs selles sur leur tête, les autres les ayant abandonnées. Nous campâmes près d'une aiguade située derrière le mont Souq. Aussitôt on expédia des éclaireurs explorer la région et chercher sur qui, en cet endroit, on pourrait faire une incursion. Lorsqu'on eut ce renseignement, on détacha un corps de cavalerie qui se mit en route le jeudi soir pour surprendre l'ennemi. Quant à nous, nous passâmes la nuit près de l'aiguade et nous partîmes seulement dans la matinée du ven-

1. C'est-à-dire que toutes ces tentatives pacifiques pour ramener le calme étaient impuissantes.
2. C'est la leçon du ms. C. Les autres mss. et le texte imprimé donnent Ydoua.
3. Ms. C : le 6.

dredi, afin de nous porter au lieu de rendez-vous qui avait été fixé avec le corps de cavalerie, corps qui était commandé par Askia-El-Hâdj et le caïd 'Abdessâdeq.

Tandis que la cavalerie se portait en arrière du mont Souq nous pénétrions, nous, dans l'intérieur de ce massif. Nous n'avions pas emporté d'eau avec nous. Or il se trouva que le point d'eau qui nous avait été indiqué était complètement à sec et qu'il ne se trouvait pas d'eau ailleurs dans ces parages. Nous continuâmes ainsi, craignant surtout de mourir de soif, les soldats pestant contre le pacha qui entendait tout le mal qu'on disait de lui. Enfin, après avoir marché à la grâce de Dieu, nous aperçûmes vers dix heures[1] un troupeau de moutons. Les gens qui les conduisaient prirent la fuite et se réfugièrent dans la forêt; mais aucun de nous ne put pénétrer dans la forêt pour aller à la découverte tant la chaleur du soleil était violente à ce moment.

Nos gens poussèrent devant eux les moutons jusque vers une heure de l'après-midi, en proie au désespoir et à l'abattement, lorsque tout à coup nous trouvâmes une mare[2] remplie par l'eau du ciel. C'était là une marque de la miséricorde et de la faveur de Dieu le Très-Haut. Nous campâmes auprès de cette mare et il nous sembla que la vie nous revenait après nous avoir en quelque sorte abandonnés, tant était vive notre joie après nos souffrances. Quand on se fut reposé un instant, le pacha envoya un peloton de vingt hommes à cheval en éclaireurs. Ceux-ci ayant rencontré des propriétaires de bœufs qui passaient à travers les montagnes, les attaquèrent et s'emparèrent de quelques têtes de bétail. Un seul soldat des nôtres et des plus braves fut tué, ainsi que son cheval, dans cette rencontre.

Nous passâmes la nuit auprès de la mare, très inquiets du

---

1. Le moment de la méridienne, dit le texte.
2. Du genre de celle que l'on appelle : « ḍaïa ».

sort de notre corps de cavalerie (٢٨١) et restâmes ainsi jusqu'après le lever de l'aurore. A ce moment, pendant que j'étais prosterné pour faire la prière du matin, j'entendis le bruit de leurs tambours dans la direction de l'est. J'en informai immédiatement le pacha et, après le lever du soleil, nous nous mîmes en marche. A peine étions-nous partis que nous rencontrâmes des émissaires de nos compagnons qui venaient nous annoncer qu'ils étaient sains et saufs, que les Foulânes avaient pris la fuite, emportant tous leurs biens, en sorte qu'ils n'avaient rencontré personne. Peu après nous rejoignîmes tous nos cavaliers et vers la fin de la matinée nous campâmes en face d'un des villages des fétichistes habitants de la montagne et au milieu de leurs champs de culture.

Après avoir passé la nuit du samedi en cet endroit, nous reprîmes notre marche et nous rencontrâmes le frère du Da'anka-Koï[1], Fâri, qui désirait se rendre auprès du pacha pour demander un sauf-conduit afin que son frère pût se présenter lui-même au pacha. Ce sauf-conduit lui ayant été accordé, il retourna en porter la nouvelle à son frère aussitôt après que nous eûmes établi notre bivouac près de l'aiguade de Benka[2]-Dzîba, en face de la montagne de Boun[3]-Lanbo.

Là nous passâmes la nuit du dimanche, et le lundi, dans la soirée, arriva le Da'anka-Koï dont il vient d'être parlé. Il salua le pacha, fit des vœux pour lui, mit de la poussière sur sa tête et reçut ensuite la promesse d'avoir l'aman pour lui et son allié[4] le Honbori-Koï, El-Hâdi, fils du Honbori-Koï, Mousa-Kirao. Cet aman s'étendait non seulement à ces deux personnes, mais encore à toute leur famille

---

1. Le ms. C orthographie ce mot : « Da'anka' ».
2. « Yenka », suivant le ms. C.
3. Le mot « Boun » manque dans les mss. A et B et dans l'imprimé.
4. Ou : « son compagnon ».

et aux villes de leurs pays. Comme le pacha lui demandait des nouvelles du Honbori-Koï, le Daʿanka-Koï lui répondit qu'il allait bientôt arriver. Le pacha traita le Da'anka-Koï avec les plus grands égards.

Après avoir passé la nuit du lundi en cet endroit, nous reprîmes notre route en revenant sur nos pas pour chercher à atteindre le combattant Hammedi-Bilel. Nous allâmes camper le lendemain, vers le moment du dohor, dans un des villages des fétichistes situé en face du mont Mekka au sud du mont Nâyi. Là, dans la soirée, nous eûmes la visite du Honbori-Koï; puis nous passâmes la nuit du mardi en cet endroit, après que le pacha eût envoyé un espion avoir des nouvelles de Hammedi-Bilel. Le lendemain nous repartîmes et, peu après notre mise en marche, nous rencontrâmes l'espion qui nous donna l'indication du lieu où se trouvait Hammedi-Bilal : il était tout près de nous. Nous avions avec nous le Daʿauka-Koï dont il a été question ci-dessus (٢٨٢). Alors, nous reprîmes notre marche, après avoir pris toutes les dispositions nécessaires pour le combat. Dans la matinée, vers neuf heures, nous passâmes près de la ville de Ahmed-Sanou qui à ce moment était en fuite. Lorsque nous nous étions rapprochés de lui, il s'était réfugié dans une caverne du mont Dâni, après avoir éprouvé les plus grandes fatigues pour s'élever jusque-là. La hauteur était telle, en effet, qu'un homme placé sur le sommet de cette montagne ne paraissait pas plus gros qu'un petit oiseau.

Nous campâmes à l'entrée de cette caverne vers midi et nous passâmes là la nuit du mercredi. Le lendemain, dans la matinée, le pacha envoya le corps de cavalerie à la poursuite des fuyards. Les cavaliers pénétrèrent dans la caverne et passèrent à la recherche du fugitif, la nuit du jeudi et celle du vendredi. Enfin le samedi, vers le moment du dohor, ils revinrent vers nous sans avoir obtenu le moindre résultat.

Dans la matinée du dimanche, nous nous mîmes en route pour le retour, et le mardi, vers midi, le 28 du mois de djomada Ier (27 juin 1647), nous étions campés près de la montagne de Da'auka.

Ce jour-là il y eut une éclipse de soleil à Tombouctou. Un thaleb m'a raconté que, voyant que les fidèles ne s'assemblaient point pour faire la prière de l'éclipse, il porta l'affaire devant le cadi Mohammed-ben-Mohammed-Koraï (Dieu lui fasse miséricorde !). Celui-ci répondit que la chose n'était pas possible, attendu que le temps manquait. Un de mes confrères m'a raconté aussi qu'une certaine nuit, vers cette même époque, on vit apparaître à Tombouctou, entre l'heure du coucher du soleil et la nuit, une sorte de fumée épaisse immense qui enveloppa toutes les maisons de la ville. Les habitants furent très effrayés à cette vue et ne savaient point d'où provenait ce phénomène. On visita et fouilla toutes les maisons[1] les unes après les autres, dans la pensée qu'il y avait un incendie ; mais on n'en trouva aucune trace.

Enfin, après avoir établi notre campement, le pacha envoya un escadron de cavalerie qui razzia quelques Foulânes, fit un maigre butin de bœufs et revint vers nous, le mardi soir. Le lendemain, nous étions de nouveau en marche dans la direction du mont Honbori. Ce jour-là, le chameau qui portait toute la batterie de cuisine s'égara et personne ne sut jamais où il était allé, ni quel chemin il avait suivi. Dans la matinée nous campâmes auprès d'une aiguade, à côté d'un village appelé Koïratâo. Pendant la nuit du mercredi que nous passâmes en cet endroit apparut la nouvelle lune du mois de djomada II. Le lendemain, nous nous remettions en route et, vers la fin de la matinée (٢٨٣), nous campâmes près d'un point d'eau de Garma[2] où nous

---

1. Le ms. C dit : « les tas d'immondices ».
2. Ou : de Gourma.

passâmes la nuit du jeudi pour reprendre le lendemain notre marche dans la direction de Honbori.

En route nous rencontrâmes deux courriers nous annonçant la nouvelle de la fuite du Honbori-Koï. Il avait fui, avait-il dit, craignant les rigueurs du pacha. Vers la fin de la matinée du vendredi, 2 du mois de djomada II (6 juillet), nous campâmes à Honbori et, le lendemain, un messager du Honbori-Koï venait solliciter du pacha l'aman pour son maître. Celui-ci lui ayant accordé l'aman, le Honbori-Koï vint se présenter à lui. Le pacha lui imposa une redevance sur les cultures, les esclaves et les pièces d'étoffes [1].

Déjà le Honbori-Koï avait commencé à s'acquitter de cette redevance, lorsque, pris de peur de nouveau, il s'enfuit. Comme d'ailleurs il était loin de s'entendre avec les habitants de sa capitale, ceux-ci, dans un commun élan d'indignation, demandèrent au pacha de le révoquer et de le remplacer par son frère Yousef, le fils de Honbori-Koï Mousa-Kirao. Le pacha accéda à leur requête; le nouvel Honbori-Koï paya toute la redevance imposée à son prédécesseur révoqué et donna même davantage. Pendant que l'on était encore là, le pacha envoya un corps de cavalerie razzier les Foulânes; cette expédition réussit et ramena comme butin un certain nombre de bœufs.

Après être restés dans cette localité pendant dix jours, nous la quittâmes le soir du jeudi, 15 du mois (18 juillet), pour nous diriger sur Tombouctou. Avant de partir, les soldats avaient vendu aux gens de Honbori leurs mules, leurs ânes, leurs bagues, leurs croissants[2], leurs gilets et d'autres choses encore, contre de faibles quantités de grains, tant on avait souffert de la disette de vivres au cours de cette expédition.

1. Ce mot est traduit par conjecture.
2. Probablement les croissants qu'on attache au cou des chevaux, s'il n'y a pas une erreur dans le texte.

Le mardi, vingtième jour du mois (23 juillet), nous atteignîmes le Fleuve à l'endroit où se trouve la ville de Achorro[1], et nous bivouaquâmes en face de la ville de Kiraï[2]. Un grand nombre de chevaux étaient restés en route par suite d'épuisement, et leurs cavaliers ne purent arriver qu'à pied sur les bords du Fleuve, après avoir abandonné leurs bagages et tous leurs ustensiles. L'endroit où nous étions campés ce jour-là est appelé Konko-Kiraï[3]. Le lundi, 26 du mois (29 juillet), on se remit en marche. Je m'embarquai sur un navire avec le pacha, tandis que les cavaliers longeaient les bords du Fleuve. Nous passâmes la nuit près du gué situé dans le voisinage de la ville de Yaba et le lendemain nous traversâmes le Fleuve (ʏʌɛ) pour aller coucher le mardi de l'autre côté du Fleuve, du côté de Haousa[4].

Le mercredi soir, nous nous mîmes de nouveau en marche et arrivâmes au pont de Koronzofiya, dans la matinée du jeudi, dernier jour du mois, la nouvelle lune du mois de redjeb ayant apparu le jeudi soir. Le mercredi, 6, nous entrâmes à Tombouctou ; louanges en soient rendues au Maître des mondes[5]. Le vendredi, premier jour du nouveau mois (2 août), nous vîmes arriver dans le port des messagers envoyés par les gens de Kâgho pour s'informer de nos nouvelles et savoir si notre voyage s'était effectué sans encombre. Le pacha me chargea de rédiger la réponse à faire à ce sujet. Dieu me pardonne tout ce que j'y ai mis de paroles mensongères. En voici d'ailleurs le texte intégral :

« Louange à Dieu. Que Dieu répande ses bénédictions sur notre prophète Mahomet, sur sa famille, sur ses compagnons et qu'il leur accorde le salut !

1. Ou : Achor.
2. Ou : « Kiouaï », leçon des mss. A et B et donnée dans l'imprimé.
3. Ou : « Koriye ».
4. Ou : du Haousa.
5. Cette phrase manque dans les mss. A et B et dans l'imprimé.

CHAPITRE TRENTE-CINQUIÈME

« Aux hommes vertueux, honorables, aux gens de bien vénérés, aux braves respectés, aux soutiens agréés de Dieu, le caïd Mansour-ben-Mobarek-Ed-Der'i et à tous ceux qui sont avec lui, caïds, lieutenants-généraux, commandants, bâchoud, odabachi, ainsi qu'à tous les oldach. Dieu vous garde, vous fortifie, vous assiste, vous dirige dans la bonne voie ! qu'il améliore par sa grâce tout ce qui vous touche et qu'il vous fasse atteindre toutes les joies et prospérités que vous souhaitez et désirez! Salut complet et général, avec la miséricorde de Dieu et ses bénédictions ainsi que le bonheur, la santé et toutes les faveurs les plus complètes de Dieu!

« Nous vous écrivons, louant Dieu et le remerciant, pour répondre au désir que vous avez exprimé d'avoir des nouvelles de notre santé et de nos affaires dans la lettre généreuse que vous nous avez écrite et qui nous est parvenue par les soins de vos messagers dans le port de Koronzofiya. Nous n'avons éprouvé sur notre route que les choses que vous souhaitiez pour nous ; notre santé a été aussi parfaite que vous pouviez le désirer et nous n'avons eu que la suite des faveurs éminentes que nous avait prodiguées déjà auparavant le Maître généreux, qui possède la sublime bonté.

« Voici comment les choses se sont passées. Nous avions décidé de faire une expédition contre le pays des injustes perturbateurs, les ennemis de Dieu et de son Prophète, les gens de la tribu des Sonfontîra[1] qui avaient provoqué des troubles contre notre autorité (٢٨٠) dans la ville de Kîso, du côté du Gourma et avaient ruiné cette ville. Nous nous sommes donc mis en route à la tête de notre armée fortunée, afin de gagner les bords du Fleuve dans des embarcations.

« Deux raisons nous avaient décidé à nous mettre en personne à la tête de nos troupes : La première, c'est que nous

---

1. Leçon du ms. C. Ailleurs on trouve : « Sofontira ».

(*Histoire du Soudan*)

désirions visiter à fond et dans tous ses recoins les localités qu'ils habitaient malgré l'éloignement de ces régions et la distance à franchir avec nos troupes tant à pied qu'à cheval. Nous voulions écarter les soupçons qu'aurait pu émettre quelque stupide imbécile qui, si nous avions laissé, sans rien faire, s'accomplir les actes de rébellion et de désordres contre notre autorité et sur nos terres, commis par eux ou d'autres coupeurs de routes et malandrins, aurait dit que c'était à cause de notre faiblesse et de notre impuissance. Or il n'en est nullement ainsi et les choses ne sont pas comme le prétendent certaines gens ou comme le supposent certains imbéciles méchants. C'était, tout au contraire, par suite de la longanimité et de la réserve qui sont l'apanage du pouvoir et parce que nous voulions abattre les rebelles d'un seul coup et faire disparaître en un clin d'œil la trace de ce qui s'était passé.

« La seconde raison, qui m'a fait entreprendre cette expédition, c'est, d'une part, que la situation actuelle était critique et que, d'autre part, le palais[1] manquait d'argent (Puisse Dieu ne pas priver cette demeure de ses bienfaits et de ses bénédictions!). Les choses de ce monde montent et descendent; elles changent et se transforment; les richesses disparaissent ou abondent; elles sommeillent ou se réveillent. Telles sont les raisons qui m'ont déterminé à me mettre en campagne.

« Quand nous sommes arrivés à l'endroit d'où nous devions monter vers les hautes terres[2], que nous eûmes quitté les flancs des navires sous la protection puissante du Dieu très-haut, puis qu'avec l'aide du Tout-Puissant et du Dispensateur de toutes choses nous fûmes montés sur le dos de nos mon-

---

1. La plupart des expéditions faites à ce moment n'avaient d'autre but que de remplir les caisses du pacha avec le produit du butin.
2. Ou : El-'Aouâli », nom d'une région montagneuse.

CHAPITRE TRENTE-CINQUIÈME

tures, nous commençâmes à suivre les traces du misérable maudit, de l'ignoble tyran, le chef des démons humains, Hammedi-Bilel. Pour cela nous traversâmes collines et plaines, pleins d'ardeur et d'énergie, passant de pays en pays, allant des hauteurs dans les bas-fonds (ךץך) si bien qu'enfin nous arrivâmes au pied de leur montagne, grâce à la protection de Celui qui tient entre ses mains la force et la ruse. Alors nous suivîmes des routes que personne avant nous n'avait suivies, pas plus parmi nos ancêtres, que parmi ceux qui leur ont succédé. Nous mandâmes à tous ceux qui occupaient le pays, à l'orient comme à l'occident, de venir se joindre à nous, tels par exemple, les seigneurs de Honbori, de Da'anka et de Fîli.

« Tous répondirent à notre appel et revinrent se soumettre à notre autorité, le seigneur de Kirao[1] comme d'autres encore. Ils accoururent vers nous et se présentèrent devant nous, ne demandant qu'à nous être fidèles, se faisant humbles et craintifs. Ils ont renouvelé leur serment d'obéissance et de fidélité à notre maître (que Dieu lui assure la victoire!) en disant : « Tous les services que vous nous demanderez, « nous vous les rendrons sur l'heure. » Alors ils ont rompu tout pacte avec nos ennemis; ils ont ôté de leur cou tout autre chaîne que celle de notre soumission. Ils nous ont demandé l'aman pour eux-mêmes et pour leurs pays et nous le leur avons accordé, en prenant l'engagement de l'observer fidèlement.

« Puis, à ce moment, ils sont venus avec nous pour aller rechercher le misérable maudit; nous avons retrouvé ses traces et nous sommes approchés de lui de si près que, se sentant perdu, il s'est jeté dans une caverne étroite, dont

---

1. Ms. C : « Taouao », mais on peut aussi admettre l'autre lecture, en supposant que la boucle du ڎ a été fermée accidentellement pour devenir ‍ܒ et que le ‍و n'est qu'un ‍ڡ surchargé.

l'entrée était plus resserrée que le trou d'une aiguille, et difficile à atteindre tant elle était perchée à une grande hauteur. Il était seul, isolé, séparé de ses compagnons et de ses suivants, sa famille et ses clients étant dispersés de tous les côtés.

« Les lions et les aigles de notre armée aidée de Dieu et victorieuse ont aussitôt pénétré dans cette caverne pieds-nus et sans montures. L'ardeur et la violence de leur colère étaient telles que leurs bouches grinçaient de rage, qu'ils tendaient le cou en avant en montrant griffes et dents. Enfin quand ils arrivèrent au fond de la caverne, le rebelle se rejeta en arrière et réussit à retourner parmi les fétichistes. Mais se voyant ainsi acculé, trouvant que la terre pour lui était devenue trop étroite malgré son immensité, il envoya un messager au seigneur de Da'anka pour qu'il nous demandât l'aman en sa faveur, disant qu'il voulait revenir dorénavant à Dieu, à son Prophète et au sultan. Nous lui pardonnâmes et lui accordâmes l'aman, mais pour lui seulement.

« Ses sujets nous firent savoir ensuite qu'ils (٢٨٧) l'abandonnaient et ne voulaient plus être soumis à lui ; ils demandaient l'aman pour eux-mêmes, car nous avions fait des expéditions contre certains d'entre eux et leur avions pris du butin grâce à la bienveillance de Dieu à notre égard, ce dont nous lui sommes reconnaissants. Nous leur avons accordé l'aman ; nous leur avons imposé une redevance, puis nous sommes revenus sur nos pas sains et saufs, ayant fait du butin et étant victorieux par suite de la faveur et de la bienveillance de Dieu et aussi à cause des bénédictions qu'avait attirées sur nous notre Maître, le descendant des Hachémites [1] (Dieu très-haut lui accorde la victoire !)

« Nous avons appris la nouvelle que les Touareg Aouli-

---

1. C'est-à-dire : l'empereur du Maroc.

midden nous avaient attaqués et aussi ce qui était arrivé à ces derniers avec le seigneur Aknezer[1]. Si vous jugez qu'il faille en finir avec eux, ne leur laissez aucun répit et exterminez-les comme ont été exterminés les peuples de Ad et de Tsemoud; car ce sont des traîtres, des brigands en qui on ne peut en aucune manière avoir la moindre confiance. Si vous êtes à même d'arriver à bout d'eux à vous seuls, agissez alors à la grâce de Dieu. Dans le cas contraire, écrivez au caïd Mohammed-ben-Aïsa-el-Kerch[2] à Benba qu'il vous envoie tous les renforts dont il dispose, soldats marocains et arabes, mais ne divulguez pas votre projet si vous voulez que Dieu vous rende maîtres d'eux. Sinon ils pourraient prendre leurs précautions et se tenir sur leurs gardes. Or la guerre n'est que ruse.

« Dieu vous bénisse et nous soit à vous et à nous un aide et un protecteur.

« Écrit le samedi, 2 du mois isolé de redjeb de l'année 1057 (3 août 1647), au port de Korouzofiya, par le serviteur du haut seigneur mohammédien (Dieu lui accorde la victoire!) Son Excellence le pacha Ahmed-ben-Abderrahman-El-Hayyouni. Dieu lui soit favorable par sa grâce et sa bonté! » Ici se termine cette lettre.

Le pacha demeura dans ces conditions de faiblesse et de mépris jusqu'au vendredi, 6 du mois de chaoual de l'année 1058 (24 octobre 1648); à ce moment il fut déposé après être resté en fonctions un an et neuf mois.

Les troupes décidèrent d'élever immédiatement au rang de pacha Yahya-ben-Mohammed-El-Gharnâti. Ce personnage était un être débauché, immoral, impérieux, misanthrope, ne disant que du mal des ulémas, des chérifs, de la famille du Prophète et de tous les gens distingués sans

---

1. Le mot « seigneur » manque dans le ms. C.
2. On trouve aussi El-Kerchi au lieu de El-Kerch, dans un passage du ms. C.

exception. En outre, il était fourbe, intrigant et ne cessait de semer la zizanie entre tout le monde. Il exerça ses fonctions pendant trois ans (٢٨٨) et quelques jours, mais il sembla qu'elles durèrent trente ans, tant son règne fut pénible et néfaste. Il fit deux expéditions : une contre Kâgho, l'autre contre Benba. Pendant tout ce temps Dieu intervint et l'empêcha d'accabler les populations de tout le mal qu'il avait l'intention de leur faire.

Pour l'expédition de Kâgho, le pacha quitta Tombouctou le lundi, 6 du mois de djomada II de l'année 1060 (6 juin 1650); il se rendit à l'île de Zentâ après l'assassinat du cheikh Ibrahim-ben-Er-Ra'ouân-Ech-Chibli, qui avait eu lieu le 3⁰ jour de la fête des Sacrifices au mois qui termina l'année 1059 (18 décembre 1649). Ce meurtre lui avait aliéné le cœur de tous les Arabes et tous les Touareg, qui n'étaient ni les ennemis du défunt ni ses amis. Il demeura cinq jours dans l'île, et le vendredi, 10 du mois (9 juin), nous la quittâmes et arrivâmes à Benba, le vendredi, 17 du mois (16 juin), après huit journées de marche. Après avoir passé une seule nuit en cet endroit, nous reprîmes notre marche vers Kâgho, dans la matinée du samedi 18 (17 juin). Le lundi 20 (19 juin), dans la matinée, nous passâmes près de la ville de Kâbenka et de celle de Taouṣa. Le mercredi, 22 (21 juin), nous campâmes près de la ville de Boram et, dans la matinée du jeudi nous rencontrâmes les gens de Kâgho près de Chedjrat-el-bordj. Le vendredi, nous campions à Tondibi où nous restâmes trois nuits de l'autre côté du Fleuve. Le lundi, nous reprenions notre route et passions la nuit en deçà de la ville de Kâgho où nous arrivâmes dans la matinée du mardi, 27 du mois (26 juin), après neuf journées de marche. Là le pacha fit ce qu'il fit[1].

---

1. Cette locution est en général un euphémisme que l'on emploie pour n'avoir pas à exprimer des horreurs ou des atrocités.

CHAPITRE TRENTE-CINQUIÈME

La nouvelle lune du mois de redjeb, qui tomba un vendredi, eut lieu pendant que nous étions là à Kâgho. Nous quittâmes cette ville pour rentrer à Tombouctou, le lundi, 25 du mois de redjeb (24 juillet 1650), et quand la nouvelle lune du mois de cha'ban parut, un samedi (29 juillet), nous étions dans la ville de Taouṣa près du mont Dâra[1]. Ensuite nous arrivâmes à Benba le mercredi, 5 du mois de cha'ban (3 août) et séjournâmes dans cette ville sept jours pendant lesquels le pacha fit ce qu'il fit. Ensuite nous quittâmes Benba le mercredi, 12 (10 août), et arrivâmes au port de Do'aï, le dimanche, 16 (14 août). Nous nous y arrêtâmes quatre jours et entrâmes dans la ville de (ⵜⴰⵢ) Tombouctou, le jeudi, 20 du mois (16 août). Ce fut là que parut pour nous la nouvelle lune du mois sacré et vénéré de ramadan, un lundi, dernier jour du mois de cha'aban (27 août). Louange à Dieu, le Maître des mondes !

Le pacha quitta de nouveau Tombouctou, pour l'expédition de Benba, dans la matinée du samedi, 23 du mois de djomada Iᵉʳ de l'année 1061 (14 mai 1651). Le même jour nous descendîmes dans l'île de Zentâ où nous séjournâmes vingt jours afin d'attendre certains objets nécessaires aux troupes. Nous quittâmes l'île le jeudi, 12 du mois de djomada II (2 juin 1651); le commencement du mois avait eu lieu un dimanche[2]. Nous nous dirigeâmes vers la ville de Benba, afin d'y atteindre des fauteurs de désordres dans cette ville Berâbîch et Touareg.

Le pacha avait écrit aux troupes qui étaient dans la ville de Kâgho de venir le rejoindre à Zamkoï[3], endroit connu à Benba du côté de l'orient de cette ville. Les troupes répon-

---

1. Le ms. C porte : les *deux montagnes* de Dara.
2. Suivant la supputation arabe, le dimanche commence le samedi soir après le coucher du soleil.
3. Ou : Zamakoï.

dirent à cette convocation et vinrent en nombre. Leur caïd à cette époque était Râbah-ben-'Aïssa-El-Kerch. Après sept journées de marche, nous arrivâmes à Benba et y entrâmes dans la matinée du mercredi, 18 du mois ci-dessus indiqué (8 juin). Berâbîch et Touareg s'enfuirent aussitôt et se dispersèrent de tous côtés. On leur envoya à plusieurs reprises offrir l'aman, mais ils ne répondirent point. Enfin le pacha leur envoya le caïd 'Allâl-ben-Sa'ïd-El-Harousi, qui était le gouverneur de la ville à ce moment; ils refusèrent encore, parce qu'une partie des leurs les engageaient à ne point accepter la proposition du pacha qui, disaient-ils, était un traître. Du reste le chagrin que leur avait occasionné le meurtre d'Ibrahim-Er-Ra'ouâni était encore dans leurs cœurs et ne devait jamais cesser d'y être.

Cependant le caïd de Kâgho alla à la tête d'une petite troupe trouver les révoltés qui tous avaient quitté la ville. Mais le désaccord se mit entre eux et le plus grand nombre des révoltés revint après avoir refusé d'abord d'une manière absolue de revenir, et un combat faillit s'engager entre eux. Ils prétendirent que le caïd Râbah, son frère le caïd Mohammed-El-Kerch et tous ceux qui étaient avec eux s'entendaient ensemble, que c'étaient eux qui avaient engagé le pacha à venir à Kâgho et que maintenant ils voulaient les conduire dans cette ville (٢١٠), afin que le pacha pût alors faire d'eux tout ce qu'il voudrait. En somme, ils traînèrent en longueur avec le pacha pendant qu'il était à Benba, en sorte qu'il ne put en aucune façon parvenir au moindre résultat pour ce qu'il désirait. Ils restèrent ainsi avec lui jusqu'au jour de son départ pour Tombouctou, c'est-à-dire jusqu'au lundi, 7 du mois isolé de redjeb (26 juin 1651). Ce jour-là, le pacha leur fit ses adieux, récita la fatiha avec eux, puis ceux-ci rentrèrent dans la ville, destituèrent leur caïd ainsi que le lieutenant-général qui était venu avec lui et qui appartenait aux

CHAPITRE TRENTE-CINQUIÈME

gens de l'aile droite, et aujourd'hui encore ils ont le cœur plein de colère contre eux.

Pendant ce séjour à Benba je fus atteint d'une grave maladie qui me mit en danger de mort. Mais Dieu, dans sa clémence et sa bonté, me guérit et me rendit la santé. C'est grâce aux mérites de son prophète notre seigneur Mahomet (Dieu répande sur lui ses bénédictions et lui accorde le salut!) que je dois à Dieu cette faveur insigne.

Nous nous dirigeâmes ensuite vers Tombouctou et le vendredi, 18 du mois précité (7 juillet), nous atteignîmes le port de Koronzofiya où nous passâmes la nuit du vendredi. Le lendemain je demandai au pacha l'autorisation de regagner ma maison à cause de la maladie dont je venais d'être atteint. Cette autorisation m'ayant été accordée, je partis après la prière de l'asr, le samedi et passai la nuit dans le village de Amadhagha, n'ayant pas la force, dans l'état où j'étais, d'arriver sans prendre de repos. Le lendemain matin, j'arrivai dans ma ville natale et entrai dans ma maison où, Dieu en soit loué et remercié, je trouvai toute ma famille dans l'état où je la désirais.

Quant au pacha, il resta dans le port jusqu'au jeudi, 24 du mois (13 juillet) ci-dessus indiqué. Puis il se rendit à la ville dans de fâcheuses conditions à tel point qu'il ne fit point dans la cité la chevauchée habituelle qu'un ancien usage avait consacrée et cela parce qu'il était accablé d'angoisse et de soucis.

Du jour où il avait été nommé pacha il avait commencé à molester les habitants de Dienné sans raison, ni motif. Aussi ces derniers ne lui obéissaient-ils point et rejetèrent-ils tous ses ordres derrière leur dos jusqu'au moment de sa déposition. Il aurait bien voulu se rendre à Dienné pour se venger de ses habitants, mais Dieu ne lui facilita pas le moyen d'arriver à ses fins.

Le pacha destitua ensuite le caïd de Dienné Mohammed-Chimirro. Il lui avait donné l'ordre de se rendre auprès de lui et quand le caïd fut là et qu'il eut réglé ses comptes au sujet des impôts de cette région, il fut révoqué et mis en prison dans (٢٩١) la ville de Bara, et là, il devint aveugle. Il avait occupé ses fonctions deux ans et demi, si je ne me trompe. Durant la première décade du mois de ramadan de l'année 1059 (8-19 septembre 1649), il avait été remplacé comme caïd par Abdelkerim-ben-El-'Obeïd-El-Der'i, et ce fut sous son administration que périrent, ainsi que nous l'avons dit plus haut, le cheikh Ibrahim-ben-Er-Ra'ouân-Ech-Chebli et le caïd 'Ali-ben-Rahmoun-El-Monebbehi.

Le lundi, dernier jour du mois de chaouâl de l'année 1061 (15 octobre 1651), le pacha Yahya-ben-Mohammed-El-Gharnâṭi fut déposé, après être resté en fonctions trois ans et vingt-quatre jours. Il fut remplacé par le pacha Ahmed, fils du pacha Haddou-ben-Yousef-El-Adjenâsi, qui fut nommé dans la matinée du mardi, 1er jour du mois sacré de dzou'l-qa'ada de cette année (16 octobre 1651), avec l'assentiment de l'armée. C'était un homme obligeant, ayant beaucoup d'égards pour les ulemas, les saints personnages et tous les gens de mérite ; mais il n'avait pas de hautes préoccupations. L'armée lui enleva le trésor public des mains[1] pour le confier au hâkem Nàṣir-ben-Abdâllah-El-A'mech qui, aussitôt après la nomination du pacha Ahmed, devint caïd-amin, dans le palais fortuné[2]. Ce fut lui qui fut chargé dorénavant d'assurer ce service. On révoqua le caïd Belqâsem-Et-Temli de ses fonctions d'amin-adjoint[3] qu'il exerçait.

Parmi les notables personnages qui moururent sous ce

---

1. On voit, par ce passage, que le pacha avait cumulé ses fonctions avec celles d'amin.

2. Autrement dit : à la cour.

3. Je traduis par amin-adjoint ou sous-amin en lisant : التامين المناقص ; mais cela est loin d'être certain.

pachalik, on peut citer : le caïd Mohammed-El-Arbi-ben-Mohammed-ben-Abdelqâder-Ech-Chergui-Er-Râchedi ; il mourut dans la deuxième décade du mois de safar de l'année 1062 (13-22 janvier 1652); notre confrère et ami l'amin, le caïd Belqâsem, dont il vient d'être parlé qui mourut le 27 de ce mois (8 février 1652) (Dieu lui fasse miséricorde et par sa grâce lui pardonne!).

Au moment du dohor, le mercredi, 2 du mois de rebi' II de l'année 1062 (13 mars 1652), mourut le cadi Mohammed-ben-Mohammed-ben-Mohammed-Koraï (Dieu lui fasse miséricorde et lui soit indulgent par sa grâce!). Il avait été élevé aux fonctions de cadi à l'âge de cinquante ans et il les conserva dix-sept ans. Dans la matinée du jeudi, 10 de ce mois de cette même année (21 mars 1652), le jurisconsulte Abou-Zeïd-Abderrahman, fils du jurisconsulte Ahmed-Mo'yà, fut investi des fonctions de cadi dans le palais fortuné (Dieu le dirige dans la bonne voie et lui soit propice!) (٢٩٢); il était alors âgé de soixante-treize ans.

Dans la soirée du vendredi, 1er jour du mois de rebi' 1er de l'année 1063 (30 janvier 1653), mourut le pacha Mohammed-ben-Mohammed-ben-'Otsman.

Le dimanche, 7 du mois sacré de dzou 'l-hiddja, terminant l'année 1062 (9 novembre 1652), le caïd Abdelkerim-ben-El-'Obeïd[1] fut révoqué de ses fonctions de caïd de Dienné et fut remplacé en cette qualité par le caïd 'Ali-ben-Abdelaziz-El-Feredji qui fut nommé le jeudi, 17 du mois sacré de moharrem de l'année 1063 (18 décembre 1652).

Le vendredi, 22 du mois de safar de l'année 1062 (3 février 1652), la crue du Fleuve atteignit Madoko; on était alors au 22 février[2]. Toutefois, la crue n'atteignit pas le point extrême auquel elle arrive d'habitude; elle s'arrêta à

---

1. Ou : El-'Abid, selon la prononciation vulgaire.
2. Les textes donnent tous la date du 22 : c'est plutôt le 12 qu'il faudrait dire.

Mermaso-Yenda[1]. Ce fut là une chose étonnante qu'on n'avait pas vue encore et dont on n'avait jamais entendu parler comme s'étant produite auparavant : on peut citer ce fait comme un de ces phénomènes extraordinaires qui arrivent au cours des âges.

Sous le gouvernement du pacha ci-dessus mentionné, les portes de la révolte s'ouvrirent à la fois de tous côtés et en tous lieux. Dieu veuille qu'il n'en résulte rien de fâcheux, ni pour nous, ni pour les musulmans et qu'Il nous fasse la grâce de nous en délivrer.

Durant la dernière décade du mois sacré de dzou 'l-qa'ada de l'année 1062 (23 octobre-2 novembre 1652), le cheikh O'alla-Ed-Doumesi se révolta contre les gens de Kâgho et s'enfuit vers le Songhaï auprès de l'askia Daoud, emmenant avec lui tous les propriétaires de troupeaux, Arabes, Touareg, Foulânes et autres. Pendant la deuxième décade du mois sacré de moharrem, le premier des mois de l'année 1063 (11-21 décembre 1652), le caïd Mansour-ben-Mobârek-Es-Saououâf, caïd de Kâgho, se mit à la poursuite des rebelles à la tête de ses troupes. Un corps de cinquante soldats, pris dans la garnison de Tombouctou, fut envoyé à son secours ; ce détachement était commandé par le lieutenant-général révoqué[2] Ahmed-ben-Sa'id-El-Medàseni. Quand on arriva au pays de l'askia, celui-ci avait prit la fuite et abandonné sa capitale. Quant à O'alla (٢٩٢) on ne réussit pas à obtenir sur lui le moindre avantage, aussi revint-on sur ses pas. O'alla suivit à son tour l'armée marocaine, et les fétichistes qui l'accompagnaient la harcelèrent chaque nuit à coups de flèches jusqu'à Koukia ; là, O'alla cessa sa poursuite et s'éloigna.

Le pacha fit ensuite une expédition contre le territoire de

1. Le ms. C dit : « au port de Yenda » à la place de « Mermaso-Yenda ».
2. Il va sans dire qu'il avait été rétabli dans ses fonctions.

CHAPITRE TRENTE-CINQUIÈME

Achorro. Il attaqua toutes les populations qui se trouvaient là, Arabes et Touareg, et s'empara de leurs troupeaux, qu'il chassa devant lui. Les victimes de cette agression suivirent le pacha pendant quelque temps, puis, craignant d'être vaincues par lui, elles s'en revinrent en arrière. Cela se passait pendant le mois de ramadan de cette année (26 juillet-25 août 1653). Ce fut également pendant le même mois que le Djinni-Koï Ankaba'la[1] se révolta contre la garnison de Dienné; il alla s'établir dans la ville de Chio, chez Sàtonka-Chima. Puisse Dieu faire que tout ceci se termine bien pour tout le monde!

Le vendredi, 7 du mois de rebi' II (6 mars 1653), mon frère, le jurisconsulte Mohammed-Sa'di, fils de mon père[2] Abdallah-ben-'Imrân, arriva dans le port de Kabara. Il venait de Dienné pour se faire opérer de la cataracte par le médecin Ibrahim-Es-Soussi qui était arrivé dans cette ville. Il entra à Tombouctou le vendredi soir et reçut l'hospitalité du pacha Ahmed, fils du pacha Haddou qui le logea chez lui, le traita avec égards et eut pour lui les attentions les plus délicates.

Le médecin pratiqua l'opération et Dieu voulut que mon frère fût délivré de son mal et qu'il passât des ténèbres à la lumière. Mon frère resta ensuite trois mois et quatre jours à Tombouctou. Le pacha Ahmed donna de sa poche au médecin trente-trois mitsqal d'or et un tiers. Au moment de retourner dans son pays à Dienné, mon frère reçut du pacha quarante barres de sel et un cadeau consistant en un superbe costume. Puis il quitta Tombouctou après la prière de l'aurore, le lundi, 13 du mois de redjeb l'unique, de l'année ci-dessus indiquée (9 juin 1553). Sa mère ne de-

1. Telle est la prononciation notée dans le ms. C.
2. Cette mention pourrait indiquer que ce frère de l'auteur était d'un autre lit que lui; toutefois cela n'est pas certain.

meura dans ce monde que deux mois et vingt-trois jours après son départ.

CHAPITRE XXXVI (٣٤)

OBITUAIRE ET RÉCIT DES ÉVÉNEMENTS DE L'ANNÉE 1042 (19 JUILLET 1632-8 JUILLET 1633) A LA FIN DE L'ANNÉE 1063 (2 DÉCEMBRE 1652-22 NOVEMBRE 1653).

Dans la soirée du jeudi, 6 du mois sacré de moharrem commençant l'année 1042 (24 juillet 1632), moururent le pacha 'Ali-ben-Abdelqâder et le caïd Mohammed-ben-Mesa'oud. Ils eurent tous deux la tête tranchée dans les écuries par ordre du pacha 'Ali-ben-Mobârek-El-Mâssi et cela avec l'assentiment de toutes les troupes.

La nuit de 'Achoura de ce mois, un dimanche soir (28 juillet 1632), mourut, dans la ville de Dienné, Mohammed-ben-Moussa-Es-Sibâ'i; il fut mis à mort sur l'ordre du caïd Mellouk-ben-Zergoun et des cinq lieutenants-généraux.

Ce fut au cours de cette même année que mourut ma tante paternelle, Omm-Hafṣa-bent-'Imrân (Dieu lui fasse miséricorde!).

Dans cette même année également mourut le jurisconsulte, le savant, le saint, le pieux, l'excellent, l'éminent, le cheïkh Boubo-Kâr le Foulâne; il appartenait à la tribu de Sonfontira (Dieu lui fasse miséricorde et nous fasse profiter de ses bénédictions!).

Au cours de la seconde décade du mois de safar de cette année (28 août-6 septembre 1632), mourut le caïd Ahmed-

CHAPITRE TRENTE-SIXIÈME

ben-Sa'doun-Ech-Chiàḍemi[1]; il fut enterré dans le cimetière de la grande mosquée.

Dans la soirée du jeudi, 13 du mois de djomada Ier (27 novembre 1632), mourut le Djinni-Koï Abou-Bekr-ben-Abdallah; après avoir été garrotté, il fut tué, dans la casbah, par ordre du caïd Mellouk-ben-Zergoun en présence des lieutenants-généraux. Son corps fut lavé le jeudi soir, puis on fit sur lui les prières funèbres et il fut enterré dans la grande mosquée de la ville de Dienné.

Pendant la dernière décade du mois de djomada II (2-11 janvier 1693) mourut, à Dienné, mon confrère et ami Bàbîr-Kiraï-ben-Abou-Zeyyàn-Et-Touâti (Dieu lui fasse miséricorde et lui accorde son pardon!).

A la fin (٢٩٠) du mois de ramadan de cette année (10 avril 1633) mourut mon confrère et ami d'enfance Habîb-ben-Abdallah-ben-Belqâsem-Et-Touâti (Dieu lui fasse miséricorde et lui pardonne par un effet de sa grâce!).

Durant la première décade du mois sacré de dzou'l-hiddja terminant l'année susdite (28 juin-7 juillet 1633), mourut notre aimé voisin le chérif Mohammed-Baghyo'o-ben-Abdallah-Siri, fils de l'imam Seyyd 'Ali-El-Djezouli (Dieu très haut lui fasse miséricorde!).

Pendant la seconde décade du mois de redjeb de l'année 1043 (10-20 janvier 1634), mourut mon confrère et ami Mahmoud-ben-'Omar-El-Harràr. Le lendemain de sa mort, mourut également mon confrère et ami El-Fa'Abkar-El-Foulàni. Tous deux étaient dans la ville de Dienné et furent enterrés dans le cimetière de la grande mosquée. (Dieu fasse miséricorde à tous deux et leur accorde pardon et indulgence!).

Au cours de la première décade du mois de rebi' Ier de l'année 1044 (25 août-3 septembre 1634), mourut le pacha

---

1. Ou : « Ech-Chàḍemi. »

So'oud-ben-Ahmed-'Adjeroud-Ech-Chergui. Il fut enterré dans la mosquée de Mohammed-Naḍḍi.

Dans la première décade du mois sacré de dzou'l-qa'ada (18-27 avril 1635), mourut ma sœur Omm-Keltsoum, fille de mon père Abdallah-ben-'Imrân ; elle succomba dans la ville de Dienné après la prière du second 'acha, à la suite de ses couches, deux ou trois jours après l'accouchement. Elle fut enterrée cette même nuit dans la grande mosquée (Dieu lui fasse miséricorde et lui accorde son pardon. Amen!).

Le vendredi, 13 du mois sacré de moharrem commençant l'année 1045 (29 juin 1635), dans la matinée, mourut le jurisconsulte, le savant, le très docte, Abou'l-Abbâs, c'est-à-dire le cadi Seyyid Ahmed-ben-Anda-Ag-Mohammed Boryo, fils de Ahmed, fils du cadi Anda-Ag-Mohammed (Dieu lui fasse miséricorde et nous fasse profiter de ses bénédictions. Amen!).

Au cours de la première décade de safar (17-26 juillet 1635), mourut le pacha Abderrahman, fils du caïd Ahmed-ben-Sa'doun-Ech-Chiâḍemi ; il fut enterré dans le cimetière de la grande mosquée près du tombeau de son père. A cette même époque mourut le cheikh, l'éminent jurisconsulte, Abderrahman, surnommé El-Fa'-Komo, fils du saint de Dieu, le jurisconsulte Abou-Bekr-ben-Abderrahman-El-Ghedâmesi. L'office mortuaire (ששׁ) fut dit sur lui à la suite de la prière du maghreb ; après quoi il fut enterré[1] dans le cimetière de la grande mosquée de Dienné (Dieu lui fasse miséricorde et nous fasse profiter de ses bénédictions. Amen!).

Le jeudi, après-midi, le 14 du mois de ramadan de l'année 1045 (21 février 1636), mourut à Merrâkech le prince souverain Maulay El-Oualid, fils du prince souverain Maulay Zîdân.

Le dimanche, à l'heure de la prière de l'asr, le 2 du mois de

---
1. La suite de ce paragraphe est seulement dans le ms. C.

CHAPITRE TRENTE-SIXIÈME

redjeb de l'année 1046 (30 novembre 1636), mourut le jurisconsulte, le savant Mahmoud, fils du jurisconsulte Sâlah-Ouankarâba[1]; il fut enterré dans le cimetière de Sankoré (Dieu lui fasse miséricorde et lui accorde indulgence et pardon!).

Dans la nuit du mardi, 23 du mois de safar de l'année 1047 (17 juillet 1637), mourut mon confrère et ami intime, le jurisconsulte 'Omar-Koraï-ben-Yomzoghor-El-Oueddâni. Dieu le très-haut lui fasse miséricorde, lui accorde indulgence et pardon et nous réunisse l'un à l'autre à l'ombre de son trône au plus haut du paradis en nous exemptant de tout châtiment et de toute épreuve. Amen !

Au mois de rebi' II (23 août-21 septembre 1637), mourut à Agadèz[2] le seyyid béni, l'ami pieux, le chérif Fâïz, fils du chérif Ahmed (Dieu lui fasse miséricorde et nous fasse profiter de ses bénédictions dans ce monde et dans l'autre. Amen!).

Le jeudi, 8 du mois de rebi' II de l'année 1048 (19 août 1638), mourut le cheikh, le jurisconsulte, le savant, l'éminent, l'érudit, le parfait, le pratiquant Abou-Ishaq-Ibrahim, fils du jurisconsulte Ahmed-Baghyo'o-El-Ouankori (Dieu lui fasse miséricorde et nous fasse profiter de ses bénédictions dans ce monde et dans l'autre. Amen!).

Pendant la première décade du mois de cha'ban (8-17 décembre 1638), mourut, dans la ville de Dienné, mon confrère Seliman-ben-Belqâsem-Tenfina-Et-Touâti, connu sous le nom de San-Djinou. Il fut enterré dans la grande mosquée (Dieu lui fasse miséricorde et lui soit indulgent!).

Dans la nuit du mercredi, 15 du mois de ramadan (20 janvier 1639), mourut, dans la ville de Konti, mon confrère et

---

1. Orthographe du ms. C.
2. Ou : « Agadès ».

ami, le dévoué Kala-Chaʿ Mohammed-Auasa[1], fils du Hi-Koï Mohammed-Qâï[2]. Quand il fut sur le point de mourir, sa famille me fit mander à Bîna, où j'étais à ce moment occupé à faire une lecture du livre de la *Chifa*, que les habitants de Bîna m'avaient demandé de venir leur faire cette année-là. Le messager m'arriva au milieu de la nuit pour me prier de me rendre auprès du moribond, afin que je fusse là en attendant que Dieu prît telle décision qu'il voudrait à son égard[3]. Aussitôt je montai à cheval très peiné, tant étaient grandes l'affection et l'amitié qui nous unissaient (۲۹۷). Quand j'arrivai à destination après le lever de l'aurore, je trouvai mon ami mort et enterré, ses funérailles ayant eu lieu cette même nuit (Dieu lui fasse miséricorde, et accorde indulgence et pardon dans sa grâce et sa générosité à cet excellent et dévoué ami!). Je retournai aussitôt à Bîna où j'arrivai dans la matinée pour y reprendre la lecture du livre béni de la *Chifa*.

Le samedi, 17 du même mois (22 janvier), mourut à Dienné, mon frère ʿAli, le fils de mon père Abdallah-ben-ʾImrân. Il fut enterré dans la grande mosquée (Dieu lui fasse miséricorde et lui accorde le pardon. Amen!).

Dans la matinée du samedi, 24 de ce mois (29 janvier), mourut mon confrère, l'éminent, le bienveillant, Abdallah, fils du jurisconsulte Ahmed-Moʿyà. Il était parti de chez lui monté sur son cheval et se rendait à la casbah pour faire une lecture du *El-Djamiʿ-es-saḥiḥ* d'El-Bokhâri dans la demeure royale, lorsque, pris d'une faiblesse en route, il dut retourner sur ses pas ; il mourut chez lui en y arrivant. C'était précisément ce jour-là qu'il devait terminer la lecture du recueil béni. Ce fut son frère le jurisconsulte Abderrah-

---

1. Lecture du ms. C.
2. Ou : « Nâï ».
3. En d'autres termes : « que Dieu décidât s'il le laisserait vivre ou s'il le laisserait mourir ».

CHAPITRE TRENTE-SIXIÈME

man qui acheva cette lecture (Dieu lui fasse une large miséricorde. Amen!).

Au mois de chaouâl (5 février-6 mars 1639), si je ne me trompe, mourut à Dienné mon confrère Merzouq-ben-Hamdoun-El-Oudjeli (Dieu lui fasse miséricorde. Amen!).

Durant la dernière décade du mois sacré de dzou 'l-hiddja terminant l'année 1048 (25 avril-4 mai 1639), mourut le caïd Mohammed-ben-El-Hasen-Et-Târezi qui fut tué par le pacha Mesa'oud, ainsi qu'il a été dit plus haut. Ce fut aussi à cette même époque que périt l'amin, le caïd Ahmed-ben-Yahya, également victime du pacha Mesa'oud, comme il a été dit précédemment.

Pendant la première décade du mois de safar de l'année 1049 (3-12 juin 1639), mourut le caïd Mellouk-ben-Zergoun. Il fut enterré dans le cimetière de la grande mosquée. La nuit du mardi, 6 de ce mois (8 juin) mourut le caïd Ahmed, fils du caïd Hammou-ben-'Ali-Ed-Der'i, qui fut tué par le pacha Mesa'oud, comme on l'a vu plus haut.

Au mois de dzou 'l-qa'ada de cette année (23 février-24 mars 1640), mourut l'askia 'Ali-Senba. Cet askia révoqué fut tué dans la ville de Koïra-Djinou par les hommes faisant partie de l'expédition de Chenân-ben-Ibrahim-El-'Arousi, qui tuèrent un grand nombre de braves Senhadjiens habitant dans cette localité et y commirent les plus grands excès.

Le jeudi, vers midi[1], pendant le mois de djomada II (août 1640) mourut mon amie[2] la chérifa-Nâna-Komo, fille de Bouya (٢٩٧) le chérif, fils de El-Mizouâr. Elle rendit l'âme en souriant pendant que sa tête reposait sur mes genoux. L'office

---

1. Le quantième a été omis à moins peut-être, ce qui est probable, que le mot jeudi ait été mis pour le 5 ou encore que le copiste ayant à écrire : le jeudi 5, ait cru qu'il y avait une répétition de mots, *jeudi* et *cinq* s'écrivant presque de la même façon en arabe.
2. Était-ce sa femme, sa concubine ou simplement son amie? l'auteur ne le dit pas.

mortuaire fut dit par moi après la prière du dohor ; elle fut enterrée à Dienné dans la grande mosquée (Dieu lui fasse miséricorde, nous soit utile grâce à elle dans ce monde et dans l'autre. Amen !). C'était en l'année 1050.

Dans la matinée du samedi, 4 du mois sacré de dzou 'l-qa'ada de cette année (15 février 1640), mourut mon confrère El-Amin-ben-'Ali-ben-Ziyad. Dieu lui fasse miséricorde et lui soit indulgent !

Pendant la matinée du vendredi, jour de la fête de la Rupture du jeûne de l'année 1051 (14 janvier 1641), mourut le Djinni-Koï Abdallah, fils du Djinni-Koï Abou-Bekr. Les prières dernières furent dites sur lui dans le mosalla et il fut enterré à Dienné dans la grande mosquée.

Au moment du dohor, le dimanche 17 de ce mois (30 janvier 1641), mourut ma femme Kâdi[1]-bent-El-Mokhtâr-Ti-meta-El-Ouankori ; elle fut enterrée à Dienné dans la grande mosquée (Dieu, dans sa grâce, lui fasse miséricorde !).

Dans la matinée du lundi, 14 du mois sacré de moharrem de l'année 1052 (13 avril 1642), mourut l'imam de la grande mosquée, l'imam Seyyid 'Ali-ben-Abdallah-Siri, fils de l'imam 'Ali-El-Djezouli. On l'enterra dans le cimetière de la grande mosquée (Dieu, dans sa grâce, lui fasse miséricorde!). Ce fut à cette époque que fut nommé imam de cette mosquée l'imam Mohammed-El-Ouadi'a, fils de l'imam Mohammed-Sa'îd, fils de l'imam Mohammed-Kidâdo, le Foulâni.

Vers midi, le dimanche, 27 de djomada Ier (23 août 1642), mourut ma sœur 'Aïcha, fille de mon père Abdallah-ben-'Imrân. Je fis sur elle les dernières prières après l'office de l'asr et elle fut enterrée dans le cimetière de la grande mosquée.

Le vendredi, 9 de djomada II (4 septembre 1642), mourut

---

1. Ou : Kâki », selon les ms. A et B.

mon obligeant voisin, l'agréé de Dieu, El-Hâdj-Abdallah-ben-'Ali-El-Idrisi, connu sous le nom de Mo'akar[1] (Dieu lui accorde une large miséricorde, lui soit indulgent (ر۹۹) lui pardonne, et l'élève au plus haut degré du paradis. Amen!).

Le samedi soir, 20 du mois de ramadan (12 décembre 1642), mourut mon ami et bienfaiteur l'askia Mohammed-Benkan, fils du Balama' Mohammed-Eṣ-Ṣâdeq, fils du prince Askia-Daoud (Dieu lui fasse miséricorde, lui soit bienveillant et indulgent!).

Le vendredi soir, 11 du mois de chaoual (2 janvier 1643), mourut mon obligeant ami et mon éminent collègue le jurisconsulte, le cadi, Abou-Abdallah-Mohammed-Senba, fils du cadi Mohammed-Djim, fils du jurisconsulte Senba-Meryem, cadi du Màsina (Dieu, dans sa grâce, lui fasse miséricorde, lui soit indulgent, lui pardonne et nous réunisse tous deux à l'ombre de son trône au plus haut du paradis. Amen!).

Le mercredi soir, 14 du mois de ramadan de l'année 1053 (26 novembre 1643), mourut, à Dienné, mon ami Chima-Mohammed. Il fut enterré dans la grande mosquée. C'était le chef des caïds du Djinni-Koï (Dieu, dans sa grâce, lui fasse miséricorde, lui soit indulgent et lui pardonne!).

Dans la soirée du lundi, 7 du mois sacré de dzou 'l-hiddja terminant l'année 1053 (16 février 1644), mourut, dans la ville de Chiblà, du territoire de Kala, mon confrère, mon obligeant ami, le jurisconsulte Abou-Bekr-Sa'natara[2], connu sous le nom de Mouri-Kibà.

Au mois de djomada II de l'année 1054 (5 août-3 septembre 1644), mourut ma tante paternelle Omm-Nâna, fille du jurisconsulte, du lecteur du Coran, Seyyid Abderrahman,

1. Le ms. C. donne l'orthographe : Moriki'ri.
2. Telle est la leçon du ms. C, qui paraît préférable à celle des ms. A et B qui a été imprimée.

fils du seyyid Abderrahman-El-Anṣâri (Dieu lui fasse miséricorde!).

Le mardi, après la prière du dohor, le 1er du mois sacré de moharrem de l'année 1055 (27 février 1645), mourut, dans la ville de Foutina, ma fille Zeïneb. Je la fis enterrer dans cette localité, car à ce moment j'allai me mettre en voyage (Dieu fasse pencher en sa faveur la balance!)[1].

Le samedi, 5 du mois de safar (2 avril 1645), mourut, dans la ville de Bîna, mon confrère et ami, mon parent par alliance à un double titre[2], Mohammed fils du cheikh El-Mokhtasar-Timeta-El-Ouankori. Je procédai au lavage de son corps et il fut enterré immédiatement (Dieu très haut lui fasse miséricorde, lui soit indulgent et lui pardonne. Amen !) (٢٠٠٠.

Dans la nuit de lundi, l'avant-dernier jour du mois de chaouâl (18 décembre 1645), mourut le chérif Yousef, fils du chérif ʿAli, fils du chérif El-Mizouàr (Dieu lui fasse miséricorde et nous fasse profiter de ses bénédictions dans ce monde et dans l'autre. Amen !).

Pendant la nuit du samedi, 9 du mois sacré de dzou 'l-hiddja, le dernier des mois de l'année 1055 (26 janvier 1646), mourut, dans la ville de Bîna, mon confrère Mohammed-ben-El-Amin-ben-Abou-Bekr-Koʿti. Je lavai son corps moi-même. Les prières dernières furent dites sur lui au mosalla dans la matinée du jour de la fête[3]. Il fut enterré là immédiatement (Dieu lui fasse miséricorde et lui accorde, dans sa grâce, pardon et indulgence!).

Durant la nuit du vendredi, 7 du mois sacré de moharrem, le premier des mois de l'année 1056 (23 février 1646),

1. C'est-à-dire : fasse que le poids de ses bonnes actions l'emporte sur celui des mauvaises au jour du Jugement dernier.
2. On a vu plus haut que le père de cet ami était le beau-père de l'auteur; celui-ci ne dit pas de quelle autre façon ce Mohammed lui était allié.
3. La fête dite des Sacrifices.

mourut, dans la ville de Bina, mon confrère l'imam Seni-ber-Ed-Deredji. Je lavai son corps le samedi matin et nous dîmes aussitôt les dernières prières sur lui. Il fut enterré en cet endroit (Dieu lui fasse miséricorde et, dans sa grâce, lui accorde le pardon).

Le lundi, 6 du mois de rebi' Ier (22 avril 1646), mourut mon confrère et ami Seyyid El-Hasen-El-Kâteb-ben-'Ali-ben-Sâlem-El-Ghesnouni. Il fut enterré dans le cimetière de la grande mosquée (Dieu lui fasse miséricorde).

Au mois de redjeb (13 août-12 septembre), si je ne me trompe, mourut, dans la ville de Tendirma, mon confrère et ami, le jurisconsulte Sâlih-ben-Sâïd-Selenki (Dieu lui fasse miséricorde et, dans sa grâce, lui accorde indulgence et pardon!).

Le lundi, 17 du mois de chaouâl (26 novembre 1646), mourut, dans la ville de Bîna, mon beau-père[1], Seyyid 'Ali-ben-Ahmed-El-Idrisi (Dieu, dans sa grâce, lui fasse miséricorde!).

Vers midi, le samedi, 5 du mois sacré de dzou'l-hiddja terminant l'année 1056 (12 janvier 1647), mourut mon serviable ami, le chérif Mohammed, fils du chérif El-Hâdj. Les prières dernières furent dites sur lui après la prière du dohor et il fut enterré dans le cimetière de la grande mosquée (Dieu lui fasse miséricorde, lui accorde indulgence et pardon et nous fasse profiter de ses bénédictions en ce monde et dans l'autre. Amen!).

Entre le coucher du soleil et la nuit, le mercredi, 8 du mois sacré de moharrem, le premier des mois de l'année 1057 (13 février 1647), mourut le pacha Ahmed, fils du pacha 'Ali-ben-Abdallah-Et-Telemsâni. Les prières mortuaires furent dites sur lui dans la matinée du samedi (٢٠١). Il fut

---

1. Gendre ou beau-frère, le mot employé indiquant seulement d'une façon certaine la parenté par alliance.

enterré dans la mosquée de Mohammed-Naḍḍi (Dieu très-haut lui fasse miséricorde!).

Le vendredi, 10 du même mois (15 février), mourut le pacha Mesaʿoud-ben-Mansour-Ez-Zaghri[1]; il était en prison à El-Hadjar, chez le Kirao-Koï.

La nuit qui précéda le 1ᵉʳ du mois de safar (7 mars), mourut le Maghcharen-Koï Abderrahman, connu sous le nom de Aknezer. Il eut pour successeur dans ses fonctions le fils de sa fille, Abou-Bekr-ben-Ourmechta, qui fut nommé par le pacha El-Hayyouni.

Au mois de djomada Iᵉʳ (4 juin-4 juillet 1647), mourut mon fils Mohammed-Eṭ-Ṭayyib pendant qu'il était auprès de sa mère Halima (Dieu fasse pencher la balance en sa faveur. Amen!).

Dans la nuit du vendredi, 9 du mois de dzou 'l-qaʿada (6 décembre 1647), mourut le jurisconsulte Mohammed-Seyyid, fils du jurisconsulte Ahmed-Baba. Il fut enterré au cours de la matinée du lendemain dans le cimetière de Sankoré (Dieu lui fasse miséricorde et lui accorde indulgence et pardon. Amen!).

Le lundi, 15 du mois sacré de moharrem, le premier des mois de l'année 1058 (10 février 1648), mourut, dans la ville de Dienné, mon frère Ahmed, fils de mon père Abdallah-ben-ʿImrân; il fut enterré à la grande mosquée (Dieu lui fasse miséricorde et, dans sa grâce, lui soit indulgent!).

Pendant la nuit du lundi, 16 de chaouâl (3 novembre 1648), mourut, dans la ville de Bîna, mon cher confrère, mon compagnon, mon tendre ami depuis ma prime jeunesse, l'éminent, le vertueux, le jurisconsulte Mahmoud-Koʿti-ben-ʿAli-ben-Ziyâd. Il fut enterré dans cette localité (Dieu, dans sa grâce et sa bonté, lui pardonne, lui fasse miséricorde, lui

---

1. Peut-être faudrait-il lire : Ez-Zaʿeri, en supprimant le point diacritique du ghaïn.

CHAPITRE TRENTE-SIXIÈME

soit indulgent et nous réunisse l'un à l'autre à l'ombre de son trône, au plus haut des degrés du paradis!).

La quatrième nuit de la fête des Sacrifices de l'année 1059 (19 décembre 1649), mourut le cheikh Ibrahim-ben-Mesa'oud-Er-Ra'ouân, mis à mort par le pacha Yahya-ben-Mohammed-El-Gharnâṭi. Il fut enfoui dans les écuries, sans la moindre prière et sans que son corps eût été lavé.

Au mois de redjeb de l'année 1060 (30 juin-30 juillet 1650), mourut le caïd Abdelqâder-ben-Meïmoun-Ech-Chergui ; il fut enterré dans le cimetière de la grande mosquée (Dieu trèshaut, dans sa grâce et sa bonté, lui fasse miséricorde. Amen!).

Dans la nuit du mercredi, 10 du mois de ramadan (6 septembre 1650), mourut, à Gondam, le caïd 'Ali-ben-Rahmoun-El-Monebbehi. Son corps fut porté à Tombouctou où eurent lieu les funérailles le jeudi soir. Les prières dernières furent dites sur lui par le seyyid éminent, le jurisconsulte Mohammed-ben-Ahmed-Baghyo'o-El-Ouankori, près de la mosquée de Mohammed-Naḍḍi, avant la prière du deuxième 'acha et il fut enterré dans le cimetière de la grande mosquée, selon le désir qu'il avait exprimé[1].

Dans la matinée du mercredi, 22 du mois de rebi' Ier de l'année (٣٠٢) 1061 (15 mars 1651), mourut, dans la ville de Dienné, mon frère Abdelmoghîts, le fils de mon père Abdallah-ben-'Imrân ; il fut enterré dans la grande mosquée (Dieu lui fasse miséricorde et, dans sa grâce, lui accorde indulgence et pardon!).

Le 21 du mois de chaouâl (27 octobre 1651), mourut, dans la ville de Dienné, le cadi Ahmed, fils du cadi Mousa-Dâbo. Il avait occupé les fonctions de cadi pendant trente et un ans. Il eut pour successeur son frère Abderrahman, un ignorant, ne sachant rien des questions juridiques.

---

1. La traduction a été faite d'après le ms. C, qui ajoute la fin de ce paragraphe à partir de ces mots : « près de la mosquée, etc. »

Durant la seconde décade du mois de safar de l'année 1062 (22 janvier-1ᵉʳ février 1652), mourut le caïd Mohammed-El-Arbi-ben-Mohammed-ben-Abdelqâder-Ech-Chergui-Er-Râchedi. Il fut enterré dans le cimetière de la grande mosquée pendant la matinée.

Le 27 du même mois (8 février 1652), mourut mon confrère et ami, l'amin, le caïd Belqâsem-ben-'Ali-ben-Ahmed-Et-Temeli. Les prières furent dites après la prière du dohor. Il fut enterré près du tombeau de notre cheikh, le saint, l'éminent, le jurisconsulte, l'amin, Abou-Ahmed, frère du jurisconsulte Abderrahman (Dieu, dans sa grâce et sa bonté, lui fasse miséricorde, et lui accorde indulgence et pardon!).

Vers le moment du dohor, le mercredi, 2 du mois de rebi' II de l'année 1062 (14 mars 1652), mourut le cadi Mohammed-ben-Mohammed-ben-Mohammed-Koraï[1] (Dieu, dans sa grâce et sa bonté, lui fasse miséricorde et lui accorde indulgence et pardon!).

Dans la nuit du mardi, 22 du même mois (2 avril 1652), mourut, dans la ville de Dienné, le cadi Abderrahman; il avait exercé cette magistrature durant environ cinq mois (Dieu lui fasse miséricorde, et, dans sa grâce, lui soit indulgent et lui pardonne!).

Au mois de djomada Iᵉʳ (10 avril-10 mai 1652), les gens de Dienné investirent des fonctions de cadi Mohammed-ben-Merzouq-Moulay-El-Haouâri. Dieu lui fasse la grâce de le maintenir dans la bonne voie!

De bon matin, le jeudi, 2 du mois sacré de dzou'l-hiddja terminant l'année 1062 (5 novembre 1652), mourut notre maître[2] Cha'bân. Les prières dernières furent dites sur lui dans la matinée à la grande mosquée et il fut enterré dans

1. Le ms. C. répète trois fois le nom de Mohammed, ce qui est exact; les autres mss. et l'imprimé ne portent ce nom que deux fois.

2. Ou : « Monseigneur. » Le titre employé ici ne se donne qu'aux souverains ayant régné ou encore aux grands saints de l'Islam.

le cimetière de cette mosquée (Dieu très haut lui fasse miséricorde et, dans sa grâce, lui soit indulgent et lui pardonne!).

Le vendredi, après la prière de l'asr, le premier jour du mois de rebi' Ier de l'année 1063 (30 janvier 1653), mourut le pacha Mohammed-ben-Mohammed-ben-(٢٠٢) 'Otsmân, et, au même moment, mourut son jeune fils. Les prières sur les deux corps furent dites au moment de l'acha après qu'on leur eut creusé une fosse dans la mosquée de Mohammed-Naḍḍi. Mohammed-Baghyo'o, avant de procéder aux prières mortuaires, adressa de vifs reproches au pacha Ahmed-ben-Haddou en lui disant : « A tout instant je vous défends d'enterrer les morts dans cette mosquée et vous ne m'écoutez pas. Les péchés commis ainsi, c'est vous qui en serez responsables. Car un mort est impur et une chose impure ne doit pas pénétrer dans une mosquée. » Cela dit, il procéda à la prière et les deux défunts furent inhumés dans la même fosse.

Dans la nuit du jeudi, 13 du mois de rebi' II (24 mars 1652), mourut la chérifa Khadidja-bent-'Omar-Komo. Les prières furent dites sur elle dans la matinée de vendredi et elle fut enterrée dans le cimetière de la grande mosquée (Dieu très-haut lui fasse miséricorde!).

Le jeudi, entre l'heure du dohor et celle de l'asr, le 6 du mois de chaouâl (10 septembre 1652), mourut ma mère Fatma-bent-El-Hasen-El-Haouṣiya[1]. Je récitai l'office sur elle après la prière du coucher du soleil près de la grande mosquée. Elle fut enterrée auprès de mon père (Dieu très-haut leur fasse miséricorde à tous deux, leur accorde indulgence et pardon, illumine leur mausolée, leur assure une généreuse demeure dernière en les faisant habiter aux plus hauts degrés du paradis. Qu'il ne leur demande aucun compte, ni aucune expiation, en l'honneur des mérites de notre seigneur

---

1. C'est-à-dire : originaire du Haousa.

Mahomet. Que Dieu répande sur lui ses bénédictions et lui accorde le salut!).

Dans la soirée du mercredi, au moment du coucher du soleil, le 6 du mois de dzou 'l-hiddja, achevant l'année 1063 (28 octobre 1653), mourut ma sœur Ḥafṣa-Tâʿo-bent-Abd-allah-ben-ʿImrân. Je fis les prières sur elle après la prière de l'acha et elle fut enterrée auprès du tombeau de notre père (Dieu lui fasse miséricorde et lui soit indulgent. Amen!).

CHAPITRE XXXVII

LISTE PAR ORDRE CHRONOLOGIQUE DES PRINCIPAUX FONCTIONNAIRES DE DIENNÉ ET DE TOMBOUCTOU, DEPUIS L'OCCUPATION MAROCAINE JUSQU'A L'ANNÉE 1653.

Nous venons de terminer ce que nous voulions dire de tous les récits qu'il nous a été possible de recueillir au sujet des princes de Songhaï. Nous y avons ajouté quelques renseignements sur Qaïamagha, sur les gens du Melli, sur les princes de Dienné, sur l'origine de cette ville et sur celle de Tombouctou en indiquant les princes qui y ont régné (٢٠٤) et aussi sur la dynastie ahmédienne, hachémite, mansourienne et molouyenne[1]. Nous avons encore parlé des ulemas, des saints. Nous avons fait connaître la biographie, la vie et la conduite de tous ces personnages, leurs expéditions militaires, les combats qu'ils ont livrés, leurs annales, la date de leur mort, ainsi que la date de la mort des principaux personnages de ces pays, nos amis, nos confrères et nos parents. Enfin à tout cela nous avons ajouté ce qui s'y rattachait de l'histoire des princes foulânes du Mâsina et des

1. Autrement dit : les souverains de l'empire du Maroc.

CHAPITRE TRENTE-SEPTIÈME

Touareg, depuis leur origine jusqu'à ce jour qui est le lundi, 4 du mois sacré de dzou 'l-hiddja terminant l'année 1063 (26 octobre 1653).

Aujourd'hui le pacha qui exerce le pouvoir est Ahmed-ben-Haddou-ben-Yousef-El-Adjenâsi. Celui qui occupe le rang de prince du Songhaï à Tombouctou est l'askia El-Hâdj-Mohammed, fils de l'askia Mohammed-Benkan, fils du Balama' Mohammed-Eṣ-Ṣàdeq, fils de l'askia Daoud, fils du prince Askia-El-Hâdj-Mohammed-ben-Abou-Bekr. Le personnage qui est actuellement le prince des noirs[1] dans la ville de Dienné est le Djinni-Koï Abou-Bekr, que les nègres dans leur langage appellent Ankaba'la ; il est le fils du Djinni-Koï Mohammed-Benba, fils du Djinni-Koï Isma'ïl. Il s'est révolté contre les gens du Makhzen de Dienné et il a gagné la campagne. En ce moment nous ne savons pas ce qu'il adviendra de cette affaire. Puisse Dieu arranger les choses de la meilleure façon !

Celui qui occupe le premier rang chez les Foulânes du Màsina est le Fondoko Hammedi-Amina, fils du Fondoko Abou-Bekr-Yâm, fils du Fondoko Hammedi-Amina.

Maintenant je vais donner, par ordre chronologique, la liste des caïds et des hâkem de la ville de Dienné ; celle des cadis, imams et des chefs des Touareg à Tombouctou depuis le moment de l'arrivée de l'armée marocaine jusqu'à la date de ce jour. Les événements, qui surviendront ensuite, je les consignerai, s'il plaît à Dieu, de la même façon que je l'ai fait pour tout ce qui a précédé, si je suis encore de ce monde. Je demande à Dieu le très-haut que, dans sa grâce et sa bonté, il m'accorde son appui et son aide (٣٠٠).

Le premier hâkem de la ville de Dienné, après l'arrivée

---

1. Ainsi qu'on le voit, par ce passage, le Djinni-Koï représentait l'ancien chef de Dienné avant la conquête marocaine. Son autorité s'exerçait sur toute la population indigène. Quant aux étrangers au pays, ils étaient administrés par le hâkem.

de l'armée marocaine, fut 'Ali-El-'Adjemi, qui était un des officiers[1] supérieurs de l'aile droite de l'armée du pacha Djouder. Il eut pour successeur le caïd Mâmi-ben-Berroun qui exerça ces fonctions lorsqu'il vint de Tombouctou pour chasser le Bâghena-Fâri Bokar, vers le milieu de l'année 1000 (19 octobre 1591-8 octobre 1592). Il conserva cette magistrature pendant deux années entières; il tira des impôts[2] de cette ville une somme considérable qui s'éleva, dit-on, pour une seule année, à 60.000 pièces d'or.

Le sultan Maulay Ahmed-Edz-Dzehebi donna ensuite l'ordre à Mâmi de se rendre à Merrâkech et de remettre les fonctions de hâkem de Diénné à Bâqàs-Ed-Der'i. Mâmi se rendit à Merrâkech avec une quantité considérable d'or. Quant à Bâqàs, il conserva ses fonctions neuf mois, après quoi il mourut.

Le pacha Djouder nomma Bâ-Reḍouân hâkem lorsque le sultan Maulay Ahmed eut partagé le Soudan entre Djouder et entre le caïd Mansour-ben-Abderrahman. Djouder nomma alors à l'office de hâkem du pays, tandis que Mansour nommait aux fonctions militaires. Ensuite le sultan décida de confier les fonctions de hâkem à Seyyid Mansour et Bâ-Reḍouân fut alors destitué. Puis, quand le pacha Seliman vint au Soudan, il destitua Seyyid Mansour et rendit les fonctions de hâkem à Bâ-Reḍouân qui les exerça donc deux fois.

Bâ-Reḍouân ayant été de nouveau destitué, la fonction de hâkem fut donnée à Ben-Borhom-Ed-Der'i qui fut remplacé à sa mort par El-Arbi-ould-Moumo. Ce dernier nom était celui de sa mère, car il était fils d'une négresse[3] de Tombouc-

---

1. Le mot traduit par officier est le mot bachouṭ.
2. Le mot *kharadj*, employé ici, peut s'appliquer à la fois à l'impôt foncier et à l'impôt de capitation.
3. Mot à mot : c'était un mulâtre de Tombouctou.

CHAPITRE TRENTE-SEPTIÈME

tou. Sa lignée du côté paternel remontait à un Chebbâni[1] qui avait suivi les troupes du Makhzen; il avait rendu des services au Makhzen, et s'était élevé peu à peu à une haute situation. Le pacha Seliman, après avoir fait de lui le hâkem de Tombouctou, lui donna les mêmes fonctions à Dienné. Il n'y resta que quarante jours, après quoi il mourut ensorcelé suivant les uns, victime du mauvais œil suivant d'autres. C'était un homme au teint brun, de belle apparence, haut de taille et solide de corps.

Les fonctions de hâkem furent alors attribuées au tyran, au débauché Ahmed-El-Bordj ; il les conserva jusqu'à l'arrivée du pacha Mahmoud-Lonko qui le destitua à cause de ses iniquités et de sa tyrannie, et lui donna pour successeur Mansour-Es-Sousi. Elles furent ensuite (٢٠٦) données personnellement[2] par le sultan Maulay Abou-Fârès à Merrâkech au caïd Ahmed-ben-Yousef-El-'Euldji qui, revenant au Soudan, révoqua Mansour et prit possession de son poste qu'il garda jusqu'en l'année 1019 (26 mars 1610-16 mars 1611). A ce moment le caïd 'Ali-ben-Abdallah-Et-Telemsâni vint dans la ville de Dienné ; il révoqua le hâkem pour mettre à sa place le thâleb Mohammed-El-Belbâli ; en même temps il nomma aux fonctions de caïd de la ville[3] Ahmed-ben-Bou-Sa'ïd qui, trois mois après, fut atteint d'aliénation mentale et quitta ce poste, tandis que El-Belbâli conservait le sien pendant sept mois ; il fut alors révoqué, puis 'Ali-ben-Sinân fut nommé caïd et El-Belbâli reprit ses fonctions de hâkem une deuxième fois, quand 'Ali-ben-Sinân eut été à son tour révoqué. Il

---

1. C'est-à-dire originaire de la tribu des Chebbâna, tribu marocaine bien connue.
2. Auparavant les nominations des hâkems avaient été faites par le pacha lui-même sans l'intervention du souverain marocain. Il semble qu'il s'agit ici d'un cas isolé.
3. Le caïd d'une ville était le chef militaire de cette ville; mais le titre de caïd seul était un simple grade dans l'armée.

conserva alors ce poste environ cinq ans, tout le temps que le pacha ʿAli-ben-Abdallah fut au pouvoir.

Lorsque Ahmed-ben-Youssef fut nommé pacha il révoqua El-Belbâli et nomma à sa place Ahmed-Bella qui ne réussit pas dans ce poste et fut révoqué au bout de sept mois. Il nomma Mellouk-ben-Zergoun caïd; celui-ci fut destitué de cet emploi par le pacha Haddou, qui nomma alors caïd des troupes Abdallah-ben-Abderrahman-El-Hindi tandis qu'il investissait Mellouk-ben-Zergoun des fonctions de hâkem. Ces deux fonctionnaires demeurèrent ainsi jusqu'à l'avènement au pouvoir du pacha Mohammed-El-Mâssi. A ce moment le caïd Abdallah se révolta contre le pacha au point qu'il faillit y avoir une véritable révolution; Dieu heureusement étouffa ce feu, mais le pacha révoqua le caïd ainsi que le hâkem Mellouk.

Les fonctions de hâkem furent confiées par le pacha Mohammed à ʿAli-ben-ʿObeïd et cela au moment de ces jours critiques et pénibles qui suivirent la famine qui venait de se produire. Le hâkem éprouva de graves difficultés dans sa gestion, mais grâce à son zèle et à ses efforts il arriva au bout de six mois à payer en entier les appointements des troupes et à leur fournir leurs vivres. Cela fait, il demanda son changement que le pacha El-Mâssi lui accorda. Yousef-ben-ʿOmar-El-Qasri fut ensuite nommé caïd; après être resté à ce poste une année, quatre mois et vingt jours, il arriva à la dignité suprême[1] à Tombouctou, grâce à la volonté du Créateur à qui appartiennent la puissance et la volonté.

Aussitôt élevé au rang de pacha, Yousef nomma le caïd Mellouk caïd de Dienné. Après avoir conservé ces fonctions pendant une année complète, Mellouk fut destitué et rem-

---

1. Au pachalik.

CHAPITRE TRENTE-SEPTIÈME

placé par le caïd Ibrahim-ben-Abd-(٣٠٥)el-Kerim-El-Djerràr[1] au moment où le caïd Mellouk venait d'achever une période d'une année, c'est-à-dire au mois de rebi' Ier de l'année 1034 (12 décembre 1624-11 janvier 1625). Ibrahim demeura deux ans en fonctions et fut destitué au mois sacré de moharrem de l'année 1036 (22 septembre 1626-12 septembre 1627).

'Ali-ben-'Obeïd fut de nouveau nommé hâkem et occupa ces fonctions pendant huit mois. Le caïd Yousef fut dépossédé de sa dignité de pacha et remplacé par le caïd Ibrahim-ben-Abdelkerim-El-Djerràr, au mois de cha'ban de l'année 1036 (17 avril-16 mai 1627). Le nouveau pacha destitua aussitôt 'Ali-ben-'Obeïd et le remplaça par Seyyid Mansour, fils du pacha Mahmoud-Lonko. Seyyid Mansour mourut dans la nuit du lundi, 12 du mois de cha'ban de l'année 1037 (15 juin 1628), étant encore en fonctions.

A la fin de ce mois, le pacha Ibrahim-El-Djerràr, ayant été déposé, fut remplacé par le pacha Ali-ben-Abdelqâder ; celui-ci replaça Ali-ben-'Obeïd comme hâkem de Dienné. Ali conserva ses fonctions durant sept mois ; puis, à la suite d'un vif dissentement qui s'éleva entre lui et le pacha, il fut destitué, au mois de rebi' Ier de l'année 1038 (29 octobre 28 novembre 1628). A cette date, le caïd Mellouk-ben-Zergoun fut réintégré dans les fonctions de hâkem, puis destitué et remplacé par l'ex-pacha Ibrahim-ben-Abdelkerim-El-Djerràr, lorsque celui-ci revint de la province qui porte le nom de Sonfontir[2] chez les Foulànes; mais, peu après, il mourut et il fut remplacé par Mellouk-ben-Zergoun qui de-

---

1. Ailleurs on trouve deux autres orthographes : *El-Djerâr* et *El-Djerràri*. Plus haut j'avais adopté *El-Djerdri*, mais à la fin de l'ouvrage on ne rencontre plus que la forme *El-Djerràr*.

2. Le ms. C. écrit : « El-mo'atir ». On ne dit pas si Ibrahim était réfugié à Sonfontir ou s'il était gouverneur du district de ce nom.

meura en fonctions jusqu'à la déposition du pacha et la mort de celui-ci.

Mellouk fut de nouveau destitué par le pacha So'oud qui nomma le caïd Ahmed-ben-Hammou-ben-'Ali-Ed-Der'i. Ce dernier ayant été l'objet de nombreuses plaintes de la part de la population qui avait eu à souffrir de sa tyrannie, de son oppression et de ses exactions, le pacha Sa'ïd-ben-'Ali-El-Mahmoudi le destitua et mit à sa place le caïd Mohammed-ben-El-Hasen-Et-Tàrezi-Et-Torki. Celui-ci fut révoqué par le pacha Mesa'oud-ben-Mansour-Ez-Za'eri et remplacé par le caïd 'Ali-ben-Rahmoun-El-Monebbehi.

Révoqué à son tour, 'Ali fut remplacé comme hâkem par Abdelkerim-ben-El-'Obéïd-Ed-Der'i qui, après révocation, céda la place au caïd Abdallah, fils du pacha Ahmed-ben-Yousef. Le pacha Mohammed-ben-'Otsmân révoqua Abdallah et lui donna pour successeur le caïd Mohammed-ben-Ibrahim-Chimirro (٣٠٨) qui fut révoqué par le pacha Yahya-ben-Mohammed-El-Gharnâṭi. Ce dernier nomma alors le caïd Abdelqâder, fils du caïd Mellouk; puis, celui-ci étant mort sept jours après sa nomination, ce fut Abdelkerım-ben-El-'Obeïd qui reprit de nouveau ces fonctions. Destitué de nouveau par le pacha Ahmed, fils du pacha Haddou-ben-Yousef-El-Adjenâsi, ce fut le caïd 'Ali-ben-Abdelaziz-El-Feredji qui lui succéda et actuellement il est encore en fonctions.

Le premier cadi nommé par les Marocains[1] à Tombouctou fut le cadi Mohammed-ben-Ahmed, fils du cadi Abderrahman. Ce fut le pacha Mahmoud-ben-'Ali-ben-Zergoun qui l'éleva à ce poste après l'arrestation des enfants de Seyyid Mahmoud (Dieu lui fasse miséricorde!). Mohammed avait cinquante ans quand il fut nommé et il mourut à soixante-cinq ans; il resta donc en fonctions quinze ans.

---

1. Au début, le gouvernement marocain n'était pas intervenu dans le choix des cadis, ni, en général, dans celui des autres chefs religieux indigènes.

Son successeur fut le cadi Mohammed-ben-Anda-Ag-Mohammed-ben-Ahmed-Boryo-ben-Ahmed, fils du cadi Anda-Ag-Mohammed. Sa nomination fut faite par le pacha Mahmoud-Lonko. Il avait soixante ans quand il fut nommé et il mourut à l'âge de soixante-quatre ans, ayant donc exercé sa magistrature pendant quatre ans.

Son frère, le cadi Seyyid Ahmed-ben-Anda-Ag-Mohammed, fut nommé à sa place par le pacha Mahmoud-Lonko également. Il était alors âgé de cinquante ans. Il mourut à soixante-dix-sept ans, après être resté cadi pendant ving-sept ans.

Le cadi, qui vint ensuite, fut nommé par le pacha Abderrahman, fils du caïd Ahmed-ben-Sa'doun-Ech-Chiâdemi ; il se nommait Mohammed-ben-Mohammed-ben-Mohammed-Koraï. Il était alors âgé de cinquante ans et comme il mourut à l'âge de soixante-sept ans, il demeura donc en fonctions dix-sept ans.

Après lui le pacha Ahmed, fils du pacha Haddou, nomma cadi Abderrahman, le fils du jurisconsulte Ahmed-Mo'yâ ; il avait à ce moment soixante-treize ans et c'est encore lui qui exerce aujourd'hui les fonctions de cadi.

Le premier cadi nommé par les Marocains à Dienné fut Ahmed-El-Filâli ; ses successeurs furent d'abord : le cadi Moueddeb-Mousa-Dâbo ; puis le cadi juste Ahmed-Terouari ; puis, le cadi Sa'ïd (٢٠٩) ; puis le cadi Ahmed-Dâbo ; puis, son frère Abderrahman-Dâbo et enfin le cadi Mohammed-ben-Merzouq-Maulay-El-Haouârî qui est aujourd'hui encore en fonctions.

Le premier imam nommé par les Marocains à la grande mosquée de Tombouctou fut l'imam Mahmoud, fils de l'imam Seddiq. Il fut investi de ces fonctions par le cadi Mohammed-ben-Ahmed, fils du cadi Abderrahman après la mort de son frère, l'imam Ahmed, le lundi, 25 du mois de ramadan de l'année 1005 (12 mai 1597). Le cadi donna par lettre avis de cette nomination au pacha Djouder, qui à ce moment se trouvait à la tête de ses troupes à Asafaï, et qui l'approuva. Cet imam, qui avait alors soixante-dix-ans, garda ses fonctions vingt-six ans, car il mourut âgé de quatre-vingt-seize ans.

L'imam qui lui succéda fut l'imam Abdesselam-ben-Mohammed-Doko-El-Foulàni. Nommé en l'année 1032 (5 novembre 1622-25 octobre 1623), il resta en fonctions quatre ans, le caïd étant alors Yousef-ben-'Omar et le cadi Seyyid Ahmed.

A sa mort, Abdesselam fut remplacé par l'imam Seyyid 'Ali-ben-Abdallah-Siri, fils de l'imam Seyyid 'Ali-El-Djezouli, au mois de redjeb, si je ne me trompe, de l'année 1035 (avril 1626). Il resta seize ans et sept mois en fonctions et mourut dans la matinée du lundi, 14 du mois sacré de moharrem de l'année 1052 (13 avril 1642). Il eut alors pour successeur l'imam Mohammed-El-Oudi'a, fils de l'imam Mohammed-Sa'ïd, fils de l'imam Mohammed-Kidâdo-El-Foulàni ; il occupe ce poste aujourd'hui.

Le premier askia ou haut personnage nommé à Tombouctou par les Marocains fut l'askia Selimàn, fils de l'askia Daoud. Cette nomination eut lieu lorsque Bokar-Kìchà'a-ben-El-Foudoko-ben-Faran-'Omar-Komzàgho abandonna les gens du Songhaï pour se réfugier auprès du pacha Mahmoud-ben-Zergoun. Il fut le premier personnage songhaï qui se réfugia auprès des Marocains. Comme le pacha Mahmoud lui proposait de le nommer askia, Bokar répondit qu'il n'était pas digne de ces fonctions. Puis, comme Seliman s'était réfugié aussi chez les Marocains, le pacha dit : « Voilà un askia. » De même, un peu plus tard, lorsqu'il apprit que Bokar-Konbou-ben-Ya'qoub était en prison, le pacha Mahmoud le fit mettre en liberté, et quand il arriva auprès de lui, il lui dit : « Voilà un Kormina-Fâri. » Quant à Bokar-Kîchâ'a, il en fit un Binka-Farma. Ce fut ainsi que ces trois fonctionnaires furent investis de leurs fonctions.

Après l'askia Seliman, vint l'askia Haroun, fils de Askia-El-Hâdj, puis l'askia Bokar-ben-Ya'qoub, puis l'askia El-Hâdj-ben-Bokar-Kîchâ'a; puis l'askia Mohammed-Benkan, fils du Balama' Mohammed-Eṣ-Ṣâdeq, puis l'askia 'Ali-Zolaïl, fils de Bokar-Kîcha'a. Ce dernier, ayant été destitué, fut remplacé par l'askia Mohammed-Benkan dont il a été question ci-dessus; il conserva ses fonctions jusqu'à sa mort et fut remplacé par son fils, l'askia El-Hâdj-Mohammed[1].

Le premier Kormina-Fâri nommé par les Marocains fut Bokar dont on a parlé ci-dessus; il resta en fonctions environ dix-sept ans. Il eut pour successeur El-Hâdj-ben-Bokar-Kîcha'a qui demeura à ce poste douze ans; Mohammed-Benkan, fils du Balama' Mohammed-Eṣ-Ṣâdeq qui conserva ses fonctions trois ans moins un mois; Abderrahman-ben-Bokar-Kîcha'a qui resta dans cet emploi jusqu'à sa mort ainsi que son successeur 'Omar; puis Daoud, fils de l'askia Bokar-ben-Ya'qoub, qui fut révoqué à cause de ses turpitudes, et enfin Daoud, fils de l'askia Haroun, aujourd'hui encore en fonctions.

Le premier Balama' fut Haroun, fils de l'askia El-Hâdj qui exerça ses fonctions tant que vécut l'askia Seliman. Ensuite vint Mohammed-Bâno-ben-Mohammed Heïko, fils du Faran 'Omar-Komzâgho. Après être resté en fonctions environ six ans, Mohammed-Bâno, pris par les gens du Songhaï lors de l'expédition du Dendi-Fâri, fut emmené auprès de l'askia Haroun-Denkatyâ à Loulâmi où il resta jusqu'à sa mort. Après Mohammed-Bâno vint Mârenko; puis Bokar-ould-Fâma' qui fut révoqué à cause de ses vilenies; puis, Mohammed-Benkan, fils de Mohammed-Eṣ-Ṣâdeq; puis, Abderrahman-ben-Bokar-Kîcha'a, puis, son frère 'Ali-Zolaïl

---

1. Le ms. C donne Mohammed-Benkan, ce qui est une erreur.

(٣١١) ; puis, le fils de son frère ʿOmar-ben-El-Hâdj qui mourut lors de l'expédition de Loulàmi ; puis, El-Hâdj, fils de l'askia[1] Haroun, qui fut tué par les Touareg durant une expédition près de Donkoï[2] ; enfin, Ishaq, fils de l'askia Bokar, qui est aujourd'hui encore en fonctions.

Benka-Farma. — Le premier fut Bokar-Kîchâʿa qui n'occupa pas longtemps ces fonctions. Il eut pour successeur son fils El-Hâdj qui garda cet emploi environ quinze ans. Après lui Zâdo[3]-ben-Yaʿqoub, fils du prince Askia-El-Hâdj, fut Benka-Farma pendant plus de vingt ans. Il eut pour successeur : Mohammed-ben-El-Hâdi, fils de l'askia Daoud ; puis, El-Hâdj-Mohammed, fils de l'askia Mohammed-Benkan ; puis, Daoud, fils de l'askia Haroun ; puis Bâno[4] ; enfin, Mohammed-Es-Sâdeq, fils de l'askia Mohammed-Benkan, aujourd'hui encore en fonctions.

Askia. — Les askia de Dendi depuis l'arrivée de l'armée marocaine ont été : tout d'abord Askia-Nouh qui conserva le pouvoir sept ans sans goûter un seul mois de repos, occupé qu'il fut à guerroyer et à combattre. Comme il prolongeait son absence loin de sa famille et des siens, les gens du Songhaï, ennuyés de son éloignement continuel, le déposèrent et nommèrent à sa place son frère l'askia El-Mostafa, fils de Askia-Daoud. Le nouvel askia donna l'ordre à son frère Mohammed-Sorko-Idji, fils de Askia-Daoud, de se mettre à la poursuite de Nouh et de l'expulser du royaume. Mais Mohammed-Sorko, qui était parti avec l'élite des troupes, se révolta contre El-Mostafa et le déposa pour prendre sa place d'askia. Il ne la garda pas bien longtemps. Une cer-

---

1. Le ms. C ajoute : Bokar.
2. Le texte ne permet pas de distinguer sûrement si le mot Donkoï est un nom de personne ou un nom de localité.
3. Suivant les voyelles du ms. C il faudrait lire : Zoodo.
4. Le nom de Bâno ne figure pas dans le ms. C ; il ajoute le mot Balamaʿ devant : Mohammed-Es-Sâdeq.

taine nuit il entendit les voix d'enfants qui jouaient et s'imagina que c'étaient les gens du Songhaï qui se soulevaient contre lui. Aussitôt il quitta la ville et s'enfuit.

Haroun-Denkatyâ, fils de Askia-Daoud et frère de l'askia précédent, fut élu à sa place. Ce fut sous son règne que le Dendi-Fàri Bàro vint à Dienné et livra combat aux Marocains près du mont Kora. Il mourut pendant qu'il était au pouvoir.

El-Amin, fils de Askia-Daoud, lui succéda comme askia et reçut le serment d'obéissance de ses sujets. C'était un prince béni qui porta bonheur à son peuple. Il l'administra de la meilleure façon et son règne fut une ère de paix, d'abondance et de bien-être général. Toutefois une famine se produisit qui dura six (٣١٢) mois. Il s'occupa à ce moment des faibles et des malheureux et pourvut à tous leurs besoins tant que dura la disette. Chaque jour il égorgeait huit têtes de bétail[1], quatre le matin et quatre le soir, dont il distribuait la viande en même temps que 200.000 cauries. Il avait affecté aux pauvres mille vaches laitières dont il leur répartit également le lait jusqu'au moment où Dieu fit cesser leurs maux.

Ce prince fit des expéditions au cours desquelles Dieu lui fit acquérir de nombreuses richesses. Il conserva le pouvoir pendant sept ans jusqu'au moment où il mourut et laissa le trône au fils de son frère, l'askia Daoud-ben-Mohammed-Bâno[2], fils de Askia-Daoud. Il régna pendant vingt-deux ans. Ce fut un prince tyrannique, débauché, aimant à répandre le sang; il fit périr de ses proches et des chefs de son armée un nombre tel que Dieu seul peut le connaître. Il ne passait pas un jour sans faire mettre à mort quelqu'un. Il ne fit au-

---

1. Le texte porte دواس dans les ms. A et B et دواش dans le ms. C. Les dictionnaires ne donnent pas ce mot qui paraît désigner des bœufs.
2. Dans le ms. C il y a Bâbo, ce qui est une erreur évidente.

cune expédition, pas même une seule, et affaiblit ainsi ses sujets si bien qu'il faillit causer leur ruine[1]. Ayant eu dessein de faire périr son frère Isma'īl, celui-ci, prévenu de ce projet, s'enfuit à Tombouctou, et demanda assistance aux Marocains pour combattre son frère. Le pacha Sa'ïd-ben-'Ali écrivit aux gens de Kàgho de lui fournir un renfort de soldats marocains; Isma'īl marcha donc contre son frère, le chassa du trône et prit sa place. Mais, déposé par le pacha Mesa'oud-ben-Mansour en pleine expédition, il dut prendre la fuite.

Le pacha nomma askia Mohammed-ben-Anasa[2], fils de Askia-Daoud, mais, à peine le pacha était-il rentré que l'askia Mohammed fut déposé par les gens du Songhaï qui mirent à sa place l'askia Daoud, fils de Mohammed-Sorko-Idji, fils de Askia-Daoud; puis ils déposèrent ce dernier qui s'enfuit à Tombouctou et le remplacèrent comme askia par Mohammed-Boryo, fils de Haroun-Denkatyà, fils de Askia-Daoud. L'askia Isma'īl revint alors avec des troupes considérables pour combattre Mohammed-Boryo et celui-ci s'enfuit à Kàgho pour y demander des secours. Mais les gens du Songhaï se hâtèrent de nommer un askia nouveau Màr-Chindin, fils du Fàri-Mondzo Hammâd, fils du Balama' Hàmed, fils de Askia-Daoud.

Boryo revint alors de Kàgho avec les troupes qu'il y était allé chercher; il avait avec lui A'àl-Ed-Doumesî accompagné de son armée. On en vint aux mains avec Isma'īl. Boryo périt dans le combat, mais ensuite Isma'īl fut tué et ses troupes battues. Les gens du Songhaï déposèrent ensuite Màr-Chindin et élevèrent au rang d'askia Nouḥ-ben-El-Mostafa (٣١٢), fils de Askia-Daoud. Puis ils le déposèrent et

---

[1]. Il ne faut pas oublier que ces expéditions étaient pour beaucoup de gens une source normale de profits.

[2]. La lecture normale de ce nom semblerait devoir être Anas, mais la voyelle finale *a* est marquée dans les ms. A et B.

choisirent pour askia Mohammed-El-Borko, fils de Daoud-ben-Mohammed-Bâno. Ils le remplacèrent ensuite par son frère l'askia El-Hâdj. Ensuite Isma'ïl-ben-Mohammed-Sorko-Idji, qui était allé à Tombouctou avec son frère l'askia Daoud, revint, déposa El-Hâdj et prit la couronne. Enfin son frère Daoud, étant lui-même revenu de Tombouctou, le déposa à son tour et s'empara du pouvoir qu'il exerce encore aujourd'hui.

Sultans des Touareg. — Le premier des sultans des Touareg Maghcharen, qui fut nommé par les Marocains, était Aousenba-ben-Mohammed[1]-Alîm-ben-Aklenqi. Ce Mohammed-Alîm-ben-Aklenqi avait eu quatre fils : El-Hâdj-Mahmoud-Bîr, le mari de Bati, Mohammed, Abou-Bekr et Aousenba. Ces enfants avaient été élevés à Tombouctou et étaient considérés comme des citoyens de cette ville. Mahmoud-Bîr accomplit le pèlerinage à La Mecque, tandis que Abou-Bekr s'adonnait à l'étude de la science. Quant à Aousenba, il fut élevé dans la maison des enfants de Seyyid Mahmoud dès son plus jeune âge afin de s'y livrer à l'étude.

Aousenba en vint aux plus vilains procédés à l'égard de cette famille qui l'avait élevé. Dieu nous préserve d'un pareil sort! Il fut plus tard son ennemi acharné ; il combattit contre elle lors de la sédition du caïd El-Mostafa-Et-Torki ; il ruina cette maison, troquant ainsi sa part de l'autre monde contre les biens d'ici-bas. Aussi fut-il placé à la tête des Touareg lorsque le Maghcharen-Koï Akmaḍol[2] refusa de se soumettre aux Marocains. Plus tard le pacha Mahmoud-ben-Zergoun étant venu à Binka, Aousenba lui dit qu'il désirait confier à son fils Aknezer le commandement des Touareg qui se trouvaient à Ras-el-Ma et ne garder pour lui que l'au-

---

1. Le texte imprimé ajoute ici le mot : « ben » qui ne figure plus dans l'orthographe du nom donné plus loin.
2. Ou : Ag-Maḍol.

torité sur les Touareg placés dans la région de l'est[1]. Le pacha accepta cette combinaison; il partagea le tribut de 1.000 mitsqal que payaient les Touareg en deux parts de cinq cents mitsqal et en imposa une à chacun des chefs des deux nouvelles fractions.

Lorsque Aousenba mourut il eut pour successeur le fils de sa sœur Moudi; puis Mahmoud-Keïna; puis Ormacheta, puis El-Mokhtar; puis Mahmoud-ben-Mohammed-ben-Oustefen qui est aujourd'hui le chef de cette fraction des Touareg.

Quant à Aknezer qui resta chef des Touareg jusqu'en 1009 (13 juillet 1600-2 juillet 1601), il fut révoqué par le pacha Seliman lorsque celui-ci eut jeté en prison Haddou-ben-Yousef-El-Adjenàsi qui était le gouverneur général à cette époque. Seliman nomma alors sultan des Touareg le frère d'Aknezer, Bendjek; celui-ci resta à ce poste une année; puis, comme il était incapable de s'y maintenir, le pacha le remplaça par Aknezer qui revint ainsi au pouvoir.

Voici la raison qui avait fait jeter en prison Haddou, dont il vient d'être parlé. Il avait été nommé gouverneur général[2] par le pacha Djouder et commandait à tous les gouverneurs qui étaient au nombre de onze. Il était chargé de percevoir des mains des gouverneurs l'impôt du sol (ر ي ك). Djouder avait beaucoup d'estime et d'affection pour Haddou.

Des intrigants allèrent trouver le pacha et lui rapportèrent que le gouverneur général Haddou avait gardé par devers lui l'impôt du sol pendant une période de sept années, en disposant comme il lui plaisait, sans que Djouder lui eût demandé une seule fois de rendre des comptes.

---

1. Je traduis le mot قبلة avec la valeur qu'il a d'ordinaire au Soudan; nord-est serait plus exact. Ailleurs ce mot, comme on sait, désigne le sud.

2. Cette fonction était au-dessous de celle du pacha, ce dernier étant seul le chef suprême.

Seliman fit venir alors Haddou et lui demanda si les gouverneurs lui avaient remis l'impôt. Il répondit que tous lui en avaient fait la remise intégrale, que cet argent était entre ses mains et qu'il leur en avait donné décharge. Il agit ainsi pour éviter aux gouverneurs tout désagrément de la part de Seliman. Puis, rentré chez lui, Haddou envoya au pacha un cadeau de 600 mitsqal d'or, quatre femmes de haute valeur[1] qu'il avait achetées deux cents mitsqal et quatre pièces de *berenbâl*[2] qu'il avait achetées 160 mitsqal. Ce cadeau fortifia les soupçons du pacha qui fit mettre Haddou en prison et ne lui rendit la liberté qu'après que celui-ci lui eût donné 5.000 mitsqal[3].

Aknezer conserva ses fonctions de sultan[4] jusqu'à l'époque du gouvernement du pacha Mohammed-El-Mâssi. A ce moment il fut arrêté et destitué par le caïd Enbârek[5] qui lui prit tous ses biens. Son successeur fut Tadkemmert. Mais, lors de la mort d'Enbârek, le pacha Mohammed rendit à Aknezer ses fonctions dans le courant du mois de rebi' Ier, mois pendant lequel mourut ce pacha. Il demeura au pouvoir jusqu'en l'année 1057 (6 février 1647-27 janvier 1648), époque à laquelle il mourut. En y comprenant la durée des règnes de Bendjek et de Tadkemmert, Aknezer était resté au pouvoir environ cinquante-quatre ans. Le pacha Hamîd[6]-El-Hayyouni lui donna pour successeur le fils de sa fille, Abou-Bekr-ben-Ourmacheta, qui est encore aujourd'hui en fonctions.

1. Le mot عاليات du texte imprimé signifie « élevées » ; mais je traduis comme s'il y avait غاليات.
2. J'ignore le sens de ce mot et sa prononciation exacte.
3. Cette somme pouvait être un cadeau ou un équivalent de l'impôt foncier non remis par Haddou.
4. C'est-à-dire : sultan des Touareg.
5. C'est la forme vulgaire du nom Mobârek, à ce que je crois. En Algérie on prononce Embârek.
6. Ou peut-être : Homeïd.

Ici, grâce à Dieu et à son bienveillant appui, se termine ce recueil qui a été achevé à la date du mardi, 5 du mois sacré de dzou 'l-hiddja terminant l'année 1063 (27 octobre 1653). Louange à Dieu, le Maître des mondes ; c'est sur lui que je compte et quel excellent appui il est.

CHAPITRE XXXVIII (٣١٥)

ÉVÉNEMENTS QUI S'ACCOMPLIRENT DE L'ANNÉE 1064 A L'ANNÉE 1066 DE L'HÉGIRE (1654 et 1655)

Louange au Dieu unique. Parmi les événements, qui eurent lieu après la date que je viens d'indiquer, figure le retour au pouvoir du Djinni-Koï Mohammed-Kanbara ; il fut nommé lorsque les gens de Dienné eurent perdu tout espoir de venir à bout de son frère qui s'était révolté, le samedi, 9 du mois de dzou 'l-hiddja terminant l'année 1063 (31 octobre 1653).

Le mardi, 12 de ce mois (3 novembre 1653), deux officiers supérieurs, l'un appartenant à l'aile droite, l'autre à l'aile gauche, arrivèrent à Tombouctou pour se plaindre du Djinni-Koï rebelle et demander, au nom des gens de Dienné, des renforts pour le combattre. Le lundi, 17 du mois de moharrem de l'année 1064 (8 décembre 1653), le pacha Ahmed, fils du pacha Haddou, qui occupait le pouvoir à cette époque, envoya une colonne de secours à Dienné et confia le commandement de ces troupes aux deux lieutenants-généraux en sous-ordre, le lieutenant général Mohammed-El-Arbi, fils du pacha 'Ali-ben-Abdallah, et le lieutenant-général Sa'ïd-ben-Ahmed-Aṣaḥ[1]. Les renforts partirent

---
1. L'orthographe de ce mot n'est pas certaine.

CHAPITRE TRENTE-HUITIÈME

à la date indiquée ci-dessus et prirent place dans des embarcations, car à ce moment les eaux du Fleuve étaient hautes.

Le mercredi, dans la nuit du 10 du mois de safar de cette même année (31 décembre 1653), la crue atteignit Ma'doko. C'était le 25 décembre, sous le gouvernement du pacha Ahmed-ben-Haddou.

Le lundi, 21 du mois de rebi' Ier de cette même année (9 février 1654), arriva un courrier dépêché par les gens de Dienné et porteur d'une lettre pour le pacha Ahmed. Dans cette lettre ils annonçaient que, aidés des renforts envoyés de Tombouctou, ils avaient livré bataille au Djinni-Koï Bokar à huit reprises différentes, la nuit et le jour, sans obtenir le moindre avantage et qu'ils avaient eu quatre soldats tués dans ces engagements. Ils demandaient, en conséquence, qu'on leur envoyât une seconde colonne de renfort. Quant aux combattants, ils étaient retournés (٢١٢) tous dans la ville de Dienné pour y attendre cette seconde colonne. La lutte jusque-là avait eu lieu dans la ville de Chiou[1] où le rebelle avait fait construire trois forteresses dans lesquelles il s'était enfermé avec ses troupes.

Le mardi, au moment du lever de l'aurore, le 22 du mois susdit (10 février), mourut, dans la ville de Tombouctou, le caïd Mellouk[2]-ben-El-Hàdj-Selâm-El-Ghoryâni. Les dernières prières furent dites sur lui, auprès de la mosquée, par le jurisconsulte Mohammed-Baghyo'o-El-Ouankori. (Dieu, dans sa clémence, lui fasse miséricorde et lui accorde le pardon!)

Le mercredi, 20 du mois de djomada Ier (8 avril 1654), on reçut une lettre du caïd 'Ali-ben-Abdelaziz-El-Feredji et des

---

1. Chiou n'était sans doute qu'un village ou un faubourg, bien que le texte emploie le mot بلد qui d'ordinaire ne se dit que d'une ville.

2. C'est la leçon du ms. C; les autres donnent Mouloud.

lieutenants-généraux de Dienné qui annonçaient que le Djinni-Koï rebelle avait écrit au prince du Mâsina, Hammedi-Amina, qu'il se plaçait sous la protection de ce sultan lui et ses subordonnés, caïds, lieutenants-généraux et autres, afin d'obtenir son pardon du pacha et qu'il le priait de lui servir d'intermédiaire dans ce but. Le prince écrivit à ce sujet aux gens de Dienné en leur envoyant en même temps la lettre du Djinni-Koï et ceux-ci adressèrent le tout, avec une lettre d'eux, au pacha Ahmed-ben-Haddou.

Au commencement du mois de djomada II, un dimanche (19 avril 1654), on reçut une lettre des gens de Kâgho qui annonçaient que tous les Touareg, qui s'étaient enfuis avec A'âl Ed-Doumesi, étaient revenus faire leur soumission et que seul, A'âl, était resté sur le territoire de l'askia. Puisse Dieu faire tourner sa perfidie contre lui[1] !

Le lundi, 23 du mois de djomada II (11 mai), un messager des gens de Dienné apporta une lettre dans laquelle ceux-ci annonçaient que le Djinni-Koï repoussait la paix proposée par le prince du Mâsina et déclarait ne pouvoir l'accepter[2].

Le lundi, 14 du mois de cha'ban (30 juin 1654), on reçut une lettre adressée, par les gens de Dienné, au pacha Ahmed-ben-Haddou. Dans cette lettre on informait le pacha que le Djinni-Koï, Abou-Bekr, avait quitté Chiou et s'était transporté à Bînâ ; qu'après son arrivée dans cette localité, Yousara-Mohammed-ben-'Otsmân leur avait envoyé une lettre disant que le Djinni-Koï désirait faire la paix. Ensuite, Yousara envoya une seconde lettre disant que le Djinni-Koï n'acceptait nullement de faire la paix et qu'il ne rentrerait jamais à Dienné.

---

1. Mot à mot : « qu'il lui fasse rentrer sa ruse dans sa gorge ».
2. Ces propositions, qu'on n'indique pas, étaient évidemment faites au nom du pacha.

CHAPITRE TRENTE-HUITIÈME

Le vendredi, 9 du mois de ramadan (24 juillet 1654), on révoqua (٣١٧) le lieutenant-général Mohammed-ben-Rouḥ qui, d'après le dire de ses compagnons, avait été la cause de la guerre qui avait éclaté entre eux et le Djinni-Koï Abou-Bekr ; c'était lui qui avait poussé ce dernier à la révolte et avait ainsi provoqué la triste situation dans laquelle on se trouvait. Auparavant, Mohammed-ben-Rouḥ avait toujours été homme de bon conseil et habile commandant des troupes de la ville de Dienné ; il n'avait jamais manqué de donner les meilleurs avis. Maintenant, c'était lui qui était la cause de cette grave affaire qu'il n'avait pas été possible d'empêcher. Le lundi, 12 du même mois (27 juillet), il mourut et s'en alla dans l'autre monde.

Le dimanche, 18 du même mois (2 août), une des fractions de la division des Cheraga vint de Dienné à Tombouctou, à cause d'un désaccord et d'un conflit qui étaient survenus avec les gens de Dienné. C'était à la suite de ces troubles que le lieutenant-général Mohammel-El-Arbi avait été révoqué et remplacé par le lieutenant-général Moumen-ben-Abdelkerim-El-Arbi. Celui-ci, à son tour, fut révoqué quatre mois plus tard et remplacé par le lieutenant-général Ahmed-ben-Seliman. Mais, à peine ce dernier était-il élevé au pouvoir, qu'il manifesta une grande sympathie pour le lieutenant-général révoqué Mohammed-El-Arbi. Cela fut cause que certains Cheraga le prirent en aversion et abandonnèrent Dienné pour se rendre à Tombouctou où ils arrivèrent à la date ci-dessus indiquée.

Le même jour on reçut une lettre du caïd Ali qui était à Dienné ; il annonçait que le Djinni-Koï interceptait les routes[1] qui conduisaient à Dienné et empêchait ainsi tous ceux qui se rendaient dans cette ville d'y parvenir de quelque côté qu'ils vinssent. Un peu plus tard, le caïd écrivit

---

1. En arrêtant et en dévalisant les passants.

que le Djinni-Koï avait soulevé avec lui toutes les populations soudaniennes en sorte que les Marocains n'avaient plus personne qui reconnût leur autorité ni à droite, ni à gauche, ni en avant, ni en arrière (de Dienné).

Le lundi, 26 du mois (11 août), on reçut une lettre adressée par Mohammed-Kâgho, fils du Honbori-Koï El-Hâdi, à l'askia El-Hâdj-Mohammed, lettre annonçant que l'askia Daoud était mort sur le trône dans sa capitale, au mois de redjeb (18 mai-17 juin), et que son fils Ibrahim lui avait succédé au pouvoir.

Le lundi, 4 du mois de chaoual (18 août), le pacha Ahmed-ben-Haddou fut déposé; il était resté au pouvoir trois ans moins vingt-six jours. Les troupes décidèrent de le remplacer par le conseiller Mohammed-ben-Mousa qu'elles proclamèrent pacha aussitôt. Celui-ci, dès le lendemain, remit en liberté l'ancien pacha révoqué, Yahya, qui était resté en prison (٣١٧) trois ans.

Dans la soirée du vendredi, vers le moment où le soleil allait se coucher, mourut le cheikh béni, Baba-Ahmed-Ech-Chérif. Le jurisconsulte Mohammed-Baghyo'o-El-Ouankori fit sur lui les dernières prières dans la mosquée de Mohammed-Naddi aussitôt après la prière de l'acha. Le défunt fut enterré dans le cimetière de la grande mosquée. (Dieu lui fasse miséricorde, lui témoigne sa satisfaction et l'élève au plus haut degré du paradis!) Ce jour-là était le 8 du mois ci-dessous indiqué (22 août).

A la fin du même mois (12 septembre), arriva la seconde fraction de la division des Cheraga qui était restée à Dienné. Cette troupe campa dans l'île de Touya avec le lieutenant-général Mohammed-El-Arbi. Pourtant le pacha Ahmed-ben-Haddou avait écrit aux Cheraga de ne pas amener avec eux à Tombouctou ce lieutenant-général qui avait été le chef et l'instigateur du conflit qui s'était produit. Le pacha Mohammed-ben-Mousa avait écrit, lui aussi, dans le même sens ; mais les Cheraga avaient refusé de lui obéir malgré les lettres réitérées qu'ils avaient reçues à ce sujet. Lorsque le pacha apprit que le lieutenant-général était avec eux, il adressa à ces Cheraga messages sur messages, pour leur interdire de l'amener avec eux à Tombouctou, mais ils ne tinrent aucun compte de cette interdiction et passèrent outre. Quand cette seconde fraction des Cheraga fut près de la ville de Tombouctou, l'autre fraction, qui l'avait précédée, prit les armes pour s'opposer à leur entrée dans la ville tant qu'ils auraient le lieutenant-général avec eux. Dès que la seconde fraction des Cheraga approcha de la ville, l'autre fraction, restée d'abord sur la défensive, l'attaqua et un combat eut lieu où ils faillirent périr tous jusqu'au dernier. La seconde fraction s'établit alors dans l'île[1] où elle est encore actuellement. On chercha vainement un moyen de rétablir la paix entre eux, on n'y parvint point.

Le samedi, 14 du mois de dzou'l-qa'da (26 septembre 1654), il arriva une lettre du caïd Ali qui était à Dienné. Il annonçait que le lieutenant-général Mousa s'était rendu à Bina auprès du Djinni-Koï lorsqu'il avait reçu la lettre de Yousara dans laquelle on lui disait de venir pour conclure la paix avec le Djinni-Koï. Le lieutenant-général avait entamé des pourparlers à ce sujet ; il avait accepté ses propositions et lui avait donné l'ordre de se rendre soit à Dienné, soit à Kanba'a pour y habiter : mais le Djinni-Koï n'avait accepté pour le moment aucune de ces deux résidences, disant seulement : « Je le ferai plus tard, s'il plaît à Dieu ». Toutefois il fit cesser l'obstruction des routes. Les Ouankoré se rendirent alors à Dienné et tout le monde eut désormais la liberté d'aller et de venir.

Le samedi, 7 du mois de rebi' Ier de l'année 1065 (15 janvier 1655), le lieutenant-général Mohammed-El-Arbi se mit

---

1. L'île de Touya.

(*Histoire du Soudan.*)

en route avec les troupes qui étaient restées avec lui, et quitta le port de Kabara après être parti d'abord (٢١١) de Touya ; il campa dans la première de ces localités où il demeura environ cinq mois, puis il retourna avec ses troupes à Tendirma. Mais les soldats qui étaient dans cette ville les empêchèrent de pénétrer dans la casbah et cela sur l'ordre du chef de l'autorité suprême, le pacha Mohammed-ben-Mousa. Les troupes de Mohammed-El-Arbi se rendirent alors de là sur le territoire de Bara où elles s'établirent.

Le jeudi, 19 du même mois (27 janvier), mourut dans la ville de Kàgho, le caïd Abdelkerim-ben-El-'Obeïd. Il avait été envoyé là par le pacha Mohammed-ben-Mousa afin d'être présent lorsque les gens de cette localité régleraient avec le représentant du caïd, Naser-ben-Abdallah, la question des trois redevances qui s'étaient accumulées à sa charge et qui étaient si bien enchevêtrées les unes dans les autres[1], qu'on ne savait plus comment les régler.

Le jeudi, 25 du mois de rebi' II (4 mars 1655), mourut le pacha Yahya. Les prières mortuaires furent dites sur lui par le cadi Abderrahman, dans l'endroit appelé Es-Sahara, au mosalla des funérailles, au moment du dohor ; il fut enterré dans le cimetière de Sankoré.

Le mercredi, 21 de djomada II (28 avril 1655), deux officiers arrivèrent de Dienné, porteurs d'une lettre du caïd Ali-ben-Abdelaziz-El-Feredji qui annonçait que les partisans du Djinni-Koï avaient attaqué une barque chargée de sel qui était en cours de route et avaient tué cinq des personnes qui la montaient : trois d'entre elles étaient originaires du pays de Draa, une du Touàt et la cinquième, était un esclave des gens de Tombouctou. Cette barque avait été pillée et le butin

---

1. C'était les registres qui avaient été mal tenus, les articles de redevances de natures différentes ayant été inscrits sur un même registre sans aucune séparation.

avait produit des sommes considérables. Les gens de Dienné demandaient dans leur lettre aux gens de Tombouctou de venir à leur secours.

Les troupes qui étaient à Tombouctou furent très vivement contrariées de cela et faillirent éclater de colère. Elles décidèrent de se rendre avec toutes les forces dont elles disposaient au secours de Dienné. Mais les chefs de l'armée traînèrent les choses en longueur et firent si bien, qu'on se contenta d'envoyer un détachement. On équipa donc un détachement de quatre-vingts hommes ; ceux-ci se mirent en route, mais, arrivés au port, ils se querellèrent entre eux parce qu'il leur sembla que leurs chefs n'étaient point partisans de ce (٣٢٠) voyage. Ils refusèrent donc de marcher et les soldats qui étaient restés dans la ville firent cause commune avec eux.

Ceci se passait le samedi, 9 du mois de redjeb l'unique (15 mai 1655). Ils déposèrent le pacha Mohammed-ben-Mousa qui était resté en fonctions neuf mois et cinq jours ; ils révoquèrent le lieutenant-général Abdelkerim, le lieutenant-général Mohammed-El-Djesim, leur huit bachoud et leurs gens de service[1].

Puis, le même jour, ils procédèrent à de nouvelles élections. S'étant mis d'accord pour choisir le caïd Mohammed-ben-Ahmed-Sa'doun-Ech-Chiàdemi, ils le nommèrent pacha. C'était ce caïd qui leur avait été envoyé ce jour-là par le pacha Mohammed-ben-Mousa pour tenter de faire la paix avec eux ; ils le prirent et l'investirent contre son gré des fonctions de pacha. Ce sera, s'il plaît à Dieu, un homme béni. Puisse Dieu lui inspirer le bien et la vérité, et rétablir la concorde grâce à lui et par son intermédiaire.

Aussitôt nommé, le nouveau pacha écrivit aux Cheraga qui s'étaient enfuis dans le pays de Bara et leur enjoignit de

---

1. Le mot traduit par « gens de service » est fort douteux.

rentrer à Tombouctou en laissant leur caïd révoqué Mohammed-El-Arbi-ben-Ali[1] à Tendirma. Les Cheraga répondirent à cet appel et se conformèrent à l'ordre reçu.

Ces jours-là les Touareg de El-Hadjar, avec leurs femmes, leurs enfants et leurs troupeaux, vinrent trouver le pacha Mohammed-ben-Ahmed-ben-Sa'doun et lui annoncèrent qu'ils voulaient se soumettre à son autorité et s'établir sur son territoire parce qu'ils désiraient vivement habiter dans le voisinage de Tombouctou. Mais la véritable cause qui leur avait fait quitter leur pays à ce moment, c'était la crainte qu'ils avaient de leurs frères les Touareg Aoulimidden[2]. Le pacha acquiesça à leur requête et consentit à les recevoir. Parmi eux se trouvait : Baba-Amma, chef des Tadmekket, Baba-Ag-Meni, chef des Adourfen[3], Amolouso[4], le fils de la sœur de Ouendek, Mohammed-Aka'ouï; enfin Teslouf[5]. Ce dernier et Baba-Amma étaient des Oulâd Achourkân. Dieu fasse que leur venue vers nous soit une faveur et une miséricorde et cela grâce à Mahomet et à sa famille. Que Dieu répande sur ce dernier ses bénédictions et lui accorde le salut!

Le lundi, 15 du mois de ramadan (19 juillet 1655), mourut, au pays de Bara, dans la ville de Kouïam, le lieutenant-général Mohammed-El-Arbi-ben-Ali. Il s'était attardé avec ses troupes dans ce pays à cause de la sécheresse du Fleuve.

Le mardi, 21 du mois de chaoual (24 août), le lieutenant-général Ahmed-ben-Soliman[6] et ses compagnons arrivèrent

---

1. Plus haut ce lieutenant général est appelé Mohammed-el-Arbi. Ici on le nomme simplement El-Arbi-ben-Ali.

2. Malgré les voyelles du texte, voyelles qui ne figurent pas dans le ms. C, la lecture de ce mot telle qu'elle est donnée dans la traduction paraît certaine.

3. Le ms. C donne « Adoureq ».

4. Suivant le ms. C, Amolous.

5. Ou : Tasalouf.

6. Il avait succédé à Mohammed-el-Arbi dans le commandement de la fraction des Cheraga.

à Tombouctou. Le pacha Mohammed-ben-Ahmed-ben-Saʻ-doun réconcilia les nouveaux venus avec la fraction des Cheraga qui était à Tombouctou. Il révoqua le lieutenant-général Ahmed dont il vient d'être parlé, ainsi que le lieutenant-général Mohammed-ben-Abdelqâder-Ech-Chergui (٣٢١) qui commandait les gens[1] de Tombouctou et réunit les troupes sous le commandement du lieutenant-général ʻAmmâr-ben-Ahmed-ʻAdjeroud. La paix fut ainsi conclue et l'accord établi entre les différentes troupes.

Le lundi, 12 du mois de dzou 'l-qaʻda (13 septembre 1655), on reçut du lieutenant-général Mansour-ben-Abdallah-El-ʻEuldji, qui était alors à Araouân[2], une lettre dans laquelle il annonçait que Maulay Mohammed-Ech-Cheikh, fils de Maulay Zîdân, était mort dans la ville de Merrâkech et que son fils Maulay El-Abbâs lui avait succédé. Dieu fasse pleine miséricorde au défunt, lui assigne une demeure au plus haut du paradis ; qu'il fasse que son fils soit un khalife béni, qu'il lui accorde son puissant secours et lui assure les plus grands succès !

Le mercredi, 11 du mois sacré de moharrem, le premier des mois de l'année 1066 (10 novembre 1655), mourut notre amie et voisine, la cherifa Nana-Omm[3], fille de Zîdan-Ech-Cherif-ben-Ali-El-Mizouâr-El-Hasani. Je dis pour elle les dernières prières dans la grande mosquée et elle fut enterrée près du tombeau de son père dans le cimetière de cette mosquée, dans la matinée de ce même mercredi[4] ! (Dieu lui fasse miséricorde et refroidisse sa tombe !)

---

1. Plus exactement : les Cheraga de Tombouctou qui étaient restés fidèles au pacha.
2. Le ms. C donne l'orthographe : Irouân.
3. Omm ne figure pas dans le ms. C.
4. Le mercredi, chez les Arabes, commençant le mardi après le coucher du soleil, l'enterrement put cependant avoir lieu encore un certain nombre d'heures après le décès.

Le samedi soir, entre le coucher du soleil et l'acha, le 5 du mois de safar (4 décembre), mourut mon maître et ami, le compagnon de mon père, le jurisconsulte, l'imam, Mohammed-Kourdi, fils du jurisconsulte, du cadi, Mohammed-Sâdj-El-Foulâni, à l'âge de quatre-vingt-quatre ans. Ce fut le cadi Abderrahman qui récita sur lui les prières dernières à Es-Sahara, au mosalla des notables et des saints, dans la matinée du dimanche. Le défunt fut enterré près du tombeau de son père, au cimetière de Sankoré.

Mohammed-Kourdi, dans sa jeunesse, — il était alors âgé d'environ vingt-trois ans, — s'était rendu à Tombouctou où il arriva au commencement du mois de cha'ban de l'année 1005 (20 mars 1597); il se lia aussitôt avec mon père qui lui fit bon accueil, le traita avec égards et lui prodigua conseils et encouragements jusqu'à sa mort. Mohammed avait acquis une certaine maîtrise dans la science et s'était distingué par son érudition, quand son père vint de son pays dans l'intention de le ramener avec lui. Mon père s'étant opposé à ce départ, le père écouta cet avis et, s'y conformant, il laissa son fils à Tombouctou. Plus tard, le père de Mohammed revint une seconde fois à Tombouctou et le destin voulut qu'il y mourût peu après. Mohammed s'occupa d'acquérir la science auprès des savants de la ville de Tombouctou qu'il fréquenta assidûment à ce moment. Il reçut les leçons d'un certain nombre de professeurs de son père[1], entre autres du jurisconsulte, le cadi Mohammed-ben-Ahmed, fils du cadi Abderrahman (٣٢٢), du maître des maîtres, l'imam Mohammed-ben-Mohammed-Koraï, du cadi Mohammed-ben-Anda-Ag-Mohammed, du jurisconsulte 'Omar-ben-Mohammed-ben-'Omar, du très

---

1. Les mots : « de son père » ne sont point dans le ms. C. Il serait, je crois, préférable de les retrancher ou de les remplacer par « de *mon père* ».

docte, le jurisconsulte Baba, fils du jurisconsulte El-Amîn, du jurisconsulte, le cadi Seyyid Ahmed-ben-Anda-Ag-Mohammed et d'autres. Il assista aux conférences du très docte, le jurisconsulte Ahmed-Baba, lorsque celui-ci revint de Merrâkech. Mohammed-Kourdi avait cultivé un certain nombre de sciences, entre autres le droit, les hadits, les osoul[1], la logique, la grammaire, la rhétorique, la prosodie, les mathématiques, etc... (Dieu lui fasse miséricorde, lui pardonne et, dans sa grâce, élève sa place aux plus hauts degrés du paradis!).

Le mercredi soir, 9 du mois de safar (9 décembre), mourut le seigneur de cette époque et sa bénédiction, notre maître, le cheikh-el-islam, l'homme utile à l'humanité, le jurisconsulte Mohammed, fils du jurisconsulte Ahmed, fils du jurisconsulte le cadi Mahmoud-Baghyo'o-El-Ouankori. Les dernières prières furent dites sur lui par le fils de son frère, le jurisconsulte Mohammed-ben-El-Mostafa, dans la matinée du jeudi, à Es-Sahara, au mosalla des notables et des saints. Le défunt fut enterré près du tombeau de ses pères, de ses proches et de sa famille, dans le cimetière de Sankoré.

C'était un savant en théorie et en pratique, un homme éminent, pieux, modeste, dévot et saint. Il fut le dernier des cheikhs et des maîtres que la mort nous a enlevés et avec lui s'est achevée la disparition de cette génération de savants. Nous appartenons à Dieu et c'est vers Lui que nous devons retourner. Dieu pardonne à ce maître, lui fasse miséricorde, lui témoigne son indulgence et sa satisfaction, l'élève au plus haut degré du paradis et nous fasse profiter dans ce monde et dans l'autre de sa bénédiction. Amen !

Le vendredi soir, 10 du mois de rebi' Ier (7 janvier 1656),

---

1. La partie théorique du droit musulman.

mourut mon confrère Ahmed-ben-El-Hâdj-Mohammed-ben-El-Amîn-Kânou. Ce fut dans la matinée du samedi, à Es-Sahara, que le cadi Abderrahman récita pour lui les dernières prières. Le défunt fut enterré près des tombes de ses parents dans le cimetière de Sankoré (Dieu lui fasse miséricorde et dans sa grâce, lui soit indulgent et lui pardonne !).

Le dimanche, 16 du mois de rebi' II (13 février 1656), on reçut de la ville de Merrâkech une lettre adressée par le caïd Yahya-ben-Yahya-El-Hayyâni au pacha Mohammed-ben-Ahmed-ben-Sa'doun. Cette lettre annonçait que le sultan Maulay Mohammed-Ech-Cheikh était mort le 22 du mois de rebi' Ier de l'année 1065 (30 janvier 1655) et qu'on avait aussitôt proclamé, comme son successeur, son fils le sultan Maulay El-'Abbâs[1]. Cette élévation au trône était désirée de tous et on vit à l'instant même la bénédiction divine se manifester à la suite de cet événement.

Le 16 du mois de djomada Ier (12 mars 1656), on reçut des lettres du caïd Ali-ben-Abdelaziz-El-Feredji, qui était à Dienné, et de Soryâ-El-Kemâl-ben-Soryâ-Bokar, seigneur de Kanba'a qui annonçaient que le néfaste, le rebelle, le kharedjite, le Djinni-Koï Bokar, avait équipé une armée et s'était mis en marche sur Kanba'a dans le dessein de tuer Soryâ, dont il vient d'être parlé et de s'emparer de sa ville, afin d'intercepter les routes à ceux qui se rendaient à Dienné. Mais il se trouva que le lieutenant-général Abdallah-El-Mâssi, avec environ trente fusiliers de garde, était à ce moment à Kanba'a. Quand les hommes de Djinni-Koï arrivèrent

---

1. La date donnée par le *Kitab-el-istiqsa* est 1064 ou 1063 ; cette dernière est fournie d'après l'auteur du *Nechr-el-metsâni*. Au lieu de Maulay el-Abbas, il faut lire Maulay Abou'l-Abbâs, dont le nom était Ahmed-ben-Mohammed-Ech-Cheikh-ben-Zidan. A moins de supposer une erreur commune aux trois mss. du *Tarikh-es-Soudân*, la date indiquée par Es-Sa'di doit être exacte, car il vivait encore à cette époque et il a eu vraisemblablement connaissance de la lettre officielle qui annonçait l'événement dont il parle.

près des remparts de la ville, le combat s'engagea : Dieu donna la victoire au lieutenant-général et à Soryâ qui mirent en fuite le Djinni-Koï ainsi que sa troupe de misérables rebelles, après les avoir battus et leur avoir tué au moins trois cents hommes, grâce à l'appui et la puissance de Dieu. Les rebelles, déçus dans leurs espérances, tournèrent le dos. Dieu en fit périr un grand nombre et, dans sa grâce et sa générosité, délivra de ce fléau les hommes et le pays.

Terminé et achevé grâce à Dieu le très haut et à son bienveillant appui.

FIN

INDEX ALPHABÉTIQUE

NOTA. — Les mots imprimés en petites capitales sont des noms géographiques. Les mots en italiques désignent les titres de fonctions ou les ouvrages. La lettre *n* indique que le mot se trouve dans une note.

A

A'âl-Ed-Doumesi, 472, 478.
ABAR, 117, 124 *n*.
Abbasside, 3, 35, 120.
Abbassides (dynastie des), 3 *n*.
Abdallah (jurisconsulte), 375.
Abdallah (fils d'Ahmed-Mo'ya), 450.
Abdallah (fils du pacha Ahmed-ben-Yousef), 402, 420, 466.
Abdallah-ben-Abderrahman-El-Hindi, 345, 346, 377, 464.
Abdallah-ben-Abou-Bekr-El-Mektoul (Djinni-Koï), 26, 27, 251, 391, 452.
Abdallah-ben-Ahmed-Boryo (cf. Abou-Mohammed-Abdallah-ben-Ahmed-Boryo-ben-Ahmed).
Abdallah-ben-Askia-El-Hâdj-Mohammed, 142, 208, 211.
Abdallah-ben-Askia-El-Hâdj-Mohammed (Hâri-Farma), 211.
Abdallah-ben-Chaïn-El-Mahmoudi, 218.
Abdallah-ben-'Imran-ben-'Amir-Es-Sa'ïdi, 367, 445, 448, 450, 452, 456, 457.

Abdallah-ben-Mahmoud-ben-Omar-ben-Mohammed-Aqit, 55, 56, 241, 326, 327, 328, 369.
Abdallah-ben-Omar-ben-Mohammed-Aqit-ben-Omar-ben-'Ali-ben-Yahya, le Senhadjien, le Messoufite, 51, 62, 64, 106, 113.
Abdallah-ben-Mobarek-El-'Ani, 256.
Abdallah-ben-Otsmân (Djinni-Koï), 244, 249, 250.
Abdallah-ben-'Otsmân-ben-El-Hasen-ben-El-Hâdj-Es-Senhâdji, 334.
Abd-Allah-El-Balbâli, 92, 93, 110.
Abdallah-El-Harrâr, 422.
Abdallah-El-Hayouni, 273.
Abdallah-El-Mâssi, 488.
Abdallah-Et-Tilimsâni, 254.
Abd-El-'Ali, 226.
Abdelaziz-ben-Omar, 239, 254.
Abdelaziz-El-Kâteb, 301.
Abdelaziz-El-Lamti, 69.
Abd-el-Djebbâr-Koko, 115.
Abd-elhaqq-Es-Soubâti, 65.
Abdelkader-El-'Imrani, 377, 392.
Abdelkerim, 483.
Abdelkerim-ben-Ahmed-Dâ'ou-El-Hâhi, 372.
Abdelkerim-ben-El-'Obéïd-ben-Ham-

mou-Ed-Derâ'i, 401, 402, 442, 443, 466, 482.
Abdelmalek (fils d'Askia-Ishâq), 163, 210.
Abdelmalek, 243, 264.
Abdelmalek-El-Bortoqâli, 277.
Abdelmoghits, 389, 391, 392, 396, 457.
Abdelmo'ti-Es-Sekhâouï, 69.
Abdelouâhed-El-Merâghdi-El-Djerâ-ri, 379.
Abdelqâder, 65.
Abdelqâder (fils du caïd Mellouk), 466.
Abdelqâder-ben-Meïmoun-Ech-Chergui, 457.
Abdelqader-El-Fakihi, 69.
Abdennour-Es-Senâouni, 335.
Abd-er-Rahim-ben-El-Hosaïn-El-Atsiri-El-Iraqi, 75n. (cf. El-Iraqi).
Abderrahman (surnommé El-Fa'-Komo, fils d'Abou Bekr-ben-Abderrahman-El-Ghedamesi), 448.
Abderrahmân, (frère d'Abou-Abdallah-Anda-Ag-Mohammed), 48.
Abderrahman (père de Maulay-Mohammed-Amghar), 315.
Abderrahman (fils de Fati-Hindo), 212.
Abderrahman, (fils d'El-Fa'o-Tonka), 93.
'Abderrahman-ben-Abou-Bekr (cadi de Tombouctou), 45, 126, 127, 151, 323, 330, 334, 466, 467, 486.
Abderrahman (Seyyid) (fils du cadi Seyyid'-Ali-ben-Abderrahman-El-Ansari El-Mesnâni), 327, 368.
Abderrahman-Aknezer-ben-Aouasenba-Et-Targui (Maghcharen-Koï), 269, 333, 425, 436, 456, 473, 474, 475.
Abderrahman-ben-Abdallah-ben-'Imrân-ben-'Amir-Es-Sa'idi (auteur du *Tarikh-es-Soudan*), 325, 384.
Abderrahman-ben-Ahmed-ben-Sa'doun-Ech-Chiâdemi (pacha), 392, 394, 448, 467.
Abderrahmân-ben-Ahmed-El-Modjtâhid, 59, 78, 89, 332, 333, 334, 365, 367, 378.
Abderrahmân-ben-Ahmed-Moghya, 103, 450, 467, 482, 486, 488 (cadi de Tombouctou).
Abderrahman-ben-Bokar-Kicha'a (Kormina-Fâri), 469.
Abderrahmân-ben-Bokar (Kalacha), 397, 416.
Abderrahman-ben-El-Modjtâhid (cf. Abder.-ben-Ahmed-El-Modjtâhid).
Abderrahmân-ben-Et-Tâleb-Ibrahim-En-Nesrati, 375.
Abderrahman-Dâbo (cadi de Dienné), 457, 458, 467.
Abderrahman-El-Ansâri (Seyyid—), 100, 210, 454.
Abderrahmân-Et-Temimi, 78, 83, 107.
Abdessâdeq, 427.
Abdesselam-ben-Mohammed-Doko-El-Foulâni (imam), 370, 372, 468.
Abdesselam-ben-Et-Tayyeb-El-Qâdiri, 368.
Abou-Abdallah-Anda-Ag-Mohammed-ben-El-Mokhtar-ben-Anda-Ag-Mohammed (imam de Sankoré), 48, 49, 50, 96, 101, 124.
Abou-Abdallah-Anda-Ag-Mohammed-ben-Mohammed-ben-'Ots-mân-ben-Mohammed-ben-Nouh, le Grand (cadi de Tombouctou), 47, 50, 58, 61, 78, 106, 107, 328, 335, 467.
Abou-Abdallah-Ez-Zohri, 42 n.
Abou-Abdallah-Mohammed, 49.
Abou-Ahmed (frère d'Abderrahman), 458.

INDEX

Abkiren-Kasa (Maghcharen-Koï), 138.
Abou-Abdallah-Maulay-El-Oualid, 320.
Abou-Abdallah-Mohammed-Baba-ben-Mohammed-El-Amin-ben-Habib, 87, 323, 331.
Abou-Abdallah-Mohammed-ben-Batoutah (cf. Ibn Batoutah).
Abou-Abdallah-Mohammed-ben-Mohammed-ben-Ali-ben-Mousa, 'Orian-er-râs, 27, 84, 87, 88, 89, 91, 368, 369.
Abou-Abdallah-Mohammed-El-Bekri 51, 54, 86, 87, 100.
Abou-Abdallah-Mohammed-Senba (cadi du Mâsina), 453.
Abou-Bekr (1er khalife), 28.
Abou-Bekr (fils de Moh.-Alim-ben-Aklenqi), 473.
Abou-Bekr (père d'A.-El-H.-Moh. Ier), 212.
Abou-Bekr dit Aboukar-Bir-ben-El-Hâdj-Ahmed-ben-'Omar-ben-Mohammed-Aqit, 53, 54.
Abou-Bekr-Amina, 386.
Abou-Bekr-ben-Abdallah (Djinni-Koï), 26, 251, 447, 452.
Abou-Bekr-ben-Abderrahman-El-Ghedâmesi, 448.
Abou-Bekr-ben-Ahmed-Bir-ben-'Omar-ben-Mohammed Aqit, 57, 67, 102, 377.
Abou-Bekr-ben-Armachta(Maghch.-Koï), 425, 456, 475.
Abou-Bekr-ben-El-Hay, 109, 111, 123.
Abou-Bekr-ben-Mahmoud-ben-Aïda, 325.
Abou-Bekr-ben-Mohammed (Djinni-Koï), 251.
Abou-Bekr-ben-Mohammed, dit Ouaïbo' ali (Djinni-Koï), 243, 461, 478, 479.
Abou-Bekr-ben-'Omar-ben-Ibrahim-ben-Touariqit, le Lemtounien, 44.
Abou-Bekr-ben-Sanba-Lâm, 128.
Abou-Bekr-Dâ'ou (fils de Sonni-'Ali), 12, 116.
Abou-Bekr-Lanbarò, 201.
Abou-Bekr-ould-El-Ghandàs, le Targui, 252, 253, 257, 333.
Abou-Bekr-Sakora (Djinni-Koï), 365, 375.
Abou-Bekr-Sa'natara, dit Mouri-Kiba, 407, 418.
Abou-Bekr-Sou (Kima-Koï), 173.
Abou-Bekr-Yâm (cf. Boubo-Yama).
Abou-Hafs-'Omar-ben-El-Hâdj-Ahmed-ben-'Omar-ben-Mohammed-Aqit, 52.
Abou-Hafs-Omar-ben-Mahmoud-ben-Omar-ben-Mohammed-Aqit (cadi), 52, 55, 56, 57, 64, 153, 190, 191, 221, 227, 240, 241, 244, 255, 257, 260, 262, 263, 265, 277, 324, 325.
Abou-Hafs-'Omar-ben-Mohammed-ben-'Omar, 329.
Abou-Isḥâq-Es-Saheli, 15.
Abou-Isḥâq-Et-Touïdjin, 16.
Abou-Isḥâq-Ibrahim (fils d'Ahmed-Baghyo'o-El-Ouankori), 449.
Abou-'l-Abbâs-Ahmed, 57.
Abou-'l-Abbâs-Ahmed-Baba-ben-Ahmed-ben-Omar-ben-Mohammed-Aqit, 17, 47, 48, 57, 58, 60, 67 n., 79, 90, 103, 104 n., 115, 293, 265, 291, 333, 357, 365, 366, 374, 456, 487.
Aboul-'Abbâs-Ahmed-ben-Anda-Ag-Mohammed-ben-Mohammed, 50.
Abou-'l-Abbas-Ahmed-ben-El-Hâdj-Ahmed-ben-Mohammed-Aqit (cf. Ahmed-ben-El-Hâdj-Ahmed-ben-'Omar-ben-Moh.-Aqit).
Abou-'l-Abbas-Ahmed-ben-Mohammed-ben-'Otsman-ben-Abdallah-ben-Abou-Y'aqoub, 60.

Abou-'l-'Abbas-Ahmed-ben-Mohammed-El-Foulâni-El-Mâssi, 372.
Abou-'l-'Abbas-Ahmed-Boryo-ben-Ahmed-ben-Anda-Ag-Mohammed, 48.
Abou-'l-'Abbas-Ahmed-El-Mansour (cf. Mauley-Ahmed-Edz-Dzehebi).
Abou-'l-Abbas-Ahmed-Terouï (cadi de Dienné), 364.
Abou-'l-'Abbas-Sidi-Ahmed-ben-Anda-Ag-Mohammed-ben-Ahmed (cf. Ahmed-ben-Anda-Ag-Mohammed-ben-Ahmed-Boryo).
Abou-'l-Fadl-'Iyàd, 324.
Abou-'l-Hasen-El-Bekri, 66.
Abou-'l-Hasen-Ez-Zerouaïli, 76.
Abou-'l-Makârini-Mohammed-El-Bekri, 69.
Abou-'l-Qâsem-Et-Touati (imam), 93, 94, 95, 96, 97, 100, 116, 124, 177, 255, 363, 364.
Abou-'l-Ma'âli (cf. Mauley-Zidân), 375.
Abou-Mahalli (Ahmed-ben-Abdallah-Es-Saouri), 314 n., 335, 336.
Abou-Mohammed-Abdallah, 327 (cf. Abdallah-ben-Mahmoud-ben-Omar-ben-Mohammed-Aqit).
Abou-Mohammed-Abdallah-ben-Ahmed-Boryo-ben-Ahmed, 50, 323, 328, 332.
Abou-Moqra'a, 75.
Abou-Sa'ïd-Khelef-ben-Abou-'l-Qâsem-El-Beradi'i, 78 n.
Abou-'s-Semm, 330, 331.
Abou-'t-Tayyeb-El-Bosti, 65.
Abou-Zeïd-Abderrahman (fils d'Ahmed Mo'ya) (cadi), 443.
Abou-Zeïd-Abderrahman-ben-Mahmoud-ben-Omar-ben-Mohammed Aqit, 55, 56, 77, 78, 82, 84, 86, 91, 102, 205, 260, 264, 326, 331, 369.
Abou-Zeïd-El-Qaïrouani, 63 n., 86, 113.

ABRAZ, 269, 339.
ABRAZA, 339 n.
abreuvement (jour de l'—), 382.
acha, 74, 102, 177, 302, 364.
ACHOR, 432 n.
ACHORRO, 432, 445.
achoura (jour d'—), 314, 362, 446.
achriniyât el-fazâziya, 69, 94, 373.
Ad, 437.
Adam (sultan du Dienné), 26.
Adelaï, 194 n.
Adiki-Farma, 131.
Adjor (tribu des Senhâdja), 38.
Adjor, 214.
Adjouibat-el-faqir 'an as'ilat el-émir (œuvre d'El-Aqib-el-Ansammani), 67.
Adoureq (Touareg), 484 n.
Adourfen (Touareg), 484.
ADRAR, 38 n., 104 n.
ADZAOUAT, 277.
AFRIQUE, 12 n., 43 n., 309 n.
AGADEZ, 129, 449.
Ag-Madol, 473 n.
Ag-Metkoul, 174 n.
Ag-Nezer, 269 n.
Ahmed (fils d'Abdallah-ben-'Imràn), 456.
Ahmed (imam), 97, 98.
Ahmed (fils de l'imam Seddiq), 101, 182, 326, 467.
Ahmed (chérif, père de Faïz), 449.
Ahmed (fils du pacha Ali-ben-Abdallah-Et-Telemsâni) (pacha), 413, 423, 425, 455.
Ahmed (sultan de Liki), 173.
Ahmed-Baba (cf. Abou-'l-Abbas-Ahmed-Baba-ben-Ahmed-ben-El-Hâdj Ahmed-ben-Omar-ben-Mohammed-Aqit).
Ahmed-Baghyo'o-El-Ouankori, 33, 57, 70, 71, 74, 449, 477, 480, 487.
Ahmed-Bella, 464.

INDEX

Ahmed-ben-Abdallah-El-Djezaïri, 75 n.
Ahmed-ben-Abdallah-Es-Saouri, 314, 335 (cf. Es-Saouri et Abou-Mahalli).
Ahmed-ben-Abdelaziz-El-Djerâri (Seyyid), 357.
Ahmed-ben-Anda-Ag-Mohammed-ben-Ahmed-Boryo (sidi) (cadi), 50, 90, 103, 107, 332, 335, 357, 363, 373, 394, 448, 467, 468, 487.
Ahmed-ben-'Atiya, 217, 226.
Ahmed-ben-Belqâsem-El-Mâssi, 422.
Ahmed-ben-Bou-Sa'ïd, 463.
Ahmed-ben-Dahman-El-'Hahi, 422.
Ahmed-ben-El-Haddad-El-'Amri, 217, 219, 221, 225, 226, 260, 266.
Ahmed-ben-El-Hâdj-Ahmed-ben-'Omar-ben-Mohammed-Aqit, 53, 54, 57, 68, 86, 87, 90, 189, 322, 330, 331, 333, 365.
Ahmed-ben-El-Hâdj-Mohammed-ben-El-Amîn-Kânou, 488.
Ahmed-ben-Haddou-ben-Yousef-El-Adjenâsi (pacha), 424, 442, 445, 459, 461, 466, 467, 476, 477, 478, 480.
Ahmed-ben-Hammou-ben-'Ali, 382, 383, 389, 390, 391, 395, 399, 451, 466.
Ahmed-ben-Ibrahim-ben-Abou-Bekr, 59.
Ahmed-ben-Mellouk-ben-El-Hâdj-ed-Doleïmi, 323.
Ahmed-ben-Mohammed, 65.
Ahmed-ben-Mohammed-ben-Saïd, 71, 73, 74, 176, 177, 328.
Ahmed-ben-Mohammed-Ech-Cheikh-ben-Zidan (cf. Mauley-El-Abbas).
Ahmed-ben-Mousa-Dâbo (cadi), 367, 371.
Ahmed-ben-'Otsmân, 113.
Ahmed-ben-Sa'doun-Ech-Chiâdemi, 392, 446, 447, 448, 467.

Ahmed-ben-Sa'ïd, 301.
Ahmed-ben-Sa'ïd-El-Medâseni, 444.
Ahmed-ben-Seliman, 479, 484, 485.
Ahmed-ben-Yahya, 392, 399, 451.
Ahmed-ben-Yahya-ben-Mohammed-ben-Abdeloûahid-ben-Ali-El-Ouancherisi, 76 n.
Ahmed-ben-Yousef-El-'Euldji (pacha), 217, 251, 264, 292, 299, 300, 302, 303, 306, 335, 338, 339, 341, 342, 369, 402, 420, 463, 464, 466.
Ahmed-Bibokor, 127.
Ahmed-Bir-ben-Mohammed-El-Mokhtar, 259.
Ahmed-Bir-El-Mâsini, 284.
Ahmed-Boryo-ben-Ahmed (mufti), 50, 328, 332, 334.
Ahmed-Dâbo (cadi de Dienné), 374, 457, 467.
Ahmed-el-Amdjed, 218.
Ahmed-el-Bordj, 298, 463.
Ahmed-El-Filâli, 244, 245 n., 467.
Ahmed-El-Harousi-el-Andalousi, 217.
Ahmed-es-Seqli, 240, 255, 322, 333, 368.
Ahmédienne, 3, 35, 460.
Ahmed-Mâtina-ben-Asikala, 50.
Ahmed-Ma'yà (cf. Ahmed-Moghya).
Ahmed-Moghya, 90, 190, 259, 260, 322, 329, 330, 331, 332, 369, 443, 450, 467.
Ahmed-Mo'yà (cf. Ahmed-Moghya).
Ahmed-Nini-Bir, 218, 222.
Ahmed (ould-Amar-ould-Kobori), 253.
Ahmed-Sanou, 429.
Ahmed-Sira-El-Meddâh-ben-El-Imam, 179.
Ahmed-Terouari (cadi), 467.
Ahmed-Torfo (cadi), 33, 34.
Ahmed-Touireq-Ez-Zobeïri, 218, 307.
Aïber-Benda, 125 n. (cf. Zâ-Bir-Benda).

Aïcha (sœur de l'auteur), 452.
Aïcha-Benkan, 182, 212.
Aïcha-bent-Abou-Bekr-Ech-Chebbâniya, 310.
'Aïcha-El-Foulâniya, 110.
Aïcha-Folo, 274, 281.
Aïcha-Isiri, 326.
Aïcha-Kara, 212.
Aïda-Ahmed (cf. Mohammed-ben-Ahmed-ben-Abou-Mohammed-Et-Tazakhti).
Aïda-Hamed, 112, 113.
Aïssa-ben-Seliman-El-Berbouchi, 263.
AKAKAL, 138.
AKAKAN, 138 n., 186 (cf. AKAKAL).
AKDEZ, 129 n. (cf. AGADEZ).
Akil (sultan), 17, 38, 39, 40, 41, 58, 59, 105, 138.
Akil-Akamelouel, 17 (cf. Akil).
Akmadhol (Magcharen-Koï), 208, 209, 473.
Aknezer(cf. Adherrab.-Aknezer-ben-Aouasenba-Et-Targui).
ALEXANDRIE, 15.
Alfa‘, 112 n.
Alfa‘-Donko-Omar-Komzâgho, 140 (cf. El-Feqqi-Donko).
ALFA‘A-KONKO, 108, 109.
ALFAGHA, 108 n.
Alfa‘-Konko, 140.
Alfa‘-Mahmoud, 112, 113.
Alfa‘-Mahmoud (cf. Mahmoud-ben-‘Omar-ben-Mohammed-Aqit-ben-‘Omar-ben-Ali-ben-Yahya-ben-Godâla).
Alfiya (d'Es-Soyouti), 332.
Alfiya (Gram. arabe en vers d'Ibn-Malek), 63, 76, 365.
Alfiya (traité en vers sur les traditions, par Abd-er-Rahim-ben-El-Hosaïn-El-Atsiri-El-Iraqi), 75.
‘Ali (4º khalife), 28.
‘Ali (jurisconsulte), 65.

‘Ali (frère de l'auteur), 450.
‘Ali (Seyyid) (prince du Sahel), 392.
‘Ali-Andar, 174.
‘Ali-ben-Abdallah-Et-Telemsâni (pacha), 239, 250, 254, 273, 275, 278, 292, 293, 294, 295, 296, 297, 298, 300, 301, 302, 303, 304, 305, 306, 307, 335, 336, 337, 338, 340, 365, 369, 413, 423, 424, 455, 463, 464, 476.
‘Ali-ben-Abdallah-Siri (Seyyid), 373, 452, 468.
‘Ali-ben-Abdelaziz-El-Feredji, 443, 466, 477, 482, 488.
‘Ali-ben-Abd-el-Kader-ben-Ahmed (pacha), 335, 346, 348, 349, 351, 354, 356, 362, 363, 376, 377, 378, 379, 380, 446, 465.
‘Ali-ben-Abderrahman-El-Ansari-El-Mesnâni (cadi), 327.
‘Ali-ben-Ahmed-El-Idrisi, 455.
‘Ali-ben-Bohom, 284.
‘Ali-ben-Ez-Zeyâd, 372.
‘Ali-ben-Mobârek-El-Mâssi (pacha), 362, 363, 379, 446.
‘Ali-ben-Mostafa, 217, 268.
‘Ali-ben-Naser-El-Hidjâzi, 65.
‘Ali-ben-‘Obeid, 225, 293, 294, 345, 347, 348, 464, 465.
‘Ali-ben-Rahmoun-El-Monebbehi, 397, 398, 401, 442, 457, 466 481.
‘Ali-ben-Seliman-Abou-Ech-Chekoua (Seyyid), 324.
‘Ali-ben-Sinân (caïd), 463.
‘Ali-ben-Yousef (mosquée d'—), à MERRAKECH, 327.
‘Ali-Bindi-Kaniya (Binka-Farma), 211, 214 (cf. Ali-Yendi-Kaniya).
‘Ali-Djâouendo (Cha‘a-Farma), 196, 219, 321.
‘Ali-Doudo (Hi Koï) (cf. Bokar Ali-Doudo).
‘Ali-Ed-Deràouï, 255, 345, 346.
‘Ali-El-Adjemi, 221, 222, 225, 249, 250, 462.

'Ali-El-Djonaouni, 318.
'Ali-El-Djozouli (seyyid), 98, 373, 447, 452, 468.
'Ali-El-Mechmâch, 239.
'Ali-Er-Râchedi, 239, 252, 253.
'Ali-Et-Telemsâni (cf. 'Ali-ben-Abdallah-Et-Telemsâni).
'Ali-Et-Telemsâni (frère d'H.-Amina), 386.
'Ali-Et-Torki, 293.
'Ali-Et-Touâti (seyyid), 294.
'Ali-Folen (Hoco-Koraï-Koï), 119, 127, 131, 132, 136, 138.
'Ali-Kochiya (Kormina-Fari), 158, 160, 161, 213.
'Ali-Kolon (cf. Sonni-Ali-Kolon).
'Ali-Kosir, 211.
'Ali-Maghan (r. du Masina), 283, 284.
'Ali-Ouayyi, 211.
'Ali-Senba (Askia), 393, 394, 401, 451.
'Ali-Sïl-ben-Abou-Bekr-ben-Chihâb-El-Oualati, 330.
'Ali-Siri (cadi du Masina), 405.
'Ali-Tondi, 214, 228, 234.
'Ali-Yamra (Binka-Farma), 131, 213.
'Ali-Yendi-Kaniya (cf. Ali-Bindi-Kaniya).
'Ali-Zolaïl (fils d'Omar-Komzâgho, 212, 214, 223 (cf. 'Alouaz-Lil).
'Ali-Zolaïl (fils de Bokar-Kicha'a) (Askia), 469.
Allâl-ben-Sa'ïd-El-Harousi, 440.
ALMINA-OUALO, 268.
Al-Miski (Andasen-Koï), 178.
Almoravides (les), 309 n.
'Alou (Kabara-Farma), 196, 197.
'Alouâz-Lil, 169 (cf. 'Ali-Zolaïl).
'Alou-Boso (Hosol-Farma), 175.
'Alou-Ouaï (cf. Alou-Saï), 142 n.
'Alou-Saï, 142, 143, 144.
AMADAGHA, 36, 41, 107, 441.
Ama-Koï, 20.
'Amar (le prédicateur), 119.
Amar (huissier du cadi Omar), 240.

Amarakuji, 20 n.
Amar-ben-Ishâq-Bir-Askia, 187, 188.
AMAZAGHA, 242.
Amer (Bara-Koï), 199.
Amer-ben-El-Hasan, 295, 298, 340, 341, 375.
amghâr (mot berbère), 315 n.
amin, 222, 290, 293, 295, 338, 376, 377, 392.
amin-adjoint, 442.
Amina-bent-Foudoko-Boubo-Maryama, 281.
Amina-Kiraï, 213.
Amina-Qâya-Barda, 213.
Amin-ed-din-El-Meïmouni, 69.
Amisi-Kâra, 213.
'Ammâr, 330.
'Ammâr-ben-Abdelmâlek (pacha) (cf. 'Ammâr-El-Feta).
'Ammâr-ben-Ahmed-'Adjeroud, 485.
'Ammâr-el-Feta (pacha), 217, 237, 248, 261, 262, 277, 278, 288, 289, 335, 339, 340, 348.
'Ammâr-Ida-El-Mamoun, 107.
Amnira-ould-El-Ghezzali, 252, 253.
Amolouz, 484 n.
Amolouso, 484.
Amrâdocho, 260.
Amurat III, 316.
Anda-Ag-Mohammed (cf. Abou-Abdallah-Anda-Ag-Mohammed-ben-Mohammed-ben-'Otsman-ben-Mohammed-ben-Nouh).
Anda-Ag-Mohammed-ben-Ahmed-ben-Boryo-ben-Ahmed, 50, 328.
Anda-Ag-Mohammed-ben-Melloukben-Ahmed-ben-El-Hâdj-Ed-Doleïmi (surnommé El-Mosalli), 52, 323.
Andafo, 259.
Andalous, 277, 294, 340.
Anda-Naddi-'Ali-ben-Abou-Bekr, 112.

(Histoire du Soudan.)

Andasen-Koï, 178.
ANKABA, 297, 298, 300, 301, 406, 410.
Ankaba'la (surnom d'Abou-Bekr, Djinni-Koï), 461.
ANKANDI, 272.
Ankeba'li-ben-Mohammed-ben-Ismaïl (Djinni-Koï), 252, 445.
ANKOGUO, 117.
ANKOM, 372 *n.*
ANKOMA, 372.
ANKO'O, 117 *n.* (cf. ANKOGUO).
Ansa-Mân (Sorya), 299.
Ansa-Mani-Sourya-Mohammed, 26.
ANSAMMANI, 67.
Ansar, 210 *n.* 368 *n.*
Anyayâ, Anyayâ-Kaneta, 284, 285, 286, 288.
'Ao, 212.
Aoulimidden (Touareg), 436, 437, 484.
Aousenba-ben-Mohammed-Alim-ben-Aklenqi (Maghcharen-Koï), 241, 269, 473, 474.
Aousenba-Et-Targui (cf. Aousenba-ben-Mohammed-Alim-ben-Aklenqi).
Aqit (la famille Aqit), 53 *n.*
Arabes, 107 *n.*, 178, 304, 330, 340 *n.*, 369, 438, 444, 445, 485 *n.*
ARABIE, 9 *n.*
A'raf, titre de la VIIe sourate du Coran.
ARAFA, 115, 402.
ARAOUÂN, 36, 218, 357, 377, 485.
Arbenda, 206, 224.
Arbinda-Farma, 162, 163.
Ardo-Maghan, 288.
Ariyao, 156, 158, 213.
ARKIYA, 322.
Asad (cadi), 73 *n.*
ASAFAÏ, 306, 340, 468.
ASAG', 164 *n.*
Askia, 12 *n.*, 118, 135, 139, 144,
149, 151, 152, 153, 154, 174, 185, 194, 198, 200, 201. 202, 203, 204, 205, 207, 210, 212, 215, 216, 219, 220, 221, 226, 230, 232, 233, 235, 237, 242, 243, 247, 248, 261, 285, 286, 298, 299, 306, 340, 356, 359, 362, 399, 400, 401, 402, 405, 406, 411, 412, 468, 470,
Askia-Daoud (fils d'Ask-el-H.-Moh.), 37, 69, 102, 133, 156, 161, 162, 163, 165, 166, 167, 168, 169, 170, 171, 172, 173, 174, 175, 177, 178, 179, 180, 182, 183, 184, 185, 189, 200, 209, 211, 212, 213, 214, 215, 228, 230, 232, 234, 235, 244, 287, 296, 297, 330, 341, 344, 356, 394, 399, 401, 461, 468, 470, 471, 472.
Askia-Daoud (fils d'As. Moh. Bâno), 341, 356, 394, 400, 453.
Askia-Elfa (surnom donné à Ask.-Ishâq-ben-Ask.-Daoud), 201.
Askia-El-Hâdj-Mohammed-ben-Abou-Bekr, 6, 12, 14, 21, 32, 33, 35, 37, 38, 46, 47, 67, 94, 110, 111, 112, 116, 117, 118, 120, 121, 122, 123, 124, 125, 126, 127, 128, 130, 131, 132, 133, 134, 136, 141, 142, 145, 148, 149, 156, 162, 165, 168, 171, 173, 181, 182, 184, 208, 210, 211, 212, 213, 214, 215, 219, 222, 224, 234, 235, 285, 342, 461.
Askia-El-Hâdj-Mohammed-ben-Askia-Daoud, 167, 182, 184, 185, 186, 187, 188, 190, 191, 192, 193, 194, 195, 197, 203, 204, 213, 214, 215, 287, 297, 298, 365, 469, 470.
Askia-Ishâq (fils d'Askia-El-Hâdj-Mohammed), 33, 157, 158, 159, 160, 161, 162, 163, 164, 165 *n.*, 210, 211, 212, 285.
Askia-Ishâq-ben-Askia-Daoud, 184, 187, 188, 200, 204, 209, 210, 211, 214, 215, 216, 217, 218, 219, 220,

INDEX

221, 225, 226, 227, 228, 229, 230, 231, 236, 238, 321.
Askia-Isma'îl, 125, 133, 134, 138, 145, 148, 149, 151, 152, 153, 154, 155, 156, 157, 171, 211, 212, 234.
Askia-Marankan, 154 (cf. Askia-Moh.-Benkan).
Askia-Mohammed (cf. Ask.-El-Hâdj-Mohammed-ben-Abou-Bekr).
Askia-Mohammed-Bâno-ben-Askia-Daoud, 187, 194, 195, 196, 197, 198, 199, 200, 201, 209, 213, 214, 232, 341, 356, 394, 399.
Askia-Mohammed-Benkan-Kirya ou Kiraï, 133, 134, 138, 140, 141, 143, 144, 145, 146, 147, 148, 149, 150 n., 151, 152, 153, 154, 155, 170, 171, 184, 212, 213, 244.
Askia-Mohammed-Kâgho-ben-Askia-Daoud, 191, 208, 211, 213, 214, 228, 230, 231, 232, 233, 234, 235, 236, 237, 322.
Askia-Mousa, 119, 125, 131, 132, 133, 134, 136, 137, 138, 139, 140, 141, 142, 143, 146, 211, 212.
Askia-Nouh-ben-Askia-Daoud, 191, 195, 196, 214, 231, 232, 236, 237, 238, 239, 240, 256, 261, 267, 269, 270, 470.
Asr, 29 n., 73, 84, 102, 153.
'Ata-Allah-Tâdj-ed-Din-Ahmed-El-Iskenderâni-Ech-Chadzili, 75 n.
Atakoraï, 50.
ATARAMA, 178.
ATARMA, 178 n.
ATLANTIQUE (Océan), 18, 20, 121, 127.
AUDJELA, 37, 169, 258.
AYAN, 117 n. (cf. ABAR).
AYAR, 124 (cf. ABAR).
Azaoua-Farma, 206.
AZZOUZ, 254, 291, 292.

B

BA'ANAYIYA, 116.
Baba (fils d'El-Amin), 487.
Baba-Ahmed-Ech-Chérif, 255, 322, 480.
Baba-Ag-Meni, 484.
Baba-'Amir-ben-'Imrân-Es-Sa'idi, 329.
Baba-Amma, 484.
Baba-bou-'Omar (cf. Baba-Ech-Chérif).
Baba-Ech-Chérif (cf. Baba-Ahmed-Ech-Chérif).
Baba-Koraï (surnom d'Omar-ben-El-Hâdj-Ahmed-ben-'Omar), 327, 366.
Baba-Koraï-ben-Mohammed-Koraï, 367, 368.
Baba-Masira-Bir, 55, 330.
Bâbîr-Kiraï-ben-Abou-Zeyyân-Et-Touâti, 447.
Babo-Ilo, 286.
bâchoud, 221, 222, 225, 290, 317, 342, 376, 390, 433, 462, 483.
BAGDAD, 184.
BAGHENA, 18, 20, 168.
Bâghena-Faran (cf. Bâghena-Fâri).
Bâghena-Fâri, 124, 127, 188, 199, 205, 209, 223, 244, 246, 247, 248, 249, 252, 283, 462.
Ba-Hasen-Feriro, 217, 219, 238, 264, 265.
Bakaboula, 156, 157.
BAKAR-MAGHA, 119.
BAKOUINIT, 18 n.
BAKOUNOU, 18 n.
Balama', 127, 137, 142, 143, 156, 157, 181, 182, 193, 195, 196, 197, 198, 199, 200, 201, 203, 204, 208, 212, 213, 228, 230, 235, 297, 301, 344, 401, 453, 461, 469.
Bambara (les), 172, 223, 274, 276, 280, 411, 418, 420.

Bâmo'aï-Fîri-Fîri (fenfa), 246.
Bàna (Dendi-Fàri), 167, 191.
Bana-Idji et Bani-Idji (Yalbi-Farma), 209, 231.
Bana-Koï, 224.
BANBA, 227, 257, 345, 346, 400, 437, 438, 439, 440, 441.
BANDIAGARA, 25 n.
BANDOUK, 19 n.
BANI (affluent du NIGER), 19 n., 23 n.
Bani, 175.
Bâno (Binka-Farma), 470.
Bansi, 212.
BAO, 25.
Bâouen, Bâouenk, 179.
Baqas-Ed-Der'i, 462.
Baqqâs-Ed-Daremi, 266, 267.
Bâr, 212.
Bàr et Bàro (Dendi-Fàri), 298, 471.
BARA, 104, 223, 281, 424, 426, 482, 483, 484.
Bara-Koï, 140, 143, 199, 205, 206, 304, 401.
Barâï-Chigho, 242.
Baraï-Koï, 228, 235, 236.
Ba-Redouan, 276, 462.
BARKA, 175.
Bârkona (Binka-Farma), 213.
Basset (René), *Notes de lexicographie berbère*, 35 n.
Bati, 473.
BATIRA, 115.
Bechkouri (cf. El-Baikouri), 66 n.
BELED (ville de KALA), 245.
Bella (Binka-Farma), 131, 132, 138, 139, 213.
Belqâcem-ben-'Ali-ben-Ahmed-Et-Temli, 399, 442, 443, 458.
Ben-Abdelmaula-El-Djilali (Sidi), 332.
Ben-Borhom-Ed-Der'i, 462.
Bena-Farma, 141, 183, 205.
Bena-Koï, 182.
Benba-bent-Hammedi-Tiddi, 284.

Benba-Kenâti (cf. Mohammed-Ben-ba-Kenâti).
Benchi, 235.
Ben-Dahmàn, 239, 254.
Ben-Daoud, 253, 257.
Bendjek, 474, 475.
Beni-Asbih, 164.
Beni-Sebih (cf. Beni-Asbih), 164 n.
BENKA-DZIBA, 428.
Benkouna-Kendi, 243.
Bental-Farma, 195, 232, 236.
Berâbich, 439, 440.
Berbers, 7 n., 43, 44, 253 n.
BERBOU (cf. Berko), 125.
berenbâl (étoffe), 475.
BERGOU, 105.
BERKO, 125.
BERKOU (cf. BERGOU), 105 n.
BIGNO, 29.
Bikoun-Kâbi, 104.
Bilàl, 351, 377.
BINA, 374, 381, 389, 395, 397, 415, 416, 417, 419, 420, 421, 422, 450, 454, 455, 456, 478, 481.
Binba-Koïra-Idji (cf. Yenbo-Koïra-Idji), 187.
BINDOKO (cf. BINDOUGOU), 121, 159, 222, 223, 249, 278.
Bindoko-Yâou-ould-Kersala, 244, 249.
BINDOUGOU, 19, 20.
BINGA (cf. BINKA), 46 n.
Binger, *Du Niger au golfe de Guinée*, 4 n., 5 n., 7 n., 18 n., 22 n.
BINKA, 46, 131, 197, 226, 269, 272, 307, 473.
Binka-Farma, 131, 138, 139, 140, 194, 197, 208, 209, 211, 212, 213, 214, 219, 223, 301, 321, 401, 469, 470.
BIR-EZ-ZOBEÏR, 253.
BIRKET-EL-HABECH, 15.
BIRNAÏ, 238.
BIRO ou BIROU, 36, 37, 41, 45, 58,

106, 107, 108, 112, 113, 114, 115, 118, 138, 145, 155, 158.
Bir-Takhonat, 252.
Bir-Touri, 93.
bismillah, 85.
Bita, 178, 207, 214.
Bito, 30.
Bitou, 22, 37.
Biyokon (cf. Ahmed-Bibokor), 127 n.
Bohom, 223.
Bohom-Maghan (roi du Masina), 283, 284.
Bokar (Yàro-Koï), 409.
Bokar (Djinni-Koi), 380, 477, 488 (cf. Abou-Bekr).
Bokar, 12 n.
Bokar (Tombouctou-Koï), 200, 205.
Bokar (Askia), 301, 303, 305, 306, 307.
Bokar (Arbinda-Farma), 162, 163.
Bokar-'Ali-Doudo-ben-'Ali-Folen (Dendi-Fàri), 146, 147, 149, 158, 159, 166, 167, 168, 169, 174, 175, 176.
Bokar-ben-Mohammed-Benkan (Baghena-Fàri), 154, 155, 188, 199, 209, 244, 245, 249, 461.
Bokar-ben-Mohammed-Qaïa-ben-Denkelko (Kala-Cha'a), 193, 196, 199, 206, 273, 275, 278, 279, 397.
Bokar-ben-Ya'qoub (Azaoua-Farma), 206, 469.
Bokar-Bir-ben-Mour-Mohammed-ben-Askia-Mohammed (Binka-Farma), 214.
Bokar-Chili-Idji (Dendi-Fari), 167, 169, 191, 192 n., 193, 209.
Bokar-Kanbou-ben-Ya'qoub (Kormina-Fari et Askia), 171, 273, 280, 342, 468, 469, 470.
Bokor-Kichà'a-ben-El-Fondoko-ben-Faran-'Omar-Komzàgho (Binka-Farma), 468, 469, 470.

Bokar-Kirin-Kirin, 134, 137, 138 n., 163, 210, 211.
Bokar-Kouro, 211.
Bokar-Lanbàro, 232, 233, 237.
Bokarna (Djinni-Mondzo), 243, 245, 249, 250.
Bokar-ould-Fama' (balama'), 469.
Bokar-Sin-Filli, 211.
Bokar-Terouari (cf. Mouaddib-Bokar-Terouari), 34.
Bonka (femme de Kàneta-ben-Bohom), 284.
Bonkouna-Kendi, 224.
Boram, 438.
Borgou, 281.
Borhîm, Borhima, 286 n.
Borhom (fils d'A.-Daoud), 228.
Borhom-Bouy, 286, 287, 299.
Borhom-Boyroli-Et-Touàti, 259.
Borkou, 288.
Bornou, 169, 173, 227.
Boryo-Habib, 323.
Bosa, 391.
Bou-Bakar, 12 n.
Boubeker-ben-El-Feqqi-Donko, 206.
Bou-Beker-Moudi, 405.
Boubo (les païens —), 304.
Boubo-Aïcha-Yami (cf. Boubo-Yama).
Boubo-Ilo, 286 n., 288.
Boubo-Kàr, le Foulàne, 446.
Boubo-Maryama, 287, 321.
Boubo-ould-Bir (Sanqara-Koï), 248, 249.
Boubo-Ouolo-Kaïna (souverain de Sanqara), 297.
Boubo-Yama, Boubo-Yami (fils d'Hammedi-Amina), 281, 287, 297, 461.
Bou-Chiba-El-Amri, 217.
Bou-Ech-Cha'ïr (surnom de Mouley Abou-Hassoun), 312, 313.
Bou-Gheïta-El-'Amri (caïd), 217.

Bou-Ikhtiyâr, 256, 262, 263, 264, 267, 271, 324.
BOUKOUKOU, 22 n.
BOUN-LANBO, 428.
BOURABENDI, 369 n.
BOURI, 362.
BOUROBINDI, 399.
BOUSSA, 169, 192, 212.
Boussa-Koï, 212.
Bouy, 286.
Bouya (chérif), fils d'El-Mezouâr-El-Hasani, 373, 451.
Bouzo-ben-Ahmed-Ad-'Otsmân, 259.
Bouzoudaya, 147.
Brunnow, *Die Charidschiten*, 12 n.
Bulletin du Comité de l'Afrique française, 13 n., 22 n., 104 n.

C

cadeau, 292.
cadi, 97 n.
caftans, 317.
caïd (de 3e ligne), 254.
Caillé (René), 15 n.
calculs divinatoires, 217.
casbah (de TOMBOUCTOU), 222, 227, 229, 242, 248, 253, 259, 265, 271, 272, 290, 321, 337, 343, 363, 403.
cauries, 157, 243, 338, 471.
Caussin de Perceval, *Essai sur l'histoire des Arabes*, 43 n.
Châ'a-Farma, 142, 143, 144, 169, 173, 196, 219, 321.
Châ'a-Koï, 223.
Châ'a-Makaï, 276.
Cha'bân (jurisc.), 458.
châchia (droit de —), 298.
CHAN-FENECH, 115.
CHAN-FENES, 115 n. (cf. CHAN-FENECH).
chaouch, 243 n., 255, 323.

Chebbani, Chebbana, 463.
CHEDJRAT-EL-BORDJ, 438.
cheikh-el-islâm, 123.
chef des piétons, 172.
Chems-ed-Din (ben-Mohammed-ben-Mahmoud-ben-Omar-ben-Moh.-Aqit), 255, 263.
Chems-ed-Din-Mohammed-El-'Alqami, 103 n.
Chenân-ben-Ibrahim-El-'Arousi, 451.
CHENCUENDI, 418.
CHENGHIT, 38.
CHENYYIT (cf. CHENGHIT), 38 n.
Cheraga (tribu des —), 295, 479, 480, 481, 483, 484, 485.
Cherbonneau, *Essai sur la littérature arabe du Soudan, d'après le Tekmilet-ed-dibâdj d'Ahmed-Bâbâ le Tombouctien*, 60 n., 62 n., 64 n., 65 n., 67 n., 68 n., 70 n., 75 n., 77 n.
chérif, 94 n.
chérifas, 225.
CHIBA, 379, 404.
CHIBI, 109, 260.
CHIBLA, 407, 409, 414, 415, 418, 419, 420, 424, 453.
Chichi, 244.
CHILA, 416, 417.
Chila-Koï, 389, 415, 417.
CHILI, 223.
Chima, 243, 401.
CHIMA-ANZOUMA (porte de —), 248.
Chima-Mohammed, 453.
Chimmo-'Ali, 284.
CHINA, CHINI, 30 n.
CHININKOU, 274, 276.
Chinoun, 260.
CHIO, 445.
CHIOU, 477, 478.
chirkhoukh, 317.
CHIRKO-CHIRKO, 307.
chrétiens, 308, 312.
chyoukhoukh, 317 n.
comète, 341.

Compagnon le plus élevé, 355 (l'ange de la Mort).
concubine, 315, 359 n.
CONSTANTINOPLE, 316.
contribution, 305 n.
Coran (le), 7 n., 23, 45, 76, 85 n., 88 n., 94, 138 n., 139 n., 145, 155, 245, 368.
corbeau blanc, 337.

D

DA'A, 179.
Da'a-Farma, 232.
Da'a-Koï, 20, 179, 381, 389.
DA'ANKA (montagne de —), 430, 435, 436.
Da'anka-Koï, 428, 429.
DABINA, 391.
Dadel, 212.
dais, 144.
Dako (Bena-Farma), 183, 205, 214.
Da'naka-Koï, 182.
DANI (mont), 429.
DA'NKA, 267.
Dankara (Dirma-Koï), 140.
Dankolko (Kala-Cha'a), 147, 148.
Daoud (Kormina-Fari), 469, 470.
Daoud (Konboma'), 354.
Daoud (fils de Bokar-ben-Yaqoub) (Kormina-Fàri), 469.
Daoud-ben-Askia-El-Hâdj-Mohammed (Kormina-Fâri) (cf. Askia-Daoud).
Daoud-ben-Mohammed-Bâno (Askia), 471, 473.
Daoud-ben-Mohammed-Sorko-Adji (Askia), 400, 423, 444, 472, 473, 480.
DARA (mont), 439.
Dar-Faran, 210 n.
Dauda-Kouro, 230.

Da'ukuji, 20 n.
DEBO (lac), 24, 25, 96, 301, 393, 405.
Defrémery et Sanguinetti, *Voyages d'Ibn-Batoutah*, 12 n., 13 n., 15 n.
Delaïl-el-kheïrât (livre de prières et litanies par Mohammed-ben-Soliman-El-Djezouli), 90.
Della, 165.
Denba-Kâneta, 284.
Denba-'Ali, 284.
Denba-Doubi, 284 n.
Denba-Maghan, 283.
DENDI, 130, 161, 165, 167, 174, 179, 191, 196, 222, 228, 232, 236, 237, 252, 254, 255, 256, 257, 267, 270, 296, 298, 301, 306, 341, 356, 399, 470.
Dendi-Fâri, 129, 130, 150, 151, 165, 166, 167, 175 n., 176 n., 191, 209, 234, 298, 299, 300, 301, 302, 306, 307, 340, 406, 469, 471.
Derâma-Sâfou (femme de Kâneta-ben-Bohom), 284.
Dia-Akkaï, 4 n.
Dia-Akkou, 4 n.
Dia-Alfaï, 4 n.
Dia-Ali-Korr, 4 n.
Dialliaman, 4 n.
Dialliaman-Diago, 4 n.
Dia-Arkaï, 4 n.
Dia-Atkaï, 4 n.
Dia-Aüm-Danka, 4 n.
Dia-Aüm-Karaouaï, 4 n.
Dia-Aüm-Sumaïam, 4 n.
Dia-Bada, 4 n.
Dia-Berr-Faloco, 4 n.
Dia-Bi, 4 n.
Dia-Biégoumaï, 4 n.
Dia-Bié-Kaïna-Kamba, 4 n.
Dia-Bié-Konikimi, 4 n.
Dià-Binta-Say, 4 n.
Dia-Bissi-Baro, 4 n.
Dia-Dourou, 4 n.
Dia-Hin-Koronou-Goudam, 4 n.

Dia-Kabaro, 4 n.
Dia-Kaina-Siniobo, 4 n.
Dia-Kenken, 4 n.
Dia-Kiobogo, 4 n.
Dia-Kiré, 4 n.
Dia-Koukourai, 4 n.
Dia-Koussaï, 4 n.
Dia-Koussaï-Daria, 4 n.
Dia-Siboy, 4 n.
Dia-Tip, 4 n.
DIBI, 281.
DIBIKARALA, 170.
DIENNÉ, 19, 20, 21, 22, 23 n., 24, 25, 26, 27, 28, 29, 30, 31, 32, 33, 34, 35, 104, 125, 140, 152, 159, 160, 171, 176, 182, 213, 214, 223, 231, 243, 244, 247, 248, 249, 250, 251, 252, 262, 267, 274, 276, 278, 279, 280, 287, 292, 298, 299, 300, 303, 304, 305, 306, 323, 336, 337, 342, 343, 345, 347, 348, 349, 351, 352, 355, 358, 359, 360, 364, 365, 366, 367, 370, 371, 373, 374, 375, 376, 377, 378, 380, 381, 382, 385, 388, 389, 390, 391, 392, 393, 395, 396, 397, 398, 402, 409, 415, 416, 418 n., 419, 420, 421, 422, 423, 441, 443, 445, 446, 447, 448, 449, 450, 451, 452, 453, 456, 457, 458, 460, 461, 462, 463, 464, 465, 467, 471, 476, 477, 478, 479, 480, 481, 482, 483, 488.
Dienné-Mondzo, 171, 172.
difa (la —), 386 n., 391.
Dimmo-bent-Yadala, 283.
dinars frappés, 239.
Dinba-Donbi (le Peul), 124.
Dinba-Lakàro, 286.
DIOLOF, 127 n. (cf. Djolf).
DIONDIO, 301 n.
Diplôme, 332.
DIRA, 115.
DIRAO, 156 n.
dirbâch, 238.

DIRMA, 104 n., 212, 223, 301, 302.
Dirma-Koï, 104, 140, 212, 401.
Diya-ed-Din-Abdallah-ben-Mohammed-El-Khazradji, 75 n.
Djadal, 287.
Dja'far (jardin de —), 269.
Djaloubi (tribu des —), 223.
DJENAN-DJA'FAR, 269 n.
Djenka-'Ali, 284.
DJINIKI-To'oï, 115.
DJOLF, 127, 128.
Dja'afer, 318.
Djâber-Kibi, 57.
Djâdji-ben-Sâdi, 282, 286.
Djâdji-Kaneta, 284.
Djâdji-ould-Hammedi-'Aïcha, 382, 383, 284, 386.
Djâdji-Tomân, 168.
Djami'-el-djaouâmi', 332.
Djami-'el-mi'yâr, traité de jurisprudence d'El-Ouanchérisi, 76.
DJANBAL, 275, 286.
Djedâl, 42.
Djedâla, 42, 44.
Djelâl-ed-Din-Mohammed-El-Qazouîni, 74 n.
Djemâl ed Din Mohammed-Ibn-Malek, 75 n. (cf. Ibn-Malek).
djihâd, 121.
DJINDJO, 30, 99, 104, 140, 142, 301.
DJINNI, 25 n.
Djinni-Koï, 214, 243, 244, 245, 248, 249, 250, 251, 252, 279, 298, 299, 304, 305, 306, 360, 365, 370, 375, 380, 381, 382, 391, 401, 409, 410, 412, 445, 447, 452, 453, 461, 476, 477, 478, 479, 480, 481, 482, 488, 489.
Djinni-Mondzo, 243, 245.
DJOMALEN, 186.
Djomel, 70, 74 (ouvrage d'El-Khoundji).
Djorno-Koudj, 382, 383, 386, 387, 388.

Djouder (pacha), 56, 77 n., 206, 209, 210, 211, 215, 217, 218, 219, 220, 221, 222, 225, 226, 227, 241, 242, 257, 262, 267, 269, 270, 271, 272, 273, 276, 277, 278, 287, 291, 310, 311, 312, 318, 321, 462, 468, 474.
Do'AI, 439.
DOBONO, 391 n.
DOBORO, 391.
Doha, 73.
Dohor, 14 n., 29 n., 56, 73, 102, 126.
Doko-Salta-Firouhi, 128.
DOM et DOMMA, 104, 181, 182.
Domel, 128.
DONKO, 223.
DONKOÏ, 470.
DONO'A, 117 n. (cf. DONOGHA).
DONOGHA, 117.
DONKO, 406 n.
Don Sébastien (roi de PORTUGAL), 317 n.
DOUBOUSO, 186.
Dougou (mot mandé) 14 n.
DOUÏ, 248, 297.
DOUM, 104 n. (cf. DOM).
DOURI, 156.
DOUYE, 248 n.
DRA'A, 37, 164, 267, 482.
Dubois (Félix), *Tombouctou la Mystérieuse*, 4 n., 5 n., 7 n.
Dzeil-ed-dibâdj, ouvrage d'Ahmed-Baba), 77, 103, 104, 115, 265.
Dzou-'l-Kifl, 214.

E

Ech-Chérif-Mohammed (fils du chérif El-Hâdj-El-Hasani), 425.
ech-Chifa, 49, 52, 61, 70, 76, 90, 106, 332, 407, 450.
échecs soudanais (jeu), 147.
Ed-Dao (sultan de AUDJELA), 169.

Ed-Deghâli, 318.
Edris-El-Abiod, 253.
Edz-Dzil (cf. *Dzeïl-ed-dibâdj*).
ÉGYPTE, 7 n., 16, 37, 120 n.
El-'Abbas-Kibi (cadi de DIENNÉ), 33, 34, 159.
El-Adjhouri, 69.
EL-AHRATS, 351.
El-Alqami, 103 (cf. Chems-ed-Din-Moh.-El-Alqami).
El-Amin (Askia), 306, 307, 340, 341.
El Amin (fils de Ed-Dao, sultan de AUDJELA), 169.
El-Amin (fils d'Askia-Daoud), 214, 471.
El-Amin (*Dienné-Mondzo*), 171, 172.
El-Amin (cf. El-Amin-ben-Ahmed).
El-Amin-ben-Ahmed, 46, 59, 78, 83, 87, 88, 89, 90, 91, 367, 378, 487.
El-Amin-ben-'Ali-ben-Ziyad, 452.
El-Amin-Yaza, 164.
EL-'AMOUDI (région de —), 426.
EL-'AOUALI, 13, 383, 434 n.
Al-'Aqib-ben-Abdallah-El-Ansammani, 67.
El-Aqib-ben-El-Aqib-ben-Mahmoud, 102.
El-'Aqib-ben-Mahmoud-ben-Omar-ben-Mohammed-Aqit-ben-'Omar-ben-'Ali-ben-Yahya, cadi de Tombouctou, 53, 55, 57, 64, 66, 67, 91, 100, 101, 102, 176, 177, 178, 179, 180, 189, 190, 326, 330.
El-'Aqib-ben-Mohammed-Zenkan-ben-Abou-Bekr-ben-Ahmed-ben-Abou-Bekr-Bir (cadi), 373.
EL-'ARAICH (LARACHE), 312.
El-Arbi-ould-Moumo, 462.
El-Azhar (mosquée d' —), 54.
El-Bâdji, 76.
El-Baikouri, 66.
El-Barahamnouch, 74 n. (cf. El-Barahamouchi).
El-Barahamouchi, 74.

El-Bedjaï, 332.
El-Bekri (*édit. de Slane*), 18 *n.*
El-Belbâli (cf. Makhlouf-ben-'Ali-ben-Sâlih-El-Belbâli), 67.
El-Belbâli, 365.
El-Berâdi'i, 48.
El-Bokhâri, 54 *n.*, 76, 79, 139 *n.*, 245, 332, 450.
El-Djami'-es-Sahih (d'El-Bokhâri), 450.
El-Djami'-es-ser'ir (*ouvrage de traditions* de Djelâl-Es-Soyouti), 103.
El-djaoudh-el-medjdoud 'an-as'ilat-el-qâdi-Mohammed-ben-Mahmoud (ouvre d'El-'Aqib-el-Ansammani), 67.
EL-DJEBAL, 169 *n.*
El Djelâl-Es-Soyouti, 61, 67, 103, 121.
El-Djemal (fils du cheikh Zakariya), 69.
EL-DJENAN, 305 *n.*, 366.
El-Djerâri (cf. Ibrahim-ben-Abdelkerim-El-Djerâri).
El-Djezaïriya (*poème sur l'unité de Dieu* par Ahmed-ben-Abdallah-El-Djeraïri), 75.
éléphantiasis, 79.
El-Euldji, 264 *n.*
Elfa'-Abdo (surnom d'Abdallah-ben-Mahmoud - ben - Omar - ben-Moham.-Aqît), 245.
El-Fa'-Abkar-El-Foulâni, 447.
El-Fa'-Komo (surnom du jurisc. Abderrahman fils d'Abou-Bekr-ben-Abderrah.-El-Ghedâmesi), 448.
El-Fa'-Konba 'ali, 256.
El-Fa'-Konko, 329 (cf. Alfa'a-Konka)
El-Fa'-Mohammed-ould-Idider, 256, 263.
El-Fa'o-Tonka, 93.
El-Fa'-Siri, 370.
El-Fendariya, 351.
El-Feqqi-Donko (fils d'Omar-Komzâ-gho), 212 (cf. Alfa'-Donko-'Omar-Komzâgho).
El-Filali, 174 (cf. Ez-Zobeïri).
El-Filâli-ben-'Isà-Er-Rahmâni-El-Berbouchi, 357, 363.
El-Hâdi (*Honbori-Koï*), 428, 480.
El-Hâdi-ben-Askia-Daoud (*Kormina-Fari*), 167, 184, 185 *n.*, 186, 190, 191, 192, 193, 195, 205, 213, 214.
El-Hâdj, 178, 181.
El-Hâdj (Askia), 473.
El-Hâdj (jurisconsulte de Tombouctou, cadi), 45, 46, 59, 108, 109, 111, 123, 151.
El-Hâdj (fils de l'Askia-Haroun) (balama'), 470.
El-Hâdj (Koraï-Farma), 165.
El-Hâdj-Abdallah-ben-'Ali-El-Idrisi, appelé Mo'akar, 453.
El-Hâdj-Ahmed-ben-'Omar-ben-Mohammed-Aqit-ben-'Omar-ben-'Ali-ben-Yahya-ben-Godala, 51, 52, 60, 65, 78, 106, 115, 116, 151, 366.
El-Hâdj-'Ali-ben-Salem-ben-'Onaïba-El-Mesrâti, 94.
El Hûdj ben Abou-Bekr-Koycha'a-ben-El-Fekki-Denka-ben-'Omar-Komzâgho (Askia), 342, 343, 344, 469, 470.
El-Hâdj-Bokar-ben-Abdallah-Kiraï-Es-Senâoui, 244, 246.
El-Hâdj-El-Hasani (chérif), 425, 455.
El-Hâdj-Mahmoud-Bir-ben-Mohammed-El-Lim-ben-Akalankaï (Magcharen-Koï), 178, 214, 473.
El-Hâdj-Mohammed (Askia), 401, 402, 408, 413, 427, 461, 469, 470.
El Hâdj-Mousa (roi de Melli), 91, 92 (cf. Kankan-Mousa).
EL-HADJAR, 217, 267, 269, 271, 272, 303, 380, 426, 456, 484.
EL-HAMDIYA, 178, 194, 222.
El-Haneïti, 174.

El-Harrouchi, 218.
El-Hasan-ben-Ez-Zobéir, 264, 267, 272, 290, 291, 293, 294, 333, 375.
El-Hasen (Tombouctou-Koï), 208, 209.
El-Hasen (Konti-Mondzo), 209.
El-Hasen-ben-'Ali-El-Kàteb (seyyid), 422.
El-Hasen-El-Kàteb-ben-'Ali-ben-Sàlem-El-Ghesnouni, 455 (cf. El-Hasen-ben-'Ali-El-Kàteb).
El-Hay (cf. El-Hàdj, cadi).
El-Hayy (cf. El-Hàdj, cadi).
E'-Hayyouni (cf. Hàmid-ben-Abderrahman-El-Hayyouni).
El-Hena (mosquée de), 356.
El-holel-el-mouonachiya fi dikr-el-akhbàr-el-Merràkochiya, 42, 44 *n.*
Elias-Kouma, 214.
El-Imam-ben-El-Hàdj-Seniber-Ed-Deradji, 422.
El-Imràni (cf. Abdelkader-El-Imràni).
El-Iràqi, 75 (cf. Abd-er-Rahim-ben-El-Hosaïn-El-Atsiri).
El-Kàbari (cf. Mouaddib-Mohammed-El-Kàbari).
El-Kàfiri, 79.
El-Kàmel, 255.
El-Keïd-ben-Hamza-Es-Senàouï, 200, 205.
El-Khazeradji, 332.
El-Kheber, 308.
El-Khidr, 7 *n.*, 88.
El-Khoundji, 70, 74 (cf. Ibn-Nàmàwar-El-Khoundji).
ELKIF-KINDI, 220.
El-Laqqàni (cf. En-Nàsir-El-Laqqàni).
El-Maghribi, 249 (cf. Ahmed-El-Filali, cadi de Dienné).
El-Mahalli, 75.
El-Mamoun, 107, 108.
El-Mansour-billah-Abou-'l-Abbàs-Mauley-Ahmed-Edz-Dzehebi (cf. Mauley-Ahmed-Ahmed-Edz-Dzehebi),
EL-MEDINA, 280.
El-Mellaï, 69.
El-Mezouàr-El-Hasani (chérif), 373, 376, 451, 454.
El-Mo'atir (tribu), 465 *n.*
El-Moghili (imam), 65, 66, 67, 69, 75.
El-Mokhtar (Magcharen-Koï), 474.
El-Mokhtar (Dendi-Fàri), 209, 234.
El-Mokhtar (petit-fils du cadi El-Aqib-ben-Mohammed-Zenkan), 373.
El-Mokhtar (Chà'a-Farma), 196.
El-Mokhtar-ben-Anda-Ag-Mohammed, le grammairien, 48, 49, 61, 96, 101, 106, 113, 123, 126.
El-Mokhtàr-ben-Mohammed, 49.
El-Mokhtar-ben-Mohammed-Naddi, 41, 108, 115, 118.
El-Mokhtar-ben-Omar, 173.
El-Mokhtar-Tamta-El-Ouankori, 375, 419, 454.
El-Monir, 346.
El-Monteqa (d'El-Badji), 76.
El-Mosalli, 52, 323 (cf. Anda-Ag-Mohammed-ben-Mellouk-ben-Ahmed-ben-El-Hâdj-Ed-Doleïmi).
El-Mostafa (fils de Masira-Anda-Omar), 259, 260, 322.
El-Mostafa-ben-Ahmed-ben-Mahmoud-ben-Abou-Bekr-Baghyo'o (imam), 365, 366.
El-Mostafa-ben-Askia-Daoud (Fari-Mondzo), 186, 192, 196, 214, 236, 470.
El-Mostafa-El-Fil (caïd), 277, 278, 289.
El-Mostafa-Et-Torki, 217, 227, 229, 240, 241, 242, 243, 248, 249, 250, 252, 253, 255, 256, 257, 272, 273, 274, 275, 321, 327, 473.
El-Motaouekkel-'ala-Allah-Abou-'l-

Izz-Abdelaziz-ben-Ya'qoub-ben-Mohammed-ben-El-Mo'atdhed-billâh, 120 *n*.
El-Moustafa-Koraï (Tombouctou-Koï), 127.
El-'Odâla, 129 (sultan d'Agadez).
El-Ouancherisi, 76, 153.
El-Oudjli, 114.
El-Qalqachandi, 63, 65.
EL-QÎMA, 174 *n*.
Enbârek, 475.
En-Nâsir-El-Laqqâni, 63, 65, 66, 69, 74.
En-Nouaïri, 65.
ESPAGNE, 277 *n*.
Espagnols, 312 *n*.
Es-Saad (auteur *d'un abrégé du Telkhis-el-Miftah*), 75.
Es-Saouri, 319, 336 (cf. Ahmed-ben-Abdallah-Es-Saouri).
Es-Sebki, 74, 75.
Es-Sellenki, 117.
Es-Senousi (cf. Mohammed-ben-Yousef-Es-Senousi).
Es-Seqliyouna, 368 *n*.
Es-Sibti (auteur *d'un commentaire de la Khazeredjia*), 75.
Es-Soyouti, 69, 332.
Et-Tadjouri, 69, 74, 75.
Et-Tâher, 211.
Et-Taoudih (ouvrage d'Ibn-El-Hâdjeb), 332.
Et-Târezi (cf. Mohammed-ben-El-Hasen-Et-Târezi).
Et-Tataï, 70, 77.
Et-Thaleb-Mohammed-El-Belbâli, 306 *n*.
Exorcisme (*formule d'* —) (dernière sourate du Coran), 85.
Ez-Zaouâl, prière, 29 *n*.
Ez-Zemmouri, 106.
Ez-Zobeïri (le Filâli), 174.

F

Fadkakuji, 19 *n*.
Fadko-Koï, 19, 223 *n*.
Fadl, 260, 261.
FADOKO, 223, 406 *n*., 417 (cf. Fadko).
Fadoko-Koï, 278.
FAÏ-SANAOUÏ, 183.
FAÏ-SENDI, 287, 414, 415.
Faïz, 396, 449.
FALA, 415, 417.
Fâla-Faran, 19, 415, 417.
Fama, 15 *n*.
Fâma'a, 212.
Faramakuji, 19 *n*.
Faran (titre), 25 *n*., 142, 160, 161, 169, 170 *n*., 173, 182, 183, 185, 195, 197, 208, 211.
Faran-'Omar, 95, 146 (cf. Omar-Komzâgho).
Faran-Sorâ, 274, 278, 281.
Faran-Soura, 20.
Faran-Yahya (Kormina-Fâri) (cf. Yahya, frère d'Askia-El-Hâdj-Mohammed).
Farâsa, 212.
Fâri, 174, 175, 176.
Fâri, 428.
Fâri-Koï, 212.
Fâri-Mondzo, 131, 132, 155, 156, 165, 166, 175, 178, 181, 186, 192, 196, 208, 227, 232, 234, 236, 321, 472.
Farkakuji, 19 *n*.
Fär-Koï, 179.
FARKO, 406, 407, 418.
Farko-Koï, 406, 408, 409, 411, 412, 413, 414, 418, 420.
Farma-Koï, 19.
Fati (fille d'Askia-Mohammed-Benkan), 145.
Fati (mère de Selmân-Nâr), 10.
Fâti (fille d'Askia-Daoud), 214.
Fatiha (1re sourate du Coran), 85, 86, 95, 393.

INDEX

Fâti-Hindo, 212.
Fati-Idji, 212.
Fâtima, 255 n.
Fati-Ouaïno, 212.
Fàti-Touri, 215.
Fatma (fille du chérif Ahmed-Es-Seqli), 368.
Fatma-bent-El-Hasen-El-Haousiya, 459.
Fatma-bent-Sid-Ali, 210.
Fatma-Boso, 213.
Fayyâd-El-Ghadâmsi, 96, 124.
FEDDJ-EL-FERÈS, 312 n.
Fedji-Màbi, 246.
Fenfa, 246, 247, 262.
Fera'i (ouvrage d'Ibn-El-Hâdjeb), 76.
féredjé (vêtement), 317.
Feriro (cf. Ba-Hasen-Feriro).
FERMANNATA, 415.
FERMATNA, 415 n.
fetoua, 58.
FEZ, 37, 83, 92, 93, 111, 215, 216, 254, 294, 309 n., 310, 311, 312, 313, 329, 342, 368 n.
FEZZAN, 37, 258.
FILI, 435.
Fina-qadar-el-abkar, 107.
FLEUVE (le NIGER), 6, 8, 19, 20, 23, 26, 41, 47, 79, 115, 160, 170, 193, 205, 218, 219, 220, 226, 234, 249, 261, 274, 276, 279, 283, 297, 298, 299, 303, 305, 329, 331, 337, 339, 340, 342, 386, 387, 398, 399, 414, 417, 418, 419, 426, 432, 433, 438, 443, 477, 484.
Fondoko, 168, 280, 281, 287, 288, 297, 298, 299, 321, 349, 350, 351, 385, 404, 406, 410, 416, 420, 421, 461.
Fondoko-Boubo-Maryama, 223 (cf. Ibn-Maryama).
FOROMAN, 223.
Foudiya-Mohammed-Foudiki-Sanou

El-Ouankori, 30, 31, 32, 34, 349.
de Foucauld, *Reconnaissance au Maroc*, 164 n.
Fouko, 34.
Foulani, 58, 109, 116, 129, 283, 315, 428, 430, 431, 444, 461, 465 (cf. Peul, Foulbés).
FOULAOUA, 407.
Foulbés, 58 n., 109 n., 110 n.
FOUTA, 127, 128.
FOUTINA, 415, 417, 419, 454.

G

GAO, 6 n., 14 n. (cf. KAGHO).
GARMA, 430.
gendarmerie, 217, 275 (cf. *Mekhazeni*).
GHADAMÈS, 37.
Ghadamésiens (quartier des —), 222.
GHANA, 13 n., 18, 42 n.
GHARB (province du —), 309.
Godad-El-Foullani (cf. Mohammed-ben-Kedâd-ben-Abou-Bekr).
GOGO, 14 n.
GONDAM, 457.
GOURMA, 41, 105, 115, 116, 147, 152, 154, 156, 179, 205, 209, 210, 220, 231, 299, 300, 426, 430, 433.
gourou (noix de —), 152 n., 248.
GRENADE, 16.
Guedâl, 42 n. (cf. Djedal).
GUINÉE, 22 n.
GUINNI, 22 n.
gynécée, 107.

H

Habib (cadi), 78, 84, 101, 107, 114, 123.
Habib-Allah (Binka-Farma), 212.

Habib-ben-Mohammed-Baba, 51, 323.
Habib-ould-Mohammed-Anbàbo, 248, 257.
Habib-Torfi, 245.
habous, 14 *n.*
Hàchem, 3 *n.*
hachémite, 3, 35, 101, 436, 460.
Hachemiya, 75.
HADDA, 199.
Haddou-ben-Yousef-el-Adjenâsi (pacha), 293, 294, 300, 301, 302, 335, 337, 340, 341, 342, 369, 442, 445, 464, 466, 467, 474, 475, 476.
hadits, 65.
HADJAR, 172.
Hadji-Khalfa, 49 *n.*
hafid, 67.
Hafsa, 371.
Hafsa-Kimâri, 214.
Hafsa-Tà'o-ben-Abdallah-ben-Imràn, 460.
HAIIA, 264.
Hakem, 255, 306, 345, 461, 462.
Halima, 408, 418, 456.
hals (eau de —), 307 *n.*
Hamda-Soulo (le Peul), 223.
Hàmed-ben-Askia-Daoud, 184, 185 *n.*, 193, 195, 213, 214, 472.
Hàmi-San-Sokar-Es-Senâouï, 246, 247, 248, 250.
Hamid-ben-Abderrahman-El-Hayyouni (pacha), 425, 437, 456, 475.
Hammàd, 156 *n.*, 213 (cf. Hemadou).
Hammàd (Fari-Mondzo), 472.
Hammedi-Aïcha, 280, 281, 287, 384.
Hammedi-Amina-ben-Boubo-Ilo (Masina-Koï), 189, 248, 273, 274, 277, 278, 279, 280, 281, 287, 461.
Hammedi-Amina-ben-Boubo-Yàmi, 288, 351, 352, 353, 382, 383, 384, 386, 388, 390, 404, 409, 410, 411, 412, 413, 414, 415, 416, 420, 461, 478.
Hammedi-Bilel, 429, 435.

Hammedi-Fàtima, 288, 410, 411, 413, 416.
Hammedi-Foulâni, 285, 286, 287, 288.
Hammedi-Siri, 285, 286, 288.
Hammedi-Tiddi, 284.
Hammou-Barka, 226, 234, 235.
Hammou-ben-Abd-El-Haqq-Ed-Der'i, 218, 222, 227, 266, 267.
Hammou-ben-'Ali-Ed-Der'i (pacha), 335, 342, 343, 344, 347, 380, 451.
Hammou-Haqq-Ed-Der'i (cf. Hammou-ben-Abd-El-Haqq-Ed-Der'i).
hanéfite, 74.
Hàoua-Adam, 212.
Hàouadàkoi, 212.
HAOUSSA, 41, 152, 232, 432, 459 *n.*
Harenda-Maghban, 283, 288.
Hàri-Varma, 211.
Hariri, 332.
Haroun (Askia), 297, 298, 300, 301, 365, 469, 470.
Haroun-Denkataya (Askia), 214, 234, 396, 469, 471, 472.
Haroun-Er-Rechid, 178, 215.
Haroun-Fàta-Touràdji, 214.
hartani, 259, 260.
Hanïa-ben-Ibrahim-El-Khidr, 112.
HAUKI, 116.
Hayyouni (pacha), 404 (cf. Hamid-ben-Abderrahman-El-Hayyouni).
hazzâb, 94 *n.*
HEDJAZ, 83.
Hemâdou (Kormina-Fari), 156, 158.
Hikem (les), *traité de morale et de mysticisme*, par 'Ata-Allah-Tadj-ed-Din-Ahmed-El-Iskenderàni-Ech-Chadzili), 75.
Hi-Koï, 146, 147, 149, 158, 159, 163, 165, 166, 167, 168, 169, 191, 193, 196, 230, 232, 233, 234, 296, 450.
Himyar, 42, 43.
hizb, 45, 94 *n.*
Hoco-Koraï-Koï, 119, 127, 166, 167, 169, 181, 199.

INDEX

Honbori, 267, 430, 431, 435.
Honbori-Koï, 158, 159, 199, 205, 212, 340, 428, 429, 431, 480.
Hosaïniyouna (ou Hosaïnites), 368 n.
Hosol-Farma, 175.
Houd, 13 n.
Houdas et Martel (*La Tohfat* d'Ebn-Acem), 75 n.
Houïa, 112 n. (cf. Hauïa).
huissier du cadi, 240.

I

ibadites, 12 n.
Iblis, 122.
Ibn-Abdessalàm, 56, 324.
Ibn-Abou-Chérif, 65.
Ibn-Abou-Zeïd (cf. Abou-Zeïd-El-Qaïraouani).
Ibn-'Acem, 75.
Ibn-'Ata-Allah, 75.
Ibn-Batoutah, 12 n., 13 n., 15, 16.
Ibn-El-Hàdjeb, 76, 332.
Ibn-El-Qettàn, 326.
Ibn-Ghâzi, 64.
Ibn-Hadjar, 63, 69.
Ibn-Khaldoun, 13 n., 17 n., 44 n.
Ibn-Malek (auteur de l'*Alfiya*), 63 n., 75 (cf. Djemal-ed-Din-Mohammed-Ibn-Malek).
Ibn-Maryama, 188, 189.
Ibn-Nâmâwar-El-Khoundji, 70 n.
Ibn-Sa'ïd (cf. Ahmed-ben-Mohammed-ben-Sa'ïd).
Ibrahim (Askia), 480.
Ibrahim (fils d'A.-El-H.-Moh. Ier), 212.
Ibrahim, 45, 334.
Ibrahim, 46 (jurisconsulte descendant du cadi El-Hàdj).
Ibrahim (fils d'Omar), 325.
Ibrahim (grand-père de Habib-ben-Mohammed-Baba), 51.
Ibrahim (roi du Masina), 354, 410.
Ibrahim (fils d'Ask.-Daoud), 214.
Ibrahim-Achkhàn, 296.
Ibrahim-ben-Abdelkerim-El-Djerâri ou El-Djerrar (pacha), 335, 345, 347, 348, 349, 376, 377, 465.
Ibrahim-ben-Abou-Bekr-ben-El-Hàdj, 59, 109.
Ibrahim-ben-Er-Ra'ouàn-Ech-Chibli, 438, 440, 442, 457.
Ibrahim-ben-Mesa'oud-Er-Ra'ouàn (cf. Ibrahim-ben-Er-Ra'ouan-Ech-Chibli).
Ibrahim-El-'Arousi, 352.
Ibrahim-El-Djerâri (cf. Ibrahim-ben-Abdelkerim-El-Djerâri).
Ibrahim-El-Khidr, 111, 112.
Ibrahim-El-Moqadessi, 63.
Ibrahim-Es-Sekhâouï, 272.
Ibrahim-Es-Soussi, 445.
Ibrahim-Ez-Zelfi (imam), 94, 97.
Idda (cadi), 416.
Idelaï, 194 (cf. Adelaï).
Idlaï-'Ali-Iniyen ou Iniyi, 174.
Idris (fils d'A.-Daoud), 214.
Ilo-Soudi, 285.
imam, 97 n., 98 n.
Imochar', 35 n.
Imogeren, 35 n.
'Imran-ben-'Amir-Es-Sa'ïdi, 100, 176, 210.
inspecteur de Tombouctou, 112.
Ioualaten, 13 n.
Irouan, 485 n.
Ishâq (fils de l'Askia Bokar-Balama'), 470.
Ishâq (fils du Binka-Farma Moh.-Heïka, Balama'), 301.
Ishâq-ben-Askia-El-Hàdj-Mohammed (Bena-Farma), 141, 142, 211.
Ishâq-ben-Daoud (Askia-Daoud), 196.
Ishâq-Zeghrâni, 213.
Islam (pays de —), 42.
islam (relig.), 2, 120, 458 n.

Isma'îl (Askia), 399, 400, 401, 472.
Isma'îl-ben-Mohammed (Djinni-Koï), 243, 461.
Ismaïl-ben-Mohammed-ben-Ismaïl (Djinni-Koï), 252, 370, 410, 412.
Ismaïl-ben-Mohammed-Sorko-Idji (Askia), 473.
'Iyàd (cadi), 49, 61, 76, 90, 106.

J

Jardin (cimetière du —), 374.
jeûne, 112 n.
Journal asiatique, 15 n.

K

Ka'an-Koï, 20 n.
KA'ANYA, 406 n.
KABARA, 25, 29, 78, 99, 107, 112, 115, 126, 130, 138, 159, 160, 191, 196, 197, 198, 199, 206 n., 229, 272, 327, 345, 362, 363, 372, 390, 393, 445, 482.
Kabara-Farma, 196, 197, 198.
KABBI (cf. KOBBI).
KABENKA, 438.
KABIR (quartier de TOMBOUCTOU), 259.
KABIRA, 25 n.
KACHENA, 64, 65, 129, 168, 169.
Kada-Salta-Oularbi, 128.
Kàdi-bent-El-Mokhtar-Timeta-El-Ouankori, 452.
Kaffi, 283.
kafi (maladie épidémique), 151.
KAGHO, 6 n., 14, 69, 117, 121, 126, 131, 133, 136, 142, 147, 148, 152, 154, 156, 157, 159, 160. 163, 164, 165, 166, 167, 168, 175, 176, 178, 179, 183, 184, 185, 186, 188, 189, 190, 191, 193, 197, 198, 199, 200, 201, 205 n., 208, 209, 210, 216, 217, 218, 219, 220, 221, 222, 228, 234, 257, 264, 267, 285, 286, 322, 336, 340, 346, 348, 352, 356, 357, 358, 359, 362, 394, 400, 423, 432, 438, 439, 440, 444, 472, 478, 482.
KAHA, 286.
Kâki-bent-El-Mokhtàr-Timeta-El-Ouankori, 452 n.
KALA, 19, 34, 155, 188, 209, 210, 223, 224, 244, 245, 276, 278, 413, 414, 416, 453.
Kala-Cha'a, 148, 170, 193, 196, 199, 206, 207, 209, 273, 274, 275, 278, 279, 298, 305, 306, 397, 416, 450.
Kalâya-Tabàra, 128.
KALENKA, 412.
KALIKORO (fleuve ou lac de —), 383.
Kalil, 281.
KALINKO, 412 n.
Kalko-Farma, 170.
Kalo, fils de Tayenda, 127, 128.
Kama-Koï, 19.
Kamkoli (Dendi-Fari), 166, 167, 169.
Kamsa, 134.
Kamsa-Mimenkoï, 213.
Kamiya-Koï, 19 n., 415, 417.
Kanâdji (cadi), 34.
Kanaï (dîme du —), 341.
KANATO, 187, 193, 195, 205.
Kâneta-Ali (Kaneta-ben-Bohom), 283, 284.
KANBA'A, 481, 488.
Kanbara, 23 n.
Kani-Kàneta, 284.
Kanka-Farma, 207.
KANKAKA (île), 145, 156, 211.
KANKAN, 15 n.
Kankau-Dentoura, 245.
Kankau-Mousa, 12, 13, 14, 15, 16, 128 (cf. El-Hâdj-Mousa).
Kankao (arbre), 179.
KANKORA, 405.

Kankora-Koï, 409.
KANO, 61, 64, 138.
Kanta (sultan de Lika), 146, 147, 168, 237.
Kanta-Faran, 170.
KAOKAO, 6 n. (cf. KAGHO).
Kao-Koï, 19, 20.
KARABARA, 206, 218, 271.
KARAÏ, 194.
Karaï-Farma, 165, 178, 211.
Kara-Toudjili (fille d'A.-El-H.-M.-I.), 212.
KARFATA, 168.
Karimou, 25.
Ka'rkuji, 20 n.
Karsalla (Mâsina-Mondzo), 196.
Kâsa, 214, 244.
Kasaï, 111, 212.
kâteb (secrétaire), 423.
Kâteb-Mousa (cadi), 92, 93.
Kawakuji, 19 n.
KA'YA, 406.
Kel-Amini (Touareg), 241, 333.
Keltoum, 212.
KEREN, 412, 413.
Khadidja-bent-'Omar-Komo (chérifa), 459.
Khadidja-Ouaïdja, 366.
Khaled (Balama'), 181, 212, 213.
Khaled-El-Ouaqqâd-el-Azhari, 61.
kharadj (impôt), 273 n., 462.
Kharedjites, 12 n., 61, 115, 118, 488.
Khatib, 33.
Khazeredjia, 75 (*poème sur la métrique*, de Diya-ed-Din-Abdallah-ben-Mohammed-El-Khazradji).
Khelil (cheikh), 60, 63, 65, 67, 70, 71, 74, 75, 76, 77, 332.
khomâchi (étoffe), 398.
Kibina (cf. Kibira), 138 n.
Kibinenkasi, 138 n. (cf. Akbiren-Kasa).
Kibira, 138.

Kibiro, 162 n.
Kiboro, 212 (cf. Kibro et Kibiro).
Kibro, 162 (cf. Kibiro et Koboro).
KICHO, 293 n.
Kidâdo, 288.
Kifayet (ouvrage d'Ahmed-Baba), 60 n.
Kigni-Koï, 20 n.
KIKAÏ, 25.
KIKIN, 411.
KILANBOUT, 126.
Kima-Koï, 173.
Kin'i-Koï, 223.
KIOUAÏ, 432 n.
Kirâdo, 288 n.
KIRAÏ, 432.
KIRAO, 404, 435.
Kirao-Koï, 456.
Kirimou, 381.
Kirko-Koï, 19.
KISO, 214, 293, 433.
Kitab el-istiqça, 373 n., 488 n.
KOBI (cf. KOBBI).
KOBBI, 115, 169, 231, 299, 300, 302, 340, 399.
Koboro-Koï, 212.
Kochiya-ben'-Otsmân (Kormina-Fari), 165, 173, 213.
Kodâro, 327.
Koï, 15 n., 19 n., 173 n.
Koï-Idji, 198.
KOÏRA-DJINOU, 451.
KOÏRA-KONA, 259.
KOÏRATAO, 430.
Kokoy-Korya, 6 n.
KOKOR-KABI, et Kokoro-Kâbi, 161.
kola, 152 n.
KOLEN, 237, 261, 262.
Kolo, Kollo, 127 n. (cf. Kalo).
KOMA, 168, 281.
KOMINO, 407, 415, 418, 419.
KOMTANA, 417.
KOMTONNA, 417.
KONBO-KORAI, 203, 205.

(*Histoire du Soudan.*)

Konboma, 354, 391.
Konboro, 23, 25.
KONI, 116.
KONKO-KIRAÏ, 432.
Konkon, 128 *n*. (cf. Kankan).
KONKOROUBOU, 267.
Konkour, 12 *n*.
Konta (chef de Lika), 129, 130, 269.
KONTI, 416, 449.
Konti-Mondzo, 209.
KONYI, 416 *n*.
KORA (MONTAGNE DE —), 301, 471.
KORAÏ-GOURMA, 220, 228.
KOʻRAOU, 237.
Kori-Koï. 299.
KORKA, 171.
Korkâ-Mondzo, 170, 171, 207.
KORMA, 105 *n*. (cf. GOURMA).
KORMINA, 180, 186, 188.
Kormina-Fari, 118, 130, 132, 133, 134, 137, 138, 140, 141, 142, 144, 145, 153, 156, 158, 161, 162, 165, 167, 171, 173, 174, 179, 180, 181, 186, 190, 195, 196, 198, 204, 208, 211, 212, 213, 215, 234, 273, 280, 287, 469.
Konodo, 326.
KORO-KENDI, 154.
KORONOZAFI, 272, 400, 423, 432, 433, 437, 441.
Korziya, 207.
KORZO, 168.
Kota, 128.
Kotal (ch. de Lika), 129.
Koti, 57.
KOUBAʻA, 303.
Kouba-Maghan, 283.
KOUBO (FORÊT DE —), 172.
KOUFASA, 387.
KOUÏAM, 484.
KOUKIR, KOUKIRI, 29, 223, 274 *n*., 406.
Koukiri-Koï, 19, 274, 409.
KOUKIYA, 6, 7, 8, 130, 133, 162, 163, 165, 168, 210, 228, 229, 235, 356, 400, 444.
Koukou, 6 *n*. (cf. Kâgho).
Kouma-Koï, 144, 145, 234.
KOUNA, 30, 247, 303, 374, 391, 392, 397, 399.
Kounta, 104, 121.
KOUNTI, 278.
koura (noix de gourou), 152, 153.
Koycha, 206, 207 (cf. Bou-Beker-ben-El-Feqqi-Donko).
KOZARA, 131.
Kukirikuji, 19 *n*.
Kukuji, 20 *n*.
Kumay-Kuji, 19 *n*.
Kurkakuji, 19 *n*.

L

Laha-Sorkiyâ (Hi-Koï), 230, 232, 233, 234.
Lalla-Sofia, 320.
Lâmboro, 284 *n*.
LA MECQUE, 13, 14 *n*., 34, 53, 61, 63, 65, 66, 68, 69, 72 *n*., 74, 83, 91, 99, 115, 119, 120, 126, 138, 357, 382 *n*., 402 *n*., 473.
Lamth, 42.
Lamtha, 42.
Lâmyia, 332.
Lanbouro-Kâneta, 284.
LARACHE, 312.
LE CAIRE, 15, 119.
Lella-ʻAouda (mère de Mauley-Ahmed), 315.
Lemt, 42.
Lemtoun, 42.
Lemtouna, 42, 44.
Lenz (Oskar), *Tombouctou*, 22 *n*., 36.
LIBTI, 168.
licence (diplômes de —), 76, 332.
lieutenant-général, 292, 376, 446.
LIKA, 129, 168, 173, 269.

LOULAMI, 179, 469, 470.

M

Maʿ (mot mandé), 15 *n.*
mâbi (*chanteuses*), 168.
Mâdji, 277.
MAʿDOKO, 329, 331, 337, 339, 342, 424, 443, 477.
MAʿDOUGOU, 14, 35 *n.*
Maʿ-El-Ghandour, 181, 182.
Mages (culte des —), 25, 223.
Magha (mot foulbé), 18 *n.*
Maghan, Maghan-ben-Sadi, 282, 283, 284.
Maghcharen (Touareg), 17, 35, 37, 425, 473.
Maghcharen-Koï, 138, 178, 200, 205, 208, 214, 241, 269, 456, 473.
MAGHREB, 37, 43, 44.
Maghreb, 73, 102.
mahalla, 73, *n.*
Maham-ould-Idider (cf. El-Faʿ-Mohammed-ould-Idider).
Mahdi, 118 *n.*
Mahmoud (fils de Abou-Abdallah-Anda-Ag-Mohammed le Grand), 107.
Mahmoud (imam) (fils de Seddiq-ben-Mohammed-Taʿli), 370, 467.
Mahmoud (fils de Salah-Ouankarâba), 449.
Mahmoud (cadi de Yendiboʿo), 47.
Mahmoud (sultan de Melli), 278.
Mahmoud (fils de la fille d'Askia-Mohammed-Benkan), 170.
Mahmoud-Baghyoʿo-El-Ouankori(cf. Mahmoud-ben-Abou-Bekr-Baghyoʿo-El-Ouankori).
Mahmoud-ben-Abou-Bekr-Baghyoʿo-El-Ouankori (cadi de Dienné), 33, 34, 70, 91, 159, 323, 487.
Mahmoud-ben-Ahmed, 422.

Mahmoud-ben-Ahmed-ben-Abderrahman, 89.
Mahmoud-ben-Askia-Ismaʿïl (Kormina-Fari), 194, 197, 208, 213, 214, 234.
Mahmoud-ben-Mohammed-ben-Oustefen (Magch.-Koï), 474.
Mahmoud-ben-Mohammed-Ez-Zeghrâni, 328
Mahmoud-ben-ʿOmar-ben-Mohammed-Aqit-ben-ʿOmar-ben-ʿAli-ben-Yahya-ben-Godâla (cadi de Tombouctou), 51, 52, 55, 58, 61, 62, 65, 69, 71, 77, 78, 82, 84, 86, 91, 96, 97, 98, 99, 101, 102, 104, 106, 108, 112, 113, 114, 116, 123, 124, 126, 127, 136, 139, 153, 160, 161, 162, 164, 176, 177, 190, 205, 221, 265, 273, 308, 314, 315, 324, 325, 326, 327, 328, 331, 369, 377, 466, 473.
Mahmoud-ben-ʿOmar-El-Harrâr, 447.
Mahmoud-ben-Zergoun (pacha), 17, 103, 171, 206, 211, 217, 225, 226, 227, 228, 229, 232, 233, 234, 235, 236, 237, 238, 239, 240, 242, 248, 252, 254, 256, 257, 259, 260, 261, 262, 263, 264, 265, 266, 267, 268, 269, 270, 273, 315, 321, 322, 323, 466, 468, 473.
Mahmoud-Bir-El-Hâdj-ben-Mohammed-El-Laïm (cf. El-Hâdj-Mahmoud-Bir-ben-Mohammed-El-Limben-Akalankaï).
Mahmoud-Darâmi, 180, 220, 221, 234, 322.
Mahmoud-Dondo-Miya, 143, 212, 213.
Mahmoud-Donkori, 212.
Mahmoud (dit El-Faʿ-Siri), 370.
Mahmoud-Foraro-Idji, 214, 228, 234.
Mahmoud-Keïna (Magch.-Koï), 474.
Mahmoud-Kiraoukori, 259.
Mahmoud-Koʿti-ben-ʿAli-ben-Ziyâd, 456.

Mahmoud-Ko'ti-ben-El-Hâdj-El-Motaouekkel-'ala-'llah (cadi), 322.
Mahmoud-Kouti, 209.
Mahmoud-Lonko (pacha), 280, 288, 291, 292, 294, 295, 296, 297, 300, 305, 306, 307, 308, 331, 334, 335, 347, 364, 376, 463, 465, 467.
Mahmoud-Yaza, 164.
Mahomet, 1, 2, 3 n., 53 n., 61, 81, 94 n., 95 n., 210 n., 314, 333, 355 n., 432, 441, 460, 484.
main-morte (bien de —), 94 (cf. *ouaqf*).
Maïri, 406, 409.
maître de route, 172.
Maka-Màsina, 212.
Maka-Mauri, 212.
Makhlouf-ben-'Ali-ben-Salih-El-Belbâli, 64.
Makhzen, 85, 246, 250, 276, 300 n., 382, 394, 395, 421, 461, 463.
MAKIRA, 415.
Makkanki, 106.
Mâlek, 242.
malékite (doctrine), 70 n.
MALI, 6 n. (cf. MELLI).
Malik-ben-Anas, 70 n.
Malki (Baraï-Koï), 228, 235, 236.
MALLI, 6 n. (cf. MELLI).
Mama, 34.
Mama-Siri, 59.
Mâmi-ben-Berroun, 225, 242, 243, 244, 248, 249, 250, 252, 261, 295, 296, 364, 462.
Mâmi-El-Torki, 339, 340, 369.
Mâmi-ould-Amar-ould-Kobori, 253.
Mandé (les —), 7 n., 18 n.
Mandingues (les —), 18 n.
Mânenka (Dirma-Koï), 212.
mansa (mot mandé), 15 n.
Mansa (Honbori-Koï), 212 (cf. Mensa et Mousa).
Mansa-Magha-Ouli, 223.
Mansa-Mousa, 15.
Mansa-Sâma, 223.

Mansour (Seyyid), 278, 279.
Mansour (Sidi), (cf. Mansour-El-Fezzâni).
Mansour (Seyyid), fils de Mahmoud-Lonko), 347, 376, 462, 465.
MANSOUR, 142, 150, 151, 213.
Mansour-ben-Abdallah-El-'Euldji, 485.
Mansour-ben-Abderrahman, 267, 268, 269, 270, 271, 325, 462.
Mansour-ben-Mobârek-Ed-Der'i, 433.
Mansour-ben-Mobârek-Es-Saououâf, 444.
Mansour El-Fezzâni (imam), 94, 97.
Mansour-Es-Sousi, 463.
Mansourienne (dynastie —), 460.
Ma'-Qoto-Kotya (Baghena-Fari), 127.
mara (mot mandé), 15 n.
Marabkan (cf. Marankan), 147 n.
Marankan-Kiraï (cf. Askia-Mohammed-Benkan), 147.
Mârba, 155, 188, 209, 244, 249.
Marché (de TOMBOUCTOU), 265, 322, 339.
Marché (porte du grand —) à DIENNÉ, 249.
Marché (porte du —) à TOMBOUCTOU, 229.
Mâr-Chindin (Askiâ), 472.
Mârenfa-Ansa, 214.
Marenfa-El-Hâdj-ben-Yâsi, 197, 198, 203.
Mârenko (Balama'), 469.
MAROC, 3 n., 34 n., 38 n., 44 n., 52, 64, 85 n., 163, 164 n., 174 n., 193, 214, 215, 218, 221, 252 n., 262, 266, 277 n., 292, 308, 309 n., 312 n., 315, 316, 317, 319, 330, 367 n., 436 n., 460 n.
Marocains (les —), 219, 220, 221, 222, 232, 233, 234, 235, 238, 240, 243, 248, 253, 256, 274, 276, 278 n., 279, 280, 296, 297, 301, 302, 303,

304, 310 n., 317, 379 n., 381, 382, 385, 420, 466, 467, 468, 471, 472, 473, 480.
Màrou-Benkan-Kirya, 133 (cf. Mohammed-Benkan-Kirya).
Màr-Tomzo (Dendi-Fari), 150, 151.
masa (mot mandé), 15 n.
masar (*ulcères de —*), 178.
MASINA, 38, 58, 182, 183, 189, 219, 223, 256, 273, 274, 277, 278, 281, 283, 284, 285, 286, 287, 288, 297, 299, 350, 351, 352, 379, 382, 386, 388, 390, 404, 405, 406, 409, 410, 411, 413, 420, 421, 423, 424, 453, 460, 461, 478.
Masina-Koï, 248.
Masina-Mondzo, 196.
Masira-Anda-'Omar, 58, 59, 259, 322.
Masira-Bobo-Ez-Zoghrani, 84.
Masouso, 213,
MASSA, 263, 264, 292, 343.
Màti'd, 381.
Màtigho, 25.
Maulay-Abdallah, 309, 316, 317.
Mauley-Abdallah-Es-Seghir, 311, 312.
Mauley-Abdelmâlek, 180, 271, 316, 317, 318.
Mauley-Abdelmâlek-ben-Mauley-Zidân (Abou-Merouan), 320, 347, 350, 376, 377.
Maulay-Abou-Fârès, 268, 291, 292, 294, 295, 310, 311, 312, 463.
Mauley-Abou-Hassoun, 312, 313.
Mauley-Ahmed-Ech-Chérif (cf. Mauley-Ahmed-Edz-Dzehebi).
Mauley-Ahmed-Edz-Dzehebi, 3 n, 38, 101, 163, 164, 180, 193, 215, 216, 217, 218, 221, 222, 225, 232, 239, 243, 245, 256, 258, 261, 262, 263, 264, 266, 267, 268, 270, 271, 276, 277, 291, 295, 309, 310, 312, 313, 315, 316, 318, 329, 335, 375, 402.

Mauley-Ahmed-El-A'aredj, 316.
Mauley-Ahmed le Grand (cf. Mauley-Ahmed-Edz-Dzehebi).
Mauley-Ech-Cheikh (fils de Mauley-Ahmed-Edz-Dzehebi), 310, 311, 312.
Mauley-El-Abbâs, 485, 488.
Maulay-El-Oualid, 448.
Maulay-Isma'il, 318.
Mauley-Mohammed, 316, 317.
Mauley-Mohammed-Amghàr, 315, 316.
Mauley-Mohammed-Ech-Cheikh-ben-Mauley-Zidân, 320, 485, 488.
Mauley-Mohammed-Ech-Chiekh-El-Kebir, 174, 315, 316.
Mauley-Mohammed-El-Mesloukh-ben Mauley-Maulay-Moh.-Ech-Cheikh, le Grand, 316
Mauley-Nasr, 309, 316.
Mauley-Zidan, 291, 295, 310, 311, 312, 313, 314, 319, 320, 333, 335, 336, 338, 339, 375, 377, 448, 485.
Maures (les —), 352 n.
Maures d'Espagne, 277.
Ma'ya (cf. Ahmed-Moghya).
MECHOUAR, 424.
medddh, 95, 302.
MÉDINA, 209, 418.
MÉDINE, 14 n, 53, 67, 68, 69, 81, 120, 138.
Medrasa, 90, 130.
Mekhàzeni (les —), 300, 301.
MEKKA (mont), 429.
MELLI, 6, 8 n., 9, 10, 11, 12, 13, 15, 16, 17, 18, 19 n., 20, 21, 25 n., 37, 38, 45, 83, 91, 92, 124, 125, 126, 128, 154, 155, 161, 169, 170, 178, 237, 262, 277, 278, 287, 460.
Melli-Koï, 15, 25, 279, 280.
Mellouk-ben-El-Hâdj-Selâm-El-Ghoryâni, 477.
Mellouk-ben-Zergoun, 251, 345, 349,

352, 353, 359, 378, 380, 381, 382, 399, 446, 447, 451, 464, 465, 466.
Mensa (*Honbori-Koï*), 199 (cf. Mousa et Mansa).
Mensa-Ali, 406.
Mensa-Mohammed, 406.
MÉQUINEZ, 310.
MERMASO-YENDA, 444.
MERRAKECH, 3, 3 n, 35, 44, 53, 56, 64, 79, 164, 174, 179, 180, 194, 215, 216, 218, 221, 222, 256, 262, 264, 265, 266, 271, 272, 277, 278, 289, 291, 292, 294, 295, 308, 309, 310, 311, 312, 313, 314, 316, 318, 319, 320, 324, 326, 327, 329, 333, 335, 337, 340, 342, 350, 366, 375, 377, 379, 448, 462, 463, 485, 487, 488.
Meryem-Dâbo, 125, 212.
Merzouq-ben-Hamdoun-El-Oudjeli, 451.
Mesa'oud-ben-Mansour-Ez-Za'eri (pacha), 396, 398, 399, 400, 401, 402, 404, 451, 456, 466, 472.
Mesaoud-El-Lebbân, 262.
MESSAOURA (rivière), 314 n.
Messoufa, 42.
Messouflte, 67,
Mestouf, 42.
Miayâr (cf. *Djam'i-el-Mi'yâr*).
mihrâb, 14.
Mima (roi du Masina), 281.
MIMA (localité du Masina), 20.
MISLA, 417.
mitsqâl d'or, 13, 77, 98, 225, 266, 269, 291, 306, 323, 359, 389, 404, 474, 475.
mizouâr, 373 n.
Moaddib-Kasenba ben-Ali-Kasenba, 179.
Moaddib-Zonkasi, 116.
Mo'akar (cf. El-Hâdj-Abdallah-ben-'Ali-El-Idrisi).
Mo'allem-Seliman-El-Arfâouï, 294, 295, 296.

Mobârek (neveu de Moh.-ben-Ahmed-El-Mâssi) (pacha), 342.
Modaououana (*traité de droit malékite* de Sahnoun, cadi de QAIROUAN), 61, 63, 71, 74, 76, 332, 365.
Modjtdhid (le —), 332, 334 n., 365.
Modkhel (ouvrage d'Ibn-El-Hâdjeb), 76.
Mohammed (fils de Della), 165, 166.
Mohammed (fils d'Ahmed, fils de Mahmoud-Baghy'o-El-Ouankori) (cadi), 487.
Mohammed (Kala-Cha'a), 299, 305.
Mohammed (Farko-Koï), 411, 418.
Mohammed (chérif, fils d'El-Hâdj), 455.
Mohammed (fils du Magh. Koï Mohammed-Alim-ben-Aklenki), 473.
Mohammed (fils de Sata, fille de Anda-Ag-Mohammed), 107.
Mohammed (muezzin de Sankoré), 327.
Mohammed (fils d'El-Mokhtar-Temt-El-Ouankori), 419, 454.
Mohammed-Acira (Kala-Cha'), 397.
Mohammed-Ad-'Ali-Mousa (surnom d'Abou-Abdallah-Mohammed-ben-Mohammed-ben-'Ali-ben-Mousa, 'Oriân-er-râs).
Mohammed-Aka'ouï, 484.
Mohammed-Alîm-ben-Aklenki, 473.
Mohammed-Anasa (Kala-Cha').
Mohammed-Anda-Omar, 59.
Mohammed-Aqît, 58, 59.
Mohammed-Baba (cf. Abou Abdallah-Mohammed-Baba-ben-Moh.-El-Amin-ben-Habib).
Mohammed-Baba-Masira, 323.
Mohammed-Baghyo'o-ben-Abdallah-Siri, 447.
Mohammed-Baghyo'o-El-Ouankori, 33, 57, 70, 71, 74, 102, 176, 190, 260, 323, 330, 331, 365, 367, 368, 369, 378, 459.

Mohammed-Bâno-ben-Mohammed-Heïko (Balama'), 469.
Mohammed-ben-Abdelkerim, 180.
Mohammed-ben-Abdelqâder-Ech-Chergui, 485.
Mohammed-ben-Abou-Bekr,339,341, 345, 350, 376.
Mohammed-ben-Abou-Bekr-ben-Abdallah-Koraï-Es-Senâoui, 371.
Mohammed-ben-Abou-Bekr-Et-Touri, 117 (cf. Askia-El-Hâdj-Mohammed).
Mohammed-ben-Ahmed (cadi), fils d'Abderrahman-ben-Abou-Bekr (cadi), 127, 323, 330, 333, 466, 467, 486.
Mohammed-ben-Ahmed-Baghyo'o-El-Ouankori, 123, 368, 457.
Mohammed-ben-Ahmed-ben-Abou-Mohammed-Et-Tazakhti, 64 (cf. Aïda-Ahmed).
Mohammed-ben-Ahmed-Bîr (fils de Sidi-Mahmoud), 259.
Mohammed-ben-Ahmed-El-Mâssi (pacha), 292, 335, 342, 343, 344, 370, 464, 475.
Mohammed-ben-Ahmed-Sa'doun-Ech-Chiâdemi (pacha), 483, 484, 485, 488.
Mohammed-ben-Aïsa-el-Kerch, 437, 440.
Mohammed-ben-'Ali, 370.
Mohammed-ben-'Ali-ben-Mousa (cf. Abou-Abdallah-Mohammed-ben-'Ali-ben-Mousa-'Oriân-er-râs).
Mohammed-ben-Anas (Askia), 400, 472.
Mohammed-ben-Anda-Ag-Mohammed-ben-El-Mokhtar, 102.
Mohammed-ben-Anda-Ag-Mohammed-ben-Ahmed-Boryo-ben-Ahmed (cadi de Tombouctou), 334, 335, 467, 486.

Mohammed-ben-Askia-El-Hâdj, 202, 203, 204, 215.
Mohammed-ben-Askia-Mousa, 139.
Mohammed-ben-Badara-ben-Hamoud-El-Fezzâni, 376.
Mohammed-Benba (Djinni-Koï), 298, 299, 304, 461.
Mohammed-Benba-Kenâti (cadi de Dienné), 34, 243, 244, 245, 246.
Mohammed-Benchi-Idji, 213.
Mohammed-ben-El-Amin-Kânou, 260, 261.
Mohammed-ben-El-Amin-Ko'ti, 421, 454.
Mohammed-ben-El-Hâdi (Binka-Farma), 470.
Mohammed-ben-El-Hasen-Et-Târezi-Et-Torki, 381, 396, 397, 398, 451, 466.
Mohammed-ben-El-Mokhtar (cf. Mohammed-San).
Mohammed-ben-El-Mostafa, 487.
Mohammed-ben-Ibrahim-Chimirro, 410, 412, 420, 422, 442, 466.
Mohammed-ben-Idris, 75 n.
Mohammed-ben-Ismaïl (Djinni-Koï), 250, 251, 279.
Mohammed-ben-Kanbara-ben-Mohammed-ben-Ismaïl (Djinni-Koï), 251, 252.
Mohammed-Benkan (cf. Moh.-Es-Sadiq (fils d'Ask.-Daoud), 344, 359, 362, 393, 394, 400, 401, 402, 453, 461, 469, 470.
Mohammed-Benkan-ben-Askia Daoud (Kormina-Fari), 165, 166, 174, 175, 178, 180, 181, 182, 185, 186, 187, 195, 205, 213, 214, 215, 234, 287.
Mohammed-Benkan-Kirya (cf. Askia-Moh.-Benkan-Kirya).
Mohammed-Benkan-Kouma, 169, 212.
Mohammed-Benkan-Sinbalo (Dendi-Fari), 165, 166, 173, 175.

Mohammed-ben-Kedâd-ben-Abou-Bekr le Foulani, 101, 177, 182, 227, 372, 452, 468.
Mohammed-ben-Mahmoud-ben-Abou-Bekr-El-Ouankori-Baghyo'o (cf. Mohammed Baghyo'o-El-Ouankori).
Mohammed-ben-Mahmoud-ben-Omar-ben-Mohammed-Aqit-ben-'Omar-ben-'Ali-ben-Yahya (cadi), 55, 64, 65, 101, 102, 126, 162, 176, 255, 259, 322.
Mohammed-ben-Masouso, 235.
Mohammed-ben-Merzouq-Moulay-El-Haouâri (cadi de Dienné), 458, 467.
Mohammed-ben-Mesa'oud-El-Merrâkechi, 362, 363, 446.
Mohammed-ben-Mohammed-ben-Ahmed-El-Khelil, 374.
Mohammed-ben-Mohammed-Benkan, 364.
Mohammed-ben-Mohammed-ben-Mohammed-Koraï (cadi de Tombouctou), 103, 394, 395, 430, 443, 458, 467.
Mohammed-ben-Mohammed-Koraï, 50, 103, 332, 365, 370, 394, 486.
Mohammed-ben-Mohammed-ben-'Otsmân (pacha), 402, 403, 404, 408, 411, 420, 422, 424, 443, 459, 466.
Mohammed-ben-Moumen-Es-Sebâ'i, 358, 359, 361, 362, 378, 380.
Mohammed-ben-Mousa (pacha), 480, 481, 482, 483.
Mohammed-ben-Mousa-Es-Sibâ'i, 446.
Mohammed-ben-'Omar-ben-Mohammed-Aqit, 32.
Mohammed-ben-Ostmân, 265 (cf. Omar-Ech-Chérif, Baba-Ech-Chérif).
Mohammed-ben-Rouh, 381, 383, 410, 412, 413, 422, 479.

Mohammed-ben-Soliman-El-Djezouli, 90 n.
Mohammed-ben-Yomzoghorbir, 50.
Mohammed-ben-Yousef-Es-Senousi, 70, 75.
Mohammed-Boryo (Askiâ), 472.
Mohammed-Chimirro (cf. Moh.-ben-Ibrahim-Chimirro).
Mohammed-Dara, 242.
Mohammed-Della-Idji, 169.
Mohammed-Della-Kobronki (Balama'), 230.
Mohammed-Djim, 453.
Mohammed-el-Amin-ben-Mohammed-ben-Sidi-Mahmoud, 102, 259, 260, 322, 332.
Mohammed-El-Amir, 213.
Mohammed-El-Arbi, 475, 479, 480, 481, 482, 484.
Mohammed-El-Arbi (frère du pacha Ali-ben-Abdelkâder), 346, 357, 358, 359, 377.
Mohammed-El-Arbi-ben-Mohammed-ben-Abdelqâder-Ech-Chergui-Er-Râchedi), 443, 458.
Mohammed-El-Bekri, 74.
Mohammed-El-Bekri-Es-Seddiqi (cf. Abou-Abdallah-Mohammed-El-Bekri).
Mohammed-El-Belbâli, 295, 306, 463, 464.
Mohammed-El-Borko (Askia), 473.
Mohammed-El-Djesim, 483.
Mohammed-El-Hindi, 384, 385.
Mohammed-El-Kelououï-El-Mâssi, 346.
Mohammed-El-Mâssi (cf. Moh.-ben-Ahmed-El-Mâssi).
Mohammed-El-Mokhtar-ben-Mo'ya-Achâr, 259.
Mohammed-El-Ouadi'a, 452, 468.
Mohammed-El-Ouankori, 332, 333.
Mohammed-El-Touïreg, 174, 175.
Mohammed-Es-Sâdeq (Balama'), 470.

INDEX

Mohammed-Es-Sadeq-ben-Askia-Daoud (Balama'), 195, 196, 197, 198, 201, 203, 213, 214, 344, 401, 461, 469.
Mohammed-Et-Tàrezi (cf. Mohammed-ben-El-Hasen-Et-Tàrezi).
Mohammed-Eth-Thayyeb, 418, 456.
Mohammed-Foudiya-Sànou (cf. Foudiya-Mohammed-Fadiki-Sanou).
Mohammed-Hayko (Binka-Fàrma), 208, 209, 214, 219, 301.
Mohammed-Ikoma (Teghâzza-Mondzo), 174.
Mohammed-Kâgho (Honbori-Koï), 480.
Mohammed-Kaï-Idji-ben-Ya'qoub, 206.
Mohammed-Kanbakoli-El-Màssi, 342, 344, 370.
Mohammed-Kanta (sultan de Liki). 173.
Mohammed-Kedàdo-ben-Abou-Bekr-El-Foulâni (cf. Mohammed-ben-Kedàd-ben-Abou-Bekr le Foulani).
Mohammed-Kenati (Cha'a-Farma), 169, 173.
Mohammed-Kenba-ben-Isma'il (Djinni-Koï), 279.
Mohammed-Kibi-ben-Djàbir-Kibi, 57, 176, 179.
Mohammed-Kidado (cf. Mohammed-ben-Kedàd-ben-Abou-Bekr le Foulâni).
Mohammed-Kiraï (Balama'), 127, 137, 142, 156, 211, 213, 235.
Mohammed-Kodira, 211.
Mohammed-Koï-Idji-ben-Ya'qoub, 197.
Mohammed-Konbaro (Djnni-Koï), 391, 476.
Mohammed-Korbo (Balama'), 212 (cf. Moh.-Oua'ouan).
Mohammed-Kourdi, 486, 487.

Mohammed-Mauri-Koï, 235, 236.
Mohammed-Naddi (Tombouctou-Koï), 38, 39, 82, 84, 105.
Mohammed-Naddi (Mosquée de —), 39, 177, 271, 272, 324, 326, 327, 328, 333, 342, 364, 366, 369, 377, 392, 425, 456, 457, 459, 480.
Mohammed-'Oriân-er-râs (cf. Abou-Abdallah-Mohammed-ben 'Ali-ben-Mousa-'Orian-er-râs).
Mohammed-Oua'o et Oua'ouan-ould-Da'anka-Koï (Balama'), 182, 193, 213.
Mohammed-ould-Banyâti, 245, 246.
Mohammed-ould-Benchi, 235, 236, 239.
Mohammed-ould-Della-Karo (Balama'), 181, 182, 213.
Mohammed-ould-Mauri, 182.
Mohammed-Qaï (Hi-Koï), 450.
Mohammed-Qaïa-ben-Denkelko (Hi-Koï), 193, 196.
Mohammed-Qarayenki, 50.
Mohammed-Sa'di, 373, 375, 389, 391, 445.
Mohammed-Sâdj-El-Foulâni, 486.
Mohammed-Sa'ïd, 372, 452, 468.
Mohammed-Sâlih-ben-'Ali-ben-Ez-Ziâd, 365.
Mohammed-San, 49, 366.
Mohammed-Sanba (Seyyid) (cadi du Masina), 352, 382, 404 (cf. Abou-Abdallah-Senba).
Mohammed-Seïf-Es-Sonna, 326.
Mohammed-Seyyid (fils d'Ahmed-Baba), 357, 456.
Mohammed-Siri-ben-El-Amìn, 259
Mohammed-Sisi, 176.
Mohammed-Sorko-Idji, 214, 234, 470, 472.
Mohammed-Tâba' (pacha), 271, 272, 317, 318, 327.
Mohammed-Yenba(Dj.-Koï), 370, 391.
Moïse, 7, 87 n.

Molouïenne, 35, 460.
Mondzo, 229, 249, 250.
Mondzo-El-Fa'-ould-Zerka ou Zanka, 226, 242.
Mondzo-Koï, 245.
Mokhtasar, abrégé de droit de Sidi Khelil, 60, 63, 65, 71, 74, 75, 332, 365.
Moka-Kâneta, 284, 288.
moqaddem, 293 *n.*
Moqaddima, 75 (ouv. d'Et.-Tadjouri).
Moriki'ri, 453 *n.*
Mosa-Benko, 221, 227.
Mosalli, 52 *n.*, 487.
Moslem, 54 *n.*, 70, 76.
Moslem-dam (surmon de Zâ-Kosoï), 5.
Mosquée de la Prospérité, 313, à Merrakech.
Mosquée de la Ruine, 313, à Merrakech.
Mosquée (la grande — de Tombouctou), 91, 111, 114, 177, 178, 179, 242, 322, 328, 372, 399, 447, 467, 485.
Mosquée (ancienne —) de Tombouctou, 177, 330.
Mosquée (du souq de Tombouctou), 179.
Mussalla (enclos en dehors de la ville où se font les prières), 14 *n.*, 133, 134 *n.*, 368, 378.
Mossi, 16, 17, 46, 112, 113, 115, 121, 122, 168, 173, 179, 192, 284.
Mossi-Koï, 16 *n.*, 113 *n.*, 173 *n.*
Mostafa-ben Aaker, 217, 257.
Mostafa-Et-Torki (cf. El-Mostafa-Et-Torki).
Motelettsemin (les —), 309.
Mouaddeb-Mousa-Dâbo (cf. Mousa-Dâbo).
Mouaddib-Bokar-Terouari, 34.
Mouaddib-Mohammed-El-Kabari, (cadi de Tombouctou), 45, 48, 77, 78, 80.
Mouatta, œuvre de Malik-ben-Anas, 70, 71, 74, 75, 332, 365.

Mouchi, 16 *n.*, 112 *n.*
Mouchi-Koï, 16 *n.*, 112 *n.*
Moudi (Magch.-Koï), 474.
Moumen-ben-Abdelkerim-El-Arbi, 479.
Mouri-Kiba (cf. Abou-Bekr-Sa'natara).
Mour-Ma'a-Kenkoï (cf. Mourimagha-Kankoï).
Mouri-Koïra, 293.
Mourimagha-Kankoï ou Mouri-Magha, 29, 30, 140.
Mouri-Mousa-Dâbo (cadi de Diennè), 246 (cf. Mousa-Dâbo).
Mour-Mohammed-Koubo, 211.
Mour-'Otsman-Seyyidi, 211 (cf. 'Otsman-Sidi).
Mour-Sâlih-Djaura, 119, 120, 121, 130.
Mousa (roi de Melli), 83.
Mousa, 481.
Mousa (Honbori-Koï), 205 (cf. Mensa et Mansa).
Mousa (Karaï-Farma), 211.
Mousa (Hi-Koï), 159, 163, 165, 166, 230.
Mousa-Benbalo, 211.
Mousa-Dâbo (cadi de Diennè), 367, 384, 457, 467 (cf. Mouri-Mousa-Dâbo).
Mousa-Kirao (Honbori-Koï), 428, 431.
Mousa-Kosaï, 93.

N

Na'asira (sultan de Mossi), 121, 122, 124.
Nadm (poème sur le calcul des Nativités d'Abou-Moqra'a), 75.
Nakiba-Yedenki, 283.
Nakira, 411.
Nâna (sultan), 178 *n.*
Nâna-Aïcha (chérifa), 334.
Nana-Hafsa-bent-El-Hâdj-Ahmed-ben-'Omar, 102.

Nâna-Bir (chérifa), 334.
Nâna-Bir-Touri, 93, 110.
Nâna-Komo (chérifa), 451.
Nàna-Omm, 485.
Nàna-Siri, 368.
Nàna-Sorko, 97.
Nàna-Tinti, 111.
Nàna-Torkia, 272.
NANA-ZARQOUTAN (colline de —), 253.
Nâra, 170.
Nâsir-ben-Abdallah-El-A'mech, 442, 482.
Nativité (fête de la — du Prophète), 332, 373, 377, 400, 420.
NAYI (montagne de —), 426, 429.
Nech-el-Metsâni, 488 n.
Nefa'a (fils du Tombouctou-Koï El-Moustafa-Koraï), 127.
NEMTANOKO, NEMNATAKO, NEMTANAKO, 209, 219, 322.
NIBKATOU-SONNI (colline près de DIENNÉ), 26.
NIGER, 6 n., 14 n, 18 n., 19, 20, 23 n., 25, 36, 41, 105 n., 218, 219, 220, 424.
Nîl el-ihtihâdj bitatriz ed-dibadj, 60 n. (cf. Ahmed-Baba).
Nima-Salta-Ourarbi, 128.
NOIRS (PAYS DES —), 42.
notaire, 360, 376, 384.
notariat, 51.
Notice sur les Maures du Sénégal et du Soudan, par R. de Lartigue, 104 n.
Nouh-ben-Askia-Daoud (Bental-Farma) (cf. Askia-Nouh-ben-Askia-Daoud).
Nouh-ben-El-Mostafa (Askia), 472.
NOURINSANNA, 414.
NOUYOU, 417.
Nozhet-el-Hâdi (édit. Houdas), 3 n., 174 n., 180 n., 312 n., 313 n., 314 n., 319 n., 336 n.

O

O'alla-Ed-Doumesi (cheikh), 444.
OCCIDENT, 128.
odabâchi, 221 n., 317, 433.
OKONDO, 398.
oldach, 317, 433.
Oma-Koï, 179, 278, 280, 381, 389.
'Omar (2ᵉ khalife), 28.
'Omar (prédicat. à Tombouctou), 118.
'Omar (Kormina-Fari), 469.
'Omar (cadi à YENDILO'O), 46, 47.
'Omar-Anda-Ag-Mohammed, 55.
'Omar-Anda-Ag-Mohammed-Aqit, 55, 78.
'Omar-ben-Abou Bekr (sultan de TOMBOUCTOU), 131.
'Omar-ben-El-Hâdj (Balama'), 470.
'Omar-ben-El-Hâdj-Ahmed-ben-'Omar, 327.
'Omar-ben-Ibrahim-El-'Arousi, 351, 352, 377.
'Omar-ben-Mohammed-Aqit, 48, 51, 78, 106, 113.
'Omar-ben-Mohammed-ben-Omar, 90, 486.
'Omar-ben-Mohammed-Naddi (Tombouctou-Koï), 39, 41, 105, 113, 118.
'Omar-Bîr, 187, 215.
'Omar-Biro, 114.
'Omar-Ech-Chérif, 240, 322.
'Omar-El-Montebih (cf. Abou-Hafs-'Omar-ben-Mahmoud-ben-'Omar-ben-Mohammed-Aqit).
'Omar-Kato, 187, 202, 203, 204, 215, 234.
'Omar-Komzâgho (Kormina-Fâri), 111, 118, 120, 124, 125, 130, 133, 169, 212, 213, 235, 469.
'Omar-Koraï-ben-Yomzoghor-El-Oueddâni, 449.

'Omar-Koukiya, 211.
'Omar-Torfo, 33, 34.
'Omar-Touto, 211.
'Omar-Youya', 211.
Ommâ (mère du 1er roi des Sonni 'Ali-Kolon), 10.
Omm-'Aïcha-bent-'Imrân, 372.
Omm-Hafsa-bent-'Imrân, 446.
Omm-Hâni, 373.
Omm-Hâni-bent-'Imrân, 371.
Omm-Keltsoum, 448.
Omm-Nâna, 453.
Omm-Nâna, 375.
Omm-Selma, 325.
Ondous-lkmetkoul, 174.
ONKONDO, 327 (cf. ANKANDI).
ONSO'O, 228.
Orient, 14, 69, 94 *n.*, 99, 115, 315.
Ormacheta (Maghch.-Koï), 474.
ORON, 416.
Oron-Koï, 415.
Oroun-Koï, 389.
Osoul (d'Es-Sebki), 70, 74, 75.
'Otsman (3e khalife), 28.
'Otsman (Sana-Koï), 407, 408, 411, 415.
'Otsman (roi do Dendi), 406.
'Otsman (jurisconsulte), 173.
'Otsman-ben-El-Hasen-ben-El-Hâdj-Es-Senhadji, 334.
'Otsman-ben-El-Hasen-ben-Hâdj-Tichti, 98, 99, 100, 177.
'Otsmân-ben-Mohammed-ben-Mohammed-ben-Denba-Sâl, le Peul, 328.
'Otsman-Dorfan-bou-Bokar-Kirin-Kirin (Binka-Farma), 163, 210, 214, 219, 321.
'Otsman-El-Filâli, 365.
'Otsman-Konkoro, 211.
'Otsman-Sidi, 134, 138 (cf. Mour-'Otsman-Seyyidi).
'Otsman-Thaleb, 51.
'Otsman-Tinfiren (Kormina-Fari),
124, 144, 145, 153, 154, 155, 158, 212, 213.
'Otsman-Youbâbo (Kormina-Fari), 133, 134, 135, 136, 137, 138, 140, 171, 211, 213.
OUABA, 385, 386.
OUAD, OUADA, 263.
OUADAÏ, 160.
OUAGHDOU, 36.
Ouaïbo-'Ali (Djinni-Koï), 243 (cf. Abou-Bekr-ben-Mohammed).
Ouaïza-Aïcha-Kara (fille d'Askia-El-Hâdj-Mohammed), 212.
Ouaïza-Akaïbano, 214 (cf. Ouaïza-Kaïbono).
Ouaïza-Bâni, 212.
Ouaïza-Hafsa, 173, 212.
Ouaïza-Hafsa (fille d'Askia-Daoud), 214.
Ouaïza-Idji-Hâni, 212.
Ouaïza-Kaïbono, 173, 175 (cf. Ouaïza-Akaïbano).
OUAKI, 423.
Ouakoré, Oua'kori (cf. Ouankoré, Ouankori).
Oua'kri (cf. Ouankoré, Ouankori).
OUALATA, 13, 18, 36 *n.*, 258, 266, 330, 352 (cf. OUALATEN et BIRO).
OUALATEN, 13*n.*, 62, 64 (cf. OUALATA).
Ouanado (héraut), 167, 203, 206.
Ouankoré, Ouankori, 18, 33, 34, 71, 119, 212, 259, 481.
OUANTA, 416.
OUANTARAMASA, 146 *n.*
OUANTARMASA, 146.
Ouanzo-Koï (sultanat de Melli), 19,
ouaqf, 14 *n.*, 120; cf. main-morte (biens de —).
OUARACH-BOKAR, 169.
OUARANKOÏ, 25 *n.*
Ouara-Yedenki, 283.
OUARON, 25 *n.*
Ouaron-Koï (sultanat de MELLI), 19, 25.

OUEDDAN, 193, 258.
Ouededo-Tiddi, 284.
OUED-ES-SAOURA, 314.
Ouendek, 484.
OUENZA'A, 273 n.
OUENZAGNA, 247, 273, 293, 404.
Ouenzagha-Mouri, 247.
Ouerech (recension de —), 332.
Oulad-Abderrahman, 263 (tribu du Sahara).
Oulâd-Achourkân, 484.
Ould-Kirinfil, 215, 216, 241.
Ouled-Sâlem, 396.
Ouorâdro, 284 n.
Ouorârdo-'Ali, 284, 286.
Ourar-Mondzo, 244, 249.
Ouoro-'Ali, 284.
Ouoro-Boki, 284.
Ouoro-Dibba, 284.
Ouoro-Hârenda, 288.
Ouoro-Moko, 284, 286.
Ouoro-Tiddi, 284.
Ouoro-Yoro, 288.
OURONNA, 25 n.
Ouronna-Koï, 25 n.
Ouro-Tiddi, 284 n.
Ourourbi, 223.
Outdous, 174 n. (cf. Ondous-Itmetkoul).

P

panégyristes, 366 (cf. *meddâh*).
Peuls, 58 n., 109 n., 124, 223, 228 (cf. Foulbés, Foulani).
Pharaon, 6, 7 n.
porteur (du Coran), 50.
Portugais (le —), 277 n.
PORTUGAL, 317 n.
prières (les cinq —), 110 n.
Prophète, 2, 5, 23, 69, 80, 82, 95, 96, 110, 216, 228, 242, 255, 302 n., 311 n., 314, 332, 333, 346, 368 n., 373, 378, 433, 436, 437.

Q

Qâïa-Bâbo, 223.
Qaïamagha, 18, 460.
QAIROUAN, 61 n.
Qâloun (recension de —), 332.
Qala-Faran, 19 n.
Qâma-Fatiya, 130.
Qâma-Fiti-Qalli, 124, 125.
Qâsem, 169, 223 (Cha'a-Koï).
Qâsem-Waradououi-El-Andalousi, 217.
QAYAKA, 128, 274, 281, 282, 286, 288, 414.
Qibla, 93 n., 159 n., 307 n, 474.
QOMMA, 417.
Qortobiya, 70.

R

Râbah-ben-'Aïssa-El-Kerch, 440.
Rafi', 218, 222.
raïs, 243 n.
C. Ralfs, *Beiträge zur Geschichte und Geographie des Sudan*, 4 n., 5 n., 19 n., 20 n., 23 n., 35 n., 165 n.
J.-B. Rambaud, *La langue mandé*, 15 n.
RAS-EL-MA, 58, 114, 223, 252, 253, 257, 269, 333, 425, 473.
Redhouân, 318.
redjez (forme de mètre), 66.
Redjez (poème d'El-Moghili), 66, 75.
renégats, 277, 294, 340.
RIF, 253 n.
Risâla (petit traité de droit d'Abou-

Zeid-el-Qaïrouani), 63, 64, 71, 76, 86, 111, 113, 365.
Rohlfs, 164 *n*.

S

saadienne, 3.
Sa'adiens (chérifs), 367.
SABA, 44.
Sacrifices (fête des —), 79 *n.*, 227, 360, 397, 438, 454, 457.
De Sacy, *Abdallathif*, 15 n.
Sâfou-Darâma, 284 *n*.
SAHARA, 42, 43, 44, 368, 378, 482, 486, 487, 488.
SAHEL, 104 *n.*, 194 *n.*, 383, 392.
Sahih (les deux —) (ouvrages d'El-Bokhari et de Moslem), 54, 70, 76, 139 *n.*, 245.
Sahnoun (fils d'Askia-Daoud), 214.
Sahnoun (cadi de Qaïrouan), 61 *n*.
Saï-ben-Abou-Bekr, 416.
Sa'id (imam de la grande mosquée de Dienné) (cadi), 364, 367, 372, 373, 467.
Sa'id (Kalko-Farma), 170, 215.
Sa'id (imam de la casbah de Tombouctou), 227 (cf. Mohammed-Saïd).
Sa'ïda, 326.
Sa'ïd-ben-Ahmed-Asah, 476.
Sa'ïd-ben-'Ali-El-Mahmoudi (pacha), 394, 396, 466, 472.
Sa'ïd-ben-Daoud-Es-Sousi, 273.
Saïd-ben-Obeïd, 295.
Saïd-Dogha (fenfa), 262.
Saïd-Mâra, 207, 208.
Saïd-Sankam, 366.
Sainbamba, 19 *n*.
Salah (Kormina-Fari), 191, 195, 196, 197, 213, 214.
Sâlah-Ouankarâba, 449.
Sâlek, 183 *n.*, 198, 199, 203, 204, 205, 206 (Surnom de Moh.-Es-Sadeq).
Sâlem-ben-'Atiya, 381.
Salha-Tâfini, 248.
Sâlih-ben-Ibrahim, 334.
Sâlih-ben-Saïd-Selenki, 455.
Sâlih-Takounni, 59, 259.
Sâlika, 183.
Salta-Tayenda, 128.
Salti-Ouri-Mohammed-Qali, 360, 361.
Salti-Sanba-Kisi le Peul, 223.
Salti-Yorobara, 223.
SAMA, 112, 155, 170, 171.
Sâma-Koi, 19, 20.
Samakuji, 19 *n*.
Samarkuji, 20 *n*.
San (fils d'Ask.-Daoud), 214, 227, 234.
San (surnom de Mohammed-ben-El-Mokhtar), 366.
San-Djinou, 449.
Sana-Faran, 25.
Sana-Fâri, 212.
SANA, 25, 179.
Sanaï, 179.
Sana-Koi, 19, 407, 408, 411, 412, 413, 414, 415, 418, 420.
SANA-MADOKO, 409.
Sanba, 283.
Sanbaba, 19.
Sanba-Lâm, 128.
Sanba-Lamdou, 223.
Sankam et Sankamo, 366.
Sankariya, 130 *n*. (cf. Sankiya).
SANKIYA, 130.
SANKORÉ (mosquée et cimetière de—), 37, 41, 45, 48, 49, 50, 52, 54, 59, 77, 83, 86, 87, 90, 91, 101, 103, 106, 108, 113, 124, 130 *n.*, 147, 180, 190, 258, 259, 322, 323, 326, 327, 330, 332, 334, 335, 357, 364, 449, 456, 482, 486, 487.
SANOUNA (DUNES DE —), 278, 389.

Sanqar (tribu des —), 283, 284, 285.
SANQARA, 249, 297.
Sanqara-Koï, 248.
SANQARI-ZOUMA, 20, 155, 278.
Santâ'ou-ben-El-Hàdi-El-Oueddàni, 103.
SAQA, 303.
Sarakuji, 19 n.
Sàsoro, 380.
Sata, 107.
Sâtoka, 214.
SATONKA, 303.
Sâtonka-Chima, 445.
SAY, 14 n.
Seddiq-ben-Mohammed-Taghli et Ta'li, 99, 100, 182, 326, 370, 467.
Selaldjiya (ouvrage), 63.
Selâma, 385, 386, 404.
Selamogho, 385 n.
Selàmoko (fondoko), 351.
Selà-Moko-Aïcha, 287, 288.
Selamo'o, 351 n.
Selenki, 117 n. (cf. Es-Sellenki).
Selimàn (cf. Selman-Nàr).
Seliman (pacha), 288, 289, 290, 291, 292, 295, 297, 329, 462, 463, 474, 475.
Seliman-ben-Belqàsem-Tenfina-El-Touâti, 449.
Seliman-ben-Mohammed-Karama'-El-Ouankori, 370.
Seliman-Chaouch, 280.
Seliman-Kankàka (Benka-Farma), 194, 211, 214.
Seliman-Katenka, 211.
Seliman-Kendi-Koraï, 211.
Selimàn-Zoouo (Askià), 214, 228, 232, 235, 237, 268, 269, 270, 292, 297, 329, 468, 469.
Selmàn-Nàri (Sonni), 6, 9.
Selti-Ouri (officier de Dienné), 401.
Séances (les — de Hariri), 332.
SÉGOU, 18 n.
Selmân-Nàr, 9, 10, 12.

Senba (cadi de Màsina) (cf. Moh.-Senba).
Senba-Dàï, 287.
Senba-Meryem, 453.
SÉNÉGAL, 418.
Senhâdja-Nounou, 104.
Senhâdja, 37, 38, 42, 43, 253, 257, 283.
Senhadjien, 62, 65, 66, 406, 451.
Seniber-Ed-Deredji, 455.
sergent, 243.
seyyid, 94 n.
Seyyid-ben-'Ostman, 326.
Seyyid-Kara, 212.
Seyyid-Karaï-Idji (Hi-Koï), 296, 306, 307.
SIBIRI, 304.
Sibridougou, 19, 20.
SICILE, 73.
sidi, 94 n.
Sidi-Mahmoud (cf. Mahmoud-ben-'Omar-ben-Mohammed-Aqit-ben-'Omar-ben-'Ali-ben-Yahya-ben-Godàla).
SIKINKA, 227.
Silenki, 212.
Siràdj-Ed-Din-ben-El-Kouaïk, 15, 16.
Sita, 107 n. (cf. Sata).
de Slane (*Histoire des Berbers*), 13 n., 18 n., 44 n.
de Slane (édit. d'El-Bekri), 18 n.
So'A, 280, 281, 384.
Soasoro (officier de Dienné), 25.
Sofi-Kara, 212.
Sofia, 375.
Soghra (ouvrage de Es-Senousi), 70, 75.
SOKOTO, 19 n.
Soleïman (Bara-Koï), 140.
Sonasoro, 25 n. (cf. Soasoro).
Sonfotir (tribu de Foulbés), 109, 349, 433, 446, 465.
SONGHAÏ, 3, 4, 6, 8 n., 11, 12, 13, 14, 20, 26, 27, 38, 101, 104, 120, 125,

130, 140, 145, 146, 149, 151, 152, 153, 154, 157, 161, 162, 163, 168, 170, 171, 175, 182, 184, 201, 203, 208, 209, 211, 215, 216, 217, 218, 219, 224, 225, 229, 231, 233, 236, 237, 273, 277, 298, 301, 400, 444, 460, 461, 468, 469, 470, 471, 472.

Sonkoraï, 37 *n*. (cf. Sankoré).

SONKOUROU, 205.

Sonna, 43, 60.

Sonna, 259, 332 *n*.

Sonni (2º dynastie des rois de Songhaï), 5, 8 *n*., 9, 12, 26, 27.

Sonni-Abou-Bekr-Dâ'ou, 117 (cf. Abou-Bekr-Dâ'ou).

Sonni-'Ali, 6, 12, 17, 26, 27, 28, 38, 40, 41, 61, 93, 103, 104, 105, 106, 107, 108, 109, 111, 112, 114, 115, 116, 117, 118, 119, 141, 181, 235.

Sonni-Ali-Kolon, 6, 8 *n*., 9, 10, 11, 12.

Sonni-Bâr, 6.

Sonni-Bar-Kaïna-Ankabi, 6.

Sonni-Bokar-Dalta-Boyonbo, 6.

Sonni-Bokar-Dâ'o, 6.

Sonni-Bokar-Zonko, 6.

Sonni-Ibrahim-Kabaï, 6.

Sonni-Kurbifo 6.

Sonni-Mâr-Arandan, 6.

Sonni-Mâr-Arkona, 6.

Sonni-Mâr-Faï-Kollo-Djimo, 6.

Sonni-Mahmoud-Da'ou, père de Sonni-Ali, 116.

Sonni-Mâr-Kiraï, 6.

Sonni-Mohammed-Dâ'o, 6.

Sonni-Mohammed-Fâr, 6.

Sonni-Mohammed-Koukiya, 6.

Sonni-Mousa, 6.

Sonni 'Otsman-Kanafa, 6.

Sonni-Selimân-Dam, 6.

SONQARA-ZOUMA, 155 *n*. (cf. Sanqari-Zouma).

Sonqomo, 34.

So'oud-ben-Ahmed-'Adjeroud-Ech-Chergui (pacha), 251, 379, 382, 387, 389, 391, 393, 448, 466.

SORBA, 381.

Sori-Soti, 245, 246.

Sorkiyâ (Hi-Koï), 196.

Sorko, 170, 171, 207.

SOROBA (montagne de —), 405.

Soryâ, 298, 299, 303, 304, 488, 489 (titre).

Soryâ-El-Kemâl-ben-Soryâ-Bokar, 488.

Sorya-Mohammed, 279.

Sorya-Mousa, 298, 303.

SOUA, 179 *n*.

SOUDAN, 1, 3, 5 *n*., 7 *n*., 8, 11, 12 *n*., 13 *n*., 15 *n*., 17 *n*., 20 *n*., 34 *n*., 35 *n*., 42 *n*., 56, 61, 62 *n*., 63, 64, 65, 67, 85 *n*., 91, 92, 120, 128 *n*., 178 *n*., 180 *n*., 215, 217, 222, 225, 244 *n*., 254, 266, 267, 271, 291, 295, 296 *n*., 308, 309, 310, 318, 333, 337, 341, 342, 364, 379, 401, 462, 463.

Soudanais, 217, 309, 365 *n*., 380, 381.

Soudi-ben-Djàdji-Kaneta, 284, 285.

Soudo-Djâdji, 286 (cf. Soudi-ben-Djadji-Kaneta).

Soudo-Kahml, 286.

Souma (les —), 188.

SOUMA, 169, 179.

Souma-Anzo, 169.

Souma-Kotobaki, 149, 155, 156, 158.

Souma-'Otsmân, 38.

SOUQ (le mont —), 426, 427.

Souq (de Tombouctou), 179.

SOURO-BENTANBA et BENTANNA, 177, 178.

Sous, 37, 311, 315.

Sousou (mot songhaï), 156, 157.

Sousou-Dabaï (place de Tombouctou), 92.

Sunni-Abu-Bakr-Da'u, 5 *n*.

Sunni-'Ali, 5 *n*., 6 *n*. (cf. Sonni-Ali).

Sunni-'Ali-Kilnu, 5 *n*.

Sunni-'Ali-Kolon, 5 *n*.

Sunni-Bara, 5 n.
Sunni-Bara-Kuja, 5 n.
Sunni-Barkaïna-Ankabi, 5 n.
Sunni-Barro, 6 n.
Sunni-Bazkin-Ankabaja, 5 n.
Sunni-Boukar-Dalla-Bougoumba, 5n.
Sunni-Boukari-Dào, 6 n.
Sunni-Boukari-Dianka, 5 n.
Sunni-Bukar-Dal-Binba, 5 n.
Sunni-Bukar-Zank, 5 n.
Sunni-Ibrahim-Kibja, 5 n.
Sunni-Ibrahim-Kobia, 5 n.
Sunni-Maré-Ardhan, 6 n.
Sunni-Maré-Arkouna, 6 n.
Sunni-Maré-Killighimou, 6 n.
Sunni-Mari-Arandan, 5 n.
Sunni-Marikiri, 5 n.
Sunni-Mari-Kul-Hum, 5 n.
Sunni-Mari-Rakr, 5 n.
Sunni-Mohammed-Barro, 5 n.
Sunni-Mohammed-Dàou, 5 n.
Sunni-Mohammed-Kokia, 5 n.
Sunni-Moussa, 5 n.
Sunni-Muhammad-Bara, 5 n.
Sunni-Muhammad-Da'u, 5 n,
Sunni-Muhammad-Kukia, 5 n.
Sunni-Musa, 5 n.
Sunni-Osman-Kanava, 5 n.
Sunni-Silman-Nar, 5 n.
Sunni-Sulaïman-Dam, 5 n.
Sunni-Suliman-Dami, 6 n.
Sunni-Suliman-Naré, 5 n.
Suni-Utman-Kanwa, 5 n.

T

TA'A, 168 n. (cf. Tagha).
TA'BA, 33, 159, 160, 245.
Ta'ba-Koï, 20.
Ta'bakuji, 20 n.
tabac, 275.
Tadakomadet, 208.

TA'DJIT, 108.
TA'DJITI, 108 n. (cf. TA'DJIT).
Tadkemmert, 475.
Tadmekket (Touareg), 484.
TAFARAST-BIRO, 38.
TAFILALET, 37, 174 n., 314.
TAGANT, 38 n.
TAGHA, 168.
TAÏO, 29.
TAKEDA, 65, 67.
Takonni, 190.
Takoro, 243, 401.
Tàkoro-Ansa-Màni, 248, 249.
TAMAKOROLA, 415 n.
TAMAKOU, 415.
tambour, 131.
Tanatà'o, 34.
Tanbâri, 212.
TAODENI, 22 n.
TAOUAO, 435 n.
TAOUAT-ALLAH, 417, 419
TAOUSA, 438, 439.
TARA, 151, 231.
Tara-Koï, 20.
Tarakuji, 20 n.
Taranida-Koï, 249.
Targui (le —), 252, 253, 333.
Tasalouf, 484 n.
TATAMA, 417.
TATINNA, 417.
TATIRMA, 417.
Tàti-Za'anki, 213.
T'audih (ouvrage de Sidi-Khelil), 76.
TAUTA-ALLAH, 119 (cf. TAOUAT-ALLAH).
Tayenda (le maudit), 127.
Tayenda-Salta-Yàlelba, 128.
TAZEKHTA, 51, 113, 114.
TEGHAZZA, 22, 121, 163, 174, 175, 180, 194, 215, 216, 217, 218, 222, 263, 345.
TEGHAZZA-EL-GUIZLAN, 174.
Teghazza-Mondzo, 174.
Tehdib (traité de droit malékite, par Abou-Sâ'îd-Khalaf-ben-Aboul-Qâ-

(*Histoire du Soudan.*)

sim-El-Beradi'i), 48, 78, 80, 113.
tekhmis, 69.
Tekmila (d'El-Bedjaï), 332.
Tekmilet-ed-dibâdj (cf. Ahmed-Baba), 60 n.
TEKROUR, 62, 104, 193.
Telkis-el-miftah (traité de rhétorique de Djelâl-ed-Din-Mohammed-El-Qazouini), 74, 75.
TEMTAMA, 416, 417.
TENAOUDARA, 194.
TENBAHOURI, 102, 242.
Tenbih-el-ouâqif ala tahrir khossiset niyatou'l-halif (ouvrage d'Ahmed-Baba), 67.
TENCHI, 235.
TENDIRMA, 119, 124, 132, 133, 134, 136, 153, 154, 160, 168, 171, 181, 188, 190, 196, 205, 209, 273, 292, 293, 295, 296, 344, 379, 388, 455, 482, 484.
TENFIREN, 124.
TENKONDIBO'O, 219.
T'eshil (traité de grammaire en prose, par Djemal-ed-Din-Mohammed-Ibn-Malek), 75.
Teslouf, 484.
TETUAN, 312 n.
Thafa (Fâri-Mondzo), 232 (cf. El-Mostafa-ben-Askia-Daoud).
Thaleb, 28 n., 79, 408, 430.
Thouranki, 212.
TI, 281.
Tibchât, 343.
Tibirt-Aksid (Maghcharen-Koï), 200, 205.
TICHIT, 38.
Tiddi, 284.
TIKDA, 108, 109.
TILA, 47, 115, 139.
TILDZA, 124.
TILITI, 208.
TIMI-TAMA, 415, 417.
TINAÏ, 25.

Tinen, 407.
TINFERIN, 126 n.
TINILI, 25 n. (cf. TITILI).
Tinin-Toutoma, 179.
Tinitâ'o (cf. Tanatâ'o), 34 n.
TIRA, 249.
Tira-Afarma-Isma'îl, 394.
Tirfaï et Tirfoï, 140.
TIRMISI, 168, 282.
TIRMISI-OUAKOMA, 168 n.
TIRYI, 136.
TITILI, 25.
TLEMCEN, 7 n., 65 n.
Tobba', 43.
Tobba-Africous, 43 n.
Tobba-Harits-Errâïch, 43 n.
Tohfat-el-hokkâm (traité de droit malékite d'Ibn-'Acem), 75.
Tolmâ-Kilisi, 34.
TOMBO, 25 n.
Tombouctien, 62, 67, 71, 247.
TOMBOUCTOU, 3, 13 n., 14, 15, 16, 17, 18 n., 23, 32, 35, 36, 37, 38 n., 40, 41, 42, 45, 46, 47, 48, 58, 59, 60, 62, 64, 65, 66, 74, 77 n., 78, 81, 82, 83, 84, 91, 92, 93, 97, 99, 100, 104, 105, 106, 107, 109, 111, 112, 113, 114, 116, 123, 126, 127, 131, 136, 137, 139, 146, 147, 152, 153, 160, 164, 176, 178, 179, 181, 182, 185, 186, 190, 191 n., 193, 197, 200, 201, 204, 205, 208, 220, 221, 222, 226, 227, 228, 229, 237, 240, 241, 242, 243, 244, 246, 248, 249, 250, 251, 252, 253, 256, 257, 258, 260, 261, 262, 263, 264, 265, 266, 267, 268, 269, 270, 271, 272, 273, 275, 277, 280, 289, 291, 292, 293, 294, 296, 298, 299, 300, 302, 304, 305, 306, 307, 315, 322, 323, 324, 325, 326, 327, 328, 330, 331, 333, 335, 336, 337, 338, 339, 341, 342, 343, 345, 346, 347, 348, 351, 352, 356, 357, 358, 359, 360, 362,

363, 364, 368 n, 372, 373, 380, 389, 390, 391, 392, 393, 394, 395, 396, 397, 399, 400, 402, 404, 406, 409, 412, 420, 421, 422, 423, 424, 426, 430, 431, 432, 438, 439, 440, 441, 444, 445, 457, 460, 461, 462, 463, 464, 466, 468, 472, 473, 476, 477, 479, 480, 481, 482, 483, 484, 485, 486.

Tombouctou-Koï, 36, 40, 41, 81, 84, 105, 108, 115, 118, 127, 200, 205, 208.

Tombouctou-Mondzo, 180, 220, 229, 240, 321.

Tomi, 417.
Tomni, 138, 179.
Tonbodi, 219.
Tonbola (Montagne des —), 25.
Tondibi, 183, 438.
Tonfina, 210, 228, 231.
Toni-Koï, 183, 224 n.
Tonkara (titre honorifique du Balama'), 204.
Tonki-Farma, 208.
Tonko, 415, 417.
To'o, 282.
Tosoko, 112, 116.
Touareg, 2 n., 17, 35, 36 n., 38, 39, 40, 41, 42, 44 n., 48, 81, 92, 107, 108, 138 n., 163, 164, 174, 175 n., 204, 241, 250, 252, 253, 269, 352 n., 436, 438, 439, 440, 444, 445, 461, 470, 473, 474, 478, 484.
Touat, 13, 37, 97, 98, 194, 222, 258, 314, 346, 357, 482.
toudt (maladie des pieds), 13.
Touatien, 96.
Touâtiens (mosquée des —) à Tombouctou, 328.
Toulo-Fina, 274.
Toura, 30, 31.
Touya (île de —), 124, 137, 220, 480, 482.
Trésor (chaloupe du —), 391.

Tsemoud, 437.
Tunis, 56, 324.
Turcs, 229 n., 317, 318.

U

ulcères, 185.

V

Vierge (la —), 255 n.
Volta (rivière), 25 n.
Vuillot (carte du Sahara), 13 n.

W

Wafala-Faran, 19 n.
Wangara, 18 n.
Warabakuji, 19 n.
Watarkuji, 19 n.
Wüstenfeld (édit. d'Yaqout), 18 n.

Y

Yaba, 432.
Yahma, 221.
Yahmadou, 327 n.
Yahya (Kormina-Fari), 130, 131, 132, 133, 212, 213.
Yahya (Tombouctou-Mondzo), 180.
Yahya (imam de la mosquée de Dienné), 34.
Yahya-ben-Mohammed-El-Gharnâti (pacha), 424, 437, 442, 457, 466, 480, 482.
Yahya-ben-Yahya-El-Hayyâni, 488.
Yahya-Et-Tâdelsi (Sidi) (imam de

Tombouctou), 39, 48, 78, 80, 81, 82, 84, 271, 325, 327, 333.
Yahya-Ibn-'Omar-Ibn-Telagaguin, 44 n.
Yahya-ould-Bordam, 220, 229, 240, 321.
Yahya-Es-Soussi (Seyyid), 319, 336.
Ya'ich-ben-El-Filali, 174.
Yaï-Farma, 231.
Yalbi-Yàyyi-Farma, 209.
Yalila-Maghan, 283.
Yàmi, 287.
Yàna-Hosar, 212.
Yàna-Màra, 145, 155.
Ya'qoub (Kormina-Fari), 173, 179, 180, 211, 213.
Ya'qoub (fils d'Arhenda), 206, 224.
Yaqout (édit. Wüstenfeld), 18 n.
Yara-Koï, 19.
Yàri-Sonko-Dibi, 149, 150, 152, 154.
Yàro-Koï, 409.
Yàsi et Yàsiya (Hoko-Koraï-Koï), 181.
Ya-sin, 85 (36ᵉ sourate du Qoran).
Yàsiya (fils d'A.-El-H.-M.-I.), 212.
Yàsiya-Boro-Bir, 209, 214.
Yauso, 25 n. (cf. Yausoro).
Yausoro, 25 (officier de Dienné).
Ydoua, 426.
Yebkano, 285.
Yedenki, 283.
Yemen, 6, 7, 8, 9 n., 43, 44.
Yenba (Djinni-Koï), 370.
Yenbo-Koïra-Idji, 215.
Yenba-ould-Sàï-Oulou(Fàri-Mondzo), 208, 227, 321.
Yenda, 444.
Yendibocuo, 46 n., 325 (cf. Yendibo'o).
Yendibo'o, 46, 47.
Yendobo'o, 46 n. (cf. Yendibo'o).
Yenka, 428.
Yenko, 282 n.

Yoko, 282.
Yolof, 127 n. (cf. Djolf).
Yorka, 288 n.
Yoro-Kâneta, 284, 288.
Yoroua, 243.
Yoroyim, 128.
Youar, 405, 413.
Youaro, 405.
Youbabo, 135 n.
Youba'la (Djinni-Koï), 214.
Yousara-Mohammed-ben-'Otsmàn, 380, 381, 389, 478, 481.
Yousef, 224.
Yousef (fils du Honbori-Koï Mousa-Kirao), 431.
Yousef (chérif), 69.
Yousef-ben-'Ali-ben-El-Mezouàr (chérif), 421, 454.
Yousef-ben-'Omar-El-Qasri (pacha), 251, 335, 342, 343, 344, 345, 346, 349, 350, 373, 377, 464, 468.
Yousef-El-Aumayouni, 74.
Yousef-Kaï, 212, 224.
Yousof-ben-Tàchefin, 44.
Yousorora, 417.

Z

Zà, 12 n.
Za-Abi, 4 n.
Za-Ahir-Karunku-Dum, 4 n.
Za-Akaja, 4 n.
Za-Akiru, 4 n.
Za'aki-Tiddi, 284.
Za-Akoï, 4.
Za-Akuji, 4 n.
Za-Alajaman, 4 n.
Za-Alayaman, 4, 6, 7, 8, 9.
Za-Aliba, 4 n.
Za-Ali-Buy (ou Buja), 4 n.
Za-'Ali-Faï, 4.

INDEX

Zâ-'Ali-Koro, 5.
Za-'Ali-Kiru, 4 n.
Za-Atkaju, 4 n.
Zâ-Bada, 5, 9 n.
Za-Baïja-Kairi-Kinba, 4 n.
Za-Basa-Fara, 4 n.
Za-Bijaru, 4 n.
Za-Bijaru-Falk, 4 n.
Zabir-Benda (mère d'El-Hadi), 213.
Zâ-Bir-Benda (les —), 125.
Zâ-Bisi-Bâro, 5, 8 n.
Za-Bijuki-Kaïma, 4 n.
Za-Bir-Foloko, 5.
Zabya, 202, 203.
Za-Biyaï, 5.
Zâ-Biyaï-Kaïna-Kimba, 5.
Zâ-Biyaï-Koï-Kîmi, 5.
Zâ-Biyaï-Komaï, 4.
Za-Chanbuyub, 4 n.
Za-Darar, 4 n.
Zâdo-ben-Ya'qoub (Benka-Farma), 470.
Zâ-Douro, 5, 8 n.
Za-Fada, 4 n.
Za-Fadazou, 5.
Za-Fadazu, 4 n.
ZAG'ARU, 23 n. (orthog. donnée par Ralfs, pour ZOBORO).
ZAGHA, 19, 20, 118, 274, 411, 414.
ZAGHARI, 12 n.
Zaghrâni, 84, 116, 158, 165, 223, 229, 243, 253, 284.
Zaghrâniens (cf. Zaghrani).
Zâ-Hen-Kon-Ouanko-Dam, 5.
Zahra-bent-'Imrân, 370.
Za-Iasabi, 4 n.
Za-Juma-Da'u, 4 n.
Za-Juma-Dunku, 4 n.
Za-Juma-Karwaja, 4 n.
Za-Juma-Kiba'a, 4 n.
Zakariya (le cheikh —), 63, 65, 69.
Zâ-Kaïna-Chinyounbo, 5.
Zâ-Karaï, 5.

Za-Kasi, 4 n.
Za-Kenken, 5.
Zâ-Kinkir, 4 n.
Zâ-Kosoï, 5.
Zâ-Kosoï-Dâriya, 5.
Zâ-Kou, 4.
Zâ-Koukaraï, 5.
Za-Kuji-Sibib, 4 n.
Za-Kukirja, 4 n.
Za-Kusur-Dari, 4 n.
ZALEN, 124.
ZAMKOÏ, 439.
Za-Netasanaï, 4 n.
Zâ-Nintasanaï, 5.
Zaouïa, 52.
ZARA, 127, 274.
Zâra-Koboronki (fem. d'A.-El-H. M.-I., mère d'Askia-Mousa), 212 (cf. Zarakor-Banki et Zarakon).
Zorakon, 125 n. (cf. Zara-Koboronki).
Zarakor-Banki, 125 (cf. Zara-Koboronki).
Zarakuji, 19 n.
Za-Takoï, 4.
Za-Tib, 5.
Za-Tinba-Sinay, 4 n.
Zâ-Yâma-Danka-Kiba'o, 5.
Zâ-Yâma, 5.
Zâ-Yama-Da'o, 5.
Zâ-Yama-Karaouaï, 4.
Za-Yasiboï, 5, 6, 8 n., 9, 10.
Za-Zaki, 4 n.
Za-Zakaja, 4 n.
Za-Zakoi, 4.
Za-Zank-Bara, 4 n.
Zâ-Zenko-Bâro, 5, 8 n.
Zeïneb (fille de l'auteur), 407, 419, 454.
ZEMZEM (puits de —), 72.
zenkal (redevance du Masina), 349, 352, 353, 354, 387.
ZENZEN, 211, 227.
Zerrouq, 75 (auteur d'un commen-

taire sur les *Hikem* d'Ibn-'Ata-Allah).
Zidan, fils d'Ali-ben-El-Mezouâr-El-Hasani, 376, 485.
ZIM-KONDA (quartier de Tombouctou), 259.
Zinka-Daradj, 243.
ZINTA (île de —), 269, 438, 439.

ZOBAKO, 179 n.
ZOBORO, 23, 26, 171, 172, 244.
ZONAKO, 179 (ou ZOBAKO).
Zorra-Koï, 19 (sultanat de Melli).
ZOUBIR-BENKO, 424.
ZOULA, 415, 417.
Zoula-Faran, 415.
ZOULO, 415 n.

ERRATA

DE LA TRADUCTION FRANÇAISE

Page :	ligne :	au lieu de :	lisez :
12	13	Abou-Bakr-Dâ'o	Abou-Bekr-Dâ'ou
35	7	misécorde	miséricorde
38	17	Tombouctou-Koy	Tombouctou-Koï
39	30	'Ammâr	'Omâr
41	passim	'Ammar	'Omar.
46	2	Benka	Binka
51	9	Mohammed	Mahmoud
53	7	Le père du précédent	Le frère du précédent
57	13	Djâber-Kibba	Djâber-Kibi
67	3	Mohammed	El-'Aqib
67	6	El-'Aqît	El-'Aqib
95	4	Faran-Amar	Faran-'Omar
99	11, 17	Djondjo	Djindjo
104	16	Djondjo	Djindjo
109	28	Foulan	Foulani
116	12	Zeghrâni	Zaghrâni
118	28	Amar-Komzâgho	'Omar-Komzâgho
120	7	Amar-Komzâgho	'Omar-Komzagho
121	14	Teghazzé	Teghazza.
124	11	Fayyâd-El-Ghedâmsi	Fayyâd-El-Ghadâmesi
124	23	'Amar-Komzâgho	'Omar-Komzâgho
125	21	'Amar-Komzâgho	'Omar-Komzâgho
127	19	Belma'a	Balama'
127	20	Mohammed-Karaï	Mohammed-Kiraï
129	18	Liki	Lika
131	3	Fâr-Mondzo	Fari-Mondzo.
139	note 1	El-Boukhari	El-Bokhari
156	3, 10	Fara-Mondzo	Fâri-Mondzo
162	17	Koukia	Koukiya

Page :	ligne :	au lieu de :	lisez :
166	8	Hoko-Koraï-Koï	Hoco-Koraï-Koï
167	13	Hoko-Koraï-Koï	Hoco-Koraï-Koï
169	8	O'mar-Komzâgho	'Omar-Komzâgho
169	24	Bousa	Boussa
169	27	Oudjela	Audjela
173	3	Mohammed-Kanâti	Mohammed-Kenâti
173	10	Liki	Lika
173	14	Borno	Bornou
175	31	Ouiza-Kaïbono	Ouaïza-Kaïbono
181	17	Kormina-Kari	Kormina-Fâri
187	4	de l'interne	de l'interner
188	passim	Fondoko	le Fondoko
191	25	Mohammed-Kâgha	Mohammed-Kâgho
192	17	du Bouṣa	de Boussa
194	23	Benka-Farma	Binka-Farma
194	30	1858	1588
197	20	Benka-Farma	Binka-Farma
197	22	Benka	Binka
203	17	Ouanadou	Ouanado
205	27	cétait	c'était
206	13	Ouanadou	Ouanado
207	8	Korko-Mondzo	Korkâ-Mondzo.
210	15	Tinfina	Tonfina
211	23	Mohammed-Karaï	Mohammed-Kiraï
213	15, 22	'Ali-Kochira	Ali-Kochiya
214	12	Mohammed-Heïka	Mohammed-Hayko
214	13	Dorfen	Dorfan
214	23	Yâsi-Boro-Blr	Yâsiya-Boro-Blr
217	26	Ba-Hasen-Friro	Ba-Hasen-Feriro
219	23	Ali-Djaouenda	Ali-Djaouendo
219	27	Mohammed-Heïka	Mohammed-Hayko
219	32	Djouber	Djouder
227	13	Mosa-Banko	Mosa-Benko
228	4	Karaï-Gourma	Koraï-Gourma
232	21	Haousa	Haoussa
233	21	Mohammed	Mahmoud
234	6	Dankataba	Dankataya
234	13	Mohammed	Mahmoud
234	27	'Ali-Tendi	'Ali-Tondi
236	20	Fâr-Mondzo	Fâri-Mondzo
239	31	El-Telemsâni	Et-Telemsâni
244	29	Mârabâ	Marbâ
249	16	Mârabâ	Marbâ
259	3	Mohammed	Mahmoud
259	23	Ad-Otmân	Ad-'Otsmân
259	26	Ṣalḥa-Takouni	Ṣalḥa-Takounni
261	15	Mohammed	Mahmoud

ERRATA DE LA TRADUCTION FRANCAISE

Page :	ligne :	au lieu de :	lisez :
262	note 1	Mahommed	Mahmoud
263	25	Chems-Ed-dîn	Chems-Ed-Dîn
264	3	El-Hasan-ben-Ez-Zobeïr	El-Hasen-ben-Ez-Zobeïr
264	24	Bahasen-Feriro	Ba-Hasen-Ferîro
278	10	Sanqar-Zoumâ'a	Sanqari-Zouma'
301	10, 11	Djondjo	Djindjo
301	29	Dabi	Debo
306	28	Kiraï-Idji	Karaï-Idji
307	4	Ahmed-Tourik	Ahmed-Touïreq
318	2	Thab'a	T aba
319	note 1	Nozeth-El-Hâdi	Nozhet-El-Hâdi
321	12	'Ali-Djaouend	'Ali-Djaouendo
323	9 et 15	Mohammed-Babo.	Mohammed-Baba
325	34	Seyyid Yahya	Sidi-Yahya
327	21	Mahmoud-Thâb'a	Mohammed-Thâb'a
330	10	Baba-Màsiri-Bîr	Baba-Masira-Bir
332	11	Sidi Khalil	Sidi Khelil
332	note 1	le Qoran	le Coran
333	8	El-Hasen	El-Hasan
336	note 1	Nozhet-El-H'adi	Nozhet-El-Hàdi
339	21	et le cadi	et le caïd
348	16	Mahmoud-Foudiyâ-Sànou	Mohammed-Foudiyâ-Sànou
354	note 1	Konboma'a	Konboma'
370	31	Mohammed-ben-Kankabal	Mohammed-ben-Kankabali
375	11	'Amir	'Amer
393	3	Lac de Dibo	Lac Debo
397	passim	Kalacha'	Kala-Cha'a
406	17	'Ankabo	'Ankaba
407	22	Abou-Bekr-Sa'antara	Abou-Bekr-Sa'natara
410	2 et 3	'Ankabo	'Ankaba
411	24	Farka-Koï	Farko-Koï
414	14	Nourinsanni	Nourinsanna
437	10	Benba	Banba
437	21	Ahmed-ben-Abderrahman	Hamid-ben-Abderrahman

TABLE DES MATIÈRES

	Pages.
INTRODUCTION	I
Doxologie	1
Introduction.	2
CHAPITRE PREMIER. — Liste des princes du Songhaï	4
CHAPITRE II. — Origine des Sonni	9
CHAPITRE III. — Le roi de Melli, Kankan-Mousa.	12
CHAPITRE IV. — Le royaume de Melli	18
CHAPITRE V. — Description de Dienné : notice historique à son sujet . .	22
CHAPITRE VI. — Biographie des savants de Dienné.	28
CHAPITRE VII. — Tombouctou et sa fondation	34
CHAPITRE VIII. — Notice sur les Touareg.	42
CHAPITRE IX. — Biographie des principaux savants et saints personnages qui ont habité Tombouctou à diverses époques (Dieu leur fasse miséricorde, leur témoigne sa satisfaction et nous fasse profiter de leur influence dans ce monde et dans l'autre!). Mention de leurs mérites et de leurs œuvres	45
CHAPITRE X. — Biographies des savants de Tombouctou	60
CHAPITRE XI. — Mention par ordre chronologique des imams de la grande mosquée et de la mosquée de Sankoré	91
CHAPITRE XII. — Sonni-'Ali	103
CHAPITRE XIII. — Askia-El-Hâdj-Mohammed	116
CHAPITRE XIV. — Askia-Mousa et Askia-Mohammed-Benkan	134
CHAPITRE XV. — Askia-Ismaïl	151
CHAPITRE XVI. — Askia-Ishâq.	156
CHAPITRE XVII. — Askia-Daoud	165
CHAPITRE XVIII. — Askia-el-Hâdj.	184
CHAPITRE XIX. — Askia-Mohammed-Bano	195
CHAPITRE XX. — Askia-Ishâq II, fils de Askia-Daoud	200
CHAPITRE XXI. — Venue du pacha Djouder au Soudan	215
CHAPITRE XXII. — Askia-Mohammed-Kagho. — Askia-Nouh. — Révolte de Dienné.	231
CHAPITRE XXIII. — Liste des chefs de Dienné. — Les Touareg attaquent Tombouctou.	250

Chapitre XXIV. — Lutte contre Askia-Nouh. — Mort du pacha Mahmoud-ben-Zergoun. — Expédition contre le Mâsina.	256
Chapitre XXV. — Le pacha 'Ammâr. — Lutte contre le Mâsina	276
Chapitre XXVI. — Les rois du Mâsina.	281
Chapitre XXVII. — Les pachas Selimân, Mahmoud-Lonko	288
Chapitre XXVIII. — Décadence de la dynastie régnante au Maroc en punition des excès qu'elle avait commis au Soudan	308
Chapitre XXXIX. — Révolte de Es-Saouri contre Maulay Zidân au Maroc	319
Chapitre XXX. — Obituaire et récit de divers événements par ordre chronologique (1591-1613)	321
Chapitre XXXI. — Le pacha Ali-ben-Abdallah-et-Telemsani. — Ahmed-ben-Yousef-el-'Euldji. — 'Ammar. — Haddou-ben-Yousef-el-Adjenasi. — Mohammed-ben-Ahmed-el-Massi. — Hammou-ben-Ali-ed-Der'i. — Yousef-ben-'Omar-el-Qasri. — Ibrahim-ben-Abdelkerim-el-Djerari et Ali-ben-Abdel-Kader	335
Chapitre XXXII. — Voyage de l'auteur au Mâsina pour la conclusion d'un traité de paix	352
Chapitre XXXIII. — Le pacha Ali-ben-Abdelkader. — Sa lutte contre Kagho et sa mort	356
Chapitre XXXIV. — Obituaire et récit des événements qui se sont passés de l'année 1021 à l'année 1042 (4 mars 1612-19 juillet 1632)	364
Chapitre XXXV. — Expédition contre le Mâsina. — Les pachas du Soudan de l'année 1042 à l'année 1063 de l'Hégire (1632-1653)	379
Chapitre XXXVI. — Obituaire et récit des événements de l'année 1042 (19 juillet 1632-8 juillet 1633) à la fin de l'année 1063 (2 décembre 1652-22 novembre 1653)	446
Chapitre XXXVII. — Liste par ordre chronologique des principaux fonctionnaires de Dienné et de Tombouctou, depuis l'occupation marocaine jusqu'à l'année 1653	460
Chapitre XXXVIII. — Événements qui s'accomplirent de l'année 1064 à l'année 1066 de l'hégire (1654 et 1655)	476
Index alphabétique	491
Errata	535

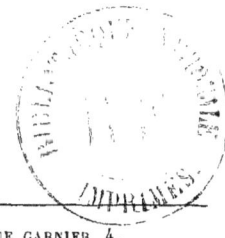

ANGERS. — IMPRIMERIE ORIENTALE A. BURDIN ET Cie, RUE GARNIER, 4.

Page:	ligne :	au lieu de :	lisez :
صحيفة	سطر	خطا	صواب
٢٦٩	١٨	احببتم	احببتم
٢٧٦	١٤	ماسنة واحد	ماسنة مع واحد
٢٧٧	٥	محمد روح	محمد بن روح
٢٧٨	٥	المال يبعث	المال ويبعث
٢٨٠	١٢	بالشاة	بالشياه
٢٨٢	٤	فى فمهم	فى فمها
٢٨٣	٥	الزرع الخدام	الزرع و الخدام
٢٨٣	١٢	تبالحوم	تبالحوم
٢٨٥	٧	انت	انت
٢٨٥	١٠	تنور	تنور
٢٨٦	٢	الاخلاق	الاخلاق
٢٩٤	٧	وى	وفى
٢٩٩	٣	الامين	الامير
٢٩٩	٨	الخميس	الخميسين
٢٩٩	١٦	تعلى	نقل
٣٠٠	٧	الامام بن سنبر	الامام سنبر
٣٠٢	١١	الثانى والستين	الثانى عام الثانى والستين
٣٠٥	١٣	والد موم	ولد موم
٣٠٧	٦	من الباشا	بن الباشا
٣٠٧	١١	وولًا	وولّاها
٣٠٨	١١	سيد بن اجد	سيد اجد بن
٣١٢	١٤	وولّوا اسكبا داوود فرجع	وولّوا
٣١٤	٣	فانضره	فاحضره
٣١٨	١٠	بالحرام	بالحزام

Page:	ligne:	au lieu de :	lisez :
صحيفة	سطر	خطا	صواب
١٧٣	١٢	نقر	نفر
١٧٤	٨	نصرته	حضرته
١٧٨	٦	المعتارف	المنعارف
١٨٠	١٠	وخلت	وخفت
١٨٥	١٢	تريد	يريد
١٨٥	١٥	هاهارند	هارند
١٨٧	١٤	محمد فلاني	جد فلاني
١٨٨	٢	الى امهما واخوة	اُمّ امهما واحدة
١٨٨	٢	ابنة بوب	ابنة دنب
١٩٠	١٥	وجازها	وحازها
١٩٠	١٦	له لنا	له ما لنا
١٩٢	١٦	تلمينك	تامينك
٢٠١	٩	وغيّره	وعبّره
٢٠٤	٦	لوالدته	لوالده
٢٠٤	٨	مولاى عبد الله الشيخ	مولاى الشيخ
٢١٥	١٣	محمد سعيد	بن محمد سعيد
٢٢٦	١٣	مو الذي	هو الذي
٢٢٩	١٧	مدينة فوصلها	مدينة جنّى فوصلها
٢٣١	٧	وصادق	وصادف
٢٣٨	١٣	مبنا	هنيأ
٢٤٠	١١	الف وتوفي	الف توفي
٢٤٠	١٩	خامرا	حاصرا
٢٤٥	٣	عنده	عندنا
٢٤٩	١٢	حم على	حم بن على
٢٤٩	١٩	سنب السلطان	سنب والسلطان
٢٥٤	١	ولات	ولاة
٢٦١	١٢	مذر وزل وزل	مذر وزل
٢٦٩	١٦	بجبل	بجبل

Page:	ligne:	au lieu de:	lisez:
صحيفة	سطر	خطا	صواب
٨٦	٣	علوصاى	علواواى .C
٨٧	٨	اصحابه	اصحاب .C
٨٩	٤	جاء بير	جائين .C
٨٩	٩	اولئك	افّ لك .C
٩٠	٤	الامانة	الاعانة .C
٩١	٤	يعذره	يعذره
٩٣	١٠	مدنى	امرانى .C
٩٩	١٣	اسحق الذى سمع	اسحق الذى يسمع .C
١٠٠	١٠	الثالث	الخامس .C
١٠٢	٦	تحبر	تجبر
١٠٥	٣	الامير	الامين
١١٢	١٤	الامان	الامام
١١٤	١٢	ولا تبع	ولا نتبع
١١٥	١٥	راوا فيها	راوا فيما
١١٩	٩	وابوا	وانوا
١١٩	١٢	له هادى	له ياهادى
١٢٠	٨	وقصده	وقصده
١٢٠	٩	فتلقا	فتلقاه
١٢٢	١	انقرصت	انقرضت
١٢٦	٢	دخلتَ	دخلتُ
١٣٢	٧	الانصرية	الانصارية
١٣٤	٦	كىى اخواته	كسى واخوته
١٤٤	١١	ينكى	بُنَكى
١٥٣	٥	محمود حتى فرج حتى	محمود حتى
١٥٣	١٥	الارض	ارض
١٦٤	٨	محمد اسماعيل	محمد بن اسماعيل
١٦٥	٧	معتد	متعدّ
١٦٧	١٥	سافرهم	سافطهم

صفحة	سطر	خطأ	au lieu de :	ligne :	Page :
	صواب				lisez :
٦٢	٢٠	اغلالية			عالية .C
٦٢	٢١	كثيرة فى			كثيرة لها رغبة كثيرة فى .C
٦٢	٢١	البرّ ما			البرّ على ما .C
٦٤	١٩	بالِه			ماله .C
٦٥	٣	التفاوة			التفاوت .C
٦٥	١٧	يبصر			يبصره .C
٦٨	٦	كلمى			كلى .C
٦٨	٢٠	حابد			حامد .C
٦٩	٣	فزوّجه			فتزوّج .C
٦٩	٤	اسكيا اند نڢى بن			اند نڢى بن على بن ابى بكر .C
٦٩	٤	اند نڢى فبقيت			الحاج .C
٦٩	١٢	ونسى			ونسبت .C
٦٩	١٦	تفرڢون			تتفرّقون .C
٧٠	١	مساكنهم وما			مساكنهم متى نوّلاها وما .C
٧١	٢	الزغرانيين			الزغرانيين
٧٦	٤	رايتهم يطيب			رايتهم لا يطيب
٧٦	٢٠	ويتولى هذا تذيل			وتولى هذا تذييل .C
٧٧	١٨	وكر سلتى			وكد سلتى .C
٧٨	٨	اكدر			اكدز .C
٧٩	١٩	بتعرض له بسوء			بتعرض له بسوء .C
٨٠	٢	الحال موسى			الحال ان موسى .C
٨١	٧	كن كرن			كرن كرن .C
٨٢	٢	وقلت اليوم والصيف			دخات اليوم والعنيف .C
٨٣	٥	رحج			رفع .C
٨٣	١٠	كبن نكس			كبر وهو اكبر نكس .C
٨٣	١٢	فرم كل			فرم بل .C
٨٤	٦	الفق			الفع .C
٨٥	١٣	شدّ فيما			شدڡيما .C

lisez:	au lieu de:	ligne:	Page:
C. وَكَّهَ	وَكَّهَ	٧	٧٨
C. المكسا	المكسا	١	٧٨
C. تَيْنِ	تَيْنِ	٦	٧١
C. اِنَّنِي بِرُّ ءَ يَتَنا	اِنَّنِي بِرُّ ءَ يَتَنا	٨	٧١
C. بَيْرا	بَيْرا	٨	٥٠
C. بَيْنِي	بَيْنِي	١١	٥٧
C. السَّنِ بِسِنِّ و	السَّنِ بِسِنِّ و	١٨	٥٦
C. اَلَسَنِ	اَلَسَنِ	١	٥٦
C. بَكَّر	بَكَّر	١٠	٥٥
C. دِرَاه	دِرَاه	٦	٥٥
C. وَبُرُوك	وَبُرُوك	٨	٥٥
C. يَسَمِّ	يَسَمِّ	١	٥٥
الَّذِي قُلْ لا يُغَنِي عَنْك اَللّٰهُ شَيْئاً C.			
C. السَّبْتِ يَعْدُو في سَبْتِهِمْ شُرَعاً	السَّبْتِ يَعْدُو في سَبْتِهِمْ شُرَعاً	١٩	٥٤
C. قُلْتَ	قُلْتَ	٤	٥٤
C. الزُّورُ	الزُّورُ	٦	٥٤
C. بَيْنَهُمْ	بَيْنَهُمْ	٧	٥٠
C. الحَسْبَا	الحَسْبَا	١٨	٤٩
C. اِذا	اِذا	١٥	٤٩
C. تَبْنِي	تَبْنِي	١٨	٤٩
C. اَنْعَتَ	اَنْعَتَ	١٨	٤٩
C. يَحَ	يَحَ	١٧	٤٩
C. دَخَلَّا	دَخَلَّا	٧	٤٩
C. سَمَلَ	سَمَلَ	٨	٤٩
C. نَجُنا وَنَبْذِ	نَجُنا وَنَبْذِ	٨	٤٨
C. وَاَثَكْتِي	وَاَثَكْتِي	١٧	٤٧
C. اَنَّ الأَبَ²لْ	اَنَّ الأَبَلْ	١٨	٤٧
C. اِخْبَرَهُ	اِخْبَرَهُ	٤	٤٧

— ٤٧٩ —

| lisez: | au lieu de: | ligne: | Page: |

ERRATA DU TEXTE ARABE ET VARIANTES DU MANUSCRIT C

Page:	ligne:	au lieu de:	lisez:
صحيفة	سطر	خطا	صواب
۷	۸	فانقطعوا	فانقطعوا
۷	۱۰	الحرامين	الحرمين
۸	۱۱	الشاهر	الشاعر C.
۸	۱۲	بالطويجين	بالطويجين
۹	٦	اكلّ اكلوا	اكل بن اكلول C.
۹	۸	تتمة	تنبيه C.
۱۰	٤	زن کی	زرّ کی C.
۱۰	۹	کعن کی	کغن کی C.
۱۰	۱۳	سنفر	سنقر
۱۲	٤	فارض	فاض
۱٤	۱۰	فعمل	فعّل
۱٦	۱۳	کنکر	کنکی
۱۷	۱	رحل	ورحل
۱۸	۱	وعدّها	وعدلها C.
۱۸	٤	بما رب	هاربًا C.
۱۸	۷	وحاوز	وجاوز C.
۲۰	۱۰	مقشرن	مغشرن
۲۰	۱۲	وبيدلون	وينزلون
۲۳	۱٥	يكسيم	يكسيم C.
۲٤	۱۳	ويحرب	ويخرب
۲٥	٥	مسوقة	مسطوفة C.
۲۸	۱	الساكن يندبغ	الساكن في يندبغ C.
۳۰	۸	يمذغربين	يمذغربين C.

VI. MIRADJ-NAMÉH. Récit de l'ascension de Mahomet au Ciel. Texte turc-oriental, publié, traduit et annoté d'après le manuscrit ouïgour de la Bibliothèque nationale, par PAVET DE COURTEILLE, de l'Institut. In-8, avec fac-similés du manuscrit en chromolithographie . . . . 15 fr.
VII, VIII. CHRESTOMATHIE PERSANE, composée de morceaux inédits avec introduction et notes, publiée par CH. SCHEFER, de l'Institut. 2 volumes in-8 . . . . 30 fr.
IX. MÉLANGES ORIENTAUX. Textes et traductions, publiés par les professeurs de l'Ecole des langues, à l'occasion du sixième Congrès international des Orientalistes (Leyde, 1883). In-8, planches et fac-similé . . . . 25 fr.
    Not e historique sur l'École des langues. — Quatre lettres écrites de 1470 à 1475, par Abou 'l-Hassan Aly, par H. Derenbourg. — Trois chapitres du Khitay Naméh, par Ch. Schefer. — Notice sur l'Arabie méridionale, par Barbier de Meynard. — L'incendie de Singapour en 1828, par C. Favre. — Inscriptions d'un reliquaire arménien, par A. Carrière. — Fragments inédits de littérature grecque, par E. Miller. — Mémorial de l'antiquité japonaise, par L. de Rosny. — Kim van kieu Truyen, par A. des Michels. — La Bulgarie au XVIII° siècle, par L. Leger. — Notice sur Nicolas Spatar Milescu, par Ém. Picot. — Essai d'une bibliographie des ouvrages publiés en Chine par les Européens du XVII° et au XVIII° siècles, par H. Cordier. — Un épisode du poème épique de Sindâmani, par J. Vinson.
X, XI. LES MANUSCRITS ARABES DE L'ESCURIAL, décrits par HARTWIG DERENBOURG, de l'Institut. Tome I : Grammaire, Rhétorique, Poésie, Philologie et Belles-Lettres, Lexicographie, Philosophie. Gr. in-8. . . . . . 15 fr.
— Tome II : Morale et Politique, Histoire naturelle, Géographie, Histoire, Divers, Supplément, Mélanges. Gr. in-8. . . . . 15 fr.
XII. OUSÂMA IBN MOUNKIDH (1095-1188). Un émir syrien au premier siècle des Croisades, par HARTWIG DERENBOURG. Avec le texte arabe de l'autobiographie d'Ousâma, publié d'après le manuscrit de l'Escurial.
    Première partie. Vie d'Ousâma. En 2 fasc. In-8 . . . . . 20 fr.
    Deuxième partie. Texte arabe. In-8 . . . . 15 fr.
    Couronné par l'Académie des Inscriptions et Belles-Lettres. — Prix Saintour.
XIII. CHRONIQUE DITE DE NESTOR, traduite sur le texte slavon-russe, avec introduction et commentaire critique, par L. LEGER. In-8 . . . . 15 fr.
XIV, XV. KIM VAN KIEU TAN TRUYEN. Poème annamite, publié, traduit et annoté par ABEL DES MICHELS. 2 volumes en 3 parties. In-8 . . . 40 fr.
XVI, XVII. LE LIVRE CANONIQUE DE L'ANTIQUITÉ JAPONAISE. Histoire des dynasties divines, traduite sur le texte original et accompagnée d'une glose inédite composée en chinois et d'un commentaire perpétuel, par LÉON DE ROSNY. Deux fascicules in-8. Chaque fascicule. . . . 15 fr.
I. La Genèse. — II. Le règne du Soleil. — III. L'Exil.
— Troisième fascicule. (Sous presse.)
    Couronné par l'Académie des Inscriptions et Belles-Lettres. — Prix Stanislas Julien.
XVIII. LE MAROC, de 1631 à 1812. Extrait de l'ouvrage intitulé Ettordjemân Elmo'arib 'an douel Elmachriq ou'l Maghrib,' de Aboulqâsem ben Ahmed Ezziâni. Texte arabe et traduction par O. HOUDAS. In-8 . . . . 15 fr.
XIX. NOUVEAUX MÉLANGES ORIENTAUX, publiés par les professeurs de l'École des langues orientales vivantes, à l'occasion du Congrès des Orientalistes tenu à Vienne en 1886. In-8, fac-similé . . . . . . 15 fr.
    Tableau du règne du Mouizz eddin Aboul Harith Sultan Sindjar, par Ch. Schefer. — Considérations sur l'histoire ottomane, par A.-C. Barbier de Meynard. — Essai sur l'écriture maghrébine, par O. Houdas. — Ousâma ibn Mounkidh, par H. Derenbourg. — Entretien de Moïse avec Dieu sur le Sinaï, par P. Favre. — Voyages de B. Vatace en Europe et en Asie, par E. Legrand. — Les noces de Maxime Tzernoïévitch, par A. Dozon. — Contes populaires annamites, par A. des Michels. — Note pour servir à l'histoire des études chinoises en Europe, par H. Cordier. — Spécimen de paléographie tamoule, par J. Vinson. — Une version arménienne de l'histoire d'Assenoth, par A. Carrière. — Notice sur l'imprimeur Anthime d'Ivir, par E. Picot. — Des différents genres d'écriture employés par les Japonais, par L. de Rosny.
XX. L'ESTAT DE LA PERSE en 1660, par le P. RAPHAEL DU MANS. Publié et annoté par CH. SCHEFER, de l'Institut. In-8 . . . . 20 fr.

TROISIÈME SÉRIE

I. LA FRONTIÈRE SINO-ANNAMITE, description géographique et ethnographique, d'après des documents officiels chinois traduits par G. DEVÉRIA, de l'Institut. In-8, illustré, avec planches et cartes. . . . . . 20 fr.
    Couronné par l'Académie des Inscriptions et Belles-Lettres. — Prix Stanislas Julien.
II. NOZHET-ELHADI. Histoire de la dynastie saadienne au Maroc (1511-1670), par Mohammed Esseghir ben Elhadj ben Abdallah Eloufrâni. Texte arabe, publié par O. HOUDAS. In-8. . . . . 15 fr.
III. — Le même ouvrage. Traduction française, par O. HOUDAS. In-8. . . . 15 fr.
IV. ESQUISSE DE L'HISTOIRE DU KHANAT DE KHOKAND, par NALIVKINE, traduit du russe par A. DOZON. In-8, carte. . . . . 10 fr.
V, VI. RECUEIL DE TEXTES ET DE TRADUCTIONS, publiés par les Professeurs de l'École des langues orientales vivantes, à l'occasion du Congrès des Orientalistes de Stockholm. 2 vol. in-8. . . . . 30 fr.
    Quelques chapitres du Seldjouq Naméh, publiés et traduits par Ch. Schefer. — L'Ours et le Voleur, comédie en dialecte turc azéri, publiée et traduite par Barbier de Meynard. — Proverbes malais, par A. Marre. — Cérémonies religieuses des Tchérémisses, par

A. Dozon. — Histoire de la conquête de l'Andalousie, par Ibn Elqoutbiya, publié par O. Houdas. — La Compagnie suédoise des Indes orientales au XVIIIe siècle, par H. Cordier. — Du sens des mots chinois *Giao Chi*, nom des ancêtres du peuple annamite, par A. des Michels. — Chants populaires des Roumains de Serbie, par Em. Picot. — Les Français dans l'Inde (1736-1761), par J. Vinson. — Notice sur J. et T. Zigomalas, par E. Legrand, etc.

VII. SIASSET NAMÉH. Traité de Gouvernement, par Nizam oul Moulk, vizir du sultan Seldjoukide Melikchâh. Texte persan et traduction française, par Ch. Schefer, de l'Institut Tome I en 2 parties. Texte persan. — Supplément. In-8. Chaque fascicule . . . . 15 fr.
VIII. — Tome II. Traduction française et notes. In-8 . . . . 15 fr.
IX, X. VIE DE DJELAL-EDDIN MANKOBIRTI, par El-Nesawi (VIIe siécle de l'hégire). Tome I. Texte arabe, publié par O. Houdas. In-8 . . . . 15 fr.
Tome II. Traduction française et notes, par O. Houdas. In-8 . . . 15 fr.
XI. CHIH LOUH KOUOH KIANG YUH TCHI. Géographie historique des Seize royaumes fondés en Chine par des chefs tatares (302-433), traduite du chinois et annotée par A. des Michels. Fasc. I et II, in-8 Chaque . 7 fr. 50
XII. CENT DIX LETTRES GRECQUES, de François Filelfe, publiées intégralement pour la première fois, d'après le *Codex Trivulzianus* 873, avec introduction, notes et commentaires, par Emile Legrand In-8 . . . 20 fr.
XIII. DESCRIPTION TOPOGRAPHIQUE ET HISTORIQUE DE BOUKHARA, par Mohammed Nerchakhy, suivie de textes relatifs à la Transoxiane. Texte persan publié par Ch. Schefer, de l'Institut. In-8 . . . . 15 fr.
XIV. (*Réservé.*)
XV. LES FRANÇAIS DANS L'INDE, Dupleix et Labourdonnais. Extraits des Mémoires d'Anandarangappoullé, divân de la Compagnie des Indes (1736-1761), publié par J. Vinson. In-8, portraits et cartes . . . . . 15 fr.
XVI. KHALIL ED-DAHIRY. Description de l'Egypte et de la Syrie. Texte arabe, publié par Ravaisse. In-8 . . . . 12 fr.
XVII. — Le même, traduction française In-8. (*En préparation.*)
XVIII à XX. BIBLIOGRAPHIE CORÉENNE. Tableau littéraire de la Corée, contenant la nomenclature des ouvrages publiés jusqu'en 1890, ainsi que l'analyse des principaux d'entre ces ouvrages, par Maurice Courant. 3 vol. in-8, figures et planches. Chaque volume . . . . 25 fr.
Couronné par l'Académie des Inscriptions et Belles-Lettres. — Prix Stanislas Julien.

QUATRIÈME SÉRIE

I. CATALOGUE DE LA BIBLIOTHÈQUE DE L'ÉCOLE DES LANGUES ORIENTALES VIVANTES, publié par E. Lambrecht, secrétaire de l'Ecole. Tome I. Linguistique : I. Philologie. — II. Langue arabe. In-8, p. XII-624 . . 15 fr.
II-VII. CATALOGUE DE LA BIBLIOTHÈQUE DE L'ÉCOLE DES LANGUES ORIENTALES VIVANTES. Tomes II à VII (*en préparation*).
VIII. LES POPULATIONS FINNOISES DES BASSINS DE LA VOLGA ET DE LA KAMA, par Jean Smirnov. Etudes d'ethnographie historique, revues et traduites du russe par Paul Boyer. — Première partie : Groupe de la Volga, ou groupe bulgare. I. Les Tchérémisses. II. Les Mordves. In-8 . 15 fr.
IX. — Le même. Seconde partie : Groupe de la Kama, ou groupe permien. I. Les Votiaks. II. Les Permiens. In-8 (*sous presse*).
X. OUMARA DU YÉMEN (XIIe siècle), sa vie et son œuvre. Tome I. Autobiographie et récits sur les vizirs d'Egypte. — Choix de poésies. Texte arabe publié par Hartwig Derenbourg. In-8 . . . . 16 fr.
XI. — Le même. Traduction française. In-8 (*sous presse*).
XII. DOCUMENTS ARABES RELATIFS A L'HISTOIRE DU SOUDAN. I. Tarikh es-Soudan. Histoire du Soudan, par Abderrahman ben Abdallah Et-Tonboukti. Texte arabe et traduction française, par O. Houdas, avec la collaboration de M. Benoist, élève diplômé de l'Ecole des Langues orientales vivantes. I. Texte arabe. In-8 . . . . 16 fr.
XIII. — Traduction française. In-8 . . . . 16 fr.
XIV. DESCRIPTION DES ILES DE L'ARCHIPEL GREC, par Christophe Buondelmonti. Version grecque par un Anonyme, publiée avec une traduction française et un commentaire par Emile Legrand. Première partie, ornée de 52 cartes. Gr. in-8 . . . . 20 fr.
XV. — Le même. Seconde partie. In-8 (*sous presse*).
XVI. LE LIVRE DE LA CRÉATION ET DE L'HISTOIRE D'ABOU ZÉID AHMED BEN SAHL EL-BALKHI. Texte arabe publié et traduit d'après le manuscrit de Constantinople, par Cl. Huart. Tome I. In-8 . . . . 20 fr.
XVII-XVIII. — Le même ouvrage. Tomes II, III. In-8 (*sous presse*)
XIX. DOCUMENTS ARABES RELATIFS A L'HISTOIRE DU SOUDAN. Tedzkiret en-Nisian fi Akhbâr Molouk es-Soudân. Texte arabe édité par O. Houdas, avec la collaboration de M. Edm. Benoist. In-8 . . . . 15 fr.
XX. — Le même. Traduction française. In-8 (*sous presse*).

CINQUIÈME SÉRIE

I-II. DICTIONNAIRE ANNAMITE-FRANÇAIS (Langue officielle et langue vulgaire), par M. Jean Bonet. 2 vol. in-8 . . . . 40 fr.

Angers. — Imprimerie orientale A. Burdin et Cie, 4, rue Garnier.

www.ingramcontent.com/pod-product-compliance
Lightning Source LLC
Chambersburg PA
CBHW070332240426
43665CB00045B/1382